KB084587

근대중국사상의 흥기 2

現代中国思想的兴起

汪暉 着, 生活·读书·新知三联书店, 2008年 出刊本

근대중국사상의 흥기 2
상권—제2부 제국帝國과 국가國家

왕후이 지음

차태근, 윤영도 옮김
이영섭 감수

2024년 4월 15일 초판 1쇄 발행

펴낸이 한철희 | 펴낸곳 돌베개 | 등록 1979년 8월 25일 제406-2003-000018호
주소 (10881) 경기도 파주시 회동길 77-20 (문발동)
전화 (031) 955-5020 | 팩스 (031) 955-5050
홈페이지 www.dolbegae.co.kr | 전자우편 book@dolbegae.co.kr
블로그 blog.naver.com/imdol79 | 트위터 @Dolbegae79 | 페이스북 /dolbegae

편집 이경아
표지디자인 김민해 | 본문디자인 이은정·이연경
마케팅 심찬식·고운성·김영수·한광재 | 제작·관리 윤국중·이수민·한누리
인쇄·제본 영신사

ISBN 979-11-92836-65-2 (94150)
       979-11-92836-63-8 세트

책값은 뒤표지에 있습니다.

이 책은 중국 칭화대학교의 출판 지원을 받아 제작되었습니다.

근대중국사상의 흥기 2

上

現代中國思想的興起 2

상권 —— 제2부   제국帝國과 국가國家

왕후이汪暉 지음
차태근, 윤영도 옮김/ 이영섭 감수

돌베
개

차 례

일러두기

1. 이 책은 왕후이의 『現代中國思想的興起』(北京: 生活·讀書·新知三聯書店, 2004.7)의 재판본(重印本, 2008.3) 상권 제2부를 번역한 것으로, 제5장은 차태근, 제6장과 제7장은 윤영도가 번역하였다.

2. 원서의 제목은 '현대중국사상의 흥기'지만, 여기서 '현대'는 우리말의 '근대'에 해당하므로, '근대중국 사상의 흥기'로 서명을 바꾸었다.

3. 고유명사 표기 원칙
   — 중국 인명의 경우 신해혁명(1911)을 기준으로 그 이전에 사망한 사람은 한자 독음으로, 이후까지 생존한 사람은 원어 발음으로 표기하였다.
   — 중국 지명의 경우 한자 독음으로 표기하였다.
   — 여타 국가의 인명과 지명의 경우 원어 발음으로 표기하였다.
   — 중국 서명은 고문인 경우 한자 독음에 한자를 병기하였고, 백화문이나 다른 언어인 경우 번역된 제목과 한자를 병기하였으며, 여타 언어의 서적인 경우는 원어명으로 표기하되, 국내에 번역된 책인 경우 한국어명도 병기하였다.
   — 서명은 『』, 편명은 「」으로 표기하였다.
   — 고유명사의 한자 병기는 각 장별로 처음 나올 때만 병기하였고, 그 이후로는 한자 독음으로만 표 기하는 것을 원칙으로 하였다.

4. 개념어 번역 원칙
   — 원어의 개념이 최대한 손실되지 않는 범위 내에서 번역어가 있는 경우 이를 사용하되 원어의 한 자를 병기하였으며, 원어의 개념에 적합한 번역어가 없거나 의미 손실이 크다고 판단되는 경우 는 원어의 한자 독음을 그대로 사용하되 한자를 병기하였다.
   — 개념어가 각 장별로 처음 나올 때만 한자를 병기하는 것을 원칙으로 삼되, 개념어가 한 글자이거 나 다른 의미의 한글 단어와 의미가 혼동될 우려가 있는 경우 모두 한자를 병기하였다.
   — 원서에서 사용하고 있는 '현대'라는 용어는 경우에 따라 국내 담론 체계의 의미 맥락에 맞게 '근 대'로 바꾸어 번역하였으며, 나머지 경우에는 '현대'로 번역하였다.

5. 인용문
   — 원서에서 인용문 문단으로 되어 있거나 본문 내에 직접 인용으로 삽입되어 있는 인용문의 경우, 독자의 이해와 학술적 검토의 편의를 위해 고문인 경우에 한하여 번역문 다음에 원문을 병기했 으며, 백화문의 경우는 번역문만 실었다.

6. 각주 및 미주
   — 저자 원주는 미주로, 역주는 각주로 달았으며, 미주는 번호로, 각주는 • 로 구분했다. 단, 왕후이 가 쓴 '한국어판 서문'의 경우, 저자 왕후이의 원주를 각주로 달았다.
   — 간단한 단어 설명의 경우, 본문 내에 '(-역자)'의 형태로 설명을 삽입했다.
   — 원주에 있는 중국 서적의 저자명과 서명은 번역하지 않고 원문대로 표기했으며, 여타 언어의 서 적인 경우는 원어명에 중국어명을 병기하되, 국내에 번역된 책인 경우 한국어명도 병기했다.

제5장 안과 밖 (1):
예의 중국의 관념과 제국

中國亦新夷狄也.   중국 또한 새로운 오랑캐이다.

― 유봉록劉逢祿,「진초오진출중국표서」
秦楚吳進黜中國表序

예의, 법률과 경학

1. 세계관 전환의 '내재적 시각'

고염무顧炎武가 성운聲韻과 문자를 고증하여 예악 풍속과 제도의 변천을 연구한 것이나, 대진戴震이 송대宋代 이학理學을 비판하며 한대漢代의 경학經學으로 돌아가 명물名物, 제도制度에 깊이 통달하고 맹자와 순자 사이를 오간 것, 그리고 장학성章學誠이 "육경은 모두 역사다"(六經皆史)라는 기치를 내걸고 "도와 기가 하나다"(道器一體)라는 명제를 창조적으로 새롭게 해석한 것 등의 시도들은 각각 학술 방법론에서는 차이점이 존재하지만, 복고적인 예제론, 정밀한 고증 방법과 '변화'·'변통' 및 '자연적 추세'(自然之勢: 소통(通)) 사이에서 장력을 형성하고 있다는 점에서는 차이가 없다. 이것은 일종의 역설적인 방식이자 복고적인 정통주의와 경세치용의 실천적 경향이 하나로 결합한 방식이다. 이러한 사상적 상황은 건륭 후기에 금문경학今文經學이 새로운 세력으로 부상(장존여莊存與가 공양학으로 전향한 것은 1780년 이후이다)하는 데 어떤 사상적 토대를 제공했을까?

청대 금문경학은 건가乾嘉 시기의 상주常州학파*에서 시작되었다. 장

• 상주(常州)학파: 상주학파는 가경(嘉慶)·도광(道光) 시기 상주 지역을 중심으로

존여, 공광삼孔廣森에서 시작하여 유봉록劉逢祿, 송상봉宋翔鳳을 거쳐, 공자진龔自珍과 위원魏源으로 이어지는 이들은 『춘추공양전』을 위주로 하여 금문경학의 관점에서 여러 경전을 두루 해석하는 한편, 이로써 현실의 도전에 대응하고자 했다. 장존여의 학문은 그 당시에는 널리 알려지지 않았고 그 자신 역시 법이나 제도를 개혁하려고 했던 정치가가 아니었지만, 그가 제창한 청대 금문경학의 전통은 유봉록에 의해 크게 발전하고 공자진과 위원에 의해 시대 상황을 관찰하고 평가하는 사상적 자원이 되었으며, 또 청말의 변법變法 시기에 이르러서는 한때 시대를 풍미하는 학술 사조가 되었다. 청대 금문경학가들의 예의禮儀, 법률과 역사에 대한 연구는 다민족으로 이루어진 제국 내부의 민족 관계, 사회를 구성하는 기본 원칙 및 그 내재적 모순, 청 제국이 직면한 부단히 변화하는 안과 밖(內外: 이하 '내외'라고 약칭함)의 관계 및 그 충돌과 밀접히 연관되어 있다. 청대 중기부터 장존여, 유봉록, 위원, 공자진 등은 끊임없이 화이華夷, 내외 및 삼통三統·삼세三世 등의 범주를 통해 왕조의 합법성 문제를 탐구했고, 또 예와 법을 기초로 하여 '중국'에 관한 관념을 재구성하려고 했다. 금문경학가는 경학의 관점에서 왕조의 내부와 외부의 관계를 처리하는 일련의 예의와 법률 사상을 발전시켜, 새로운 역사 실천—즉 식민주의 시대하에서의 변법 개혁—에 이론적 기초와 사상적 시각을 제공했다. 이러한 의미에서 청대 중기에

학술계에 새로운 연구 기풍을 일으킨 일군의 학자들 및 그들의 학문적 경향을 가리킨다. 상주학파의 특징에 대해 가장 간명하게 요약한 량치차오(梁啓超)의 설명에 따르면, "상주학파는 두 뿌리가 있는데 하나는 경학이고, 다른 하나는 문학으로, 이 양자가 점차 합류하여 하나의 조류를 형성했다. 그들의 경학은 특수한 시각에서 공자의 『춘추』를 연구하는 공양학적인 시각을 견지하고 있었으며, 장존여와 유봉록이 그러한 연구 기풍을 개창했다. 그들의 문학 연구는 동성파(桐城派)에서 분기하여 독립적인 기풍을 수립한 양호파(陽湖派)에서 비롯되었는데, 장혜언(張惠言)·이조락(李兆洛)에 의해 개창되었다. 이 두 조류가 합류하여 일종의 새로운 정신을 수립했는데, 즉 건가 고증학의 기초 위에 순치·강희제 시기의 경세치용의 학문을 건설하고자 했다." 梁啓超, 『中國近三百年學術史』, 臺北, 臺灣商務印書館, 1989, 28쪽.

시작된 금문경학 운동은 정치적 합법성과 관련된 경학 연구이자 정치 실천 이론이고, 왕조 체제의 역사적 변화에 적응하여 역사관과 세계관을 부단히 재구성하는 과정이라고 할 수 있다.

그러면 어떻게 금문경학이 청대 후기에 각종 지식과 정치 이론을 포괄하는 이론적 틀이 될 수 있었는가? 그것의 강렬한 정치성, 그리고 청대 대일통大─統 체제의 역사적 기초와 윤리 조건에 대한 지속적인 탐구, 역사 변화에 대한 민감성 및 학술적 민첩성, 이 모든 것들이 위에서 말한 것의 조건을 이루었다고 말할 수 있다. 금문경학의 시각에서 청대 후기 사상의 전환을 탐구하는 것은 방법론적인 문제를 포함하고 있다. 그래서 오로지 경학 내부의 시각에서 관찰해야만 비로소 청대 후기 사상의 의의와 그 변화의 궤적이 충분히 드러날 수 있다. 예를 들어, 공양학은 근대 과학 세계관에 합법성을 제공했지만, 오히려 스스로는 그런 새로운 우주론과 세계관을 제공할 수는 없었다. 이러한 역사적 관계로 인해, 금문경학의 내부 변화가 촉진되었고, 금문경학은 자신의 역사적 한계를 넘어서 포용적인 이론으로 전환하지 않으면 안 되었으며, 근대 과학 세계관이 결국에 공양학의 테두리를 벗어나 새로운 지배적인 지식과 신앙이 되었다. 또 공양학은 '내외' 관념의 테두리 내에서 유럽 자본주의의 국가 확장과 주권 개념을 이해했지만, 내외 관계를 처리하는 방식은 확실히 유럽 식민주의가 파급시킨 주권과 국제법 관념과 기본적으로 달랐다. 새로운 지식과 제도는 정치, 경제와 군사 헤게모니를 통해서만이 자신의 지배적 지위를 수립할 수 있다. 그렇다면 이러한 과정은 금문경학의 세계관을 어떻게 변화시키고 해체시켰으며, 그것의 내재적 시각 변화를 촉진시켰는가? 만약 주권, 민족 관계, 법률과 예의 문제를 경학의 시각에서 분리시킨다면, 우리는 청대 정치의 합법성이라는 미묘한 역사적·윤리적 함의를 이해할 수 없을뿐더러 새로운 내외의 관계가 어떻게 낡은 내외의 관계를 대체하여 재구성되고, 동시에 또 새로운 역사 조건 속에서 후자에 의해 제약받았는지를 이해할 수 없다.

금문경학의 '내재적 시각'은 경직된 시각이 아니다. 그 시각은 역사적으로 변화할 뿐만 아니라, 그 역사적 변화를 촉진하는 정치, 경제 및 군사 충돌과 '내재적 시각'은 상호 영향 관계를 이루고 있다. 위원, 공자진, 캉유웨이康有爲, 량치차오梁啓超의 금문경학에 있어서의 공헌은 결코 학술 방법의 측면에서 고증학을 지양止揚하는 데 국한되지 않는다. 그들은 더 나아가 금문경학을 정치 실천과 사회 비판에 적용하기도 했다. 그들의 사상적 노력을 통해, 각종 서구의 지식—정치, 철학, 경제, 특히 과학 지식—이 점차 공양학의 이론 속에 이입되었고, 공양학의 역사 이론과 서구 정치사상, 실증주의적 과학 우주론이 하나로 합해져 모든 것을 포괄하는 세계관으로 되었다. 이러한 의미에서 금문경학의 흥기와 변화는 단순히 학술사의 시각으로부터만 볼 것이 아니라 복잡한 사회 및 정치 문제에 대한 부응이라는 측면에서 관찰할 필요가 있다. 그렇다면 이제 우리는 다음과 같은 문제를 묻지 않을 수 없다. 즉 공양학은 근대 역사관과 정치 이론 및 법률과 어떠한 관계인가? 역사 이론과 법 사상으로서의 공양학은 왜 완전하고 일원론적인 우주관을 근거로 삼아야 했는가?

경세치용이든 아니면 고증 방법으로 경서의 진위를 논증하든, 모두 금문경학만의 전유물은 아니다. 청초 이래 경학 내부에는 줄곧 훈고訓詁와 고증을 통해 제도, 예악, 역사 변천을 탐구하려는 동력이 존재해 왔다. 건가 시기에서도 대진, 장학성 등은 사회문제에 대한 깊은 관심과 경세치용에 대한 뜻을 저버린 적이 없었다. 그들은 건가 고증학의 곤경을 통찰하고 더 나아가 건가 학술 내부에서 새로운 발전 방향을 모색했다. 이러한 의미에서 이른바 고증을 위한 고증이라는 조류로 모든 고문경학가를 개괄할 수 없다. 장존여, 유봉록의 학문과 대진, 장학성의 학문은 동시대에 출현했다. 만약 장존여, 유봉록의 학문이 건가 시기의 사회 위기에 대한 대응이라는 함의를 지니고 있다면, 대진과 장학성의 학문 또한 이와 같다고 할 수 있지 않겠는가? 금문경학은 단지 건가 시기 고증학에 대한 반동일 뿐만 아니라 청초 학자의 경세치용 원칙(및 건가 시기 학술 내부에 이미 잉태되고 있던 변혁의 요소)에 대한 호응이기도 하며 그들 간의 관계는 매우 복잡하다. 만약 우리가 단지 미언대의微言大義와 훈고 고증, 경세치용과 학술을 위한 학술의 대립 구도로 금문경학과 고문경학의 차이를 규정한다면 반드시 헤어날 수 없는 곤경에 빠지게 될 것이다.

2. 금문경학과 건가 시기 학술

금문경학과 고문경학의 주요 차이점에 대해서는 지금까지 다양한 의견이 존재한다. 그중에서 가장 초기 견해는 『한서』漢書 「예문지」藝文志의 문자의 차이에 대한 기록과 『한서』 「유흠전」劉歆傳에서 노로 공왕恭王이 "허물어진 담벼락에서 고문을 얻었다"(得古文於壞壁之中)는 기술을 근거로 하고 있으며, 또 후에는 『주례』·『좌전』·『상서』 등 고문으로 써진 전적典籍이 한대의 유흠에 의해 위조되지 않았나 하는 논쟁으로 파급되었다.[1] 공자진龔自珍의 「태서답문24(총론한대금문고문명실)」大誓答問二十四(總論漢代今文古文名實)은 바로 이에 근거하여 주장을 펼쳤으며 청대에 많은 영향을 미쳤다. 금문은 곧 한대에 통용된 예서隸書이고 고문은 바로 선진先秦시기의 문자다. 금문학파는 고문으로 쓰인 텍스트는 위조된 것이라 여겼고, 고문학파는 대체로 정반대의 입장을 견지했는데, 이로부터 경학 연구는 미언대의를 분석해야 하느냐(금문경학) 아니면 고증을 위주로 해야 하느냐 하는 논쟁이 발생했다.[2] 그러나 이러한 설명 방식은 금문경학과 고문경학이 각각 취하고 있는 경향의 진정한 함의를 설명하기에는 부족하다. 따라서 또 학관學官의 설치 여부, 스승의 학설의 차이, 서적이 나온 시기, 구전과 기록 문자의 차이 등을 기준으로 하여 금문경학과 고문경학을 구분하는 설명들이 등장했다. 건가 시기 고증학은 문자 고증에 치중하고 써진 문자를 통해 경서의 시기와 진위를 판별했다. 이와 반대로 금문경학은 성음聲音으로 전해진 내용에 주목하고, 『춘추』는 미언대의를 함축하고 있다고 여겼으며, 스승과 제자 사이의 구전이 없었다면 그 의미를 파악할 수 없었을 것이라고 보았다. 이런 의미에서, 금문경학은 성음으로 전해진 바(즉 구전된 바)가 문자 텍스트보다도 더 성인이 말하려 했던 의미를 구현하고 있다고 믿었다.[3] 그러나 이러한 구분조차도 절대적이지는 않다. 고증학의 시각에서 보면, 초기 경학 특히 고염무의 『음학오서』音學五書는 청대 고증학의 경전으로서, 그 주요 취지는 성음에 대한 고증을 통해 고대 경전 문장의 의미를 파악하고 나아가 주대周代 풍속과 전장 제도의 진정한 의미를 이해하는 것이었다. 따라서 성음은 고증학에서 극히 중요한 지위를 점하고 있었다. 또 금문경학의 시각에서 보면, 금문경학가가 비록 구전을 중시하기는 하지만 문자 고증을 무시한 것은 아니었다. 이에 캉유웨이는 "『설문해자』說文解字는 비록 위조 첨삭된 바가 있기는 하지만, 고금의 문자를 모아 놓은 것이므로 학자로서 글자를 알려면 읽지 않을 수 없다"고 하면서, 후학들이 단옥재段玉裁, 왕인지王引之의 문자 훈고학을 성실히 익히고 아울러 『이아』爾雅와 『광운』廣韻을 함께 연구할 것을 주문했다. 그는 다음과 같이 말했다. "『설문해자』는 자형학字形學이고 『이아』는 자의학字義學이며 『광운』은 성운학聲韻學으로서 모두 학자들이 도외시할 수 있는 것이 아니며 청 왕조 때 전문적으로 연구했던 학문이다."[4] 경학의 주요 임무는 특정한 방법을 통해, 시간과 역사, 수사의 두께와 문자의 탈루에 의해 은폐된 성왕의 전장 제도, 삼대三代의 풍속, 성인의 대의, 즉 예악의 핵심적인 의의를 회복하는 것이었다. 금문경학파와 고문경학파는 누구를 유가의 정종으로 삼을 것인가(공자孔子인가 아니면 주공周公인가) 등의 문제를 둘러싸고 많은 입장 차이를 보였지만, 바로 그 차이야말로 양자가 공유하고 있는 '정통주의' 유학의 경향을 잘 보여 준다. 청대의 맥락에서 정통주의와 관련된 입장의 차이는 결국 무엇을 정통의 근거로 삼을 것인가와 연관되어 있다. 즉 족군族群인가 아니면 지역 혹은 예의禮儀인가?

청대 금문경학과 고문경학의 차이는 복잡한 학술사 문제와 관련되어 있고, 광범한 정치 문제와도 연관되어 있다. 단순한 학술사 방법과 정치적 해석은 모두 금문경학과 고문경학의 연관과 차별을 정확하게 드러낼 수 없다. 따라서 우리는 광범한 역사와 이론적 시각에서 금문경학과 고문경학의 관계를 설명할 필요가 있다. 고증학은 건가 시기 학술에서 주류를 점하고 있었고, 그 엄격한 방법론과 학술 규범 때문에 금문경학이 고증학의 권위적 지위를 도전할 때조차도 어쩔 수 없이 자주 고증학의 방식을 취했다. 이러한 의미에서 금문경학과 건가 시기 고증학의 대립 관계는 역사의 변화 과정에서 점차 형성되었다고 할 수 있다. 장존여莊存與의 저작을 위해 쓴 서문에서, 동사석董士錫과 위원은 각기 다른 입장에서 한결같이 금문경학이 '건륭 시기의 경학의 총결'(乾隆間經學之巨匯)[5]이며, 장존여라는 "진정한 한학을 한 이가 여기 계시지 않은가!"(所爲眞漢學者庶其在是!)[6]라고 했다. 그들은 한학 정통을 견지하는 방식으로 금문경학의 도전적 태도를 나타냄으로써, 오히려 금문경학의 주변적 지위를 드러내는 것이 되고 말았다. 이러한 상황은 줄곧 금문경학이 매우 성행하던 시기인 청말淸末에 이르러서야 비로소 변화가 있었다. 예를 들어, 량치차오는 더 이상 경학에 있어서 금문경학의 정통적 지위에 관한 문제에 관심을 두지 않고, 미언대의와 훈고명물訓詁名物의 차이로써 금문과 고문의 차이점을 기술했다.[7] 그의 견해는 고문 경학자 완원阮元과 유사하다. 완원은 장존여가 "육경의 모든 분야에서 심오한 의미를 밝혀낼 수 있었고, 한·송의 주석만을 연구한 것이 아니라, 홀로 언어 문자 밖에서 성현의 미언대의를 체득했다"(於六經皆能闡抉奧旨, 不專專爲漢宋箋注之學, 而獨得先聖微言大義於語言文字之外)[8]고 말하면서 경학 방법의 차원에서 금문경학과 고문경학의 차이를 논했다.[9]

　　완원과 량치차오는 각기 고문경학과 금문경학을 주창했으며 모두 각기 해당 시기 학술의 주류에 속해 있었다. 또한 각기 금문경학과 고문경학에 대한 입장은 달랐지만 방법론적으로 금문경학과 고문경학의 차이를 명확히 정의하고 구분하고자 했다. 그러나 건가 시기의 금문경학과 고문경학은 결코 그들이 말한 것처럼 그렇게 명확하게 구별·대립되는 것은 아니었다. 실제적으로 건가 시기 학자는 각종 사상적 자원을 함께 취했고, 학술 연구에서 금문경학과 고문경학 간의 교차는 흔히 있는 일이었다. 금문경학의 입장에서 본다면, 장존여와 유봉록의 학문은 고증학적인 여러 요소를 포함하고 있다. 장존여의 『춘추정사』春秋正辭는 위로 원말 명초 휴녕休寧 조방趙汸의 춘추학을 계승하고, 『춘추』의 미언대의를 발휘하여 동중서董仲舒의 『춘추번로』春秋繁露로부터 많은 것을 받아들였다. 그러나 그의 학술에서 공양학은 단지 하나의 작은 부분일 뿐이다. 그의 『미경재유서』味經齋遺書는 한학과 송학을 겸하고 고문과 금문을 분별하지 않았으며 문호門戶를 엄격히 따지지도 않았다. 그리하여 『주역』, 『춘추』, 『상서』, 『시경』, 『주관』周官, 사서四書 등을 두루 섭렵했는데, 그중 『주관기』周官記, 『주관설』周官說, 『모시설』毛詩說 등의 저술은 기본적으로 고문경학의 범위에 속하는 것이었다.[10] 공광삼孔廣森의 『춘추공양통의』春秋公羊通義는 하휴何休의 『춘추공양해고』春秋公羊解詁를 따르지 않고 오히려 고증학적인 자세로 공양 사상을 정리했는데, 후대 학자들이 그를 가리켜 "음운학 같은 소학에 능했을 뿐, 경전 연구는 그의 장기가 아닌 듯하다"(長於音韻小學, 治經殆非所長)고 한 평가는 결코 지나친 것이 아니었다. 장존여는 『주례』周禮를 가지고 『공양전』의 부족한 바를 보충했고, 공광삼이 『맹자』로써 『공양전』의 의미를 해석한 것은 모두 가법家法이 엄격하지 않았음을 증명해 준다.[11] 유봉록은 동한 하휴의 '삼과구지설'三科九旨說*을 좇아서 공양학

* 삼과구지설(三科九旨說): 한대의 공양학가는 『춘추』(春秋) 서법에 '삼과구지'(三科九旨), 즉 '세 단계에 아홉 가지의 뜻'이 담겨 있다고 보았다. 하휴와 송충(宋衷)의 두 가지 설이 있는데, 당대 서언(徐彦)의 소(疏)에 따르면 '삼과'(三科)란 '장삼세'(張三世: 하夏·은殷·주周), '존삼통'(存三統: 인통人統·지통地統·천통天統), '이내외'(異內外)를 가리키며, '구지'(九旨)란 '시(時)·일(日)·월(月)'(기술의 상세함과 간략함), '왕(王)·천왕(天王)·천자(天子)'(가깝고 멂), '기(譏)·폄(貶)·절(絶)'(서법의 경과 중)

학자가 가법을 중시하는 선례를 만들었는데, 이러한 전환이야말로 청대 경학이 가법을 중시하는 전통에 부합하는 것이었다. "외삼촌이 미처 못다 펼친 뜻을 펼쳐서" 저술한 그의 『상서금고문집해』尚書今古文集解를 보면, 직접 나눈 다섯 가지 범례 가운데 첫 번째가 바로 문자를 바로잡고, 음훈音訓을 고찰하며, 구두句讀를 확정하고, 차이를 상세히 분석한다는 것이었는데, 이런 방법론은 완전히 건가 고증학파의 방법을 그대로 받아들인 것이었다.[12] 청대 금문경학은 경세치용에 중점을 두었지만, 가법에 대해서는 건가 시기 학자만큼 그렇게 엄격하지 않았다. 위원의 「양한경사금고문가법고서」兩漢經師今古文家法考敍는 가법을 전문적으로 논한 글이다. 그는 청대 학자가 동한 시기의 고문경학을 높이 평가하고 서한 시기의 금문경학을 폄하하는 관점을 비판했지만, 그렇다고 결코 간단히 동한의 학문을 부정하지 않고, 진리를 탐색하는 (도를 구하는) 관점에서 경학과 그 가법을 총괄하고 역사 변화 속에서 경세의 근거를 찾으려 시도했다.

> 서한의 미언대의를 중시하던 금문경학은 동한에 이르러 쇠퇴하고, 동한의 전장 제도를 중시하던 고문경학은 수당대隋唐代에 이르러 단절되었다. 양한兩漢의 훈고학과 성운학은 위진魏晉 시기에 끊어졌으니, 그 가르침은 과연 어떤 흥망성쇠를 거치는 것인가? 문文과 질質이 번갈아 교체하고, 천도天道도 세 번 쇠미해진 후에야 다시 한번 밝아진다. 오늘날 복고復古의 핵심은 훈고訓詁 성음聲音으로부터 동한의 전장 제도로 나아가는 것인데, 이것은 제학齊學에서 일변하여 노학魯學에 이르는 것이다. 그리고 다시 전장 제도로부터 서한의 미언대의로 나아가 경술經術, 옛 제도, 문장을 하나로 꿰어야 하는데, 이는 노학魯學에서 일변하여 도道에 이르는 것이다.

을 가리킨다.

西京微言大義之學, 墜於東京. 東京典章制度之學, 絕於隋唐.
兩漢故訓聲音之學, 息於魏晉, 其道果孰隆替哉? 且夫文質再
世而必復, 天道三微而成一著. 今日復古之要, 由訓詁聲音以進
於東京典章制度, 此齊一變至魯也. 由典章制度以進於西漢微
言大義, 貫經術故事文章於一, 此魯一變至道也.[13]

훈고訓詁 성음聲音에서 전장 제도로, 그리고 다시 미언대의로. 이러
한 '복고' 과정은 서한 금문경학을 고증학과 역사학의 최종적인 목적
지이자 목표로 간주하고 있다. 위원은 『주례』, 『좌전』에 근거하여 『시
경』을 풀이하고, 송대宋代 사람의 학설로 『모시』毛詩의 주장을 반박하
는 등 일부 경학자들이 보기에 그는 순전히 가법을 어지럽히는 것 같
았다. 그의 『서고미』書古微는, 위로는 『고문상서』, 『공전』孔傳에 대한 염
약거閻若璩의 비판을 계승하여 『고문상서』가 위서偽書라고 단정했다.
이와 같이 1886년(광서光緒 12년) 랴오핑廖平이 『금고학고』今古學考에서
『예기』禮記 「왕제」王制와 『주례』에 근거하여 금문과 고문을 구분하기
전까지는, 금문경학과 고문경학의 구분이 미처 그렇게까지 명확하지
않았다(랴오핑은 『예기』 「왕제」가 우虞·하夏·은殷·주周 4대의 제도이
고, 『주례』가 주대周代의 제도라고 보았다).[14] 청말 캉유웨이와 량치차
오 등 금문경학의 대표 학자와 장타이옌章太炎 등 고문 학자가 서로 공
격과 비난을 전개하기 전까지는 금문학파와 고문학파 간의 구분이 그
렇게 엄격하지 않았다. 금문경학과 고문경학의 차이는 단지 학술 전승
에서 기원할 뿐만 아니라 또 청대 사상 변화의 결과이기도 하다.

한편 고증학의 측면을 보면, 이미 앞서 말한 바와 같이 대진과 장학
성은 의리義理에 대해 깊은 관심을 가지고 있었다. 이에 대해 여기서
더 이상 부연 설명을 하지 않겠다. 다만 그들 이전에, 염약거는 30여
년간 『상서』를 연구·분석하여 『상서고문소증』尚書古文疏證 8권을 지었
는데, 여기서 그는 번잡한 고증의 방식을 통해 『상서』 고문 25편이 위
서라고 단언했다. 그 후, 혜동惠棟이 『고문상서고』古文尚書考 2권을 지

어 염약거의 연구를 다소 인용하면서 정현鄭玄이 전한 24편, 즉 공벽孔壁에서 나온 진짜 고문古文을 논증했으며, 동진東晉 후반에 출토된 25편은『한서』漢書의 기술과 부합하지 않아 위서라고 보았다. 이러한 한학 경전은 고문경학의 범위에서 의고疑古의 학풍을 일으켰으며, 금문경학의 의고 사조에도 학술사적인 단서를 제공했다. 혜동의 학술은 본래 한대의 참위설을 중시했는데, 따라서 그의 한대로의 회귀도 금문경학의 선도로 간주할 수 있다. 첸무錢穆의 학술 연구는 고문경학의 입장에 서 있지만, 그 역시 금문경학이 건가 시기 한학 특히 혜동의 학문과 연원 관계가 있다고 보았다. 그에 따르면, 장존여는 고증을 무시했고 또 송대 유학자들처럼 언어 문자 밖에서 리理를 구할 수도 없었기 때문에, "단지 고대 경전을 끌어다가 학설로 삼고, 또 종종 한대 유학자들의 황당한 주장을 견강부회하기도 했다. 그래서 그의 학문에는 소주蘇州 혜동의 허무하고 괴탄스러운 기풍이 있어서 더욱 제멋대로 변해 갔다." 그의 조카 장술莊述祖(자는 보침葆琛)의『진집환총서』珍執宧叢書는 "자못 명당明堂이나 음양을 탐구했는데 그 또한 소주 혜동의 학문이다."[15] 장존여, 유봉록의 학문과 혜동의 학문 사이에는 복잡한 역사적 연관이 존재한다. 가경嘉慶 5년, 유봉록이 공생貢生으로 발탁되어 북경에 가자, 일찍이 장혜언張惠言에게『우씨역』虞氏易과 정현鄭玄의『삼례』三禮에 대해 물은 적이 있다. 장혜언의 학문은 혜동의 가법에서 나왔고, 유봉록의「역우씨오술서」易虞氏五述序도 가법에 따라『주역』을 연구했으므로, 그가 장혜언의 영향을 받은 것이 분명하다.

첸무는 상주학파가 고고考古에 뜻을 둔 혜동의 학문을 의리義理의 학문으로 잘못 간주하여 그것을 경세의 실천에 적용함으로써 "학술, 치도治道 모두가 소실되고, 곤경에서 벗어나지 못했다"고 비판했다. 그러나 그의 이러한 비평은 학술 전승에 관한 것일 뿐, 상주학파의 학술과 고염무, 대진, 장학성 간의 역사적 연관성에 대해서는 언급하지 않았다. 혜동이 송학을 비판하고 한학으로 돌아가, "두 가지 모두를 수용하여" 의리를 설명한 것은 정치적이고 역사적인 관점을 함축하고 있는 것은 아닐까? 유봉록은 「춘추공양석례서」春秋公羊釋例序에서 공양학의 흥기를 청 정부의 전국적인 각종 서적 수집과 『사고전서』 편찬 사업으로 인한 새로운 학술 기풍과 연계시키고, 다른 한편으로 금문경학을 건가 시기 학술의 유기적인 한 부분으로 간주했다.

청淸이 천하를 통치한 1세기 동안 책 헌정의 길을 트고, 학문을 하는 선비들을 모집했으며, 육경六經을 표창하는 것을 우선으로 삼았다. 그래서 사람들은 벽을 마주 보고 허황한 것을 지어내는 것을 수치스럽게 여기고, 한대漢代의 가법家法을 경쟁적으로 고수했다. 『역』易의 연구에서는 원화元和의 혜동, 무진武進의 장혜언이, 『예』禮의 연구에서는 흡현歙縣의 정요전程瑤田이 특히 뛰어난 학자였다. 나는 머리를 묶어 올리는 나이부터 경전을 배웠고, 동중서의 『춘추번로』와 하휴의 『춘추공양해고』春秋公羊解詁에 능했는데, 내 생각과 딱 들어맞았다.

> 淸之有天下百年, 開獻書之路, 招文學之士, 以表章六經爲首,
> 於是人恥向壁虛造, 競守漢師家法, 若元和惠棟氏·武進張惠言
> 氏之於易, 歙程易疇氏之於禮, 其善學者也. 祿束髮受經, 善董
> 生何氏之書, 若合符節.[16]

이러한 의미에서 금문경학과 고문경학은 동일한 사상 분위기 속에서 태동했고, 오파吳派·환파皖派 학술*의 맥락 중 어떤 것은 바로 상주학파의 발단이 되었다.

---

* 오파(吳派)·환파(皖派) 학술: 오파(吳派)와 환파(皖派)는 청대 건가 시기 고문경학의 입장에서 경학을 연구하던 대표적인 지역적 한학(漢學) 연구 집단이다. 전자는 혜동(惠棟)이 대표적인 인물로 그가 소주(蘇州) 오현(吳縣) 사람이기 때문에 오파로 명명되었으며, 후자의 대표적 인물은 대진(戴震)으로서 그가 안휘(安徽) 휴녕(休寧) 사람이었기 때문에 안휘를 뜻하는 '환'(皖)을 사용해 환파라고 불렀다.

3. 청대 학술에서의 『춘추』의 지위

금문경학과 건가 시기 고증학의 매우 복잡한 관계는 결코 개별적인 사승 관계나 방법론상의 유사성 여부로 해석할 수 있는 것이 아니다. 금문경학은 춘추공양학을 중심으로 하고 있어 당연히 『춘추』가 육경 가운데 으뜸을 차지하고 있다. 캉유웨이는 『춘추번로』를 논하면서 "『춘추』는 『시』, 『서』, 『예』, 『악』과 비교할 수 없다. 『시』, 『서』, 『예』, 『악』은 간략하여 상세하지 않기 때문이다"[17]라고 했다. 청대 십삼경주소十三經注疏* 중에서 오직 하휴의 『춘추공양해고』春秋公羊解詁만이 금문가의 학설이다. 따라서 청대 금문학파의 출발점은 『춘추공양전』이었고, 『춘추』에 대한 서로 다른 해석도 금문과 고문을 구별하는 가장 중요한 특징이 되었다.[18] 고문경학은 『춘추』를 역사서로 간주하고 『좌전』의 지위를 중시했다. 반면에 금문경학은 『춘추』를 경서이자 통치에 관한 서적으로 간주하고, 『공양전』과 『곡량전』穀梁傳의 해설에 주목했다. 캉유웨이는 『춘추』가 공자의 제도 개혁을 위한 미언대의이고 육경은 공자가 정한 율례律例라고 보았다.[19] 내용으로 볼 때, 금문경학의 『춘추』의 의미에 대한 설명은 청대 초기의 학술과 커다란 차이가 있다. 예를 들어, 고염무, 왕부지王夫之는 모두 『춘추』와 『좌전』의 예의적禮儀的 함의를 높이 평가했을 뿐만 아니라, 그들의 화이華夷 구분에 관한 논의는 청대 말엽에 이르러 한때 풍미하기도 했다. 금문경학은 이와는 정반대이다. 그들은 공양 사상(특히 동중서의 『춘추번로』)으로 『춘추』

---

* 청대 십삼경주소(十三經注疏): 청대 학자들이 남송 때 완성된 십삼경주소를 바탕으로 하여, 청대 고증학의 성과까지 반영해 새로 지은 주석서들을 가리킨다. 본문에서는, 이 중 확실한 금문경학의 주해(注解)를 근거로 주석을 단 것은 『춘추공양전』에 대한 하휴(何休)의 주(注)뿐임을 지적하고 있는 것이다. 정확히는 『곡량전』 역시 금문경학 계열의 경서로 보는 것이 일반적인 관점이긴 한데, 『공양전』의 주석이 금고문경학이 여전히 첨예하게 대립하던 동한 말엽의 금문경학가 하휴가 지은 것과 달리, 『곡량전』의 주석은 금고문 논쟁이 종식된 진대(晉代) 범녕(范寧)이 지은 것이기에 금문경학가의 주석서라고 하기에는 적절치 않다.

의 의의와 취지를 재해석하여 화이 관계, 내외 관계를 상대화하려 힘썼다. 그러나 청대 초기 경학과 금문학파는 모두 화이 관계를 도덕적 혹은 예의적 관계로 간주하고 족군族群의 절대적 구별을 폄하했다. 경학사의 관점에서 보면, 경전을 평가하는 그들의 기준은 동일하지는 않지만, 『춘추』를 모든 경서 가운데 으뜸으로 여겼다는 점에서 상통하는 점이 없다고는 할 수 없다.

『춘추』는 위로는 노魯 은공隱公 원년(기원전 722년)부터 아래로는 노 애공哀公 14년(기원전 481년)까지, 노나라 사관이 편찬한 『춘추』를 근거로 공자가 수정한 것으로 알려져 왔다. 『춘추』 문제를 둘러싼 금문경학과 고문경학 두 파의 분화는 『춘추』와 오경에 대한 건가 시기 경학의 재해석에서 비롯되었다.[20] 고증학자들이 훈고·고증에 열중하면서, 경세치용을 특징으로 하는 경학은 점차 진실 추구를 목표로 하는 사학으로 변환했다. 그들은 『좌전』을 받들고 『공양전』과 『곡량전』을 배척했다. 그리하여 『춘추』 문제를 둘러싸고 금문경학의 경향과 정반대가 되었다. 전대흔錢大昕은 『춘추』를 논하여 다음과 같이 말했다. "『춘추』 서법書法이란 단지 그 사건을 직설적으로 기술하여 선과 악을 숨김없이 드러냈을 뿐이다."(春秋之法, 直書其事, 使善惡無所隱而已)[21] 그와 왕명성王鳴盛은 모두 경서經書와 사서史書는 구분이 없다고 보았다. 이러한 입장은 장학성에게서 "육경은 모두 사서다"(六經皆史)라는 명제로 바뀌어 경과 사의 동일론이 극대화되었다. 장학성은 주공을 중시하고 공자를 폄하했으며, 경經 개념과 육예六藝의 관계를 중시하여 해설에 불과한 전傳을 경經으로 간주하는 연구 경향에 대해 반대했을 뿐만 아니라, 제자서諸子書와 경을 해설한 전傳을 모두 낮게 평가했다. 사학의 관점에서 보면, 『춘추』는 의문의 여지 없이 사서史書 가운데 하나로서, 더 이상 이른바 "오경 가운데 핵심"이라는 지존의 지위를 점할 수 없을뿐더러, 공자 역시 제자諸子 중 한 명으로 소왕素王 자질을 구비하고 있지 않았다. 『좌전』을 중시하고 『공양전』을 비판하며 『한서』를 존중하고 『사기』를 비판하는가 하면, 『주례』의 지위를 드높이고 유향劉向·유흠의

『칠략』七略 분류법을 중시하는 것 등으로 인해, 장학성은 자연스럽게 금문경학과 대립적인 위치에 서게 되었다. 하지만 장학성의 시대에는 고문과 금문이 대립하는 국면이 존재하지 않았으며, 양자의 대립은 바로 경학이 분화한 산물이었다.[22]

장학성은 생전에는 그렇게 알려지지 않았고, 유봉록도 "육경은 모두 역사다"라는 주장에 대해 비판하지 않았다. 그러나 유봉록은 각각의 사례를 조목조목 들어 전대흔의 경서과 사서의 동일론을 반박했는데, 이는 실제로 건가 시기 학술 조류에 대한 비판이었다.

> 『좌전』은 사건에 대해 상세하지만, 『춘추』는 대의를 중시하고 사건을 중시하지 않았다. 『좌전』은 의례義例를 언급하지 않았는데, 『춘추』는 통례通例는 없지만 의례는 있다. 단지 사건을 중시하지 않았기에 수많은 사건 중 열에 하나만 남겨 기록된 것보다 기록되지 않은 것이 더 많다.
>
> > 『左氏』詳於事而『春秋』重義不重事, 『左氏』不言例, 而『春秋』有例無達例, 惟其不重事, 故存十一於千百, 所不書多於所書.[23]

> 『춘추』는 위로는 노 은공에서 아래로는 노 애공까지 기록했는데, 의례와 서법을 제정하였기에, 풍자하고, 비난하고, 칭찬하고, 피휘避諱하고, 억누르고, 깎아내리는 내용은 대놓고 드러나게 쓸 수는 없었다.
>
> > 『春秋』上記隱, 下至哀, 以制義法, 爲有所刺譏襃諱抑損之文, 不可以書見也.[24]

유봉록은 당대唐代 육순陸淳 등의 견해를 계승하여 『춘추』 삼전三傳의 지위 문제를 다시 제기했으며, 이는 서법과 의례를 바탕으로 『춘추』의 미언대의를 다시 밝히는 데 기초를 제공했다.[25] 그의 『좌씨춘추고증』은 유흠이 『좌전』을 위조했다고 논증하여 정면으로 고문파의 경학관, 특히 경서와 사서의 동일론에 타격을 가했다. 그리고 이러한 해석은 이후 금문경학가들이 역사적 사실의 구속에서 벗어나 제도 개혁을 위한 공자의 미언대의를 발휘하는데 토대를 제공했다. 유봉록 이후, 캉유웨이는 장학성의 사학 관점을 정면으로 비판하여, 공자가 아니라 주공을 유학의 집대성자로 간주하는 것은 결국 공자의 종교 개창과 제도 개혁의 역사적 의의를 은폐시키게 된다고 주장했다.[26] 그러나 이상과 같은 계파적 입장과 정치적 맥락의 차이를 통해서도 경서와 사서의 동일론과 금문경학의 상호 연관성을 엿볼 수 있다.

우선, 『춘추』를 '오경의 핵심'으로 보는 것은 유학 특히 경학의 중요한 전통 가운데 하나로서, 이학가理學家들이 사서四書를 중시하는 것에 맞서서 『춘추』의 중심적 지위를 다시 확립하는 것이 청대 경학의 중요한 과제가 되었다. 금문경학과 고문경학의 중요한 구분점 가운데 하나는 육경을 공자의 저서로 보는가 하는 것이다. 고문경학파는 성인의 가르침과 제도를 기술할 뿐 자신의 의견을 덧붙이지는 않았다는 '술이부작'述而不作이란 공자의 말을 사실로 고수하면서, 이른바 『주역』의 괘상卦象을 풀이하고, 『시경』과 『상서』를 정리하고, 『예』와 『악』을 바로잡고 『춘추』를 수정한 것이 바로 이러한 '술이부작'의 근거라고 보았다. "육경은 모두 사서다" 혹은 "경서와 사서는 구분이 없다"는 주장은 육경을 선왕의 제도에 대한 기록으로 간주함으로써 집대성자로서의 주공의 지위를 부각시켰다. 금문학파(특히 랴오핑, 캉유웨이)는 육경은 공자의 저작이며, 『춘추』는 사건을 기록한 책이 아니라 공자가 탁고개제托古改制(옛 제도를 빌려 지금의 제도를 개혁함)한 미언대의라고 보았다. 즉 (『공양전』의 이른바 "춘추의 대의大義를 펼쳐 후대 성인을 기다린다"는 것에 근거하여) 주공이 아니라 공자야말로 유학의 집대성자라는 것이다. 랴오핑은 또 피석서皮錫瑞의 『경학통론』經學通論*「삼례」

• 피석서(皮錫瑞)의 『경학통론』(經學通論): 『경학통론』은 피석서의 저술인데, 본서에서는 유월(兪樾)이라고 했기에 이를 바로잡아 번역했다.

三禮 중 「「왕제」王制의 내용은 금문의 가장 중요한 핵심, 즉 『춘추』에서 소왕이 주장한 제도라는 것을 논함」(論「王制」爲今文大宗卽『春秋』素王之制)이라는 편에 근거하여, 더 나아가 금문경학가가 추종하는 『예기』 「왕제」가 바로 『춘추』 안에 담긴 '예전'禮傳이며, 이는 공자의 저작이라는 점을 논증했다. 이러한 면에서 보면 고문경학과 금문경학의 차이는 확연하다고 할 수 있다. 그러나 금문경학이 『춘추』를 모든 경전 가운데서 가장 중요한 지위로 끌어 올린 것은 청대 경학의 전통과 일맥상통한다. 청대 초기 학자는 경사經史의 학문으로 주자학과 양명학을 비판하고, 신제도론과 신예악론으로 송명 유학자들의 천인 심성의 명제에 대항했다. 그들은 모두 선왕의 제도와 법률, 제도의 연혁과 풍속 변화에 대한 탐구를 경학의 주요 과제로 삼았다. 황종희黃宗羲의 『명이대방록』明夷待訪錄은 고대 제도를 바탕으로 한 법과 제도에 대한 개혁론이고, 고염무의 군현론郡縣論, 봉건론封建論 및 각종 제도론은 역사와 현실 두 측면에서 제도 개혁의 가능성을 탐구한 것이다. 그들은 예禮로써 리理를 대체하고 제도로서의 예의 특징을 강조했다. 여기서 핵심적인 문제는 법과 제도의 개혁이며, 변화(개혁) 의식과 제도론의 결합은 청대 학술의 내재적 동력이었다. 바로 이러한 예제禮制를 재구성하는 조류 속에서 오경 가운데 『춘추』의 명확한 지위 상승이 이루어졌고, 그 결과 사서史書로써 경서經書를 증명하는 학술 조류가 출현했던 것이다. 앞에서 인용한 『정림문집』亭林文集(권3)의 「여시우산서」與施愚山書*와 『일지록』日知錄(권7)의 「부자지언성여천도」夫子之言性與天道는 모두 『춘추』를 공자의 다른 저서와 비교하여 "공자의 문장 중 『춘추』보다 위대한 것은 없다. 『춘추』의 대의大義는 천왕天王을 받들고 오랑캐를 몰아내고 난신적자를 없애는 것인데, 이 모두가 성性이고, 천도天道이다. 그러므

• 「여시우산서」(與施愚山書): 저자는 「여시우산서」를 거론할 뿐 구체적인 내용을 제시하지 않고 있지만, 「여시우산서」 가운데 "『춘추』에 대한 군자의 공부는 죽어서야 그치는 법이다."(君子之於『春秋』, 沒身而已矣)라는 내용을 염두에 둔 것으로 보인다.

로 호안국胡安國은『춘추』를 성인이 성性과 명命을 다룬 문장이라 여겼던 것이니, '공자께서 말씀하지 않으셨다면 제자들이 무엇을 조술祖述할 수 있었겠는가!'•"(夫子之文章, 莫大乎『春秋』,『春秋』之義, 尊天王, 攘戎翟, 誅亂臣賊子, 皆性也, 皆天道也. 故胡氏以『春秋』爲聖人性命之文, 而子如不言則小子其何述乎)[27]라고 했다. 고염무는『춘추』를 단순한 사서史書가 아니라 선왕의 정치 제도와 시비 판단의 기준을 기탁한 저작으로 간주했다. 또 송·명 유학의 추상적인 담론을 겨냥하여, 그는 "천왕을 받들고, 오랑캐를 몰아내며 난신적자를 없애는 것"을 '성'性과 '천도'의 범주로 간주했다. 이러한 관점은 내외, 화이의 예의 원칙을 부각시킨 것으로 청대 금문 경학이 제창한 내외·화이의 상대화 관점과 서로 대립되지만,『춘추』를 형서刑書로 보는 점에 있어서 고염무와 금문경학의 관점은 차이가 그다지 크지 않다.

이상과 같은 청대 초기 경학의 특징은 제도를 중시하고『춘추』를 높이 떠받드는 공양학 부흥의 전조가 되었다. 유봉록 이래, 춘추공양학은 한대 공양학의 주요 특징을 회복시켜, 예의禮義와 법률의 합일을 추구했는데,『춘추』는 바로 예를 밝히고 사건을 판결하는 전범이었다.

학자 중에 성인을 배우고자 하지 않는 이는 없다. 성인의 도는 오경에 모두 구비되어 있다. 그중에서도『춘추』가 오경의 핵심이다. 한대漢代에 도를 가르치는 유자들의 가르침은 모두 망실되어, 오직『모시』, 정현의『삼례』주注,『우씨역』虞氏易만이 이렇다 할 의례義例가 남아 있을 뿐이다. 그런데 혼란한 세상을 바로잡는 데는『춘추』만 한 것이 없다.『춘추』에 대한 동중서와 하휴의 주장을 통해서, 마치 소리에 곧바로 메아리가 들려오듯, 의문에 대

• 공자께서~있었겠는가: 이 구절은 원래 자공이 공자에게 하소연한 내용으로『논어』「양화」편에 보인다. 이런 자공의 하소연에 대해 공자는 이렇게 답했다. "하늘이 무슨 말을 하더냐! 네 계절이 운행하며 만물이 생육하는데, 하늘이 무슨 말을 하더냐!"(天何言哉! 四時行焉, 百物生焉, 天何言哉!)

한 답변을 얻을 수 있었다. 그래서 성인 공자의 뜻과 그의 70여 명 제자가 전한 바를 알고자 한다면, 이를 버리고 무엇을 따르겠는가?

> 學者莫不求知聖人, 聖人之道, 備乎五經, 而『春秋』者, 五經之
> 管鑰也. 先漢師儒略皆亡闕, 惟『詩』毛氏·『禮』鄭氏·『易』虞氏有
> 義例可說. 而撥亂反正, 莫近『春秋』, 董·何之言, 受命如響. 然
> 則求觀聖人之志, 七十子之所傳, 舍是奚適焉?[28]

또 이렇게 말했다.

혹자는『춘추』를 형벌에 관한 성인의 형서刑書라고 하거나, 오경에『춘추』가 있는 것은 마치 법률에 판결에 대한 법령이 있는 것과 같다고 말한다. 그런데 온성溫城의 동중서가『춘추』를 유독 예의의 핵심으로 삼은 것은 무슨 까닭인가? 대저 예법이란 형벌의 정화精華이다. 예법에서 벗어나면 형벌을 받게 되며, 중간에 다른 길은 없다. 따라서 형벌이란 예법의 한 조목인 것이다. … 『춘추』는 상도常道를 드러내고 임시방편을 숨기며, 덕德을 앞세우고 형벌을 뒤로 하니,『춘추』의 도道는 하늘로부터 비롯된 것이다. …대저 형벌은 덕을 거스르면서 덕에 순응하게 하는 것이니, 이 역시 임시변통의 일종이다. …굽은 것을 바로잡을 때는 원래보다 좀 더 지나치게 바로잡지 않으면 곧게 할 수가 없다. 따라서 임시방편은 반드시 상도常道를 거스른 다음에야 비로소 더불어 도로 귀의할 수 있다. …따라서『춘추』를 가지고 진·한 시기의 옥사獄事를 판결했던 것은『춘추』를 밝혀 삼대의 예법을 회복해, 본말 경중本末輕重을 비교하고 헤아릴 수 있는 것만 못하다. 공자께서『춘추』를 지으신 것 역시 이를 기꺼워하셔서이기도 하다.

> 或稱『春秋』爲聖人之刑書, 又云五經之有『春秋』猶法律之有斷

令. 而溫城董君獨以爲禮義之大宗, 何哉? 蓋禮者刑之精華也,
失乎禮卽入乎刑, 無中立之道, 故刑者禮之科條也. …『春秋』顯
經隱權, 先德而後刑, 其道蓋原於天. …夫刑反德而順於德, 亦
權之類矣. …矯枉者弗過其正則不能直, 故權必反乎經, 然後可
與適道. …故持『春秋』以決秦漢之獄, 不若明『春秋』以復三代
之禮, 本末輕重, 必有能權衡者, 以君子之爲亦有樂乎此也.[29]

유봉록은 선진先秦의 형벌, 덕德 개념을 회복시키고, 분명히 예법을
형벌의 정화로 삼아, 예법과 형벌의 관념을 법령의 관념 속에 귀납시
켰다. 그의 제자인 공자진龔自珍의 『춘추결사비』春秋決事比를 보면, 예의
와 법률을 종합하는 이러한 경향이 매우 두드러진다.

한대漢代 사마천司馬遷은, 『춘추』가 예의의 핵심이라 했고, 『춘
추』는 시비를 밝혀 사람을 다스리는 데 유익하다고도 했다. 진
대晉代의 순숭荀崧이 뒤이어 『춘추』를 논하길, 『공양전』公羊傳은
은미隱微한 바에 정통하여 옥사獄事를 판결하는 데 장점이 있다
고 했다. 『한서』「예문지」 중 「제자략」諸子略의 「유가」儒家 목록
을 보면 『동중서』 123편이 저록著錄되어 있고, 『한서』「예문지」
중 「육예략」六藝略의 「춘추」春秋 목록을 보면 『공양동중서치옥』公
羊董仲舒治獄 16편이 따로 저록되어 있지만, 거의 다 망실되었다.
내용이 온전한 것 중 『공양전』의 주장을 발휘한 것은 명가名家에
속했고, 하휴가 『춘추공양해고』春秋公羊解詁에서 여러 차례 한대
법률을 인용한 것은 법가法家에 속했다. 그리고 한대 조정에서
신하들이 『춘추』를 가져다 상벌을 판단하는 경우가 즐비했는데,
이는 예가禮家에 속하거나, 명가나 법가에 속했다. 혹자가 이렇
게 물었다. "『공양전』은 예의와 형벌 중에 어느 분야에서 뛰어
납니까?" 난 이렇게 답했다. "형벌을 다룬 책이란 그 책으로 예
의를 행하게 하는 것이다. 예의에서 벗어나게 되면 형벌에 적용

을 받게 되며, 그 사이에서 어중간하게 설 자리는 없다. 또한 다음과 같이 들었다.『춘추』는 옥사를 판결하고, 법을 만들고자 하고, 주군主君을 허물하고, 천자天子로서 남면南面하여 모든 왕들을 다스리는 책이다. 만세토록 변치 않을 형벌을 다룬 책이기에, 만세토록 변함없이 모든 일을 판결하는데, 어찌 구체적으로 한 사람 한 사건을 다루겠는가. 이 때문에『공양전』에 실제로는 상벌을 베풀지 않았으면서도 명문상으로는 상벌을 베풀었다고 한 부분이 있는 것이다."

> 在漢司馬氏曰: 春秋者, 禮義之大宗也. 又曰: 春秋明是非, 長
> 於治人. 晉臣荀崧踵而論之曰: 公羊精慈,* 長於斷獄. 九流之
> 目, 有董仲舒一百二十三篇. 其別公羊決獄十六篇, 頗佚亡. 其
> 完具者, 發揮公羊氏之言, 入名家. 何休數引漢律, 入法家. 而
> 漢廷臣援春秋決賞罰者比比也, 入禮家矣, 又出入名法家. 或問
> 之曰: 任禮任刑, 二指孰長. 應之曰: 刑書者, 乃所以爲禮義也,
> 出乎禮, 入乎刑, 不可以中立. 抑又聞之, 『春秋』之治獄也, 趨
> 作法也, 罪主人也, 南面聽百王也, 萬世之刑書也. 決萬世之事,
> 豈爲一人一事, 是故實不予而文予者有之矣.[30]

청대 경학 전통에서 동중서 및 서한의 학술을 다시 부각시킨 것은 고문 경서를 중심으로 한 한학漢學 전통에 대한 반발이다. 그러나 가법의 시각에서 벗어나 문제 자체만을 본다면, 고염무와 대진의 주장 속에서도 일부 유사한 주제를 발견할 수 있다. 오경에서『춘추』의 위치에 대한 금문경학의 추종과 예제 및 법률을 서로 연계시키는 방식은

* 公羊精慈: 이 표현은 아무래도 이해가 가지 않는다. 원래 이 표현은『송서』(宋書)「예지」(禮志)에 인용된 순숭(荀崧)의「상소청증치박사」(上疏請增置博士)에서 온 것인데, "『춘추공양전』는 그 필법(筆法)이 은미(隱微)한 바에 정통(精通)하여 옥사를 판결하는 데에 밝다."(『春秋公羊』, 其書精隱, 明於斷獄.)라고 되어 있다. 이에 '精慈'는 '精隱'의 와전(訛傳)으로 보고 고쳐서 풀이했다.

모두 청초 학술 전통을 이어받은 것이다. 이러한 의미에서 피석서의 다음과 같은 변론도 근거가 없지 않다.

'노魯에 근거하고 주周를 가까이 하고 은殷을 따른다' 했으니, 『공양』가가 삼통三統의 뜻을 간직한 지가 아주 오래되었음을 알겠다. '폄하하고 필삭한 바가 있다' 했으니, '경經은 이전 역사를 계승했다'는 『좌씨』가의 주장이 그른 것임을 알겠다. '당대에 적용할 수 없는 공문空文을 남겨 새로운 시대의 왕의 법으로 삼는다'고 했으니, 소왕개제素王改制의 뜻을 의심할 수 없음을 알겠다. 『춘추』는 소왕의 뜻을 간직하고 있으며 법을 고치기 위한 것이었지만, 후대 사람들이 공자를 왕이라 칭할 수 없다 하여 의심했는데, 이는 '소왕'이 본래 공자를 가리키는 것이 아니라 『춘추』(『회남자』淮南子는 『춘추』를 새로운 시대로 삼았다)를 가리킴을 알지 못한 것이다. 공자가 개제改制를 할 수 없다 하여 의심하는 것은 공자가 개제의 권한은 없지만 개제를 논할 수 있음을 알지 못한 것이다. 소위 개제란 오늘날 사람들이 말하는 변법과 같은 것이다. 법이 오래 지나면 반드시 변하기 마련인데, 뜻있는 사람들이 세상에 등용되어 뜻을 펼 수 없으면 곧 저술을 통해 자기주장을 설파하여 그가 바꾸고자 하는 법이 후대에 전해져 실행되기를 고대한다. 주周·진秦의 제자諸子로부터 근자의 왕부지, 고염무, 황종희, 육세의陸世儀 등 여러 선생이 모두 그러하다. 고염무의 『일지록』에서는 주장을 내세우는 것은 한때를 위한 것이 아니라고 분명히 밝히고 있고, 왕부지의 『황서』黃書와 『악몽』噩夢에 대해 독자들은 그 참람僭濫함에 의문을 품은 적이 없다. 그런데 어찌 오직 공자의 『춘추』만을 도리어 참람하다고 의문을 품는가!

云 "據魯·親周·故殷", 則知 『公羊』家存三統之義古矣. 云 "有貶損, 有筆削", 則知 『左氏』家 "經承舊史" 之義非矣. 云 "垂空文,

當一王之法", 則知素王改制之義不必疑矣. 『春秋』有素王之
義, 本爲改法而設, 後人疑孔子不應稱王, 不知"素王"本屬『春
秋』(『淮南子』以『春秋』當一代.)而不屬孔子. 疑孔子不應改制,
不知孔子無改制之權, 而不妨爲改制之言. 所謂改制者, 猶今人
之言變法耳. 法積久而必變, 有志之士, 世不見用, 莫不著書立
說, 思以其所欲變之法, 傳於後世, 望其實行. 自周秦諸子, 以
及近之船山·亭林·黎洲·桴亭諸公皆然. 亭林『日知錄』明云, 立
言不爲一時, 船山『黃書』·『噩夢』, 讀者未嘗疑其僭妄, 何獨於
孔子『春秋』, 反以僭妄疑之![31]

랴오핑은 『예기』 「왕제」가 우虞, 하, 은, 주 4대를 겸하면서 은을 위
주로 한 제도이고, 『주례』는 주대의 제도라고 보았다. 고문경학가의
관점에 따르면, 공자가 "주를 따르겠다"고 스스로 말했는데, 만약 「왕
제」를 주축으로 삼는다면 은殷 또는 4대를 따르지 않는 것이 아니겠는
가? 또한 금문경학가의 관점에 따르면, 공자는 주나라 사람으로 평소
언행은 반드시 당시 왕의 제도를 따라야 했지만, 저술을 통해 주장을
세울 때는 오히려 전대前代의 것에 보태거나 빼도 무방하고 했다. 따라
서 "주를 따르겠다"고 말하기 앞서 또 "주는 이대二代(하, 은)를 본받았
다"라고 했던 것이다.[32]

다음으로 "육경은 모두 역사다"라는 주장의 또 다른 뜻은 육경은 모
두 왕제王制라는 것이다. 이것의 핵심은 경서를 선왕의 정치 규범의 유
산으로 보는 동시에, 또 선왕의 정치 규범을 경세 실천의 근거로 삼
는다는 점에 있다. 장학성은 제도와 지식 관계의 변화로부터 출발하
여 제자서와 경서 및 전주傳注에 대한 연구는 반드시 주관적 의견을 벗
어나 제자諸子와 각 전주 내부에 함축되어 있는 육예의 정수를 발굴하
는 것이라고 강조했다. 따라서 이른바 『춘추』의 지위를 폄하하는 것
은 『춘추』가 담고 있는 의의를 폄하하려는 것이 아니라, 『춘추』를 선왕
의 정치 규범과 통치 행위에 대한 기록으로 간주하려는 것이다. 이러

한 관점은 두 가지 측면의 해석을 가능케 한다. 하나는 역사 해석을 통해 사서의 기록 속에 함축되어 있는 선왕의 예악과 정치 규범의 의의를 발견하는 것이고, 다른 하나는 선왕의 정치 규범 및 그 고금의 변화를 경세 실천의 근거로 삼는 것이다. 장학성의 이른바 '취지'설은 위진 시대의 선왕의 '흔적'을 추구하는 견해와 자못 유사성이 있다. 그는 육경을 육예의 '흔적'으로 보고, 그의 경학 고고학을 발전시켰다. 이러한 의미에서 『춘추』 지위에 대한 그의 폄하는 고염무의 『춘추』에 대한 중시와 같은 취지에서 나왔다고 할 수 있다. 그들은 모두 경서를 제도론 혹은 예악론으로 간주하고 변화의 시각에서 그것을 행동의 근거로 삼았다.

고염무와 장학성은 모두 공양학이나 한학을 본받을 것을 주장하지 않았고, 또 결코 『춘추』는 공자가 '신왕'을 위해 지은 '미언대의'라는 것에도 찬성하지 않았다. 그러나 그들의 경학 실천은 송대의 심성론이 아니라 바로 제도론을 중심으로 사고하여, 실제로 금문경학의 춘추관과 그 변법 개제론의 흥기에 기여했다. 예를 들어 위원의 「학교응증사선성주공의」學校應增祀先聖周公議에서는, 오경이 모두 주공에서 비롯되어 공자에 의해 체계적으로 저술되었으며, "조정의 제도, 육관六官 설치는 모두 『주례』의 총재冢宰, 사도師徒, 종백宗伯, 사마司馬, 사구司寇, 사공司空의 직분"(朝廷制度, 六官分治, 皆『周禮』冢宰·司徒·宗伯·司馬·司寇·司空之職)이라고 보고, 나아가 각종 예악 제도를 주공의 제도로 귀결시켰다.[33] 또 그는 「유예부유서서」劉禮部遺書序에서, 후대 유학자들이 유봉록을 계승해 "동중서의 『춘추』를 통해 육예六藝의 조리를 파악하고, 육예로써 성인의 근본적인 법도를 탐구하기를"(由董生『春秋』以窺六藝條貫, 由六藝以求聖人統紀) 희망했다. 이것은 "육예를 통해 성인의 근본적인 법도를 탐구한다"는 고문경학의 관점에서 『춘추번로』에 대한 유봉록의 해석을 평가한 것으로,[34] 해석 방향에 있어 캉유웨이, 랴오핑과 같은 후대의 금문경학가에 가깝다기보다는 오히려 장학성 및 고문경학가의 견해와 상통한다고 할 수 있다. 위원이 공양 사상으로 여러 경전을 해석하여 육경을 뒤섞었지만, 그와 고문경학가의 차이는 고문경학의 관점을 계승했는가 여부에 있는 것이 아니라, 모든 것을 견강부회하여 해석하는 그의 방식에 있다. 공자진도 마찬가지로 공자의 "나의 도는 하나로 일관한다"고 한 태도를 통해 경학을 접근하면서, 왕인지, 고광기顧廣圻, 강번江藩, 진환陳奐, 유봉록, 장수갑莊綬甲 등 고문경학자와 금문경학자를 함께 추천했다. 그의 「육경정명」六經正名, 「고사구침론」古史鉤沉論 등 저작의 육경, 육예, 『칠략』七略 및 경經·전傳·자子·사史의 관계에 대한 논의는 모두 장학성의 『문사통의』文史通義에서 깊은 영향을 받았다. 공자진은 엄격한 정명正名의 태도로, "경서를 경서로, 기주記注를 기주로, 전주傳注를 전주로, 군서群書를 군서로, 자서子書를 자서로 되돌려"(以經還經, 以記還記, 以傳還傳, 以群書還群書, 以子還子) 여러 경經의 정본定本을 저술했는데, 이러한 관점은 육경으로써 육경을 되돌리고, 공孔·맹孟을 공·맹으로, 정程·주朱·육陸·왕王을 정·주·육·왕으로 되돌리며, 불교와 도교를 불교와 도교로 되돌리는 대진戴震의 관점을 연상케 하는 동시에, 또 원류를 밝히는 장학성의 사학 관점과도 가깝다. 공자진은 경학에서 훈고 고증이 점하는 지위를 존중하고, 「포소」抱小에서 그의 외조부 단옥재와 고우高郵의 왕인지에 대해 매우 깊은 경의를 표했다.[35] 그와 고문경학의 진정한 차이는 경전에 대한 이해가 아니라 경전을 어떻게 운용할 것인가에 있었다. 장학성이 원류를 밝히고 육예를 회복하여 당시 현실에 적용하는 것을 목적으로 삼았다면, 공자진은 '천지 동서남북에 관한 학문'으로써 육경과 제자諸子의 미언대의를 해석하여 경학 문제를 지리학, 천문학 및 각종 사회문제와 밀접히 연계시켰다. 그에게 금문경학과 고문경학의 차이는, 문자상의 차이가 아니라 독법상의 차이였다. 「고사구침론(2)」에서 그는 "육경은 모두 역사다"라는 관점에 입각하여 다음과 같이 말하고 있다. "주周나라의 세습되는 높은 관직이 사관史官이다. 사관이 개입하지 않은 말이란 존재하지 않고, 사관이 개입하지 않은 문자 기록이란 존재하지 않으며, 사관이 개입하지 않은 일상생활도 존재하지 않는다. 사관이 있어야 주나라도 존재하고, 사관이 사라지면 주나라도 망한다. …육경이란 주나라 사관의 적전嫡傳이다. …따라서 오경이란 주나라 사관의 으뜸가는 적전이다. …제자백가란 주나라 사관의 자잘한 적전이다."(周之世官大者 史. 史之外無有語言焉, 史之外無有文字焉, 史之外無人倫品目焉. 史存而周存, 史亡而周 亡. …夫六經者, 周史之宗子也. …故曰五經者, 周史之大宗也. …諸子也者, 周史之小宗 也)[36] 「육언약소저서서」陸彦若所著書敍에서, 공자진은 육경이 모두 역사라는 명제를 "오경은 재물의 근원이고, 덕德과 장수長壽의 큰 바다"(五經, 財之源也, 德與壽之溟渤也)로 발전시키고, 화식貨殖과 농업 등 경제 활동을 떠나서는 경전을 해석할 방법이 없다고 보았다.[37] 따라서 그는 '경'經의 관점을 사史로부터 일상의 생활 실천으로 발전시켰다. 이 외에도 『춘추결사비』 등 저작에서 공양춘추의 미언대의를 적용한 것은 더 좋은 사례이지만 여기서 더 자세한 설명은 하지 않겠다.

4. 맹자·순자와 금문·고문 경학의 구분

『춘추』에 대한 관점은 단지 금문경학과 고문경학이 서로 교차된 예에 불과하다. 우리는 다른 경전들에 대한 그들의 이해를 통해서도 이를 확인할 수 있다. 금문경학은 맹자·순자와 공양학을 서로 소통시키는 데 힘썼다. 예를 들어 캉유웨이는 "공자의 후학은 두 지류가 있다. 하나는 맹자로서, 『맹자』를 읽지 않으면 『공양전』의 정전正傳을 이해할 수 없다. 다른 하나는 순자인데, 『곡량전』의 시조이다. 『맹자』의 의미는 『공양전』과 일치하지 않는 것이 하나도 없다. 『곡량전』은 신공申公이 순자로부터 전수받은 것으로 그 의미 또한 서로 부합하지 않는 것이 하나도 없다"[38]고 했다. 위에서 말한 금문경학가의 해석이 맹자·순자에 대한 경학가 대진 등의 해석과 어떤 관계가 있는가? 류스페이劉師培는 고문경학가로서, 그의 「군경대의상통론」群經大義相通論은 제齊·노魯 학파의 이동異同을 분석했는데, 그중 「공양맹자상통고」公羊孟子相通考

에서는 일곱 가지 예를 들면서 일일이 "순자의 뜻은 『곡량전』에 더 가깝고, 맹자의 뜻은 『공양전』에 더 가깝다. 따라서 순자의 학문은 노학魯學이고, 맹자의 학문은 제학齊學이다"라고 결론을 지었다. 그러면 이러한 판단의 학술사적 근거는 무엇인가? 류스페이는 다음과 같이 말하고 있다.

『공양전』을 지은 공양고公羊高는 자하子夏의 학문을 전수받았고, 맹자는 자사子思의 학문을 전수받았다. 근대 유학자 포신언包愼言은, 『중용』에는 『공양전』의 주장이 많으며 자사 또한 공양학과 통한다고 했다. 자사의 학문은 맹자에게 전해졌기에, 『공양전』의 미언대의는 『맹자』 속에 많이 산재해 있다.

公羊得子夏之傳, 孟子得子思之傳. 近儒包孟開謂『中庸』多公羊之義, 則子思亦通公羊學矣. 子思之學傳於孟子, 故公羊之微言多散見於『孟子』之中.

그는 『맹자』 「양혜왕장구 하」梁惠王章句下의 "오직 어진 이만이 큰 나라를 다스리면서 작은 나라를 섬길 수 있다. 그래서 상나라의 탕왕湯王이 갈葛을 섬겼고, 주나라의 문왕文王이 곤이昆夷를 섬겼던 것이다. 오직 지혜로운 이만이 작은 나라를 다스리면서 큰 나라를 섬길 수 있다."(惟仁者爲能以大事小, 是故湯事葛, 文王事昆夷. 惟智者爲能以小事大) 등의 말을 예로 들어, 그것을 『공양』의 "기계紀季가 휴酅에서 제齊로 들어갔다"등의 말과 대비하여, 공양 역시 맹자의 "작은 것으로써 큰 것을 섬긴다"의 뜻을 구현했다고 보았다.[39] 『맹자』와 『공양전』이 일가一家인가 아닌가의 여부는 더 많은 논증이 필요하지만, 그들 사이에 유사한 경향이 존재한 것만큼은 부정할 수 없다. 『춘추』에 대한 『공양전』의 견해가 가장 『맹자』에 가깝다. 예를 들어 공양학이 『춘추』의 대의를 적용한 근거 가운데 하나가 바로 맹자가 말한 "옛날 우禹임금이 홍수를 막아 천하를 태평하게 하고, 주공이 이적夷狄을 병합하고 금수를 몰아내 백성을 편안하게 했으며, 공자가 『춘추』를 지어 난신적자를 두렵게 만들 었다"[40]는 것이었으며, 금문경학가가 제창한 공자 '소왕개제설'은 바로 『맹자』 「등문공장구 하」의 내용에 근거한 것이었다.[41] 양샹쿠이楊向奎 의 견해에 따르면, 『맹자』는 사상 체계에 있어서 『좌전』에 더 가깝고, 『공양전』과 『순자』야말로 법가적인 경향의 사상을 담은 책이다.[42] 그러 나 금문경학과 경학 연구의 사학적인 경향으로 인한 충격을 장기간 거 치면서 류스페이의 시대에 이르러서는, 상술한 연원淵源 간에 명확히 경계를 구분하려는 시도가 매우 어렵게 되었다. 장학성은 육예를 종 주宗主로 삼아 여러 경전과 제자를 분석했으며, 금문경학가는 그 뒤를 이어 건가 시기 학자의 한·송, 주·육의 변별에 관심을 두지 않았다. 대 신 그들은 "무릇 성인의 도는 크고 넓다. 현인이 그것을 배움에 각자 그 성性에 가까운 것을 얻는다"(夫聖人之道, 大而能博, 賢人學之, 各得其性所近) 는 구호하에 각종 학술 사상을 종합적으로 운용했다.[43] 류스페이가 고 문경학가의 신분으로 맹자와 공양학의 관계를 논한 것은 청대 경학 내 부에 이미 맹자와 공양학을 종합하려는 경향이 존재하고 있었음을 설 명해 준다.

건가 시기 고증학은 금문경학처럼 그렇게 왕의 통치 업무 혹은 변법 개제에 대해 관심을 집중하지 않았다. 그렇다고 해서 이것이 곧 고증 방식 자체가 곧 경세치용에 배치된다는 것을 의미하는 것은 아니다. 황종희와 고염무로부터 청대 학술의 정치적 경향은 고대 제도에 대한 그들의 엄격한 고증과 정확한 연구 및 역사 해석과 밀접히 연관되어 있었다. 맹자에 대한 대진의 서술이 바로 그 예이다. 그는 자연/필연, 리理/욕欲을 구별하여 송대 유학의 심성학을 공격했고, 예의 관념을 발 전시키는 동시에 시대 변화의 관념으로 예를 대할 것을 주장했다. 그 리고 예의 실천(사물의 리理와 사람의 정情 가운데 내재한 예의 실천) 을 중시하면서 순자의 예제와 법의 관념을 끌어들였다. 제도, 법률과 역사 변화에 대한 대진의 이해와 공양학은 모종의 미묘한 호응 관계가 있다. 왜냐하면 그와 공양가의 맹자 및 순자에 대한 이해는 모두 고대 예제, 법과 제도에 대한 중시에서 기원하기 때문이다. 이러한 사유 방식이 추구하는 중심적인 문제는 이학과 명확한 차이점을 지니고 있다. 청대 경학의 예제론은 송명 유학의 천인심성론에 대한 비판으로서, 황종희, 고염무, 대진은 모두 예로써 리를 대신하고, 제도론으로 심성론을 대체하려는 경향을 보여 주고 있다. 대진을 보면, 제도에 대한 이러한 관심은 순자에 대한 그의 모순적인 태도 가운데 잘 나타나 있다. 즉 맹자의 의리에 대한 그의 해석은 하나하나 특수한 논리로 순자의 예의, 그리고 법과 배움을 중시하는 관념과 서로 결합되어, 예와 법, 선천적 선과 후천적 배움 사이에 긴장 상태를 이루고 있다. 『맹자자의소증』孟子字義疏證은 맹자를 해석하는 방식으로 송학의 천인심성론을 비판하고 예禮의 중심적 지위를 회복시키려 했다. 그러나 순자 학설에 대한 그의 겸용은 모종의 의미에서 맹자를 법가화하는 의미를 포함하고 있다. 따라서 그의 『맹자자의소증』은 금문경학가가 후에 발전시킨 그러한 경향을 지니고 있다고 할 수 있다.

청대 공양학은 맹자를 공양학의 선도자로, 그리고 그것을 『춘추』의 미언대의를 해석하는 근거로 삼았다. 류스페이의 관점은 사실 청대 공양학가의 관점에 대한 계승이자 재현이라고 할 수 있다. 예를 들어 랴오핑의 『금고학고』今古學考에서 맹자와 순자가 모두 「왕제」에 의거해 이론을 세웠음을 논증했으며, 그에 앞서 공광삼이 「춘추공양통의서」春秋公羊通義序에서 『춘추』는 "천자의 일"이라는 맹자의 주장에 따라 공양과 맹자의 상통성에 대해 다음과 같이 말했다.

경서에서 주周나라의 꾸밈(文)을 변화시키고 은殷나라의 질박함(質)을 따른 바가 있으니, 이는 천자의 계승 및 변혁과 관련된 것이 아닌가? 전복甸服의 군주는 3등급이고 변위蕃衛의 군주는 7등급이다. 대부는 세습하지 않고, 소국의 대부는 일반적으로 이름을 명시하지 않으니, 이는 천자가 책봉한 관작과 봉록에 관한 것이 아닌가? …그 나라를 안으로 삼고 제하諸夏를 밖으로 삼거나,

화하華夏를 안으로 삼고 사이四夷를 밖으로 삼으니, 이것이 이른바 천하의 근본은 나라에 있으며, 그 나라의 근본은 가家에 있다는 것이 아니겠는가! 나는 공양학자만이 맹자에 부합한다고 생각한다. …따라서 맹자야말로 가장 『춘추』를 잘 풀이했으니, 어찌 단지 전세田稅, 백우양伯于陽에 대한 내용만 『공양전』의 문구와 우연히 부합했겠는가!*

> 經有變周之文, 從殷之質, 非天子之因革耶? 甸服之君三等, 蕃衛之君七等. 大夫不世, 小國大夫不以名氏通, 非天子之爵祿耶? …內其國而外諸夏, 內諸夏而外四裔, 殆所謂天下之本在國, 國之本在家者與! 愚以爲公羊學家獨有合於孟子. …故孟子最善言『春秋』, 豈徒見稅畝伯于陽兩傳文句之偶合哉.[44]

그는 『맹자』 중 예의 절차에 대한 논의를 천자의 일과 동일시했고, 또 곧이어 『맹자』를 법가화하여 예의와 법률의 합일이라는 효과를 낳았다. 이러한 의미에서 맹자, 순자 문제를 둘러싼 금문·고문학파의 견해 차이 이면에는 여전히 내재적인 연계가 존재하고 있다. 유봉록은 다음과 같이 말한다.

* 따라서~부합했겠는가: 『공양전』 「선공 15년」(宣公十五年) 중 '전세'(田稅) 운운한 구절에 "10분의 1을 받는 것은 천하의 올바른 방식이다. 10분의 1보다 많으면 크고 작은 걸왕(桀王)이 되어 버릴 것이고, 10분의 1보다 적으면 크고 작은 오랑캐가 되어 버릴 것이다"(什一者, 天下之中正也, 多乎什一, 大桀小桀. 寡乎什一, 大貉小貉)라는 표현이 있는데 『맹자』 「고자장구 하」(告子章句下) 제10장에도 전세(田稅)에 대해 논하면서 "10분의 1을 받았던 요순의 방식보다 가볍게 하고자 한다면, 크고 작은 오랑캐가 되어 버릴 것이고, 10분의 1을 받았던 요순의 방식보다 무겁게 하고자 한다면 크고 작은 걸왕(桀王)이 되어 버릴 것이다."(欲輕之於堯舜之道者, 大貉小貉也, 欲重之於堯舜之道者, 大桀小桀也)라는 표현이 보인다. 『공양전』 「소공 12년」(昭公十二年) 중 '백우양'(伯于陽) 운운한 구절에 "『춘추』의 순서는 제 환공·진 문공 순이다"(其序則齊桓晉文)라는 표현이 있는데, 『맹자』 「이루장구 하」(離婁章句下) 제19장에도 "『춘추』에 기록된 일들은 제 환공·진 문공에 대한 것이다"(其事則齊桓·晉文)라는 표현이 보인다.

옛적에 공자가 말하길, "나의 뜻은 『춘추』에 있다"고 했고, 또 말하길, "나를 아는 자는 오직 『춘추』을 통해서일 것이며, 나를 비난하는 자도 오직 『춘추』를 통해서일 것이다"라고 했다. 맹자가 "천자의 일을 행한다"고 한 것은 왕의 옛 행적을 계승하는 것이다. 『춘추』의 전주傳注를 단 이들은 각자의 풀이가 달랐으나, 오직 『공양전』 등 5종의 전傳*만, 한나라 경제景帝 때 제자 호무생胡毋生 등에 의해 모두 죽간竹簡이나 백서帛書에 기록되었다. 이때 거유巨儒 동중서가 3년 동안 가르침을 펼쳐, 『공양전』을 풀이했는데 활용함에 통달했으니, 이것이 학문이 크게 흥한 까닭이다. 그가 무제武帝에게 말하길, "육예에 포함된 과목과 공자의 학술이 아니라면 모두 폐지하여 다시는 나라의 학문에 편입되지 못하게 하소서"라고 했다. 한漢나라의 관리 통치와 경술經術이 근고近古 시기보다 훌륭한 것은 동중서가 『춘추』를 연구하며 이를 제창했기 때문이다.

> 昔孔子有言: 吾志在『春秋』, 又曰: 知我者, 其唯『春秋』乎, 罪我者, 其唯『春秋』乎! 蓋孟子所謂行天子之事, 繼王者之跡也. 傳『春秋』者, 言人人殊, 唯『公羊』五傳, 當漢景時, 乃與弟子胡毋子都等記於竹帛. 是時, 大儒董生下帷三年, 講明而達其用, 而學大興故. 其對武帝曰: 非六藝之科·孔子之術皆絶之, 弗使復進, 漢之吏治經術彬彬乎近古者, 董生治『春秋』倡之也.[45]

• 오직~전(傳): 이는 "唯公羊五傳"의 번역으로 정확하게는 『춘추』의 주석서인 『좌씨전』(左氏傳), 『공양전』(公羊傳), 『곡량전』(穀梁傳), 『추씨전』(鄒氏傳), 『협씨전』(夾氏傳)을 가리킨다. 『한서』 「예문지」에 이르길 "『춘추』는 다섯 가지 전주(傳注)가 있었다"(『春秋』分爲五)고 했고 이 구절에 위소(韋昭)는 그 다섯 가지 전주가 "『좌씨전』(左氏傳), 『공양전』(公羊傳), 『곡량전』(穀梁傳), 『추씨전』(鄒氏傳), 『협씨전』(夾氏傳)이다"(左氏, 公羊, 穀梁, 鄒氏, 夾氏也)라고 설명했다. 일반적으로 『좌씨전』을 수장으로 두지만 유봉록이 공양학자이기에 『공양전』을 맨 앞에 두고 "오직 『공양전』 등 5종의 『전』"(唯公羊五傳) 운운한 듯하다.

금문경학가는 『맹자』에 대한 해석을 통해 『춘추』를 공자의 제도론과 동일시했다. 피석서는 『맹자』와 『공양전』을 하나로 뒤섞었을 뿐만 아니라 공공연히 주자와 맹자, 『공양전』을 같은 학파로 보았다. 이러한 견해는 가법의 관점에 근거한 것이 아니라, 청대 중엽 이후 날로 유행하던 역사관으로부터 도출한 결과라고 할 수 있다. 『경학통론』 「춘추」(권5)의 첫 글이 「『춘추』의 대의란 난신적자를 주벌誅伐하는 데 있고, 미언微言의 의도는 법과 제도를 바꾸는 데에 있으며, 맹자의 말과 『공양전』은 서로 부합하고, 주자의 주석은 맹자의 취지를 심도 있게 이해했음을 논함」(論『春秋』大義在誅討亂賊, 微言在改立法制,* 孟子之言與『公羊』合, 朱子之注深得孟子之旨)[46]이었다. 또 "난신적자를 주벌하는 데 있었으며, 미언의 의도는 법과 제도를 고쳐서 수립하는 데에 있다"(誅討亂賊, 微言在改立法制)는 대진의 언급을 찾아볼 수는 없지만, 『맹자자의소증』에서 그가 순자를 다시 자리매김하는 것을 통해 제도·법률·변통 관념을 부각시킨 것에 대해서는 확실한 예증이 있다. 만약 피석서의 이러한 언급을 고염무의 『춘추』론과 비교하면, 이 중 생략되어 없는 부분은 오직 "오랑캐를 물리친다"(攘戎翟)는 부분임을 알 수 있다.

도덕론과 제도론의 내재적 연관은 선진 유학의 중요한 특징으로, 이른바 덕德과 형刑의 관념이 바로 이를 가장 잘 반영하는 개념이다. 맹자와 순자의 구분은 선진 유학이 함축하고 있던 도덕론과 제도론의 분화를 상징적으로 보여 준다. 대진이 맹자를 해석하면서 동시에 순자를 포용했을 때, 맹자 사상 속에 숨겨져 있던 법가적 요소도 함께 드러나게 되었다. 류스페이와 양샹쿠이의 견해에 따르면, 순자와 공양학은 본래 일가一家로서, 모두 법가에 가까운 유학 계통에 속한다. 류스페이는 「공양맹자상통고」公羊孟子相通考에서 다음과 같이 말하고 있다.

---

* 改立法制: 원서에는 "立法改制"로 되어 있지만 피석서의 글에는 "改立法制"로 되어 있다.

전에 왕중汪中 선생은 자신의 저서 「순경자통론」荀卿子通論에서, 『순자』荀子 「대략편」大略篇에 『춘추』를 언급하고 있다고 지적하고, "현명한 목공穆公이 협약에 능했다"란 구절을 인용한 것을 증거로, 순자가 『공양춘추』의 학문에 속한다고 보았다. 또 혜동惠棟이 『구경고의』九經古義*에서는 주공의 동정東征·서정西征에 관한 『순자』의 문장을 인용해, 『공양전』의 학설을 증명했다. 이는 『순자』의 대부분이 『공양전』의 대의에 부합한다는 것을 분명하게 보여 주고 있다. 내 생각에 서한의 동중서가 춘추공양학을 연구했음에도 『춘추번로』에서는 오히려 순자를 여러 차례 높이 평가한 것을 보면, 순자는 공양학의 선사先師임에 틀림없다. 또 동한의 하휴何休가 전문적으로 공양학을 연구하여 쓴 『춘추공양전해고』春秋公羊傳解詁에서도 순자의 문장을 많이 인용하고 있다.

> 昔汪容甫先生作「荀卿子通論」, 謂『荀子·大略篇』言『春秋』, 賢穆公善胥命, 以證卿爲『公羊春秋』之學. 又惠定宇『七經古誼』亦引『荀子』周公東征西征之文以證『公羊』之說, 則『荀子』一書多『公羊』之大義, 彰彰明矣. 吾觀西漢董仲舒治公羊春秋之學, 然『春秋繁露』一書多美荀卿, 則卿必爲公羊先師. 且東漢何邵公專治公羊學, 所作『解詁』亦多用荀子之文.

『순자』와 『공양전』의 연관과 관련하여, 그는 『공양전』에서는 "세습 귀족을 비난"(譏世卿)했는데, 『순자』도 "현인을 존중하고 능력 있는 자를 발탁하되 신분 지위는 세습하지 않는다"(尙賢使能, 而等位不遺)라고 했고, 『공양전』에서 대일통을 제창했는데 『순자』 「왕제」王制 편의 "사해四海 안은 모두 일가一家와 같다"(四海之內若一家)[47]처럼 『순자』도 유사한

• 『구경고의』(九經古義): 류스페이의 원서에는 '七經古誼'라고 되어 있지만, 이는 확실히 『구경고의』(九經古義)를 가리킨다. 원래 '誼' 자는 '義' 자의 통가자(通假字)이기에 고쳐서 옮겼다.

주장을 하고 있다는 등의 예를 들고 있다. 양샹쿠이도 류스페이의 관점을 긍정하면서, "『공양전』과 순자는 같은 학파에 속한다. 그들은 유가이면서도 법가에 근접해 있다. 정치 이론 방면에서 그들은 제도 개혁을 주장했지만, 제시한 방법은 철저하지 못했다. 따라서 그들은 한편으로는 제도 개혁을 주장하면서도 다른 한편으로는 또 복고를 주장하여 자기모순에 빠지는 이론적 결함을 드러냈다"[48]고 했다. 이른바 제도 개혁이란 그들이 역사의 변화와 조류를 존중하고, 반드시 대일통의 군현제 국가를 건립해야 할 것을 강조한 것을 말하며, 이른바 복고란 그들이 또 삼대의 봉건제를 내재적 이상으로 삼은 것을 가리켜 말한 것이다.

5. 예, 법, 변통

『예기』「왕제」와 『주례』를 어떻게 규정하든지, 그것들은 모두 '제도에 관한 책'이다. 그러나 만약 역사와 현실을 통찰할 능력이 없이 성왕 예제와 역사적 변화, 도덕 실천과 법의 관계, 통일된 군현과 삼대의 봉건제 간에 균형을 유지하려고 한다면 '진퇴양난의 상황에 빠지게' 될 것이다. 법령에 따라 사건을 판결하는 방식으로 시비를 판단하면 곧 '변통'(權: 저울질, 임기응변)의 중요성을 논하지 않을 수 없다. 특히 보편규범(經)과 임시변통(權) 사이의 모순이야말로 공양학 사상의 가장 내재적인 특징이라는 점을 주목할 필요가 있는데, 내용과 형식이란 측면에서 이른바 "실제로는 허용되었지만 명문상으로는 적시하지 않는다"(實與而文不與)는 것이 바로 명백한 예증이라 할 수 있다. 여기서 '명문상으로는 적시하지 않는다'(文不與)란 것은 보편 규범을 말하는 것이고, '실제로는 허용된다'(實與)란 것은 임시변통을 말하는 것이다.[49] 『춘추공양전』「환공 11년」桓公十一年에서는 구체적인 정황으로 변통의 의미를 해석하고 있다. 정鄭 장공莊公의 장례를 마친 후에, 송나라 사람이 정나라 재상인 제중祭仲을 억류하고는, 세자인 홀忽을 몰아내고 송나라 여인의 소생인 돌突이 정 장공을 계승하도록 강요했다. 그리하여 제중은 굴욕적인 요구에 따르면 주군도 살 수 있고 나라도 보존할 수 있지만, 만약 그 말을 따르지 않으면 주군도 죽고 나라도 망하게 되는 어려운 선택의 상황에 놓였는데, 그는 경중을 따진 뒤 결국 전자를 선택했다. 『춘추공양전』에서는 바로 제중이 이러한 상황에서 임시변통을 했다고 칭찬했다.

> 변통(權)이란 무엇인가? 변통이란 보편 규범(經)을 거스르더라도 좋은 점이 있는 것이다. 변통을 함에 있어, 죽게 되면 행할 바가 없게 된다. 변통을 함에도 지켜야 할 도리가 있으니, 자신이 손해를 입으면서 변통을 하거나 타인에게 해를 끼치지 않으면서 변통을 해야 한다. 남을 죽여 자신이 살거나, 남을 제거해 자신을 보존하는 짓은 군자라면 하지 않는 행위다.
>
> > 權者何? 權者反於經, 然後有善者也. 權之所設, 舍死亡無所設. 行權有道, 自貶損以行權, 不害人以行權, 殺人以自生, 亡人以自存, 君子不爲也.[50]

청대 금문경학의 내외 관계와 변법개제變法改制에 대한 사유 중에 '변통'의 사상이 배어 있지 않은 것은 없다. 앞서 인용한 유봉록의 『춘추공양하씨석례』春秋公羊何氏釋例 「율의경중례」律意輕重例*의 "형벌은 덕을 거스르면서 덕에 순응하게 하는 것이니, 이 역시 임시변통의 일종이다"(刑*反德而順於德, 亦權之類矣)라고 한 것이 바로 전형적인 예로서, 이는 형刑과 덕德 사이에서 '변통'에 부여한 중요한 규정이라고 할 수 있다.

• 「율의경중례」(律意輕重例): 원서에는 「釋特筆例中」으로 되어 있으나 이는 오기로 보인다.
• 刑: 원서에는 '權'으로 되어 있으나 이는 명백히 '刑'의 오기이기에 고쳐서 옮겼다.

그러나 '변통'의 사상은 결코 금문경학의 특허품이 아니며, 이것은 유학의 기본적인 명제이다. 예를 들어 『맹자』 「양혜왕장구 상」에서 "변통할 수 있어야 일의 경중輕重을 알게 되고, 헤아릴 수 있어야 일의 장단을 알게 됩니다. 무릇 사물에 대해서 모두 그러하고, 마음에 대해서는 더욱 그러합니다. 왕께서는 이 점을 헤아리시기 바랍니다"(權, 然後知輕重. 度, 然後知長短. 物皆然, 心爲甚, 王請度之)[51]라고 말하고 있다. 고염무, 대진 등은 제도와 법률을 중시한 이상 예와 법을 논하는 동시에 '변통'의 중요성을 거듭 논변하지 않을 수 없었기 때문에, 주관 의지와 역사적 맥락이 윤리와 정치에 대해 지니고 있는 의의를 중시하지 않을 수 없었다. 대진은 『맹자』 해석을 통해 '변통'의 중요성을 부각시켰는데, 이는 이학가에게 있어서 정말이지 예상치 못한 일이었다.

> 변통이란 일의 경중을 가리는 것이다. 무릇 이 일은 중요하고 저일은 별거 아니라는 것이 천년이 가도 바뀌지 않을 것을 일러 '늘 그러한 법도'(常)라고 한다. 늘 그러하다면 천년이 가도 바뀌지 않는 일의 경중을 확연히 모두가 파악할 수 있다.
>
> 　權, 所以別輕重也. 凡此重彼輕, 千古不易者, 常也. 常則顯然
> 　共見其千古不易之重輕.

또 이렇게 말했다.

> 중요한 일이 어느 때는 경미해지고, 경미한 일이 어느 때는 중요해지니, 이것이 바로 변화라는 것이다. 변화가 일어났는데도 지혜를 다해 일의 실정을 분별하고 살펴 기준을 세우지 않는다면 그 변화를 깨닫기에는 역부족이다. …늘 그러한 법도만 알고 변화를 모른다면, 그것은 정심한 뜻을 깊이 살피지 못했기 때문이다. 일정함만을 알고 변화를 알지 못하는 것은 뜻을 정밀하게 판단하지 못한 탓이다. 이런 상태에서는 명징明澄한 지각知覺을 확

장해 성인聖人과 같은 지혜를 온전히 갖추더라도 변화를 모두 깨닫지는 못한다.

> 而重者於是乎輕, 輕者於是乎重, 變也. 變則非智之盡能辨察事情而準, 不足以知之. …知常而不知變, 由精義未深, 所以增益其心知之明使全乎聖智者未之盡也.[52]

'변통'은 주관 의지를 거쳐 상황, 법률, 의리에 대해 내리는 종합적인 판단이자 취사선택이다. 『맹자자의소증』에서 논하고 있는 자연/필연, 정/욕, 예/법 등 기본 주제를 참고해 보면, '변통'이 어떻게 이러한 문제를 조정하는 중요한 개념인가를 어렵지 않게 이해할 수 있다.

대진, 장학성의 학문과 금문경학은 모두 시대 변화(時變)의 관념을 포함하고 있으며, 이는 법과 예를 수립하고 폐지하는 데 있어 정당성을 제공했다. 나는 청대 경학에서 경학에 대한 탈신비화는 바로 여기에서 기인한다고 생각한다. 만약 모든 것이 역사 변화와 매 상황에서의 이익을 고려한 결과라면, 경학가들이 삼대 예악과 선왕의 정치 규범에 부여한 그런 도덕적 함의도 상대화될 수밖에 없는 것이다. 변법 개제의 실천은 제도와 역사 변화의 관계를 자신의 합법성으로 삼고 있으며, 이 합법성은 비단 제도와 도덕의 절대적 관계를 부정할 뿐만 아니라 경전의 권위성까지 훼손시킨다. 그러므로 법과 제도 개혁이 기존 법규와 예의에 대한 부정이긴 하지만, 그 과정에서 도덕적 합리성을 태평 시대보다 오히려 더욱 강하게 요구한다는 점에 문제의 복잡성이 있다. 이러한 배경에서 금문경학가는 한편으로는 '변화'와 '불변'을 구분하고, 제도의 연혁과 불변의 도道를 구분하려 노력하는 동시에, 다른 한편으로는 참위설을 끌어들이고 암암리에 송유宋儒의 천인론天人論을 받아들였으며, 심지어는 근대 과학의 관념으로 우주론과 역사관을 재구성하려 했다. 참위나 미신에 대한 과학 세계관의 폭로는 결코 다음과 같은 사실, 즉 그것들이 모두 제도 개혁의 세계관에 대한 요구에서 비롯되었으며, 시대 변화에 대한 관념과 우주론에 대한 요청이 동시에 발생했다는 점을 은폐시키지 않는다. 따라서 근대 사상의 발생은 '탈신비화'의 과정이라기보다는 오히려 '무속 세계'의 재구성 과정이라고 할 수 있다. 금문경학 내부의 전환과 이러한 모순은 매우 밀접한 관계가 있다.

사회 위기에 대한 대진, 장학성의 학문의 대응 방식은 매우 복잡하다. 그들의 비판적 사상은 직접 현실 제도 개혁 방안이나 책략 형식으로 제기되었다기보다는, 오히려 선왕의 정치 규범을 근거로 한 도덕 이론에 더 가까운 것으로 보인다. 다시 말해 그들의 주된 관심은 변화하는 역사 관계와 일상생활 속에서 예약 혹은 예제의 의의를 다시 밝히는 데 있었고, 금문경학과 같은 그런 강렬한 정치의식이나 변법의 추구는 결여되어 있었다. 우리는 대진이나 장학성의 학문을 건가 시기 사회 혼란에 대한 직접적인 대응으로 간주할 수 없다. 오히려 청대 정치와 사회의 관계 내부에서 더욱 합리적인 예제론을 탐색하려는 시도였다고 보는 편이 합당하다.[53] 따라서 '변통'과 '변화'의 사상은 주로 도덕 이론과 역사 기술 속에 구현되었을 뿐, 결코 직접 변법개제의 사상을 표방하지 않았다. 간단히 말해, 대진과 장학성의 학문은 예제와 역사 변화를 중시한 반면, 금문경학은 법률과 정치의 개혁을 강조했다고 할 수 있다. 또 대진과 장학성의 학문이 '변화'와 '불변'의 변증법으로 역사 속의 선왕의 유훈을 탐색했다면, 금문경학은 변화의 관념으로서 제도 개혁의 합법적 근거를 제공했다. 예제와 도덕이 아니라 제도와 법이야말로 바로 금문경학의 중심 주제였다. 금문경학의 정치와 현실에 대한 관심은 복고적인 예약론이나 도덕론의 범주를 훨씬 초월한다. 특정한 정치 관계를 벗어나서는 근본적으로 금문경학의 독특한 예제론의 정치적 함의를 설명할 수 없다.

6. 예와 의, 덕과 형벌, 왕조 정치

이상의 다소 잡다한 실마리들로부터 우리는 초보적이나 다음과 같은 결론을 이끌어 낼 수 있다.

첫째, 청대 경학은 송명 이학에 대한 반발로서, 경전을 연구·분석하고 선왕의 제도로 회귀하는 것을 중심 과제로 삼았다. 경학의 차원에서만 본다면 송명 의리학은 그 합법성을 상실했다. 따라서 경학가들이 경학의 속박에 불만을 품고 돌파의 계기를 찾으려 시도할 때, 그들은 대진처럼 '문자 의미에 대한 소증疏證' 방식으로 송학의 주제를 부활시키거나, 아니면 장학성처럼 역사학의 테두리 내에서 고증의 절대적 권위를 타파하려 하거나, 또는 한대 학술의 지위를 재배치함으로써 경학적인 방식으로 변혁의 동력을 구하는 데 경전의 근거를 제공했다. 이러한 변화는 결코 정치와 도道의 합일이나 예禮와 리理의 합일과 같은 경학의 근본 틀을 벗어나지 않았다. 이러한 의미에서 청대 경학은 당시 학자들에게 학술의 발전 경로나 방향을 제시했다. 즉 아무리 반역적인 학자라고 하더라도 우주론, 본체론 혹은 심성학의 테두리 내에서는 새로운 이론을 발전시키기 어려웠다. 그들은 반드시 경전의 오묘한 이치를 재해석·재발견하는 것을 통해 새로운 예제론 혹은 제도론을 조리 있게 정리함으로써 개혁의 전제로 삼아야 했다. 바로 이로 인해서 비록 많은 금문경학 대가들이 송학에 대해 깊이 동정 및 이해(예를 들어 장존여가 『춘추정사』春秋正辭 「봉천사」奉天辭에서 한학과 송학을 뒤섞고, 정호程顥와 정이程頤의 어록으로 『춘추』를 해석한 것)를 하고 있었지만, 그들은 결코 송학의 방식으로 자기의 이론을 구성하지 않고 경학 연구의 새로운 방향을 독자적으로 개척했으며, 한·송 이래 묻혔던 금문경학을 회복시키는 것을 통해 돌파구로 삼았다.

둘째, 청대 경학은 줄곧 선왕의 의식儀式과 제도를 추종하면서 동시에 역사 변화를 존중하는 긴장감을 포함하고 있다. 우리는 그것을 예악과 제도, 봉건과 군현의 모순으로 정리할 수 있다. 경학의 맥락에서 봉건/군현, 예악/제도의 모순은 고대 의식 및 제도와 역사 변화의 변증법적 관계를 대표하는데, 이는 몇 가지 방면에 잘 나타나 있다. 첫 번째로 청대 경학은 제도의 차원에서 삼대의 봉건과 군현 제도를 종합하고, 정전#田, 학교, 봉건의 이상과 조세, 생원, 대통일 정치 사이에 균형을 유지하려 노력했다. 고염무가 천하관, 군현론, 풍속론, 문자 및 음운에 대한 고찰을 통해 고대 제도의 정묘한 의미를 탐색하는 방법은 얼핏 보기에 상호 모순적인 이론 탐색을 보여 준다. 두 번째로 청대 경학은 도덕 실천의 차원에서 선왕 예제와 일상적인 욕망을 종합하여, 필연과 자연, 리理와 욕망 사이를 내재적으로 연관시키려 했다. 대진이 리로써 사람을 해치는 것을 비판하고, 맹자·순자·장자를 종합하는 한편 경학과 의리학을 소통시키려고 한 것은 모두 도덕론의 차원에서 예제(선왕의 의식과 제도 및 종법 윤리)와 자연(역사 변화, 제도와 법률)의 평형을 잡으려는 노력이었다고 볼 수 있다. 세 번째로 청대 경학은 변화(變易) 혹은 시대 변화(時變)의 관념에 입각해 '육경은 모두 역사'라는 것과 '도道와 기器는 하나'라는 명제를 이해하고, 고염무의 군현 및 봉건에 관한 예제론과 정치관을 역사 기술의 방법으로 구체화하여 역사학의 차원에서 봉건의 정신을 군현의 체제 속에 주입시키려고 했다. 장학성에서 보여 주는 육경과 선왕 정치 규범의 관계에 대한 검토, 학자 인격에 대한 엄격한 요구, 개인의 역사 기술(봉건적 정신의 추적)과 공공 역사 기술(군현제하의 봉건 관계)의 역사 관계에 대한 분석, 이 모든 것 속에 선왕 정치 규범과 역사 변화 사이의 중개를 찾으려는 추구가 체현되지 않은 것이 없다. 이 세 가지 차원은 서로 삼투하여, 결국 변화 의지와 고대 의식 및 제도에 대한 이해가 하나로 융합되었다.

청대 경학의 내부에서 선왕의 정치 규범과 역사 변화, 봉건과 군현, 천하와 국가, 삼대 제도와 경전經傳 및 역사 기술, 개인 욕망과 예제 질서 사이에는 내재적이고 유구한 긴장이 자리 잡고 있다. 그것들은 청대 경학의 창조력·상상력·한계의 근원이기도 하다. 경학이 이학의 천도관과 심성론을 비판한 목적은 바로 위에서 말한 두 방면의 균형 관계를 재수립하기 위한 것이었다. 그러나 이러한 이론적 노력은 얼마 안 있어 곧 새로운 위기를 초래했다. 왜냐하면 그것은 한편으로는 경학이 삼대 예악과 선왕의 정치 규범의 정묘한 의미를 추구하면서도 그 '변화'의 역사관은 오히려 교조적으로 경전을 답습하는 것을 비판하고 복고의 방식으로 현실 제도를 개혁하려고 했던 모순, 또 '변화'의 관념이 역사 제도의 연혁에 합법성을 제공해 주면서도 오히려 삼대 예악으로써 현실 제도에 대항하는 도덕 비판을 완화시키려 한 모순을 극복할 수 없었기 때문이다. 고염무·황종희로부터 대진·장학성의 학문에 이르기까지, 학술 방법이 거듭 변화하는 동력은 바로 변화의 역사 관념과 예제 규범 사이에 부단히 발생하는 긴장과 모순이었다. 이러한 긴장과 모순은 결국 경학에 내재하는 역사 충동, 즉 경학 실천을 통해 변혁의 근거와 의지를 찾으려는 충동으로 전환되었다. 그러나 '변화'의 관념은 역사 속의 제도, 도덕과 예악을 접근하는 방식으로서, 그 자체는 결코 변혁의 근거를 제공할 수 없다. 따라서 경학가들은 부득이하게 '변통'의 경험 과정에 의지할 수밖에 없었다. 변통의 관념은 경학 내부에서 정치적 책략을 토론하는데 이론적 공간을 제공했고, 또 경학의 내재적 논리 가운데서 경학의 속박으로부터 벗어날 수 있는 근거를 발견했다.

청대 경학의 이상과 같은 모순과 충동은 금문경학의 새로운 세력이 흥기하는 데 토대이자 조건을 제공했다. 즉 그것은 『춘추』를 선왕의 정치 규범의 기술로 간주했을 뿐만 아니라 공자의 변법 이론으로 간주했다. 그것은 또 역사를 '자연적인 추세'(自然之勢)의 결과로 간주했을 뿐만 아니라 주관적 의지(즉 제도 개혁)의 산물이라고 보았고, '변화'의 역사관을 연역하여 고대 역사의 경전 서술로 간주하는 한편 또 금문경학가의 『예기』「왕제」, 고문경학가의 『주례』로부터 서구의 각종 정치·종교·지식에 이르기까지 제도 개혁의 근거와 방안을 부단히 모색했다. 여기서 정치 규범과 법은 인간의 주관 의지와 밀접히 연관된 영역으로 변화했다. 즉 주 문왕의 법과 대일통 관념은 자연 변화의 결과도 아닐뿐더러, 선왕 통치의 유적 혹은 경전의 교조도 아닌, 공자가 시대 변화에 맞추어 '새로 등장할 왕'(新王)을 위해 수립한 법 또는 미언대의였다. 변법變法이란 관념은 이러한 원칙을 경經과 사史의 범주로부터 해방시켜 현실의 변혁 방안으로 조직되었다. 이러한 의미에서 학술 파벌 간의 분화가 아니라 이러한 사상 중심의 전환이야말로 경학 내부의 근본적인 전환이라고 할 수 있다. 학술 방법의 선택은 오히려 이러한 전환의 결과일 뿐이며, 그것은 청대 경학의 선왕의 제도·규범과 역사 변화를 중시하는 자연적 질서관을 변화시키고, 나아가 의지론(voluntarism)적인 변법론과 실용주의적인 경학관을 위한 근거를 제공했다.

셋째, 금문경학의 경세 사상은 예를 근거로 삼고 왕조 정치 실천을 중심으로 하고 있다. 그래서 그들이 청초 여러 유학자의 유학 명제를 회복시킬 때, 청초 거유들이 가졌던 화이華夷 관념에 대한 강박감이나 정통주의 배후에 은닉된 반역적 경향은 없었다. 오히려 그들은 왕조의 합법성과 역사 변천을 승인하는 것을 전제로 전개되었다. 이러한 학술의 중심 전환의 가장 중요한 동인은 의심의 여지 없이 소수민족이 통치하는 청대의 다민족 제국이라는 정치 현실이었다. 그러나 경학 내부로부터 보면, 이러한 전환도 학자 신분의 변화와 밀접한 관계가 있다. 건가 시기 고증학의 대표 인물과 비교하여, 각 시기의 금문경학 대표 인물은 왕조 정치와 매우 긴밀히 관련되어 있었다. 그들은 조정의 중신이거나 혹은 변법개제의 중심인물이었다. 장존여(1719~1788)는 전시殿試 2등으로 진사進士가 된 후 한림원 편수가 되었는데, 건륭제에 의해 "경전의 의미에 대한 그의 진강進講은 넓고 심오하며, 전아하면서도 탄탄하고, 의리의 핵심을 꿰뚫고 있다"(所進經義, 宏深雅健, 穿穴理窟)고 하여 남서방행주南西房行走에 임명되었다가, 이후 호북 정·부주고관正·副主考官, 호남 학정學政, 첨사부詹事府 소첨사少詹事, 절강 정주시正主試, 순천 학정, 내각학사 겸 예부시랑을 역임했다. 유봉록(1776~1829)은 1819년

(가경嘉慶 19) 진사가 되어 한림원 서길사庶吉士, 예부주사禮部主事를 하사 받았고, 1824년(도광道光 4)에 의제사儀制司 주사主事가 되었다. 그의 조부 유륜劉綸은 벼슬이 문연각文淵閣 대학사, 군기대신軍機大臣, 태자태부太子太傅에까지 올랐다. 유봉록의 제자인 공자진龔自珍과 위원魏源은 벼슬길이 순탄치 못했지만, 모두 일찍이 북경에 오래 머물거나 막부에 들어가 정사에 참여했다. 도처에 위기가 도사리고 있던 시대에, 공자진과 위원은 주변부의 역할을 맡으며 국가 정치의 중심 지역에 거하고 있었고, 나아가 더욱 급진적인 정치 시각을 경학의 세계에 끌어들였다. 캉유웨이, 량치차오, 탄쓰퉁譚嗣同 등은 청말淸末 개혁 운동의 중심적인 인물이었다. 그들이 궁정 정치에 진입할 수 있었던 것은 그들의 정치 참여 의식 때문만이 아니라, 그들에게 있어 공양학은 이미 정치 변혁과 법제 개혁의 이론으로, 일종의 각종 서구 지식을 종합하고 현실 변혁을 위해 패러다임을 제공하는 이론으로 되었기 때문이었다. 만약 단지 미언대의에 대한 금문경학의 해석과 건가 시기 한학의 훈고 고증에만 주목한다면, 금문경학의 진정한 의의를 설명할 수 없을뿐더러, 청대 경학 내부의 끊임없는 변화가 지속해서 이루어져 온 까닭을 설명할 수 없게 된다.

　제도와 법률에 대한 관심은 심지어 더욱 주변에 처해 있던 학자의 저술 속에서도 확인된다. 벤자민 엘먼Benjamin A. Elman은 일찍이 운경惲敬(자는 자거子居, 양호陽湖 출신으로, 1757~1817, 장莊씨 가문과 친교가 있었으며, 장술조莊述祖와 동시대에 살았음)을 예로 이 점을 입증했다. 운경의 『삼대인혁론』三代因革論 제8편에서 보인 삼대 제도에 대한 태도는 제도론 측면에 치중해 있으며, 도덕 근원으로서의 그 경학 전통을 완전히 무시했다. 삼대에 대한 그의 해석은 청초 여러 유학자와 큰 관련이 없고, 오히려 증정曾靜에 대한 옹정제雍正帝의 비판과 서로 호응한다. 즉 그는 제도와 인정人情, 봉건과 역사 변천의 관계를 연결고리로 삼아 일련의 변법 이론을 전개했다.[54] 그에게 있어서, 선왕의 도는 시대에 따라 변천하는 법률과 제도에 부합하지 않는 것이 없고,

사람들은 이해관계를 떠나서 선왕의 전장 제도의 신성성을 논할 수 없다. 또 정전, 봉건 및 민병, 관청의 부역 등 제도는 결코 변화해서는 안될 신성불가침의 것이 아니다. 왜냐하면 그것들 자체가 바로 성인이 시대 변화에 근거하여 제정한 정책이기 때문이다. 이러한 의미에서 송대 유학자들처럼 삼대의 제도로서 한·당의 법을 비판하는 것은 그저 유학자 자신의 한계를 나타낼 뿐이다.[55] 이왕에 "천하에 폐단이 없는 제도는 없고, 백성에 해를 끼치지 않는 일은 없으니, 시세에 부합하고 해로움이 좀 덜한 것을 택하여 행해야 한다면"(天下無無弊之制, 無不擾民之事, 當擇其合時勢而害輕者行之),[56] 사람들은 무엇을 근거로 삼대의 제도로써 한·당 시기의 병제兵制, 전제田制 등 시대 변화를 쫓은 제도를 폄하할 수 있겠는가? 이러한 공리적 역사 관점에서 운경은 한·당의 법을 추종하고 공공연히 상앙商鞅과 진대秦代의 정치를 위해 해명하면서, 진대의 인구·영토상에 변화가 발생하여 결코 도식적으로 삼대의 법을 따를 수 없었다고 보았다. 다시 말해 "법이 장차 행해지려 하면 성인이라도 그것을 행해지지 못하게 할 수 없고, 법이 장차 폐해지려 하면 성인이라도 그것이 폐해지는 것을 막을 수 없다"(夫法之將行也, 聖人不能使之不行, 法之將廢也, 聖人不能使之不廢)는 것이다.[57]

넷째, 청조의 특수한 맥락에서 역사와 제도 변화에 대한 긍정은 필연적으로 족군族群 관계의 문제에 결부되지 않을 수 없다. 금문경학의 역사 변화에 대한 관심과 '변통을 실천하는' 것에 관한 사고는 주로 청초 경학의 내외관內外觀을 바꾸는 데 집중되었다. 그것은 춘추공양학의 내외內外에 대한 규정에 근거하여 초기 경학과 이학 사상 가운데의 강렬한 민족의식과 화이華夷의 구분을 없앴다. 금문경학가가 고염무, 황종희가 제창한 경사經史의 학문을 정치 이론으로 전환시킬 때, 그들은 경학의 내부 규칙을 바꾸었을 뿐만 아니라 이러한 변경을 통해 자신의 정체성을 재구성했다. 즉 만약 제도 내부에서 화이, 내외의 관계를 미봉할 방법을 찾을 수 없다면, 곧 변법 개혁을 실행할 토대도 구할 수 없다. 바로 이러한 까닭에 고염무, 황종희, 왕부지王夫之의 학술에 드러난 강렬한 반항성과 민족의식은 금문경학에서는 약화되어, 정반대 경향의 사고 즉 족군 혹은 족군성族群性이 아닌 문화를 통해 정치 정체성의 근거를 구성하고 나아가 내외, 화이의 구별을 없애 청조 제국의 합법성을 재구성하는 그런 사고로 전환되었다. 고염무, 황종희, 왕부지, 여유량呂留良에게 있어서 삼대의 제도는 경학 혹은 이학의 내재 구조일 뿐만 아니라 도덕 정체성(민족 정체성)의 이론적 근거이자 정치적 실천의 근거였다. 이러한 경향이 겨냥한 것은 만주족이라는 소수민족 제국의 정복 정책, 족군 등급, 귀족정치였고, 따라서 강렬한 정통주의와 화이 관념을 지니고 있었다. 금문경학은 대부분 왕조 변혁의 시각에서 문제를 고찰했다. 그들은 제도를 내외의 상호 추동의 결과로 보았고 따라서 내외의 엄격한 구분을 없애는 것을 지향하면서, 정치와 도道, 변통과 법률의 관계를 중심으로 왕조의 합법성 이론을 구성하고자 했다. 금문경학의 역사관과 제국 시기의 가치 관념은 서로 잘 어울리면서 동시에 모순적이기도 하다. 이러한 모순 관계를 개괄하자면, 한편으로는 청조의 합법성 및 그 법률과 예의禮儀 개혁의 기본 방향을 인정하고, 족군이 아니라 문화·예의를 정치 공동체의 기초로 삼아 화이·내외의 엄격한 구분의 제거를 주장하면서, 동시에 청조의 정치 가운데 족군 등급 제도를 비판하는 것 사이의 모순이라고 할 수 있다.

주도적인 측면에서 보면, 금문경학은 일종의 '대일통' 왕조의 합법성 이론이다. 그것이 내포하고 발전시킨 변법 이론은 유민遺民으로 자처하는 학자의 비판적 사상도 아니고, 사고관四庫館 신하들의 관료이면서 학자라는 애매한 입장의 경학 연구도 아니며, 심지어는 자칭 명사名士들의 풍자나 '공론'公論과도 다르다. 청말의 그것은, 청 왕조의 정치 체제 내부에서 출현한, 개혁파를 자임하는 한인 관료의 변법 이론이었다. 따라서 반항적 민족 사상이 아니라 공리적 제도(예의) 관계야말로 금문경학이 주목한 중심이었다. 이러한 연유로, 경학에서의 중심의 변화는 예제론 혹은 예악론에서 제도론과 법제론으로의 전환, 즉 청대 경학의 비판 전통(및 건가 학자의 고증학 성향)에서 금문경학가의 정치 이론 혹은 변법 책략으로의 전환으로 요약할 수 있다. 금문경학에서 예의 문제가 중심적 지위를 점하게 된 것은 제도와 법률 개혁에 있어 도덕적 합리성이 요구되었기 때문이었다. 즉 법률은 반드시 예禮의 도덕적 함의를 지니고 있어야 하는데, 이것이 바로 예형禮刑 관념이 금문경학에서 돌출된 근본 원인이다. 이러한 전환의 관건은 중국 사회의 정치 정체성의 기초를 바꾸는 것이다. 즉 족군 정체성에서 문화 정체성으로의 전환, 화이의 구분에서 내외 무분별로의 전환, 준 민족국가적인 민족 사상에서 지대무변至大無邊의 '대일통' 논리로의 전환이 그것이다. 따라서 변법개제론은 필연적으로 '중국'의 함의를 재규정하는 것과 서로 밀접하게 연관되어 있다.

이상을 요약하면, 금문경학의 주요 특징은 내외의 엄격한 구분을 없애고 제도 자체의 역사적 변화를 중시하며, 예의의 동일성(사실상 제도와 법률의 동일성)을 다민족 왕조의 통일성의 기초로 삼는 것이다. 이것은 금문경학의 정치 실천의 전제이자 새로운 예의와 도덕 평가의 역사적 전제이다. 이러한 정치적 전제 조건이 바로 청말 시기 민족주의 사조가 대두될 때 금문경학이 쇠퇴하게 되는 복선이었다. 즉 '대일통'의 합법성 이론이 유교 예의를 기초로 하고 습속이나 지역의 특수성을 따르는 것을 원칙으로 하며 점차 내외(즉 족군의 경계)의 구분을 없애는 것을 방향으로 제시했다면, 식민주의와 자본주의의 시장 확장은 오히려 정치 주권을 기초로 하고 보편주의의 법률을 원칙으로 하며 엄격한 내외 구분(족군 차별)을 지향하는 민족주의 사조를 촉발시켰다. 이것은 다민족 제국의 승인 정치와 민족주의의 승인 정치의 충돌이다. 전자는 문화(예의와 제도)를 정치 집단의 기초로 삼는 반면, 후자는 족군을 정치 집단의 전제로 삼고 있다. 이러한 역사적 충돌은 금문경학이 오랫동안 중시해 왔던 '내외' 관계의 성질을 변화시켰고, 문화와 족군의 서로 다른 경향은 바로 이러한 역사적 충돌의 대표적인 표현이라고 할 수 있다.

금문경학과 청 왕조의 법률/제도 다원주의

1. 궁정 정치인가 아니면 합법성 문제인가

벤자민 엘먼은 『경학, 정치 그리고 종교』(Classicism, Politics, and Kinship)에서 경학과 정치의 관계를 지렛대로 삼아 금문경학의 정치적 의의를 분석했는데, 내용이 풍부하고 고증이 엄밀하여 청대 금문경학의 연구를 위해 새로운 시각을 수립했다. 위원, 공자진을 중심으로 금문경학의 구도를 설정하는 역사학적 경향에 대해, 그는 다음과 같이 지적하고 있다. 장존여는 일찍이 중화제국 정치 무대의 중심에 있었다. 이에 비해 공자진과 위원은 비록 20세기의 역사학자들에 의해 한결같이 중요한 지위를 부여받았지만, 당시 그들은 단지 정치 주변에 처해 있던 작은 인물들이었다.[58] 이러한 시각의 전환은 자연히 하나의 사상사적 문제를 제기했다. 즉 만약 금문경학이 결코 청말 변법운동으로 인해 일어난 것이 아니라면, 금문경학 흥기의 동력은 도대체 무엇이란 말인가? 엘먼은 종교, 정치, 경학을 그의 연구 시각 속에 함께 짜 넣고, 화신和珅 사건을 이 삼자 관계를 추동하는 지렛대로 삼았다.[59] 이 것을 계기로, 엘먼은 경학–종교–왕조 정치의 복잡한 착종 관계로부터 상주常州학파를 연구하여 건륭제 시기 금문경학 흥기의 사회적 조건을 밝혀냈다. 그는 장존여가 『춘추공양전』으로 돌아선 것은 일종의 정치적이고 전략적인 선택이라고 보았다. 왜냐하면 공양학의 미언대의는 장존여에게 일종의 "경학의 은폐, 특히 공자의 전통적인 포폄 방식이라는 역사 은폐"를 제공하여, 당시 정치에 대한 비판, 특히 화신 일파에 대한 불만을 간접적으로 표현할 수 있었기 때문이다. 이러한 의미에서 금문경학의 대두는 경학 관념의 점진적 변화의 결과가 아니라, 건륭제 시기에 화신과의 투쟁 과정에서 발생한 사대부들의 정치적 선택이었다. 다시 말해 그것은 '19세기 청의淸議'의 선구이자, 동림당 東林黨이 환관 세력을 반대한 전통의 계승이었다.[60] 따라서 청말 서구의 도전에 대응하여 변법 개혁을 추진했던 것을 중심으로 한 금문경학과는 직접적인 연관이 없다.

상주학파와 왕조 정치의 관계는 금문경학이 발흥하는 데 중요한 계기를 제공했다. 이러한 의미에서 경학가들이 즐겨 말하는 가법이 아니라 경학과 정치의 시각만이 금문경학을 해독할 수 있는 기본 방법이다. 그러나 금문경학의 흥기를 장존여와 화신의 정치 투쟁의 결과로 귀결시키는 것이 근거가 없지는 않지만, 일련의 반론을 피할 수는 없다.[61] 더욱 중요한 것은 이러한 해석이 정치적 시각을 궁정 정치에 국한시키고, 금문경학과 더욱 광범위한 사회 정치 간의 연계를 적잖이 약화시켜 금문경학이 왜 이와 같이 황권, 법통, 법률 예규 등의 문제를 중시했는지를 설명할 수 없다는 것이다. 금문경학이 다룬 각종 정치적 의제는 화신 사건 및 궁정 정치와 비교하여 훨씬 광범위한 정치적 의미를 내포하고 있다. 금문경학은 제도, 법률과 황권 문제를 사고의 중심에 두었기 때문에, 장존여의 예제론은 법률, 제도, 왕조 합법성과 관련된 사고와 긴밀한 관련이 있다. 이러한 전환은 이학의 도덕 중심론의 내재 구조를 변화시켰고, 청초 경학이 이미 전개한 '정치와 도'의 합일, '리와 예'의 합일, '예의와 형벌'의 합일 등의 주제를 충분히 개진했다. 만약 공양학의 발흥을 단지 명대 동림당의 여파로 간주한다면, 금문경학의 이상과 같은 이론 특징을 어떻게 설명할 수 있겠는가?

나는 여기서 다른 방향에서 엘먼의 '경학과 정치'의 시각을 확대 전개하고자 한다. 금문경학은 청대 유학의 반이학反理學적 경향을 이용하여, 도덕 관계에 관한 사고를 왕조 합법성과 관련된 이론으로 전환시켰다. 그중에서 가장 중요한 것은 금문경학가의 강희제, 옹정제, 건륭제라는 세 황제의 시기 이래 확립된 내외 관계와 질서에 대한 사고와 비판이다. 장존여와 유봉록의 학문은 태평성세로 불리는 건가 시기에 발생했다. 즉 한족의 대규모 반청 투쟁이 이미 종결되고 몽골족, 티베트족, 회족 등 서역 지구가 이미 제국의 질서 내부로 편입되었으며, 만주 팔기인八旗人과 일반 백성이 잡거雜居하는 국면도 이미 형성되었다. 그리고 청조의 통치가 전례 없이 공고해지고, 사람들은 아직 바야흐로 닥쳐오는 새로운 위기를 충분히 인식하지 못하고 있었다. 그리고 청대 금문경학의 정치적 의의는 청대 제국의 특수한 구조와 연계하여 고려해야 한다. 즉 청조는 부단한 정복, 확장과 족군 분할과 족군 융합을 통해 건립한 제국이다. 그 제국 제도 및 계급 구조는 족군의 특권, 제도의 다양성과 봉건제와 유사한 다원적 권력 중심의 기초 위에 세워졌다.[62] 금문경학의 의의는 반드시 정치적 시각에서 접근해야 비로소 파악될 수 있다. 그러나 이 '정치'의 함의는 오히려 궁정 정치와 족군 관계의 범위를 초월한다. 청대 중기 금문경학의 중심 의제는 청 왕조의 법통과 만주족과 한족의 관계, 한인 관료의 정치 정체성과 정치적 지위, 그리고 어떻게 예의 관념을 국가의 내외 정책 속으로 확대할 것인가 하는 등등의 것이었다. 바꾸어 말하면, 청대 중기의 금문경학은 다음과 같은 두 가지 문제를 해결하려고 했다. 첫째, 어떤 원칙에 근거하여 청조 제국의 법통을 세워야만 하는가? 둘째, 또 어떤 원칙에 의거하여 이러한 법통 속에서 한인 관료의 합법성을 마련할 것인가? 엘먼이 상세히 연구한 화신 사건 및 한인 족군 계보는 이 두 문제와 밀접한 관계를 지니고 있다. 즉 장존여, 유봉록이 거듭해서 논했던 화이, 내외 등 주제는 모두 만주족과 한족의 관계 문제와 연관되어 있다. 장존여, 유봉록은 요직에 있었기 때문에, 조정의 권력 구조에서의 만주 귀족과 한인 관료의 관계에 대해 매우 민감했다. 그러나 유가 윤리로부터 출발하여, 단지 만주족과 한족의 문제를 개인적 정치 행보의 문제로 이해하는 것은 지나치게 단순하다고 할 수 있다. 그들에 대해 말하자면, 만주족과 한족의 문제는 개인 지위와 궁정 정치 문제가 아니다. 왜냐하면 그것은 소수민족 왕조로서의 청 왕조의 정치적 특징과 긴밀하게 연관되어 있었기 때문이다. 바로 이러한 까닭에, 장존여, 유봉록의 학문은 이론적 체계성을 갖추고 있고, 그들이 논한 것은 제국의 정치 합법성 문제였다. 금문경학은 제국 정치 구조와 다원적 민족 상황을 이론적 출발점으로 삼아, 유가의 시각에서 강희제, 옹정제, 건륭제 시기의 정치, 법률과 제도에 대해 비판적으로 총결했다. 그리고 왕조의 합법성을 인정한다는 전제하에서, 제국 체제 내의 족군 등급제를 비판했으며, 송명 이학과 청초 경학의 화이 구분을 초월했다.[63] 그러므로 비록 청대 중기, 왕조의 법률적 실천에 대한 금문경학의 영향은 매우 미약했을지라도, 청대 금문경학이 예제, 법률과 황권에 대해 지속적으로 주의를 기울인 것을 어떻게 이해해야 하는가 하는 것은 하나의 중요한 사상사적 문제이다. 즉 금문경학은 왕조 정치와 관련된 합법성 이론인 것이다.

2. 몽골 원元 왕조의 합법성과 공양학

청대 정치가 직면한 기본 문제 가운데 하나는 합법성 문제, 즉 어떻게 만주 왕조를 중국 왕조로 재구성하느냐 하는 문제였다. 정치 합법성 이론으로서의 금문경학, 특히 춘추공양학은 새로운 왕조에게 유가의 예의와 법률 체계로부터 합법성을 위한 이론적 토대를 확보하는 주요 방법을 제공했다. 장기적인 역사 관점에서 보면, 공양학의 정통론, '삼통론'三統論, 대일통 및 법률 관점은 이미 단순한 유학 이론이 아니라 진한 이후 역대의 새 왕조가 합법성을 수립하는 주요 근거 가운데 하나로서, 그것을 청대 금문경학의 범주에 넣고 학술사적으로 논하는 것 자체가 매우 어렵다.[64] 지금까지 이와 관련된 연구에서는 모두 청대 금문경학이 18세기 말에 돌발적으로 발흥했음을 강조하며, 개별적인 예를 제외하면 동한東漢 이래 금문경학은 이미 소실되었다고 보았다. 이러한 연구는 주로 학술사적인 각도에서 논점을 전개하고, 공양 사상과 역대 왕조 정치 합법성의 관계에 대해서는 거의 언급을 하지 않았다. 그러나 만약 청대 금문경학과 정치의 관계를 논하면서 이러한 맥락을 무시하면, 금문경학의 정치적 함의와 그 변화를 이해하기 어렵다. 예를 들어 명대 왕의王禕의 「정통론」正統論에서는 다음과 같이 말하고 있다.

> 정통론은 『춘추』를 근본으로 삼는다. 주나라가 동쪽으로 수도를 옮겼을 때 왕실은 쇠미해졌다. 여러 나라로 흩어져 버리니 초楚나라, 오吳나라, 서徐나라에 이르기까지 모두 '왕'이라 참칭했다. 천하의 사람들은 대부분 정통의 소재를 거의 몰랐다. 공자가 『춘추』를 지어 '정'正 자가 나오면 반드시 '왕'王 자를 붙이고, '왕'자가 나오면 반드시 '천'天 자를 붙였다.* 반면 참칭한 나라에 대해서는 모두 실제 작위보다 강등하여 '자'子라고 써서 존왕尊王의 의미를 드러냈다. 따라서 『춘추공양전』에서는 "군자는

* 공자가~붙였다: 『춘추』 「은공 원년」에 "봄이란 왕의 정월이다"(春, 王正月)라는 경문에 대해 『춘추공양전』은 이렇게 주를 달았다. "'왕'이란 누구를 이르는 것인가? 주 문왕을 이르는 것이다. 어찌해서 먼저 '왕'이라 말하고 난 뒤에 '정월'이라 했는가? 주 문왕이 세운 주나라의 정월이기 때문이다. 어째서 '왕의 정월'이라고 했는가? 크게 통일했기 때문이다."(王者孰謂? 謂文王也. 曷爲先言王而後言正月? 王正月也. 何言乎王正月? 大一統也) 하나라의 정월은 지금의 음력 1월, 상나라의 정월은 지금의 음력 12월이었고, 주나라의 정월은 지금의 음력 11월이었다. '정월' 앞에 굳이 '왕' 자를 덧붙인 것은 주나라의 정월임을 말하는 것이고, 이는 주나라가 통일한 천하임을 강조한 것이다. 또한 『춘추』 「은공 원년」에 "가을인 7월에, 천왕이 재(宰) 훤(咺)을 보내 노(魯) 혜공(惠公) 및 중자(仲子)의 상례(喪禮)에 쓸 물품을 보냈다"(秋, 七月, 天王使宰咺來歸惠公仲子之賵)라는 경문이 보인다. 여기서 '천왕'은 당시 주나라 왕이었던 주 평왕(平王)을 가리킨다. 일부러 왕의 지위를 더 높이기 위해 '천' 자를 붙인 것이다.

올바른 위치(正)에 거하는 것을 중시한다"라고 했고, 또 "왕 노릇하는 자는 '크게 하나로 통일한다'(大一統)"라고 했다. '정통'이란 의미는 이로부터 시작되었다. 구양수歐陽脩에 따르면, '정'正이란 천하의 부정不正을 바로잡는 것이고, '통'統이란 분열된 천하를 하나로 합하는 것이다. 부정과 분열로 말미암아 시비가 분명하지 않게 되니, 이에 정통론이 지어진 것이다.

> 正統之論, 本乎『春秋』. 當周之東遷, 王室衰微. 夷於列國, 而楚及吳·徐, 並僭王號. 天下之人, 幾不知正統之所在. 孔子之作『春秋』, 於正必書王, 於王必稱天. 而僭竊之邦, 皆降而書子, 凡以著尊王之義也. 故傳者曰: "君子大居正." 又曰: "王者大一統." 正統之義, 於斯肇焉. 歐陽修氏曰: 正者, 所以正天下之不正也, 統者, 所以合天下之不一也. 由不正與不一, 是非有難明, 故正統之論所爲作也.[65]

방효유方孝孺(자는 희직希直)가 「후정통론」後正統論에서 또 다음과 말하고 있다.

정통이란 이름은 무엇에 근거한 것인가? 바로 『춘추』에 근거한 것이다. 그것을 어떻게 아는가? 『춘추』의 뜻은 비록 은미하나 그 큰 요지는 군신의 등급을 분별하고, 화이의 구분을 엄격히 하며, 천리를 지지하고 인욕을 억제하는 것에 있을 뿐이다.

> 正統之名, 何所本也? 曰: 本於『春秋』. 何以知其然也? 『春秋』之旨雖微, 而其大要, 不過辨君臣之等, 嚴華夷之分, 扶天理, 遏人欲而已.[66]

왕의는 『춘추』의 정통설이 천하가 분열되어 있고 시비 판별이 어려운 상황을 극복하기 위한 요구로부터 기원한다고 본 반면에, 방효유는 정통론의 내외관과 등급관이야말로 『춘추』의 종지까지 거슬러 올라갈 수 있다고 주장하고 있어서, 양자의 강조점 사이에는 차이가 있다. 왕조가 교체될 때, 학자·책사·황권은 모두 체제화하는 과정에서 공양학의 취지를 원용하여 새 왕조의 정통을 수립하려 힘썼다. 이것과 그들이 금문경학가인가 하는 것과는 아무 관계가 없다. '삼통설'의 관점에 따르면 모든 새로운 왕조의 정통은 이전 두 왕조의 예의·법률·제도의 계승·종합·개조를 통해 수립해야 한다. 청조는 원나라와 명나라를 본받아 자신을 중국 왕조의 계보 속에 끌어들여, 자신의 정통과 한인 및 기타 민족에 대한 통치를 수립하려고 했다. 원나라나 명나라도 이와 마찬가지였다.

그러나 결국 무엇을 정통의 근거로 삼았는가? 각 왕조는 자신의 특징에 근거하여 왕조 교체의 계보 속에서의 자신의 지위를 자리매김했지만, 동시에 합법성에 대한 일정한 근거를 제시해야만 했다. 예를 들어 송·명 두 왕조는 북방 민족의 위협에 직면하여 명확한 내외·화이 관계를 정통의 근거로 삼았지만 이러한 내외·화이 관계는 결코 단순한 족군 관계나 지역 관계가 아니었다. 왕의는 송宋의 정통을 논하면서, 다음과 같이 말했다.

> 송이 천하를 차지하자 그 올바른 위치(正)에 거하고 하나로 합해지게 되면서, 그 왕통(統)도 다시 이어지게 되었다. 그래서 건륭建隆 원년부터 다시 그 왕통을 바로잡을 수 있게 되었다. 그러나 정강靖康의 난에 이르러 남북이 분열되었다. 금金나라는 비록 중원에 자리 잡았지만 천하의 올바른 위치에 거했다고 할 수 없었고, 송은 이미 남쪽으로 천도했으니 천하를 하나로 합했다 할 수 없었다. 이런 상황은 위魏·촉蜀·동진東晉·후위後魏 시기와 유사하며, 시비를 판별하기 어려워 이에 정통은 또다시 단절되었다. 요遼나라가 금金나라에 병합되었다가 금나라가 다시 원나라에 병합되고, 다시 원나라가 남송을 병합하고 나서야, 천하의 올바른 위치에 거하면서 천하를 하나로 합하고, 다시 그 왕통을 바

로잡게 되었다. 따라서 원나라가 그 정통을 이어받은 것은 당연히 지원至元 13년(1276)부터 시작된다.* 이로부터 보건대 이른바 정통이란 요순 이래로 네 번 끊어졌다가 네 번 다시 이어진 것이다.

> 及宋有天下, 居其正, 合於一, 而其統乃復續. 故自建隆元年,
> 復得正其統, 至於靖康之亂, 南北分裂. 金雖據有中原, 不可謂
> 居天下之正. 宋旣南渡, 不可謂合天下於一. 其事適類於魏·蜀·
> 東晉·後魏之際, 是非難明, 而正統於是又絶矣. 自遼並於金,
> 而金又並於元, 及元又並南宋, 然後居天下之正, 合天下於一,
> 而復正其統. 故元之紹正統, 當自至元十三年始也. 由是論之,
> 所謂正統者, 自唐虞以來, 四絶而四續.[67]

금나라가 중원을 장악했지만 올바른 위치를 차지할 수는 없었고, 송나라도 남쪽으로 천도한 이상 올바른 위치라고 할 수 없었다. 따라서 지역이나 족군은 모두 '정통'의 근거가 되지 못한다. 원나라의 정통 수립은 그것이 송나라를 계승하여 일어났다는 점과 천하를 통일했다는 양자의 합일에 있다. 방효유는 정통과 이적夷狄의 구분에 대해 더욱 주목하면서 다음과 같이 말하고 있다.

만약 이적이 주인이 되어 중국에 들어온다면, 탐욕스러운 북방의 오랑캐를 어찌 징벌하여 두려워하게끔 만들 것인가? 어떻게 그들이 더 이상 중국을 해코지하지 않을 것이라고 확신할 수 있겠는가? …무릇 응당 기록되어야 할 내용 중 중국의 정통보다 중요한 것은 없으니, 이로써 중원을 잃은 불행한 사태의 의미를

---

* 따라서~시작된다: 남송을 완전히 복속시킨 것은 지원 16년(1279)이지만, 지원 13년(1276)에 남송의 유제(幼帝) 조현(趙㬎)이 원나라에 항서(降書)를 올렸기에 이를 기준으로 삼은 것이다.

깊이 새겨, 천하를 차지한 이에게 오랑캐의 해악을 경계하면서 엄밀하게 지키는 임무에 절대 소홀히 임하지 않게 해야만 한다. 이적에게 대의가 얼마나 엄중한 것인지, 그리고 정통은 이족異族이 얻을 수 없는 것임을 깨닫게 하여, 분에 넘치는 야욕을 사그라지게 한다면, 이 역시 성인의 뜻이라 할 수 있을 것이다.

> 苟以夷狄之主, 而進之於中國, 則無厭之虜何以懲畏? 安知其不復爲中國害乎? …凡所當書者, 皆不得與中國之正統比, 以深致不幸之意, 使有天下者, 懲其害, 而保守不敢忽. 使夷狄知大義之嚴, 正統之不可以非類得, 以消弭其僭覬之心, 則亦庶乎聖人之意耳.[68]

이른바 "정통은 이족이 얻을 수 없는 것"이란 말은 화이의 경계를 엄격히 구분하는 표현으로, 족군 관념을 매우 강하게 내포하고 있다. 왕의의 관점과 방효유의 관점 사이에는 매우 분명한 차이점이 존재하지만, 그들은 서로 다른 이유에 근거하여 모두 송나라의 정통과 금나라의 중원 장악을 구분했다. 정통의 단절과 지속은 일종의 역사 서술로서, 무엇이 단절이고 무엇이 지속인가는 시대와 논자의 정통론과 관련되어 있다. 명대 유학자의 화이, 내외를 엄격히 구분하는 정통관은—구양수 같은—송대 유학자의 정통관과 서로 호응하여, 바로 금·원·청 등 소수민족 왕조의 합법성 논증과 선명한 대비를 이룬다.

청대 정치와 공양학의 관계를 심도 있게 논하기 전에, 몽골족 원 왕조의 정치 합법성 문제 및 기타 공양학의 관계를 간략하게 분석할 필요가 있다. 왜냐하면 청조의 법통은 명 왕조의 '정통'에 대한 계승을 포함하고 있을 뿐만 아니라 몽골족 원 왕조 칸Khan(可汗)의 법통을 총괄하고 있기 때문이다. 이점에 대해서 나는 후에 다시 보충 서술할 것이다. 청조와 마찬가지로 원 왕조도 소수민족이 통치하는 다민족 제국이었다. 그리하여 몽골 통치자는 어떻게 자신을 중국 왕조의 계보 속에 편입시킬 것인가 하는 문제, 즉 어떻게 자신의 정통을 수립하고 한인 및 기타 민족을 통치할 것인가 하는 문제에 직면했다. 이 문제는 일찍이 남송을 정복하기 전에 이미 계획되었다. 『원사』元史 「유정전」劉整傳에서 "지원 4년 11월, 유정이 입조하여 '예로부터 제왕은 천하를 통일하지 않으면 정통이 될 수 없습니다. 성조聖朝(원나라를 말함)가 천하의 7~8할을 차지하였건만 어찌 저 구석의 송나라만은 내버려두어 스스로 정통을 포기하려 하십니까?'라고 하면서 송나라를 정벌하도록 주청했다. 그러자 세조가 '짐은 결심을 굳혔소!'라고 했다."(至元四年十一月, (整)入朝, 勸伐宋, 曰: '自古帝王非四海一家不爲正統. 聖朝有天下十七八, 何置一隅不問, 而自棄正統耶?' 世祖曰: '朕意決矣!')고 적고 있다. "송나라를 정벌하는" 것은 군사적·경제적 고려에서 나왔을 뿐만 아니라 제국의 정통을 수립하는 것과도 밀접한 관계가 있다. 라오쫑이는 이를 평하여 "그러므로 원나라가 송나라를 지배함은 곧 정통을 쟁취하는 것이며, 이 정통은 바로 대통일을 의미한다"[69]라고 했다. 이른바 "원나라가 송나라를 차지한다"는 것, 즉 원나라가 송나라를 정복함으로써 송을 계승하는 이러한 정통 계승 방식은 바로 한대 공양학의 삼통설에서 기원한다. 왜 송나라의 정통을 계승해야만 비로소 원나라의 대일통을 완수할 수 있는가? 이 문제 역시 송나라 이래 정통관의 관점에서 해석할 필요가 있다. 즉 내외·화이의 구분에 따라, 송나라는 그 시대의 정통을 대표했고 요나라와 금나라는 정통의 계보 내에 편입될 수 없었다. 이러한 구분은 공양학의 내외관과 완전히 일치한다. 양유정楊維楨이 「정통변」正統辨에서 말하기를, "세조는 역수歷數(왕조가 교체되는 원칙과 순서)의 정통을 송나라로 돌리고, 오늘날 자신이 송나라의 정통을 이어받았다고 자임했다."(世祖以歷數之正統歸之於宋, 而以今日接宋統之正自屬也) 또 "요나라를 잇는 것을 계통(統)으로 삼는다"는 주장에 대해서 그는 또 더 나아가 다음과 같이 논증했다. "중화를 계승하는 계통은 바르고 위대한데, 이는 모두 요나라와 금나라에 있지 않고, 하늘이 백성에게 내려 준 주인에게 있다는 것은 명확하다. 그런즉, 우리 원나라의 대일통을 논하려면, 응당 송나라를 평정한 날로 따져야지, 요나라와 금나라와는 상관이 없다. …천수天數(하늘이 정해준 운명)의 올바름(正), 중화(華)를 계승하는 계통(統)의 위대함이 우리 원나라에 귀속되어 송나라를 계승한 것은 송나라가 당나라를 계승하고, 당나라가 수隋나라를 계승하고, 진晉나라를 계승하고, 한漢나라를 계승한 것과 매한가지인데, 이를 무시한 채 함부로 우리 원나라를 윤조閏朝(가짜 왕조)로 구분하여, 거친 오랑캐의 계통도 없는 계통에 우리 원나라를 귀속시키려 한다. 난 정말이지 오늘날의 군자들이 지금이 어느 때이며 오늘날 지금의 성인이 어떤 군주이길 바라는지 알 수 없다."(中華之統, 正而大者, 皆不在遼·金, 而在於天付生靈之主也昭昭矣. 然則論我元之大一統者, 當在平宋, 而不在平遼與金之日, …不以天數之正, 華統之大, 屬之我元, 承乎有宋, 如宋之承唐, 唐之承隋承晉承漢也, 而妄分閏代之承, 欲以荒夷非統之統屬之我元, 吾又不知今之君子待今日爲何時, 待今聖人爲何君也哉)[70] 그는 명확히 요나라와 금나라를 계승하는 것으로 정통을 수립하려는 가능성을 배제해 버렸다.

그러나 원나라는 몽골 제국을 기초로 세워졌고, 그것의 족군 관계, 등급 체제와 제국 규모는 간단하게 송나라의 통치 질서 속으로 끌어들일 수도, 또 간단히 금나라의 통치 질서에 비교할 수도 없다. 엄격하게 화이를 구분하는 송대 유가의 예의禮儀 질서 관념은 원나라의 정통성을 위한 근거가 될 수 없었다. 1272년 쿠빌라이 칸(재위 1260~1294)은 남송을 정복하고 국호를 원元으로 정한다고 선포했다. 이 국호는 한 여진족의 건의에 따른 것이었다. 새로운 국호를 선포함과 동시에 쿠빌라이 칸은 또 같은 해 11월 15일 금金(1115~1234)의 태화泰和 시기에 정했던 『태화율』을 폐지했다(당대唐代 이후의 율법 전서는 모두 직간접적으로 당율唐律의 영향을 받았는데, 송율宋律·금율金律·명율明律이 모두 당율을 계승했고, 청율淸律은 명율을 계승했다). 『태화율』은 1201년에 반포되었다. 『금사』金史 「형법지」刑法志에 따르면, 그 율법은 당율을 계승한 것으로 금나라에 의해 사용되었다. 1234년 몽골이 여진을 정복했지만, 『태화율』은 1272년에 가서야 쿠빌라이에 의해 폐지되었고 그 후 부활되지 않았다. 법률의 시각에서 보면 원나라는 『송형통』宋刑統을 회복시키지도 않은 상태에서, 금의『태화율』을 폐지해 버리고 정식 율법을 반포하지도 않았다.[71] 이 때문에 원나라는 중국 역사상 정식으로 새로운 법률을 반포하지 않았던 유일한 왕조가 되었다. 아이젠슈타트S. N. Eisenstadt는 일찍이 "대부분의 관료 체제는 비록 어느 한 법률 정책이 각 관료 정체에서 상대적 우세와 중요한 의의를 지니고 있을지라도, 사건에 따라 달리 적용되는 다양한 법률 정책을 가지고 있다"는 점을 주목했다.[72] 귀족적, 종법적, 종교적, 그리고 기타 민족의 법률적 자치를 제한하기 위해서, 각 왕조는 각각 통치하기 시작한 초년에 법전을 반포했는데, 이는 실제로는 제도화되고 통일적인 방식으로 이러한 영역과 각 지역의 법률 활동을 조정하기 위한 것이었다. 따라서 새로운 율령을 반포하고 부단히 법률의 제도화와 통일성을 강화하는 것은 법률과 관료 제국의 정치 체제를 가능한 결합시키고 황제 권한의 통제하에 두기 위한 것이다. 바로 이러한 연유로 통일성이 없는 법령 제도는 한편으로는 각종 법률 자치의 현실을 반영하고, 다른 한편으로는 왕조의 관료화 정도와 황권의 절대성 수준이 낮음을 말해 준다.

더욱 선명한 법률 경향을 지닌 다른 제국과 달리, 중화제국의 법률은 또 구체화된 예禮로 간주되었다. 그러나 이러한 독특성은 지나치게 과대 해석되어서는 안 된다. 왜냐하면 거의 모든 초기 제국(로마 제국, 비잔틴 제국, 사산조 페르시아 제국 등)의 통치자는 모두 "그들 자신과 그들이 세운 정치 체제를 특정한 문화적 상징과 문화적 사명의 담지체로 포장하려 했기 때문이다. …이들 사회 통치자는 항상 사람들이 자신을 그 문화의 경향과 문화 전통의 고취자이자 옹호자로 인정해주길 기대했고, 또 그들의 정치 체제를 그러한 경향과 전통의 담당 주체로 표상하려고 했다."[73] 만약 법률이 중국 제국의 합법성을 구성하는 기본 요소라고 한다면, 이는 바로 왕조의 합법성에 대한 논리적 근거가 특수한 예禮의 질서관에 기초해야 하기 때문이다. 취퉁쭈瞿同祖가 말한 '중국 법률의 유가화'의 시각에서 보면,[74] 법률과 예의 이러한 관계는 제국 시기 중국의 법률과 왕조 합법성의 기본 특징이며, 각종 칙령, 정책과 조례는 시대에 따라 변화하면서 영원한 법률 틀을 보충하는 것들이다. 왕조의 통치자는 법전을 반포할 수 있지만 독단적으로 그것을 정할 수는 없다. 또 법전은 그 역사를 통해 권위를 획득하고 황권과 왕조의 합법성에 대해 일정한 제약을 가한다. 조정은 당연히 역사의 변화에 따라 법률을 수정할 수 있다. 그러나 법률 수정이 합법적이고 합리적으로 이루어지지 않는다면, 이러한 수정 자체는 곧 거꾸로 조정 및 그 정책의 합법성을 위협할 수 있다. 만약 법전이 유학 가치와 체제의 법률적 기초라고 한다면, 일단 이러한 법전이 공허하거나 애매한 상태에 빠지게 되면 유학의 가치와 체제 자체도 동요하지 않을 수 없게 된다. 바로 이런 까닭에 유학자의 관점에서 보면, 법률을 반포하지 못하는 것 자체가 왕조의 합법성의 위기를 조성하게 된다.

왕운王惲은 「청론정덕운장」請論定德運狀에서 분명하게 오덕시종설五德始終說과 대일통설에 근거하여 원 왕조 '정통'의 애매함을 설명하고 '오행의 운행에 맞는 덕'(德運)을 확정할 필요성을 제기하고 있다.

> 자로고 천하를 차지한 군주는 하늘에 응하여 명命을 바꾸고, '오행의 운행'(五運)에 근거해 창건의 시작을 밝히지 않는 것이 없다. 예를 들어 요堯는 화덕火德으로, 순舜은 토덕土德으로, 하夏는 금덕金德으로, 은殷과 주周는 수덕水德과 목덕木德으로 왕이 되었으며, 한漢과 당唐은 화덕과 토덕으로 왕이 된 것이 그 예이다. 멸망한 금나라는 태화 초에 '오행의 운행에 맞는 덕'(德運)을 정해서, 납월臘月의 명명*과 관복의 색깔도 그에 따라 새롭게 바꿨

* 납월(臘月)의 명명: 원래 '납월'은 한 해를 마무리하며 천지신명 등 다양한 제사를 지내는 중요한 달이다. 한 해의 마지막 달인 '납월'에 대해 『풍속통의』(風俗通義) 「사전」(祀典) 편에서는 이렇게 설명하고 있다. "하나라 때는 '가평'이라 했고, 은나라 때는 '청사'라 했고, 주나라 때는 '대사'라 했고, 한나라 때는 '납'이라고 했다."(夏曰嘉平, 殷曰淸祀, 周曰大蜡, 漢改爲臘) 이렇게 원래 '납월'에 대한 명칭은 왕조마다 달랐고 실제 달수도 달랐다. 하력(夏曆)에 따르면 정월이 지금의 음력 1월이기에, 하나라 때

다. 지금 원나라가 화하華夏의 땅을 장악한 지 60여 년이 되었건만 '오행의 운행에 맞는 덕'에 관한 일은 아직 논의된 적이 없고, 대일통의 도에 대해서도 논의가 끊어진 듯하다. 어째서 이렇게 되었단 말인가? 대개 국체國體에 관계된 일은 진실로 중대사이다. 하물며 이제 문치文治가 창성하고 조정의 전장典章이 펼쳐지며 의장대와 근위병을 제정할 때임에야. 만약 먼저 왕이 된 '오행의 운행에 맞는 덕'을 정하지 않는다면 마차, 복장, 기치의 색깔은 장차 무엇을 따르겠는가?

> 蓋聞自古有天下之君, 莫不應天革命, 推論五運以明肇造之始.
> 如堯以火, 舜以土, 夏以金, 殷周以水木王, 漢唐以火土王是也.
> 據亡金泰和初, 德運已定, 臘名服色, 因之一新. 今國家奄有區
> 夏六十餘載, 而德運之事未嘗議及, 其於大一統之道似爲闕然.
> 何則? 蓋關係國體, 誠爲重大事. 況際今文治焴興, 肆朝章, 制
> 儀衛. 若德運不先定所王, 而車服旗幟之色將何尙矣?[75]

왕조가 교체될 때 새로운 법을 반포하고 왕조의 정통을 수립하는 것은 서로 불가분의 관계를 지니고 있다. 만약 법률적으로 각기 다른 시기와 사건에 적용하는 법률을 통일시킬 수 없다면 한 왕조의 법통은 수립되기 어렵다. 원 왕조 정통의 애매한 상태에 대한 왕운의 문제 제기는 결국 신법 혹은 신왕을 세우는 문제에 대한 논의로 전개되지 않을 수 없다.

오행설과 대일통 사상을 결합시킨 이러한 서술 방식은 위로는 동중서의 『춘추번로』를 이어받은 것이다. 양환楊奐은 「정통팔례총서」正統八例總序에서 세계世系로 정통을 논하는 방식을 반박하고 정통의 근거

납월은 음력 12월이다. 은력(殷曆)에 따르면 정월이 지금의 음력 12월이기에 은나라 때 납월은 음력 11월이다. 주력(周曆)에 따르면 정월이 지금의 음력 11월이기에, 주나라 때 납월은 음력 10월이다.

를 신왕新王의 통치 자체로 전환시켰다. 그리고 아울러 『춘추공양전』의 '내외례'內外例를 인용하여 정통의 근거로 삼았다. 이것은 분명히 몽골족 원나라가 이민족 출신으로서 중원을 장악했기에, 내외 관계를 새롭게 정립하지 않고서는 자신의 합법성을 확립할 수 없었기 때문이다. 그는 다음과 같이 말했다.

> 『춘추공양전』에서 말하기를, "안은 자세히 기록하고 밖은 간략히 기록한다"고 했다. 남조의 유劉씨 송나라를 버리고 북조의 원元씨 북위北魏를 취한 것은 무엇 때문인가? 제하諸夏에 주인이 없는 것을 통탄스러웠기 때문이다. 유송劉宋의 대명大明 연간(457~464)의 조정은 황음무도하고 잔인함이 몹시 심했다. 중국이면서 오랑캐의 예를 따르면 오랑캐로 간주하고, 오랑캐이면서 중국에 들어오면 중국으로 간주한다. 숙종肅宗이 큰 도적 무리를 소탕하고, 수도 궁궐로 돌아갔건만, '왕조 부흥의 예'(復)로 삼지 않고, '정통 계보를 유지하기 위해 임시로 정통성을 부여하는 예'(興)로 삼은 것은 어째서인가?• 숙종이 자립하는 것을 망쳤기 때문이다.• …왕도가 밝지 않고 상벌이 정돈되지 않은 지 오래되었다. 그런즉, 천리의 진실함을 밝히고, 인정人情의 거짓됨을 규

• 숙종(肅宗)이~어째서인가: 양환은 「정통팔례총서」에서 역사 기록을 다음과 같은 8가지 의례(儀例)로 구분했다. ① 왕도를 얻은 예[得], ② 온전한 전승의 예[傳], ③ 왕조 쇠락의 예[衰], ④ 왕조 부흥의 예[復], ⑤ 정통 계보를 유지하기 위해 임시로 정통성을 부여한 예[興], ⑥ 왕조 붕괴의 예[陷], ⑦ 직접 왕조를 멸망시킨 예[絶], ⑧ 비록 정통성을 가진 군주가 있지만 천하 민심이 다른 어진 이에게 귀의한 예[歸].
• 숙종이~때문이다: 위의 숙종, 즉 효명제(孝明帝) 원후(元詡)는 선무제(宣武帝) 원각(元恪)의 아들 중 유일하게 요절하지 않았기에, 혈통을 계승하기 위해 선택의 여지 없이 어린 나이에 즉위했으나, 결국 효명제의 생모인 선무영황후(宣武靈皇后) 호씨(胡氏)가 수렴청정으로 전권을 횡행하여 북위 멸망의 단초가 되고 말았다. 효명제는 19세에 생모로부터 황권을 되찾아오려 시도했다가 발각되어 오히려 죽임을 당했다. 이 때문에 '자립을 하는 것을 망쳤다'고 한 것이다.

제함에 있어 이것보다 중요한 것이 무엇이란 말인가? '두루 기재했다'(通載)라고 한 것은 이제二帝(즉 요임금, 순임금)와 삼왕三王(하나라 우왕, 상나라 탕왕, 주나라 문왕)이 이뤄 낸 통치의 법도와, 걸桀임금·주紂임금·주 유왕幽王·주 려왕厲王의 세상을 혼란하게 만든 과거 일을 다뤘다는 말이다. '두루 논의했다'(通議)고 한 것은 진秦·한漢·육조六朝·수隋·당唐·오대십국五代十國의 흥망에 대한 실제 자취에 대해 다뤘다는 말이다.

> 『公羊』曰: "錄內而略外." 舍劉宋取元魏, 何也? 痛諸夏之無主也. 大明之日, 荒淫殘忍抑甚矣. 中國而用夷禮, 則夷之, 夷而進於中國, 則中國之也. 且肅宗掃淸鉅盜, 回軫京闕, 不曰復而曰與, 何也? 暴其自立也. …王道之不明, 賞罰之不修久矣. 然則發天理之誠, 律人情之僞, 舍是孰先焉? 曰通載者, 二帝三王, 致治之成法, 桀紂幽厲, 致亂之已事也. 曰通議者, 秦漢六朝隋唐五季所以興亡之實跡也.[76]

이것은 예의禮儀를 중심으로 하여, 내외·화이 관계를 상대화하고 역사 변화의 시각에서 정통을 서술하는 것이다. 또 이러한 이해에 기초하여 양환은 공양학의 해석에 따라 공자가 『춘추』의 미언대의를 지은 것을 이어서 역사 서술을 일종의 치세의 법률로 변환시키려 했다. 사단謝端,* 도종의陶宗儀, 패경貝瓊, 마단임馬端臨, 장신張紳, 진정陳檉, 오징吳澄, 오래吳萊 등은 서로 다른 시각과 방법에 따라 역사 서술과 정통 수립의 관계를 논했다. 사단은 요遼나라, 송宋나라, 금金나라의 정통 문제를 논하면서 지역, 혹은 족군을 정통의 근거로 삼는 것을 반대했다. "혹자는 말하기를, 요나라를 건설했으나 편벽한 연운燕雲(화북 지역)

---

* 사단(謝端): 아래에 사단의 「변요금송정통」(辨遼金宋正統)이란 글을 소천작(蘇天爵)이 편찬한 『원문류』(元文類) 권45에서 인용하고 있는데, 『원문류』에는 '사단'(謝端)이 '수단'(修端)으로 오기(誤記)되어 있다.

에 거하고 법도가 통일되지 않아 북위北魏와 북제北齊에 비할 바가 아니라고 한다. 내가 보기에 이는 매우 천박한 말이다. 만약 중토中土에 거한 것을 올바른 위치(正)로 삼는다면, 오호십육국 중 유씨劉氏(전조前趙), 석씨石氏(후조後趙), 모용씨慕容氏(전연前燕·후연後燕·남연南燕), 부씨符氏(전진前秦), 요씨姚氏(후진後秦), 혁연씨赫連氏(하夏)가 얻은 영토는 모두 오제五帝 삼왕三王의 옛 도읍지이다. 만약 도를 갖춘 것을 올바름(正)으로 삼는다면 부씨符氏 전진前秦의 역량은 재략이 뛰어나고 신임이 돈독했지만, 오대십국 중 주씨朱氏 후량後梁의 행위는 찬탈을 목적으로 내란을 일으켜 비참히 죽었으니, 이 양자를 비교하면 누가 '왕도의 계통'(統)을 얻었다 하겠는가? 주고받고 서로 계승하는 이치에 관해서는 이런 이유로 비난하기는 어렵다. 하물며 태화 초기 조정에서 앞서 이러한 의론이 있었음에랴. …중주中州의 사대부들 가운데 일부는 요나라·금나라의 발흥에는 본말이 각기 다름을 알지 못한다. 만약 『요사』遼史가 진작에 서술되었더라면 천하의 의론이 저절로 확정되었을 것이니, 어찌 다른 말이 더 필요했겠는가?"(或者又曰: 遼之有國, 僻居燕雲, 法度不一, 似難以元魏北齊爲比. 愚曰: 以此言之, 膚淺尤甚. 若以居中土者爲正, 則劉石慕容符姚赫連所得之土, 皆五帝三王之舊都也. 若以有道者爲正, 符秦之量, 雄材英略, 信任不疑, 朱梁行事, 簒奪內亂, 不得其死, 二者方之, 統孰得焉? 夫授受相承之理, 難以此責, 況乎泰和初朝廷先有此論. …中州士大夫間, 不知遼金之興, 本末各異. 向使『遼史』早成, 天下自有定論, 何待餘言)[77] 그는 『요사』를 편찬하는 방법으로 계보와 정통을 확립하려 했다.

이와 같은 논리에 따라, 원대의 사대부들은 이전의 법률을 종합하여 법률 체계를 다시 세울 것을 호소했지만, 조정의 법령 수정안은 결국 완성되지 못하고 말았다. 원나라가 멸망하고 나서, 명나라 태조 주원장은 원나라 멸망의 중요한 요인 가운데 하나가 바로 법령을 반포하지 않았다는 데 있다고 보고 신속히 법률 체제를 회복시켰다. 이러한 측면에서 보면, 원나라의 사대부들이 법률 체계를 회복시키려고 했던 노력이 공양학의 '삼통설'과 서로 부합할 뿐만 아니라, 명 왕조의 원나라 멸망에 대한 해석도 '삼통설'의 범주 속에 넣을 수 있다. 원 왕조가 왜

법전을 반포하지 않았는지는 복잡한 문제이기 때문에 여기서는 자세히 논할 수 없다. 그러나 이후의 논리적 전개를 위해, 이에 대한 주요한 두 가지 관점을 요약해서 언급할 필요가 있다. 한 관점은 몽골족 원나라의 제국으로서의 특징을 부각시키는 것이다. 즉 원나라는 몽골족이 직접 통치하고 족군과 문화가 다원적인 왕조로, 준 민족국가의 특징을 지닌 한족의 왕조였던 송나라와는 큰 차이점이 존재한다는 것이다. 만약 『송형통』宋刑統이나 금나라의 『태화율』이 모두 모종의 준 민족국가의 특징을 지닌 역사적인 관료제 제국의 법률이라고 한다면, 이러한 법률 체계는 몽골 원 제국의 다원적인 민족 관계와 몽골 원 제국 내에서의 몽골족의 특권적 지위에 적합하지 않다.[78] 또 다른 관점은 당송 시기의 사회 구조의 전환이 원대 사회에 미친 영향을 강조하는 것으로, 원대 법률이 판례를 채용하는 방식은 바로 송대 이래 사회 전환에 기인한다고 본다. 미야자키 이치사다는 이에 대해 "원대에 법령을 반포하지 않은 것은 결코 원 왕조가 이민족 통치자의 왕조이기 때문이 아니라, 이와는 정반대로 바로 중국이 당나라에서 송나라로 이어지는 사회 대변화를 겪은 이후 이미 중세기와 같은 입법을 고려할 겨를이 없었기 때문"이라고 했다. 원대 법제 중의 판례는 중세에서 근세로의 전환 중에 있던 '몽골식의, 즉 당시로서는 서구식 특징'[79]을 지니고 있다. 송조를 '준 민족국가'로 보는 관점은 미야자키 이치사다의 주요 공헌 가운데 하나인데, 그의 이러한 관점은 송대 정치 제도와 경제 제도에 대한 규정에 국한되지 않고, 전체 중국 역사 혹은 동아시아 역사 중의 '근대성'의 확인과도 연관되어 있다. 즉 몽골 판례의 '서구식 특징'을 강조하는 것은 '근대성' 관련 기본 논점과 직접 연관이 있다. 미야자키 이치사다가 원 왕조의 족군 정치가 기본적인 정치 구조와 사회 구조의 변화를 야기했다는 것에 동의하지 않은 목적은 송원 관계에서 단절이 부차적이고 연속성이 주요한 것임을 증명하기 위해서였다. 이것은 그가 논한 '중국의 근세'가 10세기 즉 송조의 건립에서 시작된다는 역사관과 서로 부합한다.

원 왕조가 '한족의 법을 원용'해서 자기의 정치 구조를 조직했다는 것은 의문의 여지없는 사실이다. 그러나 송조의 군현제 국가와 원 왕조 제국 체제의 연속적인 관계 가운데는 또 중요한 차이와 단절 부분이 존재한다. 첫째, 원 왕조가 부단히 확장되던 몽골 제국의 기초 위에 건립되었고, 바로 그 초원 제국의 특징 때문에 그 예속 관념은 송조宋朝처럼 명확하지 않다. 예를 들어 소유권 관계를 보면 초원의 재산 점유 관계는 농경 사회와 다르다. 초원에서는 시종 집체 소유의 재산으로, 단지 목축이 있어야 비로소 개인 재산으로 받아들여질 수 있다. 이것 역시 토지 점유 관계를 기초로 한 중원 법률 체계와 초원 점유 관계 사이에 서로 상통할 수 없는 부분이 존재한다는 것을 의미한다. 미야자키 이치사다가 말한 당·송 전환이 원대 법률 체계에 대해 중요한 영향을 미쳤지만, 『송형통』이 내포하고 있는 법률 관계를 초원 제국의 권리 체계 속으로 간단히 이식할 수 없다는 점도 아마 간과할 수 없는 요소일 것이다(뒤에서 나는 청대 『대청율례』와 『몽고율례』의 병존 상황을 설명하면서 다시 같은 문제를 언급할 것이다). 둘째, 원 왕조는 또 칸의 법통과 중국의 황권을 서로 결합시켜야 할 문제에 직면해 있었다. 즉 한편으로 원 왕조의 중앙정부 조직은 오늘날 하북·산동·산서를 '복지'腹地로 삼고 또 주변 각지에 행성行省을 설치함으로써 당송 이래 점차 형성된 관료제 국가 체제와 분명한 계승 관계를 지니고 있었는데, 이러한 관료제 국가의 정치 구조에서 통일적이고 비개인적인 법률 체계는 필수적인 것이었다. 다른 한편으로 원대는 "북으로는 음산陰山을 넘고 서로는 사막에 이르고 동으로는 요동遼東에 다다랐으며 남으로는 바다 끝을 넘었다."(北踰陰山, 西極流沙, 東盡遼左, 南越海表)[80] 그 영토의 광활함은 심지어 한·당 시기도 비할 바가 아니었다. 그러나 지역적 광활함으로 인해 전성기에조차 몽골 제국은 통일된 정체를 형성할 수 없었다. 화림和林, 운남, 회회回回, 외오畏吾, 하서河西, 요동 등 지역을 통제하기 위해, 원元 세조는 여러 자식을 변경 각지에 왕으로 봉하여 일정 정도 송대 이전의 분봉 제도를 부활시켰다. 원의 개국 시에 칭기즈칸이 세운 유럽과 아시아를 가로지르는 몽골 제국은 이미 킵차크, 차가타이, 오고타이, 일 칸국 등의 독립국으로 분열되었으며, 원의 황제는 비록 명의상 여전히 각 국을 이끄는 대칸이었지만 이미 하나의 통일된 정치적 실체라고 볼 수 없었다. 아이젠슈타트는 '내부 조건의 부적절성'을 이유로, 몽골 제국을 '중앙집권 정체 수립을 위한 시험이 실패한 두 사례' 가운데 하나로 간주했다. 즉 "통치자가 명확한 자치 정치 목표, 그리고 새로운 행정 기관과 정치 기관 수립에 대한 지향을 표방할 때, 현존 조건은 항상 이러한 기구의 지속 발전에 필연적으로 적합한 것은 아니다. …그 기구의 비제도화는 비교적 단기간 내에서는 곧 모종의 중앙집권 정체를 건립하려는 통치자의 시도에 장애가 된다. 이러한 정체는 일반적으로 각종 유형의 '전前중앙집권' 정체, 즉 세습제 제국, 이원화-정복자 제국, 혹은 봉건국가로 '퇴화'한다고 말할 수 있다."[81] 원대 내부의 정치 구조로부터 보면, 몽골인, 색목인色目人,* 한인漢人, 남인南人*의 4등급을 구분하고 또 그 등급제가 정치, 경제와 군사 체제에서 체제화됨으로써 원대의 사회 구조는 송대의 사회 구조와 다르게 되었다.

그렇다면 이러한 특수한 제국의 내외 관계와 정치-법률 상황이 사대부의 정치관에 어떤 영향을 끼쳤는가? 이 정치-법률 상황과 원대의 공양학 사이에 무슨 관계가 있는가? 랑글루아John D. Langlois, Jr.에 의하면 중국 사대부에게 『태화율』의 폐지는 두 가지 서로 관련된 운동을 야기했다. 그중 하나는 새로운 법률 제정을 요구하는 운동이고, 다른

• 색목인(色目人): 곧잘 '색목인'을 '눈동자의 색깔이 다른 사람'이라 생각하기도 하지만, 이는 착각이다. 원래 '색목인'은 '각양각색의 사람'(各色名目之人), 즉 다양한 서아시아, 중앙아시아 사람들을 통칭하는 명칭으로, 투르크·소그디아나(Sogdiana)·페르시아·아라비아 사람을 모두 포함한다.
• 한인(漢人), 남인(南人): 원나라 때 한인과 남인은 전혀 다른 명칭이었다. 한인은 남송 이북의 한족(漢族)뿐만 아니라 요나라, 금나라, 서하(西夏), 거란 등의 지역에 살던 이들을 통칭하는 명칭이었고, 남인은 남송의 한족을 통칭하는 명칭이었다.

하나는 관련된 유학 전적에서 법률의 참고 자료를 구하는 운동이다. 이러한 역사 관계에서 원대 사대부는 『춘추』를 형법서로 간주하는 한 대 공양학의 관점을 특별히 중시하여 『춘추』를 활용할 만한 법률 경전으로 간주했다. 그들에 따르면, 춘추공양학은 단지 도덕적 참고 자료를 제공할 뿐만 아니라 법규와 절차의 참고 자료도 제공한다. 그것들은 통치자가 통치 질서를 관철하는 데 도움이 되며, 또 통치자에게 관료 학자들이 건의하고 간언하는 데 대해 근거를 제공해 줄 수 있다. 아울러 이에 근거하여 각종 규정과 보조적인 사법 절차를 법률과 동등물로 간주할 수 있다(그러나 그들은 이러한 임시적인 법규와 당률을 대조하여, 그것들을 법률의 범주 속에 포함시켰다. 물론 이러한 비교 자체가 견강부회한 면이 있기는 하다).[82] 만약 원대의 정치-법률의 특수한 맥락이 없다면 우리는 왜 수많은 사대부가 '형서'刑書의 관점에서 『춘추』를 연구했는지를 이해할 수 없다. 리쩌펀李則芬의 고증에 따르면, 원대는 『역경』에 관한 저술이 총 231종이 나왔고, 사서史書에 대한 것은 149종, 그리고 『춘추』에 관한 것은 127종에 달했다고 한다.[83] 또 랑글루아도 다음과 같은 사례를 제기했는데, 여기서 다른 자료에 근거하여 그의 논술을 보충하면 다음과 같다.

첫 번째 예증은 호지휼胡祗遹(1227~1293)이다. 『독춘추』讀春秋, 『논치법』論治法 등의 저서에서, 그는 몽골과 중국 법률의 차이 그리고 양자를 융합하여 형식이 통일된 법률 체계를 수립할 필요성을 논했다. 그는 법률 서적의 결핍 때문에 각 급별 지방 정부에서는 각기 다른 행정 체계와 법률, 판례를 지니고 있으며, 중앙정부의 육부와 각 부의 수장은 각각 자기의 '의론'議論을 가지고 있다고 보았다. 따라서 법률 체계를 통일시키는 측면에서든 아니면 다민족 제국을 관리하는 측면에서든 중앙 권력을 강화하고 사회관계의 균형을 유지하며 통일된 법률 체계를 재수립하는 것은 극히 필요한 것이었다. 이러한 논점은 또 다른 측면에서 몽골족 원 제국이 권력을 다중심화하는 국면을 포함하고 있었으며, 이러한 권력의 다중심화와 사법권의 분열 상태는 서로 관계 있음을 설명해 주고 있다. 『태화율』의 폐지는 아마도 호지휼의 건의로 비롯된 것일 것이다. 『자산대전집』紫山大全集 권22에서 호지휼은 멸망한 금나라의 제도와 『태화율』은 몽골인과 한족에게 적합하지 않다고 보았다. 즉 "지금 위로는 중앙정부에서 아래로는 지방 고을까지 모두 법관을 두었지만 조사할 방법이 없었고, 옛 『태화율』은 감히 근거로 삼을 수 없었으며 몽골 조종祖宗의 가법은 한족들이 알지를 못할 뿐만 아니라 명문明文으로 반포된 것이 없어 따라 행할 수 없었다."(卽今上自省部, 下至司縣, 皆立法官, 而無法可檢, 泰和舊律不敢憑倚, 蒙古祖宗家法漢人不能盡知, 亦無頒降明文, 未能遵依而行)[84] 현실에서 원대의 법률 개혁은 다른 방향을 따라 발전하여, 조례와 판례에 의거하여 법률의 미비점을 보충했다. 그러나 『태화율』의 부적합성에 대한 호지휼의 서술은 결코 단순히 이러한 경향을 지지한 것은 아니다. 오히려 그가 요구한 것은 새로운 법통을 수립하는 것이었다.

오징吳澄(1249~1333)과 오래吳萊(1297~1340)는 또 다른 예이다. 『송원학안』宋元學案에 따르면, 오징은 정약용程若庸으로부터 배우고 주자朱子의 4대 전승자였다. 그러나 『제경서설』諸經序說 등 그의 저술을 보면 그는 이학 이외에도 경학 연구에 진력하고 아울러 금문과 고문의 문제를 다루기도 했다. 『춘추』 세 전傳의 장단점을 논할 때, 그는 "『춘추』를 논함에는 실제 의미와 허사虛辭가 있다. 사史를 버리고 사사를 논하지 않고, 전傳을 떠나서 경經을 연구하지 않으며, 순전히 포폄만으로 성인을 의심하지 않는다"(說『春秋』有實義有虛辭. 不舍史以論事, 不離傳以求經, 不純以褒貶疑聖人)고 보았으며, 또 『주역』과 『춘추』의 소통을 주장하고 "경서는 본래부터 사서史書의 범위를 벗어나지 않는다"(經固不出於史)고[85] 했다. 이러한 '절충'적인 관점은 사실상 『좌전』만을 중시하던 전통을 부정하고, 의미 해석에 뛰어난 『춘추공양전』과 『춘추곡량전』의 특징을 부각시키는 것이었다.[86] 『학통』學統과 『책문』策問에서 오징은 중앙 권위와 법률 문제에 관해 언급했다. 『춘추찬언』春秋纂言은 경학 저작이라고 할 수 있는데, 그 '총례'總例에서 오징은 『춘추』는 형률 서적이라는 관점에 따라 춘추의 의의를 7가지로 나누었다. 즉 길례吉禮, 흉례凶禮, 빈례賓禮, 군례軍禮, 가례嘉禮 등 5례에다 다시 천도와 인륜을 합하여『춘추』는 각종 세상 문제를 처리하는 기본 원칙이 되었다.[87] 오래의『연영오선생문집』淵穎吳先生文集에서도 이에 관한 서술이 있는데, 그는 '화이', '통상적인 제도', '임시변통' 등의 문제와 관련하여『춘추』를 거론했다.『개원론』改元論에서, 그는 개원改元, 즉 연호 개정에 관한 설을 부정하고 더 나아가『춘추』기년紀年의 원칙을 다시 해석했다. 이것은 적어도 원元의 정통성을 논증할 때, 원대의 사대부들이 공양학의 기본 취지를 널리 고려했음을 말해 준다.[88]

구양현歐陽玄(1283~1357)은 결코 공양학자가 아니다. 그는 구양수歐陽修의 후예로, 전문적으로『상서』를 연구했다. 그러나 그는『주례』,『상서』,『주역』등 경전을 널리 운용하여 법률 반포와 법치의 중요성을 논했는데, 위에서 논한 공양학의 경향이 농후한 저작과 매우 비슷한 경향을 보여 준다. 라오쫑이의 견해에 따르면, 송대의 춘추학은 남송과 북송 간에 중점을 두는 부분에서 차이가 존재한다.

> 북송은 '왕을 받드는 것'을 중시하고(손복孫復의『춘추존왕발미십이편』春秋尊王發微十二篇에 보인다), 남송은 '오랑캐를 물리치는 것'을 중시한다(호안국胡安國의『춘추전』春秋傳에 보인다). …'왕을 받들기' 때문에 대일통설을 강조하려는 것이니, 문충공文忠公 구양수의 정통론이『춘추』에서 얻은 바가 바로 이점에 있다. 원대는 오랑캐가 중원을 장악한 것으로, 그것이 말하는 정통이라는 것도 단지 대일통의 학설에 근거하여 논리를 세울 수밖에 없었다.[89]

공양학은『춘추』를 형법서나 새로운 왕(新王) 및 그 질서 자체로 간주하기 때문에,『춘추』는 원대의 사대부들이 황권의 통일과 법률의 통일을 토론하는 근거 자료가 되었다.[90] 호지율, 오징, 오래, 구양현 등의 저술들은 모두 전문적인 공양학 저작이 아니지만, 제국의 법률, 제도, 황권 및 역사의 정통성 문제와 춘추공양학의 시각이 결합된 경세 관련 저술들이다. 『춘추』 및 그 대일통 학설은 중앙 권력의 집중화와 사법 체계의 통일화를 위한 이론적인 기초가 되었다. 그리고 사대부들의 『춘추』 및 그 법률 함의에 대한 중시는 바로 권력의 다중심화와 통일성이 결여된 사법 체계와 같은 정치적 현실에 직면한 원 제국 체제의 내재적 곤경에 대한 대응이었다.

3. 만주 청 왕조와 중국 왕조의 법통

'삼통설'과 춘추공양학의 법률적 함의를 이용하여 새로운 왕조의 합법성을 논증하는 방식은 왕조의 합법성이 일종의 역사 전통에 의존하고 있다는 것을 말해 준다. 합법성은 왕조 통치자의 역량에 기초할 뿐만 아니라, 공중의 승인과 판단, 그리고 그들의 습관, 관례와 시대에 따라 변화하는 요구에 근거하고 있다. 이러한 의미에서 이른바 '전제 왕조' 역시 단순히 통치자의 권력 의지에만 기초하여 수립될 수 없다. "원대는 오랑캐가 중원을 장악한 것으로, 그것이 말하는 정통이라는 것도 단지 대일통의 학설에 근거하여 논리를 세울 수밖에 없었다."• 이러한 상황은 청 왕조에서도 매우 유사했다. 만주족은 여진 부족으로 스스로 금나라의 후예로 자처했기에 누르하치는 대금국大金國을 건립했다. 그는 과거 금나라와 송나라 간의 정통성을 둘러싼 투쟁에 대해 매우 잘 알고 있었다(여기서 만주와 여진족의 복잡한 역사 관계에 대해서 논하지는 않겠다). 일찍이 송나라와의 투쟁에서 금나라는 곧 자

• 원대는~없었다: 저자는 이 인용 구절의 출처를 밝히지 않았으나, 실제 출처는 다음과 같다. 饒宗頤, 『中國史學上之正統論－中國史學觀念探討之一』, 上海: 上海遠東出版社, 1996, 75쪽.

기 계통의 합법성 문제에 주목했다. 『대금덕운도설』大金德運圖說은 금나라의 관료 사대부들이 오덕시종설에 따라 전개했던 정통관을 담고 있는데, 그 가운데 조병문趙秉文·황상黃裳·완안오초完顔烏楚·서목로세적舒穆嚕世勣·여자우呂子羽·장행신張行信·목안오등穆顔烏登·전정방田庭芳 등의 '오행의 운행에 맞는 덕'(德運) 관련 논의는 모두 삼통설과 '올바른 위치에 거함을 중시한다'(大居正), '대일통' 등의 개념으로 금 왕조의 논증으로 삼고 있다. 예를 들어 「장행신의」張行信議에서 다음과 같이 말했다.

> 금나라 초기 자연적인 징후를 고려하고, 한漢나라가 주周나라를, 위魏나라가 진晉나라를 계승한 옛일에 따라 금나라의 덕을 금덕金德으로 정하고, 위로 당운唐運을 계승했다. 그래서 천통天統을 얻고, 선조의 뜻에 부합하며, 옛 전적에 어긋나지 않게 되고, 인심도 또한 순응하게 된 것이다.
>
> 若考國初自然之符應, 依漢承周·魏承晉之故事, 定爲金德, 上承唐運. 則得天統, 合祖意, 古典不違, 人心亦順矣.[91]

또 「황상의」黃裳議에서는 다음과 같이 말했다.

> 『춘추공양전』에서 말했다. "군자는 올바른 위치(正)에 거하는 것을 중시한다." 또 이렇게 말했다. "왕은 대일통을 이룬다." 올바름(正)이란 천하의 올바르지 못한 것들(不正)을 바로잡는 것이고, 통합(統)이란 천하의 하나 되지 못한 것들을 통합하는 것이다. 바르지 않고 하나 되지 못함이 있고 나서야, 정통에 대한 논의가 대두하게 된다. 정통론이 일어나고 나서야 '오행의 운행에 맞는 덕'(德運)이 정해진다. 가까운 조대朝代를 보면, 당나라는 토덕土德으로 왕이 되었고, 300년 동안 유지되었다. 토土는 금金을 낳으니 당나라를 계승하여 왕이 된 자의 덕은 마땅히 금덕金德이

되어야 한다. …우리 금나라 태조가 발흥하시어 나라를 열어 왕
조를 바꾸던 시기에 '만물 가운데 불변하는 것은 금金만 한 것이
없다. 뿐만 아니라 안완顏完 부족은 흰색을 존숭하는데, 흰색은
바로 금金의 정색正色이다. 이제 본국은 대금大金이라 부를 만하
다'고 했다. 훌륭하구나, 이 말이여! 아마도 하늘이 이끌어 주신
것이리라. 태종이 이를 이어 마침내 요遼나라와 송宋나라를 평정
했다. 요나라와 송나라는 바로잡을(正) 수 없었기 때문에 우리가
바로잡았고(正), 두 나라는 하나로 통합(統)할 수 없었기 때문에
우리가 통합(統)했으니, '정통'正統은 진실로 우리에게 있도다!

> 『傳』曰: "君子大居正." 又曰: "王者大一統." 正者, 所以正天
> 下之不正, 統者, 所以統天下之不一也. 由不正與不一, 然後正
> 統之論興, 正統之論興, 然後德運之議定. 自近代言之, 則唐以
> 土德王, 傳祀三百, 土生金, 繼唐而王者, 德當在金. …我太祖
> 之興也, 當收國改元之初, 謂凡物之不變, 無如金者. 且完顏部
> 色尚白, 則金之正色. 自今本國可號大金. 神哉斯言! 殆天啓之
> 也. 繼以太宗, 遂平遼·宋. 夫遼·宋不能相正, 而我正之, 不能
> 相一, 而我統之. 正統固在我矣![92]

「목안오등등의」穆顏烏登等議에서도 다음과 같이 말하고 있다.

예부터 '오행의 운행에 맞는 덕'(德運)을 살펴서 확정한 경우는
많았다. 어떤 경우는 앞선 왕조들로부터 이어지는 오행의 순서
를 따라서 확정했고, 어떤 경우는 확인되는 징조를 헤아려 확정
했다. 이제二帝와 삼왕三王이 오행의 인과관계를 따라 확정한 경
우들이 모두 한대漢代 사서史書에 기록되어 있는데, 이는 오행의
순서를 계승하여 정한 것이다. 한대에 이르러서는 가의賈誼, 공
손신公孫臣의 건의를 수용하지 않고, 결국 기치旗幟를 화덕火德의
붉은색으로 했는데, 이는 고조高祖 유방劉邦이 금덕金德을 상징

하는 흰 뱀을 벤 징조에 맞추어 정한 것이다. 이로부터 보건대, '오행의 운행에 맞는 덕'(德運)의 순서를 계승하거나 하늘의 상서로운 징조에 맞추는 것은 바로 명철한 사람이 행하는 법도이다. 태조께서 군복을 입고 천하를 평정하여 국호를 대금大金으로 하고, 축월丑月(음력 12월)을 섣달(臘)로 삼았다. 이때는 비록 아직 '오행의 운행에 맞는 덕'(德運)을 따지지도 않았을 때지만, 성상聖上께서 그 올바름(正)을 얻고자 하셨으니, 이것이야말로 하늘의 상서로운 징조와 찬란하게 서로 부합하지 않는가!

> 自古推定德運者多矣. 有承其序而稱之者, 有協其符而取之者. 故二帝三王, 以五行相因, 備載於漢史, 此承其德運之敍而稱之者也. 迄於漢世, 不取賈誼·公孫臣之議, 卒以旗幟尙赤, 此協其斷蛇之符而取之者也. 由是觀之, 承德運之序, 協天之符瑞, 乃明哲所行之令典也. 欽惟太祖, 一戎衣而天下大定, 遂乃國號大金, 以丑爲臘. 是時雖未嘗究其德運, 而聖謀自得其正, 其與天之符瑞粲然相合矣![93]

이상의 예로부터 다음을 알 수 있다. 금나라의 통치자는 중국의 정통설을 계승하는 한편, 명확히 삼통설을 금의 정통의 근거로 삼았다. 『대금덕운도설』의 부록인 「역대덕운도」歷代德運圖는 복희 때부터 송대에 이르기까지의 '오행의 운행에 맞는 덕'(德運)을 배열하여, 이미 확연하게 금 왕조를 중국 왕조의 계열 속에 포함시켰다.

여진 부족에게 있어 유교 전통 내부의 이런 특수한 합법성 이론은 결코 낯설지 않았다. 누르하치의 성은 아이신교로愛新覺羅(Aisin Gioro)인데, 이 중 '아이신'愛新는 만주어로 '금'金을 뜻하고, '교로'覺羅는 '성'姓을 뜻하며, 전체 성의 뜻은 '여진족의 후손'이었다.* 만력萬曆 44년

---

* 전체~후손이었다: 이 기술은 왕후이의 착오다. '아이신교로' 중 '교로'가 성씨이고 '아이신'은 '교로'라는 성씨 중 한 부족의 호칭이다. 그래서 '교로'라는 성씨에는

⑴616) 정월, 여진 5부와 해서海西 4부를 통일한 후, 당초 명나라 장군을 지냈던 누르하치가 대금국大金國(즉 후금後金)의 건립을 선포하고 허투알아赫圖阿拉(Hetu Ala)를 수도로 삼았으며, 연호를 천명天命으로 정했다. 그리고 천명 3년⑴618) '7대 원한'•을 하늘에 고하고 명나라 공격을 맹세했다. 1635년(명 숭정崇禎 8년, 금 천총天聰 9년) 11월 22일, 즉 음력 10월 13일 태종 홍타이지皇太極가 조서를 내려 태조의 시호를 '무황제'武皇帝로 추존하는 한편, 태조의 전적戰績을 새기고, 제왕 실록의 예를 따라 특별히 새로 정한 '만주'라는 이름으로 기록했다('주선'諸申, 즉 여진을 '만주'로 바꿈). 그리고 만주로 이름을 변경함에 따라 곧 한족에게 민감한 여진족 이름과 '주선'諸申 이전 호칭의 사용을 금지시켰고, 국호를 금金에서 청淸으로 바꾸고, 연호를 '숭덕'崇德으로 했으며, 4대 선조를 추존하여 황실의 종묘 제도를 엄격히 구비했다. 이 모든 것들은 홍타이지가 중국 황제인 동시에 몽골의 대칸이 되어 천하를 장악할 것을 스스로 다짐하는 의지를 함축하고 있다. 만약 누르하치가 '7대 원한'으로 별도의 천하를 세우려는 의도를 선포한 것이라면, 홍타이지가 국호 및 연호를 고친 것은 정통을 재건하려는 동기를 표현한 것이라 할

'아이신교로' 말고도 '이르젠교로'(伊爾根覺羅, Irgen Gioro), '시린교로'(西林覺羅, Sirin Gioro) 등 여러 부족이 있었다. '교로' 성씨 중 누르하치가 이끄는 부족이 스스로 금나라의 후예임을 자처하며 부족 이름을 '아이신'이라 정했지만, 금나라 황족인 완안씨(完顔氏)와 교로씨(覺羅氏)가 비록 모두 여진족이긴 했어도 직접적인 혈연관계는 아니었다는 것이 학계의 정설이다.

• 7대 원한: 누르하치의 7대 원한을 간추리면 다음과 같다. ① 내 부친과 조부는 명나라 국경을 침범하지 않았는데 침범을 이유로 살해당했다. ② 나 누르하치는 명나라와의 우호를 위해 국경을 지키기로 맹세했지만, 1613년에 명나라가 병사를 파견해 국경을 침범했다. ③ 나 누르하치는 그저 당초의 맹세대로 국경을 침범한 명나라 사람을 죽였건만, 이를 빌미로 우리 사람을 처벌하라고 협박해 결국 따르게 만들었다. ④ 나 누르하치와 혼인하기로 되어 있던 여자를 몽골에게 넘겼다. ⑤ 우리 땅 세 지역의 곡물을 추수하지 못하게 하고는 군대를 보내 땅을 빼앗았다. ⑥ 다른 이의 꾐에 빠져 나를 원망하는 글을 보냈다. ⑦ 명나라 황제라면 모든 나라의 주인이건만, 다른 나라들은 후대하면서 유독 나 누르하치에게만 박정한 주인 행세를 하려 하는가?

수 있다. 왜냐하면 '여진'과 '금'이란 칭호를 폐지하는 것은 자신을 다시 '중국'의 범주 속에 편입시킬 수 있는 가능성을 포함하고 있기 때문이다. 그러나 설사 황권의 시각에서 본다 할지라도, 칸의 법통과 황제 간의 이중적 함의를 통합함으로써 청조 통치자가 자신을 중국 왕조의 계보 속에 편입시킬 때, '중국'의 함의는 송·명 시기와는 이미 중대한 차이점이 있다.

청대사 연구자에 따르면, '청'淸은 '명'明과 서로 우열을 다투는 의미를 지니고 있다고 하는데, 태종이 '숭덕'으로 연호를 바꾼 것이 그 방증이다(명나라의 숭정崇禎 연호와 비교됨).[94] 청조가 중원에 들어오고 나서 얼마 후, 곧 자신의 법률 전통을 버리고 1646년에 새로 공포한 법률 조례는 거의 명대의 법률을 답습한 것이었다.[95] 또 정치 제도에서도 청조는 명대의 많은 부분을 계승했다. 따라서 청말에 금문경학가는 '중국' 정통에 대한 만주 청 왕조의 합법성을 논증하기 위해 "현 왕조는 명 태조의 통치 범위 내에 있다"(本朝在明太祖治內)는 주장을 내세웠는데, 이는 곧 청조가 법통에 있어서 명 제도를 계승했다는 것을 증명하는 것을 통해 만주족 통치의 정당성을 확립하려 한 것이었다.[96] 1634년(명 숭정 7년, 금 천총 8년) 12월, 몽골 머르건墨爾根(mergen) 라마가 마하갈라嘛哈噶喇(Mahākāla)의 상像(원나라 황제 스승인 파스파八思巴〔Phags-pa〕가 원나라 세조 쿠빌라이 칸을 위해 제조한 금불상으로, 원나라 역대 황제가 즉위 전에 반드시 제사지냈던 불상佛像)을 가지고 투항했고, 홍타이지는 성경盛京에 절을 세워 봉공했다. 또 1635년 5월, 그는 요·송·금·원의 역사 일부를 선정하여 번역할 것을 명했고, 또 북원의 차하르察哈爾(Chahar) 링단林丹(Lindan) 칸에게서 전수되던 국새國璽를 차지했는데, 이로써 자신이 원나라 황제 겸 몽골 대칸의 법통을 계승했음을 증명했다. 바로 이런 까닭에 몽골 각 부족은 청 황제를 중국 황제로 인정하는 한편 또 청 태종 홍타이지가 칭기즈칸으로부터의 칸 법통을 계승했음을 승인했다. 청조는 라마교를 육성하고, 원대에 황제 스승이었던 파스파의 법적 후손인 창캬 쿠툭투章嘉呼圖克圖(ICang—skya Khutukhtu)를 국사國師로 받들었을 뿐만 아니라 원대의 옛 규범에 따라 창캬로 하여금 내몽골과 내지 종교를 관장하도록 했다. 여기서 주의할 것은 홍타이지가 만주로 국호를 바꾼 것은 바로 그가 요·송·금·원의 역사를 선역選譯하도록 명하고 원나라 대대로 전해오던 국새를 획득한 지 4개월 후였는데, 이로써 그 목적을 명확히 알 수 있다. 즉 그 목적은 만주가 여진족이나 금나라 사람의 후손임을 부정하고 청조 황제를 중국 황제이자 몽골 대칸으로, 청조를 중국 왕조와 천조의 제국으로 규정하려는 것이었다.[97] 이상의 모든 계획은 완전히 '삼통설'에 따라 청조의 정통을 수립하는 것으로 이는 아마도 한족의 건의에 따른 것일 것이다. 옹정제雍正帝는 후에 육생남陸生枏의 「봉건론」을 비판하면서 "중원의 통일은 진秦나라로부터 시작되었고, 새외塞外 지역의 통일은 원元나라로부터 시작되었다가 청조에서 극성하게 되었다. 이는 모두 하늘이 내린 좋은 시기에 사람의 노력이 이뤄낸 자연스런 결과이니, 어찌 사람의 힘으로 강제로 이룰 수 있는 바이겠는가"(中國之一統始於秦, 塞外之一統始於元, 而極盛於我朝, 而皆天時人事之自然, 豈人力所能強乎)[98]라고 했다. 이러한 견해는 홍타이지 시기의 청 제국에 대한 구상을 직접 계승한 것으로, 공양학의 정치 이론이 왕조 교체의 체제화 속에 내포되어 있을 뿐만 아니라 이미 체계화된 예의와 제도 시스템으로 전화되었음을 의미한다. 합법화와 관련된 이러한 예의론과 정치 제도론은 결코 명목적으로 공양학을 내세우지는 않았지만, 공양학과 왕조 정치 체제의 내재적 대화와 호응 관계를 암시해 준다. 이 점을 이해하지 못하면 청대 금문경학의 역사적 근거를 이해할 수 없고, 또 청대 금문경학과 청 제국의 합법성 간의 내재적 연관을 파악할 수 없다.

청조는 다민족, 다문화, 내륙과 해양을 관통하는 제국이었다. 북방에서 중원으로 들어온 왕조인 청조는 명말 청초明末淸初의 저항 운동과 유학 전통 내부의 뿌리 깊은 화이 구별에 직면하지 않을 수 없었다.[99] 따라서 청조 정통을 수립하는 중요한 지렛대로는 만주족과 한족 관계의 조정, 그리고 이러한 관계를 조정하기 위해 제기된 '만주족-한족 일체론', 화이 상대성론 및 그것과 제국의 제도, 법률의 다원주의 간의 모순을 들 수 있다. 강희제康熙帝 이래로, 청 왕조는 유학의 정통 지위를 확립하고 이전 왕조의 제도와 법률을 계승했으며, 완비된 법률 체계(그 내용은 형사, 민사, 행정, 소송과 교도 행정 등을 포함하고 있다)를 수립하는 동시에, 예와 리理의 합일, 정치와 도道의 합일을 표방하여 유학을 정통으로 받들었다. 청대 제도와 법률 개혁의 중요한 의제는 초기 통치 시기의 만주족 특권을 수정하여 강희제가 제창한 이른바 '만주족-한족 일체론'의 원칙을 확립하는 것이었다. 청대사 전문가는 일찍이 1727년 옹정제가 대학사大學士의 경우 수장을 제외한 나머지 모두는 만주족과 한족을 구분하지 말고 단지 "선후 관직 임명의 순서를 따르도록"(以補授先後爲序)[100] 규정하고, 아울러 내각에 대해 "반드시 만주족과 한족을 따지지 말고 그 능력의 가부 여부만을 보도록"(用人唯當辨其可否, 不當論其爲滿洲爲漢人也)[101] 훈계한 것에 주목했다. 팔기八旗와 여타 사람들의 모순을 완화시키기 위해, 옹정제는 일련의 관리 제도와 법률 조항을 마련하고 제도와 법률적 차원에서 만주족-한족의 차별을 축소하려 힘썼다.[102] 건륭제는 등극 후, 임용 제도상 만주족에 편중되어 있는 상황에 특히 주목했다

> 만주족과 한족은 모두 짐의 신하로서, 모두가 나의 팔과 다리, 귀와 눈같이 중요한 일부이며, 본래부터 한 몸이고 서로 화복禍福을 함께하는 사이다. 인재를 등용함에 있어서 능력에 따라 관직을 수여하고, 오직 그 사람과 위치가 적합한가 여부만을 참작할 뿐, 더 이상 한족과 만주족의 고정관념을 따지지 않는다. 변방의 제독提督와 총병總兵 또한 만주족과 한족을 막론하고 오직 짐이 선발하여 임용할 뿐이다. …이후 만약 만주족과 한족을 구분하고 기인旗人과 백성을 차별한다면, 짐은 반드시 엄중히 처벌할 것이다.
>
> 滿漢均爲朕之臣工, 則均爲朕之股肱耳目, 本屬一體, 休戚相關. 至於用人之際, 量能授職, 唯酌其人·地之相宜, 更不宜存

滿·漢之成見. 邊方提·鎮, 亦唯朕所簡用耳, 無論滿·漢也. …
嗣後若有似此分別滿·漢, 歧視旗·民者, 朕必從重議處之.[103]

이 비판은 각각 복건, 광동, 광서, 귀주, 운남 5개 성의 최고 군사령
관인 제독과 총병의 경우 만주족을 임용할 것을 주장한 부도통副都統
부옌투布延圖의 주장을 겨냥한 것이다. 청조의 군사가 만리장성 안으
로 들어올 때에 명조의 항복한 장수들의 도움을 받았는데, 이러한 한
족 장수들을 매수하기 위해 청조는 서남 지역에서 한족이 병권과 통치
권을 보유하는 것을 허용했다. 그 후 삼번三藩의 난*이 평정되고 나서
특히 건륭제 시기에는 도독, 순무, 포정사布政使, 제형안찰사提刑按察使
는 모두 만주족을 등용했다. 그리하여 서남의 권력 관계를 균형 있게
하는 것과 한족 기인旗人의 지위를 어떻게 규정할 것인가가 조정이 직
면한 중요한 과제가 되었다. 청대 법률사가의 견해에 따르면, 부옌투
에 대한 건륭제의 비판은 비록 위 5개 성에서 만주족이 묘족 등과 잡
거하거나 지방에 거주함으로 인한 고난을 면하게 하려는 등 만주족을
비호하려는 측면도 있지만, 임용 관련 행정에 있어서 오히려 한족과
만주족이 서로 멸시하는 관점을 엄히 질책하고 있다.[104] 이러한 '만주
족-한족 일체'의 주장은 결국 두 가지 법률 제정으로 귀결되었다. 그
중 하나는 일부 '일반 백성의 율례律例'를 기인의 범죄에까지 확대 적
용한 것이고,[105] 다른 하나는 한족 하급 관원('문관은 정5품正五品 동지
同知', '무관은 정5품 수비守備' 이하의 '말단 관원' 그리고 '아직 출사
出仕하지 않은 자' 및 '팔기 가운데 별도로 등재된 자와 양자養子 및 군
공軍功 등으로 새롭게 독립 호구를 갖춘 자' 등)에게 기인旗人의 신분에
서 백성의 신분으로의 전환을 허용하는 것이었다.[106] 청대 법률사가는

* 삼번(三藩)의 난: 강희제 때 한족 출신의 장군인 운남(雲南)의 평서왕(平西王) 오
삼계(吳三桂), 광동(廣東)의 평남왕(平南王) 상가희(尙可喜), 복건(福建)의 정남왕(靖
南王) 경정충(耿精忠) 등이 일으킨 반란을 가리킨다.

이를 평하여 "조정에서, 기인에서 백성으로의 전환을 허용하는 영송과 예例를 반포한 목적은 비록 기인 인구의 증가로 인한 국가 부양의 어려움을 부분적으로 해결하고 각각 한족과 만주족 결원의 보충 기회를 확대하기 위한 것이었지만, 기인과 백성의 경계를 해소하고 한족-만주족 모순을 완화하는 데는 확실히 일정 정도 긍정적인 역할을 했다"[107]고 했다.

제도, 법률, 문화와 민족이 각각 다원적인 상황에서, 청의 통치자는 최대한 유학으로부터 각종 차이를 수용할 수 있는 보편적 원칙을 발굴하여 전체 입법 과정을 위한 기본 전제로 삼았다. 중원을 장악한 이후 새로운 형세에 적응하기 위해, 만주족 통치자는 유교 예의禮儀를 이용하여 자신의 합법성의 근거로 삼았다. 그리고 공개적으로 만주족-한족 일체론을 제창했을 뿐만 아니라 과거 시험에서 유학의 여러 경전과 한자의 합법적 지위를 회복시켰다. 그러나 이러한 과정은 동시에 모종의 위험성을 배태시켰다. 왜냐하면 유학의 예의 질서 관념과 화이의 구분은 모두 배타적인 관념을 포함하고 있기 때문이다. 따라서 예의를 활용하는 과정은 반드시 예의를 재해석하는 과정이자 예의를 추상화하는 과정이었다. 강희제는 특별히 '효'를 청조의 법률과 제도를 통솔하는 기본 원칙으로 강조했다. 효는 유교 윤리와 유교 예의의 핵심으로 간주되었지만, 그러나 또 모든 사회 집단이 보편적으로 인정하는 도덕 원칙이기도 하다. 비록 '효로 천하를 다스리는' 것이 단지 청조만의 독창적 특징이 아니라 한대 이래 중국 왕조가 유가와 법가의 겸용을 추구한 전통 중 하나일지라도, 청 왕조가 다민족과 다문화가 병존하는 조건하에서 효의 윤리를 보편화, 추상화시켜 서로 다른 집단의 공통 윤리 기초로 삼은 것은 분명히 특수한 정치적 의의를 지니고 있다. 유교 예의 중의 '효', '충'은 밀접히 관련된 두 가지 기본 가치이다. 그러나 강희제와 옹정제는 '충'의 원칙에 대해서는 그다지 많이 언급하지 않고, 오히려 '의로움'(義), '용기'(勇), '질박함'(質), '꾸밈'(文) 등 유가 용어를 자주 사용했다. 이러한 상황은 건륭제 시기에 이르러서야 비로소 변화했다.[108] 명나라가 멸망한 직후 몇 개월 동안, '충'의 원칙은 한족의 명 왕조에 대한 충성과 만주족 청조에 대한 저항을 고취하는 위험성을 내포하고 있었다. 그래서 반드시 '효'를 이러한 역사 관계로부터 추상화시켜야만 했다. 정치 제도의 측면에서 보면, '효'의 원리는 결국 '추상적'인 것이다. 왜냐하면 청조의 정치 구조는 상당 부분 진한秦漢 이래 점차 발전한 관료 정치 체제를 계승하여 서주의 종법 분봉 제도와는 완전히 달랐기 때문이다. '봉건'의 개념은 제국의 정치 구조와 국가 행정 체제를 표현해 낼 수 없고, 단지 상층 귀족 체제(만주족의 팔기), 분봉적 성격을 지닌 소수민족 체계(몽고팔기), 그리고 지방적 종법 관계 가운데서만 '봉건'의 요소를 찾아볼 수 있다. 이러한 의미에서 '효'의 원칙과 제도 배치 간의 관계는 모종의 추상적 특징을 지니고 있다. 이러한 추상화 과정이 없었다면, 청 제국은 다원적 민족과 다원적 문화의 조건하에서 '중국 정체성'을 구성할 수 없었을 뿐만 아니라 자신의 정복 역사를 중화제국 역사 사슬 가운데 한 고리로 전환시키기도 어려웠을 것이다.

추상적 효도 원칙은 항상 일정한 제국의 배치와 서로 긴밀히 연계되어 있다. 그렇지 않으면—효와 같은—추상적 예의 원칙은 정치적 합법성의 근거로 전환될 수 없다. 그렇다면 우리는 어떤 측면에서 법률과 제도 가운데의 '효'의 원칙을 찾아볼 수 있는가? 우리가 이미 논했던 청대의 종법 제도에 대한 창도 이외에, 효의 원칙은 또 법률 제도 내부에도 삼투되어 있다. 청대 법률에 따르면, 사형 혹은 장기 노역으로 판결할 때, 만약 범인이 늙고 연약한 부모의 독생자라면 그 죄행은 감면받을 수 있다. 이것은 훨씬 이른 시대의 중국 법률에서 계승되어 온 규범이다.[109] 1805년에 이 법률 규정은 또 『몽고율례』蒙古律例에 삽입되었다. 즉 만약 부모가 늙어 연약하면, 죄인은 집에서 부모를 공양하는 것으로 감옥의 징벌을 대신할 수 있다. 이외에 어른이나 부모를 모욕하거나 구타, 살해하는 것에 대해 엄중한 처벌을 가했다.[110] 이러한 의미에서 입법 과정은 '효'의 유가 윤리와 내재적인 관계에 놓여 있다고 할 수 있다. 만주족 기인 풍속의 한족화 과정을 통해, 청대 통치자는 '만주족-한족 일체론'을 모색하고 만주족과 비만주족 관계를 재수립하는 측면에서 매우 중요한 경험을 얻었다. 그 가운데 하나는 바로 이론적으로 족군이 아닌 예의禮儀를 통치의 합법성 근거로 삼는 것이다. 옹정-건륭 시기에 확립된 기인旗人 법령은 일반 법령과 전문 법령으로 구성되어 있다. 그중 일반 법령은 기인 인명 살해 사건과 만주족 간의 살해에 관한 사항(例), 기원旗員 중 문무文武 관원官員의 친상親喪에 관한 사항(例), 기인 관원의 사직 후 부모 봉양에 관한 사항(例), 기원 부임시 자제 동행에 관한 사항(例), 기인 관원 봉급 문제에 관한 법률, 주둔병 현지 토지 구입 및 장례에 관한 사항(例), 사적으로 군수품을 전당에 맡긴 자에 대한 치죄에 관한 사항(例) 등을 포함하고 있다. 한편 전문 법령은 탈출자 법, 음서 세습법과 만주의 옛 풍속을 유지하는 '가법' 등등을 포함하고 있다.[111] 이러한 모든 구체적인 법률 조항의 제정은 각기 서로 다른 방식으로 효의 원칙과 서로 연계되어 있다.

다민족 제국의 정치 질서에 적응하기 위해, 중앙 통제를 확보한 전제하에서 청조는 비교적 융통성을 발휘해 문화와 법률의 다양성과 통일성 관계를 처리했다. 강희제가 말한 이른바 "내외의 마음을 합하여 공고한 업을 이룬다"(合內外之心, 成鞏固之業)는 것은 바로 이러한 노력의 표현이다. 청 통치자는 무력 정복과 제도 개혁을 서로 결합해 서북 지역에서는 "그곳의 교화 방식은 손보되 그곳의 풍속은 바꾸지 않고, 그곳의 정책은 정비하되 그곳의 생활 습관은 바꾸지 않는다"는 방침을 채택하여 전후로 『몽고율례』, 『회강칙례』回疆則例 등 소수민족 지역의 법률을 제정했다. 그리고 아울러 건륭 15년에서 16년 사이에 티베트의 가삭噶廈(Gaxag: 달라이라마와 주駐티베트 대신의 지휘를 받던 티베트의 행정기구) 제도를 확립하여 『서장선후장정』西藏善後章程을 반포했다. 서남 지역의 토사土司* 제도는 삼번三藩의 난(1673)을 진압하고 '개토귀류'改土歸

* 토사(土司): 원나라 때부터 중국 서부·서남부 지역에서 그 지역을 다스리기 위해

流*에 따라 변화했는데, 건륭제 시기에 이르러 묘족, 이족彛族, 기타 소수민족의 대규모 항청 투쟁이 일단락되었다. 청조 통치가 비교적 안정되고 민족 갈등이 상대적으로 완화된 이러한 역사 시기에 청조는 '화이의 경계'를 완화시키는 경향으로 나아갔고, 선후로 일련의 법령을 반포·실시하여 법률과 도덕 질서를 재수립했다. 청조 제국 내부의 민족 및 사회관계의 변화와 융합 과정에 따라서, 법률과 제도 방면에서의 통합 경향은 하나의 추세가 되었다. 주목할 것은 청조가 장성 내외를 통일한 후, 법률과 지역의 통일성이 법률을 시행하는 데 있어 중요한 우선적인 요인이 되었다는 것이다. 예를 들어 몽골의 법률은 청조 통치 시기에 부단히 변화했다. 유목 사회와 농경 사회 사이에는 서로 다른 소유권 개념이 존재한다. 유목 사회의 기본 생산 수단은 토지가 아니라 가축으로서, "가축은 계절성 이동을 하는 방목 생활의 기본 재산을 형성하며, 아울러 그 재산 체제의 성격을 담지하고 있다. 따라서 유목 사회는 종종 목축의 개인 소유권과 토지의 집단 점유권을 결합시켰다."[112] 유목 민족과 내지 민족의 생활에서 목축이 지니는 서로 다른 의미를 고려하여, 이번원理藩院은 일찍이 만약 한족이 몽골족의 가축을 훔쳤다면 그 죄는 『몽고율례』에 따라서 처벌해야 하고, 한족이 한족의 가축을 훔쳤다면 그 죄는 마땅히 내지의 형법에 따라서 처리해야 한다고 건의하기도 했다.[113] 이러한 법률 다원주의 원칙에 따라서 『몽고율례』 중의 수많은 배상 조항은 한족에게는 적용되지 않는다. 즉 피해자가 몽골족이라면 물질적 배상을 받을 수 있지만 피해자가 한족이라면 같은 법률을 적용받을 수 없었다. 1761년 『몽고율례』는 새로운 조항을 신설하여, 몽골인이 내지에서 죄를 범하면 내지 형법에 따라 처

두었던 그 고장의 토착민(土着民) 지방관을 가리키며 명·청대에는 토관(土官)으로 바뀌었다.
• 개토귀류(改土歸流): 명·청대에 운남과 같은 소수민족 지역에서 세습제 토관(土官) 제도를 폐지하고, 중앙에서 직접 파견한 관리, 즉 이른바 유관(流官: 3년에 한 번씩 교체)을 파견하는 제도를 시행한 것을 말한다.

벌하고, 마찬가지로 내지의 한족이 몽골에서 죄를 범하면 몽골 율례에 따라 처벌하게 했다. 이러한 지역 우선 원칙에 따라『몽고율례』는 장성 밖의 지역에만 적용되고, 더 이상 초기처럼 피해자의 족군 신분을 고려하지 않았다. 이러한 조항의 신설은 청대에 장성 안과 밖이 날로 밀접해지는 사회관계와 민족 혼거의 상황을 반영하며, 또 조정이 제국 법률의 통일성을 강화한 결과이기도 하다. 건륭제 초기의『몽고율례』는 현지 사법 문헌 및 법률 용어와 완전히 다르게 12장으로 나뉜 성문법 형식을 채택하고, 몽골어, 만주어, 한어 세 종류의 문자를 사용하여 청대 사법 체계를 통일하고자 했다. 19세기에 이르러, 개별 조항 외에 몽골 법률은 내지 법률과 이미 큰 차이가 없게 되었고, 몽골의 각 부部도 반드시 같은 율례를 준수해야만 했다.

그러나 청대 사회 제도와 법률 체계는 여전히 일종의 다원적인 특징을 체현하고 있다. 다원적 제국으로서, 청조는 결코 내지 법률을 몽골인에게 강제 적용하지 않았을 뿐만 아니라,『몽고율례』도 폐지하지 않았다. 동시에 그 밖의 요소도 청조 법률 체계의 통일에 영향을 미쳤다. 예를 들어 외몽골이 신하국의 예의를 갖추게 되어, 내외 몽골의 법률과 제도는 더욱 가까워지게 되었다. 그러나 몽골과 관계가 밀접했던 중가르準噶爾의 법률은 오히려 매우 다르다. 청조는 중가르에 대한 전쟁으로 손실이 막대했는데, 중가르를 더욱 효과적으로 지배하기 위해서 조정은 현지에서 엄격한 법률을 실시했다. 몽골 법률 이외에 청조에는 위구르족 지역의 '회율'回律, 티베트족 지역의 '번율'番律이 있었고, 또 몽골족 및 티베트족 귀족의 특권을 보호하는『이번원칙례』理藩院則例,『서녕번자치죄조례』西寧番子治罪條例,『묘례』苗例가 있었다. "그 지역의 풍속과 가치 규범을 따르는"(從俗從宜) 정책과 각기 다른 민족이 청조에 복종하는 방식은 밀접히 연관되어 있었고, "지역 풍속에의 적응"(宜俗)의 다른 한 면은 정치적 통제, 군사적 정복과 폭력적 지배였다. 이러한 요소들로 인해 청대의 제도와 법률 내부는 줄곧 일정한 차이점이 존재했다. 이에 근거하여 일부 법률사가들은 '청 제국의 법률 다원주의(legal pluralism)'라는 개념으로 몽골과 기타 소수민족의 법률 및 내지 법률의 관계를 설명하기도 한다. 여기서 '법률 다원주의'는 일종의 법률 콘텍스트로서, 즉 통치자가 전체 인구 가운데 인종, 종교와 민족의 서로 다른 집단에 근거하여 서로 다른 법률 체계를 실시하는 것을 가리킨다.[114] 만약 이 개념을 그 밖의 다른 방면에 적용한다면, 우리는 청조에 일종의 '제도 다원주의'가 존재했다고 말할 수 있을 것이다.

4. 장성의 상징적 의의와 역사 변화

청 제국의 내부에서 법률과 제도의 다원주의는 평등의 의미를 지니고 있기도 하지만 또 배척의 정책을 포함하고 있기도 하다. 이것이 바로 제국 체제의 내재적 모순이다.[115] 강희제, 옹정제, 건륭제 3대 군주 시기에 만주족과 한족 관계를 처리하는 방면에서 중요한 성과를 거두었다. 그러나 만주족과 몽골족 귀족 통치의 기본 요소는 결코 이로 인해 변화하지 않았다. 팔기 제도는 엄격한 민족의 구분, 즉 기인旗人과 백성의 구별을 포함하고 있다. 만주족, 몽골족 기인과 한족 팔기 및 한족 민간인 사이에는 내외의 구분이 존재했다. 장기간 관문 밖에 거주하면서 만주족이 중원을 정복할 때 중요한 공을 세웠던 한족 팔기군은 청조 정치에서 어느 정도 우월한 지위를 지니고 있었지만, 혈통에 있어서 그들은 (소수를 제외하고는) 여전히 만주족으로 인정받지를 못했다. 이 밖에도 만주족의 용어 가운데, 팔기를 내외로 나누는 것이 존재한다(내팔기內八旗는 내무부 팔기를 가리킨다). 이러한 의미에서 '안'(內) 가운데 또 '안'이 존재한다. 정치와 법률 체제의 다원주의가 구현하는 것은 바로 청조 통치자의 정치 구조의 다중성이며, 왕조의 정치·군사·법률과 등급 관계에서 족군과 혈통은 매우 중요한 지위를 점하고 있다. 소수민족 왕조로서, 청나라의 통치자는 이러한 다원주의로서 왕조의 통일과 완전함을 유지하려 했을 뿐만 아니라, 동시에 이러한 다원성으로서 만주족의 문화적 정체성을 확보하려고 했다. 만주족 발흥지인 만주 지역의 풍속과 지역에 대해 청 왕실은 특수한 보호 조치와 정책·법률을 취했고, 그 조상 제사 관련 예의, 교육 정책과 지리의 구획에 있어서도 모두 내지와 다른 내용을 포함하고 있다. 1671년부터 강희제는 황제가 정기적으로 동북 지역으로 가서 조상을 제사 지내고 순찰하는 '동부 순시'(東巡) 제도를 확립했고, 건륭·가경·도광제 등은 모두 여러 차례 동부 순시를 시행했다. 건륭제는 1743, 1754, 1778년과 1783년에 선후로 동북 지방을 순시하여, 이 지역의 기인旗人 자제의 교육, 만주족 문화의 보존과 만주족과 한족의 관계를 매우 중시했고, 선후로 관련 정책과 법령을 반포했다.[116] 이러한 정책과 법령 중 일부 내용은 강희제 이래 확정된 '만한일체론'滿漢一體論의 원칙과 상호 모순될 뿐만 아니라, 장기간 민족이 혼거했던 동북 지역의 역사와도 서로 충돌한다.

변경 지역으로서의 장성 내외 지역은 기나긴 역사 과정에서 유목 민족과 농경 민족 간의 무역과 교류를 진행하는 중심 지역이었다. 따라서 강제적으로 족군 보호 정책을 추진하는 것은 결국 배타적인 결과를 낳게 된다. 모종의 의미에서 청 왕조의 통치는 날로 안정되었고, 사회 제도와 법률의 동질화가 점차 진행될수록, 제도와 법률의 동질화도 점차 진행되었다. 그리하여 제도와 법률 가운데의 다양성들(특권, 특별 보호 등을 포함하여)은 곧 일종의 내재적인 불협화음과 모순을 노출시켰다. 예를 들어, 각종 법령을 반포·실행하는 과정에서 기인旗人과 백성이 함께 거주하는 원칙은 완전히 실시되지 않았고, 청대 사회에는 여전히 법률과 제도상의 족군 불평등과 족군 분리가 존재했다. 따라서 청 조정이 선언한 '만한일체'의 원칙과 서로 충돌했다. 법률 차원에서 청조는 법률이 규정하는 족군 특권을 유지하고 있었다. 예를 들어 만주족과 몽골족 귀족은 모든 육체적 처벌을 면제받았지만, 한족 관원은 그렇지 못했으며, 『대청율례』의 '범죄자 유배 면제' 조항은 기인을 우대하기 위해 설정된 것이었다. 제도상의 족군 특권은 청대 정치 제도의 두드러진 점이다. 예를 들어 이번원은 역대 왕조의 변방 통치 기구 중 권력이 가장 컸던 기구로, 그 관원은 만주족과 몽골족을 중심으로 했으며, 변방 각지에 주둔하는 장군·도통都統·대신은 모두 한인을 임용하지 않았다. 만주문 및 한문 문서를 베끼는 한당방漢檔房에는 직급이 낮은 한족 기군旗軍 관원이 있기는 했지만, 일반 백성 출신인 한족 관원은 절대 없었다.[117] 청조는 과거 제도를 부활시키고 한문을 과거 시험의 기본 언어로 삼았는데, 만한 평등을 원칙으로 하는 이 정책을 통해 새로운 왕조 정치에 기초를 제공하고자 했다. 그러나 건륭제는 동부 순시 과정에서 만주족 자제들이 이미 만주어를 할 줄 모르고, 또 만주족이 천하를 정복하는 데 중요한 기여를 한 기마 활쏘기를 할 줄 모르는 것을 보고는 매우 놀랐다. 그리하여 청 조정은 건륭 20년(1755) 2월 갑인일에 동삼성東三省, 울라치烏拉齊(Ulaci) 등 지역에서 인재를 등용할 때, "시험은 한문 사용을 영원히 폐지"(考試漢文永行停止)하며, 찬예랑贊禮郎이란 직책에 대해서도 향후에는 "토착 지휘관들을 함께 선발할 것"(著將伊等一並入選)을 규정했다.[118] 따라서 동북 각 소수민족에 대한 임용상의 제한을 철폐하고, 그들의 관리 선발을 확대했다. 이러한 새로운 정책은 분명히 한문을 표준 언어로 하는 과거 시험 정책과 상호 모순된다. 장진판張晉藩 등의 연구에 따르면, 건륭 시기 기인과 관련된 법령 가운데는 만주의 옛 풍속, 특히 말타기, 활쏘기, 만주어와 만주 문자를 유지하는 전문적인 조항도 있었다. 기인이 말타기, 활쏘기를 소홀히 하는 것을 방지하기 위해 건륭은 팔기의 내외 관원이 마차를 타는 것을 거듭 금하고, 말타기, 활쏘기와 만주어를 모르는 자에 대해서는 중죄로 다스리겠다고 발표했다. 그는 만주어, 말타기, 활쏘기 등을 관원 승진 등의 규칙으로 삼았다. 다음은 건륭 시기 이러한 규칙의 대표적인 예들이다. 즉 건륭 41년(1776) 8월 정사丁巳일에 모든 직위 세습자의 시험은 "모두 세 번의 활쏘기"(俱射三箭)를 한 후 "다시 등급 선발을 정한다"(再定等第挑選)는 예를 정했다.[119] 건륭 59년 4월, 건륭제는 태원太原 총병인 덕령德齡이 한문으로 상주한 것을 보고 교지를 내려 질책했을 뿐만 아니라, "직예성 만주족 제독과 총병 등이 이후 만약 여전히 한문으로 상주한다면 죄로 다스릴 것을 널리 알리도록"(通諭直省滿洲提鎭等, 嗣後如仍有以漢字折具奏者, 定行治罪)[120] 명령하기도 했다.

청 제국의 건립은 장성 전선에서의 충돌을 왕조 혹은 부락 간의 충돌에서 왕조의 내부 충돌로 전환시켰다. 『중국의 변경』이라는 저서에서, 래티모어는 남방 사회를 중심으로 한(혹은 운하를 중심으로 한) 전통적인 역사 서술을 비판했다. 그는 중국 역사 변화 과정에서의 변경의 역할을 부각시키고 나아가 장성 내외의 양쪽에 있는 농경과 유목 두 사회 형태의 상호 추동 관계를 배경으로 '내륙 아시아'(inner Asia) 지역에서의 장성의 중심 지위를 재구성했다. 그는 중국 역사와 내부 경계를 규정하는 것은 장성이라는 분명한 '국경'이 아니라, 남에서 북으로 끊임없이 뻗어 나가며 변하는 장성을 둘러싼 일련의 '변경 구역'이라고 보았다. 초원 사회는 역사 산물이고, 그중의 많은 부락은 원래 농업 사회에서 쫓겨 나온 것으로, 한족과 조상이 같은 이른바 '낙후한' 부락이다. 초원 사회와 농경 사회는 역사의 상호작용과 뒤얽힘 가운데서 생성된 두 종류의 사회 실체로, 태생적으로 성질이 서로 다른 부락이 아니다. 장성 중심의 관점에서 보면, 이른바 변경 지역의 함의는 결코 내지 혹은 중원 지역의 시각으로부터가 아니라 장성 내외의 상호 관계의 시각에서 규정되어야 한다. 변경 구역의 함의는 상호적으로 변경이 된다는 것이며, 장성의 내외는 종래로 명확한 민족 분계선이 아니었다.[121] 장성을 따라 형성된 민족 관계의 역사도 단순히 정치 귀속 관계에 따라서 고찰할 수 없다. 역사 기록에 따르면, 중원 왕조와 서역의 관계는 최소한 기원전 126년 장건張騫이 서역에 사신으로 파견되었던 시점까지 거슬러 올라갈 수 있다. 한 제국(기원전 206~서기 220), 당 제국(618~907)의 군사 통제가 서역까지 확대되었으며, 몽골 왕조의 건립으로 역사적 유동이 역방향으로 진행되어 중앙아시아 지역에서 중원 지역으로의 이주, 무역과 문화 교류 현상이 출현했다. 원대와 비교하여 명대의 행정상 통치 구역은 명확히 축소되었다. 군사적 패배의 분위기 속에서, 명말 조정의 서북과 동북에 대한 정책이 점차 위축되어, 내외 구별과 화이의 구분은 사대부와 사회 속에서 점차 하나의 조류를 형성했다.[122] 그러나 전성기에 서역에 대한 조정의 원정遠征과 흥미(플래처Fletcher는 명 왕조의 몽골 말[馬]에 대한 관심을 특별히 언급한 적이 있다)는 줄곧 존재했다.[123] 홍무洪武 4년(1371), 원나라 요양遼陽 행성의 평장정사平章政事 유익劉益이 명조에 귀순하여 요동 주군州郡들과 병마, 군량에 관한 책자를 바쳤다. 그 후 명조는 득리영성得利巖城에 요동위遼東衛를 설치하고, 요양에 요동 도사都司를, 흑룡강 하류 터린特林에 누르간도사奴兒干都司를 설치했다. 아울러 둔전을 추진하고 수리 사업을 벌였으며, 말을 거래하는 무역을 개방했다. 영락제永樂帝 이후 명조에 귀순한 명 조정 내관內官 이시하亦失哈(Yishiha; 亦什哈이라고도 함)는 아홉 번이나 동쪽 바다로 출항하여 중국과 아시아 각 지역 및 태평양 연안 도서, 그리고 아시아—아메리카 연안 대륙과의 교통을 개척하려 시도했다.[124]

왕조 법통을 세우는 과정에서 청조는 원조와 명조, 이 두 왕조의 제도와 예의를 참고했고, 제도와 법률의 다양성은 일반적으로 모종의 역사적 근거를 가지고 있다. 명조는 조공 무역의 형식으로 중앙아시아 각 부족과 무역과 외교 교류를 하면서, 상인이 개별적으로 직접 중앙아시아에 가서 무역하는 것을 금지했지만, 실제적으로는 비합법적인 개인 무역 활동이 중지된 적은 없었다. 서남 지역을 통제하기 위해, 청조는 한족이 운남과 귀주 지역으로 이주하는 것을 장려했다. 서남의 대부분 지역과 타이완은 명조에 이미 행정구역에 포함되었고, 서북과 동북 지역은 만주족과 몽골족의 발원지였다. 이러한 배경에서 청조의 서남 및 타이완에 대한 정책은 몽골, 티베트와 신강에 대한 정책과 달랐다. 서북과 동북 지역에는 매우 복잡한 자치적인 정부 혹은 정치 기구를 설립하고 한족이 동북과 서북 지역으로 대규모로 이주하는 것을 금지했으며, 단지 특수한 조건하에서 한족이 이 지역에서 통상 업무에 종사하는 것을 허락했다. 반면에 서남 지역에서는 개토귀류 이후 소수민족 지역 한족 관리를 두는 유관流官 제도를 보편적으로 실시하고, 한인의 이주를 장려했으며, 조정 정책의 영향하에 이민자 한족과 현지 소수민족(회족回族, 묘족 등) 사이에 많은 충돌이 발생했다.[125] 금문경학의 관점에서 볼 때, 이러한 조치는 '통삼통'通三統의 원칙에 부합한다.

5. 제국의 법률/제도 다원주의 및 그 안의 내재한 모순

청조의 건립은 국경으로서의 장성의 의미가 점차 소실되는 것을 의미한다. 따라서 이는 후에 금문경학가가 내외, 화이의 상대화 원칙을 서북 지리 연구에 적용하는 데 제도적 기초가 되었다. 청 제국의 통치 시각에서 보면, 장성이 국경으로서의 의미를 상실한 것은 새로운 문제, 즉 법률 다원주의의 조건하에서 어떻게 서로 다른 법률의 운용 범위와 내외 평등의 관계를 균형 있게 할 것인가 하는 문제를 제기했다. 민족이 혼거하는 상황에서 법률의 다양성과 족군 등급제가 서로 연계되고, 이민 인구의 확대로 모순의 심각성이 증가되었다. 청조는 변경 지역에서 둔전을 실행했지만, 한족이 동북에 가서 개간하는 것을 금지했다. 일찍이 강희제 시기에 산동, 산서, 직예의 농민은 토지의 겸병 혹은 자연재해로 인해 대대적으로 관문 밖으로 이주했다. 건륭제 시기에 이르러 산동 유민이 변경 밖으로 이주하는 경우가 더욱 많았는데, 건륭 6년(1741) 봉천 각 지역에 새롭게 편입된 인구가 단지 1만 3,800여 명에 불과했지만, 건륭 46년(1781)에는 이미 39만 명에 이르렀고, 1747년 2월 1개월 동안에만 2~3천 명에 달했다.[126] 건륭 36년(1771) 길림 각 지역에 새롭게 편입된 인구는 5만 6천여 명이었던 것이 건륭 45년(1780)에는 이미 13만 5천여 명에 달했다.[127] 유민은 먼저 부득이하게 계절에 따른 유동적 피고용자가 되었다가 이후 점차 정착민이 되었고, 만·한 통혼의 경우도 매우 많았다. 내지인이 대거 몽골 지역으로 이민을 가 버리면서 몽골인과 한족 간의 법률 분쟁도 그에 따라 많아지기 시작했고, 족군 문제는 사법적인 문제로 전환되었다. 이주로 말미암아 야기된 족군 융합 문제는 통일적인 법률이 형성되는 데 기여하기는커녕, 오히려 일정 정도 상술한 통일화 추세에 장애로 작용했다. 이것은 만주족, 몽골족의 귀족이 자기 족군 지역이 한족에 의해 동화되어 자신의 족군 정체성을 상실할 것을 우려했기 때문이다. 건륭 14년(1749), 조정은 몽골인의 토지가 날로 적어지고 목축업이 불경기라는 이유로, 대신을 조수투 아이막卓索圖盟(Josutu Aimag)에 파견하여 조사·처리토록 했으며, 몽골인이 한족에게 저당 잡힌 토지를 각각 일정한 기한 내에 되찾고, 한족은 새로 마련된 산업에서 손을 떼고 원적原籍으로 되돌아가도록 명령하는 한편, 조수투 아이막, 주우다 아이막昭烏達盟(Juuuda aimag), 차하르察哈爾(Chahar) 팔기가 더 이상 토지를 저당물로 삼지 못하도록 금했다.[128] 한족의 저항으로 이러한 정책은 실제로 실시되지는 못했지만, 사건 자체는 청대의 이민과 황무지 개척 정책에 내포된 민족 갈등을 잘 보여 주고 있다. 건륭제 시기에도 여전히 동북 각 소수민족을 만주족의 '동족'으로 간주하고, 법률적으로 그들에 대해 우대 정책을 실시했다. 건륭 5년(1740) 12월 정사丁巳일에 제정한 「홍·백사건행상장정」紅·白事件行賞章程은 옹정제 시기 조정이 규정한 하사下賜와 가불 범위를 확대하여, 중하급 팔기 관원의 결혼과 장례에 대한 하사품 증정을 보장했을 뿐만 아니라, 하사 범위도 일반적인 과거 시험, 병역, 무품계의 집사격인 바이탕가拜堂阿(baitangga) 등으로 확대했다.[129] 이러한 특수한 민족법은 여전히 옹정제·건륭제 시기의 봉쇄 정책하에서 시행되었다. 즉 동북 토지에 대한 한족의 개간을 금지하고, 한족 및 동북 소수민족 등이 몰래 인삼을 캐거나 광물을 채굴하는 것을 엄금했으며, 한족 상인이 표 없이 동북 지역에서 행상하는 것을 금지했다.[130]

변경 민족을 처리하는 정책의 측면에서 보면 청대 통치자는 커다란 성공을 거두었지만, 그렇다고 이것이 단지 모종의 법제화된 제도를 건립하기만 하면 곧 그 통치 원칙의 연속성과 완전성을 보장할 수 있었다는 것을 말하는 것은 아니다. 오히려 그 반대로, 청조의 통치자는 그 변경 정책을 지속해서 조정하지 않을 수 없었는데, 무력으로 진압하는 것 이외에도 또 반드시 상응하는 기구를 설치하여 이상에서 말한 각 방면에서 균형을 유지해야만 했다. 북방 지역을 보면, 초기에 몽골 업무를 처리하기 위해 설치한 이번원 이외에도 옹정제가 청해青海 호슈트和碩特(Khoshut) 몽골 귀족 롭장 단진羅卜藏丹津(Lobzang Danjin)의 무장 반란 사건을 평정한 후, 조정은 전후로 '청해선후사의십삼조'青海善後事宜十三條, '금약청해십이사'禁約青海十二事를 반포하고, 서녕西寧 판사대신辦事大臣을 두었으며 청해의 일부를 사천의 영내로 편입시키고, 다른 일부는 이번원의 관리 영내에 두었다. 또 중가르를 정벌하는 과정에서도 중요한 중앙 기구인 군기처軍機處를 창설했다. 건륭제 시기에 『몽고율례』를 수정·증보하여, 외몽골 등지에도 몽골 팔기제를 확대 실시했다. 이러한 법률, 규장, 제도 장치를 설정하는 과정은, "내지인은 몽골 부녀를 아내로 삼을 수 없고"(內地民人不許娶蒙古婦女), 한족은 몽골어와 위구르 문자를 배울 수 없으며, 몽골인은 한문 서적을 배울 수 없다는 등 일종의 족군 분리 정책을 포함하고 있다.[131] 남방 지역을 보면, 옹정제 즉위 후, 묘족 거주지 및 부근 지역에 계속해서 "경비 초소를 안정시키고"(安塘汛), "성곽을 보수하고"(修城垣), "대군을 주둔시키며"(設重兵), "행정구역을 나누는"(劃行政) 것 이외에 또 「보갑조례」保甲條例를 제정하여 '개토귀류'를 시행했다. 즉 토사土司 제도를 폐지하고 일반 행정 관리를 파견했으며, 아울러 서남 소수민족 지역의 족군, 인구, 풍속과 경제(납세 가능성)에 대해 대규모 조사를 실시하여 서남 지역의 중앙집권화를 강화했다. 건륭제 시기에 몽골족, 묘족, 회족, 위구르족 등 소수민족에 대한 정책과 입법은 중요한 성과를 남겼다. 예를 들면 입법 과정에서 민족 특징을 고려하여 법률상의 일부 특수성을 인정했다. 하지만 그 가운데 권력 집중, 강제적인 식민 개척, 봉쇄와 족군 분리의 경향도 있었음을 어렵지 않게 발견할 수 있다. 건륭 2년에 제정한 「대만선후사의」臺灣善後事宜에서는 "일반 백성의 토착민 지역에 대한 사적인 매입을 금지"(嚴禁民人私買番地)하고 강희제·옹정제 시기의 규정을 변함없이 지속시켰다. 또 타이완에 거주하는 한족의 '토착민 지역'에의 출입을 엄금하여, 토착민과 통혼하는 경우 반드시 이혼과 더불어 죄를 다스리도록 했다. 이러한 예들은 옹정제·건륭제가 표방한 '만·한 일체'의 원칙과 자못 상충하는 면이 있다. 만약 이러한 법률 상황을 청대 사회의 '내외'관과 연계하여 분석한다면, 내재 모순과 충돌을 지닌 역사 상황을 발견할 수 있다. 청대 통치의 중요한 기초는 만주족 특권과 팔기 제도, 그리고 중앙/지방의 관할—종속 관계였다. 그러나 소수민족 왕조로서 만약 제도적으로 민족 모순을 완화시키지 못한다면, 법리와 도덕 관계에서 기타 민족 특히 한족에 대해 상응하는 양보를 하지 못한다면 왕조 질서는 안정될 수 없었다. 따라서 어떻게 만주족·한족 간의 갈등을 완화시키고, 한족 신민臣民을 국가를 다스리고 생산을 발전시키는 데 있어서 적극성을 발휘하도록 이끄는 문제가 줄곧 청조 통치자가 관심을 기울였던 중요한 과제였다.

위에서 말한 각 방면(우리가 제4~5장에서 논했던 중원 지역의 법률과 예제의 다양성을 포함하여)을 통해서 다음과 같은 결론을 도출할 수 있다. 즉 청조의 정치 구조는 혼합형 원칙, 즉 평등 원칙과 차등 원칙, 예의 원칙과 족군 원칙, 군현 원칙과 봉건 원칙의 결합을 보여 주고 있다고 할 수 있다. 각종 다른 법률 체계, 예의 원칙을 포함하고 있는 이러한 공동의 법률과 정치 질서는 정치 합법성과 관련된 문제를 제기했다. 이러한 혼합 방식은 다민족 제국의 정치적 상황을 유지하기 위한 중요한 보장책이었고, 한 차례 혹은 줄곧 중국 정치, 경제와 사회 생활의 다원성을 위한 법리적, 제도적 보장이었다. 이것이 바로 공양학이 청대에 부흥한 기본 배경이다. 장존여, 유봉록의 학문은 유학의 예의 관계를 '중국'을 다시 새롭게 정의하는 기본 전제로 삼았다. 그리하여 족군 차원의 화이 관계에 근거하여 '중국'을 정의하는 방식을 최대한 배척하고, '대일통'의 범주하에서 다원과 통일의 관계를 처리하려고 했다. 장존여, 유봉록은 조정 내부에서 요직을 담당하고 있었고, 청조의 법률, 제도, 정책의 다양성과 역사 기초에 대해 상당한 이해를 보여 주고 있을 뿐만 아니라, 조정 내부의 만주족-한족 관계의 현실, 특히 만주 귀족의 특권적 지위에 대해서 더욱 민감했다. 춘추공양학의 테두리 내에서 장존여와 유봉록은 '내외' 문제로써 왕조 내부의 만주족-한족 관계 및 중앙 왕조와 주변 지역의 관계를 검토하여, 유가 예의를 기초로 다민족 왕조의 합법성을 재구성하려고 했다. 따라서 이러한 '내외' 문제의 사회 배경 조건은 다민족 왕조의 정치 구조이지 궁정 정치가 아니다. 특히 주의할 것은 공양학 이론이 한족 관원과 유학자의 이론이지 만주족 통치자의 이론이 아니라는 점이다. 공양학 이론은 내외, 화이 등의 주제로 왕조 정치의 합법성을 논하는 것으로, 한편으로는 옹정제 이래 삼대의 봉건과 화이의 구분을 비판하는 관방 이론에 호응했고,[132] 또 한편으로는 피통치자의 지위에 처한 민족 성원의 평등에 대한 요구에 일종의 합법성을 부여함으로써, 제국의 족군 등급제에 반대하는 경향을 지니고 있었다. 이러한 의미에서 비록 청대 공양학의 '대일통' 사상과 예의 중국의 관념이 제국의 체제 내에서 형성되었을지라도, 이 이론은 제국의 논리와 동일시할 수 없다. 그것은 제국의 족군 등급제, 세습 귀족제와 폭력적 경향 등 중요한 특징에 대한 비판을 포함하고 있다. 일종의 정치 합법성 이론으로서, 청대 공양학이 처리한 문제는 내재적 긴장성을 포함하고 있어서, 일정한 조건하에서 그것은 비판적 이론으로 시작해 변혁적, 심지어는 혁명적 이론으로도 전환할 수 있었다. 이것이 바로 우리가 청대 중기의 공양학을 이해하는 기본 전제이다.

금문경학과 청 왕조의 합법성 문제

1. 봉천법조奉天法祖와 '대일통'

이상과 같은 배경하에서 금문경학은 내외 관계를 중심으로 삼고, 『춘추』가 내포하고 있는 미언대의를 재해석하는 것을 방법으로 삼아, 예의와 법의 이중 관계에서 다민족 왕조의 합법성을 재구성했다. 청대 법률 체계의 가장 두드러진 특징 가운데 하나는 바로 동일한 왕조 내에서 각종 사법 관할권과 각종 법률/제도 체계가 서로 공존하면서 경쟁한다는 것이다. 바로 이러한 사법 관할권과 법률/제도 체계의 다원성 때문에, 왕조는 '대일통'의 합법성과 권위에 대한 의존에서 벗어날수 없었다. 청대 금문경학은 상당 정도 일종의 왕조의 정치적 합법성 이론이라고 볼 수 있다. 그 가운데는 청조 합법성에 대한 논증이 포함되어 있을 뿐만 아니라, 또 청대 정치 제도의 내재 모순에 대한 비판도 포함되어 있다. 금문경학은 건륭제 시기 사회문제에 대한 한족 학자들의 대응 방식이자, 청조 개국 이래 내외 관계 및 그 질서 관념을 처리하는 것에 대한 비판적 총결이며, 이것은 금문경학이 제도, 법률과 예의를 사고의 중심에 두었던 근본 원인이다.

장존여, 유봉록은 청대 금문경학의 개창자이다. 경학과 정치의 관계의 시각에서 보면, 그들의 경학 연구는 청대 통치의 합법성과 관계된 사고를 보여 준다. 장존여, 유봉록은 경학을 통해 법률·제도와 예의 문제를 처리했고, 정치·경제와 문화 업무를 위한 기본 원칙을 제공하려 했다. 그들의 연구는 일종의 규범적인 의의를 지니고 있다. 이러한 의미에서 청대 금문경학은 한대 금문경학의 부흥일 뿐만 아니라 당시 시대 문제와 직결된 사색이기도 했다. 유봉록은 『춘추』를 '만세법'萬世法으로 간주했다.

> 『춘추』는 만세에 걸친 법으로, 사람 한 명 사건 한 건에 국한되지 않는다. 여러 현인은 또 특이함이나 특출난 행적이 없으면서 세상을 위해 가르침(敎)을 세울 수 있었다. 그래서 여러 제자弟子의 기록에 별도로 기록했으니, 그 신중함이 이와 같았다. 이 까닭에 왕정을 논하면서는, "도량형 제도를 엄격히 하고, 법률 제도를 잘 살피며, 망가져 버린 관직 제도를 손봤다"라고 했고, 또 말하기를, "망한 나라를 다시 일으키고, 끊어진 대를 다시 이으며 은둔한 사람을 추천한다"라고 했다.* 이 여섯 가지를 행하면 왕정이 곧 실현될 것이다. 『춘추』가 토지에 대한 조세를 비판한 것은 도량형 제도를 엄격히 한 것이고, 제도의 질質과 문文을 고친 것은 법률 제도를 잘 살핀 것이다. 관제를 상세히 한 것은 망가져 버린 관직 제도를 손본 것이고, 사망한 사람을 찬양하는 것은 망한 나라를 다시 일으킨 것이고, 씨족을 밝힌 것은 끊어진 대를 이은 것이고, 현명한 인재를 기리는 것은 은둔한 사람을 추천하는 것이다. …초楚 장왕莊王, 진秦 목공穆公은 비록 현명하기는 했지만, 단지 동족을 이끌고, 함께 중원과 친근하게 지내면서 점차 왕도에 감화되자, 중원의 정권에 대해 혹시라도 범하려는 자가 없게 되어 내외가 분별되었다.
>
> 蓋『春秋』垂法萬世, 不屑屑於一人一事, 而諸賢又無殊無絕特

---

* 도량형~했다: 이 구절들은 모두 『논어』「요왈」편에 보인다.

之行, 可以爲世立敎, 故別錄於諸弟子之記, 其愼也如此. 是以
論王政則曰：謹權量, 審法度, 修廢官, 又曰：興滅國, 繼絶世,
擧逸民, 六者行而王政立矣. 『春秋』譏稅畝田賦, 謹權量也, 改
制質文, 審法度也, 詳官制, 修廢官也, 嘉死位, 興滅國也, 明
氏族, 繼絶世也, 襃賢良, 擧逸民也. …楚莊·秦穆雖賢, 僅使之
長帥族類, 相與親諸華, 漸王化, 中國之政, 罔或幹焉, 辨內外
也.[133]

『춘추』의 의미는 시대를 초월하는 보편 진리이고, 『춘추』의 법은 각
왕조 정치·법률·토지 제도·관제·인재 등 각 제도의 기준이 되는 보편
법률이며, 『춘추』의 취지는 '내외 분별'이라는 '중국의 정치'를 탐구하
는 기본 방법이라면, 금문경학은 이러한 '만세법'을 해석하는 정확한
방법이다. 직접 사회 정치에 개입하는 금문경학의 이러한 방식은 우리
가 공양학과 청대 정치를 연계시키는 데 있어 경전상의 그리고 방법론
상의 근거가 된다.

장존여는 『춘추정사』에서 정사正辭를 9개로 나누었는데, 이는 그가
말하는 '구지'九旨이기도 했다. 봉천奉天·천자天子·내內·이백二伯·제하
諸夏·외外·금폭禁暴·주난誅亂·전의傳疑가 그것이다. 만약 이 9개의 주제
와 하휴何休의 삼과구지三科九旨를 비교해 보면, 『춘추정사』에서 삼통三
統, 삼세三世 등 공양학의 핵심 명제는 명확히 중심적 위치에서 주변적
인 주제로 바뀌어 단지 각각 「봉천사」奉天辭의 10개 하위 조목 가운데
네 번째와 아홉 번째에 위치할 뿐이다. 『춘추정사』의 서술 구조는 다
음과 같이 개괄할 수 있다. 즉 '오시五始를 세우는 것'(建五始)과 '주 문
왕을 받드는 것'(宗文王)을 법과 예의 기초로 삼고, '대일통' 및 그 '내
외' 관계를 중심으로 서술하며, "세습 귀족을 비난"(譏世卿)하는 것을
정치의 방향으로, '효'를 예의의 원칙으로 삼고 있다. 『춘추정사』의 서
술 구조로부터 보면, '봉천사'와 '천자사'天子辭는 왕조와 천자, 그리고
천天과 천의 의지의 관계를 강조하고 아울러 이를 신왕조 합법성의 근

거로 삼고 있다. 그밖에 7개의 사辭, 즉 내·이백·제하·외·금폭·주난·전의는 모두 각 방면에서 예의 제도 중 내외 문제와 관련이 있다. 이러한 서술 구조는 '내외' 문제를 중심에 두고, '내외' 문제 분석을 기본적인 출발점으로 삼고 있음이 분명하다. 장존여는 여러 서술을 통해 내외의 엄격한 구분을 부정하고, "이적이 중원에 들어오면 중국으로 간주 한다"라는 것을 기본적인 가치로 삼고,[134] 족군이 아니라 예의를 왕조 정체성의 전제로 삼아 청대 법률과 예의 개혁의 주도적인 흐름에 호응했다. 장존여는 유봉록처럼 엄격하게 하휴의 '삼과구지'라는 가법家法에 따라 『춘추』를 정리하거나 해석하지 않았기 때문에, 그의 금문경학 연구에 대한 역대 학자들의 평가는 높지 않았다. 그러나 장존여의 학술이야말로 동중서의 『춘추번로』의 영향을 받았고, 동한 하휴의 '삼과구지'를 엄격히 준수하여 서술한 것이 아니라 오히려 자유롭게 정치적 견해를 그의 『춘추정사』 속에 포함시켰다. 바로 이 때문에 나는 『춘추정사』를 청대 정치 구조 및 그 합법성을 이해한 저작이라는 시각에서 해석하고자 한다.[135]

그럼 왜 장존여의 춘추관은 '대일통' 이론과 '내외' 혹은 '화이'의 명제를 밀접히 연계시키고 '삼통', '삼세'설에 대해 그다지 주의하지 않은 것일까? 우선 경학 내부로부터 보면, 대일통 및 내외 문제와 삼통, 삼세는 서로 밀접히 연계되어 있어서 경학의 가법을 고수하지만 않는다면 경학 문헌 자체가 이러한 과도적 근거를 제공한다고 할 수 있다. 삼세설을 예로 들면, 『춘추』는 노魯 은공隱公에서 노 애공哀公까지의 역사를 삼세, 즉 소공昭公·정공定公·애공哀公을 '직접 목격한 시대'(所見世)로, 문공文公·선공宣公·성공成公·양공襄公을 '직접 들은 시대'(所聞世)로, 은공隱公·환공桓公·장공莊公·민공閔公·희공僖公을 '전해 들은 시대'(所傳聞世)로 나누었다. 이에 대해 하휴는 다음과 같이 풀이하고 있다.

간접적으로 전해 들은 시대에는 다스림이 쇠약과 혼란 중에 일어나서 마음 씀씀이가 아직 거칠다는 것을 보여 준다. 그리하여 그 나라(노나라를 말함)를 안으로 삼고 다른 중원의 나라들은 밖으로 삼았다. 또 안의 것을 상세히 한 연후에 그 밖을 다스렸고, 큰 것은 기록하고 작은 것은 생략했다. 안의 소소한 나쁜일(惡)에 대해서는 기록하되 밖의 소소한 나쁜 일에 대해서는 기록하지 않았으며, 대국에는 대부大夫라는 관직을 갖춰 기술하되 소국에는 생략하여 그냥 '사람'(人)이라고만 칭했다. 안의 헤어짐과 만남은 기록했으나 밖의 헤어짐과 만남은 기록하지 않았다. 직접 들은 시대에는 다스림이 승평昇平(태평으로 가는 과정)임을 보여 주니, 중원의 나라들을 안으로 하고 이적을 밖으로 했으며, 밖의 헤어짐과 만남도 기록하고 소국의 대부도 기록했다. 선공宣公 11년 가을 진晉나라 군후君侯가 적인狄人과 찬함欑函에서 회합했고, 양공 23년 주루邾婁국의 의이劓我가 노나라로 도망해 왔다고 한 것이 이런 경우다. 눈으로 직접 본 시대에 이르면 다스림이 태평에 다다랐음을 보여 주니, 이적이 안에 속하게 되어 작위를 받기에 이르고, 멀고 가깝고 크고 작은 것이 하나같이 되며, 마음은 더욱 깊고 섬세해 진다. 따라서 인의를 숭상하고 두 글자로 된 이름을 가진 것을 조롱했는데, 진나라 위만다魏曼多와 중손하기仲孫何忌가 이런 경우다.* 따라서 삼세三世란 『예기』에서 말한 "부모를 위해서는 3년의 상喪을, 조부모를 위해서는 만 1년 동안, 증조부모를 위해서는 3개월 동안 상복을 입는다"는 것이다. 사랑을 세우는 것은 친근함으로부터 시작한다. 따라서 『춘추』는 애공의 시대에 살면서 은공을 기록하고 위로 조상의 친소親疏에 따라 제사 지내는 것을 정돈했다.

於所傳聞之世見治起於衰亂之中, 用心尙粗粗, 故內其國而外

---

* 위만다(魏曼多)와~경우다:『춘추』 경문에서는 위만다를 위다(魏多)로, 중손하기(仲孫何忌)를 중손기(仲孫忌)라고 표기했다. 이렇게 원래 두 글자 이름을 한 글자로 줄여서 표기한 이유를『공양전』에서는 두 글자 이름은 무례한 것이라 했다.

諸夏, 先詳內而後治外, 錄大略小, 內小惡書, 外小惡不書, 大
國有大夫, 小國略稱人, 內離會書, 外離會不書是也. 於所聞之
世見治升平, 內諸夏而外夷狄, 書外離會, 小國有大夫, 宣十一
年秋晉侯會狄於攢函, 襄二十三年邾婁劓我來奔是也. 至所見
之世著治太平, 夷狄進至於爵, 天下遠近小大若一, 用心尤深而
詳, 故崇仁義, 譏二名, 晉魏曼多·仲孫何忌是也. 所以三世者,
『禮』"爲父母三年, 爲祖父母期, 爲曾祖父母齊衰三月". 立愛自
親始, 故『春秋』據哀錄隱; 上治祖禰.[136]

전해 들은 시대는 난세(노 은공에서 노 희공까지 96년), 직접 들은
시대는 승평세(노 문공에서 노 양공까지 85년), 직접 본 시대는 태평
세(노 소공에서 노 애공까지 61년)이다. "이적이 안에 속하게 되어 작
위를 받기에 이르고, 멀고 가깝고 크고 작은 것이 하나같이 되었다"는
것은 바로 태평세를 상징한다. 내외 분별의 의의를 강조하는 것은 청
대가 승평세에서 태평세로의 과도기에 있다는 것을 암시한다. 따라서
내외 분별의 항목을 부각시키는 것은 사실상 '장삼세'張三世라는 역사
서술 구도와 밀접한 관계가 있다. '삼세'설의 의미를 종합한다면, 그것
은 시간 축과 공간 축 양자에 있어서 가까운 것에서 먼 것으로 나아가
며, 가까운 것을 중시하고 먼 것을 가볍게 여기는 원칙을 따를 수밖에
없다. 따라서 예의 제도를 부각시키는 것은 (효의 가치를 그 내재적
핵심으로 하는) '존친'尊親*으로부터 전개된다. 이로 인해 '삼세'의 논
리는 가까울수록 더 좋고, 그 결과 예악이 붕괴되던 시점에 살았던 공
자가 직접 목격한 시대에서 태평의 질서를 발견할 수 있었다. '삼세'
내용으로부터 보자면, 쇠란/치평治平과 내외/화이는 기본적인 판단 기
준이다. 건가 시대의 장존여와 유봉록은 공간 관계(내/외, 화/이)를 중

• 존친(尊親): '존친'은 존존친친(尊尊親親), 즉 "지위가 존귀한 사람을 존귀하게 대
하고 가까운 부계(父系) 피붙이는 가까운 피붙이로 대한다"라는 말의 줄임말이다.

시한 반면, 청말의 캉유웨이와 량치차오는 다원주의의 진화와 진보 개념을 '삼세' 개념의 해석에 적용하여, 시간 축에서 '삼세'를 직선적인 진화의 역사 과정으로 이해했다.

다음으로 내외 문제를 부각시킨 것은 정치적 선택이었다. 왕조 자체의 합법화가 주로 삼통설 및 그것과 관련된 예의에 의존하고 있다면, 한족 학자들의 주요 관심은 왕조 법통의 수립 문제가 아니라 왕조 내부의 사회관계 특히 족군 관계 문제였다. 『좌전』의 논리에 의하면, 『춘추』에서 "노나라를 안으로 삼고 다른 중원의 나라들을 밖으로 하며", "중원의 나라들을 안으로 삼고 이적을 밖으로 삼는" 것은 결코 중원의 나라들과 이적을 하나로 뒤섞어 통일시키는 것을 의미하지 않는다. 이와 달리 청대 금문경학의 대일통 관념 혹은 대동 관념은 화이와 내외의 절대적 경계를 없애는 것을 전제로 삼고 있다. 이러한 문제에 있어 금문경학의 관점은 분명히 자신만의 역할을 맡고 있다. 특정한 정치 동력과 배경이 없다면 이러한 점을 이해하기가 매우 어렵다. 청대 중엽 이전 사회에서 줄곧 한족 사대부들에게 청 왕조는 외래 정권으로 간주되었다. 청대 대일통 정치는 화이 관계에 대한 재조정이었다. 청 왕조는 이전 왕조의 유업을 이어받고 유학의 정통 지위를 회복하려고 힘썼지만, 한족이 보기에 이전 왕조를 계승하는 방식으로 청 왕조가 자기의 합법성을 수립할 수는 없었다.[137] 여기서 난제는 바로 청 왕조가 유학의 정통을 왕조 통치의 합법성으로 삼으려고 했기 때문에 그것은 결국 만리장성 외부 지역의 역사 계보에서 자신을 배제해야만 비로소 중국 왕조의 연속 관계 속에 편입시킬 수 있었다는 점이다. 『춘추정사』에서 '삼통', '삼세'라는 매우 중요한 주제가 단지 '봉천사'의 하위 조목에 위치하게 된 것은 바로 그 때문이다. 왜냐하면 청 왕조는 "천명을 받들었기" 때문에, '신왕'으로서의 그 합법성은 우선 '선조'로부터 아니라 '하늘'로부터 기인하기 때문이다. 청대 사대부가 청 왕조 합법성을 확인하는 전제는 청 왕조를 중국 왕조의 연속적인 역사 내부로 끌어들이고, 그것으로 하여금 지속되는 왕조의 한 단계나 고리로 되게 하는 것이었다. 따라서 그 '비중국적'인 부분들을 서술 대상 밖으로 배제했다. 이러한 서사 책략은 바로 위에서 설명한 청 왕조가 법통과 칭호를 세우는 과정 및 방법과 완전히 일치한다. 장존여의 '내외'에 대한 논증 및 '이백'二伯에 대한 중시는 일면 이러한 방향에서의 청대 통치 합법성에 대한 승인으로 풀이할 수도 있다. 이상 서술한 이중적인 요소가 바로 장존여가 내외 문제를 중심으로 공양 사상을 전개한 배경이자 조건이다.

그럼 먼저 「외사 제6」外辭第六에서 어떻게 왕조의 흥성과 교체에 합법적 논리를 제공하는지를 보자. "초나라 군주인 자작과 채나라 군주인 후작이 궐맥厥貊에 군사를 주둔시켰다"(楚子蔡侯次於厥貊)라는 항목의 논의는 마치 노골적인 권력 숭배처럼 보인다.

> 허리띠의 고리를 훔치는 자는 죽임을 당하지만 나라를 훔치는 자는 제후가 된다. 후세에 날로 성인을 비난하고 천도를 의심하게 되었는데, 그렇다면 그 무엇으로 성인과 천도를 대신한단 말입니까? 이에 이렇게 답했다. 천도를 밝혀 왕업王業을 이룬다. 왕이란 하늘의 계승자이다. 왕이 죄를 징벌하지 않는다면 하늘이 주벌해도 사람들은 알지 못해 주벌하지 않는 것과 같으니, 하늘이 주벌하는 것은 왕이 주벌하는 것처럼 분명하지 않다. 천하에는 한시라도 왕이 없을 수 없다. 이를 일러 천도는 무정하지만 덕이 있고 도에 부합하는 사람과 함께한다고 하는 것이다.
>
> 竊鉤者誅, 竊國者爲諸侯, 後世日毀聖人而疑天道. 然則何事知其代之也? 曰所以明天道而達王事也. 王者天之繼也. 王不討罪, 天誅加焉而人不知, 猶之乎不誅爾, 天誅不若王誅之爲明也. 天下不可以一日無王者, 此之謂天道善人.[138]

'왕업'은 천도의 구현이다. 따라서 상규와 예의에 부합하지 않을지라도 신왕은 역시 합법성을 지닌다. 여기서 신왕의 옹립은 역성혁명을 가리키는 것이지, 전대의 왕을 계승하여 왕 노릇 하는 것이 아니다. 공양가는 "서쪽에서 수렵하다가 기린을 잡았다"는 것을 '천명을 받은 상징'으로 해석하면서, 신왕의 근거를 천명 관념에서 구하고 있음을 분명히 했다. '삼통설'의 의의는 바로 역성혁명의 과정에서 "신왕의 합법성을 확립하는 데 있다. 이러한 의미에서 '삼통설', '삼세설' 등 금문경학의 종지가 '봉천사'의 하위 조목에 위치한 것은 매우 적합했다고 볼 수 있다.

청대 한족 사대부에게 있어 외래 정권으로서의 청조 성격은 회피할 수 없는 문제였다. 즉 천의天意의 지지가 없다면, 직접 '삼통설'을 원용한다고 할지라도 만주족 청 왕조를 중국 왕조로 규정할 방법이 없다. 또 신왕이 자신의 합법성을 제시할 수 없다면, "신왕을 세우는" 명제는 바로 "나라를 훔치는 자가 제후가 되는 것"을 하늘의 이치로 간주하는 것과 매한가지가 된다. 『춘추정사』는 봉천奉天과 천자天子, 이 두 정사正辭로 시작함으로써 명확하게 황권 위에 더 높은 원칙이 있다는 것을 암시했다.[139] '왕업'은 하늘을 대신하여 행하지 않는 것이 없다. 만약 하늘의 뜻을 위배하여 천하의 원망과 분노를 일으킨다면 왕은 곧 합법성을 상실하게 된다.[140] '봉천사'에서, '대일통'을 '건오시'建五始와 '종문왕'宗文王 다음에 배치하여 이러한 원칙이 하늘과 조상을 계승하는 것을 전제로 해야 함을 나타냈다. 이러한 경학 서술 구조 자체는 일종의 기본 원칙, 즉 예의의 합리성은 정치 합법성의 기초이며 이러한 예의의 합리성은 반드시 우주론적 전제 위에 세워져야 한다는 원칙의 구현이다. 바로 이러한 의미에서 『춘추정사』의 서술 구조는 경학의 방식으로 송학의 천인 이원론을 회복시켰는데, 이것은 장존여가 우주론을 배경으로 하여 경학을 서술한 구조와 완전히 일치한다.

하늘과 땅이 제 위치를 잡고, 해와 달이 걸리고 별들이 드리웠다. …그리하여 주州의 영토를 구획하고 군주와 신하를 세웠으며, 율력을 제정했고 승패를 나타내어 현자에게 제시해 준 것을 이름하여 경經이라 한다. 현자는 경經을 본 후에 인도人道의 직무를 깨닫게 되었는데,『시』,『서』,『역』,『춘추』가 그것이다.『역』에는 음양이 있고『서』에는 구장九章이 있으며,*『시』에는 오제五際가 있고*『춘추』에는 재이災異가 있다. 이 모두는 시작과 끝을 열거하고 득실을 헤아리고 천심을 고찰함으로써 왕도의 안위를 말한다. 천하의 지극히 번잡함을 말하고 있지만 무시하거나 가볍게 싫어할 수 없고, 천하의 지극한 변화와 움직임을 말하고 있지만 혼란스럽지 않으니 이로써 무릇 삼재三才의 도가 구비되었다.

> 天地設位, 懸日月, 布星辰. …故畫州土, 建君臣, 立律曆, 陳成敗, 以示賢者, 名之曰經. 賢者見經, 然後知人道之務, 則詩·書·易·春秋是也. 易有陰陽, 書有九章, 詩有五際, 春秋有災異. 皆列終始, 推得失, 考天心, 以言王道之安危, 言天下之至賾而不可惡, 言天下之至動而不可亂, 蓋三才之道備矣.[141]

우주론적 시각에서 여러 경전을 배치하는 것은 '대일통'이라는 명제

• 『서』에는 구장(九章)이 있으며: 원래 이 앞뒤 구절은 모두『한서』권75「익봉전」(翼奉傳)에서 인용한 것인데『역』,『시』,『춘추』만 있을 뿐『서』에 대한 언급은 없다. 아마도 "『서』에는 구장이 있으며"(書有九章)란 구절만은 장존여가 삽입한 듯하다. '『서』의 구장'이란『상서』「홍범」에 실린 '홍범구주'(洪範九疇)를 가리킨다.『신당서』(新唐書) 권34「오행지」(五行志)에 이런 기술이 보인다. "옛날, 기자는 주 무왕을 위해 우임금이 가지고 있던「홍범」(洪範)이란 책을 설명해 주면서 그 사안을 아홉 가지로 나누고 그 내용을 9장으로 나누고는 '구주'(九疇)라고 칭했다."(昔者, 箕子爲周武王, 陳禹所有「洪範」之書, 條其事爲九類, 別其說爲九章, 謂之九疇)
• 『시』에는 오제(五際)가 있고:『한서』권75「익봉전」의 "『시』에는 오제가 있고"(詩有五際)라는 구절에 대해 안사고는 다음과 같이 주(注)를 달았다. "응소(應劭)는 '오제'란 군신, 부자, 형제, 부부, 벗이라고 했다. 맹강(孟康)은『시내전』에서 '오제'란 묘(卯), 유(酉), 오(午), 술(戌), 해(亥)를 가리킨다고 말했다. 묘, 유, 오, 술, 해가 들어가는 해는 음양이 시작하고 끝나며 교차하는 해이기에, 정치가 바뀌고 고쳐지는 것이다."(應劭曰: 君臣父子兄弟夫婦朋友也. 孟康曰: 詩內傳: 五際, 卯酉午戌亥也. 陰陽終始際會之歲, 於此則有變改之政也)

에 있어서 매우 중요한 의미를 가진다. 만약 한대 우주론이 변법개제에 대해 합법성을 제공했다고 한다면, 장존여가 여기서 '대일통'을 일종의 우주론(혹은 천론天論)적 시각 속에 배치한 것은 무슨 의미를 가지고 있을까?

종법에서 조상을 계승하는 원칙(즉 효의 원칙)은 황권을 규범화하는 기본 예의이자 청대 법률의 기본 원칙이다. 그러나 이러한 원칙은 청대의 정치적 맥락에서 두 가지 내재적 모순을 내포하고 있다. 첫째, 청조가 널리 정복 왕조로 간주되는 상황에서 비록 자신의 체제 내에서 종법상의 조상에 대한 제사의 원칙을 실행한다고 하더라도, 만약 이 원칙을 왕조의 합법성 논증에 적용한다면 청 왕조와 전대 왕조 즉 명 왕조 사이의 합법적 계승 관계를 어떻게 규정하겠는가? 청 왕조가 자신을 '신왕'으로 이해할 때, 그것은 종법상의 조상 제사 원칙에 의거하여 자신의 합법성을 논증할 수 없다. 그리고 이러한 맥락에서 그것은 '하늘'의 지지('건오시')가 필요하다. 둘째, 청 왕조 제국의 내외 구분 철폐, 만·한 일체의 원칙은 종법상의 조상 제사 원칙과 서로 부합될 수 없다. 왜냐하면 청대 사회의 만주족 귀족의 특권은 오히려 종법 혈연 관계를 근거로 하고 있기 때문이다. 따라서 만약 '봉천'과 '종문왕'의 원칙을 동시에 내세우지 않는다면 "세습 귀족에 대한 비난"은 곧 근거를 잃게 된다. 즉 비판의 화살을 왕조의 정치적 합법성의 토대까지 깊이 겨냥할 수 없다. '세습 귀족'(世卿)이란 종법 봉건의 원칙과 공존하는 것이다. 「천자사 제2」天子辭第二에서 다음과 같이 말하고 있다.

주나라의 덕이 쇠미해지자 기자箕子가 먼저 삼가 경계하여 말했다. "덕을 좋아하지 않는 자에게, 네가 비록 복을 내리더라도, 그는 너에게 안 좋은 것을 행하게 될 것이다. 서로 어긋나 화목하지 않으면 곧 재앙이 발생한다. 세습으로 사람을 관리로 삼는 것은 실로 하늘의 기강을 어기는 것이다."

周德之衰, 箕子先戒曰: 於其毋*好德, 汝雖錫之福, 其作汝用

咎, 乖離不和, 殃禍所起. 官人以世, 實違天紀.[142]

「내사 제3상」內辭第三上에서 또 말하였다.

> 천하에 태어날 때부터 존귀한 자는 없다. 모두가 제 부모의 자식
> 이다. 주 문왕과 주 무왕이라고 어찌 현재의 군주와 크게 다르겠
> 는가!
>
> 天下無生而貴者, 皆其父母之子也. 文王·武王之生, 何遽異於
> 當世之君乎![143]

장존여는 천자를 받드는 것을 중요 원칙으로 하면서, 왜 또 동시
에 황권 세습에 대해 회의적이었는가? 이는 다음과 같은 이유 때문일
것이다. 즉 우선 '대일통'의 원칙은 주대 봉건제를 지양한 것으로, 봉
건 예의에 대한 그 요구는 종법 봉건을 기초로 한 것이 아니라 군현제
를 기초로 한 것이었다. 둘째, 황권은 청대 귀족 제도의 핵심이다. 청
대 내내 종실과 그 족군인 '교로'覺羅는 모두 황실의 직계 혹은 방계 자
손이며, 끊임없이 왕의 작위를 세습한 12인*은 모두 황실의 귀한 후손
들이었다. 따라서 "세습 귀족에 대한 비난"의 화살 끝은 황제를 비껴
갈 수 없었다. 즉 황제도 같은 인간으로서 만약 천명을 받들지 않고 성
덕을 몸소 힘써 실천하지 않으면 반드시 천하가 이반되고 혼란이 빈번
히 발생하는 상황을 초래하게 될 것이다. 이것이 바로 황권에 대한 기
본적인 이해이다. 황권은 구속을 받지 않는 절대 권력이 아니다. 천명,
예의, 도덕은 황권을 행사할 때 반드시 지켜야 할 기본 원칙이다. 장
존여는 '대일통'의 명제를 '건오시'의 천도론과 '종문왕'의 예제론 다

- 毋: 원서에는 '母' 자로 되어 있지만 이는 '毋' 자의 와전이다. 이에 고쳐서 옮겼다.
- 끊임없이~12인: 아마도 청나라를 건국한 누르하치부터 마지막 황제 선통제(宣統
帝)까지 열두 황제를 가리킨다.

음에 배치했는데, 이러한 배치 자체의 의의는 그의 "세습 귀족에 대한 비난"의 실천 가운데서 충분히 드러내 보여 주었다. 다시 말하면, 법통의 수립은 종법 분봉 관계의 연속성을 근거로 삼을 수 없고, 반드시 하늘의 뜻을 참고하여 사회관계를 재구성하고, 나아가 그러한 관계의 윤리적 원칙을 제시해야만 비로소 자신의 합법성을 획득할 수 있다.

장존여의 '대일통' 명제에 대한 해석은 청말 합법성에 대한 논증임과 동시에 왕조 정치에 대한 비판이었다. 그러나 그의 핵심적 논점은 청 왕조가 선왕 예의를 정치 합법성의 기초로 삼도록 하는 것이었다. 우리는 세 방면에서 청대 사회에서의 이 문제가 지니는 의의를 설명할 수 있다. 첫째 왕조 내부 정치의 측면이다. 만약 예의를 기초로 하여 만주족, 한족과 각 소수민족의 엄격한 구분을 철폐하지 않거나 현명하고 능력 있는 사람을 등용할 수 없다면, 왕조의 대일통 정치는 곧 합법성을 상실하게 된다. 다음으로 왕조 제도의 건설 측면이다. 만약 그 지역의 특수성 혹은 풍속을 따르지 않거나 각 민족의 특징과 전통을 존중할 수 없다면, 왕조는 반드시 장기적인 민족 충돌 속으로 빠져들게 된다. 마지막으로 한족 백성 및 그 관리官吏의 측면이다. 만약 '내외'라는 의례로써 이민족 통치가 조성한 긴장을 완화시킬 수 없다면, 개인의 정체성과 근거는 곧 구할 수 없게 된다. 따라서 장존여가 『춘추정사』, 『춘추거례』春秋擧例, 『춘추요지』 등 저작에서 다룬 것은 청대 정치와 사상에서 오래된 과제들이다. 왜 이러한 과제들이 장존여와 유봉록의 금문경학에서 그와 같이 부각되었는가? 세 방면에서 그 원인을 찾아볼 수 있다. 첫째, 명 왕조 유민遺民을 자처하는 학자나 건가乾嘉 연간의 한학가들과는 달리, 장존여와 유봉록은 요직에 몸을 담고 있던 한족 관리이자 유학에 정통한 학자로서, 그들은 확실히 유학 의리의 내부에서 왕조의 합법성 문제를 사고했다. 둘째, 건륭제 때는 제도 수립의 방식으로 법률 규정을 재구성하고 완비해 가던 시기로서, 그들은 이러한 법률과 제도의 개혁이 자신의 이상에 부합할 수 있기를 희망했다. 셋째, 한족으로 조정 대신이었던 그들은 만주족-한족 불평등,

세습 귀족의 독단 등 현상에 대해 불만이 많으면서도 왕조의 합법성을 철저하게 부정할 수도 없었다. 그들은 금문경학에 의거하여 화이의 구분과 내외의 구분을 없애는 대일통 이론을 재구성하여 왕조의 합법성 이론으로 삼으려고 했다. 따라서 '대일통'의 명제는 제국의 국가 정책과 동일시할 수 없다. 그것은 제국의 족군 분리 정책, 족군 등급 제도에 대한 비판을 포함하고 있다. 나는 이 명제를 한족 유학자들이 만주족 청 왕조의 합법성에 대한 인정을 전제로 한 민족 평등에 대한 사고라고 이해한다.

2. '이백'二伯과 '종문왕'宗文王

하늘의 의지는 반드시 역사 관계 속에 혹은 천명을 받드는 역사의 역량 속에 구현되어야 한다. '대일통'의 명제가 예악이 붕괴한 상황에 대한 대응이라면, 누가 '대일통'의 하늘의 뜻을 구체적으로 실천할 것이며, 또 어떤 방식으로 예악이 붕괴한 상황에 대처할 수 있는가? 장존여는 동중서를 인용하면서 다음과 같이 말하고 있다. 즉 "오늘날 스승마다 도道가 다르고, 사람마다 논하는 것이 다르며, 여러 학파의 방식이 다를 뿐 아니라 지향하는 뜻이 다릅니다. 따라서 위로는 일통을 유지할 수 없고, 법과 제도가 수차례 바뀌어 아래에서는 지켜야 할 바를 모릅니다. 신은 육예와 공자의 학술에 속하지 않는 것은 모두 금지하고 존속하지 못하게 하여 사악한 주장들이 소멸된 후에 통치 질서가 하나로 통일되고 법도가 분명해져 백성이 따를 바를 알게 될 거라고 봅니다."(今師異道, 人異論, 百家殊方, 指意不同, 是以上無以持一統, 法制數變, 下不知所守. 臣愚以爲諸不在六藝之科·孔子之術者, 皆絶其道, 勿使並進, 邪辟之說滅息, 然後統紀可一而法度可明, 民知所從矣)[144] 『춘추공양전』의 첫 편인「은공 원년」隱公元年은 특수한 필법으로 '대일통'의 관념을 해석하면서 '대일통'은 은공 시대의 정치 현실이라기보다는 일종의 요청 또는 이상이라는 것을 암시했다.[145] 후대 공양학자들은 이것을 공자의 특수한 필법으로서 신왕을 위한 입법이라고 보았다. 장존여는 필법에서 시작하여 '대일통'의 함의를 해석하고 '신왕'이 출현할 역사적 필요성과 역사적 필연성을 암시했다. 그는 하휴의 "다섯 가지는 동시에 드러나는 것으로 상호 의존하여 그 본체를 이루는데, 하늘과 인간의 큰 근본이요 만물을 연계하는 바이니 살피지 않을 수 없다"(五者同日並見, 相須成體, 乃天人之大本, 萬物之所繫, 不可不察也)는 주장을 따라 이 구절 중 원元, 춘春, 왕王, 정월正月, 즉위卽位, 이 다섯 가지가 동시에 출현하여 '건오시'가 된다고 보았다. 또 공자의 "주周나라를 따르겠다"(從周)는 말을 인용하여 '예'禮에 기반해 "모든 곳이 풍속과 교화에 있어 통일을 이루고 온 지역이 하나가 될 것"(六合同風, 九州共貫)[146]을 요구했다. 따라서 왕실이 쇠미해지고 예악이 붕괴하는 상황에서 혼란을 바로잡기 위해서는 반드시 새로운 정치 역량에 의지해야만 했다.

'대일통'에 대한 추구와 혼란한 현실과의 관계는 '이백'二伯의 등장을 위한 기본적인 배경을 제공했다. 장존여는 「내사」內辭, 「이백사」二伯辭와 「제하사」諸夏辭에서 '이백'의 의의를 거듭 언급하고, 제후가 왕을 칭하는 것에 대한 합법성을 부여했다. 여기서 장존여의 설명과 그와의 사승 관계가 명확한 조방趙汸의 그에 관한 설명을 비교해 보자. 조방은 「춘추집전자서」春秋集傳自序에서 '이백'에 대해 "천명이 아직 주나라에 머물며 바뀌지 않았을 때, 위로는 천자가 없고 아래로는 방백方伯이 없었으니, 제齊 환공桓公과 진晉 문공文公의 공적은 부정할 수 없다. 이 때문에 성인께서 그에 대해 상세히 기록하고, '거기서 다루는 내용은 바로 제 환공과 진 문공에 관한 것이다'(其事則齊桓·晉文)라고 했던 것이다"라고 했다.[147] 그리고 또 춘추의 패자覇者를 해석하면서 말하기를, "제후가 왕 노릇 하지 못하자 패자가 발흥했고, 중국에 패자가 없음으로 인해 형荊과 초楚가 날뛰었고, 대부가 군사권을 점하자 제후가 흩어지게 되었는데, 이것이 『춘추』의 실상이다"(諸侯不王而霸者興, 中國無霸而荊楚橫, 大夫專兵而諸侯散, 此『春秋』之實也)라고 했다. 그리하여 『춘추』는 필삭筆

削의 방법으로써 "실제로는 허용되었지만 명문상으로는 허용하지 않는"(實與而文不與) 수사법을 사용하여 성인의 뜻을 표현했다.[148] 공양학 중의 "실제로는 허용하면서 명문상으로는 허용하지 않는" 필법은 주로 예의와 현실 요구 간의 모순을 극복하기 위한 것이었다. 청대 금문 경학에 있어서, 모순을 해결하는 이 방식은 바로 그들이 예의를 존중하는 것을 전제로 청조 통치자의 합법성을 승인해야 하는 요구에 부응했다. 장존여는 이를 다음과 같이 설명했다.

> 주공이 천하를 주나라로 통일하려고 했지만, 진晉나라 때문에* 둘로 쪼개져 불가하게 되었다. 통일의 불가함이 이로부터 시작했고, 군자가 신중히 그것을 기록하여 천하를 주나라로 통일되게 하려고 했다. …『춘추』에서는 이 때문에 분노하고 또한 이 때문에 기뻐하기도 했다.
>
> > 周公欲天下之一乎周也, 二之以晉則不可, 其不可於是始, 君子謹而志之, 欲天下之一乎周也. …『春秋』有所憤乎此也, 亦有所樂乎此也.[149]

"주나라로 통일되게 하려 한다"라는 것은 이상적인 상태이지만, 이러한 이상을 실현할 조건은 결코 존재하지 않았다. 주나라의 제도에 의하면, 예악 정벌은 왕에서 나와야 하며 제후는 제후의 명命을 주장할 수 없다. 그러나 이미 주나라로 통일되는 것이 불가능한 이상, 단지 "실제로는 허용되었지만 명문상으로는 허용하지 않는" 변통을 행할 수밖에 없었다.[150] 「제하사 제5」諸夏辭第五의 문공 원년 "위衛나라 사람

---

* 진(晉)나라 때문에: 당초 진나라를 분봉할 계획이 없었으나 주(周) 성왕(成王)이 어릴 때 소꿉장난하다가 아우인 당숙 우(唐叔虞)를 제후에 봉했다. 하지만 이 사실이 알려지자 임금에게 희언(戲言)은 없다는 원칙 때문에 결국 당숙 우를 진나라의 제후로 책봉했다. 진나라는 당시 중원의 요지 중에서도 요지였기에 실제로 주나라의 가장 강성한 제후국 중 하나였다.

이 진晉나라를 정벌하다"에서 다음과 같이 말하고 있다. "제후에게 우두머리(伯)가 없는 것 역시 『춘추』가 싫어하는 바이다. 그렇다면 왜 진晉나라를 우두머리로 지지하지 않았는가? 이는 제후에 우두머리가 없게 된 것이 진晉 양공襄公부터 시작되었기 때문이다. 진晉을 지지하지 않은 것이 이로부터 시작되고 왕도가 행해지게 되었다. 제 환공과 진 문공이 일어나자 『춘추』에 백사伯辭가 있게 되었고, 실제로는 허용되었지만 명문으로는 허용하지 않게 되었다."(諸侯無伯, 亦『春秋』之所惡也. 則 其不主晉何? 曰: 諸侯之無伯也, 晉襄公始爲之也, 不主晉於是始而王道行矣. 桓文作而 『春秋』有伯辭, 實與而文不與也)[151] 고동고顧棟高의 『춘추대사표』春秋大事表 중 「열국강역표」列國疆域表에서 춘추 시기 겸병의 상황을 기록하길, 노나라가 9개국의 땅을 병합했고 제나라는 10개국의 땅을 겸병했으며, 진晉나라는 18개국을 멸했고 초나라는 42개국을 병합했다. …각국의 전쟁도 끊이지 않았는데, 진秦과 진晉 간의 전쟁이 18회, 진晉과 초의 대전이 3회, 오吳와 초의 상호 정벌이 23회, 오와 월越의 상호 공격이 8회, 제齊와 노의 교전이 34회, 송宋과 정鄭의 전쟁이 39회였다. 역사가들은 이에 봉건이 재앙을 초래한 고질병이라 탄식하며, "천하에 하루라도 우두머리(伯)가 없을 수 없음을 알게 되었다"(而知天下不可以一日而無伯也)[152]고 했다. 이른바 '대일통'은 바로 천자의 권력이 연약하고 제후가 왕을 자칭하는 상황에서 출현했다. 이백의 출현은 패권의 필요성과 제후의 분쟁을 종식하고 천하를 통일해야 하는 추세를 예고하고 있다. 서주西周의 봉건적 시각에서 보면, 이러한 과정은 바로 권력이 아래로 옮겨 가는 과정이며, 장존여는 "실제로 허용하면서 명문상으로는 허용하지 않는" 방식으로서 이를 긍정했다.

"실제로 허용되었지만 명문상으로는 허용하지 않는다"는 것은 일종의 내재적 모순, 즉 정치적 합법성과 도덕적 합리성 간의 모순을 의미한다. 장존여는 대일통을 찬성하면서 또 '종문왕'을 예의의 큰 근본으로 삼고, 종법 도덕의 합리성과 군현 일통의 정치를 연계시키려고 노력했다. 따라서 그의 서술 중심은 제도 개혁에 있지 않고, 예의를 바로

잡는 데 즉 신왕의 도덕적 합리성을 강조하는 데 있었다. "『춘추』의 대일통은 천지의 항상적인 근본이고 고금의 보편적인 법칙이다"(春秋大一統者, 天地之常經, 古今之通誼也)라는 장존여의 주장은 동중서에서 비롯된 것이지만, 동중서와 장존여의 대일통에 대한 해석과 설명을 비교해 보면 곧 그 사이에 명확한 차이가 있음을 알 수 있다. 동중서는 변법개제를 종지로 삼았는데, 그의 『춘추번로』「초장왕」楚莊王에서는 다음과 같이 말하고 있다.

> 춘추의 도道는 하늘을 받들고 옛것을 본받는 것이다. 따라서 훌륭한 솜씨를 가졌더라도 그림쇠와 곱자를 사용하지 않으면 사각형과 원을 바르게 그릴 수 없다. 비록 밝은 청각을 가졌더라도 육률六律을 불지 않고는 오음五音을 정할 수 없다.* …세상사에 있어 『춘추』는 복고復古를 칭찬하고, 항상적인 것을 바꾸는 것을 책망하여 앞선 성왕聖王들을 본받으려 했다. 그러한 것을 한마디로 말하면 "왕이 된 자는 반드시 제도를 개혁해야 한다"는 것이다. …만약 오로지 이전의 제도를 따르고 선례를 지켜서 바꾸는 바가 없다면 이는 전대의 왕을 계승하여 왕이 된 것과 다를 바가 없다. 천명을 받은 군주는 하늘이 크게 드러내 보이는 바이다. …오늘 하늘이 자신의 내용을 크게 드러내 보였는데도 이미 교체된 것을 답습하여 모두 같게 한다면 드러내 주지도 않고 밝혀 주지도 않은 것으로 이는 하늘의 뜻이 아니다. 따라서 거처하는

---

* 육률(六律)을~없다: 육률(六律)이란 십이율려(十二律呂)를 가리킨다(음양을 나누어 보면 열두 가지고 음양을 합쳐서 보면 여섯 가지가 된다). 고대부터 중국에서는 12개의 길이가 각기 다른 구리로 만든 피리로 음가를 정했고, 이를 십이율려라고 칭했다. 그래서 '불다'〔吹〕란 동사를 쓴 것이다. 오음(五音)은 궁상각치우(宮商角徵羽)를 가리킨다. 오음을 음가로 아는 이들이 있는데, 이는 착각이다. 오음은 음가가 아니라 음계다. 십이율려 중 어떤 음가를 오음의 으뜸음인 궁(宮)에 배치하는지에 따라 다양한 5음계가 구성된다.

곳을 옮기고 칭호를 바꾸고 정삭正朔을 고치고 복색을 바꿔야만 하는 것은 다름 아니라 하늘의 뜻을 따라 스스로 드러내는 것을 밝히지 않을 수 없기 때문이다.

『春秋』之道, 奉天而法古. 是故雖有巧手, 弗修規矩, 不能正方圓, 雖有察耳, 不吹六律, 不能定五音, …『春秋』之於世事也, 善復古, 譏易常, 欲其法先王也. 然而介以一言曰: "王者必改制自僻者." …若一因前制, 修故業而無有所改, 是與繼前王而王者無以別. 受命之君, 天之所大顯也. …今天大顯己物, 襲所代而率與同, 則不顯不明, 非天志. 故必徙居處, 更稱號, 改正朔, 易服色者, 無他焉, 不敢不順天志而明自顯也.[153]

이것은 『춘추』 대의에 대한 동중서의 창조적인 풀이로서, 명확히 제도 개혁을 복고보다 위에 놓고 있다. 또 「천인삼책」天人三策을 보면, 한 무제가 하문한 것은 왜 예약을 반드시 고수해야 하는가가 아니라 왜 예약이 효력을 상실했는가 하는 것이었다. 이에 대해 그는 말하기를, 오제삼황의 도는 제도를 바꾸고 음악을 지어서 천하를 화목하게 하고 모든 왕이 그것을 함께 똑같이 대하는 것이다. 이렇게 삼대三代의 제도를 고수하는 이른바 "법을 수호하는 군주와 권력을 장악한 사인士人"은 오히려 큰 도가 완비되지 못한 결함과 걸주桀紂 같은 폭군이 전횡專橫하는 국면을 바로잡을 방법이 없다고 했다. 그러자 한 무제는 이러한 상황을 어떻게 이해해야 하며 또 어떻게 해결할 수 있는가라고 되물었다. 동중서가 의론은 장황하기는 하지만, 한 무제의 이른바 "제도를 바꾸고 음악을 만드는" 것에 대한 그의 대답은, 결국 "변화하면 잘 다스릴 수 있고, 잘 다스리면 재해가 날로 적어지며 복록이 밀려 온다"(更化則可善治, 善治則災害日去, 福祿日來)라는 말로 요약할 수 있다.[154] 장존여는 동중서의 「천인삼책」의 의론을 바탕으로 삼고, 왕이 천명을 받고, 모든 관료들을 바로잡고, 만백성을 통솔하는 것이나, 제후가 왕을 받들어 모시는 것 등의 원칙으로써 '건오시'를 해석했지만, 그 주장은 제도 개혁이 아닌 예악 중흥에 중점을 두었다. 그는 하휴의 다음과 같은 말을 인용했다. "정치는 오시五始를 바로잡는 것보다 중요한 것은 없다. 그리하여 『춘추』는 원元(처음)의 기氣로써 하늘의 단초端初(봄〔春〕)를 바로잡고, 하늘의 단초로써 왕의 정치를 바로잡으며, 왕의 정치로써 제후의 지위를 바로잡는다. 또 제후의 지위로써 나라 안의 통치를 바로잡는데, 제후가 왕의 정치를 위로 받들지 않으면 지위를 얻을 수 없다."(政莫大於正始. 故『春秋』以元之氣, 正天之端, 以天之端, 正王之政, 以王之政, 正諸侯之卽位, 以諸侯之卽位, 正境內之治. 諸侯不上奉王之政, 則不得卽位)[155] 이는 예악을 엄히 바로잡을 것을 요구한 것이다.

예악이 붕괴되는 상황은 비록 '이백' 출현을 합리화하는 근거이지만 '이백' 혹은 '신왕'은 반드시 예의에 따라 처신해야만 자신의 합법성을 얻을 수 있다. 강희제 이래 주자에게 제사 지내고 과거제를 회복시키고 종법을 재건하며, 예의를 다시 강조하고 '정치와 도의 합일'을 표방하는 등의 정치적 조치들을 본다면, 청 왕조가 왜 변법의 실행을 통해서가 아니라 예의의 정비를 통해서 자신의 합법성을 구축하려 했는지를 이해할 수 있다. 주목할 것은 장존여의 '이백'에 대한 태도는 그가 한족 관원의 입장에서 청조의 법통을 설명하고 있음을 명확히 보여 준다는 점이다. 장존여가 활동하던 시대에 한족과 만주족의 문제는 여전히 매우 중요한 사안으로, '신왕'을 승인하는 것과 예의를 엄히 바로잡는 것은 바로 긴장이 내재한 문제였다. 그 예를 들자면, 「은공 원년」에 은공이 환공에게 양위했지만 환공은 후에 오히려 그 형인 은공을 살해했다고 기록되어 있다. 이에 대해 공양학자는 『춘추』의 기록에는 은공의 양위에 대한 비판이 함축되어 있다고 해석했는데, 장존여는 이에 근거하여 다음과 같이 말했다.

『춘추』의 뜻은 천륜을 중시하고, 부모의 명을 받드는 것이다. 노 은공*이 나라를 아우에게 양보하려 한 것은 신실하다고 할 수 있지만, 천리를 따르고 아버지의 명을 받드는 면에서는 신실하지 못했다. 비록 즉위하긴 했지만 즉위하지 않은 것과 다름없었다. 이 까닭에 『춘추』에서는 그의 즉위에 대해 쓰지 않은 것이다. 군주의 자리는 국가의 근본이다. 군자 노릇 하는 이가 군주 노릇할 마음이 없고, 신하 된 자가 두 군주를 모실 마음을 품었으니 그 군주 자리가 어찌 보존될 수 있겠는가! 10년 동안이나 정월正月이 없었건만, 노 은공은 스스로 정식(正)으로 즉위하지 않았으니, 나라도 바로(正) 설 방법이 없었던 것이다. 노 은공이 즉위한 첫 해에만 정월이 있었던 것은 노 은공이 즉위하는 것이 마땅하다는 것을 올바르다고 봤던 것이다. 그러나 노 은공이 스스로 정식으로(正) 즉위하지 않았으니 하루라도 이를 바로잡지 않을 수 없었던 것이다!

> 『春秋』之志, 天倫重矣, 父命尊矣. 讓國誠, 則循天理·承父命不誠矣. 雖行卽位之事, 若無事焉. 是以不書卽位也. 君位, 國之本也. 南面者無君國之心, 北面者有二君之志, 位又焉在矣! 十年無正, 隱不自正, 國無以正也. 元年有正, 正隱之宜爲正, 而不自爲正. 不可一日而不之正也![156]

'대일통'에 대한 장존여의 해석은 동중서가 한 무제에게 제기한 '갱신'(更化)을 위한 건의와는 달리, 오히려 황제의 엄정한 기강과 예의에 기반한 국가 통치를 전제 요건으로 삼고 있다. 따라서 여기서 '대일통'은 황권에 대한 무조건적인 긍정이나 황권에 대한 개혁을 건의한 것이 아니라, 이상적인 정치로서의 규범이자 구상이다. 만약 이러한 해석을

• 노 은공: 노 은공은 노나라의 14대 군주로, 원래 즉위를 해야 했지만, 정식으로 즉위는 하지 않은 채, 11년의 재위 기간 동안 섭정(攝政)의 방식으로 노나라를 다스렸다. 그래서 『춘추공양전』이나 『춘추곡량전』에서는 『춘추』의 시작인 노 은공의 기록에 있어서 첫 해의 1월만 '정월'이란 표현을 써 주고 이후 10년 동안의 재위 기간의 기록에서는 '정월'이란 표현을 쓰지 않았다고 한다. 그는 원래 자신의 아우 윤(允: 이후 노 환공桓公)에게 양위를 하고자 했으나, 신하에게 암살당하고 말았다.

청대의 맥락에서 이해한다면, 여기에는 청대 통치자에 대한 한족 관원의 도덕적 요구이자 정치 현실에 대한 비판적 견해가 함축되어 있다는 추론도 가능하다.

「봉천사 제1」의 서술 논리는 '건오시'에서 '종문왕'까지 논하고 난 후, 다시 '대일통'과 '통삼통'을 논하고 있다. 여기서 장존여가 정말로 중요하게 여긴 것은 '건오시'가 나타내는 천명의 합법성과 '종문왕'의 기본 원칙으로서, '변화'(새로운 시작)와 '불변'(선왕을 본받음)을 결합시키는 것이다.[157] '대일통'은 반드시 이러한 변화와 불변의 변증법을 기초로 해야 한다. '건오시'는 신왕의 출현을 위한 합법성을 제공해 주는데 이것이 바로 동중서가 말하는 '봉천'奉天(하늘을 받듦)의 취지이다. 그러나 왜 "신왕이 되는" 동시에 새롭게 제도와 예의 법도를 수립하지 않고 '종문왕' 해야 하는가? 장존여에게 있어 '건오시'와 '종문왕'의 명제는 특히 복잡한 관계를 지니고 있다. 먼저 '종문왕'부터 보도록 하자.

> 공양고公羊高는 이렇게 말했다. "왕이란 누구를 말하는가? 바로 주 문왕이다." 그 말을 듣고 난 이렇게 말한다. "명을 받은 왕을 시조라 하고, 왕의 뒤를 잇는 것을 왕위 계승(繼體)이라고 한다. 왕위를 잇는다는 것은 시조를 계승하는 것이다. 감히 하늘에게서 받았다고 하지 않고 조상에게서 받았다고 하는데, 이는 예부터 그렇게 해 온 것이다. 주 문왕은 명을 받은 조상이며, 주 성왕成王·주 강왕康王 이래로는 주 문왕의 왕위를 계승한 자들이다. 주 무왕은 밝은 덕을 갖추고 있었지만 명을 받은 이는 자신의 아버지 주 문왕이라 했으니, 이를 '천도'天道라고 한다. 주 무왕은 또 감히 전횡을 하지 않았지만, 자손들 가운데는 간혹 전횡을 범하는 이도 있었다. 명命은 주 문왕이 받은 명이고, 지위(位)는 주 문왕이 가진 지위이며, 법法은 주 문왕이 세운 법을 말한다. 그 명과 지위와 법으로 조상을 존중하고 하늘을 존중하는 것이다.

公羊子曰: 王者孰謂? 謂文王也. 聞之曰: 受命之王曰大祖, 嗣王曰繼體. 繼體也者, 繼大祖也. 不敢曰受之天, 曰受之祖也, 自古以然. 文王, 受命之祖也, 成·康以降, 繼文王之體者也. 武王有明德, 受命必歸文王, 是謂天道. 武王且不敢專, 子孫其敢或干焉. 命曰文王之命, 位曰文王之位, 法曰文王之法. 所以尊祖, 所以尊天也.[158]

만약 장존여가 요구한 것이 단지 주대의 봉읍을 나누어 주고 조상을 계승하는(分封繼祖) 종법 원칙이라면, 그의 '대일통' 관념도 바로 단지 "왕실을 받드는 것"일 뿐 다른 심오한 의미는 없을 것이다.[159] 그러나 장존여의 학문은 분명히 '내외'의 항목과 "세습 귀족에 대한 비난"(譏世卿)을 종지로 하고 있으며, 귀족 세습 제도에 대해 많은 불만을 품고 있었다. 『춘추정사』의 서술 구조는 종법상 분봉의 원칙을 바꾸려는 함의를 담고 있으며, "왕실을 받드는" 것은 실제로 황권과 귀족 간의 모순과 절대적 황권에 대한 요구를 반영하고 있다. 청대 금문경학의 절대적 황권에 대한 호소는 끊임없이 이어지는 단서로서, 장존여의 황권 일통에 대한 요구로부터 캉유웨이의 '섭정'에 대한 비판과 절대적 황권에 대한 주창은 모두 권력 일통을 수립하기 위한 정치관을 보여 준다.

'종문왕'의 원칙과 공양학의 소위 "주나라로 통일한다"라는 구상은 완전히 부합한다. 그러나 공양학의 "주나라로 통일한다"라는 주장은 결코 단순히 종법에서 봉읍을 나누어 주는 것을 강조하는 원칙이 아니라, 신왕을 위한 입법이었다.[160] 이 점과 '대일통'의 기본 가치는 완전히 부합한다. 앞에서 말한 바와 같이 "주나라로 통일한다"라는 것은 다음과 같은 중요한 배경을 전제로 하고 있다. 즉 당시는 제후끼리 다투느라 "주나라가 통일되지" 못할 상황이었다. 이러한 상황에서 하늘을 받들고 조상을 계승하는 종법 원칙은 황권과 정치 질서에 대한 규범으로서, 결코 봉읍을 나누는 방식으로 그것을 제후에게 행하도록 요구하지 않았다. 바꿔 말하면, "주나라로 통일한다"라는 것은 '대일통'

의 다른 표현으로, 직접적으로 봉건제와 동일시할 수 없다. 이러한 의미에서 주나라의 법통은 황권 일통에 대한 도덕적 요구와 합법성 논증으로 변모 되었고, 더 이상 은나라·주나라 제도 가운데의 종법상의 분봉 원칙이 아니었다. '대일통', "주나라로 통일한다"는 것은 또 다른 차원의 의미, 즉 예법의 재수립과 세습 귀족의 전횡 및 귀족 분권에 대한 제약을 요구하는 의미를 지니고 있다. 장존여는 "하늘에는 두 해가 없고, 지상에는 두 왕이 없으며, 나라에는 두 군주가 없고, 가정에는 두 조상이 없으며, 모두 하나로서 다스린다"라는 말로써 '대일통'의 함의를 밝혔다. 즉 한편으로는 황제 권한에 대한 옹호이고, 다른 한편으로는 세습 귀족의 전횡과 귀족 특권에 대한 엄격한 비난을 함축하고 있다. 다시 말해 세습 귀족의 전횡과 귀족 특권은 '대일통'에 대한 파괴이고 "주나라로 통일한다"는 것에 대한 배반이라는 것이다. '종문왕'과 "주나라로 통일한다"는 것은 일종의 추상적인 예의 원칙이지 모종의 특정한 지배 민족에 빌붙은 차별 정책이나 관점이 아니다. 장존여는 바로 이것을 왕조 합법성의 전제로 삼으려 했다.

3. '세습 귀족에 대한 비난'과 왕조 정치의 내재적 모순

춘추시대 예악 붕괴가 조성한 결과 가운데 하나는 권력의 아래로의 이전, 즉 권력이 주나라 천자에서 이백으로, 국군國君에서 세습 귀족으로의 하향 이전이다. 그러나 세습 귀족의 지위도 종법 봉건의 관계 위에 세워졌기 때문에 또한 마찬가지로 방탕과 횡포로 인한 패망의 운명을 벗어날 수 없었다. 고동고顧棟高의 『춘추대사표』春秋大事表에 따르면, 『춘추』에서는 제후가 대부를 살해한 47건, 대부가 타국의 포로가 된 14건, 그 대부를 석방한 2건, 경사대부卿士大夫의 공자公子가 도망을 친 57건이 기록되어 있으며, 춘추 중기 이후에 경대부卿大夫들이 서로 살해하는 것은 부지기수이다.[161] "세습 귀족에 대한 비난"(譏世卿)은

『춘추정사』에서 중요한 지위를 점하고 있다. 이는 이것이 춘추학의 중
요한 내용이라는 요인 이외에도 이 주제가 장존여가 생존했던 시대와
장존여 본인의 정치관과 밀접한 관계가 있기 때문이기도 하다. 장존
여 학문의 '세습 귀족'에 대한 비판은 청조 정치의 합법성 원칙에 부합
하고, 또 파벌, 붕당과 귀족 계층에 대해 강희·옹정·건륭, 이 세 황제
가 가한 타격, 비판, 억압에 호응했다. 바로 이 부분에 더욱 명확한 정
치적 함의가 내포되어 있다. 「천자사 제2」天子辭第二 중 '왕신회배신'王
臣會陪臣에서 말하기를 "천자가 미약하면 제후가 서로 붕당을 이루고,
작은 것이 큰 것을 부리며 약한 것이 강한 것을 부르게 된다. …안으로
작은 잘못이라도 있으면 군자는 마땅히 먼저 스스로 상세히 살펴 몸
을 바르게 하되 자신의 잘못에는 엄하게 타인의 잘못에 대해서는 관대
해야 한다"(天子微, 諸侯相爲朋黨, 小役大, 弱役強, …內有小惡, 君子當先自詳, 正躬
自厚而薄責於人)라고 했다.[162] "세습 귀족에 대한 비난"과 '대일통'은 서
로 추동했고, 모두 청조의 통치 원칙 위에 세워진, 체제 내부 경학적
인 교의였다. 이러한 의미에서 부패와 전횡 등의 현상에 대한 장존여
의 비판은 청조의 정치 원칙에 대한 부정이 아니라 오히려 재창再唱이
었다. 그가 이렇게 청조의 정치 원칙을 거듭 주장한 것은 강희제, 옹정
제, 건륭제 삼대가 모두 황권 일통과 귀족 세력의 약화를 위한 투쟁을
겪었기 때문이다. '대일통', '종문왕'과 "세습 귀족에 대한 비난"의 관
계는 매우 밀접하다. 「내사 제3하」內辭第三下의 '대부졸'大夫卒에서는 다
음과 같이 말하고 있다. "노魯 성공成公(기원전 590~573)·노魯 양공襄公(기원
전 572~542) 이후를 보면 제후의 아들은 더 이상 대부가 되는 경우가 없
었으니, 이는 친친親親의 도가 사라진 것이다. 세습 귀족이 가문과 나
라를 해치니 반드시 왕법으로 금해야 한다. 다양하구나! 『춘추』의 말
에 담긴 뜻을 보면 이 점을 모두 다루고 있지 않은가!"(見成襄中下, 公子無
復爲大夫, 則親親之道缺, 而世卿之害家凶國, 爲王法所必禁矣. 富哉! 『春秋』之辭之指乎
言盡於此而已乎)[163]

위원의 지적과 벤자민 엘먼의 연구에 따르면 장존여의 금문경학 종

지는 화신和珅 사건과 밀접한 관계가 있다. 화신(1750~1799)은 중상 등급의 만주족 무관 가정 출신으로 건륭 34년(1769) 부친의 직위를 이어받아 삼등三等 경거도위輕車都尉란 직위를 세습해 임명되었으며, 3년 후에는 삼등 시위侍衛 직위를 받았다. 그리고 건륭 40년(1775)에 어전시위御前侍衛 겸 정남기만주부도통正藍旗滿洲副都統으로 승진했고, 이후 승승장구하여 호부시랑, 군기대신, 내무부內務府 대신, 보군통령步軍統領, 숭문문崇文門 세무감독, 어전대신, 정남기·양황기鑲黃旗 등의 부도통, 사고전서 정총재正總裁, 이번원理藩院 상서, 경연강관經筵講官, 국사관 정총재, 문연각 제거각사提擧閣事, 청자경관淸字經館 총재, 이부상서, 협판協辦 대학사, 문화전文華殿 대학사, 전시독권관殿試讀卷官과 태자태보太子太保 등의 직위를 역임했다. 그리고 1등 남작, 3등 충양백忠襄伯, 1등 가용공嘉勇公 등의 작위를 하사받았다. 이와 같이 화신은 장기간 이부, 호부, 형부, 내무부, 삼고三庫,* 이번원, 건예영健銳營 등의 업무를 좌지우지하고, 정치, 경제와 문화 권력을 자신에 집중시키는 한편 황실과 겹겹으로 인척 관계를 형성했다. 그는 정치에 종사한 20년 동안 지방 관리들의 비행은 심해졌고 뇌물은 공공연하게 난무하여, 극도로 부패한 국가 가운데에 또 하나의 국가를 만들었다.[164] 벤자민 엘먼은 화신의 전횡과 장존여, 유봉록 학문의 관계에 대해 폭넓고도 심도 있는 분석을 진행했다. 그러나 앞에서 말한 바와 같이 『춘추정사』의 의미는 결코 이에 한정되지 않는다. 홍타이지皇太極와 순치제順治帝 시대부터 청조는 황위 계승 문제로 풍파가 끊이지 않았고, 강희제 시대에 태자 지명 문제를 둘러싸고 황제의 아들, 대신과 황제 자신 사이에 일어났던 격렬한 투쟁은 바로 정사正史나 야사의 소재였으며, 옹정제, 건륭제 시대까지도 항간에 널리 퍼졌던 이야기였다. 옹정제 시대에 황제와 기타 황실 성원 간의 투쟁은 건륭제 시대에도 여전히 중요한 영향을 미치고

---

* 삼고(三庫): 삼고란 호부(戶部)의 세 창고, 즉 은고(銀庫)·단필고(緞疋庫)·안료고(顔料庫)를 가리킨다.

있었다. 바로 이러한 당시 상황을 경계로 삼아, 장존여는 "세습 귀족에 대한 비난"을 통해 청조의 정치적 합법성에 대해 사유와 논증을 진행했으며, 또 역사 경험을 종합하고자 했다.

청조 정치의 합법성은 매우 미묘하고 취약한 균형 관계 속에 수립되었고, 그 정치 원칙은 내재적 모순을 포함하고 있었다. 팔기 제도의 성립, 정부 기구의 중첩 구조, 정부 관원의 권력 설정 그리고 궁정 내부 등급 제도의 형성, 이 모두는 제도의 방식으로 내외, 만주족–한족을 구분하고 등급을 차별하는 것이었다. 이는 금문경학가가 설정한 예의 원칙과 서로 모순될 뿐만 아니라, 청조 통치자가 선언했던 국가 수립 원칙과도 거리가 있다. 만주족, 몽골족, 한족의 권리 균형과 소수민족 독재의 법통을 유지하기 위해, 청조 통치자는 내외와 화이의 차별을 없애는 것을 자신의 합법성의 근거로 삼았다. 예를 들어 문관과 무관 과거 시험에 있어서 청 조정은 명대의 과거 제도를 계승하여 각 족군의 자제들이 관리가 되는 기회를 보장했다. 그러나 소수민족의 귀족 등급제를 기초로 한 왕조인 청조는 제도화된 방식으로 만주족의 우선권을 부여했는데, 이것이 세습 귀족 및 귀족 세습 정치가 출현하게 된 제도적 조건이었다. 이러한 모순은 특히 과거 시험 및 그 임관 제도에 잘 드러나 있다. 청조는 한편으로는 한어漢語를 시험의 기본 언어로 채택하고 고시 내용에 있어서도 만주족에게 우대권이나 특권을 허용하지 않으면서, 다른 한편으로는 만주족의 정치 참여 권리를 보장하고 만주·몽골·한족의 문관 시험에서의 불균형을 완화하기 위해 대립적인 형식으로 북경 소재 각 기구에 동일 직책을 두 자리(혹은 만주족, 몽골족, 한족 세 자리)씩 두고 각 족군별로 선발권을 부여하여 한족의 확장을 방지하려 했다. 이러한 특수한 편향적 정책은 과거를 통한 인재 선발 원칙과 서로 모순되는 것으로, 분명히 귀족 분봉 제도 가운데 족군과 권문세족權門世族 관련 기준을 관리 선발 체계 속에 가미시킨 것이다. 이와 같이 청조 관료 제도 자체는 소위 평등 원칙과 등급 정책 간의 모순을 내포하고 있다.[165]

장존여는 호남湖南 및 순천順天의 학정學政과 호북의 시험 정감독관, 시험 부감독관을 역임하여 과거 제도의 폐단을 깊이 알고 있었고, 건륭제에게 지방 생원의 숫자를 제한하도록 적극적으로 건의했다. 1758년 그는 일찍이 기인旗人들의 과거 시험의 문란한 기풍을 엄격히 관리·시정하여 기인들의 소란을 야기했고, 그 자신 역시 동료의 탄핵을 받기도 했다. 그러나 건륭제는 그가 내각학사로서 남서방南書房과 상서방上書房을 겸하고 있다며 그를 두둔했다. 장존여가 탄핵에서 벗어나 중용될 수 있었던 이유는 무엇인가? 물론 그와 건륭제의 특수한 관계가 그 원인 가운데 하나이다. 그러나 더욱 중요한 것은 그 본인이 견지하고 있던 입장과 청 왕조의 정책이 서로 부합했기 때문이다. 청조 정치 제도의 내재적 위기는 그것이 자신의 합법성을 족군의 평등과 족군의 등급, 과거와 선거, 평민과 귀족 등 상호 대립되는 원칙 위에 수립했다는 데 있다. 왕조의 안위는 이상의 평형을 유지하는 데 달려 있었다. 그리하여 장존여의 비판은 청대 정치 구조의 가장 민감하고도 평형이 필요한 부분을 건드린 것이었다. 즉 "세습 귀족에 대한 비난"은 결코 왕조 국가의 기본 원칙을 위배하는 것이 아니라, 오히려 바로 청조 통치가 유지될 수 있는 기본 조건이었던 것이다.

따라서 앞서 말한 모순에 대한 장존여의 제기는 청조의 정치적 합법성에 대한 회의가 아니라, 오히려 청조의 정치적 합법성의 기본 원칙에 기반하여 청조 정치의 내재적 모순을 드러낸 것이라 할 수 있다. 그는 「천자사 제2」에서 다음과 같이 말했다.

> 공양고는 말한다. 세습 귀족을 비난하는 것은 귀족의 세습이 예禮가 아니기 때문이다. 이것이 성인의 뜻일 리가 있겠는가? 이에 『춘추』를 지어 후대에 나타날 성인을 기다린 것이다. 이후 세상이 변하여 가문과 나라를 해치게 된 것 모두가 세습 귀족 때문이라고는 할 수 없다. 성인은 우환의 원인에 밝은 법이니, 어찌 그것을 모르겠는가? 그런데도 무슨 까닭에 굳이 세습 귀족을 비

난한 것인가? 백성의 윗사람(즉 군주)에게 아뢸 것은 하늘과 사람의 근본을 알고 군신의 의리를 돈독히 해야 한다는 것이다. 그래서 공자가 노魯 애공哀公에게 "의義라는 것은 마땅함(宜)이다. 현자를 존중하는 것이 중요하다"라고 아뢨던 것이다.* …따라서 현자가 아니면 귀족이 될 수 없다. 군주가 현자를 존중하지 않으면 군주의 자격을 잃게 된다. 세습 귀족은 현자의 길을 잃어버리고 현자를 가로막는 좀과 같은 존재다. …녹읍祿邑을 세습하는 것은 주 문왕의 법도이지만 귀족이란 지위를 세습하는 것은 주 문왕의 법도가 아니다. 예부터 알던 사람이든 새로 알게 된 사람이든 오직 어진 자를 가까이하는 것이 현자를 받들고 현자를 양성하는 가법家法이다. …벼슬하는 자는 자신의 녹읍을 세습할 수 없고, 나라에는 신분을 세습하는 신하가 없어도 된다고 말하는 것이, 세습 귀족에 대한 비난의 요지는 아니다.

> 公羊子曰: 譏世卿. 世卿非禮也. 其聖人之志乎? 制『春秋』以俟後聖. 後世之變, 害家凶國, 不皆以世卿故, 聖人明於憂患與故, 豈不知之? 則何以必譏世卿? 告爲民上者, 知天人之本, 篤君臣之義也. 告哀公曰: 義者, 宜也, 尊賢爲大. …是故非賢不可以爲卿. 君不尊賢則失其所以爲君. 彼世卿者, 失賢之路, 蔽賢之蠧也. …世祿, 文王之典也, 世卿, 非文王之典也. 無故無新, 惟仁之親, 尊賢養賢之家法也. …如曰: 仕者不可世祿, 國可以無世臣, 則非譏世卿之指也.[166]

귀족 지위의 세습은 예가 아니고 『춘추』의 기본 원칙에 위배된다. "예가 아니"라는 것은 개인의 행위가 단정하지 못한 결과가 아니라, 제도상의 균형감이 상실된 것이다. '종문왕'의 원칙은 바로 제도가 반듯한가를 가늠하는 기준이다. 위 인용문에서 장존여는 녹읍의 세습,

* 그래서~것이다: 노 애공에게 공자가 아뢰는 내용은 『중용』 20장에 보인다.

신하 신분의 세습, 귀족 지위의 세습을 신중하게 구분했는데, 이는 종법분봉의 원칙과 세습 귀족의 독단을 구분하기 위한 것이다. 그의 주된 관심은 정치적으로 어떻게 현자의 길을 열어 주고, 도덕적으로 효자의 행실을 널리 확산시키는가 하는 것이었다. 장존여는 「환공 5년」桓公五年 중 "천자께서 잉숙의 아들에게 노나라를 예방케 했다"(天王使仍叔之子來聘)라는 구절의 주석에서 다음과 같이 말하고 있다. "아버지가 늙었다고 자식이 대신 정사를 보는 것을 비난한 것이다. 현자의 길이 끊어졌구나! 효자의 덕행이 쇠퇴했구나!"[167]

4. '내외 구분', 외부 관계의 내재화와 '중국' 개념의 재정의

"세습 귀족에 대한 비난"의 논리에 따르자면, 장존여의 공양 사상에는 급진화의 가능성이 존재하며, 황권과 천자의 지위에 대한 그의 서술 속에 바로 그러한 측면이 부분적으로 보인다. 그러나 『춘추정사』의 종지는 왕조의 합법성을 전복시키는 것이 아니라, 어떻게 내외와 화이의 구별을 해소하여 청대 정치 구조상의 내재적 모순을 제거하고 예의를 다민족 제국의 합법성의 전제로 삼을 것인가 하는 것이다. 이것은 제국 질서 속의 족군 등급제에 대한 거부이자, 유학 전통 중의 민족의식에 대한 지양이다. 즉 '대일통'은 초기 제국의 정복 정책에 대한 수정으로서, 그것은 내/외, 화/이의 구분을 해소하거나 내/외, 화/이를 상대화하는 정치 관계의 수립을 도모한다. 따라서 우리는 '대일통'에 대한 호소와 제국 정책을 구분할 필요가 있다. 『춘추정사』는 '삼통'을 중심으로 하는 한·당 공양학의 전통을 지양하고 '내외' 문제 위주로 전환했다. 그 종지는 '대일통'의 취지로 제국 질서 중의 족군과 등급 관계를 개조하는 데 있었다. 즉 내외 문제는 청조 통치의 합법성의 근거이자 청조 정치의 가장 뿌리 깊은 모순이기도 했다. 만약 이론적으로 이 문제를 해결하지 않는다면 한족 사대부는 정치적으로 평등한 지위를 얻을 수 없을 뿐만 아니라, 청 왕조 정치 속에서의 자신의 지위에 대해 합당한 근거를 제공할 수도 없었다. 이러한 의미에서 '내외' 문제는 정치적 합법성 문제라기보다는 오히려 한 개인의 관직에 나아가거나 은거하는 문제와 정체성 문제로서 그 시대의 도덕 문제의 중심적인 지위를 점하고 있었다. 또 다민족 왕조의 정치 통치 측면에서 볼 때, 만약 효과적으로 민족 문제를 해결하고 아울러 제도적으로 그에 상응하는 안배와 보장을 하지 못한다면, 왕조 자체는 자신의 합법성 위기를 극복할 방법이 없게 된다. 이것은 청대 유학자들이 직면한 매우 심각한 문제였다.

앞서 살펴본 바와 같은 "세습 귀족에 대한 비난"에 대한 분석은 장존여의 학문에서 '내외'의 문제가 차지하는 의미를 이해하는 데 기초를 제공해 준다. 외래의 만주족 청 왕조의 통치하에서 '내외'의 의의는 근본적으로 변화한다. 즉 내외 관계는 제국 체제하의 내외/화이 관계에서 왕조 내부의 내외/족군 관계로 변화했으며, 하휴何休의 '삼과' 三科에서의 '내외'가 지니는 의미를 변화시켰다. 이것은 제국 정치로부터 '대일통' 정치로의 전환이다. 서언徐彦은 하휴의 「문시례」文諡例를 인용하여 다음과 같이 말했다. "삼과三科 구지九旨란 무엇인가? 주周나라를 새로운 것으로 삼고 송宋나라를 옛것으로 삼으며 『춘추』를 신왕 新王으로 삼는 것, 이것이 일과一科 삼지三旨이다. 또 본 바에 대한 말이 다르고, 들은 바에 대한 말이 다르며, 전해 들은 바에 대한 말이 다른 것, 이것이 이과二科 육지六旨이다. 그리고 그 나라(國)를 안으로 삼고 그 밖의 여러 중원의 나라들(諸夏)을 밖으로 삼으며, 여러 중원의 나라들을 안으로 삼고 이적을 밖으로 삼는 것, 이것이 삼과三科 구지九旨이다."('三科九旨者, 新周故宋·以『春秋』當新王', 此一科三旨也. 又云'所見異辭, 所聞異辭, 所傳聞異辭', 二科六旨也. 又'內其國而外諸夏, 內諸夏而外夷狄', 是三科九旨也)[168] 여기서 '내외'의 예例는 삼과구지 가운데 제삼과에 속한다. 장존여는 이에 대해 명확히 인식하고 있었다. 그는 공양의 의미로 『주역』을 해석할 때 공양의 "세습 귀족에 대한 비난"이 근거하고 있는 것은 바로

"그 나라를 안으로 삼고 여러 중원의 나라들을 밖으로 삼아야 하며, 그 안의 것을 비워 두고 밖의 것을 일삼으면 이를 비난한다"라는 원칙임을 분명히 했다.

> 『춘추』는 자신의 나라를 안으로 삼고 여러 중원의 나라들을 밖으로 삼아야 하며, 그 안의 일을 비워 둔 채 밖의 일만 다루는 것을 비난한다. 제후는 천자를 보위하는 신하가 되어 유순함의 직분을 바르게 지키고, 불리하다고 스스로 천자를 멀리하지 않는다. 천자를 위해 민심을 얻어 천자의 신임을 받으니, 순종하는 자가 모두 호응하고 친애한다. 스스로 안에서 홀로 왕이 친애하는 이가 되니, 유순하면서 중정中正하다. 오직 군자 가운데 군주로 하여금 민심을 잃지 않게 하는 자만이 자신을 잃지 않는다.
>
> 『春秋』內其國外諸夏, 虛內事外則譏之. 諸侯爲天子之守臣, 正乎柔, 而不以不利自疏. 爲天子得民, 以得乎天子, 順從者咸應而比之. 自內獨爲王之所親, 柔中也. 維君子使不失民者, 不自失也.[169]

그러나 『춘추정사』의 "세습 귀족에 대한 비난"은 왕조 내부의 세습 귀족의 전횡에 대한 비판을 함축하고 있으며, 그의 비판의 중심도 그에 따라 변화한다. 즉 '내외' 문제는 중앙 왕조와 외부 세계의 관계가 아니라 왕조 내부의 등급 관계이다. 이러한 의미에서 '대일통'은 무한대의 질서로서 그것의 '내외' 관계는 왕조 내부의 '내외' 관계이다.

장존여의 내외, 화이 문제에 대한 사고와 논의는 하나의 기본적인 결론, 즉 반드시 중국의 예의의 기초 위에 다원적인 민족 공존의 제도 형식을 세우고 내외, 화이의 절대적 차별을 없애야 한다는 것을 예시적으로 보여 주고 있다. 따라서 '중국'은 명확한 정치적 강역이나 단일한 족군 집단, 혹은 대외적 주권 개념이 아니라 일종의 예의의 관계이다. 이것은 바로 '예의 중국'이라는 관념의 일종이다. '중국' 개념은 제국 신민의 새로운 정체성의 근거를 구성한다. 그것은 통치 지위를 점하고 있는 소수민족과 피지배 지위에 놓여 있는 다수 민족 간의 상호 운동의 결과물이자, 또한 청대 제국 내부의 정치와 사회 관계의 결과이다. 이 관념은 장존여의 '대일통' 사상의 핵심이자 '천하' 관념의 구체적 표현이다. 여기서 중요한 것은 '예의 중국'의 관념은 제국 시대의 족군 등급제를 초월하고 있으며, 또 족군 관계를 기초로 한 왕조 등급 질서에 대한 비판적 의미를 함축하고 있다. '내외'로써 실제로 처리하고자 하는 것은 안과 밖의 관계 문제가 아니라 중국 사회 내부의 등급 관계 문제이다. '내외'로 등급 관계의 주요 형식을 표시하는 이유는 족군 관계가 청대 정치와 사회 등급의 핵심을 차지하고 있기 때문이다. 이제 「외사 제6」外辭第六에서 어떻게 '이적'과 '중국'의 관계를 논증하고 있는지 보자.

> 초楚나라에는 네 개의 칭호가 있지만 처음부터 끝까지 '자작'子爵에 불과했다. 중원을 침범함이 심했고 중원과 지위를 나란했지만, '자작'이라는 가장 낮은 작위*에 근본한 것은 참월했다는 혐의를 받기 싫어했기 때문이다. 초나라 임금을 '초나라 사람'(楚人)이라 부른 경우가 노魯 회공僖公 조에 있고 제 환공이 초나라와 소릉에서 회맹을 맺었던 것은 초나라가 주나라 천자에게 공물을 바쳤기 때문이다. '자작'(子)을 스스로 자신의 신분으로 삼은 뒤 진晉 경공景公이 올바르지 않자, 초楚 장왕莊王은 진陳나라를 토벌했다. 노魯 양공襄公과 노 소공昭公이 초나라에 갔으니, 어찌 이를 밖의 일로 치겠는가? 공자가 초나라에 가 보고는, 중원의 여러 나라들에게 뭐라 했던가? "오랑캐에게 임금이 있는

---

* '자작'이라는~작위: 원래 공후백자남(公侯伯子男), 즉 '오작'(五爵) 중 자작(子爵)은 남작(男爵)보다 위지만 실제 중국의 사서(史書)에서 남작이란 칭호는 보이지 않기에, 실존한 작위인지 의심받고 있다. 그래서 여기서도 자작은 가장 낮은 작위라고 말하고 있는 것이다.

것을 보면, 중원의 나라들이 제대로 된 임금이 없는 것과는 다르다"*고 했고 또 "초나라 자작 진軫(초楚 소왕昭王)은 대도大道를 알았다"*고 하지 않았던가!

> 楚有四稱, 自本逮末, 無過日子, 犯中國甚, 與中國並, 以至下者本之, 惡其僭名也. 人之在僖之篇, 齊桓同好, 內王貢也. 子之自成之身, 晉景不正, 楚討陳也. 襄昭往焉, 外之奈何? 夫子適焉, 謂諸夏何言? 曰夷狄之有君, 不如諸夏之亡也, 楚子軫知大道矣.[170]

제齊나라, 진晉나라, 진秦나라는 비록 각각 고유의 특징을 지니고 있지만, 모두 주 왕실 소재지에서 가까워서 명확히 '중원'의 범주에 포함시킬 수 있다. 하지만 초나라는 장강 중류 지역에 위치해 있어 화華와 이夷 사이에 존재하는 문명이었다. 제나라, 진晉나라, 진秦나라는 왕과 패자霸者의 범주에 놓고 서술할 수 있지만 초나라는 화이의 구별이라는 관점에서 언급되었다. 그렇다면 무엇에 의거하여 화이 구분이라는 이 곤경을 극복할 수 있는가? 이것은 바로 예의禮儀다. 위 인용문의 핵심은 바로 『춘추』는 예를 존중하고 신용을 중히 여긴다는 점이다. 신용은 영토보다 중하고, 예는 몸보다도 더 존중을 받는다. 따라서 영토 혹은 몸을 기준으로 시비를 재단하는 방식은 모두 예의의 원칙에서 벗어난 것이다. 그러나 만약 예의가 화와 이를 구분하는 가장 중요한 표준이라면, 그것은 일종의 전환의 가능성, 즉 일단 이적이 예의를 받들고 따르게 되면 그것은 곧 '중원' 혹은 '중원의 여러 나라'가 될 수 있

• 오랑캐에게~다르다: 이 표현은 『논어』 「팔일」 편 제5장에 보인다. 원래 이 구절에 대해서는 본문에서의 풀이와는 정반대로 "오랑캐에게 임금이 있어봤자 중원의 나라들에 제대로 된 임금이 없느니만도 못하다"라는 풀이도 있지만, 여기서는 문맥에 비춰 이 풀이를 취하지 않았다.
• 초나라~알았다: "공자가 '초 소왕은 대도를 알았다'고 말했다"(孔子曰: 楚昭王知大道也)란 표현이 『좌전』 「애공 6년」(哀公六年) 조에 보인다.

다는 것을 의미한다. 이것이 바로 "오랑캐가 중원으로 들어오면 곧 중원으로 여긴다"(夷狄入中國卽中國之)는 주장의 기본 전제이다. 이러한 의미에서 영토나 신분을 근거로 내리는 어떠한 판단 혹은 규정도 오히려 이러한 예의 원칙을 위반하는 것이다. 「주난사 제8」誅亂辭第八에서는 『춘추』「양공襄公 30년」경문經文 중 "여름인 4월에 채蔡나라의 세자世子 반般이 채나라의 임금인 고固를 시해弑害했다"(夏四月蔡世子般弑其君固)란 내용에 대해 왜 날짜를 적지 않았는가라는 질문에, "할 말을 다 하지 않은 것이다. 그 혈친을 존중하는 뜻은 다 표현했기 때문이다. 날짜를 쓰지 않음은 무슨 까닭인가? 오랑캐였다면 다 적었을 것이다. 중원에 살면서 오랑캐 노릇 하면 오랑캐가 되는 것이니, 같이 중원에 거하더라도 서로 다른 것이다"(盡其辭也. 旣盡其尊親之辭矣. 不日何也? 夷狄則盡之, 中國而夷狄則夷狄之, 以同而異也)[171] "중원에 살면서 오랑캐 노릇 하면 오랑캐가 되는 것"(中國而夷狄則夷狄之)이란 "오랑캐가 중원으로 들어오면 중원이 된다"(夷狄入中國則中國之)는 표현을 반대로 뒤집은 것인데, 이런 두 표현들은 모두가 '중원'과 '오랑캐'의 개념이 족군 개념이 아니라 예의 혹은 문화적 개념임을 나타내고 있다. '중원'이 만약 예의를 상실한다면 '중원'은 곧 '오랑캐'가 된다. 따라서 '내외'에 대한 상술한 해석에 의하면 화이華夷 관계는 사람들이 예의를 대하는 태도에 따라 결정할 수 있다.

그렇다면 "중원에 살면서 오랑캐 노릇 하면 오랑캐가 된다"(中國而夷狄則夷狄之) 혹은 "오랑캐가 중원으로 들어오면 중원이 된다"(夷狄入中國則中國之)는 주장은 예의의 층차에 있어서 어떤 근거가 있는가? 이것이 바로 장존여의 '종문왕'宗文王(주 문왕을 받듦)이라는 원칙이다. 나는 그것을 효자의 행실로써 왕의 일을 행하는 것으로 요약한다. 이 원칙의 특징은 효제孝悌 등 예의와 왕의 예의를 구분한 후에(도덕과 정치의 구분) 다시 효제의 원칙을 왕의 일의 범주로 확대하는 것이다.

조부나 부친인 사람 중 자신의 자식이나 손자가 어질고 효성스럽기를 바라지 않는 자는 없다. 자신의 자식과 손자가 어질고 효성스럽기를 바란다면, 반드시 중원의 법도를 자신의 가법家法으로 삼아야 한다.

爲人之祖若父, 莫不欲其子孫之仁且孝, 欲其子孫之仁且孝, 必以中國之法爲其家法.[172]

이것은 '종문왕' 원칙에 대한 유연한 운용이지만, 바로 이 유연성이 '예의'의 내재적 균열을 드러내 보여 준다. 즉 장존여는 부득이하게 효의 원칙과 충의 원칙을 구분할 수밖에 없었는데, "오랑캐가 중원을 침범한 것"은 '충'의 예의와 부합하기 어렵기 때문이었다.

장존여는 이러한 명확한 모순을 확실히 인식하고 있었다. 노魯 희공僖公 원년의 "초나라 사람이 정나라를 정벌했다"(楚人伐鄭), 노 희공 2년의 "초나라 사람이 정나라를 침범했다"(楚人侵鄭), 노 희공 3년의 "초나라 사람이 정나라를 정벌했다"(楚人伐鄭)라는 기술들을 해석할 때, 그는 "초나라에 대해서는 어째서 그냥 '사람'이라고만 칭하는가?"라는 질문을 제기하면서, 이에 대해 융통성 있는 설명을 제시하고 있다. 장존여가 말하길, 사방의 오랑캐가 중원을 받들지 않았는데, 그중 초나라만은 중원에 가까웠다. 노 환공과 소릉召陵의 맹약* 이후 초나라는 신하를 자청하기 시작했기에 『춘추』에서는 노 희공 등 여러 군데에서 초나라에 대해 그냥 '사람'이라고만 부르기 시작했다. 장존여는 "명문상으로는 허용되었지만 실제로는 허용하지 않는" 필법을 역으로 적용하여, 중국에 대한 사방의 오랑캐의 태도와 군신의 예에 대한 태도를 구

---

* 노 환공과 소릉(召陵)의 맹약: 초나라가 계속해서 중원의 정나라를 침범하자, 노 희공 4년(기원전 656)에 제 환공의 주도 아래 노 희공·송(宋) 환공(桓公)·진(陳) 선공(宣公)·위(衛) 문공(文公)·정(鄭) 문공(文公)·허(許) 목공(穆公)·조(曹) 소공(昭公)이 이끄는 여덟 제후국의 연합군이 초나라의 우방 채나라를 정벌하고 초나라를 위협하자, 초 성왕(成王)은 어쩔 수 없이 중원의 여덟 제후국과 초나라는 소릉에서 화친의 맹약을 맺으니, 이를 소릉의 맹약이라 한다.

분했다. 즉 실제로는 예의에 어긋날지라도 단지 명의상 예의를 존중하고 따르면 '예의 질서'(禮序)는 여전히 유지되고 있다고 본 것이다. 초나라는 비록 중원을 침범했지만 그것이 신하로서의 명의名義를 고수했기에 『춘추공양전』에서는 계속 '사람'으로 호칭했다. 장존여는 그러한 논리에 따라 다음과 같이 말했다.

> 이후로도 비록 중원을 침범하기는 했지만 감히 천자를 배반하지는 않았다. 그래서 초나라를 여전히 '사람'이라 호칭했던 것이다. …『춘추』는 중원에 심각한 해악을 끼치는 경우 그 등급을 엄격하게 구분했기 때문이다. 이로써 왕제王制가 올바르게 되고 결함이 없게 되었다.
>
> 自時厥後, 雖犯中國, 不敢犯天子, 于是乎楚恒稱人. …『春秋』於病中國甚者, 辨其等也嚴, 而王制正無缺矣.[173]

여기서 중요한 언어 수사는 중원과 천자를 구분하는 것이다. 즉 천자는 예의를 대표하는 반면 중원은 정치와 강역의 실체라는 것이다. 만약 중원에 들어온 오랑캐가 여전히 군신의 예를 지킨다면, 중국은 그들을 '사람'으로 호칭해야 한다. 이것을 희공 15년 "초나라 사람이 누림婁林에서 서徐나라*를 패배시켰다"(楚人敗徐於婁林)라는 경문經文과 비교한다면 양자 간에는 상호 보충적인 관계를 이루고 있음을 알 수 있다. "초나라 사람이 누림에서 서나라를 패배시켰다"란 구절에 대해 "오랑캐가 패한 것을 어째서 기록했는가? 제 환공이 이끄는 중원의 나라들이 서나라를 구제했으니 이 역시 중원인 것이다."(夷狄相敗何以書? 中國救之則亦中國也)라고 말했다.[174] 요약하면, '중원'과 '오랑캐'의 관계는 절대적인 것이 아니며, 예의의 형식이야말로 영원한 원칙이다. 그

• 서(徐)나라: 서나라는 동이계(東夷系)로, 중원의 입장에서는 초나라처럼 이민족, 즉 오랑캐였다.

러나 이러한 예의의 형식은 실질적인 관계일 필요가 없다. 그것은 오히려 영구적으로 추상적인 원칙이기에, 효의 원칙과 같은 가장 기본적인 원칙의 전제하에서 서로 다른 문화·습속·제도와 법률의 다양성을 포용할 수 있는 것이다.

장존여는 여기서 또 다시 한번 법으로부터 예의의 문제로 넘어가서, 그것을 왕조 정치의 합법성의 기초로 삼았다. 즉 그것은 '대일통'에 대한 논증이자 '종문왕'에 대한 요구이다. 만약 이러한 예의를 중심으로 수립한 화이의 구분이 없다면, 우리는 청대 말엽 청나라 조정과 당시의 사대부가 스스로 '하'夏라고 자부하고 서양을 '오랑캐'로 간주하는 역사적 상상을 상상하기 어려울 뿐만 아니라, '중체서용'中體西用의 정확한 함의를 이해하기 어렵다.

그러나 이 모든 것은 장존여가 상상할 수 있는 것이 아니었다.

5. '대일통'의 예의 질서와 화이의 상대화

유봉록劉逢祿(1776~1829)은 장존여의 외손자로, 그가 활동한 시기는 이미 가경嘉慶·도광道光 연간이었고 비바람이 몰아쳐 오기 시작하는 시대였다. 그의 체계적 연구는 장존여가 창도한 금문경학을 한층 더 전개했을 뿐만 아니라, 그의 제자 공자진龔自珍, 위원魏源 등이 금문경학의 계발을 받아 제국 시대 경세의 학문을 펼쳐나가는 데 토대를 형성했다. 청대 공양학에 대한 유봉록의 공헌은 주로 다음과 같은 몇 가지 측면에 잘 나타나 있다. 첫째, 그는 엄격한 고증학의 방법으로 공양학설을 연구하고, 금문경학의 관점에서 여러 경전을 연구했다. 그리하여 공양학의 범위를 『춘추』에 국한된 연구에서 오경으로 확대시켰다. 둘째, 이러한 전제하에서 그는 명확히 금문경학의 입장에서 경학 내부의 논쟁(예를 들어 그가 「춘추론상」春秋論上에서 전대흔錢大昕의 춘추관春秋觀에 직접적으로 가한 비평)에 관심을 가지고 개입했고, 주류를 점하고 있던 고증학파의 주목을 끌었으며, 『춘추』 의리에 대한 금문경학적 해석에 방향을 제시했다.[175] 셋째, 청대 공양학의 맥락 속에서, 그는 공광삼孔廣森의 삼과구지三科九旨가 "한대 유학자의 옛 전傳을 따르지 않고, 별도로 시時·월月·일日을 천도과天道科, 기譏·폄貶·절絶을 왕법과王法科, 존尊·친親·현賢을 인정과人情科로 세웠는데, 이렇게 하면 『춘추공양전』과 『춘추곡량전』이 어디가 다르며 대의大義를 어떻게 부여할 수 있겠는가!"(不用漢儒之舊傳, 而別立時月日爲天道科, 譏貶絶爲王法科, 尊親賢爲人情科, 如是則公羊與穀梁奚異·奚大義之與有)[176]라고 비판하고, 공양학의 가법을 다시 세우는 한편, 동한 하휴의 삼과구지를 『춘추』의 대의를 이해하는 기초로 삼았다.[177] 이 중 세 번째의 경우는 매우 중요하다. 왜냐하면 그것은 삼통三統을 유지하고, 삼세三世를 펼치며, 내외內外를 구분하고 노魯나라를 왕으로 삼아 제도를 개혁하는 주장을 금문경학의 기본 이론이자 주제로 다시 확정하고, 경학의 내재적 맥락에서 춘추공양학 및 그 각 항목의 보편적 의의를 논증함으로써, 청대 중·후기 개혁 사상의 사상적 자원이 되었기 때문이다.[178]

『춘추공양석례』春秋公羊釋例(『춘추공양경하씨석례』春秋公羊經何氏釋例라고도 함)는 유봉록 공양학의 대표작으로, 하휴 주해의 기본 원칙을 전면적으로 정리했다. 초록 편찬의 형식으로 하휴의 삼과구지의 의미를 재표명함으로써, 유봉록은 공자가 『춘추』를 지은 것은 "천자의 업무를 행하고, 왕 된 자의 유업을 계승"(行天子之事, 繼王者之跡)하기 위한 것이라는 맹자의 비평을 구체화시켜 공양학을 보편적인 정치 이론으로 해석했다.[179] 이것은 명확히 공양학을 정치 실천으로 간주하는 근거이다. 이것을 전제로 하여, 그의 『춘추공양석례』는 더 이상 각 조항 하나하나에 대해 고증하는 것이 아니라, '천자의 업무'를 씨줄과 날줄로 하는, 내재적 연계와 논리를 갖춘 사고를 보여 주었다.[180] 유봉록은 하휴가 "학문을 연마하여 견식이 탁월했다. 옳고 그름을 따져서 판단했다. 『춘추공양전』을 전한 동중서·호무생胡毋生으로부터 비롯된 단서를 찾고, 휴맹眭孟에게서 『춘추공양전』을 전수받았던 장팽조莊彭祖·

안안락顔安樂의 부족한 점을 보충했고, 『좌전』을 중시한 진원陳元과 고문경을 비판한 범승范升 논쟁의 득실을 판결했고, 좌구명左丘明의 『좌전』·곡량적의 『춘추곡량전』에 실린 병폐를 고쳤다"(修學卓識, 審決白黑而定奪, 尋董胡之緒, 補莊顔之闕, 斷陳范之訟, 鍼明赤之疾)고 보고, 따라서 "그 조리를 찾고 그 법도를 바르게 하여 『석례』釋例 30편을 지었고, 또 그 막힌 부분을 분석하고 그것이 지켜내고자 하는 바를 강하게 하여 『답난』答難 2권을 지었다. 그리고 여러 역사의 형벌과 예의에 맞지 않는 부분을 두루 찾아내 『예의결옥』禮議決獄 2권을 지었으며, 좌구명과 곡량적의 오류를 따져서 하휴를 옹호하고 정현鄭玄을 비판하는 저술인 『신하난정』申何難鄭 5권을 지어 세상의 도리를 유지하고자 하는 포부로 삼았다."(尋其條貫, 正其統紀, 爲『釋例』三十篇, 又析其凝滯, 強其守衛, 爲『答難』二卷, 又博徵諸史刑禮之不中者, 爲『禮議決獄』二卷, 又推原左氏穀梁氏之失, 爲申何難鄭二卷, 用冀持世之志)[181] 여기서 유봉록은 자신의 경학 고증이 공양학에 대한 회복을 목표로 한 것이며 내재적으로 이론적 구조와 방향을 지니고 있음을 명확히 말해 주고 있다. 『춘추공양석례』는 매우 포용력 있는 저서로, 하휴의 삼과구지뿐만 아니라 공광삼의 구지九旨도 고증의 범위 안에 포함시키고 있다. 그러나 유봉록의 30조목 석례는 명확한 중심점이 있으며 결코 아무런 체계 없이 되는 대로 고증한 것은 아니다. 장존여의 『춘추정사』와 비교하여, 유봉록은 장삼세張三世, 통삼통通三統과 이내외異內外 등 한대 공양학의 명제를 다시 중심으로 삼고, '건오시', '종문왕' 등 조목은 상대적으로 부차적인 지위에 놓았다.[182]

「춘추론하」春秋論下에서 유봉록은 학술사의 시각으로부터 『춘추공양전』과 『좌전』, 『춘추곡량전』의 차이점을 분석했는데, 그는 만약 "장삼세·통삼통의 의미로서 일관"(張三世·通三統之義以貫之)하지 않는다면, "그 예시가 이때는 통하다가 저때는 통하지 않게 되고 여기서는 펴지지만 저기서는 굽혀지는 애매한 상황에 놓이게 된다"(其例此通而彼礙·左支而右絀)고 보고,[183] '내외' 문제를 다시 '삼통'설과 '삼세'설의 틀 속에 두었다. 또 하휴의 '삼과'는 명확히 내외와 화이를 구분하는 관념을 지니고 있었는데 유봉록이 그러한 하휴의 삼과구지에 의거하여 춘추공양학을 해석함으로써 그의 사상에도 이와 관련된 내용이 포함되었다. 그렇다고 이것이 장존여 이래 확정된 내외 상대화의 기본 원칙을 근본적으로 바꾸는 것은 결코 아니었다. 유봉록에게 있어서 삼통설과 삼세설은 또한 특수한 수사로 간주할 수 있다. 그리고 바로 이러한 수사적 처리를 통해 왕조 교체의 계보 속에서의 청 왕조의 위치도 확인되었다. '춘추 대일통'은 예의 질서에 따라서 천하를 조직한 것으로, 그것의 내외는 일종의 절대적 내외가 아니라 예의 내부에서의 내외이다. 이것은 새로운 왕조가 왕조 교체의 계보 속에 합법성의 근거를 두는 것을 암시할 뿐만 아니라, 또 '대일통'이 바로 삼세 진화의 결과임을 말해 준다. 『춘추공양의례』春秋公羊議禮에서 다음과 같이 말하고 있다.

> 춘추 대일통은 존친尊親의 감화를 모든 혈기가 있는 것에까지 미치게 하는 것으로, 천지가 위대한 것도 바로 이 때문이다. 그러나 반드시 중원의 나라들로써 임금이 계신 경사京師를 보좌하고 만이蠻夷로써 중원의 나라들을 보좌해야 한다. 경사는 사방 천 리이고 중원의 나라들 중 사방 천 리에 달하는 것이 여덟 개이며, 만맥蠻貊 중 사방 천 리에 달하는 것은 열여섯 개이다. 따라서 3등급으로 나누는 것은 천자 알현(朝聘), 분상奔喪(친상을 위해 외지에서 귀향), 장례 참석(會葬), 거리에 따라 방문의 횟수를 달리하려는 것일 뿐 교화를 달리하는 것은 아니다. 경기京畿 지역의 제후는 5년에 두 번 천자를 알현한다. 일반 제후는 5년에 한 번 천자를 알현하며 만이蠻夷는 평생 한 번만 천자 알현을 하면 되고 그 자제가 국립 학교에 들어와 배우고자 하면 받아들이고, 그렇게 할 수 없는 자에게는 강요하지 않는다. 그래서 하휴가 이렇게 말했던 것이다. "왕 된 자는 오랑캐를 다스리지는 않는다. 융戎과의 회합을 기록한 것은, 오는 자는 거절하지 않고 가는 자는 막지 않기 때문이다"•라고 했다.

春秋大一統, 尊親之化, 及於凡有血氣, 天地之所以爲大也. 然
必以諸夏輔京師, 以蠻夷輔諸夏. 京師方千里, 諸夏方千里者
八, 蠻貊方千里者十有六. 所以必三等者, 別朝聘·奔喪·會葬·
疏數之期而已, 非異教也. 寰內諸侯以五年再朝爲正. 諸侯五年
一朝, 蠻夷終王世, 見其子弟有願入國學者, 受之, 不能者, 勿
強也. 故何氏曰: 王者不治夷狄. 錄會戎, 來者勿拒, 去者勿追
也.[184]

다시 「진초오진출표서」秦楚吳進黜表序의 내외/화이 서술을 보자.

나는 『춘추』에서 오나라와 초나라가 말년에 중국에 편입되었다
가 퇴출되는 과정을 보고는, 성인이 외부 세력을 제어하는 방식
이 사려 깊고 세밀한 데 대해 감탄하지 않은 적이 없다. …그렇
지만 주나라를 대체하고 주나라 법을 고친 것은 진秦나라부터
시작되었다는 주장은 박대정심博大精深하며 명철하다. 진나라는
당초 편벽한 지역의 작은 나라였기에, 중국에서는 진나라를 외
부 세력이라 배척하며 융적戎狄처럼 대했다. 그러나 진나라의 영
토는 옛 주나라의 영토였기에 주 문왕과 주 무왕의 정직·성실
의 가르침을 가지고 있고, 교만과 사치의 유행이 없었으며, 음
탕하고 나태한 풍조가 없었다. 그래서 『시경』에서는 진나라 노
래를 하夏나라의 노래로 분류했고, 춘추 시기에 함부로 왕을 참
칭하며 중국을 침범하는 일이 없었고, 신하가 임금을 시해하고
왕위를 찬탈하는 경우도 없었다. 따라서 『춘추』는 진나라를 소
국小國으로 제대로 다스림이 행해진다고 여겨 중국의 내부에 포

• 왕 된~때문이다: 이 구절은 원래 『춘추』(春秋) 경문(經文) 중 "노 은공(隱公)이 융
(戎)과 잠(潛) 땅에서 회합했다"(公會戎於潛)라는 구절에 대해 하휴(何休)가 덧붙인
설명이다.

함시켰다. 오나라가 양자강 북쪽 중국의 제후국들과 소통하게
된 것은 가장 나중이었지만, 갑자기 강성해졌다가 홀연히 멸망
해 버렸다. 진秦나라는 내치內治에 강했고, 패배와 혼란을 겪고
나서부터는 먼 지역에 대한 공략에 힘쓰지 않아 발흥하게 되었
다. 초나라는 먼 지역에 대한 통제에 있어서는 진秦나라보다 강
했고, 동시에 내치에 있어서는 오나라보다 강했다. 그래서 진나
라가 여섯 국가를 멸망시키고 통일을 이뤘지만 결국에 그 진나
라를 전복시킨 것은 초나라 세력이었다.* 성인은 중국과 그 외부
에서 번갈아 나타나 천명을 받들면서, 나라를 예의禮義로 귀의하
게 하니, 이로써 천지의 도를 재단하고 북돋았지만 천지 본연의
모습을 넘어서지는 않았다. 그래서 초 장왕과 진 목공이 현명하
니 하늘이 그들에게 성인의 직무를 부여했는데, 결국엔 중국에
는 더 이상 제 환공이나 진晉 문공文公 같은 군주가 없다 보니 그
들에게 오래도록 그 직무를 맡겼다. 그런즉, 노魯 정공定公과 노
애공哀公 말엽 이후에야 비로소 초나라를 종주국의 수도로 여겼
겠는가!* 오나라 공자 광光이 진陳나라·허許나라 등을 패퇴시키
자* 중국 대부분의 제후국이 오나라를 따랐다. 개탄하며 그 이

• 그래서~세력이었다: 진나라를 멸망시켰던 항우(項羽)나 유방(劉邦)이 모두 초 땅
출신임을 가리킨다.
• 노(魯) 정공(定公)과~여겼겠는가: 『춘추공양전』「애공 4년」(哀公四年)에 이런 기
술이 보인다. "진나라 사람이 융만(戎蠻)의 자작(子爵) 적(赤)을 잡아 초나라에 보냈
다. 적이란 누구인가? 융만 자작의 이름이다. '초나라에 보냈다'라고 말한 것은 무엇
때문인가? 자북궁자(子北宮子)가 말했다. '진나라를 제후국들의 우두머리로 삼게 되
는 것을 피하기 위해 초나라를 마치 종주국의 수도처럼 여긴 것이다.'"(晉人執戎蠻子
赤歸于楚. 赤者何? 戎蠻子之名也. 其言歸于楚何? 子北宮子曰: 辟伯晉而京師楚也) 유봉
록은 이 기술을 근거로 진작에 초나라가 주나라 대신 종주국으로 간주되었다고 말하
고 있는 것인데, 상식적으로 보면 상당한 논리적 비약이 있다.
• 오나라~패퇴시키자: 이 전쟁은 바로 기원전 519년에 벌어졌던 오나라와 초나라
의 전쟁을 말하는 것이다. 일명 '계보(雞父) 전쟁'이라고도 부르는 이 전쟁에서 오나
라는 초나라와 패권을 놓고 자웅을 겨루었는데, 초(楚)를 수장으로 돈(頓)나라, 호

유를 깊이 생각해 보니, 중국조차 새로운 이적이 되었던 것이다. …그래서 『시경』과 『상서』를 보면 주나라를 대체한 것이 진秦나라임을 알 수 있다. 주나라의 법이 붕괴되자 성인이라도 이를 회복할 수는 없었다. 『춘추』를 보면 하늘이 오나라와 초나라로 하여금 번갈아 가며 중국을 주재하게 했음을 알 수 있으니, 중국에 편입되고 퇴출되는 원칙은 비록 100세世가 지나더라도 바뀌지 않는 것이다. 이 세 나라의 경우를 확장해 보면 100세를 다스릴 수 있나니, 세상을 걱정하는 마음을 가진 성인 역시 이를 기꺼워하는 것이다.

> 余覽『春秋』進黜吳楚之末, 未嘗不歎聖人馭外之意至深且密也. …然則, 代周而改周法者, 斷自秦始, 何其辭之博深切明也. 秦始小國僻遠, 諸夏擯之, 比於戎狄. 然其地爲周之舊, 有文武貞信之敎, 無放僻驕侈之志, 亦無淫洗昏惰之風, 故於詩爲夏聲, 其在春秋, 無僭王猾夏之行, 亦無君臣篡弑之禍. 故『春秋』以小國治之, 內之也. 吳通上國最後, 而其强也最驟, 故亡也忽焉. 秦强於內治, 敗涓之後, 不勤遠略, 故興也勃焉. 楚之長駕遠馭强於秦, 而其內治亦强於吳, 故秦滅六國而終覆秦者, 楚也. 聖人以中外狎主承天之運, 而反之於禮義, 所以裁成輔相天地之道, 而不過乎物. 故於楚莊秦穆之賢而予之, 卒以爲中國無桓文則久歸之矣, 何待定哀之末, 而後京師楚哉! 於吳光之敗陳許, 幾以中國聽之, 慨然深思其故, 曰: 中國亦新夷狄也. …故觀於『詩』『書』知代周者秦, 而周法之壞, 雖聖人不可復也. 觀於『春秋』, 知天之以吳楚狎主中國, 而進黜之義, 雖百世不可易也. 張三國以治百世, 聖人憂患之心, 亦有樂乎此也. [185]

(胡)나라, 침(沈)나라 채(蔡)나라, 진(陳)나라, 허(許)나라까지, 총 7개국이 연합해 오나라와 겨뤘지만 결국 오나라에게 대패하고 말았다. 이후로 전국의 주도권은 오나라에게 넘어가고 말았다.

유봉록은 하휴의 춘추학을 모범으로 삼았기 때문에 장존여의 춘추학과는 차이가 있었지만, '내외의 구분'은 여전히 그가 견지한 춘추학의 종지였다. 그러나 위의 인용문에서 보듯이, 그는 『춘추』 속 진퇴의 의미를 예의의 절대성에 대한 재표명으로 전환시켰다. 즉 예의에 부합하는 것이 곧 중국이고, 예의를 위배하는 것이 곧 오랑캐라는 것이다. 여기서 '중국'은 족군族群, 영토, 헤게모니를 근거로 한 정치적 실체가 아니라 예의 중국이다.

유봉록은 예의를 중심으로 '중국'의 관념을 재건했는데, 이는 청조의 정치적 합법성을 승인(즉 청조도 '중국'이라고 승인)하는 전제하에서, 삼대의 예로써 정치 현실을 조명하는 근거가 되었다. 그의 삼통론三統論, 문질론文質論의 재표명, 군현제라는 체제하에서 봉건 정신의 제창은 모두 『춘추』 예의에 대한 해석을 바탕으로 하고 있다. 유봉록에게 있어 예는 추상적인 도덕이 아니라, 안에서 밖으로, 부부의 도리에서 국가 정치와 법률까지 아우르는 질서였다.[186] 이러한 관점은 그의 『춘추』에 대한 해석을 지배하고 있으며, 또 그가 종법 봉건 및 그 내외 질서를 '대일통'의 핵심으로 간주하고 있음을 의미한다. 화이 관계의 상대화는 경사京師 – 제하諸夏 – 만맥蠻貊의 예의 질서를 변화시키는 것이 아니라, 이러한 관계를 일종의 내부 관계나 예의 관계로 보도록 요구하는 것이다.[187] 이러한 의미에서 유봉록의 "노나라를 왕법으로 삼는 것"(王魯) 혹은 "새로운 왕이 되는 것"(作新王)에 대한 해석은, 봉건 예의에 대한 재표명이자 군현 제도에 대한 비난이었다. 『춘추공양전』 및 하휴가 대일통과 지방 분권의 군현 관료 체제를 이상으로 여긴 것으로부터 본다면, 유봉록은 대일통 관념과 주초周初의 봉건적 이상을 결합시키려 했다.[188] 『유예부집』劉禮部集 「석내사례상·공종시」釋內事例上·公終始에서는 삼대의 제도로부터 "세상의 도가 쇠미해지고, 가르침을 맹세하는 예가 없어지고 다투어 사사로운 정을 내세우며 서로 찬탈하고 시해하니 …봉건의 의미가 쇠미해졌다"를 논했다. 그리고 나아가 노나라를 왕으로 삼고 법을 개혁하는 데 정당성을 부여했다. 즉 "주나라 도

가 이미 문란해졌으니 노나라 말고 다른 어느 나라의 것이 적합하겠는
가? 노나라 열두 주공主公의 일을 두루 살펴보니 탄식하지 않을 수 없
다. …따라서 『춘추』라는 것은 미리 방지하는 작용이 있으니 예의의
근간이다."•(世衰道微, 旣無誓敎之禮, 競立私愛, 更相篡弑, …封建之意微矣, 進而爲
王魯變法提供正當性: 周道旣傷, 舍魯奚適, 歷十二公之事, 不能不喟然而歎也. …故『春
秋』者, 禁於未然, 禮義之大宗也) 그러나 예의의 시각에서 보면, 노나라에는
왕의 명칭이 부여되지 않았다. 따라서 노나라를 왕으로 삼기 위해서는
실제로는 부여하면서 명문상으로는 부여하지 않는 미언대의의 방법을
취해야 한다. "따라서 『춘추』는 '원'元이라는 원년元年 표기로 시작해
'기린'麒麟에 대한 언급으로 끝맺지만, 노나라의 시작과 끝을 담고 있
진 않다. 한 나라에 시작과 끝이 없으면 역법曆法을 바로잡는 정삭正朔
이 없으니, 어찌 한 나라에 국한된다고 하겠는가!"(故『春秋』始元終麟, 而魯
無終始. 無終始者, 無正也, 安有國哉)[189] 바로 노나라를 왕으로 삼는 데는 시작
도 끝도 없으니 공자의 법은 주나라 한 시대의 법이 아니라 만세萬世의
법인 것이다.[190]

또 이러한 의미에서 「석병사례」釋兵事例 「침벌전위입멸취읍」侵伐戰圍
入滅取邑은 천하 혼란의 원인을 군현의 폐단으로 돌리고, 나아가 삼대
의 봉건을 전쟁과 폭력을 금하는 근본 방책이라고 보았다. '대일통'과
'봉건'의 긴밀한 관계는 유봉록의 '대일통' 사상의 중요한 특징이다.
다음 인용 단락은 「진초오진출표서」와 대조하여 읽어도 무방하다.

군현의 법은 추세상 그 권한을 무겁게 할 수 없다. 오랫동안 그
직위를 맡으면 고대의 제후와 같아진다. 일단 간사한 자들이 날
뛰고 도적 떼가 일어나면 그 재앙이 백성에 미치고 그 화가 나라

• 따라서~근간이다: 『사기』「태사공자서」(太史公自序)에 이런 기술이 보인다. "그
래서 『춘추』는 예의의 근간이다. 예의란 미리 방지하는 것이고 법이란 이미 벌어진 일
에 적용하는 것이다."(故『春秋』者, 禮義之大宗也. 夫禮禁未然之前, 法施已然之後)

에 미친다. 진나라와 한나라가 갑자기 망하고, 제후국이었던 진晉나라 말엽의 혼란상을 보면 삼대의 쇠락보다도 더하니 애달플 정도다. 왕조의 위엄이 진작되지 않고 아홉 가지 허물에 대한 정벌의 명분을 바로잡지 않는다면, 봉건은 사라지고 혼란과 패망은 더더욱 빠르게 다가오게 된다. …노魯 소공昭公 때 계손씨季孫氏·중손씨仲孫氏·숙손씨叔孫氏가 전횡한 폐단은 강했던 제후가 실수한 것이 아니라 제후를 통치하는 법이 사라졌기 때문이다. …그렇다면『춘추』는 주나라의 폐단을 어떻게 구제하려 한 것일까? 말하자면, 주나라 초기 때와 같이 국가를 다스리는 것이다. 공작과 후작의 나라는 사방 100리를 넘지 않고, 백작·자작·남작의 나라는 사방 70리를 넘지 않으니 대충 50리 정도였다. 그 군대와 세금 제도를 보면 1천 승乘의 대국은 농민이 10만 명이고, 다음 500승과 250승은 각각 농민이 5만 명과 2만 5천 명이었다. …따라서 모두가 '사람'이라고 칭해졌으며 제후 수장의 명령을 받들었고, 제후들의 세자들은 학문을 익히고 천자에 의해 임명되었다. …재주를 지닌 성현이 세상에 등장하지 않는다면, 봉건 제도를 다듬는 것만 한 것이 없다. 그래서 제齊 환공桓公이나 진晉 문공文公과 같은 제후 수장이 연달아 이끌게 된다면 멸망의 화를 면할 수 있고 침탈의 죄를 바로잡을 수 있을 것이다. 군주가 되어 나라를 다스리고 백성을 아끼며, 현인을 구하고 관리를 살펴서, 왕실을 보좌하고 중국을 구하고 세상의 중요한 업무를 맡는 것은 천하를 태평케 하는 정도正道요, 『시경』이 「은무」殷武편으로 끝맺음을 한 의미이다.

> 郡縣之法, 勢不能重其權, 久其任, 如古諸侯也. 一旦奸民流竄,
> 盜賊蜂起, 其殃民而禍及於國. 秦漢之忽亡, 晉季之紛擾, 視三
> 代之衰則怖矣. 夫王靈不振, 九伐之法不修, 則去封建而亂亡益
> 迫. …三季之失, 非强侯失之, 失馭侯之法也. …然則『春秋』救
> 周之敝將奈何? 曰制國如周初, 公侯之國不過方百里, 伯子男

之國不過方七十里, 如五十里, 其軍賦之法, 大國千乘, 寓農者
十萬人, 次五百乘, 次二百五十乘, 則五萬人及二萬五千人. …
故皆稱人以聽於方伯, 其諸侯世子旣敎於學, 而誓於天子. …賢
聖之才不世出, 則莫若修封建之制, 得如齊桓晉文者以爲方伯
連帥, 則滅亡之禍可弭, 而侵奪之罪可正. 君國子民, 求賢審官,
以輔王室, 以救中國, 持世之要務, 太平之正經, 『詩』終「殷武」
之意也.[191]

　　군현 제도는 명확한 법률 형식을 지니고 있지만 정치 체제가 지나치
게 방대하다 보니 권력 행사의 융통성이 결핍되어, 쉬이 국가와 백성
에 재앙을 초래하는 상황을 초래하곤 했다. 그런데 여기서 문제는 왜
유봉록이 제 환공이나 진 문공과 같은 제후 수장의 역할을 승인하면서
도 한편으로는 "나라를 다스리는 것은 주나라 초기처럼 해야 한다"(治
國如周初)라고 하면서 군현제 국가의 합법성을 부정했는가 하는 것이
다. 그중 중요한 하나의 이유는 군현제 국가의 명확한 내외 관계와 경
직된 제도 및 법률은 예의 질서가 쇠망하고 전쟁이 분분한 원인이라고
보았기 때문이다. 군현에 대한 유봉록의 비판과 '세습 귀족'(世卿)에 대
한 장존여의 비난은 마치 모순되는 것처럼 보이지만 그들은 모두 단순
히 복고로 퇴보하는 것이 아니라, 예의를 중국의 기초로 삼고, 권한 행
사(구체적 형세에 따라 변화하며, 제도의 융통성을 중시)를 수단으로
하여 화이, 내외의 절대적 차이에 대한 부정을 '대일통'의 정치적 전제
로 삼도록 요구했던 것이다. 이것이 그들이 바로 초기 제국 정치를 넘
어서고 있는 점이다.

대일통과 제국: 예의의 시각에서 지리학의 시각으로

1. 대일통, 예의 중국과 제국

청 왕조는 봉건과 군현의 전통을 종합하여 서북과 서남 지역을 통치하고, 중원 지역에서는 기인旗人과 한족이 혼거하는 원칙을 실시했다. 이러한 의미에서 청 왕조는 송·명 군현제 국가와는 달리 약간의 봉건적 특징을 지닌 왕조 체제였다. 개괄적으로 말하자면, 청 왕조는 광활한 면적과 복잡한 족군, 그리고 다양한 문화를 지닌 정치 공동체이며, 그것은 초기 무력 정복을 바탕으로 수립한 제국 제도를 일종의 새로운 체제로 발전시키고, 지방 봉건(팔기제, 토사제土司制, 가삭제噶廈制 등), 행정 제도(중앙 권력, 행성 제도와 관료 체계), 군사 점령과 번藩에 대한 유화 정책을 종합하여, 예의·문화·역사의 연속성에 대한 승인을 바탕으로 공동체의 다원적인 법률과 제도의 기초를 수립하려 힘쓰는 한편, 이를 대외 관계의 토대로 삼았다. 춘추공양학과 한 왕조 및 청 왕조의 '대일통' 체제 사이에는 밀접한 관계가 존재한다. 고염무, 장학성 등이 서로 다른 측면에서 봉건과 군현을 종합하려 했다면, 금문경학가들은 내외·화이의 절대적 구분을 철폐함으로써 봉건·군현 등의 개념으로 다민족 왕조를 의미하는 '대일통' 이론을 수립했다고 할 수 있다.

장존여, 유봉록의 '내외관'內外觀은 금문경학의 '대일통' 이론의 기초가 되었다. 금문경학가의 용어 가운데는 '제국'이라는 개념이 존재하지 않고 그들이 자주 사용한 용어는 사람들이 익히 알고 있는 '대일통'이지만, 이 두 개념은 쉽게 혼용된다. 왜냐하면 이 개념은 진秦 제국 및 그 군현 제도의 건립과 역사적 연관이 있기 때문이다. 금문학가의 '대일통' 개념은『춘추공양전』의 '왕정월'王正月 구절에서 비롯되었지만,『사기』「이사전」李斯傳과 「진시황본기」秦始皇本紀 이후부터 이 개념은 군현제와 관련하여 사용되었다. '일통'一統이라는 단어는『사기』「이사전」과 「진시황본기」에서 사용하고 있다. "정위廷尉 이사李斯 등이 모두 말하길, '옛날 오제五帝 시기에는 영토가 사방 천 리였으며 그 외부의 후작들은 이복夷服을 입고, 제후가 천자를 알현하는가 여부에 대해 천자는 강제할 수 없었다. 이제 폐하가 의로운 군사를 일으켜 잔악한 적들을 주살하고 천하를 평정했으며 나라의 영토에 군현을 설치하고, 법령을 통일시켰는데 이는 자고로 미증유의 일로서 오제도 미치지 못하는 바입니다. …오늘 온 나라가 폐하의 영명한 통일에 의거하여 군현이 되었으니, 여러 공신에게 공공의 조세로 큰 상을 내리어 쉽게 관리할 수 있게 되었습니다. 천하에 다른 마음을 품는 이가 없는 것은 나라가 평안해지는 방도이니, 제후를 두면 편하지 않습니다.' …이에 천하를 36개의 군으로 나누고 군에는 수守·위尉·감監을 설치하고, 백성의 호칭을 '검수'黔首(검은머리)로 바꾸었다."(廷尉斯等皆曰: '昔者五帝地方千里, 其外侯服夷服, 諸侯或朝或否, 天子不能制. 今陛下興義兵, 誅殘賊, 平定天下, 海內爲郡縣, 法令由一統, 自古以來未嘗有, 五帝所不及. …今海內賴陛下神靈一統, 皆爲郡縣, 諸子功臣以公賦稅重賞賜之, 甚足易制. 天下無異意, 則安寧之術也. 置諸侯不便. …分天下以爲三十六郡, 郡置守·尉·監, 更名民爲黔首)[192] 진시황 시대에, 이사가 말한 '대일통'은 제후를 평정하고 절대적 황권을 중심으로 한 제국 제도를 수립하려는 의미를 내포하고 있다. 그러나 한대 유학자에 이르러, 이 개념은 점차 삼대에 대한 상상과 연관을 맺기 시작했다. 예를 들어 동중서의『춘추번로』가운데「삼대개제질문」三代改制質文 편은 삼통론에 근거하여 "삼대는 반드시 중국(즉 중원)에 거했고, 하늘을 본받고 근본을 받들어 시행하며 핵심적인 도리를 장악하여 천하를 통일하고 제후로 하여금 알현케 했음"(三代必居中國, 法天奉本, 執端要以統天下·朝諸侯也)을 증명하고, '천하 통일'과 '제후를 알현토록 한 것'을 연관시켰다. 장존여와 유봉록에게 있어서 '대일통' 이론이란 왕조의 합법성 및 그 일통 체제를 승인하는 것이었지만, 제국의 무력 정복, 족군 분리와 귀족 세습 제도에 대해서는 비판을 가했기 때문에 제국 개념과는 동일시할 수 없다. 그들의 '대일통' 개념은 예의 중국의 관념에 더욱 근접하며, 모두 역사에 의거하여 이상화한 추상적 개괄이다. 여기서 분석의 편의를 위해, 먼저 봉건·군현·제국·'대일통'의 관계 속에서 '대일통' 개념에 대해 간략히 정의를 내릴 필요가 있다. 청대 정치와 금문경학의 맥락 속에서 '대일통'은 왕조 정치에 강렬한 관심이 있으면서 동시에 피억압 민족 성원으로 조정에 높이 군림하던 한족 유학자들의 정치 이상이자 서술이다. 그것은 왕조 합법성을 전제로 민족 평등, 사회 평등과 예의 관계에 대한 추구를 정치 공동체에 대한 구상으로까지 확대했다. 우리가 이러한 서술(혹은 담론)과 봉건·군현·제국 등 제도 형식을 비교하는 까닭은, 기나긴 역사 과정에서 이러한 제도 형식 자체도 종종 일련의 서술(혹은 담론)로서 존재하기 때문이다. '대일통'을 특징으로 하는 공동체 구상은 봉건·군현 및 제국과는 다른데, 그 이유는 다음과 같다.

첫째, 군현제로써 봉건제를 대신하는 의미의 진秦대의 일통 관념과는 달리 장존여, 유봉록의 '대일통' 및 그 예의 중국의 관념은 한편으로는 황권과 군현제의 역사적 합리성을 승인하지만 동시에 봉건 예의에 대한 존중을 유지하고 있다. 더욱이 선진 시대의 구복九服*(예를 들

• 구복(九服): 고대 천자가 직접 통치하던 왕기(王畿) 밖의 아홉 등급으로 분류한 지역. 『주례』(周禮) 하관(夏官) 「직방씨」(職方氏)에서 아홉 겹의 복(服)으로 지역을 다음과 같이 나누고 있다. 사방 천 리를 왕기(王畿), 그 외부의 사방 500리를 후복(侯服), 그 외부의 사방 500리를 전복(甸服), 그 외부의 사방 500리를 남복(男服), 그 외부 사

어 유봉록은 구복의 원칙에 따라 이복夷服과 번복藩服의 거리를 계산하여, 베트남의 사절단이 중국 황제의 칙령을 받아들이도록 설득했다) 관념과 『주례』의 예의 질서를 계승하고, 『주례』의 이른바 지방의 관습과 상황에 따르도록 하는 정책을 찬성했다. 일종의 정치 구상으로서 '대일통'은 군현 제도에 대해 비판을 가했는데, 그 목적은 군현 시대에 분권/권한 제한, 현명하고 능력 있는 관리 등용, 가까운 곳으로부터 먼 곳으로 확대해 가는 정치 구조를 수립하고, 민족 평등을 기초로 각 민족의 문화와 제도의 특징을 존중하기 위한 것이었다. 그리하여 대일통 혹은 예의 중국은 비록 모두 삼대의 제도, 특히 주나라 봉건제를 근거로 하고 있지만, 세습 귀족과 종법 봉건제를 회복시키려 하지 않고 오히려 군현제의 역사적 합리성을 승인했다. 이러한 '봉건' 구상과 왕조 정치의 현실 사이에는 역사적으로 연관되어 있다. 즉 청조는 영토가 광활하여 서로 다른 민족과 지역으로 구성되어 있으며, 아울러 구체적 상황에 따라 조공 관계, 행정 관리와 지역 자치 등 요소를 종합하여 서주 시대 봉건제의 종법 분봉과 제후 병립이 아닌 일종의 내외의 예의 질서를 왕조 정치의 원칙으로 삼았다. 청조는 내지에 군현 제도를 실시했지만, 서북과 서남 등 소수민족 지역에서는 각기 상황에 따라 제국 구조 내에 서로 다른 제도를 수립하고, 각기 다른 행정 기구를 설치했다. 몽골의 기제旗制, 티베트의 가삭噶厦 체제, 서남의 토사土司 제도 등등은 모두 현지의 특징과 역사 상황에 따라 설정한 제도로서, 그들 사이의 관계는 결코 종법 봉건제하의 제후국 간의 관계와 다를 뿐만 아니라, 그들과 중앙 왕조의 관계도 제후국과 주나라 왕의 관계와 다르다. 여기서 특별히 지적할 것은 '대일통'과 '예의 중국'은 모두 일종의 이상화된 예의 관계로서, 그것들을 청 왕조의 정치 현실과 동일

방 500리를 채복(采服), 그 외부 사방 500리를 위복(衛服), 그 외부 사방 500리를 만복(蠻服), 그 외부 사방 500리를 이복(夷服), 그 외부 사방 500리를 진복(鎭服), 그 외부 사방 500리를 번복(藩服)이라 한다.

시할 수 없다는 것이다. 청 왕조는 지역 특수성을 존중하는 것을 표방했지만, 실제로는 오히려 족군 등급제를 수립하고, 아울러 부단히 서북과 서남 지역의 자치 권력을 중앙으로 회수하여 관리하려 했다. 이러한 의미에서 '대일통'과 '예의 중국'이 존중한 봉건적 예의는 일종의 문화 차이를 용인하면서도 제국의 통일을 유지할 수 있는 예의이며, 그것과 제국의 현실 사이에는 내재적 긴장이 존재한다.

둘째, '대일통' 및 그 예의 중국의 개념은 역사 변화를 인정하기 때문에 현실적인 입장에서 군현제의 정치 구조를 수용했다. 그러나 동시에 제국이 시행한 군현 제도에 대해 강렬한 비판을 가했고 특히 군현제의 조건하에서 봉건제를 함께 채택하는 것을 중시했다. 군현 제도는 두 가지 주요 특징을 지니고 있다. 그중 하나는 엄격하게 내외를 구분하고 화이의 구별을 철저히 하는 것이고, 다른 하나는 통일적인 행정 체제로 지방을 관리하여 전통적 분봉 관계를 명확한 중앙/지방, 중심/주변 관계로 전환시키는 것이다. 분봉제와 군현제의 차이로부터 보면, 군수郡守·현령縣令과 분봉된 귀족은 다음과 같은 차이점을 지니고 있다. 즉 먼저 조정은 수시로 군수·현령을 임명하고 면직할 수 있는 권한을 가지고 있지만, 분봉된 귀족에 대해서는 마음대로 바꾸거나 면직할 수 없다. 둘째, 조정은 직접 군현의 세금을 통제하고 군현에 대한 재정적 지원의 책임을 지지만, 직접 분봉된 귀족에게 세금을 부여할 수 없고, 또 분봉된 귀족에게 직접 재정적 지원을 할 필요도 없다. 셋째, 군현 제도는 관료 정치 체제를 기본으로 한 제도 틀이지만, 분봉 체제는 봉작封爵의 형식으로 중앙과 지방의 관계를 유지한다.[193] 군현제는 황권의 절대성을 포함하고 있으나, 봉건제는 권력의 다중심화를 인정한다. '대일통'의 논의와 군현제의 추구는 완전히 일치하는 것이 아니다. 그것은 내외, 화이의 절대적 경계에 대한 철폐(이른바 '중화中華와 융적狄戎의 통일', '화이 합일')를 요구했으며, 정치 제도를 수립함에 있어서도 지방의 신사紳士* 분권과 소수민족의 풍속 및 전통적 정치 구조를 존중하여 다원주의적 특징을 지니고 있다. 실제로 '대일통' 개념은 군현제와 서로 관련되면서도 동시에 봉건 제도와도 연관이 있을 수 있다. 왜냐하면 봉건 제도는 결코 일통 개념을 배척하지 않기 때문이다. 공자가 말한 소위 "예악과 정벌은 천자로부터 나온다"•(天下有道, 則禮樂征伐自天子出)는 것도 분봉 조건하에서의 '일통'을 요구하지 않았는가? 청 왕조는 몽골족 원나라 다음으로 소수민족이 전국을 통일한 다민족 왕조이다. 청나라는 한편으로는 송·명 시대의 제도 성과를 흡수하고, 다른 한편으로는 오히려 이 두 한족 왕조의 강렬한 동족 의식, 명확한 변경 관념과 다투지 않을 수 없었다. 강희제가 정호程顥·정이程頤와 주희朱熹를 받들긴 했지만, 이들에 대한 강희제의 활용은 그 안에 함축되어 있는 민족 사상의 완전한 제거를 전제로 한 것이었기에, "이것이 아니면 하늘과 인간이 어우러지는 오묘한 이치를 알 수 없고, 이것이 아니면 만방萬邦을 평안하게 다스릴 수 없으며, 이것이 아니면 어진 마음과 어진 정치를 천하에 펼칠 수 없고, 이것이 아니면 안과 밖을 하나로 합칠 수 없는" 통치술로 간주했다.[194] 청·러 네르친스크조약 체결 이후 1691년 5월(강희 30), 강희제는 만리장성의 개축을 금하는 유서諭書를 반포했는데, 이는 경제적인 측면의 고려 이외에도 청 제국이 (만주족의 발흥지인 동북 지역은 말할 것도 없고) 대사막 남북, 천산天山 남북, 청해靑海, 티베트로 확장하여 새로운 통치 영역을 나누고 아울러 일부 지역(예를 들어 청-러 변경)에서 대외 경계를 확정한 것이 더욱 중요한 원인이었다. 변경에 대한 강희제의 인식은 송·명 시기 통치자와는 완전히 달랐다. 즉 대외적으로는 서북 지역의 일부 변경이 확

• 신사(紳士): 송대까지 사대부(士大夫)로 불리던 지식 계층은 명청대 들어 주로 '신사'로 칭해졌다. 크게는 지식 계층, 즉 독서인(讀書人)을 가리키지만, 작게는 벼슬아치나 권문세가를 가리키기도 했다. 한국의 '선비'나 '양반'과 유사한 의미다. 원래는 옛날 벼슬아치가 홀(笏)을 꽂을 허리띠를 했는데, 이를 '진신'(搢紳)이라 불렀고 여기서 '신사'라는 이름이 기원했다. 이후 영어 '젠틀맨'의 번역어로 사용되었다.
• 예악과~나온다: 『논어』 「계씨」 제2장 "공자께서 말씀하셨다. 천하에 도가 있으면 예악과 정벌이 천자에게서 나오고, 천하에 도가 없으면 예악과 정벌이 제후로부터 나온다."(孔子曰: 天下有道, 則禮樂征伐自天子出, 天下無道, 則禮樂征伐自諸侯出)

정되었고, 대내적으로는 원래 변경 지역이었던 것이 이제 내륙 지역이 되었다. 이전과 완전히 다른 이러한 변경 정책은 '내부'의 함의에 근본적인 변화가 발생했음을 의미한다. 이러한 배경하에서 청 왕조는 송·명 시대의 군현 제도를 계승함과 동시에 봉건의 원칙에 따라 만주족–몽골족의 기제旗制, 티베트의 가삭 제도, 서남의 토사 제도 등을 수립했다. 그리고 중앙 권력 통제와 본래의 사회 통치 구조를 결합시켜, 이른바 멀고 가까운 것, 크고 작은 것을 하나로 만드는 왕조 체제를 형성했다. '대일통'의 이상과 위에서 말한 정치 실천은 서로 호응한다. 즉 금문경학은 송·명 유학에서 성행하던 화이의 구분을 비판하고 내외의 구분을 없앤 봉건의 입장에서 송·명 시대 군현 제도를 비판했는데, 이 것은 실제로는 청조의 합법성을 인정하는 전제하에서 족군 대결의 경향을 지닌 한족 민족주의를 없애고 문화와 제도의 다원성을 수용하는 왕조 체제를 수립하려는 것이다. 이러한 경향은 청말 민족주의 풍조 가운데서 가장 두드러지게 드러난다.

셋째, '대일통' 및 예의 중국 관념과 제국은 모두 외부를 없애는 경향(금문경학의 이른바 "안을 자세히 기록하고 밖을 간략히 기록한다" 〔錄內而略外〕는 것은 바로 '대일통'과 제국의 특징에 부합한다)을 지니고 있는데, 여기에는 송·명 이학과 달리 외부 족군에 대한 선명한 배타성이 없다. 그러나 '대일통'과 제국은 미묘한 긴장 관계에 놓여 있다. 즉 '제국'이라는 개념은 일반적으로 일종의 정치 관계를 가리킨다. 그 것은 광활하고 고도로 집중된 영토, 그리고 복잡한 다원적 족군과 문화 관계를 포함하고 있다. 이 체계는 제왕과 중앙 정치 기구를 중심으로 하며, 폭력(공물貢物과 세금)과 무역 독점에 의거하여 주변으로부터 중심으로의 경제적 유동을 보장했다. 초기의 청 제국은 족군 통치의 기초 위에 건립된 팽창주의적 정치·군사·경제 공동체로 간주할 수 있다. 그것은 무력 정복, 군사적 점령과 조공 무역을 주요 통치 수단으로 삼고, 족군 등급과 족군의 분리를 특징으로 하는, 강권에 기초한 귀족 제도를 보유하고 있었다. '대일통'의 특징은 예의 관계와 정치 질서의 합일이다. 그것은 제국 시대의 족군 분리 정책, 봉건 귀족 등급제와 노골적인 무력 정복을 철회할 것을 요구한다. '대일통'과 제국의 모호한 관계는 부분적으로 다음과 같은 사실에 기인한다. 즉 '대일통'을 주창하는 유학자들 대부분은 청 왕조 통치의 합법성을 승인할 뿐만 아니라, 만주족 청 왕조가 중원을 정복하고 서북과 서남을 평정한 후 건립한 영토가 광대하고 민족이 다양한 왕조의 합법성을 승인함으로써, 제국 정치와는 역사적 중첩 관계가 존재한다는 점이다. 대청 제국의 문치와 군사적 업적에 대한 위원魏源의『성무기』聖武記의 상세한 기록은 바로 이 점을 보여 주고 있다. 그러나 위원과 공자진의 제국 경향은 연해안 경계가 불안한 시기에 비로소 출현한 것으로, 이는 아편전쟁과 유럽식 민주주의의 도래에 대한 반응이었다. 이 점에 대해서는 다음에 상세히 분석하겠다.

금문경학가는 통치자가 왕조 내부 혹은 조공 체계 내의 족군·종교·언어와 문화의 다원성을 존중할 것을 요구하고, 왕조의 예의 기초 및 그 도덕적 함의가 기타 문화 가치와 정치적 전통을 배척하도록 하는 근거가 되어서는 안 된다고 보았다. 이러한 의미에서 '대일통'은 왕조 정치의 현실과 동일시될 수 없으며, 오히려 실현되기를 기대하는 유교 문화의 이상이다. 그러나 이러한 이상은 제국 정치로부터 파생되어 나온 질서관이다. 왜냐하면 청대 제국 체제 내부는 확실히 약간 자치적인 채읍采邑이나 봉지封地와 유사한 면을 포함하고 있으며, 또 종교 신앙의 다원성을 내포하고 있기 때문이다. 예를 들어 사천의 티베트족 지역 반란을 진압한 후, 권력의 균형을 유지하기 위해 청 왕조는 이 지역을 달라이 라마의 관할로 귀결시키지 않고 오히려 다른 종교 세력(예를 들어 홍교紅敎)이 우세한 지위를 점하도록 했는데, 그 목적은 달라이 라마가 이끄는 황교黃敎의 힘과 균형을 이루게 하기 위한 것이었다.[195] 따라서 '대일통'은 군현·봉건·제국과 구분되지만, 동시에 군현·봉건·제국의 여러 요소를 포함하고 있기도 하다. 그 예의 중국 관념은 제국 정치에 대한 비판이자, 식민주의 시대 중국의 '주권국가'라는 주권 형식에 대해 족군적인 기초가 아닌 문화적인 기초를 제공했다. 그러나 이러한 유학의 특수 형태는 제국이 정말로 순수한 예의 기초 위에 세워진 것인 양 제국 역사에 대한 증명으로 간주되어서는 안 된다. 또 일종의 정치 합법성 이론으로서, 금문경학과 제국 간에는 서로 중첩되고 모순되는 관계가 존재한다. 고문경학에 대항하기 위해, 유봉록은 가법家法을 지키지 않을 수 없었다. 그의 '삼통', '삼세', '내외'에 대한 서술은 일종의 정치 이론이자 실천 지침으로서의 금문경학의 특징을 충분히 체현할 수 없었다. 경세의 학문으로서의 금문경학의 특징은 공자진, 위원에 이르러서야 비로소 충분히 발휘될 수 있었다. 그들은 폭넓은 섭렵과 예리한 필봉으로 위기가 만연한 시대에 금문경학의 관점에서 매우 광범한 사회문제를 관찰하여 금문경학의 시각 자체의 변화를 촉진시켰고, 또 청말 개혁 사상에 심원한 영향을 미쳤다. 그러나 청조 내부 정치에 대한 그들의 비판에 주목한다면, 내외관의 시각에서 볼 때 그들의 '중국' 시각은 이미 점차 제국의 시각과 서로 중첩되는 것을 확인할 수 있다. 이 점은 특히 그들의 지리학의 시각 속에 집중적으로 나타나 있다.

2. 봉작의 유명무실화, 군현제와 무외無外/유외有外의 제국

공자진(1792~1841)의 학술 연원은 매우 복잡하지만, 그는 유봉록처럼 엄격하게 가법을 고수하지 않았다. 그는 오히려 '세계의 모든 학문'에 힘써 일종의 제국의 지리/풍속학을 중심으로 자신의 지적 실천을 전개했다. 도광 연간에 진사였던 그는 종인부 주사宗人府主事와 예부 주사禮部主事를 역임했다. 1819년 상경하여 예부 회시會試에 참가했다가 낙방한 후, 유봉록에게 공양학을 배우고 '공양춘추'의 관념에 입각하여 오경五經을 해석하기 시작했다. 1823년에 저술한 『오경대의종시론』五經大義終始論과 『오경대의종시답문』五經大義終始答問은 이 방면의 대표작이다. 하지만 『육경정명』六經正名, 『태서문답』大誓問答 등 경학 관련 저작은 모두 공양학의 범주로 포괄하기 어렵다. 그중의 많은 관점은 고문 경학가의 관점에 더 근접해 있다. 위원은 「정암문록서」定庵文錄敍에서 공자진의 학문을 다음과 같이 평했다. "경학에 있어서는 『공양춘추』에 정통하고 역사에서는 서북 지역의 지리에 능통했다. 그 문장은 육서六書와 소학으로 입문하여 주周·진秦 제자諸子, 청동 제기祭器, 돌로 만든 악기를 연구 대상으로, 그리고 역대 왕조의 전장 제도와 세태, 백성의 고통을 중심으로 삼았다. 만년에는 서구의 서적을 좋아했으며 그 내용이 심오하고 미묘하다."(於經通『公羊春秋』, 於史長西北興地. 其文以六書小學爲入門, 以周·秦諸子吉金樂石爲崖郭, 以朝章國故世情民隱爲質幹. 晩猶好西方之書, 自謂造深微云)[196] 지리학 자체는 경학과 사학, 그중에서도 특히 사학의 한 부분이다.[197] 공자진의 학술 관점은 "육경은 모두 역사다"(六經皆史)라는 장학성의 영향을 많이 받았고, 사학의 시각, 특히 지리학의 시각과 경학 연구를 서로 교차시켰다. 경학과 지리학의 착종은 공자진 학술의 한 중요한 특징으로, 기타 각종 지식과 경세經世 주장은 모두 씨줄과 날줄처럼 서로 직조된 경經(공양학)과 사史(지리학) 속에 반영되었다. 대일통에 대한 이해에 있어서, 그와 유봉록은 일정한 차이점이 존재하는데, 유봉록은 봉건 가치를 특히 중시하고 군현에 대해 강렬한 비판적 태도를 취한 반면, 공자진은 형식상에서는 봉건에 대한 존중의 태도를 보이지만, 기본적으로는 이미 '대일통'을 군현의 구상 위에 세우려 했다. 공자진은 「답인문관내후」答人問觀內侯에서 다음과 같이 말하고 있다.

한대에는 매우 훌륭한 제도가 하나 있으니, 만세법이 된 '관내후'關內侯*가 그것이다. 한대는 이미 진秦의 군현을 채택하면서 한편으로는 주대의 봉건을 좋아했다. 왕과 제후의 나라와 군수

• 관내후(關內侯): 한대(漢代)에 있던 작위명으로, 전체 20등급의 작위 중 19등급이었고, 단지 작위명만 있을 뿐 봉읍은 없었다.

와 현령의 군현이 서로 번갈아 가며 우禹의 구주九州, 즉 중원에 설치되면서, 큰 혼란이 빈번하게 발생했다. 봉건제는 예의 형식을 숭상하는 학문의 법에 가깝고, 군현제는 실질적인 것을 숭상하는 학문의 법으로 이 둘은 서로 양립할 수 없다. 양립할 수 없다면 어느 것을 취하고 어느 것을 폐해야 하는가? 하늘에는 반드시 추세가 있는 법이니, 봉건을 폐하고 일통으로 나아가는 것이 추세임이 분명하다. 그러나 서로 성쇠의 기복을 반복하며 2천여 년이 지난 뒤에야 군현제로 확정되었다. 언제 확정되었는가? 우리 청나라에 이르러서야 제대로 확정되었다.

> 漢有大善之制一, 爲萬世法, 關內侯是矣. 漢旣用秦之郡縣, 又兼慕周之封建. 侯王之國, 與守令之郡縣, 相錯處乎禹之九州, 是以大亂繁興. 封建似文家法, 郡縣似質家法, 天不兩立. 天不兩立, 何廢何立? 天必有所趨, 天之廢封建而趨一統也昭昭矣. 然且相持低仰, 徘徊二千餘年, 而後毅然定. 何所定? 至我朝而後大定.[198]

이른바 '관내후'는 한대의 유명무실한 작위로서, 봉건제의 형식이지만 "사직의 제사가 없었고, 병권이 없으며, 스스로 임명할 수 있는 관속官屬이 없었다."(無社稷之祭, 無兵權, 無自辟官屬)[199] '관내후'의 설치는 봉건 예의를 유명무실화하는 구상을 전형적으로 보여 주며, 실질적인 분봉 제도 및 상응하는 예의 가치를 반대하고 세습 귀족의 전통과 봉건 체제 내의 전통적인 충성을 약화시켰다. 아울러 이러한 계층에게 중앙 집권 체제 내에서 발전할 수 있는 기회를 제공했다. 그중에서 중요한 것은 귀족 봉작과 영토권을 완전히 분리하여 중앙 주권의 절대적 지배 지위를 확실히 하는 조건하에서 각종 분치의 시스템을 중앙 관료 체계속에 포함시키는 것이었다. 관내후의 방식으로 봉건 세력과 타협했지만, 왕조 정치에 대한 세습 봉록 제도의 영향을 감소시키는 것은 군현제 제국의 일통 정치를 유지시키기 위한 하나의 방식이었다. 공자진의 건의는 왕조 합법성 구성 중의 중요한 문제, 즉 중앙 황권이 귀족 권력을 제한하고 아울러 더욱 탄력적인 신분 집단을 창출하려 했지만, 이러한 권력 집중 과정은 여전히 토지 재산을 보유하고 있는 세습 귀족 혹은 종교 엘리트가 사용하는 신분적 상징에 의존해 있었다는 점과 관련이 있다. 왜냐하면 후자는 완전한 예제禮制를 구현하고 유지하는 근거이기 때문이다. 이것이 귀족 계층이 황권에 대항하는 과정에서 역시 부단히 조종祖宗의 규범과 예제에 호소한 이유이다. 청대 정치 맥락에서 관내후 설치를 통해 팔기, 토사와 세습 귀족 등 제도를 은유적으로 비판하는 이러한 전통은 공자진에서 캉유웨이에 이르기까지 거의 중단된 적이 없었다. 공자진은 춘추공양학의 문질文質 개념으로 봉건과 군현을 서술하고, '대일통'의 특징은 문질을 종합하고 봉건을 철폐하며 한대漢代 관내후 설치를 '만세법'으로 삼는 데 있다고 보았다. 따라서 유봉록 저서 중의 '대일통'과 '봉건' 사이의 긴밀하고 내재적인 연관을 변화시키기 시작했다. 이러한 추세는 청말 시기 캉유웨이의 대일통 관련 서술에서 더욱 명확히 드러난다.

이로부터 알 수 있듯이, 공자진이 군현 제도로 경도될 때 그의 서술 속에 예의와 제도 간의 구분이 다시 출현했다. 즉 관내후는 일종의 예의 성격의 조치인 반면, 군현 제도야말로 제국의 실질이다. 이것은 "세습 귀족에 대한 비난"(譏世卿)이라는 금문경학의 주제를 융통성 있게 운용한 것이다. 봉건 예의와 정치 제도 간의 충돌을 봉합하기 위해, 공자진은 삼대의 문질 개념을 운용하여 군현 제도의 구상을 '질'質의 범주 속에 포함시킴으로써 이 제도에 예의의 정통성을 부여했다. 청조가 삼번의 난을 평정하고 나서 모든 공신의 친왕親王들을 수도에 머물도록 했는데, "종실은 친왕 이하 봉은장군에 이르기까지 모든 아홉 등급은 직예直隸와 관동關東의 토지를 나눠줘, 고대에 세금을 걷을 수 있도록 부여한 개인적인 영지, 즉 식읍食邑처럼 삼도록 한다. 한대의 제도에 비추어 보면 곧 관내후이다. 공신은 일등 공작公爵 이하부터는 … 모두 봉급을 지급하는데 …이 또한 관내후이다."(宗室自親王以下, 至於奉

恩將軍, 凡九等, 皆撥予之以直隸及關東之田, 以抵古人之湯沐邑. 以漢制准之, 則關內侯也. 功臣自一等公以下, …皆予俸, …亦皆關內侯也)[200] '대일통'은 봉건의 이름뿐인 작위를 유지하면서 군현의 실질을 계승했으며, 황권의 일통하에 문질을 종합하면서도 '질'(군현제)을 위주로 했다. 이것은 제도의 측면에서 '대일통'을 정의한 것이며, 동시에 제도의 측면에서 "세습 귀족에 대한 비난"(譏世卿)은 종지를 한층 더 발휘한 것이다. 여기서 핵심은 봉건 예의는 반드시 일종의 추상적인 예의여야만 대일통의 전제가 될 수 있다는 것이다. 바로 이런 까닭에 만약 금문경학의 가법에 따라 공자진을 이해하면 그의 사상 발전에서 공양학이 지닌 의의를 이해할 수 없게 된다. 여기서 가장 중요한 것은 공양학의 주제가 그의 사상과 학술 활동에 어떤 시각을 제공했으며, 그의 서북 지리 연구와 정론 및 책론策論, 그리고 그의 경학 연구는 공양학과 어떤 관계가 있는가 하는 점을 살피는 것이다.

경학의 시각에서 보면, 초기 금문경학은 내외와 삼통설을 부각시켰지만 공자진은 삼세설의 의의를 부각시켰다. 그는 '삼세'설을 역사를 투시하는 기본 이론으로 삼고 '태평세' 관념으로 '화이의 구분'을 비판했으며, 춘추공양학의 대일통 관념과 송·명 유학이 내포하고 있던 민족 사상을 명확히 대립시켰다. 이러한 관념은 그의 금문경학 연구 속에 나타나 있을 뿐만 아니라 그의 정론 속에도 잘 드러나 있다. 처음 중가르에 대한 평정이 있은 후, 그 수습책으로 공자진은 「어시안변수원소」御試安邊綏遠疏를 지어 청 제국 내부 관계 및 통치법을 상세하게 논했다. 그의 시각은 '화이 구분'을 훨씬 뛰어넘었으며, 청조의 '중외일가'의 국면과 '전대의 왕조'를 명확하게 구분했다.

청 왕조 변경의 형세는 이전 시기와 다릅니다. 개척한 영토가 2만 리나 되었는데, 장건張騫이 비단길을 뚫듯 길만 낸 것은 아니라, 보루도 연달아 설치되었고 영토가 된 이곳을 변경이라고 부르지도 않았습니다. 그 땅을 강역으로 삼고, 그곳의 백성을 자식으로

삼았으니 장차 천 년 만 년이 지난다 해도 단 한 치도 포기를 고
려할 땅은 없습니다. 중외中外가 일가가 되었으니 이전 시기와는
전혀 다릅니다.

> 國朝邊情邊勢, 與前史異. 拓地二萬里, 而不得以爲鑿空, 臺堡
> 相望, 而無九邊之名. 疆其土, 子其民, 以邃將千萬年而無尺寸
> 可議棄之地, 所由中外一家, 與前史迥異也.[201]

바로 이 '중외가 일가가 되었다'(中外一家)는 시각으로부터 '중국'을
이해함으로써 공자진은 비로소 그의 시선을 머나먼 변경으로 돌릴 수
있었다. 제국의 시각에서 볼 때, 이러한 구역은 더 이상 '외부'가 아니
었다. 즉「몽고상교지서」蒙古像敎志序는 황교黃敎의 원류 및 그것과 청조
의 관계에 대해 상세히 논했고, 「몽고수지지서」蒙古水地志書에서는 몽
골의 각 기旗 및 그 지리 상황을 고찰했으며, 「몽고성류표서」蒙古聲類表
序에서는 중원의 음운音韻을 참조하여 몽골·티베트와 회족回族 지역의
방언 음운을 연구하고 여러 경전 및 그 번역을 설명했다. 그리고「몽고
자류표서」蒙古字類表序에서는 '국가의 문자의 원류'인 몽골 문자를 다루
면서 아울러 만주 문자와 몽골 문자의 차이점까지 논했다. 「몽고씨족
표급재경씨족표총서」蒙古氏族表及在京氏族表總序에서는 몽골 씨족의 연
원을 고찰하여『원사』元史의 부족한 부분을 보충하고 바로잡았다. 또
「몽고책항표서」蒙古冊降表序에서는 '외부 번藩으로 출가한 청 왕조의 공
주'를 기록하고, 「몽고기작표서」蒙古寄爵表序, 「청해지서」靑海志序, 「오
량해표서」烏梁海表序 등에서는 모두 서북 지역 소수민족 및 그 역사 지
리 현황을 연구했다. 이런 모든 문헌은 다민족 제국의 문화와 정치적
시각을 보여 주고 있는데, 그 기본적인 특징은 예의 질서로 단순한 화
이의 구분과 내외 구분을 대체한 다음 이 추상적인 예의 관계를 실체
화하고, 아울러 구체적인 지리·풍속·인구·문화·언어에 대한 서술과
연구로 전환하는 것이다. 이러한 지식 발전의 노정은 청 왕조의 정치
구조와 밀접한 관계가 있다. 즉 그것은 제국의 면적, 문화의 다양성,

민족과 풍속의 변화에 대한 청 왕조의 명확한 의식을 반영하고 있다. 이러한 저작은 조사, 실증과 객관적 진술의 특징을 지니고 있지만, 이상에서 서술한 청 왕조 정치의 특징을 고려하지 않으면, 왜 이 시기에 많은 학자들이 지리학의 연구로 돌아섰는지는 이해할 수 없다.

만약 '관내후'가 봉건 예의(세습 귀족의 봉록제)를 유명무실화해 버린 직위라면, 서북 지리학과 행성行省 제도는 실질적으로 군현 일통제의 구상을 확대한 것이다. 공자진의 지리학 저작과 그의 『오경대의종시답문』五經大義終始答問 및 1825～1832년에 쓴 「고사구침론」古史鉤沉論 등 금문경학 저작은 내재적으로 상응한다. 즉 금문경학의 통삼통通三統, 장삼세張三世, 이내외異內外와 대일통 이론은 다원적 민족과 문화에 대한 제국의 청사진을 위해 이론적 시각을 제공하고 있으며, 제국의 청사진 자체는 또 경학 이론에 실질 내용을 부여해 주고 있다. 장존여, 유봉록과 마찬가지로 공자진은 만한滿漢 관계와 명조의 '유민'遺民으로서의 사대부들의 청조에서의 정치적 진퇴 문제에 관심을 가지고 있었다. 그러나 이 문제는 대일통 왕조에 대한 그의 역사 서술과 더욱 밀접한 연관을 가지고 있다. 「고사구침론」에서 그는 삼세설로 '신하에 대한 존중'(賓賓)을 논하고, 기자箕子의 유민 신분을 근거로 청조 안에서 한족 사대부의 지위 및 언행의 근거를 암시했다. 그러나 그의 서술은 이미 더 이상 개인적인 정치적 처신 문제에 국한되지 않고 '대일통'의 이상과 연관되어 있다. 이 점을 이해함에 있어 두 가지를 유의할 필요가 있다. 즉 하나는 대일통 관념이 송·명 이래의 한족 민족주의에 대한 비판이라는 점, 그리고 다른 하나는 서북 지역에 대한 공자진의 관심은 청대가 동북과 몽골 지역에서 기원했다는 것과 서로 연관되어 있어, 이러한 사상을 일종의 '한족 중심주의'의 관념으로 간주해서는 안 된다는 것이다. 공자진은 다음과 같이 말하고 있다.

혹자가 물었다. 태평을 누리는 대일통이란 무엇입니까? 난 이렇게 답했다. 송·명대의 편벽한 은사隱士들이 화이의 구분을 주장하며 『춘추』를 예로 들었는데, 이는 그들이 『춘추』를 이해하지 못한 소치일 뿐이다. 『춘추』에서는 직접 목격한 시대에 오吳와 초楚가 중국에 포함되었는데, 우리를 침범하여도 이를 멸시하는 표현을 사용하지 않았다. 이는 우리에게 밖(外)이 없기 때문이다. 『시경』주송周頌 「사문」思文에서 말하길, "피차의 경계를 나누지 마라. 화하華夏에서 해야 할 농정農政이나 함께 행하자"고 했다. 성인에게는 밖이 없다. 하늘 또한 밖이 없다. 혹자가 물었다. 그렇다면 어찌하여 삼과三科(장삼세張三世, 존삼통存三統, 이내외異 內外) 가운데 내외의 구분이 있습니까? 난 이렇게 답했다. 거란 세에는 그러하고, 승평세에도 그러하지만, 태평세에서는 내외를 구분하지 않는다.

> 問: 太平大一統, 何謂也? 答: 宋明山林偏僻士多言夷夏之防, 比附『春秋』, 不知『春秋』者也. 『春秋』至所見世, 吳楚進矣, 伐 我不言鄙, 我無外矣. 『詩』曰: 毋此疆爾界, 陳常於時夏. 聖無 外, 天亦無外者也. 然則何以三科之文內外有異? 答: 據亂則 然, 升平則然, 太平則不然.[202]

'태평을 누리는 대일통' 또는 '태평세'는 여기서 송·명 이학이 함축한 '화이 구분' 혹은 내외 구분에 대한 비판이며, 이른바 "거란세에는 그러하고, 승평세에도 그러하지만, 태평세에서는 내외를 구분하지 않는다"라는 의미다. 공자진의 시각에서 『춘추』의 대의는 곳곳에서 내외 구분의 타파, 화이 차이의 약화, 그리고 무한 확장의 관념으로 제국의 족군 분리와 무력 정복 및 세습 등급을 전복시키고 바로잡는 것이다. 만주족의 청 왕조는 내외와 화이의 구분을 없애는 것을 표방했지만, 그 민족 평등과 문화 다원주의의 원칙 이면에는 여전히 군사적 통제, 문화적 훈육, 족군적 특권을 위한 방책이 존속했다. 공자진의 「여인전」與人箋(「여인론청해사서」與人論青海事書)의 청대 '황교 숭배의 미묘 심원한 의미'에 대한 해석과 청해 지역 만주족, 몽골족, 티베트족의 상호 관계에 대한 탐구가 바로 그 예증이며, 그는 안정적인 통치를 위한 통치술을 제시하고자 했다.[203] 따라서 『춘추』를 거울로 삼든, 아니면 제국 정치와 군사 관계의 현실을 참고하든, 내외와 화이의 절대적 구분을 철폐하는 것은 태평세를 이루기 위한 원칙의 영구적인 실현이라기보다는 오히려 왕조 정치 관계에 대한 일종의 비판적 제안에 가깝다.

이상의 맥락에서 화이, 내외 등 명제는 이미 지리학의 범위 속에 놓였고, 제국의 지식과 서로 중첩되고 있다. 공자진, 위원 등은 제국 내부의 지사志士로 자부했으며, 그들은 청조 정부의 '만한일체'를 지식을 통해 구체적으로 실천에 옮겼다. 그들에게 있어 청조 제국의 합법성은 논증할 필요가 없을 뿐만 아니라 제국 내부에서의 자신의 언행에 합법성을 부여할 필요도 없었다. 위원은 『묵고』默觚 상권 「학편 9」學篇九에서 "삼대 이전은 군주의 도와 스승의 도가 하나이고 예악이 통치법이었지만, 삼대 이후에는 군주의 도와 스승의 도가 분리되고 예악은 허문虛文이 되고 말았다"(三代以上, 君師道一而禮樂爲治法, 三代以下, 君師道二而禮樂爲虛文)라는 유가 윤리를 거론하며 "옛날에 어찌 단지 군주가 스승만을 겸했겠는가? 총재冢宰, 사도司徒, 종백宗伯으로부터 사씨師氏, 보씨保氏, 경卿, 대부大夫 가운데 어느 하나 사士의 사표師表가 아닌 것이 있었는가?"(古者豈獨以君兼師而已, 自塚宰·司徒·宗伯下至師氏·保氏·卿·大夫, 何一非士之師表)라고 주장하고, 이른바 '경술經術을 치술治術로 삼자고'(以經術爲治術) 주장했다.[204] 도道는 그저 예악에서만 구현되는 것이 아니라 군사, 형벌과 경제에도 반영되어야 한다. 따라서 도는 더 이상 현실 제도에 대항하는 이론적 근거가 아니라, 제도 범위 내에서의 행동 윤리이다. 경세의 측면에서 보면, 이것은 고염무, 황종희의 경세 정신의 회복이지만, 이러한 회복 가운데는 또 중요한 전환을 함축하고 있다. 즉 위원의 서술 가운데는 고염무·황종희 등과 같은 청조와의 긴장 관계가 이미 존재하지 않으며, 그가 주목하는 것은 이미 '국가' 자체이다. 만약 도덕이 반드시 사업과 공적에 기초해야 하고, 경술이 직접적인 치술로 전환돼야 한다면, 통치의 합법성은 이상의 모든 추론의 기본적인 전제가 된다. 이러한 경세론의 전제는 청대 후기 개혁 운동에 중요한 영향을 미쳤다. 즉 근대 국가를 개혁 혹은 수립하는 운동은 제국 구조를 해체하는 것, 즉 민족 혹은 지역을 단위로 하여 제국을 여러 민족국가로 분열하는 것으로 나가는 것이 아니라, 하나의 통일된 전체로서의 제국을 개혁의 대상으로 삼아, 그것을 민족국가 시대의 새로운 상황에 적응시키는 것이었다. 이것이 공자진, 위원 등이 지리학 연구에 종사했던 기본 배경이다.

3. 지리학의 시각과 제국 내외 관계의 전환

지리학의 대두와 청대 초기 사대부의 경세 전통은 밀접한 관계가 있다. 그러나 청대 초기 지리학과 그로부터 일정한 시간이 지난 뒤의 지리학 사이에는 중요한 차이점이 있다. 고염무의『천하군국이병서』天下郡國利病書는 이십일사二十一史 및 천하군국지天下郡國志류의 서적과 일대 저명인사의 문집 및 상주문을 수록하여 "하나는 지리의 기록, 다른 하나는 이해득실에 관련된 저서"로 삼음으로써, 경학 전통 내에 지리학의 전통을 열었다. 그의 경세 목표는 봉건과 군현의 정치 구조를 어떻게 융합하느냐에 집중되어 있었고, 제국 일통의 세습 관료 정치를 반대했다. 청대 유학자들은 한대 전적을 중시하여『한서』「지리지」地理志 등에 대해서도 연구를 했는데, 그들의 학술 연원과 전통적인 경사經史의 학문 사이에는 밀접한 연관이 존재한다. 그러나 청대 지리학의 발전은 더욱더 주요하게는 제국의 서북 지역에 대한 업무상 필요로부터 나왔으며, 변경 지대 일에 관심을 가지고 있던 유학자들은 서북과 서남 지역을 특별히 주목하고 있었다. 명말 청초 이래 선교사들이 가지고 온 측량과 지도 제작 기술은 서북과 서남 변경의 국경을 조사하고 지도 제작을 하는 과정에서 실제로 운용되었다.[205] 예를 들어 강희제 때 제작된『황여전람도』皇輿全覽圖의 세 가지 판본(1717~1721)은 모두 예수회 선교사가 협력하여 제작한 것이며, 서북 지역을 정복하는 과정에서 강희제는 직접 예수회 선교사로부터 기하학을 배우고 그것을 지리 측정에 응용하기도 했다.[206] 여기서 주의할 것은, 같은 시기에 러시아와 유럽인들도 러시아 영토, 그리고 러시아와 청조 및 몽골 사이 국경 지역의 지도 제작에 관심이 있었다는 것이다.

러시아는 1721년 스웨덴에 승리한 후, 제국을 확장하려는 의지가 더욱 강렬해졌다. 피터 퍼듀Peter C. Perdue의 연구에 따르면, 1723년 스웨덴 전쟁의 포로인 스트라렌베르그Philip John von Strahlenberg가 모스크바에서 러시아 전 영토와 중앙아시아, 몽골 및 중국의 일부 지역을 포함한 지도를 제작했는데, 이는 1730년에 독일어로, 그 후 1736년에는 영문으로 발표하여 유럽에 큰 영향을 미쳤다. 지도의 표제는 매우 길다. 즉 『유럽과 아시아 동북부의 역사 지리 묘사: 특히 러시아, 시베리아 그리고 위대한 타타르: 그들의 고대와 현대의 상태에 대한 묘사를 포함함: 32개 타타르 민족 방언을 포함한 여러 문자표와 칼묵 몽골 성운의 어휘표, 그리고 이러한 모든 국가를 포함하고 있는 큰 폭의 정확한 지도, 고대 아시아 스키타이인의 문화를 보여 주는 다양한 무늬들』(An historico-geographical description of the north and eastern parts of Europe and Asia : but more particularly of Russia, Siberia, and Great Tartary: both in their ancient and modern state: together with an entire new polyglot-table of the dialects of 32 Tartarian nations and a vocabulary of the Kalmuck-Mungalian tongue, as also, a large and accurate map of those countries; and variety of cuts, representing Asiatick Scythian Antiquities). 분명한 것은, 이 지도가 사실상 러시아와 극동 지역에 관한 인류학적 묘사라는 것이다. 스트라렌베르그는 우랄산맥을 경계로 아시아와 유럽을 나누었는데, 이 구분은 그로부터 얼마 후 러시아 역사가이자 지리학자인 바실리 타티셰프Vasilii Tatishchew가 우랄산맥을 경계로 유럽과 아시아를 구분하는 데 기본적인 근거가 되었다.[207] 만약 이 저작을 같은 시기 유럽 선교사들의 중국 관련 보고—예를 들어 뒤 알드Jean Baptiste Du Halde가 1735년에 출판한 『중화제국 및 타타르의 지리·역사·연대·정치 서술』(Deception, geographique, chronologique, politique de L'empire de la Chine et de Tartarie Chinoise) ─와 함께 놓고 본다면, 우리는 그것의 출현이 결코 우연이 아님을 알 수 있다. 국경 측정에 대한 필요성과 제국의 시각은 외부로부터 청대 지리학 발전을 위한 조건을 제공했다.

지리학의 발전으로부터 보면, 청대 지리학은 몽골 원 제국의 정복사를 추적하는 것과 내재적으로 연관되어 있으며, 그 가운데는 몽골원 제국의 유럽을 향한 확장(위원을 논할 때 이 점을 다시 다룰 것이다)에 대한 흥미를 포함하고 있다. 사고전서를 수집, 정리하는 과정에서 청대 학자들은 『영락대전』永樂大典에서 『원비사』元秘史와 『황원성무친정록』皇元聖武親征錄을 발견하고, 원사元史 및 그에 상응하는 역사 지리학의 연구를 점차 중시했으며, 서북 지리와 역사에 대한 청대 학자들의 연구를 촉진시켰다.[208] 이러한 지식의 시각과 청대 통치자의 제국 통치를 위해 진행한 지식 프로젝트는 서로 호응 관계를 이루고 있다.[209] 따라서 청대의 지리학 발전은 단지 사대부의 경세적 경향의 결과로만 보아서는 안 되며, 일정한 의미에서 그것은 오히려 제국의 지식 프로젝트의 유기적 부분이라는 점을 주의할 필요가 있다. 강희제 시대부터 청조는 바로 전국 지리에 대한 측량·제도를 시작하여 선후로 『황여전람도』와 이를 기초로 수정한 『건륭내부동판여도』乾隆內府銅板輿圖를 작성하고, 아울러 『대청일통지』大淸一統志와 『서역통지』西域通志(그리고 청말에 이를 기초로 하여 편찬한 『신강통지』新疆通志 등)를 편찬했다. 이러한 연구는 모두 조정이 주관했으며, 개인의 저술은 그다지 많지 않다. 강희제·옹정제·건륭제, 이 세 황제의 통치 기간에는 70여 년의 기간을 소요하여 신강을 평정했다. 건륭제 이후에는 서역의 각 부部가 수복되고, 교통 왕래가 빈번해지고 이민이 날로 증가함에 따라, 신강과 회족과 몽골에 대한 연구와 관심도 크게 증가했다. 그러나 가경제·도광제 이전에 서북 지리에 대한 연구는 그다지 활발하지 않았으며, 개인 연구의 수준도 높지 않았다.[210] 17세기부터 러시아 제국이 팽창하기 시작하면서 신강·몽골과 러시아의 경계 형세는 매우 복잡해졌고 위기도 끊임없이 발생했다. 청·러 네르친스크조약 체결 이후, 장붕핵張鵬翮의 『봉사아라사일기』奉使俄羅斯日記, 전양역錢良懌의 『출새기략』出塞紀略과 서원문徐元文의 『아라사강계비기』俄羅斯疆界碑記가 선후로 간행되었고, 같은 시기에 간행된 변방 수비대였던 방식제方式濟의 『용사기략』龍沙紀略, 양빈楊賓의 『유변기략』柳邊紀略, 오진신吳振臣의 『영고탑기략』寧古塔紀略 등도 중−러 변경 지리에 대해 서술했다. 가경 연간 중엽에 중국과 러시아는 캬흐타恰克圖(Kiakhta) 무역 문제로 분쟁이 일자, 서북 지역의 불안정함이 당시 사대부의 경세 사상에 중요한 요소가 되었다. 강렬한 변방 우환 의식(국경, 변방, 인구, 풍속, 지리 상황 및 그 지역 관리 통치에 대한 의식을 포함)은 서북 지리에 대한 연구를 촉진시켰다.[211] 서북 지리에 대해 연구를 한 적이 있는 유정섭兪正燮은 1806년 「아라사장편고발」俄羅斯長編稿跋을 발표하고, 다음 해 「아라사사집」俄羅斯事輯을 저술했는데, 여기서 그는 러시아의 변경과 역사 연혁, 그리고 중러 분쟁의 역사에 대해 상세히 설명하고 또 옹정제·건륭제 시기 "러시아가 서쪽을 향해 군사를 움직이고 있어 남침의 의사는 없었다"[212]고 지적하는 등 중−러 관계에 대해 더 포괄적인 전략적 시각에서 접근하고 있다. 그 후, 장목張穆이 1805년 송균松筠이 지은 『수복기략도시』綏服紀略圖詩에 근거하여 유정섭의 저서를 보충한 「아라사사보집」俄羅斯事補輯이라는 문장을 발표했다. 이러한 저작과 가경제 말 공자진·정동문程同文이 편집한 『평정라찰방략』平定羅刹方略은 모두 중−러 변경 지리와 중−러 관계에 대한 연구이다. 엄격히 말하면 이러한 연구는 간단히 지리학의 범주에 귀속시킬 수 없다. 이들 저서는 그 지역의 광범한 민족·민속·언어·종교와 각종 문화에 대한 조사를 포함하고 있으며, 고염무가 창도한 지리학과 풍속론 시각을 더욱 확대시켰다.

청대 사대부의 서역에 대한 연구 성과는 적지 않으며, 이들은 청대 제국 지식의 중요한 일부분이다. 양빈梁份의 『서수삼략』西陲三略(즉 『서수해보』西陲亥步·『서수도설』西陲圖說·『서수금략』西陲今略), 기운사祁韵士

의 『외번몽고회부왕공표』外藩蒙古回部王公表·『번부요략』藩部要略·『서역석지』西域釋地·『서수요략』西陲要略·『신강요략』新疆要略, 서송徐松의 『서역수도기』·『신강지략』新疆識略과 『한서서역전보주』漢書西域傳補注, 홍양길洪亮吉의 『새외기문』塞外記聞·『천산객화』天山客話·『이리일기』伊犂日記·『새외록』塞外錄·『천산기정』天山紀程·『만리하과집』萬里荷戈集, 부항傅恒의 『황여서역도지』皇輿西域圖志 및 『서역동문지』西域同文志, 칠십일七十一의 『서역문견록』·『회강풍토기』回疆風土記·『신강기략』新疆紀略·『신강여지풍토고』新疆輿地風土考·『서역구문』西域舊聞 및 『군대도리표』軍臺道里表, 기윤紀昀의 『하원기략』河源紀略·『오노목제잡기』烏魯木齊雜記·『오노목제잡시』烏魯木齊雜詩, 임칙서林則徐의 『하과기정』荷戈紀程, 그리고 위원의 「답인문서북변역서」答人問西北邊域書 등. 1807년 이리伊犂 장군 송균이 당시 자신의 하급 변경 수비대이자 전 보천국寶泉局(청조 화폐 주조국) 감독이었던 기운사에게 지리지를 편찬하도록 명했는데, 후에 송균의 수정과 갱녕賡寧이 증보한 지도를 첨부하여 『서수총통사략』西陲總統事略 12권으로 간행했다. 그중 1권에서 4권까지는 신강 형세에 대한 총론이고, 5권에서 7권까지는 이리伊犂 경내의 일을, 8권에서 10권까지는 이리 이외의 각 지역을 서술하고 있고, 그리고 11권과 12권은 각각 먼 변경 지역에 대한 글과 잡문으로 구성되어 있다. 1814년 송균은 다시 이리 장군으로 취임하여 이전 과오로 인해 종군하고 있던 전 호남 학정學政 서송에게 명하여 『이리총통사략』伊犂總統事略을 편찬하게 했다. 이에 서송은 실제 고찰을 통해 1820년(가경 25)에 『이리총통사략』을 편찬했으며, 송균이 도광제에게 올려 도광제가 서문과 함께 『신강식략』新疆識略이라는 서명을 하사했다. 이 책 가운데 「신강수도총서」新疆水道總敍와 「신강수도표」新疆水道表는 신강의 12개 강과 호수에 대한 기록이다. 기운사, 서송 등의 서북 지리 연구는 많은 영향을 발휘했는데, 그들의 저작은 이리 장군을 위해 일하던 기간에 완성된 것으로 순전히 개인 저작이라 할 수는 없다. 그러나 그들의 연구는 청 왕조 사대부들에게 많은 영향을 미쳤고, 또 한족 사대부가 이미 제국 및 그 영토 내부의 위기를 경세의 요지로 간주했음을 보여 준다. 청대 지리학 연구 방면에 있어서 1820년은 특수한 의미를 지니고 있다. 즉 이해에 서송이 신강에서 풀려나 귀환했는데, 그 주위에 있던 학자들(장목, 심요沈垚, 정동문, 위원, 공자진, 양량楊亮, 유정섭, 동우성董佑誠, 진조陳潮 등)은 모두 관직이 높지 않았지만 조정과 사직의 운명에 대해 관심이 많았던 사람들로서 공동으로 지리학 연구의 기풍을 만들었다. 그리고 다른 성에 머물고 있던 이조락李兆洛, 요영姚瑩, 왕유王鎏도 이 그룹과 밀접한 왕래를 가졌다.[213] 뿐만 아니라 이해에, 신강 회족의 자한기르 호자張格爾(Jahanghir Xoja)는 영국과 코칸드浩罕(Kokand) 칸국汗國의 지지를 받아 청조에 항거하는 반란을 일으키고 카슈가르喀什噶爾 변경을 공격했다. 자한기르 호자는 회족의 수령 부르한 앗 딘大和卓木(Burhan ad-Din)의 손자로, 1756년 부르한 앗 딘이 호자 자한小和卓木(Khoja Jahan)의 책동하에 반청 기의를 하여 바투르巴圖爾(Batur) 칸국을 수립했다. 그리고 1759년 전쟁에서 패하여 중앙아시아로 도주하는 중에 바다흐샨巴達克山(Badaxšān) 부락에 의해 살해되었다. 1820년 기의가 실패했지만, 그 후 수년 동안 반란이 종식되지 않다가 1826년 마침내 코칸드 칸국의 군사를 빌려 카슈가르, 옝기사르英吉沙爾(Yengisar)·야르칸드葉爾羌(Yarkand)·호탄和闐(Hotan) 등을 공격하여 신강의 절반의 영토를 통제했으며, 1827년에 청조의 군대에 의해 궤멸하였다. 이것이 바로 1820년대에 청대 지리학이 서북 지역을 고도로 중시했던 기본 배경이다.

내외관의 시각에서 보면, 이런 종류의 지리학 혹은 풍속학 연구는 이미 제국의 시각과 완전히 서로 중첩되고 있다. 명대 지식이 수립한 내외관과 화이관 및 그러한 기초 위에 세워진 '중국'의 청사진(형상)은 여기서 완전히 다시 서술되었다. 즉 강남과 운하 유역이 아니라 장성 안과 밖이 중국 문제를 관찰하고 이해하는 데 중심이 되었다. 청조 통치자는 만한일체, 중외일가라 주창했는데, 이러한 관념은 제국의 영토와 관리 통치의 범위를 근거로 한 것이다. 황제와 대신은 만주어, 몽골어와 한어, 심지어는 위구르의 언어와 티베트족의 언어를 구사할 수 있었으며, 이는 소수민족 왕조의 중요한 특징이다. 건륭 15년 (1750)에 장친왕莊親王 윤록允祿이 『동문운통』同文韻統 6권을 편찬했는데, 이 저서는 "산스크리트(범문梵文) 50자모, 티베트(장문藏文) 30자모로 써 같고 다른 점을 참고하고, 한자로써 음으로 삼고 만주어(만문滿文) 의 합성법을 기준으로 삼았다."(以印度〔梵文〕五十字母·西番〔藏文〕三十字母參 考同異, 而音以漢字, 用清語〔滿文〕合聲之法爲準) 또 28년(1763) 대학사 부항傅恒 등이 『서역동문지』西域同文志 24권을 편찬했다. "주요 내용을 네 부분 으로 분류하여, …맨 처음 만주문을, 다음에 한자, 그다음에 삼합절음 三合切音,* 그리고 다음에는 몽골, 티베트, 탁특托忒(Todo), 회족(위구르)의 문자를 배치하여 서로 비교할 수 있도록 했다."(分四大綱, …首列清文, 次 列漢字, 次列三合切音, 次列蒙古·西番·托忒·回〔維文〕字, 使比類可求)[214] 이와 유사한 예는 한둘이 아니다. 이러한 제국 문화 건설과 공자진의 관점은 서로 호응하고 있으며, 모두 '화이 구분', "중화를 안으로 삼고 이적을 밖으 로 삼는" 관점에 대해 효과적인 비판을 가했다. 공자진의 「의진상몽고 도지문」擬進上蒙古圖志文, 「상진수토노번영대대신보공서」上鎭守吐魯番領隊 大臣寶公書, 「상국사관총재제조총찬서」上國史館總裁提調總纂書, 「의상금방 언표」擬上今方言表, 「북로안삽의」北路安揷議, 「어시안변수원소」御試安邊綏 遠疏 등의 기타 상주문을 보면, 광활하고 층차가 복잡하며 내외 구분이 없고 또 문화가 다양한 중화제국의 정치적 청사진을 분명하게 확인할 수 있다. 이것은 이학理學의 화이 구분과 완전히 다르고, 군현제 국가 의 내외 차별과도 다르며, 당연히 유럽 민족국가의 내부 동질화의 정 치적 관점과도 다르다. 이러한 시각에서 '중국'은 단지 가까운 것에서 먼 것으로 나아가는 원심적인 예의 질서 속에 조직되어야만 비로소 내 외가 호응하는 정치 질서를 수립할 수 있다. 그것은 점차 변화하는 역

---

* 삼합절음(三合切音): 매 글자는 세 개의 부호로 음을 나타내는데, 첫 번째 부호는 성모(聲母)를, 두 번째 부호는 운모(韻母) 중 개음(介音)과 운복(韻腹)을, 세 번째 부 호는 운모 중 운미(韻尾)와 성조(聲調)를 나타낸다.

사의 산물이자, 또 부단히 변천하는 역사 자체이기도 하다. 장존여, 유봉록에서 공자진에 이르기까지 '중국' 개념은 '한'漢 혹은 '한족' 등의 범주와 서로 구분된다.

장존여, 유봉록의 저술과는 달리, 공자진과 위에서 말한 경세 저작은 기본적으로 더 이상 만한滿漢 평등의 각도에서 제국 내부의 내외, 화이의 문제를 다루지 않고, 오히려 지리·풍속·군사·경제 등 방면의 연구를 통해 이러한 지역을 제국 시각의 내부로 끌어들였다. 서북의 역사 지리, 종교와 문화에 대한 공자진의 연구와 서북 변경 지역 업무, 그리고 서송徐松(자는 성백星伯) 및 그와 교류하던 학자들을 중심으로 대두되고 있던 서부 역사 지리 연구는 밀접한 연관이 있다. 그의 저작 가운데는 몽골·티베트·청해와 회족 관련 내용이 다수 포함되어 있고, 시야를 멀리 장성의 변경까지 넓혀, 강희제·옹정제·건륭제 삼대의 북방 지역을 통일하려는 군사 정복과 정치적 실천에 호응했다. 그중 가장 유명한 것은 당연히 「서역치행성의」西域置行省議, 「어시안변수원소」, 「상진수토노번영대대신보공서」와 『몽고도지』蒙古圖志(일부 결여), 「상국사관총재제조총찬서」 등이다. 공자진의 이른바 '천지 동서남북에 관한 학문'에서의 '천지 동서남북'은 일반적인 비유가 아니라 엄격한 지리학과 족군 문화의 연구에 기초한 지식이다. 오창수吳昌綬의 『정암선생연보』定庵先生年譜에 따르면, '천지 동서남북에 관한 학문'은 도광 원년 (1821), 공자진이 국사관國史館의 교열관으로 있을 때 시작되었는데, 그 때 국사관에서는 한창 『일통지』一統志를 개정하고 있었다. "선생은 총재에게 상서문을 올려 서북 지역 변경 밖의 여러 부락의 연혁을 논함과 동시에 이전 기록의 누락된 부분을 정정하는 18조목을 만들었다. 이에 앞서 동향桐鄕 출신으로 대리大理를 맡고 있던 정춘려程春廬(자는 동문同文)가 『회전』會典을 편찬했는데, 이번원 관련 서술과 청해 및 티베트의 지도는 모두 정확하지 않은 경로를 통해 얻은 것이어서 선생이 교감과 정리를 맡게 되었는데, 이것이 천지 동서남북에 관한 학문을 시작하게 된 계기이다. 그리하여 서쪽과 북쪽 두 변방 밖 부락의 가계·종파의 계보, 풍속, 산과 강의 형세, 원류의 분기와 합류에 대해 특히 심력을 기울여, 변경의 사무를 통찰하여 그 성취가 매우 높다는 평가를 받았다. 선생 본인이 직접 편찬한『몽고도지』의 요지와 체제를 보면 지도가 28장이고, 표表가 18편, 지志가 12편, 이렇게 총 30편으로 구성되어 있다. 그중 대흥大興 출신인 사인舍人 서송이 서북 지역의 지리에 정통하여 카자흐哈薩克(Kazakh)와 불루트布魯特(Bulut)에 대한 두 개의 표를 지었는데, 선생은 이를 당시의 특이한 작품이라 감탄하며 그것을 인용했다."[215] 경학의 관점에서 보면, 공자진은 지리학의 방식으로 다민족 왕조의 시각에서 중국의 면모를 조사하고, 문자·음운과 풍속에 대한 청초 유학자의 고증을 넓혀 변경 지역 및 그 문화에 대한 연구로 확대함으로써 폭넓은 역사적 시각을 보여 주었다.

청대 중기의 변경 지역 연구는 청대 전기의 변경 지역에 대한 중시와 삼번의 평정 같은 군사 정복 및 개토귀류 같은 정치 개혁과 밀접히 연관되어 있지만, 가경 중기 이후 이러한 변경 지역 연구는 새로운 위기 의식과 서로 맞물려 있다. 즉 서역에 대한 서술은 연해안의 위기에 대한 사색을 포함하고 있다. 진례陳澧는 이회원李恢垣의『한서역도고』漢西域圖考의 서문에서 다음과 같이 말했다.

> 『한서』와『후한서』의「서역열전」西域列傳에 기록된 것 중 가장 먼 곳은 대진大秦과 안식安息*이다. 오늘날 대진보다도 먼 곳에 위치한 서북 해안 사람들이 이미 천축天竺(인도)을 빼앗아 점령하니 운남에서 단지 천여 리 떨어져 있다. 그들은 중국과 강화 이후 개항장을 늘리고 천하를 떠돌며 경사京師에 공사관을 설치했다. 안식보다도 먼 곳에 있는 서남 해안 사람들은 중국에 들어온 지 천여 년이 지났으며, 인구가 번성하여 각 행성에 흩어져 거주하고

---

* 대진(大秦)과 안식(安息): 대진은 로마 제국이나 로마 제국이 지배하던 지역을 가리킨다. 안식은 페르시아 제국이나 페르시아 제국이 지배하던 지역을 가리킨다.

있다. 근자에 관농關隴(관중과 감숙성 동부 일대)에 혼란이 발생하여 무력 충돌이 끊이지 않고 있다. 오호, 중국의 우환이 이러한데도 중국인으로서 그 원인을 알지 못하니 어찌 슬프지 아니한가.

> 『兩漢西域傳』所載, 最遠者大秦·安息. 今則大秦之外, 西北海濱之人, 已奪據天竺, 距雲南僅千餘里, 自中國罷兵, 議款, 增立互市, 遊行天下, 而館於京師. 安息之外, 西南海濱之人, 入中國千餘年, 生育蕃多, 散處各行省. 近且擾亂關隴, 用兵未休. 嗚呼! 其爲中國患如此, 而中國之人, 茫然不知所自來, 可不大哀乎.[216]

여기에 두 가지 주의할 점이 있다. 첫째, 작자는 한대 서역의 관점에서 청대가 직면한 서부 문제를 논하고, 한대 지식에 대한 청대 학술의 흥미는 이미 한漢 제국의 역사에 대한 흥미(예를 들어 신강이 서기 1세기에 처음으로 한나라에 의해 지배됨)를 포함하고 있음을 보여 주고 있다. 둘째, 작자는 "서북 해안 사람들이 이미 천축을 빼앗아 점령했다"고 지적함으로써 양한 시기의 서역 지도를 재구성하는 것 자체가 영국과 기타 서구 국가가 인도를 점령하고 서쪽(신강과 티베트)에서 동쪽, 북쪽으로 확장하고 있는 것에 대한 대응을 포함하고 있음을 설명하고 있다. 또 내용 가운데 이미 일찍이 중국에 들어온 '서남 해안 사람' 및 내부 혼란을 지적하여, 이 시대의 서북 지리학이 내포하고 있는 위기감이 단지 강력한 북방의 인근 국가만을 겨냥한 것이 아니라 기타 지역도 고려하고 있음을 말해 주고 있다.[217] 서북 연구와 남양南洋* 지리 연구 사이의 직접적인 연관을 확증하기 어렵지만, 서북 지리학이 기타 연해 지역에 대한 예민한 감각을 포함하고 있다는 것은 확실하다. 실제로 서송 및 그를 따르는 학자들과 왕래하던 이조락李兆洛은 일

---

* 남양(南洋): 남양은 강소(江蘇) 절강(浙江) 이남 지역부터 동남아시아 지역까지를 말한다.

찍이 사청고謝淸高의 『해록』海錄 중의 자료를 정리하고 지도를 덧붙여 『해국기문』海國紀聞이라 이름하고, 또 수집한 자료를 「해국집람」海國輯覽이라는 제목으로 그 저서의 뒷부분에 부록으로 실었다. 공자진의 학술은 위로는 경학의 역사 지리 전통을 계승했지만, 그의 지리 연구는 완전히 새로운 요소를 포함하고 있다. 첫째, 청초 고염무 등의 전장·문물·언어·풍속과 제도에 대한 연구는 민족의 정체성과 도덕 판단의 근거를 제공했지만, 공자진 등은 몽골·티베트·회족에 대한 역사를 통해 '청 왕조'의 연원을 추적하고 새로운 '대일통'의 청사진과 역사적 맥락을 구성했다. 다시 말해 전자의 시각에서는 위에서 말한 각 족군이 아직 '외국 풍속'의 범주에 속하지만, 후자의 시각 속에서는 이미 '중국'의 유기적 부분을 구성하고 있는 것이다. 둘째, 청초 학자들은 명나라의 멸망의 교훈에 주목하여, 그들의 지리와 풍속의 고증도 이민족 침략의 분위기 속에서 그들의 정체성을 다시 수립하려는 노력과 연관되어 있었다. 그러나 공자진, 위원 등의 서북 지역에 대한 연구는 제국의 시각과 완전히 일치하며, 서북 변경 지역에 대한 그들의 연구에는 이미 동남 연해안의 위기가 스며들어 있다.

'대일통'의 구상과 제국 질서는 역사적 호응 관계가 있다. 그들의 공통된 특징은 내외 차별을 없애고, 외부를 부단히 내부의 정치와 문화 관계 속으로 재조직하는 것이다. 이러한 의미에서 '대일통'은 제국의 정복 역사를 역사로서 수용했다. 실제로 지리학의 범주에서 초기의 대일통 관념이 내포하고 있던 봉건론과 예의관은 더욱 실용적인 경세 주장으로 대체되었고, 따라서 대일통과 제국 간의 긴장 관계도 점차 사라졌다. 그렇다고 이것이 금문경학의 '대일통' 관념이 제국의 종족주의나 폭력적 경향을 인정했다는 말은 아니다. 이른바 지극히 커서 끝이 없을 정도라는 것은 곧 중국이 민족·풍속·언어·종교·문화와 지리가 매우 복잡하고 다양한 '중국'이라는 것을 인정하는 것이며, 그것의 예의적禮儀的 기초는 문화·언어·종교와 정치 구조의 다원성을 저해해서는 안 된다. 이러한 특징은 민족국가의 고도의 동질화 경향과는 명확히 다른 것이다. 조공 예의의 시각에서 보면 '중국'은 일종의 정치 질서이자 예의 질서이다. 그것은 족군을 전제로 하지 않으면서 또 내외 경계를 명확히 정하지도 않는다. 기본 예의에 대한 왕조 국가의 존중은 결코 모종의 문화 혹은 종교의 가치에 따라 모든 민족의 문화 및 가치를 통섭해야 하는 것을 의미하는 것이 아니다. 그와는 정반대로 예의는 일종의 정치 질서의 형식이며, 그것의 윤리적인 성격은 다원적 제국의 정치 관계에서 단지 형식적 요소를 담당할 뿐이다. 그러나 청 제국의 조공 네트워크는 조약으로 확정된 경계와 상호 병존하고 있으며, 제국 내부의 '무외'無外(더 이상 밖이 따로 존재하지 않음)는 결코 명확한 경계가 없음을 의미하는 것이 아니다. 이러한 의미에서 공자진의 '중외일가'中外一家가 '외부'를 전혀 설정하지 않는다고 확실히 규정하기는 어렵다.

공자진의 경세 저작을 자세히 보면, '대일통' 관념에 바로 미묘한 변화가 발생하고 있음을 알 수 있다. 즉, 본래의 '대일통' 관념과 제국 정치의 중첩이 주로 문화의 다원성 보존이라는 측면에서 집중적으로 표현되었다면, 공자진의 '대일통' 관념은 바로 내부의 동질화 경향에 합법성을 부여하고 있다. 이것은 '대일통'이 일종의 제국에 대한 비판적 관념으로부터 통일 국가의 합법성 관념으로 전환하고 있음을 예시한다. 당연히 공자진에게 있어서 이러한 전환 자체는 아직 그다지 명확한 것은 아니다. 그가 보기에 금문경학의 대일통 이론이든 아니면 그 이론에 의거한 경세 지식—예를 들어 다민족 제국의 지리와 풍속에 대한 서술과 연구—이든 모두 면적이 넓고 인구가 많은 것을 돋보이게 하려는 것이 아니라 경세치용을 기본 목적으로 하고 있다. 우리는 이러한 내용과 위원의 『해국도지』海國圖志 및 『성무기』聖武記를 연계해서 독해할 필요가 있다. 그들은 서로 다른 방면에서 그 시대의 과제에 답하고 있다. 공자진은 가경 24년(1819) 봄 은과恩科 회시會試에 응했다가 낙방했지만, 북경에 머물면서 유봉록으로부터 『공양춘추』를 전수받고 서한西漢의 금문경학을 익히며 주周 이전의 가법에 정통했다.

그리고 1년 후, 회시에 또 낙방하자 청대의 전장 제도를 연구했다. 바로 그 해에 그는 「서역치행성의」西域置行省議, 「휘주부지씨족표서」徽州府志氏族表序를 저술하는 동시에, 또 이미 유실된 「동남파번박의」東南罷番舶議를 저술했는데, 이러한 문장들은 서역의 내륙, 동남의 연해와 장강유역 및 그 상호 관계에 대해 그가 어떻게 이해했는지를 보여 준다. 그의 「서역치행성의」는 다음과 같이 시작하고 있다.

> 천하에 큰 것이 있는데, 둘레가 너무 커 알 수 없는 것을 바다라고 한다. 그 바다가 사방에서 보이면 사해四海라고 한다. 사방이 바다인 나라는 무수히 많겠지만 우리 대청국보다 큰 나라는 없다. 대청국은 요임금 이래 이른바 중국中國(세상의 중심)이다.
>
> 天下有大物, 渾員曰海. 四邊見之曰四海. 四海之國無算數, 莫大於我大淸. 大淸國, 堯以來所謂中國也.[218]

여기서 대청국은 비록 가장 크기는 하지만, 이미 수많은 '사방이 바다인 나라'들 가운데 하나로 간주되고 있다. 오창수의 『정암선생연보』에 따르면, 「서역치행성의」는 도광 원년 즉 1821년에 완성되었다. 그해에 문장공文莊公 교로 부힝覺羅寶興(Gioroi boohing)*이 티베트 부대를 이끄는 대신에 임명되자 공자진이 그에게 상서를 올려 말하길, "천산남로天山南路의 상황과 회족의 안정 및 통제 방책을 상세하게 논하고, 아울러 「서역치행성의」를 지어 올립니다. 주민 이주와 행성 설치에 대한 논의, 군대를 철수하고 호적에 편입하는 작업, 토지의 생산력을 높여 중국의 백성을 구제하는 일은 실로 변경을 경영하는 최고의 방책입

• 교로 부힝(覺羅寶興): 1777~1848. 자(字)는 헌산(獻山), 만주족 양황기인(鑲黃旗人)이다. 성이 교로인 것을 보면 알 수 있듯이 크게 보면 청나라의 국성인 아이신 교로(愛新覺羅)의 일족이다. 부힝(寶興)은 가경 연간의 진사로 주요 관직을 두루 역임했다. 특히 동북 지역의 간척과 사천(四川)의 군정(軍政)을 기획하는 등 변경을 돌보고 제도를 개혁하는 데 힘썼다. 도광 28년에 죽은 뒤 문장(文莊)이란 시호를 받았다.

니다"(備論天山南路事宜, 及撫馭回民之策, 並錄『西域置行省議』獻之, 蓋議遷議設, 撤屯編戶, 盡地力以濟中國之民, 實經畫邊陲至計)[219]라고 했다. 이러한 경세 관련 저서에서, 공자진이 해결하고자 한 것은 단지 서역의 내외 문제(회족 혹은 러시아 국경의 위기)만이 아니라, 전체 중국의 내외 문제를 포괄하고 있었다. 그는 체계적으로 청조 각 지방의 경제와 인구의 변화를 서술하고, "오늘날 중국의 인구는 날로 증가하고 상황이 날로 곤궁해지고 있으며, 황하는 날로 걱정거리가 되고 있어서"(今中國生齒日益繁, 氣象日益險, 黃河日益爲患) 이전처럼 세금을 늘리거나 소금 값을 올리는 것과 같은 대응책으로는 사태 해결에 도움이 되지 않는다고 지적했다. 따라서 그는 서부에 행성을 건립하고, 내지로부터 대규모로 이민을 시켜 서부를 개발토록 건의했다.[220] 이것은 서부 개발을 통한 내부의 인구와 토지의 압력을 해소하기 위한 방책이지만 또 '해양 시대'의 새로운 위기에 직면하여 수립한 전략적 구상이기도 했다. 이 구상의 핵심은 군현제 방식으로 서역을 통치하는 것, 즉 황권의 관리 범위를 변경 지역에 직접적으로 삼투시키고, 내부 정치 구조의 개혁을 통해 제국의 경제 일체화를 촉진시키며, 나아가 원래의 시속時俗과 상황에 적합한 것을 따르는 것을 특징으로 하는 다원적인 제도 설치와 "서역으로써 서역을 통치하는" 구상을 바꾸는 것이다. 이러한 제의는 서법書法이 기준에 부합하지 않아 채택되지 않았지만, 청말 시기에 이홍장李鴻章의 극찬을 받았다. 이홍장은 "바로 이것이 공자진의 경세 학문의 주요한 요점이다"라고 평했으며, 그 구체적인 건의는 광서제 때에 이르러 마침내 시행되었다.[221]

정치 체제인 제국은 경제 통치의 비교적 원시적인 수단이기도 하다. 조공 체제의 기초 위에서 형성된 정치 체제는 제도의 다양성을 포함하고 있지만, 동시에 중앙 권력의 경제와 자원에 대한 직접적인 지배 능력을 약화시켰다. 중국의 국가 조직은 군현제 국가와 다민족 제국의 복합체이며, 이 두 측면은 왕조 국가의 형식에 의해 하나로 연결되어 있다. 중앙집권의 정도가 이미 높을지라도 서북, 서남 등 지역의 제도 형식의 다양성 및 그것과 내지의 차이점을 고려하면 우리는 중국의 정치 통일이 '왕조'의 연속이라는 정치 형식 가운데 건립되어 있음을 명확히 확인할 수 있다. 이것은 또 '삼통설'이 왕조 계승 과정에서 이와 같이 중요한 이유이기도 하다. 이러한 정치 통일하에서 중앙과 변경, 다수 민족과 소수민족, 지배 민족과 기타 민족의 복잡한 관계 및 그 제도 형식이 줄곧 존재해 왔으며, 왕조 형식은 그것들이 부분적으로 서로 겸용할 수 있는 기본적인 사회 통일을 제공할 뿐만 아니라 일종의 특수한 혼합형 국가 유형을 만들어 냈다. 비록 권력 집중의 추세가 존재하기는 하지만, 청조 국가는 줄곧 지역, 민족과 생산 방식의 다양성을 단일한 정치 구조 속에 압축해 넣어, 서유럽 절대주의 국가와 일본, 러시아 등 이웃 상대국과 같은 긴밀한 국가 구조를 형성할 수 없었다. 그리하여 청말의 혁명가는 혁명의 관점에서 전제국가와 사회 구조 간의 이러한 느슨한 관계를 발견했다. 즉 쑨원孫文은 전제정치하의 중국은 '모래처럼 흩어지는 오합지졸'과 같다고 불평했고, 장타이옌은 전제주의 중국은 진정한 '무정부 사회'라고 보았다. 근대 민족주의의 주요 임무는 서로 다른 형식으로 이 다중적인 사회를 일종의 단일한 정치 구조 내부로 조직해 넣는 것이었다. 1800년 이후 중국과 영국의 내외 관계를 비교해 보면, 양자 간의 차이를 명확히 알 수 있다. 즉 청조는 명의상 그리고 예의상 조공 관계를 유지하고 있었지만, 이 관계는 실질적인 경제적 의미를 결여하고 있었다. 이에 비해 영국의 대외 관계, 군사 정복과 무역 왕래는 엄밀한 체계를 구성하고 있었으며, 그 내부의 경제는 인도의 '공물'貢物에 전적으로 의지하고 있었다. 내외의 압력하에서 더욱 많은 중앙의 세수, 더욱 많은 자원의 지배, 지역적 이민 문제의 직접적인 조절과 처리, 변경의 방어 능력의 강화, 그리고 각종 권력 중심의 조절과 통제를 위해, 청조 정부는 더욱 집중화되고 동질화된 정치 제도와 재정 제도를 추구하고, 왕조 국가 내부의 다중적인 요소를 하나의 단일한 정치 구조 내부로 끌어들이기 위해 노력했다. 바로 그러한 까닭에 단일한 국가 구조의 형성은 중국과 외부의 관계 및 그 변화와 분리하여 생각할 수 없다.

　공자진의 「서역치행성의」는 바로 이러한 요구에 대한 반응으로서, 청 제국을 근대 형식의 중앙집권 국가로 전환시키는 전조로 볼 수 있다. 우리는 일반적으로 중앙집권적 혹은 절대왕권의 국가를 전통 국가로 간주하는데, 정책 결정 과정에서 최종적인 결정권을 지닌 황권을 고려하면 절대왕조라는 개념은 적합하다고 볼 수 있다. 청대 역사를 포함하여 중국 역사에서 중앙집권 형식은 재정, 세수와 군사 등 방면에서의 중앙정부의 지배권을 포함하고 있다. 이 점에 관해서는 앞에서 청초 경학을 설명할 때 이미 언급했다. 그러나 청 제국의 범위 내에서 황권 혹은 중앙 권력은 사실상 각 방면의 제한을 받았다. 즉 황권과 중앙 권력에 대한 제국의 예의 체계의 제약 이외에 변경 지역, 조공 관계와 봉건적 특징을 지닌 제도 형식(예를 들어 티베트의 가삭 제도, 서남의 토사 제도, 내외 몽골의 팔기 제도 그리고 서역 회교 지역의 자치 형식 등)은 모두 중앙 권력의 지방 업무에 대한 직접적인 간섭을 제약했다. 이러한 관점에서 보면, 근대 국가의 사회에 대한 조직과 간섭 능력은 제국 체제보다 훨씬 더 강하다. 설사 권력 균형의 시각에서 볼 때, 권력 행사의 과정은 반드시 법규화의 제도, 절차와 도의의 제약을 받기는 하지만, 내부 사회의 위기와 외부 압력의 증가에 따라, 아편전쟁 이전 제국 체제 내부에는 이미 제도 개혁의 압력이 시작되었으며, 그 주요 특징은 더욱 유기적이고 강대한 중앙집권 국가를 건립하고 군사 동원과 세수의 능력을 강화하는 것이었다. 권력의 집중과 군사 산업의 흥기는 모두 이러한 과정의 가장 중요한 요소이며, 서역에 대한 행성 설치 건의와 수십 년 후의 실제 설치는 바로 이러한 권력 집중의 추세와 내부 제도의 동질화 경향의 표현이다. 바로 이러한 권력이 집중되는 국가 건설은 제국 내부로부터 이른바 ‘민족국가’로 나아가는 길을 열었다. 공화국 형식의 중국은 제국 모델 가운데로부터 직접 탈태해 나온 것이며, 그 민족주의 운동은 민국 건립 후 ‘오족공화’五族共和의 정치 주장으로 전환되었다. 이는 새로운 ‘공화국’은 단지 민족국가 체계의 성원의 의미상에서 비로소 민족국가로 묘사될 수 있음을 설명해 주고 있다. 이러한 맥락 가운데 민족 자결은 전형적인 '정치 자결'이지 족군 중심의 정체성 정치가 아니다. 이후 토론에서 나는 이러한 과정을 '제국의 주권국가로의 자기 전환'이라고 규정할 것이다.

공자진의 구상은 일종의 사회 변혁의 조직 방향을 미리 보여 주고 있다. 즉 중국의 국가 이익을 보호하고, 내외 위기로 인한 곤경을 해결하기 위해서는 반드시 행정 체계와 세수 방면에서 더욱 일체화되어야 했으며, 제국의 영토와 관리 통치 문제를 더욱 밀접하게 연계시켜야만 했다. 이것은 제국 체제가 근대의 권력 집중적 국가로 이행하기 위한 전제이다. 소수민족이 통치하는 왕조로서, 그리고 방대한 지역과 수많은 인구, 복잡한 족군 관계, 다원적인 정치 문화, 급속히 팽창한 제국으로서의 청 왕조는 부단히 확장되는 변경의 업무를 처리해야만 했을 뿐만 아니라 중국의 중심부에서 만한滿漢 및 기타 민족 관계가 야기하는 여러 긴장을 해결할 필요가 있었다. 일단 외부의 위협이 출현하면 내부는 즉시 중심에서 이탈하려는 경향이 발생할 수 있다. 따라서 외부 위협에 대한 그것의 가장 자연적인 반응은 반드시 내부의 통일성을 강화하는 것으로부터 시작할 것이다. 공자진의 시대에 그의 건의는 채택되지 않았다. 좌종당左宗棠의 「통주신강전국소」統籌新疆全局疏(1878)와 비교한다면 공자진의 건의는 이보다 반세기 이상 빠른 것이다. 청말에 실시한 일련의 정책과 개혁은 공자진의 건의와 일정한 호응을 이루고 있다고 할 수 있다. 즉 1884년 신강에 행성 설치, 1906년에 이번원의 이번부理藩部로의 개편, 1907년 몽골 이민 업무를 책임지는 특별 기구의 설치, 1907년 변경 업무를 처리하기 위해 설립한 제변학당濟邊學堂 등등. 더욱 중요한 것은 신해혁명의 성공과 청조 제국의 와해에도 불구하고 상술한 이러한 개혁 과정이 중단되지 않았다는 점이다. 혁명은 제국 내부의 민족자결의 방향으로 발전하지 않았다. 그와는 반대로 식민주의의 분위기 속에서 혁명가가 창조한 국가는 바로 그들의 논적인 캉유웨이 등의 개혁 논리를 따라 제국의 주권국가로의 전환이 실현되었다. 전통 제국이 전환되어 형성된 주권국가로서의 중국은 민족국가가 지배적 지위를 점하는 세계 체제 속에서 그 제국의 유산이 남긴 곤경을 완전히 벗어날 수 없었다.

금문경학의 가장 중요한 임무 가운데 하나는 바로 이론적 측면에서 상술한 모순을 해결하는 것이며, 일종의 특수한 '내외'관으로 청 제국의 정치 구조 내에서 만한 및 기타 소수민족의 관계를 해석하고, 화이의 구분에 따른 족군 중심주의를 완화시키는 것이다. 청대 공양학 이론은 일련의 복잡한 요지와 체제를 통해 왕조의 법률, 예의와 문화 제도를 해석하고, 역사 변화에 대한 존중과 미언대의의 추구 사이에 장력張力을 형성하여 다민족 왕조 시대의 정치 실천을 위해 비교적 완전한 이론을 제공했다. 청초 유학에서부터 금문경학에 이르기까지 줄곧 봉건적인 정신, 제도와 다양성을 군현제의 내부에 주입하는 문제에 관심을 가졌으며, 따라서 내외 문제에 대한 사고는 탄력성이 풍부한 제도 설치와 밀접히 연계되었다. 그러나 공자진, 위원의 시대에 아편전쟁이 발발하고 '내외'의 함의에도 변화가 발생했다. 즉 장성의 양 측면에서 해양으로 전환하고, 만한일체에서 새로운 화이의 구분으로 전환되었다. 금문경학의 변법론은 이때부터 새로운 내외, 화이 관계 속으로 편입되었다. 공자진의 구상은 사실상 금문경학 전통 내의 '봉건'과 '대일통'의 변증법적 관계를 변화시켰다. 그는 중앙 국가가 전국적으로 직접 재정과 세수와 군사를 통제할 수 있는 정치 구조를 탐색하기 시작하여, 청조 제국이 직면한 내외의 도전을 해결하고자 했다. 아편전쟁 이후, 지리학은 서북 지역에서 '해양 국가'로 방향을 전환했으며, 내외 관계는 왕조 내부의 '중외일체'로부터 유럽 식민주의 시대의 화이 구분으로 바뀌었다. 그렇다면 청대의 화이 구분은 결국 유학 전통의 유산인가 아니면 유럽 식민주의 시대의 정치 조건과 역사 관계의 산물인가? 그것도 아니면 내외가 교차된 결과인가?

4. 서북 지역 기획과 '해양 시대'

공자진의 제국 기획은 서북 지역에 대한 대책 수립과 경영을 중심으로 하며, 몽골, 청해 및 회족 등 지역의 역사·지리·제도·풍속·언어와 문화에 대해 심도 있는 분석을 진행했다. 이러한 '중국'의 청사진은 내외 경계로서의 장성의 상징적 의미를 탈각시키고 송·명과 청초에 성행했던 화이 구분을 약화시키거나 해소했으며, 그 결과 또 금문경학의 내외관을 받아들였다. 그러나 그 차이는 명백하다. 즉 "서북에 행성을 설치하는 것"은 일종의 군현제의 구상으로서, 그것은 청 초기 그 지역의 풍속과 특수성을 따른다는 변방 정책을 바꾸었을 뿐만 아니라 또 유봉록 이래 봉건 가치를 중시하던 경향도 바꾸었다. 이것이 미리 예시하여 보여 주는 것은 대일통 관념과 군현제 구상 간의 새로운 연관이다. 그것이 구상하는 제국의 청사진은 1세기 이후 서구 역사가의 이른바 내부 아시아의 서술과 자못 유사하지만 전략적 의도는 정반대이다. 공자진의 변방론은 서북 지역은 중시하면서 동남 지역은 논하지 않았지만, 이는 결코 그가 동남 지역의 연해안沿海岸을 중시하지 않았기 때문이 아니다. 그와는 정반대로 그의 서북론은 청대 경세 학문의 전범이자, 해양 시대 혹은 유럽 식민 시대에 대한 반응이었다. 이것이 그의 서북론이 동시대인의 지리학과 다른 중요한 특징이다.

지리학의 관점에서 볼 때, 청대 중기의 해양 문제에 대한 우환 의식이 직접적으로 해양 무역 체계와 패권 관계에 대한 인식으로 표현되지는 않았다. 오히려 정반대로 사대부들은 우선 시야를 서북 지역으로 돌렸는데, 이는 사대부와 왕조 통치자에겐 서북 및 중-러 양 제국 간의 관계가 더 중요했고, 해양으로부터의 압박은 훗날 대두된 문제임을 말해 준다. 공자진의 「서역치행성의」는 서역 변방의 방위, 이주 정책, 둔전 개간 방법, 행성 설치 등에 대해 자세히 논하고 있다. 그러나 앞에서 지적한 바와 같이, 그의 견해는 해양의 위협에 대한 예민한 감각을 포함하고 있다. 이러한 예민한 감각은 일종의 뿌리칠 수 없는 안개와 같이 그 시대 민감한 지식인의 세계에 대한 이해를 에워싸고 있다. 공자진의 가까운 친구였던 위원은 「답인문서북변역서」答人問西北邊域書에서 당시 "서쪽을 포기하고 동쪽을 지키자"는 일부 주장에 대해, 한·당의 역사와 당시 현실을 참조하여 날카로운 비판을 가했다. "혹자가 말하길, 땅이 넓어도 쓸모가 없고, 군인의 봉급과 군량을 해마다 수십만 석씩 소비하는 것은 중앙의 곡식을 소비하여 변방 업무를 처리하는 것이라 백해무익하다고 한다. 하지만 서역의 전쟁을 마치기 전 시기를 돌이켜 떠올려 보라. 강희제·옹정제·건륭제 시기에 서역의 문제를 해결하기 위해 얼마나 노심초사했는가! 만약 켈렌강(克魯倫河, Kherlen)을 따라 빠른 속도로 남침하여 대동성大同城과 귀화성歸化城을 유린하고 감숙성과 섬서성에 큰 군사적 충돌이 끊이지 않는다면 그 비용이 어찌 지금 비용의 몇 곱절에 그치겠는가!"(或謂地廣而無用, 官糈兵餉, 歲解賠數十萬, 耗中事邊, 有損無益. 曾亦思西兵未罷時, 勤三朝西顧憂. 且沿克魯倫河長驅南牧, 蹂躪至大同·歸化城, 甘陝大兵不節解甲, 費豈但倍蓰哉) 나날이 번성하는 내지 인구, 변새 밖으로의 이주의 필요성, 서북의 개발에 관한 그의 주장은 공자진과 완전히 일치한다.[222] 일찍이 강희, 옹정 시대에 청조의 통치자는 이미 동/서, 남/북 사이의 전략적 관계를 의식하고 있었다. 1673년에서 1681년 사이에 서남 지역의 여러 성에서 발생한 삼번의 난이 서북 변경에 미친 영향은 이러한 전략적 의식을 촉발시킨 중요한 계기였다. 도광 22년(1842), 남경조약이 체결되자 위원은 큰 자극을 받았다. 그리하여 10여 년을 걸쳐 집필한 저작 『성무기』를 완성하기 위해 힘썼는데, 그 저서의 취지에 대해 다음과 같이 설명하고 있다. "만년에 장강, 회하淮河 지역(남경과 양주揚州 지역)에 머물고 있었는데 해상의 경보가 갑자기 울리고 군대 소식이 연이어 들려왔다. 이에 감개하여 마음속에 품고 있던 것이 촉발되었다. 곧 서재에 소장하고 있던 것을 다 꺼내어 조리 있게 구성하고 막힘없이 써내었는데, 먼저 군사 활동 및 그와 관련된 의론을 뽑아 몇 편을 만들었다. 책은 전체 14권에 40여만 자에 이르렀으며, 해외의 오랑캐가 강녕江寧(남경)에서 신하로서 귀순하던 달(1842년 8월)에 완성했다."(晚僑江·淮, 海警飇忽, 軍問遝至, 愯然觸其中之所積, 乃盡發其櫝藏, 排比經緯, 馳騁往複, 先取其涉及兵事及議論若幹篇, 爲十有四卷, 統四十餘萬言, 告成於海夷就款江寧之月)[223] 『성무기』는 아편전쟁에 대한 직접적인 대응의 일환으로 쓰였지만, 동남 연해안 문제에 대해서는 거의 언급하지 않았다. 그 주요 내용은 청대의 개국, 삼번의 평정, 강희제·건륭제 시기의 통일을 공고히 한 전쟁, 그리고 묘족과 백련교, 천리교天理教 등의 봉기 진압에 관한 것이며, 따라서 저서의 중심 부분은 서북 지역과 서남 지역의 전쟁과 통일이다. 그러나 『성무기』와 『해국도지』 사이에는 호응 관계가 존재하며, 날로 밀려오는 해양으로부터의 위협에 대한 예민한 감각을 포함하고 있다. 광서 4년(1878), 상해 신보관申報館의 연인본鉛印本 내에 수록된 「도광양소정무기」道光洋艘征撫記[224]는 직접적으로 아편전쟁 과정을 기록한 저작으로 그중 일부 내용은 「주해편」籌海篇과 중복된다. 이외에 『해국도지』 재편집본의 베트남에 대한 서술 중에는, 당대唐代나 특히 명대 및 청대에 월남(베트남)이 가졌던 위상과 상호관계에 대한 『성무기』의 내용을 수록하고 있다. 아편전쟁에 대한 위원의 결론은 우선 제국 내부의 시각(조공의 시각을 포함하여)으로부터 전개된 것이다. 즉 영국 등 서구 국가, 심지어 월남 등 이전 속국은 모두 해산된 중국의 병사 혹은 중국의 해적을 안내자로 이용했다. 따라서 외적을 막는 방법 가운데 하나는 모종의 준準 군국민주주의軍國民主主義의 방식으로 제국 내부의 통일을 강화하는 것으로, 해양 위협에 대한 해소와 내부 통일의 촉진은 서로 연계되어 있었다.

따라서 옛적 제왕이 장기간 태평세를 누리다가, 크게 명령을 내리는 날에는 반드시 위엄 있게 군령으로 천하의 인심을 쇄신하고, 황공하게 군량과 사료로 천하의 인재를 불러 모았다. 인재가 나오면 군정軍政이 정돈되고, 인심이 경건해지면 국가의 위엄이 강력해진다. 한번 기뻐하면 천하에 희색이 만연하고, 한번 노하면 천하가 시들해진다. 백관百官이 강해지고 모든 군대가 창성해진다. 금지령이 시행되고 사방의 오랑캐가 천자를 알현하는데, 이를 일컬어 묘당廟堂에서 전쟁에 승리한다고 하는 것이다.

> 故昔帝王處蒙業久安之世, 當渙汗大號之日, 必虩然以軍令飾
> 天下之人心, 皇然以軍食延天下之人材. 人材進則軍政修, 人心
> 肅則國威遒, 一喜四海春, 一怒四海秋. 五官強, 五兵昌, 禁止
> 令行, 四夷來王, 是之謂戰勝於廟堂.[225]

여기서 명확히 군령으로써 인심을 수습하고 천하를 호령하며 인재를 모집할 것을 주장하고 있다. 이러한 전략적 관점에서 장존여, 유봉록이 처리한 제국 내부의 만한滿漢, 화이, 내외 관계는 간단히 해양 관계에 의해 대체되지 않는다. 그와는 반대로 공자진, 위원 및 한참 뒤의 캉유웨이, 량치차오 등은 이러한 성과를 전환·발전시켜 활용했으며, 나아가 그것을 새로운 역사적 조건하에서의 변법 개혁에 적용했다.[226]

이러한 의미에서 해양과 내륙의 상호 추동 관계는 여기서 무시할 수 없는 작용을 하고 있다. 청대 중기 이래, 서북론은 더 이상 단순히 전통적인 경세론의 연속이 아니다. 그것의 출현은 새로운 역사 변동, 특히 연해안의 압박과 밀접한 관계가 있다. 공자진은 "서북 지역은 해양에 임해 있지 않다"는 말을 서북 지역의 지리적 특징으로 삼았는데, 그 내심에는 해양 시대의 도래에 대한 깊은 두려움과 우려가 자리 잡고 있음을 알 수 있다. 만약 그의 서북론을 그의 친구인 위원이 동시기에 쓴 문장과 비교해 보면 이러한 점이 더욱 두드러진다. 「명대식병이정록서」明代食兵二政錄敍에서 위원은 다음과 같이 말하고 있다.

황하에 별 탈이 없어도 매년 황하를 정비하는 데 수백만 냥이 소요되지만, 황하에 문제가 발생하면 무너진 제방을 쌓는 데 천백만냥의 거금이 소요된다. 한 해라도 황하의 물난리에 대한 우려가 없는 해가 없고, 황하 정비를 위한 비용을 소모하지 않는 해가 없다. 이는 전대에는 없었던 일이다. 오랑캐의 아편이 전국에

만연하고 화폐가 해외로 유출되고 있다. 이에 소금의 조운漕運이 날로 피폐해지고, 관청과 백성이 날로 곤궁해지는데, 이는 왜구가 침략을 일삼던 명대 때보다도 상황이 심각하다.

> 黃河無事, 歲修數百萬, 有事塞決千百萬, 無一歲不虞河患, 無一歲不籌河費, 此前代所無也. 夷煙蔓宇內, 貨幣漏海外, 漕艖以此日蔽, 官民以此日困, 視倭患尤劇也.[227]

위원은 조운의 쇠락, 국고 및 백성의 곤궁을 아편 무역과 내재적으로 연계시키고 있다. 중국 내부 경제 위기가 광범한 국제 조건과 연계되어 있는 상황에서 전통적인 방식으로 위기를 해결하는 것은 효과가 없다. 바로 이러한 의미에서 서북론은 전통적인 경세론과 다르다. 그것은 앞에는 해안의 경계를 마주하고 뒤로는 서북 지역을 등진 구상으로서, 이로써 "오랑캐의 아편이 전국에 만연하고 화폐가 해외로 유출되며" "왜구가 침략을 일삼던 명대 때보다도 상황이 심각한" 새로운 상황에 대처하고자 했다. 공자진의 「동남파번백의」는 이미 유실되어 그 "오랑캐의 선박을 막기"(罷番舶) 위한 구체적 건의 내용을 알 수 없지만, 아편전쟁과 백은의 해외 유출 등 위기에 대한 그의 심각한 우려는 「송흠차대신후관림공서」送欽差大臣侯官林公序(무술 11월)에도 잘 나타나 있다. 이 서신에서 그는 임칙서를 위해 동남 지역의 무역과 관세, 백성들의 상황, 관리들의 통치, 병기 등 상황을 자세히 분석하고, 또 해전과 육지전의 차이 및 그에 대한 대응책도 성심껏 건의하고 있다. 공자진은 해안 방비, 무역 및 그것이 "중국 18행성의 은값을 안정시키고 물질적 경제력을 충실하게 하며 인심을 안정시키는 데"(中國十八行省, 銀價平·物力實·人心定) 미치는 영향에 대해 깊은 인식을 지니고 있었다.[228] 이는 임칙서가 말한 바와 같이 "비판과 건의의 높은 수준을 보면 원대한 인식과 계책을 도모하지 않는 자가 말할 수 있는 바가 아니며 깊이 관찰하지 않은 자가 말할 수 있는 바가 아니었다."(責難陳義之高, 非謀識宏遠者不能言, 而非關注深切者不肯言也)[229]

그러나 이른바 해양 시대라고 하더라도 대륙의 세력은 여전히 국가의 흥쇠에 있어서 매우 중요한 요소이다. 이러한 전제하에서 공자진이 1821년 서북론과 해양 사이의 복잡한 관계에 대해 쓴 글을 다시 한번 돌이켜보면 그가 역사적 상황에 대해 얼마나 예민하고 날카롭게 인식하고 있는지를 알 수 있다.

> 서북 지역은 해안에 임해 있지 않다. …오늘날 서쪽 끝의 변경은 아프칸愛烏罕에 이르고, 북쪽 끝의 변경은 우리안카이烏梁海(Uriankhai) 총관總管이 통치하는 지역에 이른다. 메마른 길, 수로水路, 큰 산과 작은 산, 큰 강과 작은 강, 평지 등은 모두 성경盛京이나 산동, 복건, 광동과 같이 해안을 끼고 있는 곳과 비할 바가 아니다. 서역은 불경에서는 지상의 중앙이라 여겼으며, 고대부터 근래까지 서역이라 불렀다. …세조世祖(순치제順治帝, 1638~1661)가 중원에 들어온 이후 요임금 이래 남해 지역까지 모두 획득하시어 동서남북에 18개의 행성을 설치했는데, 사방 2만 리에 면적은 2백만 리나 되었다. 옛날에 천하를 장악한 자는 천하를 가졌다고 불렀지만, 아직 하나의 바다를 가졌다고 할 수는 없었다. …지금 왕조는 동쪽과 남쪽에 두 바다를 가지고 있을 뿐만 아니라 몽골 할하喀爾喀(Khalkha) 부락을 통제했지만 북쪽에 있어서는 그 범위가 요원하게 멀다고 할 수 없었다. 고종高宗(건륭제乾隆帝, 1711~1799)이 또 천명을 받고 나타나서 무력을 행사했다. 이에 세조와 고종의 군사력을 계승하고 아울러 동남북의 여러 힘을 모아 서쪽을 개척했다. 멀게는 경사京師에서 1만 7천 리나 되는데, 서쪽의 번속국은 아직 참여하지 않으니, 하늘이 장차 서쪽의 바다와 교통하게 할지는 알 수가 없다.
>
> 西北不臨海, …今西極徼, 至愛烏罕而止, 北極徼, 至烏梁海總管治而止. 若乾路, 若水路, 若大山小山·大川小川, 若平地, 皆非盛京·山東·閩·粤版圖盡處卽是海比. 西域者, 釋典以爲地中

央, 而古近謂之爲西域矣. …世祖入關, 盡有唐堯以來南海, 東
南西北, 設行省者十有八, 方計二萬里, 積二百萬里. 古之有天
下者, 號稱有天下, 尙不能以有一海, …今聖朝旣全有東南二
海, 又控制蒙古喀爾喀部落, 於北不可謂隘. 高宗皇帝又應天運
而生, 應天運而用武, 則遂能以承祖宗之兵力, 兼用東南北之
衆, 開拓西邊. 遠者距京師一萬七千里, 西藩屬國尙不預, 則是
天遂將通西海乎? 未可測矣.[230]

영토는 요동의 바다에서 시작된다. 연해 지역에서 서쪽에 이르
기까지 18개의 성을 설치했는데, 전체 지도에서 사람이 사용하
는 길을 따져 보니 그 끝에서 끝까지의 거리가 1만 3천 리에 이
른다.

版圖起遼海. 瀕海而西, 置行省者十有八, 盡版圖以紀行役, 相
距至萬有三千里而極.[231]

「서역치행성의」의 직접적인 집필 동기는 행성을 설치하여 내지인
의 신강으로의 이민을 촉진하고, 신강 내부의 민족적 저항을 안정시
키며, 차르 러시아의 위협에 대항하는 한편, 서해로 통하는 길을 모색
하기 위한 것이었다. 건륭제는 1758~1759년에 걸쳐 신강을 정복했는
데, 이후 그 지역에는 60년간 평화가 유지되었다. 이러한 상황의 출현
은 우선 청 왕조의 강대한 군사적 통제와 신강 각 부락의 와해에 따른
것이며, 또한 청 왕조가 그 지역의 엘리트 중에서 협력자를 찾아내어
그 지방 권력으로 하여금 이슬람법에 따라 통치하게 했기 때문이기도
했다. 그러나 1820년 전후 시기에 이르러 상황이 변화했다. 우선 백련
교白蓮敎가 기의하여 왕조 권력에 위협을 가했고, 묘족의 봉기가 다시
발발했다. 1813년에는 천리교天理敎가 봉기하여 직접 자금성에 충격을
주었다. 러시아 제국이 재차 동쪽으로 확장함에 따라 청과 러시아의
변경에 다시 위기가 감돌았다. 이러한 배경을 바탕으로 신강 지역은

매우 불안정하게 되었다.[232] 공자진은 청 왕조의 건국 과정으로부터 동남 지역에서 서북 지역으로의 이민과 개척 역사를 거슬러 올라가며 고찰하면서, 주로 서북 지역의 민족 저항과 러시아의 위협에 주목했다. 그리고 행성을 설치하고 이민을 장려하며 서북 지역의 세수 능력을 강화하는 등의 대응책을 제시했다.

그러나 공자진의 서술을 보면, 요원한 '바다'는 줄곧 서북 지역 상황을 사고함에 있어 중요한 한 부분인데, 해안선은 광활한 아시아 내륙 지역을 배경으로 명확하게 부각된다. 중국 역사 서술의 기본 맥락은 황하, 장강과 운하 유역을 중심으로 했으며, 서북 지역은 항상 모호하고 요원한 변경으로 묘사되었다. 그리고 해양 무역과 교류는 중국에서 유구한 역사를 가지고 있지만, 한 번도 지배적인 지위를 점한 적이 없었으며, 청대에 특히 그러했다. 그러나 이제 이러한 변경 지역 및 그 역사 지리의 모습은 대륙과 해양이 내재적인 연관 속에서 구성하는 역사의 지평선 위로 자신을 드러냈다. 서북 지역의 윤곽을 명확히 하는 것은 해양 시대의 군사적, 경제적 확장의 산물이다. 공자진은 '서해'와 소통할 가능성을 언급했는데, 이는 아마도 중앙아시아 지역을 가로질러 인도양으로 향하는 출항지를 가리키는 것이었을 것이다. 여기서 우리는 또 1820~1821년이 청대 아편 수입의 중요한 해였음을 기억할 필요가 있다. 이 시기 아편 수입량은 5천 상자(매 상자 65kg, 가치는 멕시코 은화 1천~2천 냥)에 달했으며, 또 급속히 증가했다. 따라서 공자진의 서북론과 콜럼버스의 아메리카 발견 사이에는 일종의 역사적 관계가 있다고도 할 수 있다. 래티모어Lattimore의 표현을 빌리자면, 콜럼버스 시대가 자연 그대로의 해양 시대는 아니었는데도 처음부터 해양 시대의 모습을 하고 출현한 까닭 중 하나는 그것이 '대륙'의 권력 분포와 구조를 기초로 한 이익 관계에 대한 반응이었기 때문이다.[233] 이와는 반대로 공자진의 서북론은 청조 사회의 위기에 대한 반응이자 또 이른바 '해양 시대'—군사, 산업, 그리고 정치 제도의 확장을 실질 내용으로 하는 시대—에 대한 반응이기도 했다. 해양 시대가 민족국가 체계의 확장, 그리고 중국 북방의 소수민족 지역에 민족국가의 성질을 부여함으로써 본래의 조공 관계와 다원적인 예의 제도를 와해시키는 것을 상징으로 한다면, 청 제국은 내부 구성원 동원이나 국가 분열이라는 국면을 모면하기 위해 상응하는 내부의 정치 구조를 변화시키지 않을 수 없었으며 내부의 통일성을 강화함으로써 자신을 일종의 '외부의 경계가 없는' 다원적 제국에서 내외 경계가 분명한 '민족국가'로 변화시켜야만 했다. 민족국가 시대의 통일과 분열의 장력은 제국 시대의 이합의 추세와는 다르다. 전자는 일종의 세계적인 규범 변화와 관련이 있으며, 그 핵심 개념은 형식적으로 평등하고 국제적 승인을 전제로 한 단일한 주권이다. 만약 제국의 틀이 단일한 주권국가의 틀로 전환하는 것이 현대 중국 형성의 역사적 전제라면, 제국 건설(empire building) 과정에서 점차 발전하고 심화되어 온 황권 중심주의와 민족국가 건설(state building)의 중앙집권적 경향은 상호 중첩적인 과정이다. 바로 이러한 까닭에 왕조의 합법성 이론으로서의 금문경학은 청말 국가 건설 과정에서 중요한 역할을 수행했던 것이다.

제6장

안과 밖 (2) : 제국과 민족국가

曷謂道之器?   도를 담는 그릇은 무엇인가?

曰: 禮樂.   예악이다.

曷謂道之斷?   도에 단안을 내리는 것은 무엇인가?

曰: 兵刑.   군사와 형벌이다.

曷謂道之資?   도에 밑천이 되는 것은 무엇인가?

曰: 食貨.   음식과 재화다.

— 위원

제1절

'해양 시대'와 그 내륙에 대한 관계의 재구성

　공자진과 위원의 서북론을 중국 역사의 남북 관계 속에 놓고 보면 이는 하나의 역사적 전도이다. 전통적으로 북쪽으로부터 남쪽으로 이루어져 왔던 이동·확장·정복·무역의 움직임이 이제는 반대 방향, 즉 남쪽으로부터 북쪽으로 바뀌기 시작한 것이다. 우리는 이러한 방향 전환을 어떻게 이해해야 할까? 래티모어는 일찍이 만리장성 주변 세력의 상호작용을 역사적으로 분석하면서, '서구 이전'(pre-Western)과 '서구 이후'(post-Western)의 두 요소를 명확히 구분했으며, 또한 이 두 가지 요소의 상호작용을 새로운 변경 관계 조성의 기본 동력으로 보았다.[1] 이런 관점에서 봤을 때, 기존 중국 사회의 지속적 변동, 즉 종족 관계·국가 제도·경제 제도·풍속 문화·이민 구조 등 다양한 요소들의 변동은 주로 원양 무역 혹은 바다 건너편의 정복 등에 의한 것이 아니라, '내륙 아시아'의 운동, 즉 대륙 내부의 북에서 남으로의 운동이었다. 이와는 반대로 '해양 시대'는 유럽 자본주의와 그 해외 확장 과정을 가리키는 대명사이다. 서구와 일본에 의한 침략·점령·확장하에서 해양으로부터 온 철도·공업·금융 등과 같은 새로운 요소들은 과거의 변경 관계를 더욱 광대한 범위로 확장했으며, 새로운 패러다임이 없이는 이처럼 새로우면서도 또한 낡은 역사 관계를 도저히 설명할 방법이 없도록 만들었다. 래티모어는 다음과 같은 예리한 통찰을 보여 준다.

근대 중국의 변경 확장 과정은 사실상 인구 및 권력의 운동이 초기 역사로부터 형성되어 왔던 것과는 다른 쪽으로 명확히 방향 전환되었음을 보여 준다. 이런 방향 전환을 가져온 가장 중요한 동력은 공업화의 힘이었다. 이 힘은 외부·서구·일본에 의한 공업·상업·금융·정치·군사 등 각 방면에서의 활동으로부터 발전해 온 것이었다. 이는 해상으로부터 중국에 가해진 힘이었으며, 또한 그 힘은 연해 지역에서부터 작용하기 시작했다.[2]

만일 북에서 남으로의 운동이 전쟁·조공·무역·이민·법·예의 등의 재구축을 그 주요 특징으로 한다면, 연해로부터 내륙으로의 확장 운동은 무역·조약·국경·주권·식민·공업·금융·도시화·민족국가 등과 같은 개념들의 등장과 함께 진행되었다. 래티모어에게 있어서, 17세기 만주족의 산해관山海關 입성은 만리장성 부근 변경 세력의 내륙을 향한 마지막 물결이었으며, 그 이후 대륙 내부의 운동은 새로운 시대, 즉 이른바 '해양 시대'를 가지고 규정해야 하는 문제였다.

래티모어는 서구 식민주의를 예리하게 비판했는데, 특히 만리장성을 중심으로 하는 변경 지역에 대한 그의 설명에는 깊은 역사적 통찰이 담겨 있다. 다른 한편 그의 '내륙 아시아'에 관한 서술은 미국에서의 중국 연구사 속에서 '연해-내륙' 모델의 원형이자, 또한 '해양사관'의 투사물이다. 청대의 역사 속에서 남에서 북으로의 이주는 유럽의 침입이나 원양 무역의 발전에서 비롯된 것이라기보다는, 차라리 청나라 군대의 산해관 진입과 통일 왕조 건립에 의한 필연적 산물이라고 봐야 할 것이다. 중국 남북 관계의 복잡한 상호작용에는 래티모어의 서술보다 더욱 복잡하고 다양한 내재적 동인들이 있었다. 종합해 보자면, 이런 역사적 이주의 방향 전환이 이루어질 수 있었던 기본 조건에는 다음 세 가지 측면이 포함되어 있다. 첫째, 청 왕조는 북방에서 중원으로 들어온 제국이며, 전국 통일과 북경 정도定都, 그리고 삼북三北*평정 이후 청 왕조는 그들의 발원지인 동북과 서북 지역에 중국 내지內

地*의 경제·문화적 관계를 이식시키지 않을 수 없었다. 만리장성의 변경으로서의 의미가 상실되고, 내지로부터 이주해 온 인구가 증가함에 따라, 만리장성 양편의 변경 지역은 청 왕조의 중심 근거지가 되었다. 이민, 통혼, 상호 동화, 그리고 그에 상응하는 법률 조정에 이르기까지, 청대 초기부터 시작된 관내關內* 지역에서 관외關外 지역으로의 발전 과정은 모두 남에서 북으로의 운동이 청 왕조의 통일 국면에서 기원한 것임을 입증해 준다. 변경이 북쪽으로 옮겨 감에 따라, 청대의 사대부들은 서북 지역의 문제를 왕조 국가 내부의 일로 여기게 되었다. 공자진의 서북론은 청대 경세 전통의 유기적인 일부였으며, 앞 절에서 논의했던 수많은 서북 지리에 관한 연구들 역시 이러한 제국 경세 전통의 반영이었다. 둘째, 청 왕조의 제국 건설 및 확장과 동시에 러시아 제국 역시 확장해 내려옴에 따라, 동북과 서북 지역에서의 중·러 변경 지역 안정 유지가 청 왕조 정치와 경제의 주요 내용이 되었다. 이를 둘러싸고 이루어졌던 국경 조약과 무역 조약들은 또한 신강, 특히 위구르 지역에서의 전쟁 및 정복 활동과도 연계되어 있었다. 외부 변경이 확정되고 국경 무역이나 군사 충돌 등이 확대됨에 따라, 서북 변경에 대한 청나라 사대부들의 관심과 연구는 갈수록 발전했다. 뿐만 아니라 이 지역에 대한 유효한 통제를 강화하고자 하는 청 왕조 중앙의 요구 역시 날로 커져 갔다. 청대에 이루어졌던 서북과 신강 지역의 '회족 반란'(예를 들자면 1862년의 이슬람 봉기)에 대한 진압은 제국 변경에

• 삼북(三北): '삼북'이란 동북(東北: 흑룡강黑龍江, 길림吉林, 요녕遼寧), 화북(華北: 북경北京, 천진天津, 하북河北, 산서山西, 내몽고內蒙古), 서북(西北: 섬서陝西, 감숙甘肅, 청해青海, 영하 회족 자치구寧夏回族自治區, 신강 위구르족 자치구新疆維吾爾族自治區) 등의 중국 북방 지역을 통칭하여 가리키는 말이다.
• 내지(內地): '내지'는 변경 및 변경 지역에 상대되는 개념으로 사용되는데, '연해' 지역과 대립 쌍을 이루기도 하지만, 북방 관계를 주로 언급하고 있는 여기서는 만리장성 이남 지역을 가리키는 말로 사용되고 있다.
• 관내(關內): 산해관의 남서(南西) 지역으로 한족의 근거지인 중원 지역을 가리키며 만주족의 근거지인 관외(關外)의 동북과 대비되는 지역을 가리킨다.

서 있었던 내외의 압력과 밀접한 관련이 있다. 셋째, 청대 후기의 서북 개발에 대한 논의는 인구와 토지 모순의 격화, 동남 지역에서의 아편 무역과 군사 압력에의 직면, 백은白銀의 국외 유출, 청 정부 재정의 초과 지출 등과 같은 역사적 배경하에서 나오게 된 것이었다. 이는 곧 청대 초기에 이미 시작되었던 역사적 운동의 연속선상에 있으면서, 또한 '해양'으로부터 온 압력에 대한 대응에서 비롯된 것이었다. 이상을 종합해 보건대, 청대 남북 관계의 전환을 단순히 해양으로부터의 압력과 공업화, 즉 서구로부터의 영향의 산물로만 바라보는 시각은 수정되어야 할 필요가 있다.

해양 시대는 무역과 조약의 방식을 가지고 자신의 법리적 기초를 세움과 동시에 조공 체제와 같은 기존의 무역과 정치 체계에 대해서는 전통적이고 비현대적인 체계라 폄하했다. 해양 시대는 풍부한 내용을 포함하고 있었지만, 확장주의의 지배하에서 이 시대의 중심 주제는 해양 패권의 문제로 변질되었다. 이로 인해 사람들은 일반적으로 해양 군사력에 의해 지배되는 세계 정치와 경제의 권력 관계야말로 해양 시대의 주요 특징이라 여긴다. 미국의 해군 전략가 마한Alfred Thayer Mahan은 1890년에 발표한 『해양력이 역사에 미치는 영향』*에서 해양의 영향에 관하여 자세히 설명하고 있다. 이 책은 역사적 사실들을 사례로 들면서, 고대 이래로 전시이건 평시이건 간에, 해군력 각축을 통한 국가 간의 전쟁이나 해양 무역을 통한 국가의 부강이라는 측면에 있어서 해양 관계가 매우 중요한 역할을 해 왔음을 입증하고 있다. 빠르고 편리한 수로 교통과 운송의 발전은 각국이 자신들의 영토가 아닌 공동의 해양 항로에서 경쟁하는 데 있어서, 상업 운송에 대한 군사적 보호와 항운 항로의 확장을 보장할 수 있는 군사력을 불가피한 요소로 만들었다. 해양 패권 국가는 어느 지역에나 자유롭게 군대를 보낼 수

• 『해양력이 역사에 미치는 영향』: 번역된 한국어판 제목이다(김주식 옮김, 책세상, 1999). 원제는 *The Influence of Sea Power upon History, 1660~1783*.

있다. 이런 상황하에서, 해양을 지배할 능력이 없는 국가는 군사적으로도 상업적으로도 커다란 피해를 입을 수밖에 없었다.[3] 이처럼 해양력은 민족국가 체계, 근대 무역 체계, 민족국가 내부의 권력 구조 등에 대해 커다란 영향을 끼쳐 왔다. 이로 인해 마한의 저작은 테오도르 루즈벨트Theodore Roosevelt나 빌헬름 2세Wilhelm II와 같은 정치가와 군사가, 그리고 수많은 해군 장교들에 인용될 수 있었다. 그러나 수많은 민족국가가 해양 패권의 획득을 목표로 했지만, 소수의 국가만이 성공할 수 있었다. 과연 그 원인은 어디에 있었을까? 마한은 이러한 패권 경쟁 속에서 여섯 가지의 조건, 즉 지리적 위치, 자연 조건, 강역의 넓이, 인구의 다소, 민족의 성격, 정부의 성격과 정책 등의 조건이 관건이라고 지적한다. 그의 고찰을 정리해 보면 다음과 같다. 1)항상 육지에서 외적에 대비해야 하는 국가들과 비교해 봤을 때, 내륙의 방위와 확장에 그처럼 신경을 쓰지 않아도 되는 국가들은 해양력을 발전시키기가 더욱 쉽다. 2)항구와 항로에 있어 우수한 조건을 지닌 해양 국가는 해양력을 발전시키기가 더욱 쉽다. 3)토지와 기후 조건이 열악한 국가는 더욱 해외 식민지 개척에 나서는 경향이 강했고, 인구는 원양 무역과 해군력에 있어 관건이 되는 요소 가운데 하나였다.[4] 상술한 조건들을 통해 다음과 같은 사실을 알 수 있다. 비록 청 왕조는 항구와 해안선이라는 면에 있어서 좋은 조건을 지니고 있었고, 또한 내지 인구와 토지의 모순 역시 해외 식민지 개척에 대한 압력(민간 이민은 중단된 적이 없었다)의 조건을 제공해 주었다. 하지만 이러한 조건들이 결코 청 왕조의 대외 식민 정책을 촉진시키지는 못했다. 주요 원인은 다음과 같다. 1)청 왕조는 영토가 광활하여 식민지 개척은 (서북과 서남에 대한 이민의 경우와 같이) 주로 제국의 강역 내부에서 이루어졌다. 2)상당히 오랜 기간 동안 군사적 압력은 주로 북방으로부터 왔으며, 청 왕조는 군사적으로 줄곧 서북에서의 방위와 확장에 중점을 두어 왔다. 이때문에 왕조의 정책은 명백히 내륙에 경도되어 있었다. 3)정성공鄭成功의 공격과 연해 밀무역 행위로 인해 청 왕조는 연해 지역에 봉쇄 금수

정책을 시행했으며, 이는 명조에 이미 상당히 발전해 있던 항해 능력과 해양에 대한 관심을 단절시켰다. 이로 인해 인구와 무역의 해외 확장은 대부분 사적이거나 밀무역의 성격을 띠는 것이었다.

아편전쟁에 이르러서야 비로소 해양 시대의 전쟁과 군사 관계가 점차 한족 사대부의 논술에 있어 기본 출발점이 되기 시작했으며, 청 왕조의 역사, 문화적 정체성, 국가 개혁, 중국의 지정학적 관계 등에 대한 사대부의 새로운 인식 또한 촉진될 수 있었다. 이런 측면에서 봤을 때, 청대 후기에서 중화민국 시기까지의 민족주의에는 세 가지의 기본 방향이 존재했음을 알 수 있다. 첫째, '해양 국가' 시대를 맞이하여 대륙의 안과 밖, 이夷와 하夏의 절대적 차이를 제거함으로써 새로운 국제 경쟁 속에서 중국 '내부의 동일성'을 재구축하는 것, 즉 다민족 제국을 주권 민족국가의 정치·경제·군사적 전제로 삼는 것이었다. 이는 공자진 사상의 진일보한 부분으로, 그의 사상은 제국의 정치 실천, 금문경학의 내외관, 민족국가 시대의 압력 등을 종합해 낸 것이었다. 둘째, 대륙을 중시하고 해양을 경시해 왔던 국가 정책을 바꾸어 해양 군사 공업을 발전시켜서 민간 산업과 기타 산업의 발전을 선도하도록 하고, 군민軍民 일체의 사회 구조를 형성하는 것이었다. 셋째, 해양 군사력의 재건을 통해 국가의 공업화와 상업 시스템의 발전을 추동하고, (결국 최종적으로 갑오 청일전쟁의 실패로 종말을 고하고 말았지만) 남양에 대한 통제력을 회복하는 것이었다. 새로운 이하夷夏, 내외의 구분은 민족국가의 내외관 및 그 주권 개념의 기초로부터 나온 것으로, 여기서는 제국의 범위가 바로 내외관의 '내'內의 부분이 된다. 이렇게 함으로써 제국 자체와 세계에 대한 지식을 실질적으로 재구축해 내었다. 바로 이 지점에서 청말淸末 민족주의와 금문경학적 관점의 역사적 관계를 재발견할 수 있으며, 또한 왜 장타이엔과 같은 청말의 반만反滿 혁명론자들이 고문경학을 가지고 금문경학에 반대했는지가 명확해진다. 혁명당의 인사들은 서구의 민족주의를 가져와 화이 차별, 한족 중심주의, 중화 도통관道統觀 등으로 전환시켰다. 이를 통해 한족 동원의 근거

로 삼고, 더 나아가 만한일체와 '이夷와 하夏를 나누지 않는' 제국 정치
관 및 경학관에 맞섰다. 반면 캉유웨이와 량치차오 등은 청 왕조의 법
통을 견지하고, '이와 하를 나누지 않는' 정치 관점을 강조했으며, 또
한 이를 새로운 민족주의의 전제로 삼았다. 량치차오는 이 두 가지 민
족주의를 각기 소민족주의(반만 한족 민족주의)와 대민족주의(중화
민족주의)로 불렀다. 주목할 점은 중화민국 성립 후, 소민족주의가 다
시 대민족주의에 자리를 내주게 되었다는 사실이다. 쑨원 자신의 민족
주의에 대한 수정이야말로 바로 그 명확한 증거이다. 그는 반만 민족
주의를 오족공화五族共和 민족주의, 즉 일종의 반反민족주의(혹은 반종
족주의)적 민족주의로 바꾸었다. 역사적 관점에서 봤을 때, 이런 반종
족주의적 민족주의는 청대 금문경학이 창도한 이하夷夏 및 내외의 구
분을 제거한 대일통 관념과 상호 중첩된다. 이는 근대 중국의 정체성
과 제국의 전통이 내재적으로 연계되어 있음을 입증한다.

바로 이러한 이유로 인해, 공자진과 래티모어는 둘 다 대륙과 해양
의 대립 관계 속에서 새로운 역사 운동을 이해했다. 비록 전자의 표현
이 후자처럼 명료하지는 않았지만 말이다. 1940년에 발표한 『중국의
내륙 아시아 변경 지대』(Inner Asian Frontiers of China)라는 책에서, 래티모
어는 해양을 배경으로 삼고 만리장성을 '중심'으로 하는 '아시아 대륙'
을 그렸는데, 이를 앞서 언급한 공자진의 논조와 비교해 보면, 양자가
상호 대립되면서 또한 상호 호응하고 있음을 발견할 수 있다.

> 굽이굽이 남으로 뻗쳐 중국과 인도를 가르고 있는 파미르 고원
> 과 태평양의 사이에는 만주, 몽골, 신강, 티베트 등이 가로놓여
> 있다. 이는 내륙 아시아의 장벽으로, 세상에 보기 드문 변방 지
> 역 가운데 하나이다. 이들 지역은 한편으로 중국 지리와 역사의
> 변방이면서, 다른 한편으로는 해양의 변방이기도 하다.[5]

여기서 래티모어는 '변방'이라는 개념을 두 차례 사용하고 있는데,

이는 '내륙 아시아'가 이미 중국과 '해양' 사이의 변경 지역이 되었음을 암시한다. 이 수사의 함의는 그 아래의 문장 속에서 더욱 명확히 드러나고 있다. 만리장성을 중심으로 해서 서술하고 있는 내륙 아시아에 대한 그의 설명은 '내외'의 절대적 의미를 모호하게 만든다는 점에서, 금문경학의 '내외관'과 모종의 유사성을 지니고 있기는 하지만 이 유사성의 이면에는 심각한 차이점이 있다. 즉 '내륙 아시아'가 이미 '중국'과 '해양' 사이의 변방 지대 혹은 변경 지역으로 위치 지어져 있는 것이다. 앞서 언급한 역사 지리적 관점은 청 왕조의 주권에 대한 방위를 대륙 세력과 해양 세력 사이의 힘겨루기로 바라본다. 그리고 무역·식민·정치·공업 등의 새로운 권력 관계는 보편적 세계 관계이며, 이와는 다른 내외 관계 및 그와 관련된 법률과 도덕 준칙들은 전통적이고 시대에 맞지 않는 지식이라 폄하하고 있다. 그렇게 함으로써 새로운 역사적 관점의 출현에 전제를 제공해 주고 있는 것이다.[6] 이런 관점은 표면상으로는 상반되면서 실제로는 상호 부합되는 두 가지 측면을 지니고 있다.

첫 번째 측면은 지역(region) 관점의 구축이다. '내륙 아시아'와 '극동'이라는 개념은 중화제국과 그 주변 지역을 하나의 '지역'으로 보아 왔는데, 이는 만리장성 부근 변경 지역 내부의 복잡성 및 관내와의 상호작용의 역사를 홀시하거나 폄하한 것이다. 또한 특수한 '내외' 관계로 복잡하게 얽혀 있는 이 대륙을 전략적 목적에 따라 하나의 통일된 총체로 분리시켜 냄으로써, 이를 '중국'과 구분하고 있다. '중국'은 여기서 주로 한족이 활동하는 중원 지방을 가리킨다. 이러한 총체로서의 '지역' 개념은 장시간의 역사적 상호작용에 의한 산물도, 또한 각 민족 인민의 일상적 왕래의 역사적 산물도 아니다. 다만 전략적 연구의 관점 속에서 나온 '극동 지역'이라는 개념일 뿐이다. 즉 그 실체는 서구 식민주의의 변경 지역에 대한 지정학적 전략 구상의 산물인 것이다. '내륙 아시아'를 하나의 독립된 지역으로 구성함으로써 중국과 중앙아시아·서아시아·유라시아대륙 사이의 전통적 연계를 분리시켰다.

두 번째 측면은 '민족국가'적 관점의 구축이다. '민족국가' 모델은 일종의 반역사적 지식 기획이며, 그것은 전통 제국 기획에 대한 반대라는 명분을 가지고서 장기적 민간 교류의 역사를 단절시키고, 종족과 지정학적 전략 관계에 따라 역사 지역을 서로 다른 '민족국가'로 분할했으며, 이들 민족 사이의 장기적·제도적·비제도적(민간) 역사 관계를 무시하거나 부정했다. 그렇게 함으로써 무의식중에 식민주의가 '새로운 변경'을 구성하고자 한 노력을 '민족국가'라는 모델로 정당화했다. '민족국가' 개념은 민족으로 기본 범주를 삼아 사회의 내재 구조(문화, 종교, 종족, 정치 방면의 전통적 연계)를 분절시키고, 다른 역사 관계와 정치 형식을 부차적이며 낙후된 관계와 정치 형식으로 폄하하며, 또한 이런 과정을 통해 자기 구성을 보편적 정치 법칙으로 만들었다. 민족국가 개념은 일종의 명확한 내외, 주객 관계 위에 세워지는데, 변경과 주권 개념은 바로 이러한 새로운 내외관의 주요 표현이다. 이런 기획에 따라, 청 왕조의 발원지를 포함하고 있는 삼북三北 지역은 중국의 바깥에 있고, 상호 독립적인 '민족국가'로 분할되었으며, 그렇게 함으로써 근 300년 동안 각 민족 사이의 복잡한 관계는 '민족국가'를 모델로 하면서 단절되었다. '지역' 개념은 '민족국가' 개념과 상호 조화를 이루면서, 착종된 복잡한 전통적 관계를 식민주의적 세계 체제 속으로 편입시켰다. 전통 제국 시대의 군사 정복과 정치 충돌 그리고 그 균형 방식과는 달리, 근대 중국이 직면한 통일과 분열의 충돌은 이미 새로운 세계 기획 속에 놓이게 되었으며, 충돌과 그 충돌의 해결 방식은 모두 이미 민족국가와 그 규범 속에 놓이게 되었다. 그런 의미에서 통일과 분열의 문제는 바로 전통적인 정치 관계 및 규범의 폄하와 폐기의 산물이다.

하지만 이 과정이 일방적인 것은 아니었다. 앞서 서역에서의 행성行省 설치에 대한 공자진의 주장에 관해 논할 때 이미 지적했듯이, 동남 연해로부터의 압력에 직면하여 청 왕조가 제국 건설과 국가 건설에는 동화 과정, 즉 제국 내부의 다원적 권력 중심의 구조를 개혁하여 내부의 통일로 동화시키는 과정이 존재했다. 청대는 확장하는 제국이었지만, 확장 방식과 내용에 있어서 시기·지리·대상에 따라 커다란 차이가 존재했다. 몽골을 예로 들자면, 일찍이 청나라 군대가 산해관으로 들어오기 전부터, 만몽滿蒙(만주족과 몽골족) 사이의 관계는 이미 매우 밀접했고, 대부분의 몽골 부락은 굴기하는 만주 세력에 자발적으로 종속되었다. 1636년 남부 몽골(대체로 지금의 내몽골에 해당)은 이미 만주에 충성하고 있었으며, 1691년, 할하 몽골 역시 청 왕조의 신하가 되었다.* 신하가 된 직접적인 원인은 무력 정복 때문이 아니었으며, 그들이 청 왕조의 힘을 이용하여 중가르*의 위협을 없애기 위함이었다. 서북 각 부족 가운데 청 왕조에 가장 오랫동안 저항했던 것이 중가르였기에, 청 왕조의 중가르에 대한 진압 또한 더욱 가혹했다. 1620년대 만주와 몽골이 체결한 일련의 조약들은 만주인이 명조를 침략하는 데 새로운 역량을 제공해 주었으며, 또한 몽골이 청 왕조 내부의 특권적 지위를 차지할 수 있는 조건을 제공해 주었다. 몽골 사회가 청 왕조 내부에서 독특하면서도 상대적으로 자주적인 정치와 법률 체제를 보존할 수 있었던 데에는 이러한 역사적 전제가 있었다. 하지만 지위가 확고해진 이후로, 청 왕조는 일련의 조치를 취하여 내부 관계의 동질화 혹은 권력 집중의 추세를 촉진시켰다. 청대의 중앙집권 형성을 촉진한

• 1636년~되었다: 원나라 패망 이후 몽골 지역에서 북원(北元) 왕조를 이어가던 몽골족은 지역별로 몇 개의 부로 나뉘어 통치되었는데, 할하부는 그 가운데 지금의 외몽골 지역에 해당하는 고비사막 이북 지역의 몽골족을 가리킨다. 이들은 1688년 고비사막 서쪽에 있던 중가르부의 침입으로 남쪽으로 쫓겨 가 청 왕조에 복속되었는데, 이후 강희제의 중가르 정복으로 영토를 회복하게 된다.
• 중가르: 중가르부는 17세기 초에 일어나 18세기 중기까지 존속했던 오이라트(Oirats) 몽골족 가운데 한 부족 집단을 가리킨다. 몽골족은 원래 초원 부족(동몽골)과 삼림 부족(서몽골)으로 나뉘었는데, 후자의 부족을 가리키는 오이라트는 몽골어로 '숲속 사람들'을 의미한다. 이들은 주로 고비사막 서쪽 천산(天山)산맥 주변에 분포했으며 이들 가운데 일파인 중가르부가 세운 왕국인 중가르 칸국은 몽골 지역의 패권을 다투던 중 청 왕조에 의해 멸망했다.

동력에는 다음과 같은 측면들이 있다. 첫째, 만주 청 왕조의 산해관 입관 이후, 만주인의 통치 지위가 확고해 감에 따라 특수한 지위에 있던 만·몽 관계는 상대적 평등 관계로부터 만주족에 유리한 방향으로 발전했다. 몽골 법률 연구에 따르면, 이 과정은 사실상 청 군사의 입관 이전에 시작되었는데, 1631년에서 1632년 이후로 이미 만·몽 쌍방이 협의한 법률에 관한 기록이 보이지 않게 된다.[7] 둘째, 강희제의 삼번의 난의 평정, 옹정제의 '개토귀류' 정책 실시, 묘족 기의 진압, 사천四川 금천金川 지역의 크고 작은 티베트족 족장들과의 전쟁 등은 청 제국의 서남에서의 통치를 강화하고, 서남 지역과 내지 사이의 제도적 차이를 크게 축소시켰다. 하지만 이런 집중화 추세는 완전한 동질화의 수준으로까지 발전하지는 않았다. 서북 지역에는 내지의 행정 제도를 시행하지 않았고, 사천의 티베트족 지역, 양산凉山의 이족彝族 지역 등과 같은 서남 소수민족 지역은 여전히 부분적 자치의 특성을 유지하고 있었다. 셋째, 강희제에서 옹정제까지의 시기 동안, 만주 귀족 세력의 균형 유지는 시종 황권이 직면해야만 하는 도전이었다. 조정은 이를 위하여 한인 관원의 지위를 제고했으며, '탄정인무'攤丁人畝* 등의 경제 정책을 포함하는 새로운 정책을 시행했으며, 만주족 귀족의 특수 지위를 개혁하고자 했다. 넷째, 청 왕조의 중앙집권 국가 형성은 왕조의 내부 요인으로부터 기인했을 뿐만 아니라, 또한 외부로부터 온 것이기도 하다. 중국 농촌의 토지 점유 관계와 도시 경제는 결코 국가가 고도로 집권하도록 한 주요 동력이 아니었는데, 강희제와 옹정제 이래 기층에서의 종족宗族과 향신鄕紳* 세력의 확장이 그 증거이다. 이들은 국부적으로

• 탄정인무(攤丁人畝): 청 왕조 초기에는 농지〔畝〕의 등급에 따라 부과하는 토지세〔地稅〕와 연령 기준에 따라 부과하는 인두세〔丁賦〕가 있었는데, 옹정 연간에 이르러 인두세가 토지세에 통합된 '탄정인무' 정책이 시행된다. 이는 토지를 상중하의 삼칙(三則)·구급(九級)으로 나누어 이 등급에 따라 '토지세 겸 인두세'를 징수한 것을 말한다.
• 향신(鄕紳): 명청 시기 지역에서 지도층 역할을 했던 지식인 계층을 가리킨다. 송

기층의 국가 권력을 분산시켰으며, 또한 상당 부분 만주 귀족의 사회에 대한 통제를 균분화했다. 만일 강희제와 옹정제 시대에 서북과 서남에 대한 전쟁이 없었다면, 만주 귀족이 이처럼 긴밀하게 황제를 중심으로 조직되고, 중앙 정권의 지방 권력에 대한 지배력이 강화되기는 힘들었을 것이다. 청 왕조 전반기의 주요 압력은 중국과 러시아 국경 및 상호 인접한 지역으로부터 왔다. 중가르와의 지속적인 전쟁, 회족의 반항과 같은 것이 바로 그것이다.

청 제국의 확장, 정복, 안정은 시종 러시아 제국의 확장, 정복, 안정과 함께 갔다. 15~16세기, 모스크바 공국은 노브고로드Novgorod 카잔Qazan, 아스트라한Astrakhan 등을 병탄하여 강역을 11배나 확장했다. 17세기, 러시아는 서 우크라이나와 백러시아 일부분을 병탄했고, 18세기에는 이미 발트해 연안, 우크라이나의 나머지 부분, 크림 등의 지역을 차지했다. 18세기 후반, 영·중 아편 무역이 지속적으로 성장하여, 중국은 동남 연해로부터 심한 압력을 받고 있었는데, 당시 러시아는 동쪽으로 더욱 확장하게 되자 중·러 국경 지역은 위기일발의 상황에 놓였고, 이는 중국 서북 지역의 저항 운동을 촉진시키는 결과를 낳았다. 무역, 전쟁, 내부 위기 등의 중층적인 압력은 청 제국이 중앙 권력을 강화하도록 만들었으며, 이는 제국의 민족국가로의 전환에 전주곡이 되었다. 한편으로 전쟁 대비의 국면은 더욱 높은 세수의 요구를 초래할 수밖에 없었는데, 세수의 제고는 일정한 제도적 틀에 달려 있었다. 다른 한편 세수 증가는 상대적으로 집중된 권력 기제에 의존해야 했으며, 이로 인해 지방 엘리트의 저항 정서와 소수민족 지역(주로

대부터 대두된 이학(理學)은 주자학이든 양명학이든 상관없이 모두가 기본적으로 붕당정치로 대변되는 사대부 주도의 중앙 정치와 함께 향약(鄕約)으로 대변되는 해당 지역 사대부 중심의 지방자치를 지향했다. 송대의 사대부는 명청 시기 신사로 고쳐 부르게 되었다. 실제 과거 시험에 급제 여부나 관직의 역임 여부에 상관없이 각 지역에 신사들은 상당한 지역 장악력을 가지고 있었다. 이렇게 지역 사회의 구심점으로서의 신사에 주목할 때 '향신' 즉 '향촌 신사'란 개념을 사용한다.

원래의 통치 구조를 바꾸어 통일된 행정 체제를 설치했던 지역)의 군사적 반항을 초래하기에 십상이었다. 상술한 압력 속에서 청 왕조는 더욱 통일된 행정 체제와 단일한 주권 원천을 세우고자 시도했다. 서북에 행정구역을 설치할 것을 요구한 공자진의 발의는 그 명확한―하지만 아직은 겉으로 드러나지는 않았던―징조였다. 이런 의미에서 유럽 식민주의의 확장과 청 제국의 권력 집중화 사이에는 상호작용 관계가 존재한다. 무역과 전쟁은 군사, 공업, 시장 등의 활동을 통해서 직접적으로 기존의 대륙 관계를 바꾸었을 뿐만 아니라, 또한 이런 역사적 형세를 통해서 청 왕조가 제도를 개혁하여 원래 다원적이었던 제국의 제도적 구조를 개조하거나, 혹은 '민족국가'로 자기 개조하도록 압박했다. 만일 서구 식민주의가 (무력 정복과 상업적 침투와 어우러진) 완비된 지식을 사용하여 이 대륙에 대해 새로운 기획을 진행했다고 한다면, 공자진과 그의 추종자들은 금문경학·경세학·왕조 통일의 관점 속에서 서북에 대한 이해를 재구성했다. 청초 이래로 지속적으로 진행된 관내로부터 관외로의 인구 이동을 고려해 봤을 때, 공자진의 '서역 행정구역 설치'(西域置行省) 건의는 이민 기획과 동시에, 또한 군현제를 서북 지역에까지 확장시킬 것을 제안한 것이었다. 이런 구상은 청대 변경 정책에 대한 중대한 수정이었다. 중앙정부가 반드시 서역에 대한 행정 관리를 강화시키고, 제도상으로는 청 제국을 더욱 통일시키거나 동질화해야만 한다는 것이 이 구상의 특징이었다. 만일 그의 이러한 건의를 러시아 국경과 관련된 유정섭兪正燮 등의 논의 맥락 속에 놓고 살펴본다면, 우리는 동부(해양)와 서부(내륙) 양쪽으로부터 중국이 직면하고 있던 도전에 대하여 더욱 전면적인 이해를 얻을 수 있을 것이다.

공자진의 건의와 유럽 식민주의의 도래는 마침 같은 시기에 발생했다. 이 둘은 동시에 등장하여 서북 지역에 근본적인 의미 변화를 가져왔지만, 관점과 입장은 첨예하게 대립했다. 유럽인들은 전통 제국의 모호한 변경 지역을 주권의 명확한 경계로 보았으며, 무역·이동·전쟁·통치 등에 의해 형성된 대륙을 상호 고립적인 민족국가로 보았으며,

민족국가의 족군·주권·국경 관념을 새롭게 안과 밖으로 구분함으로써 새로운 이하 구분을 위한 전제를 제공했다. 공자진의 서북론은 정반대였는데, 그의 행정구역 설치 건의는 서북과 내지를 제도적으로 통일시킴으로써, 청 왕조 제국이 통일된 '민족국가'(사실상 그동안은 민족을 단위로 한 국가가 아니었다) 혹은 절대 국가로 환골탈태하기 위한 전제를 제공하고자 한 것이었다. 이 두 개의 확연히 상반된 방향은 모두 내부적으로 동질화된 국가 구조의 건립을 지향하고 있었는데, 그 차이점은 단지 전자는 민족을 이러한 동질적 국가 건립의 전제로 삼고 있고, 후자는 다원적 제국을 새로운 국가의 전제로 삼고 있다는 점뿐이었다. 이런 관점은 두 개의 다른 방향으로부터 금문경학과 제국 질서의 내외관에 대한 도전을 가져왔다. 그런 의미에서 공자진의 서북론이 설령 내지 사회 위기에 대한 직접적 대응에서 비롯된 것이었다 할지라도, 이런 결론을 가지고 문제의 또 다른 측면을 부정해서는 안 될 것이다. 즉 서구-해양-자본주의 권력-동남 연해의 위기 등이 서북론 탄생을 추동한 가장 심대한 추동력이자, 제국 내부로부터 더욱 동질화된 제도를 시행하도록 한 근본 동인이었다는 측면 말이다. 이런 기본적인 추동력 속에서 금문경학의 '대일통' 관념은 매우 강력한 도전에 직면하게 되는데, 그 속에 내재한 민족 평등에 대한 요구와 다원적 정치 제도에 대한 구상, 그리고 이하 구분에 대한 비판 등은 일종의 새로운 역사 관계로 전환될 수밖에 없었다. 금문경학가가 이런 형세에 대해 적극적으로 대응하면서 새로운 방안을 구상했던 것은 바로 '권력 행사' 의지를 가장 잘 보여 주는 것이다. 서역에 대한 행정구역 설치 구상은 현대 발전 과정의 기본 논리를 암시한다. 만일 중국이 세계 경제와 무역 네트워크 속에서 하나의 독립적인 역할을 하고자 한다면, 결코 상호 분리되거나 너무 느슨한 경제 단위여서는 안 되며, 이러한 경제 단위의 총체성을 유지함과 동시에 행정 제도의 개혁을 진행하고, 황권하에서 준 민족국가의 조직을 구성할 필요가 있었다. 무술유신戊戌維新운동과 캉유웨이, 량치차오의 정치 실천은 이런 사유의 자연스러운 연장선 위에 있다고 할 수 있다.

이제 내외 관계, 이하夷夏 관계의 문제로 돌아가, 다음과 같은 질문들을 던져 보고자 한다. 상술한 새로운 변화는 어떻게 감지되었으며, 또한 어떤 방식으로 이해되었는가? 언제, 어떤 방식으로, 이하 관계와 내외 관계가 제국의 예의 질서 관계에서 벗어나게 되었고, 더 나아가 이른바 '외교 사무'가 되었는가? 이런 경학 주제들은 언제, 그리고 어떤 방식으로 청말 변법론變法論의 틀 안에 들어가게 되었는가?

병서로서의 『해국도지』와 구조적 위기

1. 동한으로부터 서한으로의 회귀

아편전쟁과 불평등조약 체결 이후, 새로운 국제 관계가 곧바로 제국이 '내외' 관계를 처리해 오던 원칙과 법률을 대체하지는 않았다. 반대로 조정과 사대부는 원래의 '내외 관계'의 원칙과 법률을 개조하여 새로운 국제 관계에 적응하고, 더 나아가 서구에 대응할 정치 개혁과 지식의 재구성을 위하여 예법의 근거를 제공하고자 애썼다. 상호 승인 관계를 통해 형성되는 주권은 하나의 평등한 형식이지만, 이런 평등한 주권 형식은 불평등조약을 통해서만 수립될 수 있었다. 따라서 중국 사대부들은 이런 형식의 주권 이외에 자신들의 합법적 자원을 발굴해 내고, 그렇게 함으로써 세계적 범위에서 자신들의 안전과 번영의 전제를 확립해야만 했다. 위원의 사상 실천은 바로 이러한 노력의 표현이었다. 그는 한편으로 서구의 공예 기술을 배울 것과 자기 방위 능력을 강화할 것을 주장하고, '오랑캐의 장기를 배워 오랑캐를 제압할 것'(師夷長技以制夷)을 주창했다. 다른 한편으로 자신들의 역사 전통과 세계상을 재구성하고, 중국을 이러한 세계상의 내부에 위치시켜 개괄하고자 했다. 불평등조약의 체결은 군사력 대결의 산물이므로, 주권국가 지위의 입증은 군사적 관계로부터 생겨날 수밖에 없다. 『성무기』聖武記나

『해국도지』海國圖志에서 나타나는 내외의 복잡한 층위의 세계상은 이런 노력의 명확한 표현이었으며, 전자는 제국 정복사의 서술을 통하여 아편전쟁 이후 역사 형세 이해를 위한 기초를 준비하고 있고, 후자는 세계적 지리학의 시야 속에서 중국의 군사·경제·문화 등의 정책을 위한 청사진을 제공해 주고 있다. 이 두 가지 측면은 아편전쟁 전후 청대 사대부들의 합법성과 주권 문제에 대한 가장 깊이 있는 이해를 구축했다. 금문경학의 내외관은 이런 세계상과 권력 관계의 재구성 과정 속에서 중요한 역할을 했다.

위원의 내외관, 이하관夷夏觀을 분석하기 전에 우선 몇 가지 기본 논점을 설명하고자 한다. 첫째, 금문경학의 상대화된 내외관은 공자진, 위원, 캉유웨이, 량치차오 등 금문경학가들이 비교적 개방적인 태도로 서구를 대면하는 데 주요한 근거를 제공해 주었다. 바로 이런 과정 속에서 그들의 내외 개념 자체에 근본적인 변화가 발생했다. 즉 제국 내부의 예서 관계로부터 주권국가들 사이의 내외 관계로 전환되었던 것이다. 둘째, 내외 관계의 새로운 모델은 유럽 민족국가 모델의 단순한 이식이 아니라, 조공 관계의 전통적 맥락에 대한 재구성이었다. 즉 제국의 정치·군사·경제 실천을 서북 내륙으로부터 연해와 남양으로 확장시킴으로써, 새로운 내외 관계의 모델을 기획해 내었던 것이다. 셋째, 내외 관계의 상대성은 제국 범위 내부의 중심-주변 관계를 나타낼 뿐만 아니라, 전통 조공 지역 내부로부터 파악한 중국과 서구 국가의 관계를 나타내는 것이기도 했다. 하지만 이런 내외 관계의 상대화와 그 주장은 "오랑캐조차 중원으로 들어와 작위를 받으니, 천하의 멀거나 가깝고, 크거나 작은 종족들이 모두 하나인 셈"(夷狄進至於爵, 天下遠近大小若一)이라는 유가적 이상을 대변하는 것이라기보다는, 차라리 내외 관계가 몹시 문란해진 것을 나타내는 것이라 할 수 있으며, 금문경학자들은 이를 근거로 중국이 승평세升平世로부터 거란세據亂世로 흘러가고 있다고 여겼던 것이다. 한편으로 전통적 내외관과 제국의 정치 관점은 새로운 세계관을 수립하는 과정에 있어서 중요한 교량 역할을 했으며, 또한 명확히 대립적인 이하 관계를 복잡한 층위의 내외 관계로 구축했다. 다른 한편으로 이하 관계의 문란은 내외 관계를 새로 구성하기 위한 근거를 제공해 주었다. 이런 의미에서 내외 관계의 변화는 금문경학 내외관의 완전한 폐기를 뜻하는 것이 아니었다. 오히려 반대로 제도 개혁과 새로운 민족 정체성 창조의 과정에서 이러한 내외관은 복잡한 경로를 통해 다민족 주권국가라는 틀에 역사적 전제를 제공해 주었다. 넷째, 새로운 이하관은 식민주의 시대에 대한 심각한 우려를 내포하고 있었지만, 이런 심각한 우려는 직접적으로 대외 저항이라는 급진적 형태로 나타나지 않고, 내부의 동일성을 강화하기 위한 노력으로 전환되었다. 이런 민족주의 논리의 추동하에 내부의 이하夷夏의 상대화는 내외 관계의 명확한 구분과 상호 조응하면서, 만주족·한족 모순과 종족 평등 문제는 새로운 이하 구분에 자리를 내어주게 된다. 한족 지식인이 제국 천하를 흡사 자신의 소임인 듯이 여기게 됨에 따라, 초기의 금문경학과 제국의 관점 사이의 긴장 관계는 거의 사라지게 되었다. 이런 측면에서 보자면 이들이 자각했건 아니건 간에 새로운 시대의 위기를 해석하는 과정은 바로 한족 지식인이 자신을 종속적 지위로부터 사회 주체로 격상시키는 방식과 경로가 되었다.

위원(1794~1857)은 상술한 변천의 중요한 고리 가운데 하나였다. 청대 경세학의 중요한 주창자인 위원의 학술적 연원은 한대漢代와 송대宋代에까지 미치기에, 단순히 금문경학의 범주에만 귀납시키기는 힘들다. 그는 29세에 향시鄕試에 급제하고서 누차 과시科試를 보았으나 급제하지 못했으며, 돈을 기부하고 내각중서內閣中書가 되었다. 52세에 진사가 되어 강소江蘇 지역에 배치되었으며, 동태현東台縣 지현知縣, 흥화현興化縣 지현, 양회염운사해주분사兩淮鹽運司海州分司 운판運判, 고우주高郵州 지주知州 등을 역임했다. 1814년 북경에 가서 유봉록으로부터 공양학을 배우기 이전에 그는 호승공胡承珙에게서 한학漢學을 배웠고 요학상姚學塽에게서 송학宋學을 배웠다. 경학의 역사라는 관점에서 봤을 때, 위원은 청대 금문경학이 하휴 추종에서 동중서 추종으로 전향하게끔 만드는 데 핵심적인 역할을 한 인물이었다. 위원은 1829년 전후로 『동자춘추발미』董子春秋發微 7권을 저술했는데, 남겨진 서언을 통해 그가 공광삼과 유봉록이 "하휴를 보완하는 정도에 그쳤던 것"(止爲何氏拾遺補缺)에 대해 불만을 지니고 있었음을 알 수 있다. 그리고 동중서의 저작에 대해서는 "그의 책에는 삼과구지가 찬연히 완비되어 있으며, 또한 두루 통달하고 정심하여, '안으로 성인이 되면서도'(內聖) '밖으로 왕 노릇 할 수 있다.'(外王)"[8]고 설명했다. 그 이전까지 공광삼과 유봉록의 공양학은 하휴에 대한 소疏와 해석을 위주로 했는데, 위원에 이르러서는 동한東漢을 폄하하고 서한西漢을 받들며, 동중서의 『춘추번로』를 추종하고, 하휴의 『춘추공양해고』를 비판하는 것이 경학에 있어서 지향점이 되었다. 비록 그의 경전 해석 방법은 여전히 삼과구지의 학설을 따르기는 했지만 말이다. 그리고 이로써 일정 정도 동중서의 학술에 대해 가졌던 장존여의 관심이 회복될 수 있었다. 이런 전환은 서한 경학의 개제론改制論이 점차 청대 금문경학의 중심 문제가 되어 갔음을 의미한다.[9] 양샹쿠이楊向奎, 쑨춘짜이孫春在 등은 모두 금문경학의 역사적 전환 과정 속에서 위원의 역할에 대해 논한 바 있는데, 서한의 학문으로의 편향이 그의 송학宋學에 대한 연구와 관련이 있다고 여겼다.[10] 위원의 학술에는 이학理學적 요소가 있으며, 그는 우주론과 의리 문제에 대하여 많은 관심을 지녔다. 서한 학문의 부흥과 위원의 송학에 대한 태도 사이에는 모종의 관련이 있을 가능성이 높지만, 이런 연관성은 여전히 다음과 같은 차이점을 전제로 한다. 청대 중기 이후의 송학 사조는 엄격한 '이하 대비'의 관념을 지니고 있어 명백히 위원의 '오랑캐를 배우자'(師夷)는 사상과 상호 모순된다.[11] 또한 이하의 상대화의 관념은 『춘추』와 『춘추공양전』의 주된 요지가 아니라 동중서 『춘추번로』의 새로운 주장 가운데 하나라는 점이다.

이처럼 해석의 중심이 바뀜에 따라 위원은 삼통설三統說, 삼세설三世說을 새롭게 재해석했는데, 그 가운데 '삼세'관은 더욱 특별하다. 이는 청대 금문경학이 내외례內外例를 중심으로 삼던 입장으로부터 삼세설을 중심으로 하는 방향으로 전환해 가는 징조였다. 우선 그가 진화의 관점에서 삼대三代(하夏·상商·주周)를 해석한 것을 살펴보자.

> 세 가지 측면에서 후세가 삼대보다 낫다. 한漢 문제文帝는 육형
> 肉刑을 폐지했으니, 삼대에는 잔혹하던 것이 후세에 인자해진 것
> 이다. 유종원柳宗元이 봉건을 비판했으니, 삼대에는 사사로웠던
> 것이 후대에는 공평해진 것이다. 귀족 세습제가 인재 천거제로
> 바뀐 것과 봉건제가 군현제로 바뀐 것은 어떤 차이가 있는가?
> 삼대에는 인재를 등용하는 데 있어 귀족 세습의 폐단이 있어서,
> 귀족은 대를 물려 귀족이 되고, 천민도 대를 물려 천민이 됐다.
> 이는 봉건제와 함께 상고 시대에 생겨났던 제도로, 모두 너무 불
> 공평한 제도이다. 비록 옛사람의 가르침에 법도가 있고, 공경公
> 卿의 맏아들이 육예에 두루 통달했다 할지라도, 어찌 그 후예들
> 모두가 초야의 사람들보다 현명할 리가 있겠는가? …춘추 시기
> 의 관료에는 왕이나 제후의 친족과 세습 귀족, 이렇게 두 종류
> 가 있어, 집정하는 관료와 국책을 도모하는 대부大夫 가운데 이
> 두 족벌 출신이 아닌 경우가 없었다. …보잘것없는 가문의 자식
> 이 관료가 되었다는 이야기는 들어 본 적이 없다. 진秦나라가 분
> 발하여, 널리 다른 나라로부터 인재들을 구해 이들을 등용했다.
> …이로부터 육국六國이 이를 본받기 시작했다. …세상의 추세가
> 이때부터 바뀌게 되었으니, 바뀐 것이 정전제井田制에서 천맥제
> 阡陌制로,• 그리고 봉건제에서 군현제로 바뀐 것만 있는 것이 아

• 정전제(井田制)에서 천맥제(阡陌制)로: '정전'은 주대(周代)의 토지 경작 제도로,
가로세로 각 1리(약 400m)의 정방형 토지를 우물 정자 모양으로 9등분(각 100묘씩)
하여 바깥쪽 8구역은 1가족이 1구역씩 맡아 농사를 짓고, 가운데 공동 경작지는 함께
농사지어 그 소작을 그곳에 봉해진 봉건 귀족에게 귀속시키는 제도이다. '천맥'은 진
나라의 재상 상앙(商鞅)이 실시한 제도로, '廢井田, 開阡陌', 즉 정전제를 폐지하고 기
존에 정전의 구획을 위해 만들어진 논둑인 천(세로)과 맥(가로)을 터서 없앤 것을 말

니었다. 한대漢代 이후로 공자孔子가 존중받게 되면서 유가의 도
가 행해지자, 나라 법도에 커다란 변화가 생겨, 질박質樸·돈후敦
厚·손양遜讓·유행有行, 이렇게 네 방면으로 천거 받은 이들이 호
족을 대체했다. …진秦·한漢 이후로 비록 왕이나 제후의 친족은
바뀌었지만, 세습 귀족은 아직 완전히 혁신되지는 못했기에, 구
품중정제九品中正制의 폐단이 있었다. 상품上品 가운데는 보잘것
없는 가문은 없고, 하품下品에는 세습 귀족이 없었다. …당대唐
代 이후로 현명한 인재를 등용함에 거의 신분을 따지지 않게 되
었으며, 송宋·명明대에 이르러서야 비로소 완전히 구태를 벗어
나게 되었다. 비록 가르침에 있어서 그 도를 다하지는 못했지만,
인재 등용 제도의 측면으로 보자면, 삼대에는 사사로웠던 것이
후대에 공평해진 것이다.

· 後世之事, 勝於三代者三大端: 文帝廢肉刑, 三代酷而後世仁
也. 柳子非封建, 三代私而後代公也. 世族變爲貢擧, 與封建之
變爲郡縣何異? 三代用人, 世族之弊, 貴以襲貴, 賤以襲賤, 與
封建並起於上古, 皆不公之大者. 雖古人敎育有道, 其公卿冑子
多通六藝, 豈能世世皆賢於草野之人? …春秋諸卿, 有公族, 有
世族, 其執政之卿, 謀國之大夫, 無非此二族者. …單寒之子無
聞焉. 秦人崛起, 乃廣求異國之人而用之. …由是六國效之, …
氣運自此將變, 不獨井田·封建之將爲郡縣·阡陌而已. 孔子得
位行道, 必盡有以大變其法, 擧四科以代豪宗, …秦漢以後, 公
族雖更而世族尙不全革, 九品中正之弊, 至於上品無寒門, 下品
無世族, …自唐以後, 乃仿佛立賢無方之誼, 至宋明而始盡變其
轍焉, 雖所以敎之未盡其道, 而其用人之制, 則三代私而後代公
也.[12]

한다. 상앙은 '천맥'의 실시와 함께 토지의 개인 매매도 가능케 했는데, 이는 봉건제로
부터 군현제로 전환하는 데 있어서 경제 토대적 전환의 주요한 배경 가운데 하나였다.

'삼대에는 사사로웠던 것이 후대에 공평해진' 것이라는 관념은 유학 역사관의 전도顚倒였다. 이는 위원의 삼통·삼세설 이해에 새로운 요소를 제공해 주었다. 위원의 삼통에 대한 논의에 특별한 점은 없지만,[13] 그의 삼세설은 오히려 상술한 역사 변천론에 스며들어 있다. "가령 아직 젖먹이 갓난아기일 때에는 철이 들지 않아 꾸짖어서 그만두게 하는 것이 불가능하다. 이는 태고 시대의 무위無爲이다. 자라나 천진한 아이가 되어서는 원하는 바를 제대로 이룰 길이 없다. 이는 그 기지機智가 아직 싹트지 못한 것이다. 이는 중고 시대의 무위이다. 잘못이 있으면 차근차근 타일러 깨우쳐 주니, 속박으로 인해 불만이 터져 나오는 일이 없다. 이는 마지막 시대의 무위이다."[14] "삼황三皇 이후로부터 진나라 이전까지가 하나의 기운이요, 한漢나라 이후로부터 원元나라 이전까지가 또 하나의 기운이다."[15] 이 삼세관에서는 "각각 '기운'이 다시 여러 단계로 나뉘는데",[16] 이는 후에 캉유웨이가 삼세의 각 세世 속에 다시 삼통을 나눈 것의 선례가 되었다. 그것이 내포하고 있는 진화관과 퇴화관은 공자진의 삼세설과 마찬가지로 정치 변혁의 근거를 제공해 주었다.

공자진의 자의적인 설명들에 비해 위원의 경학 연구는 더욱 엄격했다. 금문경학의 무게중심이 동한으로부터 서한으로 이동해 가는 과정에서, 그는 "거짓을 따지는 태도로 고문경학을 비판했는데, 한편으로는 금문경학의 전면적인 연구를 촉진하면서, 다른 한편으로는 고문경학에 맞서 금문경학의 확고한 진영을 구축했다."[17] 그의 『서고미』書古微와 『시고미』詩古微는 『모전』毛傳과 「대소서」大小序, 그리고 『고문상서』古文尚書와 공안국孔安國의 「전」傳 등이 위서임을 판명한 대표작으로, 이후의 랴오핑, 캉유웨이 등에게 경학의 지향점을 제시해 주었다. 하지만 그렇다고 해서 순수 경학의 틀 속에 갇힌 채로 위원의 사상을 이해해서는 안 된다. 시대와 함께 발전해 나간 그의 사상적 특징을 떠나서는 그의 경학 연구의 함의를 제대로 설명할 수 없다. 공자진은 「을병지제저의」乙丙之際著議, 「임계지제태관」壬癸之際胎觀, 「고사구침론」古史鉤

沉論, 「존은」尊隱 등의 저술 속에서 풍파가 몰아치는 말세의 풍경을 묘사하면서, "조상의 법도가 모두 무너지고, 수많은 이들의 주장이 모두 뒤집어졌는데도, 그 물려받은 것들을 가지고 개혁하고자 애쓰고 있으니, 그 누가 스스로 개혁할 수 있겠는가"[18]라며 한탄했다. 위원은 경학 내부로부터 이에 대한 유력한 대응책을 만들어 내었다. 조운漕運, 염정鹽政, 하공河工 등의 문제에 관한 그의 방책은 경학 사상과 밀접한 관련이 있다. 또한 경학 내외관에 대한 그의 해석은 복잡 다변한 세계 관계와 연결되어 있었으며, 그 규모나 내용 면에 있어서 모두 전통 경학의 범위를 넘어서는 것이었다.

2. 서북으로부터 연해로

내외 문제는 여전히 위원 사상의 주요 주제였지만, 그 함의에 있어서는 변화가 생겨나기 시작했다. 『묵고』默觚는 위원이 죽은 지 21년 만에 출간되었는데, 비록 경학 저작은 아니지만, 그의 초기 사상을 대표하는 것으로 보인다. 이 책 속의 일부 명제는 분명 유봉록의 공양학 관점을 계승하고 있으며, 초기 금문경학이 제국 정복 정책과 종족 등급제를 비판하는 과정에서 형성되었던 경향성을 유지하고 있다. 위원은 송·명 군현제의 편협성을 비판하면서 봉건제의 좋은 점을 높이 평가했다. 그는 이를 예악 천하라는 측면과 '이적과 중국의 통일'이라는 측면 두 가지로 결론짓고 있는데, 여기에는 춘추 시기 이전의 내외 구분이 없던 시기에 관한 상상으로 가득 차 있다. 유학의 발전이라는 관점에서 봤을 때, 군현제에 대한 비판은 결코 새로운 것이 아니지만, '내와 외를 나누지 않는다'는 주장은 금문경학의 독특한 관점이다. 『묵고』하권 「치삼편」治三篇에서는 다음과 같이 말하고 있다.

삼대 이전의 천하는 예악만 있었지만, 삼대 이후의 천하는 도적질만 있었다. …춘추 이전의 제후에게는 천자를 찾아뵈는 예법뿐이었지만, 춘추 이후의 제후에게는 전쟁뿐이었다. …춘추 이전에는 유민流民은 있었지만 떠돌이 도적 떼는 없었다. 하지만 춘추 이후로는 떠돌이 도적 떼들이 모두 유민에서 나왔다. …『시경』을 읽어 보면 「석서」碩鼠의 "저 즐거운 들판으로 가리라"(適彼樂郊), 「황조」黃鳥의 "내 고장 내 가족에게 돌아가리"(復我邦族), 「홍안」鴻雁의 "연못에 찾아온 기러기들을 위로하네"(勞來中澤)* 등의 구절은 있지만, 반란으로 인한 우환은 들어 본 적이 없으니, 이는 봉건이 군현제보다 나은 장점 가운데 하나이다. 춘추 이후로 오랑캐와 중국은 둘로 나뉘었지만, 춘추 이전에는 오랑캐와 중국은 하나였다. 『시경』과 『춘추』를 읽어 보면, 옛날에는 명산名山 대택大澤에 제후를 봉하지 않았고, 열국이 험한 지형으로 방어를 한 적이 없었음을 알 수 있다. 그래서 서융西戎, 서융徐戎, 육혼지융陸渾之戎, 적적赤狄, 백적白狄, 강융姜戎, 태원지융太原之戎 등은 그 빈 곳을 틈타 이들 사이에 터를 잡았다. 후세에 이르러 변경에 요새가 세워지면서 이 모두가 왕조에 속하게 되었으니, 만리장성을 중화와 오랑캐의 경계로 삼고, 융戎·적狄은 새외塞外로 몰아냈다. 이는 군현제가 봉건제보다 우수한 점 가운데 하나이다. 전자의 세 가지 관점에서 보자면 춘추오패春秋五霸는 삼대를 세운 삼왕三王에게는 죄인이었지만, 중화에게는 공신이었다. 후자의 관점에서 보자면, 전국칠웅戰國七雄이나 천하를

---

* 「홍안」(鴻雁)의~위로하네: 사실 「홍안」에는 "연못에 찾아온 기러기들을 위로하네"(勞來中澤)란 구절이 보이지 않는다. 문맥상 아마도 "연못 안에 모여드네"(集于中澤)란 구절이 들어가야 할 듯하다. "勞來"란 표현은 「홍안」 원문이 아니라 이 시에 대한 「모시소서」(毛詩小序)에 보인다. "수많은 백성이 뿔뿔이 흩어져 편안히 살지 못하니, 찾아온 이들을 위로하고 살 곳을 정해 편안히 모여 살 수 있게 한다."(萬民離散, 不安其居, 而能勞來還定安集之) 아마도 위원이 헷갈려서 「홍안」의 원문과 「모시소서」의 표현을 뒤섞은 듯하다.

통일한 진秦나라는 한때 죄를 짓기는 했어도, 만세토록 전해지는 공이 있는 것이다.

> 三代以上之天下, 禮樂而已矣. 三代以下之天下, 賦役而已矣.
> …春秋以前之諸侯, 朝聘而已矣. 春秋以後之諸侯, 攻戰而已
> 矣. …春秋以前, 有流民而無流寇. 春秋以後, 流寇皆起於流
> 民, …讀『詩』則「碩鼠」"適彼樂郊", 「黃鳥」"復我邦族", 「鴻雁」
> "勞來中澤", 未聞潢池揭竿之患, 此封建長於郡縣者一也. 春秋
> 以後, 夷狄與中國爲二. 春秋以前, 夷狄與中國爲一. 讀『詩』與
> 『春秋』, 知古者名山大澤不以封, 列國無守險之事, 故西戎·徐
> 戎·陸渾之戎·赤狄·白狄·姜戎·太原之戎, 乘虛得錯處其間. 後
> 世關塞顯要, 盡屬王朝, 而長城以限華夷, 戎狄攘諸塞外, 此郡
> 縣之優乎封建者一也. 由前三說觀之, 五伯者, 三王之罪人, 中
> 夏之功臣. 由後一說觀之, 七雄·嬴秦者, 罪在一時, 功在萬世.[19]

'춘추오패'를 '중화'의 공신으로 여기고, '전국칠웅'과 '진나라'를 만세의 공신으로 여기는 것은 장존여의 『춘추정사』에 내포된 의미를 하나의 정치적 선언으로 천명하는 것이었다. 정치 제도의 각도에서 봤을 때, 그의 봉건제에 대한 높은 평가가 진정으로 봉건제를 회복하자는 의미는 아니었다. 그랬다면 그가 '춘추오패', '전국칠웅', '진나라'에 대해 이처럼 경의를 표하진 않았을 것이다. "이로써 삼대는 각각 '충'忠·'질'質·'문'文을 숭상하고, 각각 한 해의 첫 번째 달로 '자월'子月(음력 11월)·'축월'丑月(음력 12월)'·'인월'寅月(음력 1월)을 내세웠다. 오제五帝는 선대의 예를 답습하지 않았고, 삼왕은 선대의 음악을 따르지 않았다. 하물며 '군현제'의 시대에 '봉건제'를 논하고, '천맥제'의 시대에 '정전제'를 논하고, '태형笞刑·장형杖刑'의 시대에 '육형'을 논하겠는가?"[20] 삼통·삼세설은 모두 역사 변천의 의식을 담고 있는데, 이로 인해 "군현제의 시대에 봉건제를 논한다는 것" 역시 봉건적 예의 관계로 돌아가는 것과 동일시해서는 안 될 것이다. 봉건제는 회복될 수 없지만, 후세 사람이 봉건제의 예를 역사의 변화 속으로 가져오는 것은 가능하다. 이것이 바로 시대에 순응하는 것, 혹은 시대를 유지하는 것이며, 또한 복례復禮인 것이다. 위원은 다음과 같이 단언한다. "군자의 치세라는 것은, 삼대 이전의 마음이 없다면 반드시 세속화될 것이며, 삼대 이후의 사정을 알지 못한다면 반드시 물정에 어두워질 것이다." 봉건제가 변하여 군현제가 되고, 정전제가 변하여 천맥제가 되었으며, 조용조법租庸調法 제도가 변하여 양세법兩稅法*으로 바뀌고, 다시 양세가 변하여 일조편법一條鞭法*으로 바뀌었다. 그리고 병갑제兵甲制가 변하여 부병제府兵制*로 바뀌고, 다시 부병제가 변하여 확기제彍騎制*·영오제營伍制*로 바뀌었으니, 이는 모두 우주와 세계의 합법칙적 운동이다. 이하夷夏의 상대화는 역사 발전의 산물이니, 오늘날 누가 "회이淮夷와 서융徐戎*을 무슨 이족夷族이니 융족戎族이니 하며 구별할 수 있단 말인

- 양세법(兩稅法): 송에서 명 중엽까지 시행된 가장 기본이 되는 토지세를 말한다. 양세는 납세 시기에 따라 하세(夏稅)와 추세(秋稅)로 나뉘는데, 여름에는 명주·면·비단·밀과 보리·화폐 등으로 거두었고, 가을에는 쌀·조·콩 등으로 거두었다.
- 일조편법(一條鞭法): 명대 말엽에 시행된 조세 제도로, 토지세인 전부(田賦), 부역인 요역(徭役), 잡세 등을 통합하여 일괄적으로 은으로 세금을 거두는 방식을 말한다. 이는 기존에 실물로 세금을 거두던 것으로부터 화폐세로 전환되는 중대한 개혁으로서의 의미를 지닌다.
- 부병제(府兵制): 위진(魏晉) 시대부터 당대 초기까지 시행되었던 병역 제도로, 평시에는 농사를 지으며 군사 훈련을 받다가, 전시가 되면 병사로 출정했다가 전쟁이 끝나면 다시 본진으로 돌아가 해당 지역 장군의 관할하에 있도록 한 제도이다.
- 확기제(彍騎制): 당대 개원(開元) 연간에 재상 장열(張說)의 건의로 설치된 징병 제도를 가리키는데, 경조부(京兆府)·포주부(蒲州府)·동주부(同州府)·기주부(岐州府)·화주부(華州府) 등지의 부병(府兵)과 평민[白丁]을 선발 모집하여 매년 2개월간 수도의 숙위병(宿衛兵)으로서 병역을 치르되, 출정과 주둔의 부담을 면제해 주는 방식의 제도를 말한다.
- 영오제(營伍制): '영'(營)은 500명을 단위로 하는 부대를, '오'(伍)는 5인을 1조로 하는 부대 편제 단위를 가리키는 것으로 청대의 부대 편제 방식을 가리킨다.
- 회이(淮夷)와 서융(徐戎): 회이는 상나라 주나라 시기 중국 동부의 황회(黃淮), 강회(江淮) 일대에 살던 옛 소수민족을 가리킨다. 서융은 동이족 가운데 하나로, 하나라로부터 주나라 때까지 회하(淮河) 중하류에 분포했으며, 주나라 초기에 서국(徐國)을

가?" 마찬가지로 연해 지역의 "찻잎과 담뱃잎의 무역 시장은 오랑캐를 통제하는 요지이니"²¹ 결코 더 이상 '이하 대비'를 이유로 거절할 수 없게 되었다.

상술한 '봉건'관은 삼대의 회복을 위한 것이라기보다는, 차라리 역사 변화를 전제로 하여, 예제禮制를 기초로 봉건제의 정신을 군현 제도 속에 주입시키고, 더 나아가 다양성이 내재한 대일통 정치 질서를 달성하기 위한 것이었다. '이적과 중국의 통일'은 삼대의 이상으로, 일정한 전환의 과정이 없이 역사 자체의 변화를 고려하지 않은 것이었는데, 이런 이상은 구체적 실천으로 실현될 수는 없었다. 금문경학은 중국과 이적의 엄격한 구분에 대한 반대, 다른 민족의 문화·종교·제도에 대한 존중, 그리고 예의의 기초 위에 원근遠近 화합의 예약 질서 형성 등의 내재적 맥락을 지니고 있었다. 하지만 만일 이를 진정한 삼대의 회복이라고 여긴다면 이는 너무 유치한 생각이 될 수밖에 없는데, 왜냐하면 '내외' 질서는 제국과 그 예제 질서를 전제로 하기 때문이다. 새로운 맥락 속에서 '이적과 중국의 통일'은 반드시 다음과 같은 사실을 하나의 기본 전제로 할 수밖에 없다. 즉 '중국'과 '이적'은 모두 이미 제국의 정치 구조 내부에 놓여 있고, 따라서 이하의 상대화는 제국 내부의 평등에 대한 요구가 되며, 또한 될 수밖에 없다는 점이다. 금문경학 속에서 변법개제變法改制가 결국 중심 문제가 되었던 데에는 자신의 논리적 전제가 있었다. 이하의 상대화건, 아니면 "화하華夏를 안으로 삼고 이적을 밖으로 삼든지"(內諸夏而外夷狄) 간에, 모두가 제국의 영토·인구·조공 관계·다민족 상황 등의 전제를 필요로 했다. 이는 제국 내부 정치 질서의 재구성이었으며, 평등이라는 이름하에 내부 통치 관계의 동질화를 이루는 것을 그 특징으로 했다. 최종적인 결과를 놓고 봤을 때, 이러한 경향은 금문경학의 봉건관과 상반되었는데, 오히려

세웠다. 동이족 가운데 가장 강대했던 서융은 회이와 연합하여 수차례 주나라에 대항했는데, 춘추 시기에 이르러 오(吳)나라에 합병되었다.

민족국가 시스템 속에 놓인 제국의 자기 전환에 적합한 것이었다. 식민주의 침략에 대한 항거의 과정에서 이러한 경향은 더욱 명확해졌다.

경학의 내적 측면과 외적 측면으로부터 이 점을 관찰해 보는 것도 무방하겠다. 위원의 「공양춘추론」은 경학 내부의 예로 들 수 있다. 이 글 속에서, 위원은 맹자孟子의 설법에 근거하여, 공자가 '노나라를 왕제의 모범으로 삼아 시행한 제도 개혁'(王魯改制)을 우왕禹王의 홍수 치수와 주공周公의 이적 겸병의 뒤를 잇는 '세 번째 치세'라고 보았다. 이로 인해 "공자의 저서 가운데 『춘추』는 새로운 왕제라는 이름은 피했지만, 그러한 실질을 폐기한 적은 없었다. …『춘추』는 노나라 역사를 가지고 왕법을 밝히고, 주나라의 제도를 바꾸고, 후대의 성왕을 기다렸으니, 육서六書의 가차나, 『시경』의 구절들을 단장취의 하는 것과 마찬가지이다." 이미 "『춘추』가 이후 모든 왕을 위한 법도를 세웠다"고 한다면, 변법개제의 기본 내용은 『춘추』의 의례義例를 가지고 설명할 수 있을 것이다. 위원은 다음과 같이 설명한다.

> 말씀에 이르길 "『춘추』는 주나라의 문文을 바꿔서 은나라의 질質을 따랐다"고 했으니, 이는 천자의 연혁 때문이 아니겠는가? 왕기王畿에서 전복甸服까지의 군후君侯들을 세 등급으로 나누고, 다시 남복男服에서 번복藩服까지의 군후들을 일곱 등급으로 나눈다.* 그리고 대부大夫는 성姓으로 부르지 않고, 소국의 대부는 성과 이름으로 통성명하지 않았으니, 천자의 작위와 봉록 때문이 아니겠는가? 위로는 기杞나라를 낮추고, 아래로는 송宋나라를 보존하며, 등滕나라·설薛나라·주邾나라의 의보儀父를 기린다.

---

* 왕기(王畿)에서~나눈다: 전통적인 세계관 속에서 중국인들은 황제가 다스리는 왕도인 경(京)을 중심으로 그 원근 등급에 따라 동심원 형태의 천하를 구상했는데, 소위 '일기구복'(一畿九服)이라 불리는 이 세계관 속에서 천하는 황제가 직접 다스리는 기(畿)를 중심으로 '후(侯)·전(甸)·남(男)·채(采)·위(衛)·만(蠻)·이(夷)·진(鎭)·번(藩)' 등의 9개 등급의 복(服), 즉 제후국들로 이루어져 있다.

또한 곡谷나라·등鄧나라는 천시하면서, 성盛나라·고郜나라를 귀히 여기는 것은, 천자가 올려주고 내친 것을 따른 것이 아니겠는가? 주나라 황실을 안으로 삼고 제후국들은 밖으로 삼으며, 제후국을 안으로 삼고 이적은 밖으로 삼은 것은 천자가 안과 근본을 중시한 때문이 아니겠는가? 겉으로 노나라를 왕법으로 따르진 않았지만 실제로는 노나라를 왕법으로 삼았으니, 나는 『춘추』가 기존의 법도를 어기지 않은 경우를 본 적이 없다.

> 其言曰："『春秋』有變周之文, 從殷之質." 非天子之因革耶? 甸服之君三等, 藩衛之君七等, 大夫不氏, 小國之大夫不以名氏通, 非天子之爵祿耶? 上抑杞, 下存宋, 襃滕·薛·邾婁儀父, 賤穀·鄧而貴盛·郜, 非天子之黜陟耶? 內其國而外諸夏, 內諸夏而外夷狄, 非天子之尊內重本耶? 避王魯之名而用王魯之實, 吾未見其不倍上也.[22]

공자는 새롭게 예서를 정하고, 시비 표준을 판별했으며, 또한 "주나라 황실을 안으로 삼고 제후국은 밖으로 삼으며, 다시 제후국을 안으로 삼고 이적은 밖으로 삼은" "안과 근본을 중시한" 원칙을 새 제도에 있어 중요한 지위에 둔 것이다. 내외의 순서 문제는 여기서 새롭게 부각되었다.

『도광양소정무기』道光洋艘征撫記는 경학 외부의 예를 보여 준다. 이자명李慈銘은 『월만당일기』越縵堂日記 광서光緒 6년 6월 초이틀의 일기에서 『도광양소정무기』의 저자 문제에 대해 의문을 제기했는데, 그 가운데 일부에서 보이는 춘추공양학가의 필법을 가지고서 이 문장이 위원의 작품일 수 있다며 다음과 같이 설명한다. "『이박입구기』夷舶入寇記 상하편은… 전해지는 말로 위원의 저작이라 한다. 즉『성무기』 목차에 『도광정무이소기』道光征撫夷艘記가 기재되어 있기 때문인데, 혹자는 장태張泰의 저작이라고도 한다. 문체가 늘어짐을 보건대, 이전 글 서술의 간결하고 노련함에 미치지 못한다지만, 상하편의 논술은 위원이 지은 것 같다. 상편의 논의에서『춘추』와『춘추공양전』을 꽤 자주 인용하고 있는데, 이 또한 위원의 필법이다."(『夷舶入寇記』上下篇 …傳是魏默深作, 卽『聖武記』目錄所載『道光征撫夷艘記』, 又云亨父作. 觀文筆殊沓拖, 不及前記之敍次簡老. 惟上下篇之論似默深所爲. 上篇之論頗引『春秋』·『公羊』, 亦默深家法)[23] 『도광양소정무기』는 아편전쟁의 시말과 실패의 원인을 상세히 서술하고 형세와 인물의 공과를 분석했지만, 이러한 역사 경험 역시 저자에 의해『춘추』의 뜻, 특히 내외관 속에서 설명되고 있다. 이자명은『이박입구기』가 위원이 지은 것이 아니라고 단언하고 있지는 않다. 아래의 두 문단이 그 가장 확실한 예이다.

> 논하여 말하길,『춘추』의 대의는 국내의 치세는 상세하나, 해외의 통치에 대해서는 소략하다. 해외로부터 아편(毒)이 흘러들어 폐해가 해마다 늘어났다. 임칙서林則徐 공께서 그 제방의 뚫린 곳으로 가서, 분연히 중국의 우환을 제거하고자 했으나, 돌연 연해 지역에 큰 전란이 일어났다. 그 소문만을 전해 들은 이들은 아편 몰수로 적을 도발해 전란을 일으켰다고 다투어 비난했다. 그 사정을 잘 알고 있는 사람들은 아편 몰수가 아니라 아편 시장 폐쇄가 원인이었음을 알고 있다. 시장을 폐쇄한 까닭은, 첫째, 책임 보증서를 제출하지 않았고, 서양인 범죄자를 넘겨주지 않았기 때문이다. 그래서 화물선을 몰수하고 현상범을 요구하며, 국왕의 칙서를 요구한 것이었는데, 이는 분명 사리에 어긋남이 없었다. 그리고 국가 율례에는 중국의 교화 밖에 있는 외국인이 법을 위반하면 그 벌을 소로 속량하도록 했지만, 내국인을 다스리는 법으로 다스려야만 할 경우, 그 요구하는 바가 지나치게 상세하다. 수사총병水師總兵이 상소를 올려 몰수하고 심문하려 하자, 이를 막으며 죄를 면하려 했다. 어찌 서양의 재산 몰수법으로 치죄하지 않겠는가? …서양의 장기는 모두 중국의 장기로 삼았다. …무릇 이는 안을 다스리는 방식으로 바깥을 다스리는 방

책을 삼는다고 하는 것이다. 어째서 서양인을 처리하는 일에 반드시 조급히 서둘러야만 하는가?

論曰:『春秋』之義, 治內詳, 安外略. 外洋流毒, 歷載養癰. 林公處橫流潰決之餘, 奮然欲除中國之積患, 而卒激沿海之大患. 其耳食者爭咎於勒敵繳烟. 其深悉詳情者, 則知其不由繳煙而由於閉市. 其閉市之故, 一由不肯具結, 二由不繳洋犯. 然貨船入官之結, 懸賞購犯之示, 請待國王諭至之稟, 亦足以明其無悖心. 且國家律例, 蒙古化外人犯法, 准其罰牛以贖, 而必以化內之法繩之, 其求之也過詳矣. 水師總兵奏襯審訊, 而仍以掣肘免罪, 曷不以外洋沒產正法之律懲之乎? …西洋之長技, 盡成中國之長技, …夫是之謂以治內爲治外, 奚必亟亟操切(外洋)從事哉?[24]

옛말에 이르길 『춘추』의 올바름은 단지 안을 다스리는 것이 바깥을 다스리는 것보다 상세할 뿐만 아니라, 또한 현자를 책망하는 것이 평범한 이를 책망하는 것보다 더 잘 갖추어져 있다. 진실로 외적은 상세할 필요가 없고, 평범한 대중도 지나치게 책망할 필요가 없다. 갑자기 무역을 중단시키지 않는 것이 좋다. 일반 사람들도 무역을 중단시키는 것이 부당하다고 말한다. 일반인들이 말하는 무역을 중단하지 말라는 것은 관용을 베풀라는 의미이다. 영국인이 원하는 바는 통상일 뿐, 통상이 반드시 분란을 일으키는 것은 아니다. 그런데 아편으로 중국의 재화를 빼간다고 하여 어찌 이들을 금지시켜 못 오게 하겠는가. 이는 계책이 아니다. 만약 도요토미 히데요시豊臣秀吉와 정성공鄭成功 같은 자들이 그 사이에 섞여 있으면서, 연해 방비가 느슨한 것을 넘보며 통상이 아닌 다른 것에 뜻을 두고 있다면, 어찌 이들을 기다리고만 있겠는가? 이 역시 좋은 계책이 아니다. 이는 내가 무역을 중단하지 말고 자강自强에 힘쓰자고 하는 것과는 천양지차이다. 바

라는 마음이 강하면 구하는 바가 갖춰진다. 어찌 낭와囊瓦와 근
상斬尙* 같은 간신배와 다툴 틈이 있겠는가? …중국의 법령을 해
외에서 기대하고, 호걸의 계략을 평범한 대중에게 기대하면서
폐단을 해결하고자 한다면, 이는 요원한 일이 아니겠는가!

> 曰: 『春秋』之誼, 不獨治內詳於治外, 亦責賢備於責庸. 良以外
> 敵不足詳, 庸衆不足責也. 吾曰勿驟停貿易, 世俗亦言不當停貿
> 易. 世俗之不停貿易也, 以養癰. 曰英人所志不過通商, 通商必
> 不生釁, 至於鴉片烟蝎中國之脂, 何以禁其不來, 則不計也. 設
> 有平秀吉·鄭成功梟雄出其間, 薉我沿海弛備, 所志不在通商,
> 又將何以待之, 則亦不計也. 與吾不停貿易以自修自强者, 天壤
> 胡越. 望之也深則求之也備, 豈暇與囊瓦·斬尙之徒, 較量高下
> 哉? …始旣以中國之法令, 望諸外洋, 繼又以豪傑之猷爲, 望諸
> 庸衆. 其於救弊, 不亦遼乎![25]

한편으로 위원은 아편전쟁 실패의 내부 원인을 들면서, 내정 개혁과
인재 등용을 주장함으로써, 『춘추』의 '안에 대해서는 상세히 하고 바
깥에 대해서는 간략히 한다'(詳內略外)는 원칙에 부합시켰다. 다른 한편
으로 그는 서양의 법률과 기술을 이용하여 아편 수입을 억제하면서도
무역을 개통하고 서방 국가의 이익 충돌을 이용하여 영국의 패권을 저
지할 것을 주장했다. "외국의 날개를 적극적으로 받아들여 중국의 날
개로 삼고, 외국의 장기를 적극적으로 중국의 장기로 전환시킨다면,
부국강병이 일거에 이뤄지지 않겠는가!"[26] 이는 이른바 "오랑캐가 중
국에 들어와 중국화되다" 혹은 '이하의 상대화'라는 원칙을 영리하게
적용한 것이다.

---

* 낭와(囊瓦)와 근상(斬尙): 두 사람 모두 춘추 시기 초나라의 대부로, 낭와는 재물
을 탐하다가 오나라와의 전쟁에서 패배를 초래한 인물이고, 근상은 충신 굴원(屈原)
을 시기해 그를 모함하여 쫓아내도록 만든 인물이다.

위원의 내외관은 이미 장존여나 유봉록의 학문과는 상당히 거리가 있다. 아편전쟁은 중국으로 하여금 일종의 군사 관계 속에서 자신의 주권 지위를 확립하고 자신의 이익과 강역을 보위하도록 강제했다. 따라서 제국 시대 무력 정벌의 군사 경험을 새롭게 환기시키는 것이 위원과 같은 이들이 직면한 새로운 역사 형세의 기본 방식 가운데 하나가 되었다. 장존여, 유봉록에게 있어서 내외관의 핵심이 '예'禮라고 한다면, 위원에게 있어서 내외관의 기초는 군사력이었다. 하지만 이 양자가 완전히 대립하는 것은 아니었다. 예는 군사력(제국의 패권)을 전제로 하고, 군사력은 예를 귀착점(예제 질서로의 군사력 재건)으로 삼는다. 공자진, 위원 시대의 변혁 사상은 중국 근대 민족주의 주장의 기원이었다. 이 민족주의 주장은 직접적으로 제국 역사와 문화에 대한 서술로 드러나고 있다. 민족주의 서술과 제국 서술 사이에는 상호 중첩 관계가 존재한다. 주도적인 측면에서 보자면, 제국과 민족국가의 이런 중첩 관계는 중국 민족주의 주장이 종족 차이에 의해서가 아니라, 내외·이하의 절대적 차이의 소멸을 기본 출발점으로 삼도록 규정지었다. 이는 유럽 민족주의가 종족, 언어, 문화의 특수성과 단일성을 가지고 제국의 다민족, 다언어, 심지어는 다종교적 특징에 항거했던 것과는 중대한 차이점이 있다. 위원의 내외, 이하관은 새로운 외부 위협에 대한 반응이었으며, 그것은 초기 금문경학의 내외·이하의 절대적 차별의 해소를 특징으로 하는 '중국'관을 계승한 것이었다. 하지만 주요한 목적은 이 '중국' 개념(그리고 거기에 내포된 종족 평등의 요구)을 가지고 제국의 무력 정복과 종족 등급제에 대항하고자 함(즉 예로써 군사력을 물리침)이 아니라, 대외 군사전략의 각도에서 내외·이하 관계를 다루고, 제국의 무력 정벌 시기의 시야와 정신을 회복하는 데 힘쓰고자 함이었다. 이는 군사력을 예禮의 역사적 전제로 삼았던 것이다.

군사와 전쟁은 유럽 국가 체계를 만들어 내었을 뿐만 아니라, 국가의 내부 제도에 대해서도 중대한 영향을 끼쳤다. 비유럽 국가들에 대해서도 군사력 확립 및 그와 관련된 제도들은 민족 건설, 제도 개혁,

국경 구획 등에 대해 더욱 결정적인 영향을 주었다.[27] 유학은 줄곧 특정한 정치 구조 및 권력 관계와 밀접한 관계를 맺어 왔으며, 그것은 결코 하나의 '심성지학'心性之學에 불과한 것이 아니었다. 근대 국가와 폭력의 내재적 연계는 유학의 변화에 분명 중요한 영향을 주었다. 위원에게 있어서 유학(특히 금문경학)의 내외·이하의 예의에 관한 서술은 이미 일종의 군사전략과 책략의 서술로 바뀌었으며, 초기 금문경학과 제국 사이의 긴장 관계는 거의 사라져 버렸다. 현대 세계의 군사적 성격은 예의 관계와 군사 관계의 긴밀한 연계를 규정지었다. 위원의 저작 가운데 (『도광양소정무기』를 포함하는)『성무기』, 「원사대리전서」元史大理傳敍, 「관중형세론」關中形勢論, 「왕전부견론」王翦苻堅論, 「서금사완안원의전후」書金史完顔元宜傳後 등의 사학 저술들은 병서라 볼 수 있으며, 『해국도지』 자체가 하나의 병서였다. 이 저작은 최초로 비교적 상세하고 정확한 지리학 지식(그리고 전 세계의 각 지역과 국가의 정치, 경제, 풍속, 물산 등과 관련된 지식)을 가지고 식민주의 시대의 중국의 위치를 확정지었으며, 내륙 제국을 해양 시대의 복잡한 네트워크 속에 자리매김함으로써, 제국의 해양 시대 주권국가로의 전변을 위한 지식상의 근거를 제공해 주었기에, 이는 단순한 지리학 저작이 아니라, 우선적으로 군사 저작인 것이다.[28] 근대 지식 체계 내에서 '지리학'의 중요성은 근대 세계 체제의 군사적 성격에 의해, 혹은 근대 무역의 군사 및 그 기술에 대한 의존에 의해 규정된 것이라 할 수 있다. 영국 식민주의의 무역은 자연적·자발적·사적인 성격의 무역이 아니라 국가의 군사적 보호—특히 원양에서의 전투 능력을 지닌 해군—범주 내에서의 무역으로, 영국에 의해 주도된 세계 경제와 결합시키는 작용을 했다. 위원은 동인도회사의 기능에 대해 다음과 같이 말했다.

타국과 통상을 시작할 때, 함선과 화포를 만들고 운하를 정비하고 포구를 점령하고 상가를 구축하는 등의 일들은 일시에 수만 금의 비용이 드는 일이라, 한두 상인이 혼자서 할 수 있는 일이 아니다. 이 때문에 반드시 많은 사람의 힘을 모아야 가능하며, 심지어는 국왕의 자본을 빌려 도모하기도 한다. 따라서 회사가 아니라면 할 수가 없다.

> 方其通商他國之始, 造船炮, 修河渠, 占埠頭, 築廛舍, 費輒巨萬, 非一二商所能獨任, 故必衆力易擎, 甚至借國王貲本以圖之, 故非公司不爲功.[29]

이는 영국 식민 무역에 대한 정확한 개괄이다. 영국의 대對 중국 아편 무역은 군사적 보호하의 밀무역 성격을 지녔을 뿐만 아니라, 또한 일종의 영·중 무역을 자본주의 무역 구조로 편입시키는 강제 행동이기도 했다.[30] 만일 원양 무역을 군사 보호하에 두지 않았다면, 그리고 만일 무역 왕래, 군사 점령, 국가 보호 등이 상호 연계되어 있지 않았다면, 영국은 자신의 경제적 패권을 확립할 수 없었을 것이다. 그리고 이러한 경제적 패권은 또한 역으로 영국 해상 군사력의 기타 지역에 대한 삼투 능력을 더욱 강화시켰다.

3. '방어'로 공격을 삼다

『해국도지』는 최초의 50권본(1842)에서 60권본(1847) 및 100권본(1852)으로 발전했다. 이 책의 최초 저술 연대에 관해서는 다른 의견들이 있다. 우저吳澤와 황리용黃麗鏞의 고증에 의하면, 위원은 도광제 21년(1841) 6월부터 경구京口(현재의 진강鎭江)에서 임칙서의 부탁을 받고 『해국도지』를 쓰기 시작하여, 도광제 22년(1842) 겨울에 완성했다. 우저와 황리용은 1~2권 「주해편」籌海篇 속의 일부 사실들을 통해 이를 완벽하게 추정해 내었다.[31] 「주해편」에는 「의수」議守 상하, 「의전」議戰, 「의관」議款 등 총 4편의 글이 있는데, 이 글들은 모두 아편전쟁 시기의 군사 경험과 교훈을 검토하여 해양 시대에 외적을 제어하는 전략 전술과 장기적 책략 등을 상세히 설명하고 있다. 그 핵심은 '방어'를 중심으로 하면서, 방어·전투·강화講和라는 각기 다른 전술이나 전략을 전개하는 데 있었다. 근대화 이론의 틀 속에서 『해국도지』의 '병서'로서의 성격은 '개혁개방' 혹은 '서구로부터의 학습' 등과 같은 서사에 의해 거의 완전히 가려진 탓에, '오랑캐의 장기를 배워 오랑캐를 제압한다'와 같은 군사적 주장이 서구로부터의 학습을 위한 경전적 표현으로 사용되기에 이르렀다. 『성무기』 속에서 위원은 이것이 사실 선조들이 적을 제압해 온 방법이라고 명확히 밝히고 있다. "선대의 일로부터 근래의 일에 이르기까지 책 속에 가르침이 있음"(先朝近事, 典在冊府)*을 교훈 삼아, 이를 확장시켜 해양의 외적을 제어하는 데 쓴 것에 불과하다.[32] 『도광양소정무기』에서는 임칙서의 상주문을 인용한 부분에서 "적으로 적을 공격할 수 있습니다. 중국이 서양식 함선과 대포를 만든다 해도 많아야 300만 냥이면 충분하니, 적의 장기를 가지고 적을 제압할 수 있을 것입니다"(可以敵攻敵, 中國造船鑄礮, 至多不過三百萬, 卽可師敵之長技以制敵)라고 말하고 있다.[33] 이 주장 역시 임칙서가 적을 물리쳐 제압한 '병법'에서 나온 것임을 잘 보여 주고 있다. 위원은 『해국도지』 60권본의 원서原敍에서 다음과 같이 명확히 밝히고 있다.

> 이 책은 왜 짓게 되었나? 오랑캐 방식으로 오랑캐를 공격하고, 오랑캐 방식으로 오랑캐와 강화조약을 맺고, 오랑캐의 장기를 배워 오랑캐를 제압하기 위하여 지은 것이다. …그렇다면 이 책을 가지고 외적을 다룰 수 있는가? 그렇기도 하고, 아니기도 하다! 이 책은 병법의 기능적인 측면을 다룬 것이지, 본질적인 것을 다룬 것은 아니며, 유형의 병법에 관한 것이지 무형의 병법은 아니기 때문이다.

----

* 선대의~있음: 원서에는 "府冊"이라 되어 있으나 이는 '책부'(冊府)의 오자로 보이며, '책부'란 왕실에서 전적들을 모아 놓은 도서관을 말한다.

是書何以作? 曰: 爲以夷攻夷而作, 爲以夷款夷而作, 爲師夷長技以制夷而作. …然則執此書卽可馭外夷乎? 曰: 唯唯, 否否! 此兵機也, 非兵本也. 有形之兵也, 非無形之兵也.[34]

병법의 임기응변적인 측면과 본질적인 측면, 그리고 유형의 병법과 무형의 병법을 나누는 동력은 일종의 자각적 인식, 즉 해국海國 시대에 중국과 서구의 대립이 단순한 군사적 문제가 아님에 대한 인식에서 나온 것이다.

아편전쟁 이후로 '전쟁 아니면 강화, 강화 아니면 전쟁'이라는 식의 여론과 전략에 대해, 위원은 '방어로써 싸우고, 방어로써 강화를 맺는' 전략과 전술을 제시했다. 전술상으로 말하자면, '방어'의 요결은 "첫째, 해양을 방어하는 것이 해구海口를 방어하는 것만 못하고, 해구를 방어하는 것이 내륙의 강을 방어하는 것만 못하다. 둘째, 외지의 군대를 들여오는 것은 자체의 지역군을 훈련시키는 것만 못하고, 수군(水師)을 육성하는 것은 해상 민병대(水勇)를 훈련시키는 것만 못하다."[35] 이 전략은 두 가지 조건에 의해 결정된다. 우선 유럽 국가들(특히 영국)이 전함의 선진성에서 우세함을 지니고 있고, 적과 아군 쌍방 간에 무기·장비·전투 인원의 질과 양에 있어 현격히 차이가 난다. 다음으로 대륙 제국은 육상전에 우수하고, 해양 제국은 해상전에 뛰어나다. 중·영 간의 전쟁은 반드시 '방어' 중심이 되어야 하며, 지정학적 전략 면에서 봤을 때도 소위 방어를 중심으로 삼는 것이 해상전에 대응하는 육상전의 기본 방식이다.[36] 「의수」 상편의 끝부분에서 위원은 이 전술을 역사적으로 증명했는데, 방어로 공격을 삼는 수많은 사례를 밝혀 놓았다.[37] 1616년 무굴 황제의 궁정에 상주해 있던 동인도회사의 대사는 영국의 책임자에게 다음과 같이 권고하였다. "당신들이 만일 승리하고 싶다면, 다음의 규칙을 준수해야만 합니다. 해상에서의 평화적인 교역으로 이윤을 추구해야 합니다. 주둔군을 유지하며 인도 내지에서 싸우는 것은 매우 큰 실수가 될 것이 분명하기 때문입니다."[38] 육상전으로 해상전에 대응하는 위원의 전략은 서구 전략가의 견해와 대조해 본다면, 그가 중국과 서양의 군사 전투의 요해를 장악하고 있었음을 바로 알 수 있다. 만일 기회만 있었다면 유럽인들은 성을 공격하여 약탈할 기회를 놓치지 않았을 것이다. 마치 남아시아와 동남아시아에 대한 침략과 약탈, 영토 점령과 마찬가지로 말이다. 하지만 전략과 전술 면에서 봤을 때, 아편전쟁을 근거로 해서 이뤄진 위원의 전략 분석은 정확한 것이었다.

4. 육상전으로 해상전에 대응하다

육상전으로 해상전에 대응하는 방식은 위원의 용병술을 결정했다. 그가 「의수」 하편에서 논한 '현지 군사 육성'의 방법, 즉 군민 연합의 방식으로 침범한 적을 반격하는 것이 바로 그것이다. 그는 백성을 힘들게 하고 재산을 축내면서 아무런 효과도 없는 군대의 원정 파견 방식을 반대하고, 현지에서 병사를 모집할 것을 강조했다. 육상전은 '풍토에 익숙하고' '지리에 밝으며', '자신과 자기 집안을 돌봐야 하는' '토착 군대'를 필요로 한다. 강이나 근해에서의 작전 역시 물길에 익숙한 현지의 수병을 모집하는 것이 상책이다. 아편전쟁 기간에 영국군은 청나라 군이 해산시켰던 수병들을 대규모로 고용했다. 그들은 현지 상황과 군사 시설에 익숙하여, 영국군에 중요한 정보를 제공해 주었다. 이 때문에, 위원은 현지 군사 육성을 하는 데에 있어서 무기를 쓸 줄 아는 백성, 즉 담배나 소금 밀거래상, 해적, 산적 등을 모두 그 지방 군대에 편입시킬 것을 건의했다. 한편으로는 군량을 아낄 수 있고, 다른 한편으로 이들이 영국인에게 매수되는 것을 피할 수 있으며, 또한 부수적으로 지방 치안 문제를 해결할 수 있기 때문이었다.[39] 상술한 위원의 사상은 동남아와 인도의 역사적 경험과 아편전쟁의 실제 상황에서 출발한 것이었다. 각국의 동인도회사가 양성한 군대는 절대다수가 현지인이었다. 1763년 무렵의 바타비아*에서는 1천~1200명 정도의 '각기 다른 국적'의 유럽 병사가 9천~1만 명에 달하는 말레이인 보조 인력과 2천 명의 중국 병사들을 거느리고 있었다.[40] 인도인(소위 현지 용병)을 모집하여 인도를 정복한 것은 유럽 식민주의자들의 중요한 발명품이며, 또한 아편전쟁 중의 영국인(그리고 훗날 항일 전쟁 시기의 일본인)이 중국인을 다루는 기본적인 방법이기도 했다. 만일 현지 상인과 관원의 협력이 없었다면 아편 무역이 순조롭게 진행될 수 없었을 것이며, 이는 임칙서가 아편을 근절시킬 때 부딪혔던 최대의 난제였다. 브로델은 남아시아와 동남아시아의 상업 활동을 논하면서 다음과 같은 점을 지적했다. 수많은 토착 중개인들이 유럽인들 주변에서 주동적으로 서비스를 제공했는데, 그 가운데는 이집트의 무어인들, 도처에 퍼져 있는 아르메니아인들, 브라만 상인, 모카의 유대인, 광저우·마카오·반탐* 등지의 중국인 등이 있었고, 또한 인도의 구자라트 상인, 뉴질랜드 코로만델 연해의 상인과 자바인들도 있었다. "시간이 흘러감에 따라 도움, 협력, 결탁, 공존, 더 나아가 상호 의존은 점차 당연한 것이되어 갔다."[41] 확연한 이하夷夏, 내외의 개념으로는 이처럼 복잡하게 착종된 관계를 묘사할 방법이 전혀 없었다. 만일 내부로부터 개혁해 나가지 않는다면 외적에 대항할 수 없었던 것이다.

이런 이유로 인해 위원은 '군사'를 논하면서 구체적인 전략 전술에 주목했을 뿐만 아니라, 장기적인 치안 전략 또한 주목했다. 그의 시야 속에서 '군사'의 함의는 단순한 공수攻守의 기술을 논하는 범위를 넘는 것이었다. 이른바 "군사의 예법은 오례 중의 하나이니, 예법을 배울 때는 응당 군사 문제까지 배워야 한다"(兵列五禮, 學禮宜及)[42]고 했듯이 '군사'는 본래 예의 중요한 구성 부분이었다. 위원이 지은 일련의 저작들은 예의 질서 배후의 군사적 관계를 보여 주었다. 그는 리理나 도道

• 바타비아: 현재 인도네시아의 수도인 자카르타를 가리킨다.
• 반탐: 인도네시아 자바 지역에 있던 옛 국가의 명칭이다.

를 예의로 이해했을 뿐만 아니라, 예의의 실천을 용병술과 경제적 기획으로 구체화했다. 「『손자집주』서」『孫子集注』序에서 그는 『주역』周易, 『노자』老子 등에 내포된 군사 사상과 병법을 자세히 개괄했다.

『주역』은 군사軍事를 논한 책이다! "높다(亢)고 하는 것은 나아갈 줄만 알고 물러날 줄 모르며, 사는 것만 알고 죽는 것은 모르며, 얻는 것만 알고 잃는 것은 모르는 것을 말한다." 때문에 움직이면 후회하게 되나니, 나는 이로부터 군사적 상황에 대한 이해를 얻을 수 있었다. 『노자』도 군사를 논한 책이다! "천하에 물보다 유약한 것은 없지만, 강한 것을 공격하는 데 이보다 나은 것은 없다." 나는 이 말에서 군사의 형세를 깨달았다. 손무孫武의 『손자병법』孫子兵法은 도를 논한 책이다! "백 번 싸워 백 번 이기는 것이 가장 좋은 것은 아니다. 싸우지 않고 굴복시키는 것이 가장 좋은 것이다. 따라서 용병에 뛰어나다는 것은 지혜롭지 못한 명예요, 용감하지 못한 공이다." 나는 이 말에서 용병의 정수를 깨달았다. 따라서 유가 경서에서 『주역』, 제자서에서 『노자』, 병법서에서의 『손자병법』은 그 도가 만물 모두에 해당하고, 그 핵심이 우주 전체를 비추며, 그 방법이 모두 하늘과 사람에 부합하고 상常·변變의 이치를 통괄한다.

『易』其言兵之書乎! "亢之爲言也, 知進而不知退, 知存而不知亡, 知得而不知喪", 所以動而有悔也, 吾於斯見兵之情. 『老子』其言兵之書乎! "天下莫柔弱於水, 而攻堅强者莫之能先", 吾於斯見兵之形. 『孫武』其言道之書乎! "百戰百勝, 非善之善者也. 不戰而屈人之兵, 善之善者也. 故善用兵者, 無智名, 無勇功", 吾於斯見兵之精. 故夫經之『易』也, 子之『老』也, 兵家之『孫』也, 其道皆冒萬有, 其心皆照宇宙, 其術皆合天人·綜常變者也.[43]

『주역』과 『노자』가 '군사를 논한 책'이고, 『손자병법』이 도를 논한 책이라고 한 이 논단은 도와 군사의 변증법적 관계를 보여 준다. 『해국도지』 「원서」原敍 속의 한 서술에서, 우리는 '군사를 논한 책'이 어떻게 '마음·도·다스림을 논한 책'과 합일되는지를 명확히 볼 수 있다.

> 명나라의 한 관료는 "해상에서 왜적의 우환을 평정하고자 한다면, 우선 인심의 쌓인 우환을 평정하여야 한다"라고 말했다. 인심의 쌓인 우환이란 무엇을 말하는가? 물도, 불도, 칼도, 금도, 연해의 사악한 무리도, 아편을 피우고 아편을 파는 무리도 아니다. 군자는 『시경』의 「상무」常武, 「강한」江漢 편에 앞서 「운한」雲漢, 「차공」車攻 편을 읽어야 '이아'二雅(대아大雅·소아小雅)를 지은 시인의 울분을 알 수 있다. 그리고 괘卦와 효爻를 가지고 점을 치고 내외의 소식을 잘 알아야, 『주역』을 지은 저자의 우환을 알 수 있다. 울분과 우환이 있어야 천도天道가 위태로워지다 태평함에 이르게 되고, 인심이 틀어지고 가라앉았다가 깨달음에 이르게 되고, 인재가 허약함을 혁신하여 견실해지게 된다. …우매함이 걷혀야 하늘이 개고, 허약함이 사라져야 거대한 힘이 일어나는 것이다.
>
> > 明臣有言: "欲平海上之倭患, 先平人心之積患." 人心之積患如之何? 非水·非火·非刃·非金·非沿海之奸民·非吸煙販烟之莠民. 故君子讀「雲漢」·「車攻」, 先於「常武」·「江漢」, 而知「二雅」詩人之所發憤. 玩卦爻內外消息, 而知大『易』作者之所憂患. 憤與憂, 天道所以傾否而之泰也, 人心所以違寐而之覺也, 人才所以革虛而之實也. …寐患去而天日昌, 虛患去而風雷行.[44]

『해국도지』를 편찬한 주요 동기는 구체적인 대책과 방략을 제공하고자 함이었으며, 동시에 지리학의 형식을 통해 세계의 내외 관계를 새롭게 확정 짓고, 또한 "화하華夏를 안으로 삼고 이적을 밖으로 삼던"(內諸夏而外夷狄) 예의의 관점을 자기 개조의 동력으로 전환하여, 근대적 군사 관계의 사회 체제 내부로 전환하고자 함이었다.[45] 군사적 승리를 얻기 위해서는 여전히 여러 외교 수단과 조공 관계를 이용하여 적을 분리하고 우군을 연합시키며, 복잡한 외적 통제 네트워크를 구축해야만 한다. 「의전」과 「의관」은 외교 관계·조공 예의·무역 왕래를 외적 퇴치의 전술과 밀접히 결합시키고 있는데, 이를 통해 「의수」 상하편의 구체적 전술을 보다 넓은 전략 관계 속에 놓고 있다. 이는 예와 군사의 착종 관계를 가장 잘 설명하고 있다.

「논전」 편은 '이이제이'以夷制夷를 기본 전략으로 하고, 육상 공격과 해상 공격을 공격 방법으로 삼아, 광활한 역사·지리적 시각과 복잡하게 착종된 전략적 이익 관계 속에서 논술을 전개하고 있다. 영국과 러시아·프랑스·미국 사이에는 이익 충돌이 존재했으며, 동시에 중국의 전통적 조공국인 구르카廓爾喀(네팔), 시암暹羅(태국), 안남安南(베트남) 등과의 사이에는 대립과 투쟁이 존재했다. 이로 인해 위원은 육로로 진격하려면 러시아, 구르카와 연합해야 하며, 그때 쟁탈전의 초점은 인도에 있다고 단언했다. 강희제는 일찍이 네덜란드를 이용하여 러시아에 대응했고, 또한 러시아와 연합하여 중가르를 몰아붙였는데, 이런 역사적 경험은 영·러의 대립 관계를 이용하여 영국의 침입에 항거할 수 있음을 보여 준 것이다. 1691년 영국이 군함을 이용해 동·남·중인도 지역에 진출할 때, 러시아는 흑해와 카스피해 사이의 유목 부족들을 이용하여 서·중인도에까지 접근했다. 이로 인해 동·남인도의 아편 생산을 둘러싸고, 영·러 간에 대립 형세가 형성되었다. 구르카(네팔)는 티베트의 서쪽 인도의 동쪽에 위치하고 있어, 영국령 인도와 대립 관계에 있었다. 1815년, 영국령 인도는 구르카로 침입하여 결국 '사가우리蘇格里(Sagauli) 협정'을 맺고 적지 않은 구르카의 영토를 획득했다. 영국에 의해 시장이 독점되자 1841년 구르카는 청 왕조의 주駐티베트 대신에게 인도를 공격해 주기 바란다는 뜻을 전했다. 이를 근거로 해서, 육상으로는 구르카로 하여금 인도 동부를 공격하도록 하고, 러시아에게는 인도 서부를 공격하여 협공하도록 한다면 영국령 인도를 와해시킬 수 있었을 것이라 보았다.[46] 해상으로는 프랑스·미국과 영국 사이의 갈등을 이용해야 한다고 보았다. 식민지 미국은 이미 영국 통치에 반항하는 독립운동을 일으킨 바 있으며, 영국은 네덜란드·프랑스 등과 인도 쟁탈전을 벌인 바 있다.[47] 중국의 대외 무역에서 영국은 기타 서방 국가들과 이권 충돌을 일으키고 있었기 때문에, 기타 서방 국가와 연합하여 공동으로 영국에 대응하는 전략은 현실적인 가능성을 지니고 있었다.[48] 상술한 구상은 일종의 변통적變通的인 이하관夷夏觀을 체현한 것이었다. 중화제국의 유구한 군사 역사 속에서 유사한 예증들을 찾아볼 수 있는데, 예를 들면 한나라는 서역을 이용하여 흉노를 공격했고, 당나라는 토번吐蕃(지금의 티베트)을 이용하여 인도를 공격하고, 회흘回紇(지금의 위구르)을 이용하여 토번을 공격했으며, 강희제는 네덜란드의 범선을 이용하여 타이완을 공격했고, 또한 러시아와 연합하여 중가르를 위협했으며, 선교사 페르비스트Ferdinand Verbiest(1623~1688)를 채용해 화포를 제조하여 삼번三藩의 난을 진압하도록 했고, 서양인을 흠천감欽天監에 사력관司曆官으로 등용한 것 등이 그것이다.

5. 지식, 군사, 무역

중국과 영국 사이에는 일찍이 광범위한 무역 관계가 있어 왔는데, 단순히 시장이라는 면에서만 보자면, 중국 시장의 자유화 정도와 일부 측면의 발달 정도는 아마도 영국보다도 더 나았을 것이다. 양자 사이의 실질적인 차이를 이루었던 것은 무역과 국가의 군사적 보호의 관계였다. 정성공 세력의 교란으로 인해 청대에는 연해 지역에 대한 봉쇄정책을 시행했기 때문에, 대다수 조공 노선을 따라 발전했던 무역은 민간 무역 혹은 밀무역이었으며, 국가의 조직적인 군사 보호를 받을 수 없었다. 영국의 해양 무역은 정반대였다. 그들은 완전히 영국의 군사적 보호 아래에 있었다. 「주해편」의 중요한 결론 가운데 하나는 무역 문제는 동시에 반드시 군사적 문제로 이해되어야 한다는 것이었다. 위원의 군사전략은 '방어'와 육상전을 중심으로 한 것이었지만, 그는 해상전이 불가피함을 아주 명확히 이해하고 있었다. 장거리 무역의 고이윤, 항해 기술의 신속한 발전, 서방 국가의 확장 정책, 영국 세수와 금융 체제의 아편 무역에 대한 의존, 서구 무역과 군사의 긴밀한 결합, 물산이 풍부한 대국으로서의 중국 등, 이러한 모든 요소가 해양 각축 시대의 도래를 결정지었기에, '해상전이 아니면 안 되었던 것'이다. 그의 이러한 견해는 이후 양무洋務운동의 해군 건설에 중요한 영향을 끼쳤으며, 이는 1910년 청 왕조의 해군부 설립을 통해 정치 제도적으로 구체화될 수 있었다. 유럽의 대對아시아 무역은 두 가지 힘 위에 구축되었는데, 하나는 대량의 아메리카 백은이었고, 다른 하나는 자유자재로 조종할 수 있고 다양한 돛을 달아 바람을 동력으로 사용하는 전함이었다. 전자의 부족 현상이 나타나자, 후자는 바로 군사력으로 아편 밀거래를 보호하여 새로운 수출입 균형 방안으로 대체했다. 이로 인해 아편 무역 분쟁은 '오랑캐의 장기를 배워 오랑캐를 제압하는' '강병'强兵 정책을 통하여 실질적으로 군사력을 강화하고 제도적으로 무역과 군사 보호의 관계를 완비함으로써 해결하는 수밖에 없었다.[49]

'오랑캐의 장기를 배우는 데' 있어 첫 번째 요건은 '오랑캐의 실제 상황'(夷情)을 이해하는 것이었다. 상대방 내부의 상황을 알고 자신의 군사 및 상업 비밀의 보호 대책을 강구하고 있는가의 여부는 바로 중中·서西 간에 무역 등의 문제를 처리하는 데 있어서 주요한 차이점이었다. 중국은 찻잎 등을 정찰 가격으로 명시했지만, 서양 상인은 직원이 상업 비밀을 누설하는 것을 엄금했다.[50] 바로 이로 인해 "서양의 오랑캐를 제어하려면 우선 오랑캐의 실제 상황을 아는 데서 시작해야만 한다. 이에 밝고자 한다면, 우선 번역관을 세우고 오랑캐의 서적을 번역하는 데서 시작해야만 한다. 변방의 인재를 육성하고자 한다면, 우선 변방의 감독과 관리를 신경 쓰는 데서 시작해야만 한다."[51] 조사 결과에 근거하여, "오랑캐의 장기에는 세 가지가 있다. 첫째는 군함, 둘째는 화기, 셋째는 군사의 육성과 훈련 방법이다"[52] 앞의 두 가지 방면은 군사 기술을 언급한 것이고, 마지막 한 가지는 제도와 그 방법을 언급한 것이다. 위원은 이에 근거하여 다음과 같은 것들을 건의했다. 1. 광동廣東 호문虎門 밖의 사각沙角, 대각大角 두 곳에 조선창造船廠과 화기국火器局을 각각 설치하여, 프랑스와 미국의 기술자와 장인을 초빙하여 함선 기기 제조를 관장토록 하고, 서방의 조타수를 초빙하여 함선 운행과 함포 사용법을 관장케 하며, 동시에 무역 방법을 개혁하고, 기술 독점을 없애야 한다. 2. 군과 민, 그리고 군과 상인 간에 제조 네트워크를 형성하여, 한편으로 서방 국가가 무역 초과액을 군함과 화포로 변상하는 것을, 즉 수출입 이익을 함선·기계·무기의 구매 비용으로 대신하도록 허용한다. 다른 한편으로 연해 지역 상인과 민간인이 자발적으로 공장을 세워 함선·기계를 제조하는 것을 허가하여, 자신이 쓰거나 파는 것을 자유롭게 함으로써, 민간과 국가가 해외 무역과 군사 투쟁 속에서 연맹 관계를 구축하도록 한다. 민간 선박은 평상시에는 상업 용도로 쓰고, 전시에는 군함으로 개조할 수 있다.[53] 군사 기술은 상업 용도로 전환할 수 있는데, 예를 들면 조선소는 군함만을 건조하는 것이 아니라, 상선을 건조할 수도 있다. 이를 통해 중국 연해 상인과 남양의 무역 관계를 촉진하고, 원양 무역을 확장시킨다. 3. 군사화, 특히 해군 건설을 중심으로 현재의 정치, 경제, 교육 체제를 개조함으로써, 효율적인 군사 동원을 위한 시스템을 보장한다. 즉 수로 운송, 교통, 과거 시험, 군대 건설 등의 과정에서 해상 운수와 해상전의 능력을 제고한다.[54]

만일 단지 군사 전략과 전술을 연구하고 아편전쟁 실패의 경험과 교훈을 총괄하는 것뿐이었다면, 위원은 어째서 이처럼 광범위한 지리학 관점과 세계사적 풍경 속에서 그의 전략적 사유를 전개하려 했던 것일까? 왜 '병서'를 역사지리학적 방식으로 표현했던 것일까? 위원이 세계사나 지리학 방식으로 군사전략을 전개한 것은 그의 위기에 대한 이

해와 인식을 구체화한 것이었다. 즉 아편 무역이 단순히 중·영 양국 간
의 분규가 아니며, 중국이 직면한 위기가 구조적 위기이기 때문에, 구
체적인 군사전략과 전술을 반드시 구조적 관점 속에 놓고 봐야 했던
것이다. 아편, 백은, 세수稅收, 대對중국 무역 등을 둘러싸고 발생한 서
방 국가 간의 충돌은 일종의 새로운 세계 관계의 산물이었다. 아편을
심었던 인도의 토지는 관용 토지였으며, 아편의 재배와 밀무역은 영
국 최대의 수익원이었으므로, 세관 봉쇄만으로 아편 무역을 근절한다
는 것은 불가능한 일이었다. 따라서 국내에 대한 관리와 제한 이외에
유일한 방책은 무역의 방식으로 영국과 기타 서방 국가로 하여금 충분
한 이익을 얻도록 해서 이른바 '위로는 세금이 부족하지 않고, 아래로
는 재물이 부족하지 않게' 하는 수밖에 없었다. 위원은 서양 쌀의 수입
세를 감면하고 절강浙江 호주湖洲의 생사生絲와 찻잎 등과 같은 중국 수
출 물품의 수출세를 늘임으로써, 합법적으로 권력을 분산시켜 서방 국
가에 이득을 주어 밀매 형태의 아편 무역을 없애도록 할 것을 건의했
다. 이는 새로운 국제 무역 관계와 중국의 조공 관계를 처리하는 일관
된 방식에 기초하여 취한 '오랑캐와의 강화'(款夷) 정책이었다.[55] 아편
무역은 중외 무역 관계와 각국 내부 금융 균형에 중요한 영향을 주었
으며, 영국·인도·중국 사이의 백은과 기타 상품(면화, 면제품, 명주,
차, 도자기 등)의 교환 관계의 변화를 반영한 것이었다. 위원은 다음
과 같이 묻는다. 찻잎 수출과 아편 수입은 모두 강희제 시대에 시작했
는데, 어찌하여 도광제 시기에 이르러 중대한 변화가 발생하게 된 것
일까? 도광제 17년(1837) 광동과 영국의 무역을 예로 들면, 영국은 광
동으로부터 호주 생사·찻잎·백반白礬·진주·장뇌·계피·자기·대황大黃·
사향·적포赤布·백당白糖·빙당氷糖·우산 등을 수입했는데, 모두 합해서
대략 은화 21,816,000원 정도였다. 중국에 수출한 것이 면화, 서양 쌀,
두꺼운 혼성 모직물인 대니大呢, 면과 모 등을 혼합하여 짠 얇은 방직
품인 우사羽紗, 티베트산 최고급 수제 양털 모직물인 화기嘩嘰, 짧고 고
운 털이 촘촘히 심어진 우단羽緞, 방직 캘리코인 양포洋布, 면사, 수은,

주석, 연, 철, 초석, 단향, 흑단(烏木), 상아, 진주, 후추, 사등沙藤, 빈랑
檳榔, 상어 지느러미, 부레(魚肚), 화건花巾, 양건洋巾 등 모두 합쳐 은화
14,478,000원 정도였으니, 수입에 비해 은화 7,000,000여 원 정도가
적었다.[56] 이런 상황이 수출입 무역에 있어서 기본적으로 강희제·건륭
제 이래로 지속되었다. 아편의 중국 수입은 강희제 때 시작되어 처음
에는 약재로 시장에 나왔는데, 건륭 30년(1765)까지 매년 200상자를 넘
지 않았다. 하지만 영국의 동인도회사는 1557년 최초로 벵골Bengal 지
역의 영토권을 획득하고, 다시 1765년 영토권을 비하르Bihar까지 확대
했으며, 1773년에는 중국 아편 밀무역의 독점권을 획득했다. 가경제
말년에 이르러, 매년 아편 밀무역은 이미 3천 상자에 이르렀다. 도광
제 17년(1837) 1년간 영국의 중국 아편 판매량은 4만 상자에 이르렀으
며, 이는 합계 은화 22,000,000원으로, 중·영 무역 수출입 차액이 역전
되기에 이르렀다. 같은 해, 미국의 중국으로부터의 수입 물품은 은화
13,277,000원이었고, 대중국 수출은 은화 3,670,000원으로, 9,600,000원
정도가 수입 초과였다. 하지만 마찬가지로 은으로 보상하지 않았는데,
미국의 수입 초과액은 중국에 수출한 터키 아편으로 변상했기 때문이
다. 이 때문에 위원은 다음과 같이 말했다. "따라서 서양의 돈이 내지
에 유입되면, 아편 성행 이전에는 모두 서양 배의 화물 값으로 충당되
었지만, 아편 성행 이후에는 화물 값으로 충당할 것은 전혀 없고, 아편
값으로만 충당되니, 서양 돈과 중국의 문은紋銀 모두 나날이 귀해지고
있다. 운하, 소금, 변방 등에 관한 행정이 모두 나날이 곤궁해지고 있
다."[57] 이는 매우 정확한 계산이었다. 이처럼 막대한 경제적 이익을 조
정할 수 없게 되자 군사력 경쟁으로 전환될 수밖에 없었으며, 이에 따
라 정치·경제·기타 문제들에 대한 탐구가 모두 최종적으로는 군사력
의 대비로 귀결될 수밖에 없었다.

18세기 말에서 19세기 초까지 영국의 면공업을 중심으로 한 산업혁
명은 원면 시장과 면제품 시장의 수요를 촉진시켰고, 더 나아가 세계
시장의 전반적인 변화를 가져왔다. 영국 산업자본가는 기존에 인도 무

역을 독점하고 있던 동인도회사에 강한 불만을 표했으며, 또한 1814년
이 회사의 인도 무역에 대한 독점을 폐지시켰다. 나날이 확대되던 중
국 찻잎 수출에 맞서, 18세기 후반(1780년 이후), 영국이 중국에 대규모
아편 수출을 시작함으로써, 더 이상 본국의 백은을 유출시키는 방식
으로 중국의 상품을 구매하지 않아도 되었다. 하마시타 다케시는 이
러한 전환을 다음과 같이 정리하고 있다. "인도에 대한 면제품의 수
출, 중국에 대한 인도 아편의 수출, 중국으로부터의 찻잎 수입 등의 대
對아시아 삼각 무역 구조를 구축했다. 이는 영국이 아시아에서 얻어야
만 하는 세 가지 요소(즉 면제품 시장, 찻잎, 인도 통치의 재원)를 강
제로 아편을 심어야 했던 인도 농민과 아편을 소비해야 했던 중국 인
민의 희생과 결합시킨 구조였다. 아편과 백은을 교환함으로써 생겨
난 인도-중국 무역은 영국 본토 경제에 중요한 작용을 했다. 동인도
회사는 자금을 인도나 광동의 지방 무역 상인에게 미리 빌려주고, 그
들이 얻은 은을 런던에 송금할 때 대여금 상환 형식으로 회사의 상업
어음을 구매하도록 하여, 회사의 본국으로의 송금 및 이익 배당 송금
과 같은 식민지 수탈의 송금 채널에 편입시켰다. 마지막에는 런던 금
융시장으로의 흡수를 통해 중국 무역의 결제(동인도회사의 중국 무역
에 대한 독점은 1834년에 종결)를 식민지 송금 제도의 한 고리로 조직
했다." 1784년, 미국의 화물선 'The Empress of China'(중국황후호中國
皇后號)가 광동에 도착했는데, 중국의 대미 찻잎 수출이 이로부터 대폭
증가하고, 대량의 백은이 이와 함께 유입되었다. "18세기 말에서 19세
기 초까지, 산업혁명의 발전에 따라, 이 시기 영국과 원면 공급 시장인
미국의 관계가 더욱 긴밀해졌고, 이와 함께 런던 금융시장은 1820년대
에 국제 시장으로의 발전을 위해 반드시 실현되어야 하는 공개 시장으
로의 전환을 완성하게 된다. 그 결과 런던 금융시장은 세계 무역에 대
량의 자금과 신용 대출을 제공하여 무역의 확대를 촉진했으며, 중국
찻잎의 대미 수출 역시 그 가운데 한 고리가 되었다. 이는 또한 중국에
있던 미국의 무역 회사들이 미국이 지닌 대對영국 면화 수출 채권을 바

탕으로 런던으로 송금하는 상업 어음을 발행함으로써 미국 무역의 결제 방식을 확립했는데, 이것이 바로 찻잎 무역에 실제로 사용된 방식이었다. 이는 미국-중국-인도 삼국 간의 무역 관계 및 결제 관계였으며, 이는 중국이 형성한 무역 관계의 또 다른 절반이었다." 상술한 두 종류의 무역은 모두 런던 금융시장에서 결제가 이루어졌는데, "그 배후에는 모두 영국 면공업의 세계 시장, 즉 국제적 금융망과 식민지 수탈의 구조적 연결이 존재했다."[58] 아편전쟁 이후, 유럽과 미국은 각각 생사와 면화 무역을 위해 항운 교통의 혁신을 가속화했다. 1844년 중·미 망하조약望廈條約의 체결은 태평양 무역의 급속한 성장을 예견한 것이었다. 1848년 미국 해군사무위원회의 위원이었던 T.버틀러 킹 T. Burtler King이 국회 하원에 보고서를 제출하여, 미국의 태평양 연안에 중국과의 항로를 만들 것을 건의했는데, 그 목적은 중국의 면화 시장을 독점하고, 중국에 대한 면방직 제품 무역에서 영국과 경쟁하기 위한 것이었다. 이 건의는 1865년에 비준된다.[59] 송대 이후로 중국 왕조의 재정은 연 2회의 토지세 이외에, 상품에 대한 과세가 있었는데(그 가운데 염세는 줄곧 중요한 항목이었다), 상인의 세금 비중이 국가 세수에서 차지하는 비율은 갈수록 커졌다. 하지만 청말 이래로 해외 무역이 발전함에 따라 새로운 관세 수입이 크게 증가했는데, 청 왕조 말기의 통계에 따르면 중앙 호부의 연 수입 가운데 해관의 관세는 72%였으며, 염세는 겨우 13%에 불과했다.[60]

따라서 구조적 위기는 아편 무역이 매우 불평등하고 강제적인(군사 보호하에서의 밀무역) 방식으로 중국을 런던 중심의 국제 무역 네트워크 내부로 편입시켰다는 점에 있었다. 여기서 강제 시행의 대상은 무역이 아니라(그것은 이미 오래전부터 존재하고 있었다), 무역 속의 불평등한 관계, 심지어는 불법적인 관계였다. 그 주요 특징은 중국을 수출입의 주체에서 식민 무역 체계의 주변 지역으로 전락시키는 것이었다. 월러스틴Immanuel M. Wallerstein은 이 '근대 세계 체제'를 '제국·도시국가·민족국가 등과는 다른' 체제로 묘사한다. "그것은 하나의 정치적 실체가 아니라, 경제적 실체이기 때문이다. …그것은 하나의 '세계체제'인데, 그것이 전체 세계를 망라하기 때문이 아니라, 그것이 어떠한 법률상에서 정의된 정치 단위보다도 크기 때문이다. 그것은 하나의 '세계 경제체'인데, 이 체제의 각 부분 간의 기본 관계가 경제적이기 때문이다. 비록 이 관계가 일정 정도 문화적 관계에 의해 더욱 강화되고, 또한 (우리도 볼 수 있듯이) 결국 정치적 안배 심지어는 연맹에 의해 강화되기는 하지만 말이다"[61] 월러스틴은 특히 자본주의 세계 경제의 특징이 정치와 경제의 분리라고 강조한다. 즉 자본주의 이전의 세계 경제가 제국이라는 형태를 통해 통제되었던 데 반해, "현대 자본주의의 기교와 현대 과학 기술은… 이 세계 경제체로 하여금 번영·증식·확산하면서도 하나의 통일된 정치 구조가 출현하도록 하지 않았다." 때문에 이를 다중심적이라고 간주할 수도 있을 것이다. 하지만 제국이 "폭력(조공품과 부세)과 무역에서의 독점적 우세를 통해 주변으로부터 중심으로의 경제적 흐름을 보장할 수 있었던 것"[62]과 마찬가지로, 상술한 자본주의 체제 역시 군사적 폭력성을 지니고 있다. 심지어는 더욱 이에 의존하고 있다. 유럽의 역사 속에서 중심 국가는 그런 강대한 절대주의 국가들이었는데, 발달된 중앙집권 관료 체제와 대규모의 상비군이 그 특징이었으며, 주변 국가의 특징은 바로 강대함의 결핍이었다. 다른 경제와 사회들을 주변 지역으로 전락시키면서, 서구 국가들은 밀거래·식민·강제 무역·군사 정복 등의 형식으로 다른 지역으로 확장해 갔지만, 이러한 추세는 동시에 전통 제국의 주권국가로의 형식 전환을 촉진·격려했다.

이 경제 체제로의 움직임은 군사적 폭력과 고도로 동질화된 정치 구조에 의존한 것이었기 때문에, 그것은 또한 다른 지역과 국가들이 무역 문제에 동조하고 이를 처리하기 위해 군비를 보강하고 국가의 정치 구조와 운영 능력을 강화하도록 격려할 수밖에 없었다. 위원은 "군비를 증강시킨다면, 오랑캐와 강화할지 말지에 얽매일 필요가 없을 것"이라 했다.[63] 무역과 조약, 그리고 기타 국제 관계는 완전히 군사적 균형 상태에 의존하고 있으며, 이는 국부적인 문제가 아니라 구조적인 문제인 것이다. 상술한 역사적 조건들은 무역 문제가 '오랑캐의 장기를 배워 오랑캐를 제압하는' 군사적 전략으로 전환하는 데 동력을 제공했으며, 이런 군사적 전략은 다시 변법개제變法改制라는 국가 건설의 동력으로 전환되었다. '군사를 논한 책'인 『해국도지』는 사람들의 주목을 끄는 지리학의 형식, 더 나아가 세계사의 형식까지 이용하면서, 군사·무역·정치 구조·지역 관계 등과 결합하여 복잡한 상호 네트워크를 구축했다. 위원은 중국이 직면한 도전이 하나의 체계적이고 구조적인 도전이며, 따라서 구체적인 전쟁과 무역에만 국한되어서는 이 도전을 이해하고 이에 대응할 방법이 없다고 믿었다. 그가 미국과 다른 서구 국가들의 민주 제도에 대해 소개했던 것은 하나의 기본적인 목표 때문이었다. 즉 국가의 조직 역량과 동원 역량을 강화하고, 거국적인 통일과 엄정한 법률 시행을 이루어 내고, 유효한 국제 경쟁을 수행할 수 있는 통일된 제도를 형성하는 것이었다.[64] 위원을 비롯한 청말 사대부들의 민주 정치 체제와 교육 체제(대학)에 대한 소개·제창提唱·건설 등은 이성·자유·민주 등과 같은 이념에서 기원한 것이 아니라, 군사적 동원·군수 공업·군사력 등에 대한 관심에서 비롯된 것이었다.[65] 소위 사회 체제의 이성화나 현대화의 최초의 동력은 사회 체제의 군사화에서 왔던 것이다. 근대 국가 및 그 제도의 형성은 군사화와 더욱 내재적인 역사적 관계를 지니고 있었다.

조공 체제, 중서 관계, 그리고 새로운 '이하 구분'

1. 누구를 중심으로 할 것인가: 서구? 남양? 아니면 중국 조공 체제?

『해국도지』「원서」原敍에서, 위원은 "다른 책들은 모두 중국인이 서양을 논한 것이지만, 이 책은 서양인이 서양을 논한 것"이라는 말로 "해도海圖를 다룬 과거의 서적과는 다른" 이 책의 특징을 개괄하고 있다.[66] 함풍 3년(1853)에 쓴 『해국도지』의 「후서」後敍에서 명 만력 연간 마테오 리치Matteo Ricci(1552~1610)의 『곤여도설』坤輿圖說과 알레니Giulio Aleni(1582~1649)의 『직방외기』職方外紀와 청대에 흠천감에서 관직을 지낸 페르비스트, 브노아Michel Benoist(1715~1774)의 『지구전도』地球全圖 등을 인용하며, 서양인 저술의 중요성에 대해 설명했다. 포르투갈인 마르케스José Martinho Marques의 『지리비고』地里備考, 미국인 브리지먼 Elijah Coleman Bridgman(1801~1861)의 『아메리카합중국지략』(美理哥合省國志略), 영국인 모리슨Robert Morrison(1782~1834)의 『외국사략』外國史略, 독일 선교사 귀츨라프Karl Friedrich August Gutzlaff의 『무역통지』貿易通志(그리고 『만국지리전도집』萬國地理全圖集),[67] 미국 선교사 웨이Richard Quarteman Way(1819~1895. 위원은 그를 영국인으로 오해했음)의 『지구도설』地球圖說, 미국 선교사 겸 의사인 매카티Divie Bethune McCartee(1820~1900)의 『평안통서』

平安通書 등의 외국 지리학 저작들은 『해국도지』의 주요한 참고서로서 인용률이 매우 높은데, 기존 지리학 저작에 비해 훨씬 정확한 지리학적 지식을 제공해 주었다. 이후 오랫동안 중국 학자 대부분은 위원 본인이 제시한 두 가지 점(즉 '서양인이 서양을 논한다'와 '오랑캐의 장기를 배워 오랑캐를 제압하다')에 따라 그들의 『해국도지』에 대한 논술을 발전시켰다. 즉 한편으로 방법론에 있어서 『해국도지』가 실지 고찰과 판본 고증을 상호 결합하고, 서구 근대 지리학의 성과를 참조하여, 중국의 서구 지리학이 이전에 없었던 수준에 이르게 했다고 설명해 왔다. 다른 한편으로는 이 책이 근대 중국인이 서양을 배우고 중국의 자기중심적 관점을 벗어나게 되는 출발점이었다고 보았다. 『해국도지』가 양무운동과 변법유신운동에 대해 모두 중요한 영향을 주었으며, 이 두 운동의 의미 역시 주로 (공예·기술로부터 제도·문화에 이르기까지) '오랑캐로부터 배운다'는 관점에서 나온 것이라 여겼던 것이다.

하지만 슝위에즈熊月之가 이미 통계를 낸 바와 같이, 『해국도지』가 인용한 100여 종의 중국과 외국의 저작 가운데 역대 정사正史가 20여 종, 중국 고대의 역외 지리에 관한 저작과 관련 저술이 약 70여 종을 점하고 있고, 서양인의 저작은 겨우 20여 종뿐이다. '서양인이 서양을 논한 것'이나 '오랑캐로부터 배운다'는 측면에서만 『해국도지』가 여타 저작들과 다른 점을 설명한다면, 오히려 이 책이 제공하는 전체적인 세계상과 전략 사상을 개괄할 수 없을 것이다. 중국 문헌이 대량으로 존재한다는 사실은 전통적 관점이 위원이 새로운 세계상을 구축하는 데 매우 중요한 작용을 했음을 설명해 준다. '해양 시대'의 지리와 지정학적 관계에 대한 『해국도지』의 서술은 중국 주변 지역의 관계에 대한 이해를 은연중에 내포하고 있었다. 저자는 후侯·전甸·남男·채采·위衛·만蠻·이夷·진鎭·번蕃의 전통적인 구복설九服說을 받아들이지 않았으며, 또한 설복성薛福成이나 랴오핑처럼 9대주九大州 분류법을 받아들이지도 않았다. 그는 5대주설五大洲說을 비판하기는 했어도, 유럽에 통용되던 5대주설을 받아들여 각 지역을 서술하는 기본 틀로 삼았다. 그러나 이런 식의 세계상은 '가까운 곳으로부터 먼 곳으로 나아가는' 서술 전략을 따르고 있어서, 우리는 그 세계상 속에 내재한 혹은 숨겨져 있는 구조를 감지할 수 있다. 남양 지역이 서술 속에서 상대적으로 중심 위치에 있는 점 역시 이런 관점 속에서만 설명될 수 있다. 100권본 『해국도지』의 체례를 놓고 보면, 제1, 2권은 「주해편」(모두 4편)이고, 제3, 4권은 각종 지도이며, 그 가운데 제3권은 해국의 연혁과 지도, 지구의 정면도·배면도와 아시아 각 지역의 지도, 제4권은 아프리카 각 지역 지도, 유럽 각 지역 지도, 아메리카 각 지역 지도 등으로 이루어져 있다. 여기서 아시아 지도를 제4권에 있는 주별 지역 지도에 놓지 않고 제3권의 전체 지도 가운데에 배치해 두어, 아시아가 해양 시대의 세계 체제 속에서 중요한 위치에 있음을 부각시켰다. 제5권에서 제18권까지는 동남양東南洋(인도네시아 수마트라섬의 동쪽) 각국의 역사와 그 연혁, 제19권에서 제32권까지는 서남양西南洋(인도네시아 수마트라섬의 서쪽)의 각국 역사와 그 연혁, 제33권에서 제36권까지는 소서양小西洋(서쪽 인도양) 각국 역사와 그 연혁, 제37권에서 제53권까지는 대서양 각국 역사와 그 연혁, 제54권에서 제58권까지는 러시아와 북유럽에 관한 서술(북양의 범주에 위치), 제59권에서 제70권까지는 외대서양外大西洋, 즉 아메리카에 관한 서술이다. 나머지 각 권에서는 종교, 역법, 기타 각종 책략과 자료 등에 대해 논하고 있다. 상술한 배치는 안쪽으로부터 바깥쪽으로 나아가며 서술하는(由內及外) 전통적 내외관을 따르고 있다. 남양 내부의 착종된 이하 관계에 대한 탐구는 더욱 근본적인 목적, 즉 제국 조공 체제의 전통적 지위의 유효한 회복이라는 목적을 위한 것이었다.

『해국도지』는 세계상을 재구축했다. 그것은 단순히 서구 지리에 대해 논한 학술 저작이 아니었다. 또한 해양 시대를 대륙 시대와 확연히 구분되는 시대로 보지도 않았다. 이는 중국과 그 조공 체제를 중심으로 하여 전개된 세계 지리, 사회 연혁, 각 민족의 풍속·문화·제도 등에 관한 인류학 저작이었다. 지리학의 관점에서 보면, 이 저작은 청대의 서북 지리 연구와 방법과 동기라는 측면에서 많이 겹쳐지며, 그 편찬 방법과 목적은 그보다 조금 이른 유정섭兪正燮의 『아라사사략』俄羅斯事略 등과 같은 북방 변경에 대한 연구서들과 일맥상통한다. 다만 그 초점이 식민 시대 국가 관계로 옮겨 감에 따라, 해양의 지위가 명확히 높아졌다는 점을 빼고는 말이다. 청대 동남 연해 지역과 관련된 지리 연구가 서북 지리 연구에 훨씬 못 미치는 것은 사실이다. 청대 조익趙翼의 『평정대만술략』平正臺灣述略, 임겸광林謙光의 『대만기략』臺灣紀略과 『팽호기략』澎湖紀略, 장여림張汝林의 『오문형세편』澳門形勢篇과 『오번편』澳番篇, 그리고 육십칠六十七*의 『번사채풍도고』番社采風圖考 등은 모두 너무 간략하며, 그나마 그럴듯한 연구는 가경제 중기 이후에야 비로소 나타난다.[68] 『해국도지』는 이 시대에 동남 연해와 해양 시대를 기술 도록한 가장 완비된 저작임이 틀림없다.[69] 이 책에 실린 명대 자료에 대한 인용을 놓고 보건대, 위원의 해양에 대한 이해는 명대 해양관과 밀접한 관계가 있다.

제인 케이트 레오나르드Jane Kate Leonard의 『위원과 중국의 해양 세계 재발견』(Wei Yuan and China's Rediscovery of the Maritime World)은 최근 20년간 위원과 그의 『해국도지』에 관한 연구 가운데 가장 독창적인 저술이다. 이 책은 중국과 남양 국가의 전통적인 조공 관계의 배경 위에서 『해국도지』의 '남양을 중심으로 하는 해양 세계관'을 분석했다. 저자는 남양을 중심으로 하는 해양관이 일본과 인도양을 동서 양극으로 하는 전통적 묘사 방법을 수정했으며, 청대에 남양을 홀시하던 국가 정책을 비판했고, 해군 역량을 강화하여 중국과 남양의 전략 관계를 유지하는 것의 중요성을 부각했다.[70] 레오나르드는 『해국도지』를 명대 해양관의 회복이라 보았으며, 이로 인해 남양과 조공 관계 문제를 이

• 육십칠(六十七): 원서에는 '七十一'로 되어 있지만 이는 '六十七'의 오기이다. 육십칠은 인명(人名)인데, 만주족으로 건륭제 때 순시대만감찰어사(巡視臺灣監察御史)를 지낸 인물이다.

책의 논술 속에 포함시켰다. 이는 중요한 공헌이기는 했지만, 남양 문제를 분석하는 데서 멈춘 탓에, 저자는 아주 손쉬운 결론 하나를 도출하게 된다. 그것은 『해국도지』가 남양을 중심으로 하는 저작일 뿐이라는 것이다. 근대 중국사 연구, 더욱이 경제사 연구에서 해양 중심론은 보기 드문 현상이 아니다.[71] 이는 근대 세계 체제와 관련된 논의가 해양 무역을 네트워크로 하여 세워진 것이기 때문이다. 브로델은 이 방면에서 가장 영향력 있는 인물이다. 그는 중국이 하나의 거대한 총체이자 원시 경제 체제의 중심이라고 본다. 중국의 주위에는 이와 상호 연계된 원시 경제 사회, 즉 티베트·일본(16세기 이전까지)·남양 군도·인도차이나 등이 존재해 왔다. 그는 티베트에 대해 언급하기는 했지만, 논술의 중심은 남양 지역이었다. 남양 지역은 중국의 변경 지역이라기보다는 중국을 중심으로 하는 경제 체제의 예외 지역이었다고 할 수 있다. 말라카Malacca는 인도가 중국과 왕래하는 교통의 중추였으며, 화폐가 몰려드는 곳이었다. 수마트라의 서단은 향료 생산이 흥성했고, 금광 개발로 인해 발전한 몇몇 도시가 있었다. 자바섬은 인구가 많았으며, 이미 초보적인 화폐 생활이 존재했다.[72] 이는 유럽인이 가장 관심을 갖던 지역들로, 유럽이 중국 경제 지역으로 들어가는 주요한 경로이기도 했다. 미야자키 이치사다, 하마시타 다케시 등은 모두 각기 다른 측면에서 '해양 이론'을 이용하여 중국과 그 주변 관계를 고찰함으로써 논술의 중심을 일본, 조선, 동남아, 그리고 이들의 중국 대륙과의 관계의 측면으로 옮겨 놓았다. 전체적인 경향을 놓고 보았을 때, 해양론은 유럽 자본주의의 장거리 무역과 그로 인해 형성된 무역 네트워크를 중심에 놓음으로써 각기 다른 방식으로 근대 세계 체제 내에서 내륙 관계의 작용을 저평가했다.

『해국도지』의 '병서'로서의 성격을 확인하는 것은 우리가 이 저작의 사상적 취지를 이해하는 데 있어 매우 중요하다. 위원은 군사적 사고로부터 출발하여 '서쪽을 내주고 동쪽을 지키자'는 입장을 강력히 반대하고, 육상전으로 해상전에 대응할 것을 주장하여, 해양 시대에 있어 대륙의 의의를 매우 중시했으며, 해양과 대륙의 이중 관계 속에서 중국 조공 체제의 내재적 네트워크와 그것이 직면한 위기를 드러내 보여 주고자 했다. 그 때문에 그가 남양 문제를 매우 중시했음에도 불구하고 『해국도지』가 제시하고 있는 것은 중국과 그 육상·해상 조공 네트워크를 중심으로 하는 세계상이었다. 『성무기』나 이전의 서북 지리학 저작들과는 달리 『해국도지』는 내륙 관계를 해양 관계 속에 놓고 논의를 전개했다. 해양 중심론, 특히 민족국가를 중심으로 하는 해양 시대에 대한 논의는 식민주의 시대의 산물이며, 그것은 다른 지역, 특히 대륙이 근대 역사 속에서 차지하는 중요한 역할을 저평가했다. 위원에게 있어서 이는 정면 대결해야만 하는 도전이었다. 그의 '방어로서 공격을 삼는' 기본 전략은 대륙에 의존하여 해양 압력에 대항하려 했던 그의 방향성을 규정지었다. 중국 조공 체제의 형성과 변화는 세국 네트워크가 내륙 관계로부터 연해로 확장해 나간 결과였다. 『해국도지』와 『성무기』, 그리고 이후 위원의 원元 제국 역사에 대한 연구(특히 그의 『원사신편』元史新編 95권)를 함께 놓고 보면, 그가 중국을 대륙 제국과 해양 제국의 복합체로 보았음이 분명하다. 『성무기』에서는 대청 제국의 문치와 무공을 씨실과 날실로 삼았으며, 『해국도지』에서는 명대 이전의 해양 제국의 역사적 네트워크를 회복하고자 시도했으며, 원사元史의 편찬에서는 더욱 직접적으로 유라시아 대륙과 태평양 연해의 관계를 연결시키고 있다. 이들의 저술 범위는 각기 다르지만, 기본적인 출발점, 즉 전통 제국의 관점과 서구 지리학의 지식을 결합시켜 '해양 시대'의 내외 관계에 대한 총체적 이해를 수립하려 했다는 점은 비교적 일치하고 있다. 이 전제적인 이해에 있어 핵심적인 것은 제국이 자신의 조공 네트워크와 무역 관계에 대한 군사적 보호를 재구축하는 것이었다. 현실적인 관점에서 보자면, 이제 서양은 유한적인 지리적 지역이 아니라, 세계 각지에 파고든 식민과 무역 관계였다. 이는 대륙에 의지하여 해양 역량에 저항하는 전략적 근거였다. 따라서 상술한 전략 구상 자체가 현실 형세와 제국적 관점이라는 이중적 관계의 산물

이다. 위원은 과거 세 차례 있었던 군사 전투의 예를 들어 '서남양'의
중요성을 설명했다. 각각의 예 가운데 언급하고 있는 군사 노선은 모
두 아편전쟁 시대의 군사 형세 및 노선과 관련이 있다. 첫째, 당 태종
太宗 정관貞觀 연간에 왕원책王元策은 토번의 군사를 이용하여 인도를
공격했다. 이는 구르카가 벵골을 공격할 때의 진군 노선이었다. 둘째,
몽골의 칭기즈 칸의 군대가 북인도와 중인도에 갔다 돌아왔으며, 그
의 손자 몽케 칸은 자신의 아우인 일 칸국의 훌라구에게 명하여 서인
도(위원은 서아시아의 이란, 아랍, 터키를 모두 서인도로 착각했음)를
우선 공략한 다음에 인도 전체를 취하도록 했다. 이는 러시아가 힌두
스탄Hindustan, 즉 갠지스 평야를 침공한 길이었다. 셋째, 명대 정화鄭
和의 해군은 스리랑카를 격파하고 그 국왕을 포로로 잡아 황제에게 바
쳤는데, 이는 월이粵夷의 함선이 남인도로 간 항로였다. 위원은 "서남
양에 대해 기록했지만 실제로는 서양을 기록한 것"(志西南洋, 實所以志西
洋也)[73]이라 말하고 있는데, 상술한 군사적 구상에 대한 이해 없이는 이
말의 정확한 함의를 이해하기 힘들다.

   위원은 영국에 항거하는 데 있어서 구르카와 러시아 같은 내륙 국가
가 지닐 수 있는 중요성에 대해 여러 차례 언급하면서, 서북 조공 관계
를 남양 조공 관계와 함께 중국 안정과 안전의 유지에 있어 중요한 부
분이라 보았다. 『해국도지』에서 '서남양'은 중국 서부와 육지에서 경
계를 이루는 인도 대륙을 가리키고, '북양'은 중국 북부와 대륙 경계
를 이루는 러시아를 가리키는데, 위원은 이 두 대륙 지역과 중국 사이
의 전략 관계에 대해 집중적으로 논하고 있다. 공자진이 서북에 관해
논술했던 것과 마찬가지로, 위원의 관점 속에서 중국 서북 및 서남과
연접해 있는 서아시아, 인도, 러시아 등은 더욱 먼 해양과 통하는 대륙
지대로서, 이렇게 (중·러 관계 같은) 대륙 관계는 해양과 밀접히 연관
되어 있었다. 주목할 것은 『해국도지』가 서구 근대 지리학의 오대주설
을 기본적인 서술 틀로 삼았지만, 「국지총론·석오대주」國地總論·釋五大洲
편에서 불교 경전의 사대주四大洲에 관한 논술을 근거로 '서양도설'西洋

圖說 속의 오대주설을 반박하고 있다는 점이다.[74] 위원은 "사방이 물로 둘러싸여 사람이 살아갈 수 있는 곳을 가리켜 주洲라 한다"(水中可居者曰洲)고 설명한 『설문해자』說文解字를 근거로 하여, 육지로 연결되어 있는 지역을 강제로 구분하는 것을 반대했다. 이런 기준에 따르면 유럽, 아프리카, 아시아는 하나의 주로 보아야 할 것이고(불교 경전 속의 남섬부주南贍部洲에 해당함), 남북 아메리카 역시 하나의 주로 봐야 할 것이며(불교 경전 속의 서우가주西牛賀洲에 해당함), 불교 경전에서 말한 다른 두 개의 주(즉 북구로주北俱盧洲*와 동승신주東勝神洲)는 북빙양北氷洋(북극해)과 남빙양南氷洋(남극해)이라고 보았다. 광서 연간에 김희보金希甫와 설복성 등은 상술한 견해에 대해 반박했다.[75] 그들은 서구 근대의 지리학적 성과를 근거로 위원의 사주설四洲說이 너무 황당무계하다고 비판하고 있는데, 이는 모두 위원의 상술한 견해를 그의 해양/대륙의 전략 관계에 대한 견해와 연결하여 관찰하지 않았기 때문이다. 위원에게 있어서 대륙은 해양 압력에 저항하는 내지이자, 또한 해양 세력을 우회하여 포위 공격하는 통로였다.

제국 역사 재건의 노력이라는 측면에서 위원이 관심을 두었던 대륙과 해양의 관계 문제에 대해 살펴보도록 하자. 원사元史의 연구는 청대 사대부들 사이에서 하나의 풍조를 이루었는데, 조금 앞의 것으로 소원평邵遠平의 『원사류편』元史類編, 전대흔錢大昕의 『보원사』補元史 「예문지」藝文志·「씨족표」氏族表와 『이십이사고이』二十二史考異 등이 있고, 위원 시대의 것으로는 왕휘조汪輝祖의 『원사본증』元史本證과 서송徐松의 『원사서북지리부주』元史西北地理附注가 있다. 원사의 수정과 서북 지리학의 흥기는 하나의 조류에 속한다. 그것은 청 제국의 서북 강역으로의 확장, 그리고 중·러 변경 지역의 동요와 역사적으로 관련이 있다. 위원은 이 조류 속의 인물 가운데 하나였다. 『원사신편』 95권은 그가 고우

* 북구로주(北俱盧洲): 원서에는 '北具盧洲'로 되어 있는데, 이는 산스크리트어 'Uttarakuru'의 표기로, 일반적으로는 '北俱盧洲'로 표기한다.

지주高郵知州에서 면직된(1853년) 후에 완성되었다. 하지만 자료 수집은
『해국도지』의 편찬 시기부터 이미 시작되었다. 원 제국이 유라시아를
가로질러 통치했던 것이나 로마 제국이 아프리카와 아시아 깊숙이 침
입했던 경우와 같이, 제국의 규모·폭·통치 방식 등에 관해 위원은 매
우 높은 식견을 지니고 있었다. 그는 로마 제국에 대해 다음과 같이 서
술하고 있다. "이 무렵 유럽, 아프리카, 그리고 아시아의 서쪽 지역에
이르기까지 사방 수만 리의 지역이 그 세력 판도 내에 들어와 있었다.
로마 제국이 천하를 지배하니, 주변 국가의 사신들이 로마로 구름처럼
모여들어 귀순하고 세금을 바쳤다."[76] 또한 아시아로부터 유럽으로의
확장에 관해서는 다음과 같이 논했다. "홀연 중국 동북방의 유목 민족
인 흉노족이 군사를 일으켜 서쪽으로 진출하여 남녀노소를 살육하자,
게르만이 다시 강을 건너 그 나라를 근거 삼아, 영토를 나누고 토지를
갈라 권력을 장악했다. 당 현종 때에는 회회인回回人이 침입하자,* 프랑
크 왕국이 이를 격퇴했다"[77] 제국의 관점에서 봤을 때 유럽, 아시아, 아
프리카 사이에는 전쟁·무역·점령·문화 전파 등을 통해 구성된 역사적
관계가 존재해 왔으며, 사신, 예수회 선교사, 상인, 군대, 이민 등은 제
국의 경계를 넘어 여행한 주체들이었다. 콜럼버스의 항해 역시 제국의
전통적인 경로를 거슬러 갔던 결과물이기는 하지만, 그 애초의 목표는
아메리카가 아니라 동방의 아시아였다. 위원의 유럽·아시아·아프리카
사이의 역사적 관계에 대한 통찰은 제국 역사의 재구축을 통해 완성된
것이었으며, 그 목적은 국경을 넘어 합종연횡의 전략 관계를 수립하는
것이었다.

　서남양은 고립된 대륙이 아니었으며, 그 중요성은 남양의 역사와 현
실 관계로부터 나온 것이었다. 남양은 인도가 중국, 일본과 무역할 때
중요한 통로로 세계 무역 관계 속에서 중요한 지위를 점해 왔으며, 네
덜란드와 영국의 동인도회사는 바로 이 교차로를 장악·통제하기 위

•　당 현종~침입하자: 우마이야 왕조 시대 이슬람 제국의 유럽 침략을 가리킨다.

한 주요 기지였다. 브로델은 네덜란드인이 인도에 진입하는 과정을 분석하면서 다음과 같이 평했다. "만일 인도와의 관계가 없었다면, 누구도 남양 군도에 발붙일 수 없었을 것이다. 이는 인도가 희망봉에서 말라카와 말루쿠Maluku에 이르는 남양 경제 세계를 통제하고 있었기 때문이다."[78] 반대로 남양이 세계 경제에서 차지하는 중추적 지위를 이해한다면 인도의 중요성을 무시할 수 없을 것이다. 아래 인용문은 '서남양'(남아시아와 서아시아 지역)이 위원의 전략 구상 속에서 중요한 지위를 차지하고 있음을 설명해 준다.

동인도는 영국이 주둔하고 방어하는 요충지이다. 각국의 용병을 기용해 벵골에서 훈련시키는데, 병사들은 매달 은으로 약 20원元의 월급을 받는다. 또한 우리의 속국인 미얀마, 구르카와 인접하여 대립해 왔다. 영국이 중국을 압박하는 데 있어서나, 중국이 영국을 방어하는 데 있어서나 그 중추는 모두 동인도에 있다. 남인도는 남해로 돌출해 있어 프랑스, 미국, 포르투갈, 네덜란드, 스페인(루손)* 등 각국이 만든 개항 도시가 둘러싸듯 늘어서 있다. 영국의 도시로는 마드라스와 뭄바이가 있는데, 모두 아편 생산지로 벵골과 접해 있다. 다른 나라들은 그 이익을 나눠갖지 못하여, 겉으로는 화목한 것 같지만 속으로는 질시하고 있다. 그러니 우리가 프랑스나 미국과 손잡고 함선과 대포를 구입한다면, 그 중추는 모두 마카오와 남인도에 있다. 중인도는 영국과 러시아가 서로 대립하는 곳이다. 힌두쿠시산맥을 사이에 두고 있어서, 러시아는 산만 넘으면 힌두스탄을 공격할 수 있지만, 영국이 군대를 두어 이를 막고 있다. 이에 우리가 러시아와 연맹

* 스페인: 원래 루손(Luzon: 呂宋)은 필리핀의 섬을 가리킨다. 하지만 여기서는 루손이 스페인의 지배를 받고 있을 때를 가리키기에 문맥상 '스페인'으로 고쳐서 옮겼다. 이 당시 중국에서는 루손 섬을 '小呂宋', 필리핀 전체를 '大呂宋'이라고 구분하기도 했다.

할 수 있으니, 그 중추는 중인도에 있다. 동인도의 형세를 알지 못하면 구르카 민족을 이용할 수 없고, 그럼 아무리 뛰어난 계책이 있다 하더라도 이는 믿을 만한 계책이 아니다. 남인도의 형세를 알지 못하면 프랑스나 미국을 이용할 수 없다. 함선을 사들이거나 만드는 계책을 쓰고자 해도 이를 결행하지 못할 것이다. 중인도와 북인도의 형세를 알지 못하면 러시아와 연맹하지 못한 채 러시아 수도와 영국의 수도가 멀다는 것만을 따진다. 하지만 이는 그 멀고 가까움을 인도 국경 지역을 가지고 따져야지 수도를 두고 따질 문제가 아님을 모르는 것이다.

東印度爲英夷駐防重鎭, 凡用兵各國, 皆調諸孟加臘, 每卒月餉銀約二十元, 又與我屬國緬甸·廓爾喀鄰近, 世仇. 故英夷之逼中國, 與中國之籌制英夷, 其樞紐皆在東印度. 南印度鬪出南海, 有佛蘭西·彌利堅·葡萄亞·荷蘭·呂宋各國市埠環列, 而英夷之市埠曰曼達薩喇, 曰孟邁, 皆産鴉片煙, 與孟加臘埒, 各國不得分其利, 恒外睦內猜, 故我之聯絡佛蘭西·彌利堅, 及購買船炮, 其樞紐皆在澳門與南印度. 中印度爲英夷與俄羅斯相拒之所, 中惟隔一興都哥士大山, 俄羅斯逾山則可攻取溫都斯坦, 英夷設重兵扼守之, 故我之聯絡俄羅斯, 其樞紐在中印度. 不悉東印度之形勢, 則不知用廓夷, 雖有犄角搗批之策, 而不敢信也. 不知南印度之形勢, 則不知用佛蘭西·彌利堅, 欲行購造兵船之策, 而未由決也. 不知中印度·北印度之情形, 則不知聯俄羅斯, 方詢俄羅斯國都與英夷國都遠近, 不知其相近者在印度邊境, 而不在國都也.[79]

위원은 인도가 세계 경제와 무역에서 차지하고 있는 지위를 명확히 이해하고 있었지만, 그가 주목한 것은 어떻게 해야 유라시아 대륙 내부의 지연 관계와 역사 관계를 이용해 영국령 인도에 대항하는 전략 형세와 군사 연맹을 구축할 수 있을 것인가 하는 문제였다.

서남양에 대한 서술 가운데 가장 중요한 내용은 다음 두 가지 측면이다. 우선 이 지역에서 서구 국가들의 상호 관계와 그 군사·무역 네트워크인데, 이는 아편 무역의 근원이었다. 최초의 판본에서 위원은 인도의 역사와 상품에 대해 간단히 소개했는데, 특히 영국의 인도에 대한 군사 정복, 통치 범위, 그리고 말와Malwa 지역의 아편 생산에 관하여 소개했다. 후에 다시 모아 펴낸 『오인도총술』五印度總述 판본에서 그는 명 만력제 시대에 네덜란드 상선이 인도에 들어가 '회사'(公班衙: company)를 설립하는 과정과 네덜란드, 프랑스, 영국이 남양과 인도 무역의 이익을 쟁취하기 위하여 일으킨 일련의 전쟁들을 추적했다. 여러 상인들의 공동 투자 무역 합작 상회인 영국의 '회사'(즉 동인도회사)와 영국 정부 사이에는 밀접한 관계가 있다. 독점적 성격을 지니고 있고, 땅을 구입하고 전투를 벌이고 식민 통치를 수행했다. 이는 순수한 상업 기구가 아니었다. 위원은 "개간하여 확장하고, 재화가 증대되고, 선박이 바다에 가득 들어차고, 성과 마을을 만들고, 상인이 군주가 되었다"는 말로 네덜란드인의 타이완 점령을 묘사했으며, 상업과 정치 사이의 밀접한 관계에 대해서도 마찬가지로 설명했다.[80] 네덜란드나 프랑스와의 전쟁에서 승리한 이후로 영국의 근거지는 매우 넓어졌다. 하지만 이들은 "무역만 한 것이 아니라 통치에도 힘써야" 했기 때문에, 도광제 14년(1834)에 찻잎을 구매하기 위해 광동에 들어온 상선들은 의외로 "이윤이 남지 않게" 되었다. 이런 상황은 영국인들이 불법적으로 아편 무역을 이용하여 초과 이윤을 얻도록 만들었다.[81] 그다음은 인도와 중국 서북·서남 변경, 특히 티베트 및 신강과의 지리적 연결이었다. 동인도의 동쪽이 미얀마이고, 북인도의 동쪽이 구르카(지금의 네팔)와 시크교 국가였다. 이들 나라는 모두 티베트에 인접해 있으면서 청 왕조와 조공 관계를 유지하고 있었다. 위원이 『해국도지』를 펴낸 시기에 이르러 시크교 국가와 구르카 등은 영국인에게 정복당했고, 동인도의 벵골은 이미 티베트와 통상하게 되었다. 북인도와 러시아는 국경을 접하고 있었는데 아편 무역의 이익을 쟁취하기 위하여 전쟁이 끊이지 않았다. 위원은 전략적 고려로부터 중국이 일찍이 티베트에 침입한 바 있는 구르카와 연합해야 한다고 여겼다. 그 목적은 밖으로는 영국에 대항하고, 안으로는 티베트를 안정시키고 안정적인 조공 관계를 재건하기 위해서였다.[82] 건륭제 때 청나라 군대가 구르카를 공격했을 때, 영국인이 남쪽으로부터 그 국경을 공격했기에 구르카는 보물을 바쳐 강화를 추구하고 조약에 따라 군대를 철수하도록 했다. 구르카는 영국과 반목하고 있었기 때문에 도광제 20년(1840) 영국 군함이 중국 연해에 침입했을 때, 구르카 측에서 주駐티베트 대신에게 연락해 구르카 군대를 출병시켜 "저지대의 영국 속지를 공격하여 중국의 토벌을 돕고자 하는" 뜻을 내비쳤지만, 주티베트 대신은 '저지대'가 영국령을 가리키는 것임을 알아듣지 못하여 군사적 기회를 놓치는 실수를 저지르고 말았다. 이것이 바로 위원이 구르카와 연합하여 영국을 공격하자고 건의하게 된 배경이었다. 그리고 당시 러시아는 "우리 중국과 통상할 때 육지로만 하고 해상으로는 하지 않지만", 영국은 "우리와 통상할 때 해상으로만 하고 육상으로는 하지 않고" 있었다. 만일 러시아가 배로 광동에서 무역을 할 수 있도록 한다면, 미국·프랑스 등의 국가와 영국 사이의 갈등을 이용할 수 있어, 이른바 "오랑캐로 오랑캐를 공격하는" 전략을 실현할 수 있었을 것이다.[83] 이 같은 건의를 하게 된 데에는 다음과 같은 배경이 있었다. 건륭 시대에 '서양과의 교역 금지'를 풀었지만, 러시아의 선박만은 금지했다. 이는 청 왕조가 이미 몽골 국경에서 러시아와 통상을 하고 있었으므로, 러시아에 대해 동남해에서 상선을 개방하는 것이 몽골의 경제에 영향을 줄 것을 걱정했기 때문이다.

위원의 남양에 대한 묘사는 그의 뛰어난 통찰력을 보여 준다. 1860년 전후, 영국인은 또다시 인도·미얀마와 중국 서부 사이의 지역에 대해서도 강한 욕망을 품게 되었다. 태평천국으로 인해 미얀마 북쪽 바모 Bhamo의 상업 노선을 이용할 수 없었지만, 1860년에 이 노선이 새로 열리게 되었다. 영국인이 만든 『주륙평론』週六評論(Saturday Review)이라는 신문에 발표된 글을 보면, 인도·미얀마와 중국 서부 지역 사이의 연결의 중요성에 대해 명확히 논술하고 있다. 그들은 상해와 중국의 기타 연해 도시로부터 미얀마의 양곤Yangon이나 벵골만 항구까지의 해상 무역 항로가 개선되길 바랐는데, 그 목적은 전쟁 상황에서도 양곤 및 기타 인근 항구와 공해 사이의 항로를 보장할 수 있도록 하는 것이었다. 만일 영국과 중국 사이의 항로가 1/3로 단축된다면 운송 비용과 기타 비용 역시 대폭 감소될 것이었다. 1868년에 영국령 인도 정부가 탐험대를 운남으로 파견했지만, 미얀마 국왕이 중국과의 무역을 독점하길 바랐기 때문에 성공하지 못했다. 이후 영국인들은 다시 다른 노선을 통해 미얀마로 깊이 들어가, 중국 서남으로 가는 무역 노선을 열고자 시도했다. 양자강과 티베트를 따라 인도에 이르는 노선을 탐험하기 위하여, 그들은 운남 여강麗江에서 출발해 인도 야룽짱보Yarlung Zangbo 강변의 싸디야Sadiya로 간 다음에, 다시 거기서 콜카타까지 갔다.[84] 이 노선은 매우 험난하기 때문에 영국의 탐사 활동이 예상했던 성공을 거두진 못했지만, 이러한 구상은 식민지 시기에 대륙과 해양이 서로 밀접히 연결되어 있었던 점과 관련이 있다. 이는 위원의 전략 구상이 깊은 통찰력을 지닌 것이었음을 증명해 주고 있다.

「오인도국지」五印度國志에서 인도에서의 러시아와 영국의 이권 쟁탈전을 언급하면서, 서남양과 러시아(즉 위원이 말하는 '북양') 사이에 내재적 관계가 있음을 설명했다. 「아라사국지」俄羅斯國志에서 위원은 『강희평정라찰방략』康熙平定羅刹方略의 자료를 인용하면서 다음과 같은 질문을 던진다. 당시 러시아는 흑룡강성과 맞닿아 있는 알바지노Albazino와 네르친스크Nerchinsk 두 곳을 지키기 위해 성마다 수백 명씩 배치해 두었지만, 당시 청 왕조의 흑룡강 군대는 수천에 달했으므로 이 두 곳을 쳐부수는 것은 매우 쉬운 일이었다. 하지만 어째서 강희제는 이들을 공격하지 않았으며, 두 차례나 러시아 차르에게 편지를 보내고 다시 네덜란드에 편지를 보낸 연후에야 경계를 확정했던 것일까? 여기서의 관건은 러시아에 연락한 목적이 러시아와 인접한 중가르와 구르카를 제압하여 중국 서북부의 안정을 유지하는 데 있었다는 점이다. '국경을 접한 나라는 제어하고 먼 나라에는 유화책을 펼치는 정책'을 보여 준 이 역사적 사건은 풍부한 의미를 담고 있다. 이른바 "북양에 대해 기록했지만 이 역시 서양을 기록한 것"(志北洋, 亦所以志西洋也)[85]이라는 점이다. 러시아는 유라시아 대륙에 걸쳐 있고 종족이 복잡하며, 폴란드 10부락, 터키, 스웨덴, 프랑스 등의 13만의 군을 패퇴시킨 바 있다. 더욱이 그 중요성은 러시아가 만주, 몽골 등의 중국 변경과 접해 있는 제국이라는 점에 있다. 러시아와 청 왕조는 일찍이 국경 조약을 맺고 또한 북경에 관사를 설치했는데, 이러한 대러시아 관계는 청대의 대외 관계에 있어 중요한 부분이었다. 위원에게 있어서 어떻게 러시아와 연합하여 내부 변경을 안정시키고, 공동으로 극동 지역에 대한 영국의 침투에 대항하는가는 중국의 중요한 전략적 선택이 되었다. 강희제의 러시아 평정에 대한 위원의 분석과 태도로 보건대, 그는 공동 이익을 기초로 호혜 조약의 형식으로 유라시아 대륙의 내지에서 영국 및 여타 해양 세력에 반격할 수 있는 방어선을 형성하기를 바랐음이 분명하다.

2. 남양 내부의 중서 관계

위원은 서구 근대 지리학의 성취를 빌려 전통 지리학의 많은 오류를 수정했으며, 명대 및 그 이전 시기 중국의 해양에 대한 이해와 관점을 확장시켰다. 하지만 '오랑캐의 장기를 배워 오랑캐를 제압하자'는 주장이 암시하는 것은 『해국도지』의 진정한 동기가 여전히 중국과 서구의 관계를 고찰하는 것이었다는 점이다. 이 저작의 독특한 점은 중·서 관계를 중국 조공 체제 내부에 이미 깊이 들어와 있는 관계로 보아, 동남양(인도네시아 수마트라섬의 동쪽), 서남양(인도네시아 수마트라섬의 서쪽), 그리고 기타 지역을 서술하는 방식으로 중국과 서구의 관계를 서술했다는 점이다. 송명 시대 중국의 해상 확장과 그 뒤 유럽의 아시아에 대한 정복은 이 서사의 먼 역사적 배경을 이루고 있다. 명나라가 1368년 몽골인을 몰아내고 나서, 중국 범선은 스리랑카, 호르무즈 해협이나, 잔지Zanji 사람이 있는 아프리카 동해안까지 항해하여 무슬림 무역을 몰아내거나 교란했다. 극동 지역은 '가장 폭넓은 경제 세계'가 되었으며, 그 속에서 이슬람, 인도, 중국 등이 동방의 삼대 경제 세계를 구성했다. "이슬람은 홍해와 페르시아만을 근거지로 하여, 아랍으로부터 중국에 이르는 사막 지역을 지배했으며, 아시아 대륙의 내지에 가로놓여 있었다. 인도의 세력은 코모린 곶(Comorin Cape)의 동편과 서편의 인도양 전체에 퍼져 있었다. 중국은 내륙 국가이면서(그 영향은 아시아의 심장부에까지 미쳤다) 또한 해양 국가이며, 태평양의 연근해와 연안 국가들 모두 그 세력 안에 있었다."[86] 브로델은 다음과 같이 감탄한다. "동방의 입구에 해당하는 이 지역의 비중은 이때부터 중앙아시아나 서양보다 더 높아졌다. …바로 이 시기에 광활한 슈퍼 경제 세계의 극점이 남양 군도에 자리 잡게 되었다. 그곳에는 반탐, 아체Aceh(인도네시아 수마트라섬 북단에 위치), 그리고 이보다 늦게 발전한 바타비아와 마닐라 등과 같은 활기찬 도시들이 출현했다."[87] 하지만 이 세계는 그저 아시아의 세계만은 아니었다. 1498년 5월 27일 바스쿠 다 가마Vasco da Gama가 코지코드Kozhikode에 도착한 이래로 포르투갈인, 네덜란드인, 영국인, 프랑스인, 그리고 다른 일부 유럽 국가의 사람들이 잇따라 아시아 지역에 진출했다. "세 개의 경제 세계도 이미 작지 않다고 하겠지만, 유럽의 침입과 함께 제4의 경제 세계가 다시 끼어들게 된다."[88]

위원은 19세기 중엽 이미 남양의 상술한 특징을 정확히 파악하고 있었다. 또한 이를 기초로 중·서 관계에 대한 논의를 전개했다. 그는 "남양에 뜻을 두는 것은 사실 서양에 뜻을 두었기 때문"이라는 말로『해국도지』의 종지宗旨를 개괄하고 있으며, 중국과 서양의 관계가 일정 정도 제국 조공 네트워크 내부의 관계로 이해될 수 있음을 설명하고 있다.『해국도지』에서 '남양'이라는 지역의 특징은 아시아와 유럽이 각기 독립적인 지정학적 단위로서가 아니라, 남양 지역 내부에 복잡하게 착종·교착된 내외 관계로서 존재한다는 점이다. 남양은 하나의 지역이면서 동시에 사통팔달의 중추이다. 서구 국가 및 그 경제적·군사적 역량이 남양 조공 체제 내부로 들어오게 되면서, 전통적인 내외 개념으로는 더 이상 복잡한 역사 관계를 표현할 수 없게끔 만들었다. 이로 인해 한편으로 위원은 '오랑캐를 배우는 것'과 '오랑캐를 제압하는 것'의 변증법을 통해 이하夷夏라는 범주(즉 조공 관계의 중심 지역을 통일된 총체〔夏〕로 보고, 그 바깥의 지역을 '이'夷로 보는)를 새롭게 규정하고 있다. 하지만 다른 한편으로 그는 인도, 이슬람 문화 및 '서양'이 남양 조공 지역 내의 강력한 존재들임을 서술하고 있다. 이는 내외 관계 및 이하 관계에 나타난 문란의 징조였다. 「서동남양」敍東南洋의 서두에서 "해국에 관한 기록으로 『명사』明史 「외국전」外國傳보다 자세한 것은 없지만", "서양과 남양을 나누지 않고", "섬나라와 연안 국가를 나누지 않고", "섬과 연안을 모두 보유하고 있는 몇몇 나라들을 부당하게 나누었던" 사실은 말하지 않을 수 없다고 지적한다.

천지의 기운이 명대에 이르러 일변했던 것일까? 창해의 기운이 둥근 지구의 형태를 따라, 서쪽으로부터 동쪽으로 흐른 것일까? 전대에는 대일통의 시대는 물론이요, 동진東晉, 남당南唐, 남송南宋, 제齊, 양梁과 같이 한편에 할거하고 있을 때도 진상하러 오는 섬나라나 가죽옷·풀옷을 입고 조공하러 오는 나라들이 역사 기록에 끊인 적이 없었다. 오늘날 천자에게 조공을 바치기 위한 제후국 군왕들의 회합인 왕회王會에 오르는 이가 하나도 없음은 어째서인가? 동방을 찾아온 네덜란드의 선박들은 해안에 닿으면 해안을 강탈하고, 섬에 이르면 그곳을 점거한다. 그리고 그곳에 항구를 세우고 수비군을 두니, 남양의 요해는 이미 모두 서양의 도시가 되었다. 지기地氣와 천시天時가 변하니, 역사의 기록 역시 세상을 따라 변한다. 남양이라 기록된 것이 실제로는 서양을 기록한 것이다. 그러므로 지금의 스페인·네덜란드(荷蘭)·프랑스(佛

郞機)*·영국(英吉利)·포르투갈(布路亞) 등의 5개국이 남양을 다스리고 있으며, 월남(베트남)·시암(暹羅: 태국)·미얀마·일본 등의 네 나라는 비록 서양에 병합되지는 않았지만, 서양의 세력권 안에 있기에 이 편에 넣어 저술했고, 조선과 류큐琉球는 서양의 세력권이 미치지 않고 있기에 다루지 않았다.

> 天地之氣, 其至明而一變乎? 滄海之運, 隨地圜體, 其自西而東乎? 前代無論大一統之世, 卽東晉·南唐·南宋·齊·梁, 偏隅割據, 而航琛獻贐之島, 服卉衣皮之貢, 史不絕書. 今無一登於王會, 何爲乎? 紅夷東駛之舶遇岸爭岸, 遇洲據洲, 立城埠, 設兵防, 凡南洋之要津已盡爲西洋之都會. 地氣天時變, 則史例亦隨世而變, 志南洋實所以志西洋也. 故今以呂宋·荷蘭·佛郞機·英吉利·布路亞五國綱紀南洋, 其越南·暹羅·緬甸·日本四國, 雖未並於洋寇, 亦以事涉洋防者著於篇, 而朝鮮·琉球, 洋防無涉者不及焉.[89]

여기서 위원이 남양을 '다스린다'고 한 유럽의 5개국은 네덜란드, 영국, 스페인(루손), 프랑스, 포르투갈이다.

이처럼 사라진 제국의 시야를 추적하는 과정에서 '해양 시대'의 세계상은 그 진면목을 드러낸다. '해양 시대'는 '서구'가 아시아 조공 네트워크 내부로 침투한 시대였다. 이에 따라 중·서 관계, 남북 관계, 심지어 서구 국가 간의 관계 모두 제국 네트워크 내부의 관계가 되었다. 명대 만력제 연간 네덜란드인은 많은 중국인이 살고 있던 자바에 진입했으며, 그 뒤를 이어 청대 가경제 연간에는 프랑스가 네덜란드를 물리치고 그들을 대신하여 자바의 통치자가 되었다. 그와 거의 동시에 영국은 프랑스와 전쟁을 벌였는데, 이는 네덜란드가 자바섬을 재공격

---

* 佛郞機: 불랑기. 명대로부터 포르투갈·스페인을 가리키는 말로 사용됐지만 여기서는 프랑스를 가리키는 용어로 사용되고 있다.

해서 통치권을 다시 획득하는 것을 도왔다.[90] 조공 체제로 구축된 내외 관계와 이하 관계를 가지고 이런 충돌과 투쟁의 성격을 어떻게 정확히 묘사할 수 있겠는가? 따라서 이는 단순히 영국의 침입이나 아편 무역이 아니라, 조공 네트워크 자체의 문란이었으며, 중국의 안전에 대한 진정한 위협으로 묘사되었다. 그런 의미에서 보면, 머리 아프다고 머리를 치료하고 다리 아프다고 다리를 치료하는 것만으로는 아무 소용 없는 노릇이었다. 가장 중요한 것은 시세時勢를 파악하고 합종연횡하여 조공 체제의 내외·이하夷夏 네트워크를 재건함으로써, 중국의 안전을 위해 유효한 보호 지대를 구축하는 것이었다. 이는 병서로서의『해국도지』가 어째서 동시에 전 지구적인 지정학적 관계 속에서 인종, 풍속, 종교, 문화, 무역, 정치에 관한 백과전서이기도 했어야 했는지를 설명해 준다.

『해국도지』의 동남양에 대한 서술에서 월남, 시암, 필리핀, 미얀마, 일본, 자바 등의 국가와 지역은 중요한 지위를 점했는데, 월남이 그 첫 자리를 차지했다. 위원은 다음과 같이 설명한다. "월남은 한대, 당대, 명대에 수차례 판도 내에 예속되어, 군현을 세우는 등의 일에 관하여 전사에 기록되어 있다. 월남이 서양과 교류하게 된 것은 모두 현재 청 왕조에 와서이며, 중국 해안 방어의 가장 긴요한 곳이다. 옹정제 초에 네덜란드 군함이 순화順化(지금의 베트남 후에Hue)의 항만을 따라 서도西都(지금의 베트남 수도 호치민시, 원래 이름은 사이공西貢)로 들어왔는데, 서도의 군대가 이들을 수공으로 침몰시켰다. 가경 연간에는 부량富良(Phuluong) 해구를 따라 그 동도東都(지금의 하노이河內)로 들어오자, 동도의 군대는 화공으로 이를 불태웠다. 맹금류는 공격하려 할 때 반드시 날개를 접어야만 하는 법이다. 대양 위를 횡행하는 해적들을 제압했다는 말은 들어보지 못했다. 그저 해구의 포대를 지킬 따름이다. 월남의 아편 금지는 일본의 예수회 금지와 마찬가지로 성공적이었으며,『상서』尚書「주고」酒誥 편에서 집단적인 음주를 금한 것이나 마찬가지였다. 이런 야만국에서조차 금지령을 내려 이를 제대로 시행할 수 있었다."[91] 이러한 전통적인 제국의 관점 속에서 월남은 특히 중요성을 지닌다. 첫째, 월남은 중국에 인접한 번속국藩屬國(위원은 서계여徐繼畬가 『영환지략』 瀛環志略에서 "안남安南(베트남 중부 지역)은 오대五代에 이르러 외번外藩에 들어가게 되었다"고 한 말을 인용함)이다. 하지만 이곳의 내부 분쟁은 이 지역에서 중국의 지위에 대해 위협이 된다. 위원은 『성무기』의 안남 부분에 관한 논의를 인용하는데, 특히 명 가정제와 청 건륭제 시기 월남의 내부 분쟁과 중국 조정의 대對월남 정책을 부각시키고 있다. 둘째, 월남은 하나의 소국으로서 자기보다 강한 대국과 싸워 이겼다. 앞에 언급한 서구 식민주의자들에 대한 군사적 승리뿐만 아니라, '중국의 군함에 대해 대승을 거둔' 적도 있었는데, 건륭 54년(1789)에 응우엔후에(阮惠, Nguyen Hue)는 양광총독兩廣總督 손사의孫士毅의 군대를 격퇴한 바가 있다. 또한 군사력으로 나라를 찬탈하고, 중국의 해적들을 모아 복건福建·광동廣東·강소江蘇·절강浙江 등지에서 해적질을 하기도 했다. 월남은 군사적으로 작은 나라가 큰 나라를, 그리고 약한 나라가 강한 나라를 이긴 경험이 풍부하다(위원은 서계여의 『영환지략』, 욱영하郁永河의 『신해기유』神海紀游, 섭종진葉鐘進의 『영길리이정기략』英吉利夷情紀略, 여문의余文儀의 『대만부지』臺灣府志 등의 책에서 관련 기록을 인용하여 월남의 수륙전 경험을 상세히 설명함). 셋째, 월남은 내부 갈등으로 인해 외래 세력을 끌어들여 결국 이 지역에 대한 서구의 침입을 초래했다.

100권본 『해국도지』의 제7~8권은 모두 시암의 역사와 변천을 개술하고 있다. 저자는 중국과 시암(지금의 태국)의 관계를 중국 조공 체제의 모범적인 관계로 보았다. 프랑스의 안남에 대한, 그리고 영국의 미얀마에 대한 지배는 중국의 안전을 위협했다. 시암은 마침 안남, 미얀마와 인접해 있기 때문에, 청 조정은 건륭제와 가경제 연간에 잇따라 시암에 책봉을 해 주어 서쪽으로는 미얀마를, 동쪽으로는 월남을 견제하는 효과를 거두려 했다. 지정학적 측면에서 시암은 중국과 남양 군도 사이의 중요한 통로이며, 남양 군도는 유럽인이 아시아로 들어오는 요해지였기에, 시암과의 관계를 안정시키면 서구를 막는 보호벽을 얻는 셈이었다. 위원은 조공 무역과 복건·광동 연해의 민간 인구 이동의 두 가지 측면에서 중국과 이들 지역의 관계를 설명했다. 제9권「시암의 동남부 속국이 오늘날 싱가포르가 된 연혁」(暹羅東南屬國今爲新嘉坡沿革)에서 말라카, 빠따니국Pattani(太呢國: 지금의 태국 빠따니 주), 켈란탄Kelantan(吉蘭丹), 텡가로Tenggaroh(丁加羅), 파항Pahang(彭亨), 조호르Johor(柔佛) 등의 동남아 지역에 대하여 광범위한 서술을 진행하는데, 중심적인 문제는 동남양 내부의 중·서 관계였다. 위원은『명사』등의 자료를 인용하여 말라카 등지와 중국의 번속 관계, 그리고 포르투갈인의 이 지역에 대한 초기의 침입에 대하여 설명했다. 일찍이 명 정덕제正德帝 시기 중국 연해의 이민자들이 남양으로의 이주를 시작할 무렵, 포르투갈인들은 교역항의 이권 다툼으로 말라카를 공격하여 많은 이익을 획득했다. 이후 이 지역은 복잡한 중국인·서양인 잡거의 국면을 이루게 된다. 매년 100척이 넘는 중국 상선이 시암에 가서 화물을 운송했고, 5만 명의 화교들이 이들 지역에 상주하며 영국인, 미국인 등과 교역했는데, 그 액수는 매년 은화 5백만 원이나 되었다. 중국과 시암 사이의 관방 조공 관계 역시 좋은 관계가 유지되었다. 위원은 많은 예를 들어 가며 싱가포르, 켈란탄 등지의 무역과 화교 이민의 관계를 설명했다. "이상의 몇몇 나라들은 복건·광동 지역 사람들과 왕래하며 무역했다."[92]

서구 국가들의 동남아에서의 성공은 군사·무역·계략에 의한 것만은 아니었다. 또한 이 지역의 내부 분쟁과 중국의 대對동남아 정책상 일련의 실수들에서 기인한 것이기도 했다. 내부의 협력이나 문란이 없었다면 서구는 이처럼 빠르게 성공을 거두지 못했을 것이다. 명 만력제 28년에는 미얀마가 군을 일으켜 페구Pegu(秘古: 지금의 미얀마 바고Bago)를 점령했고, 강희제 39년(1700)에는 페구가 네덜란드 등과 연합하여 미얀마를 점령했다. 이후로 미얀마가 부흥하여 페구를 멸하고 일부 지역을 점령했다. 미얀마가 점령한 지역인 메르귀Mergui(麻爾古: 미얀마 남부 항구 도시)가 영국령 벵갈과 접해 있었는데, 영국은 도광제 6년(1826)에 미얀마를 공격했다. 미얀마 군대는 영국군과 몇 차례 교전하여 대단한 전적을 남겼다. 이는 남양 조공 체제의 내부 분쟁이 외적을 끌어들인 하나의 사례였다. 유럽 국가가 군사와 정치 역량을 이용하여 자신의 남양에서의 상업적 이익을 보호하려고 할 때, 청 왕조는 오히려 서북 지역에 치중하여 남양 지역 중국 상인과 화교의 후예들에 대한 보호 책임을 방기했다. 자바에 주둔한 네덜란드인들은 전쟁 이후 자바를 지키고 있던 서롱西隴에서 유배 온 사람들을 철수시키고, 애꿎은 한인漢人들을 파견하여 이들을 대신하도록 했지만, 한인들이 이를 거절했고, 그 결과 현지 관리의 박해를 받아야 했다. 복건 총독福建總督은 이 소문을 들었지만, "박해받은 한인들은 현지(번지番地)에서 산 지 오래되어, 여러 차례 귀환하도록 부름을 받았지만 스스로가 왕화王化(왕의 교회)를 포기했다. 지금에 와서 죽임을 당한 것은 자초한 것"이라며 이들에 대한 보호 책임을 떠맡기를 거절했다.[93] 이와 마찬가지로 루손(필리핀), 자바 등지에 거주하던 많은 화교와 상인들이 피해를 입었지만, 중앙정부의 반응은 더디거나 수수방관하는 경우가 많았다. 네덜란드가 아편으로 자바인들을 유혹하여 그들의 반항 능력을 없애고자 했는데, 중국은 이를 모른 체하고 상관치 않다가 결국 수년 뒤 아편이 중화로 흘러들어와 커다란 곤경에 빠지게 된다. 중국 조공 체제의 문란은 지역 내부의 무역, 서구의 침입, 조정의 정책 실패와 책임 방기 등의 다중적인 요인들이 조성한 결과였다. 이로 인해 당·송대와 특히 명대의 해양관을 회복하는 것은 왕조의 조공 체제에 대한 기본적인 책임을 재건하는 것이기도 했다. 강희제 때에 타이완을 평정하려 했는데, 어떤 이가 조정에서 타이완을 포기하고 펑호澎湖만을 지킬 것을 건의했다. 하지만 이후 시랑施琅(1621~1696)이 만일 타이완을 중국에 귀속시키지 않는다면 네덜란드에 돌아가게 될 것이라 설득하자, 강희제는 그의 건의를 받아들여 타이완에 관아를 설치하고 수비군을 두었다.

청 제국의 정치·군사적 보호와 민간의 해외 상업 활동은 완전히 분리되어 있지만, 유럽 국가, 특히 영국은 오히려 군대와 상인이 합일된 무역 체제를 구축했다. 일찍이 명 가정 연간에 포르투갈인이 말라카를 통치하고, 조금 뒤인 천계天啓·숭정崇禎 연간에는 네덜란드인이 포르투갈과의 전쟁에서 승리하여 이 지역에 진출하게 된다. 청 가경 연간에는 영국이 다른 지역과 말라카에 대한 지배권을 교환한 다음, 다시 가경 23년(1818)에 이를 공격하여 점거했다. 또한 성을 세우고 수비군을 주둔시키고, 토지를 개간하고, 상인을 모아 새로운 행정 지역과 상업 도시를 형성했다. 청 도광 14년(1834), 서구 각국, 중국, 월남, 시암 등의 국가들이 싱가포르에서 교역하는 화물은 은화 1천만 원이나 되었다. 위원이 무역을 주목한 것은 결국 군사 전략적 고려와 밀접히 연결되어 있었다. 그는 싱가포르의 개항과 말라카의 쇠락 사이의 관계에 주목했을 뿐만 아니라, 싱가포르의 정략적 중요성 또한 주목했다. 이곳은 인도로부터 중국까지를 아우르는 중간 지점이었다. 영국과 미국, 특히 영국은 이 지역에 서원을 세우고, 중국인 교사를 초빙하여 중국어를 가르치고, 중국의 경사자집과 지도·지방지地方志를 출판하여, 중국의 국정을 꿰뚫고 있었지만 중국은 오히려 상대방에 대해 아무런 통찰도 없었다. 위원은 이것이 매우 위험한 일이라 여겼는데, 이는 다른 측면에서 '오랑캐를 배우는 것'의 중요성, 그리고 '오랑캐를 배우는 것'과 '오랑캐를 제압하는 것' 사이의 변증법적 관계를 설명해 주고 있다.

3. 세계적 범위에서의 이하 문제

『해국도지』가 묘사한 것은 하나의 세계에 대한 표상이었지, 제국 내부의 표상은 아니었다. 위원은 하나의 새로운 내외관을 발전시킴으로써 비로소 이러한 새로운 현실을 파악할 수 있었다. 때문에 그의 내외관과 이하관은 초기 금문경학과 중요한 차이가 있었다.

그래서 과거로부터 중국과 교류하지 않았던 지역들도 마치 『일통지』一統志의 지도를 보는 것처럼 그 산천 지세를 파악할 수 있으며, 중국 17성의 지방지地方志를 읽듯이 그 풍토를 살펴볼 수 있다. 이 어찌 천지의 기운이 서북쪽으로부터 동남쪽에 이르기까지 중외일가中外一家가 아니라 하겠는가?

> 於是從古不通中國之地, 披其山川, 如閱『一統志』之圖, 覽其風土, 如讀中國十七省之志. 豈天地氣運, 自西北而東南, 將中外一家歟?[94]

이 문장은 앞서 언급했던 공자진의 「어시안변수원서」御試安邊綏遠書(청 제국이 변경을 개척한 후에 정리한 '내외일가'內外一家의 관점)와 대비시켜 볼 수 있을 것이다. 똑같이 '내외일가'를 논하고 있는데, 공자진은 제국의 영토를 일가로 여겼지만, 위원이 논하고 있는 것은 이미 전 지구적 역사 관계인 것이다. 강희제가 『황여전람도』皇輿全覽圖를 제작한 목적은 제국의 광활한 영토 전부를 그의 시야 속에 두기 위함이었는데, 공자진이 논한 것은 이와 긴밀히 결부되어 있다 하겠다. 위원은 마치 『일통지』를 열람하는 것처럼 지도의 형식을 이용하여 세계가 한눈에 들어올 수 있도록 하고자 했다. 만일 제국의 내외일체론과 이하무별론夷夏無別論이 지극히 커서 그 바깥이 없는 제국의 정치와 문화를 전제로 하는 것이었다면, 새로운 전 지구적 표상 속에서 중국을 본위로 하는 '무외'無外의 담론은 더 이상 성립되기 힘든 것이었다. 이런 새로운 역사적 관점은 캉유웨이가 40년 뒤에 "훗날 대지의 대소와 원근이 하나와 같이 되는" 대동 세계를 구상하는 데 지식상의 전제를 제공해 주었다.

위원은 이로 인해 새롭게 이하 개념을 정의하지 않을 수 없었다. 그 특징은 다음과 같다. 1. 장존여·유봉록 이래의 이하론夷夏論을 답습하여 이 개념의 지리적·종족적 함의를 말소시켰다. 2. 장존여·유봉록 등의 금문가는 제국 범위 내에서 이하론을 전개했지만, 위원은 이 논의를 더욱 광활한 범위로까지 밀어붙임으로써, '중국 예의' 질서 외부에

'예의 국가'가 존재함을 사실상 승인했다. 새로운 '중외일가'론은 외부에 대한 승인 혹은 다원적 문명 세계(문명과 야만을 구별하는 세계가 아니라)를 이야기하기 위한 전제였다. 「서양인『마르케스지리비고』서」西洋人『瑪吉士地理備考』敍에서 다음과 같이 말하고 있다.

무릇 만蠻·적狄·강姜·이夷라는 이름은 성격이 잔학한 민족을 가리키는 데만 쓰고, 왕의 교화를 아직 모르는 자를 가리키는 것이다. 따라서 선왕이 이적을 대함에 마치 금수와 같이 했고, 다스리지 않음으로써 다스리고, 본국이라 부르지 않고 배제시킨 것이다. 무릇 교화된 나라는 모두 이들을 이적이라 부른다. 또한 천하의 문에는 세 가지가 있으니, 금문禽門, 인문人門, 성문聖門이다. 정욕을 따르는 자는 금문으로 드나들고, 예의를 따르는 자는 인문으로 드나들고, 홀로 깨달은 이는 성문으로 드나든다. 멀리서 온 방문객들 가운데 예의에 밝고 위로는 천상天象에 통달하고 아래로는 지리에 밝으며 주변 사물의 이치와 고금의 역사를 꿰뚫고 있는 자는 세계의 기재이며, 성 밖의 좋은 친구이니, 어찌 이적이라 칭하겠는가? 성인께서 천하는 일가요 사해가 형제라 했으니, 먼 곳의 사람들을 회유하고 외국을 손님의 예우로 대하는 것은 군왕의 너그러움이요, 풍속을 묻고 지구를 두루 살펴보는 것은 지혜로운 선비의 밝은 지식이다. 한구석을 지키고 앉아 스스로 구역의 경계를 그리고서는, 담장 밖에 하늘이 있음을 모르고 바다 너머에 땅이 있음을 알지 못함은 마치 우물 안 개구리의 식견과도 같은 것이니, 스스로 왜소해지는 것일 따름이다.

夫蠻狄羌夷之名, 專指殘虐性情之民, 未知王化者言之. 故曰: 先王之待夷狄, 如禽獸然, 以不治治之, 非謂本國而外, 凡有敎化之國, 皆謂之夷狄也. 且天下之門有三矣, 有禽門焉, 有人門焉, 有聖門焉. 由於情欲者, 入自禽門者也. 由於禮義者, 入自人門者也. 由於獨知者, 入自聖門者也. 誠知夫遠客之中, 有明

禮行義, 上通天象, 下察地理, 旁徹物情, 貫串今古者, 是瀛寰
之奇士, 域外之良友, 尙可稱之曰夷狄乎? 聖人以天下爲一家,
四海皆兄弟, 故懷柔遠人, 賓禮外國, 是王者之大度. 旁咨風俗,
廣覽地球, 是智士之曠識. 彼株守一隅, 自畫封域, 而不知牆外
之有天, 舟外之有地者, 適如井蛙蝸國之識見, 自小自菲而已.[95]

　　내부 평등의 획득과 제국 합법성의 승인을 위하여 초기 금문경학은
내외, 이하의 절대적 경계의 말소를 통해 중국을 새롭게 정의하는 전
략을 취했다. 위원은 이 전략을 세계적 범위로 확장시켰다. 이적 등의
명칭은 중국 주변의 민족이나 지역을 가리킬 뿐만 아니라, 또한 본국
과 타국의 구별에도 쓴다. 이적 개념은 교화와 비非교화의 차이 속에
서 수립된 것이며, 또한 제국과 그 주변 지역의 관계를 주축으로 하여
수립된 것이기도 하다. 이러한 견해는 사실상 유럽인의 역사관에 가깝
다. 고대 유럽의 지리 구분은 유럽을 경계로 한 것이 아니라, 그리스인
과 로마인이 이룩한 지중해 유역을 경계로 하고 있다. 유럽 자체가 그
리스인과 로마인에게 '야만 세계'로 불리던 외부 세계에 속해 있었다.
유럽의 중심부에는 중국의 만리장성과 유사한 기능을 했던 라인강변
과 다뉴브강변을 따라 구축된 장성이 있었다. 이는 로마 제국이 야만
족을 막기 위해 공사한 것이다. 유럽의 개별성은 중세기에 기독교라
는 형식에 의해 비로소 규정된 것이다. 위원은 로마 제국 및 그 주변의
관계에 대해 다음과 같이 서술하고 있다. "당초 로마가 각국을 정복한
이후에도 그 주변의 이적들은 여전히 로마에 복종하지 않았다. 뒤이어
이들의 군대와 영토를 멸절시키고자 사막 깊숙이 들어가고 북해까지
쫓아가 이 잡듯이 하여 백만의 시체가 쌓이고서야 비로소 주변의 이적
까지 정복할 수 있었다."[96] 이런 의미에서 이하와 내외 두 개념은 분리
되기 시작했다. 즉 외부라고 해서 단순히 이적으로 정의될 수 없고, 이
적이라 해서 반드시 외부에 있는 것도 아니게 된 것이다. '천하일가'는
내외의 현실 경계를 승인하는 것을 전제로 한다. 또한 동시에 제국 외

부에 예의로 교화된 나라가 있음을 승인하는 것이기도 하다. 이는 제국의 민족국가를 향한 전환의 징조이자, 캉유웨이가 "9대주九大洲에 각각 교주가 있고, 서양 또한 중국(諸夏: 다른 '법통'을 가진 중국)"이라고 주장했던 것의 선성先聲이었던 셈이다. 베스트팔렌 조약 이후 유럽 민족국가는 상호 승인을 특징으로 하는 국제법 관계가 형성되었지만, 이러한 상호 승인의 주권 관계는 '문명국가' 혹은 기독교 국가를 전제로 한 것이었으며, 모든 유럽 바깥의 국가는 이러한 상호 승인의 범주 내에 있지 않았다. 다만 아편전쟁 시기에는 중국이 주권 신분을 가지고 불평등 조약을 맺을 수 있도록 하기 위하여 이 민족국가의 승인 관계를 비로소 기타 지역으로까지 확장하게 되었다. 이 문제에 관해서는 다음 절에서 상세히 논하도록 하겠다.

하지만 이하夷夏와 내외의 문화적 의미가 철저히 상대화되지는 않았으며, 유가의 교화가 여전히 이러한 이하관의 중심에 놓여 있었다. 『해국도지』의 '서인도'에 대한 서술을 가지고 이러한 점(위원이 서아시아 지역을 잘못해서 서인도의 범주 안에 두었던 점)을 고찰해 보도록 하자. 서남양 제국을 소개하면서, 서아시아 국가의 지정학적 중요성에 관하여 설명하고 있다(예를 들면 "동서남쪽이 모두 바다를 접하고 있고, 북쪽으로는 터키와 접하고 있으며, …그 형세 또한 요충지에 위치해 있다", 그리고 유럽인과 미국인이 이 지역의 무역과 군사에 있어 중요한 존재이다 등등). 뿐만 아니라 위원은 이 지역에 관한 내용을 독립된 한 권으로 만들어서 따로 회교·천주교 등의 기원·특징·상호 관계 등을 서술하여, 그가 서아시아 사회와 세계 관계 속에서 종교 문제의 작용에 대해 매우 중시하고 있음을 보여 주었다. 권24의 「서인도·서아덴 연혁」(西印度西阿丹國沿革)의 말미에서, 위원은 서아시아 종교와 불교 문제를 연결 짓고 있다.

불교는 인도에서 발생했는데, 자비慈悲와 적멸寂滅을 귀의처로 삼으며, 중국의 사대부가 그 주장을 펼쳐서 선열파禪悅派를 개척했다. '모세의 십계'는 비록 그 깊이는 얕지만, 괴이한 주장은 없다. 예수는 신묘한 기적을 행하여 사람들에게 선을 권했는데, 또한 모세의 요지에서 벗어나지 않는다. 주공과 공자의 교화가 번역되어 전파된 적은 없지만, 그곳의 총명하고 통달한 사람이 나타나 풍속을 가르치고 선을 권하여, 그 마음 씀이 천하에 악한 바 없다. 그 가르침을 중국에 행해지게 하고자 하나 제대로 이해되지 못함을 면키 힘들다. 무하마드는 본래 속가의 승려였다가 갑자기 교파를 창립했는데, 그 예배하는 바는 천주교와 같다. … 당나라 이후로 그 종교가 점차 서역에서 유행하여 지금은 옥문관玉門關 서쪽의 아시아 서부 전 지역에 퍼지게 되었으니, 주변 수만 리에 이르는 지역에서 회교도 아닌 이가 없다. 올빼미는 쥐를 좋아하고, 지네는 뱀을 좋아하는데, 어느 것이 진정한 맛이란 말인가? 이민족의 말을 모른 채 깊이 탐구하기는 진정 어렵다. 누린내 나는 야만적 풍속이 중국에 만연해 있고, 흉폭하고 사나우며 한통속이 되고 있는데 이는 우리 민족의 부류가 아니다. 사태가 이 지경에 이르렀으니 결국 강통江統*의 우려만 남기게 될 것이다.

> 佛敎興於印度, 以慈悲寂滅爲歸, 中土士大夫推闡其說, 遂開禪悅一派. 摩西十誡雖淺近, 而尙無怪說, 耶穌著神異之跡, 而其勸人爲善, 亦不外摩西大旨. 周孔之化, 無由宣之重譯, 彼土聰明特達之人, 起而訓俗勸善, 其用意亦無惡於天下, 特欲行其敎於中華, 未免不知分量. 摩哈麥本一市僧, 忽起而創立敎門, 其禮拜與天主敎同. …乃自李唐以後, 其敎漸行於西域, 今則玉門以西, 盡亞細亞之西土, 周回數萬里, 竟無一非回敎者? 鴟梟嗜鼠, 蜈蚣甘帶, 孰爲正味乎? 正難爲昧任佅儺者深求也. 惟腥膻

---

* 강통(江統): 서진(西晉) 때 흉노의 침입과 북방 이민족들의 이주로 혼란에 빠지자 이들을 원래의 땅으로 옮길 것을 주장한 『사용론』(徙戎論)을 지었다.

之俗, 蔓延中土, 剛狠毒鷙, 自爲一類, 非我族類, 實逼處此, 終貽江統憂爾.[97]

권25 「각국회교총고」各國回敎總考의 서두에서, 위원은 회교回敎(이슬람교)의 원류를 고증한 동기를 더욱 명확히 설명하고 있다.

오늘날 천산天山 이남, 옥문관 서쪽 지역, 파미르고원을 둘러싼 동서남북 지역, 그리고 아랄해와 카스피해의 좌우에 이르기까지 아시아주의 절반이나 되는 지역에 분포해 있으며, 중국의 각 부府·청廳·주州·현縣에 청진사淸眞寺(이슬람 사원)나 예배사禮拜寺(이슬람 사원의 별칭)가 없는 곳이 없다. 중국의 사대부 가운데 무식한 자도 간혹 이를 따른다. 그들의 품성은 경솔하고 음험하며 험악하고 염치가 없으며, 다른 사람 밑에 있길 마다하지 않지만 마음속 생각은 헤아리기 힘들며, 스스로 한 민족으로 여긴다. 세상이 평화롭다면 크게 우려할 것이 없겠지만, 그들의 흉포하고 사나운 기질은 진실로 교화하기 힘들다. 회교에 대해 살펴보겠다.

今天山以南, 玉門以西, 環蔥嶺東西南北, 延及鹹海·里海之左右, 分亞細亞洲之半, 蔓延及於內地各府·廳·州·縣, 無不有淸眞寺·禮拜寺者, 中土士大夫之無識者或從之. 其人率陰鷙, 寡廉恥, 甘居人下, 而中懷叵測, 自爲一族. 海宇承平, 可無大患, 然其凶狠猛烈之氣, 固難化也. 考回回敎.[98]

위원의 이슬람교, 유대교, 기독교에 대한 논의를 자세히 살펴보면 몇몇 기본적인 특징들을 개괄해 볼 수 있다.

우선, 종족 문제에 대하여 위원의 이하관은 비교적 깬 편이었지만, 일단 문화와 종교의 문제에 대해서는, '우리 민족이 아닌 부류'(非我族類)라는 개념이 새롭게 드러나게 된다. 어째서 이렇게 된 것일까? 이는 청대 금문경학의 이하관과 청 제국의 이른바 '만한일체론'滿漢一體論

이 모두 내부의 민족 관계에 대한 논의이기 때문이며, 그 핵심이 성인과 왕화에 복종하는 데 있고, 종족을 구분하는 데 있지 않기 때문이다. 이런 반종족주의적 이하관은 이하와 내외의 절대적 차이를 제거하기는 했지만, 이른바 '차이의 제거'는 유학 예의라는 보편적 문화 동일성을 기초, 혹은 전제로 한 것이었다. 따라서 종족의 차이보다도 문화의 차이가 더욱 근본적인 차이가 되는 것이다. 위원은 신앙과 습속의 문제에 있어서 종종 편견을 드러내 보이는데, 이는 민족 문제에 있어서 개명된 관점을 보였던 것과는 대조를 이룬다. 예를 들면, 「천방교고」天方教考의 끝부분에서 그는 다음과 같이 논하고 있다. "경전의 정리라는 점에서 놓고 봤을 때, 여러 성인의 성취를 모아 정리해 놓은 바가 이 정도인 데 반해, 자신들의 것만을 인용한 유교가 이 정도이니, 어느 겨를에 오륜五倫을 논하고, 온 세상을 함께 논하겠는가?"[99] 그리고 천주교를 분석할 때는 천주교가 불교를 많이 표절했다고 여겼는데, 그 속에서 언급한 유교 경전의 내용 역시 모두가 "문장을 빌려서 자신들의 주장을 설명하고자 한 것인데, 점차 퍼져 나가 무질서해지다 보니 그 근원을 알 수조차 없게 되었건만, 스스로는 삼교三教를 뛰어넘는다고 여긴다"[100]고 설명한다. 그의 천주교에 대한 연구는 상당 부분 명대 선교사 마테오 리치Matteo Ricci(利瑪竇, 1552~1610), 디에고 드 판토하Diego de Pantoja(龐迪我, 1571~1618), 줄리오 알레니Giulio Aleni(艾儒略, 1582~1649), 프란체스코 삼비아시Francesco Sambiasi(畢方濟, 1582~1649), 알폰소 바뇨니Alfonso Vagnoni(高一志, 1566~1640), 프란체스코 푸르타도Francisco Furtado(傅泛際,[•] 1589~1653) 등의 저작에 의존하고 있지만, 이들에 대한 기본적인 입장 역시 그리 좋은 편은 아니었다.

서양인이 중국에 들어온 것은 마테오 리치에서 비롯된다. 서양의 종교 예법이 중국에 전해진 것 역시 『이십오언』二十五言[•]에

• 傅泛際: 원서에는 '溥泛際'로 되어 있지만, 일반적으로는 '傅泛際'로 쓴다.

서 비롯된다. 그 종지는 불교를 표절했고, 그 문사는 더욱 졸렬하다. 서방의 가르침이란 불경을 가지고 유럽인이 그 뜻을 취하고 이를 변환시킨 것이니, 아직 그 근본에서 그리 벗어나지 못했다. 그 뒤로 이미 중국에 들어온 이들은 유교 경전을 자주 보게 되어, 그 문장을 가차하여 자신들의 설을 설명하고자 한 것인데, 점차 퍼져 나가 무질서해짐에 따라 그 근원을 따질 수 없게 되었지만, 스스로는 삼교를 뛰어넘는다고 여긴다.•

서역의 삼대 종교에서 천주교와 천방교天方敎(이슬람교)는 모두 불교를 배척하고 하늘을 섬긴다. 즉 불경에서 말하는 브라만 사당인 것이다. 그 가르침은 모두 상고 시대로부터 기원한 것으로, 부처 시대에 약간 쇠락했지만, 부처 이후로 다시 성행했다. 하지만 내가 여러 복음서를 읽어 보니 마음을 밝힐 도리나 도를 닦는 일에 관해서는 한마디도 없었다. …인도의 상고 시대에 브라만의 하늘을 섬기는 종교가 있었는데, 천방과 천주는 모두 그 지파에서 연원하여, 거기에 속임수와 황당한 것들이 더 늘어났다. 하느님보다 존귀한 것은 없고, 우상을 금하고, 선조에 대한 제사를 금하고, 예수상·성모상·십자가를 집안에 걸고 공양하니, 신이 달라졌다 하나 무엇이 다르다 하겠는가?

> 西洋人之入中國, 自利瑪竇始. 西洋敎法傳中國, 亦自此二十五
> 條始. 大旨多剽竊釋氏, 而文詞尤拙. 蓋西方之敎, 惟有佛書歐
> 羅巴人取其意而變換之, 猶未能甚離其本. 厥後旣入中國, 習見
> 儒書, 則因緣假借以文其說, 乃漸至蔓衍支離, 不可究詰, 自以

• 『이십오언』(二十五言): 당초 이 책은 마테오 리치의 저술로 알려져 있었지만, 최근 연구 성과에 따르면 스토아학파의 에픽테토스(Epictetus, 50~135)가 쓴 『엥케이리디온』(Encheiridion)의 내용 중 일부를 마테오 리치가 발췌하여 첨삭 및 윤색을 가해 번역한 것이다. 격언 25조항의 아주 짧은 내용으로 구성되어 있다.
• 서양인이~여긴다: 이 단락은 모두 『사고전서총목제요』(四庫全書總目提要)의 문장을 인용한 것이다.

爲超出三敎上矣.

西域三大敎, 天主·天方皆辟佛, 皆事天, 卽佛經所謂婆羅門天
祠. 其敎皆起自上古, 稍衰於佛世, 而復盛於佛以後. 然吾讀福
音諸書, 無一言及於明心之方, 修道之事也. …印度上古有婆羅
門事天之敎, 天方·天主皆衍其宗支, 益之譎誕, 既莫尊於神天,
戒偶像, 戒祀先, 而耶穌聖母之像, 十字之架, 家懸戶供, 何又
歧神天而二之耶?[101]

　　위원은 천주교의 기원을 아시아에서 그 기원을 찾을 뿐만 아니라,
인도 브라만 전통과 불교에서 연원한 것으로 본다. 왜 그러한가? 첫
째, 만일 천주교와 천방교(이슬람교)가 모두 불교에서 그 기원을 찾을 수
있다면, 유교와 이들 종교의 관계 역시 중국 내부의 관계(명대 이래로
천주교 문제는 확실히 '내부성'을 지니고 있었다)로 볼 수 있기 때문이
다. 둘째, 이를 전제로 해서 유학이 내부 차이를 처리하는 방식과 방법
은 이런 종류의 '외부' 관계를 처리하는 데도 사용될 수 있었다. 청대
의 경학 전통은 본래 유가로써 유가를 귀결 짓고, 불가로써 불가를 귀
결 짓고, 노장老莊으로써 노장을 귀결 짓는 고증 전통이 있었다. 이런
의미에서 유학과 서아시아 및 유럽의 종교를 엄격히 구분하는 방식 역
시 유학 전통 속에서 유가와 불가를 구분하는 방식 안에 있다고 볼 수
있다. 따라서 위원의 서구 종교와 문화에 대한 논의는 사실상 청대 경
학, 특히 고문 경학의 고증 방법을 통해 유·불·도를 엄격히 구분해 왔
던 원래의 취지를 회복시키는 것이었다. 천주교와 인도 전통과의 관계
를 논할 때, 그는 다음과 같이 말한다. "동중서가 이르길 '도가 위대한
것은 하늘에서 기원한 것이기 때문'이라 했다. 그래서 우리 유가는 하
늘을 근본으로 삼았다. 이는 불가의 마음을 근본으로 삼는 것과는 물
과 불과 같은 사이이다. 천방교와 천주교 역시 하늘을 근본으로 삼지
만 그 가르침은 마치 불과 얼음처럼 그 차이가 더욱 심하다. 어찌 미숙
한 배움에서 생겨난 것을 가려내어 큰 뜻을 섬길 것인가. 혹여 다 그

런 것은 아니지 않을까?"(董子曰: 道之大, 原出於天, 故吾儒本天, 與釋氏之本心, 若冰炭, 乃天方·天主, 亦皆本天, 而敎之冰碳益甚, 豈辨生於未學, 而本師宗旨, 或不盡然 歟)[102] 만일 우리가 상술한 논리를 이해한다면 그의 이러한 논의 역시 조금도 이상할 것이 없다.

다음으로, 설사 그렇다 하더라도 내외, 이하를 엄격히 구분하는 것을 반대하는 경향이 여전히 위원의 종교관 속에 남아 있다. 그는 다른 종교에 대해 상대적으로 관용적인 태도를 지니고 있었으며, 각종 종교 속에서 보편적으로 인정될 수 있는 신념을 찾아내고자 애썼다.

> 주공周公과 공자의 말씀과 글은 서쪽으로 사막 지대를 넘지 못하고, 북쪽으로는 북해에 이르지 못하고, 남쪽으로는 남해에 닿지 못하니, 큰 계곡과 강에 막혀 풍속과 기질이 다르기 때문에 하늘은 한 사람씩 내보내 가르침으로써 이를 다스리게 하지 않을 수 없었다. 어리석은 자들은 지혜로운 자들을 따르고, 시끄럽게 시비를 따지는 자는 정직한 자를 따른다. 문중자文中子 왕통王通은 "서방의 성인이라 해도 중국에 오면 진흙더미나 마찬가지"(西方之聖人也, 中國則泥)라 했지만, 장자는 "천하(八荒)의 바깥에 대해 성인은 이야기(論)는 하되 자세히 상의(議)하지는 않고, 중국(九州)의 바깥에 대해서는 상의는 하되 자세히 따지지는(辨) 않는다"고 했다. 혹자는 또한 동해와 서해에 각기 성인이 출현했지만 그 마음의 이치는 같다고 했다.* 그러니 또 무슨 말이 더 필요하겠는가?
>
> 周孔語言文字, 西不逾流沙, 北不暨北海, 南不盡南海, 廣谷大
> 川, 風氣異宜, 天不能不生一人以敎治之. 群愚服群智, 囂訟服

---

* 혹자는~했다: 여기서 혹자는 남송대 철학자 육구연(陸九淵)을 가리킨다. 『육구연집』(陸九淵集)에서 그는 "우주가 바로 내 마음이고, 내 마음이 바로 우주다. 동해에서 성인이 나온 들, 그 마음은 같을 것이요, 그 이치도 같을 것이다. 서해에서 성인이 나온 들, 그 마음은 같을 것이요, 그 이치도 같을 것이다"(宇宙便是吾心, 吾心卽是宇宙. 東海有聖人出焉, 此心同也, 此理同也. 西海有聖人出焉, 此心同也, 此理同也)라 했다.

正直. 文中子曰: 西方之聖人也, 中國則泥. 莊子曰: 八荒以外,
聖人論而不議, 九州以外, 聖人議而不辨. 或復謂, 東海西海,
聖各出而心理同, 則又何說焉.[103]

　　기타 지역의 인민들이 유교를 받들지 않았던 것은 그 현실 조건(교
통이 막혀 있어 먼 곳의 사람들에게 유교를 믿으라고 요구하기는 매우
힘들었을 것임) 때문이었겠지만, 서로 다른 종교와 신앙 사이에는 반
드시 소통의 가능성 또한 존재한다. 예를 들어 이슬람교의 기본 종지
는 권선징악에 있는데 이는 크게 다르지 않다. 종교의 문제는 각자의
믿는 바가 다르므로, 하나의 기준을 가지고서 어느 것이 진정한 답인
가를 판단하기란 매우 어렵다. 이는 원리주의적 태도는 아니다. 위에
서 인용한 제1절에서 불교의 동방 전파에 관한 언급에서 "중국의 사대
부가 그 주장을 폄"쳤다고 한 것은 사실상 각 종교 사이에 중첩된 부
분이 존재함을 암시한 것이다. 하지만 다른 종교에 대해 관용적이든
아니면 각 종교 사이의 소통을 논하든지 간에 기본적인 척도는 여전히
유교였다. "천방교의 하늘 섬김은 유교의 상제 섬김과 같다. 하지만
불교의 예배와 수계受戒, 염불과 시주, 인과응보설을 흡수하여 이를 보
완했으니, 그 큰 뜻은 세상을 가르치는 데 해가 될 것이 없다. 또한 천
방교는 천지일월에 대해서는 상제上祭를 올리고, 산천에 대해서는 중
제中祭를 올리고, 종묘宗廟·분묘墳墓에 대해서는 하제下祭를 올리니 신
과 귀신을 버리지 않는다는 면에서 천주교의 편협함보다 낫다."(天方教
之事天, 同於儒之事上帝, 而吸取釋教禮拜齋戒·持誦施舍·因果淺近之說以佐之, 大旨亦
無惡於世教. 其以天地日月爲上祭, 山川水土爲中祭, 宗廟墳墓爲下祭, 不廢神祇人鬼, 亦
勝天主教之偏僻.)[104] 그는 기독교에서 예수가 하늘을 대신하여 운명을 주
관한다는 설에 대해 회의를 품었으며, 또한 『신리론』神理論이 유학의
상제 조화설(그리고 『주역』의 이른바 "음양을 알 수 없는 것을 신이라
하고, 만물의 묘한 도리를 신이라 하고, 빠르지도 느리지도 않고 움직
이지도 멈추지도 않는 것을 신이라 한다"는 주장)에 가깝다고 여겼다.

『해국도지』가 종교에 대해 주목한 이유는 종교적인 것 때문이라기보다는 세속적인 것 때문이었다. 위원의 서아시아·아프리카와 종교 문제에 대한 관심은 그의 남양에 대한 관심과 마찬가지로 서양에 대한, 그리고 중국과 서양의 관계 대한 이해로부터 나온 것이다. 「리미아주총설」利未亞洲總說(아프리카 총설)에서는 아시아, 유럽, 아프리카 사이의 교통 중추와 문화적 연계에 대해 설명하고 있다. 영국의 우편 증기선 노선으로 인도양에서 아덴Aden으로 갈 때, 홍해로 들어가서 수에즈Suez에 이르러 육로로 지중해 동남쪽 끝에 다다른 후, 다시 증기선으로 서쪽으로 달려 지브롤터해협을 나와 영국의 수도에 다다르게 되는 데 약 50여 일이 걸린다. 명대 이전부터 유럽이 중국과 교통한 것은 모두 이 노선을 통해서였다.[105] 모로코, 알제리, 리비아, 튀니지 등의 국가와 이들 지역에 대한 위원의 서술은 아프리카와 유럽, 특히 로마의 역사적 관계를 설명하는 데 그 뜻이 있었다. 「천주교고」天主敎考에서는 특히 예수교가 아시아에서 기원하여 서쪽으로 유럽까지 퍼지게 되었고, 다시 이후 식민지 노선을 따라 아메리카까지 전파되었음을 설명하고 있다. 『구약성서』는 "아시아의 서쪽인 히브리 사람들에 의해 기록되고, 반은 유럽의 동쪽인 그리스 사람에 의해 기록되었다"[106] 이런 의미에서 봤을 때 우리는 과연 유럽과 아시아를 정확히 구분할 수 있을까? 그가 보기에 유럽 통치의 중심은 이탈리아였다. 이탈리아는 중국-유럽 관계의 기원일 뿐만 아니라, 또한 현대 유럽 문명의 근거지이기도 하다. 위원이 중세의 제국과 유럽 민족국가의 관계, 특히 정교분리의 상황을 의식적으로 뒤섞은 것인지 아니면 실수로 오해한 것인지는 정확히 알 수 없지만, 그는 다음과 같이 견강부회하고 있다. 서구 각국 국왕의 즉위에는 교황의 책봉이 필요하므로, 교황의 지위는 티베트에서 정교합일을 이룬 달라이라마와 마찬가지이며, 로마 교황청이 임명한 각국의 대주교는 마치 몽골 각부를 주재하는 쿠툭투Kuutuktu(혹은 xutugtu: 胡土克圖 혹은 呼圖克圖, 청 왕조가 티베트족과 몽골족의 라마교 대활불에게 부여하던 칭호)와 같다.[107] 이러한 판단에 따르면, 비록 중·서 충돌이 이익의 충돌이라 하더라도 이 이익 관계의 배후에는 더욱 심각한 문화적 차이가 숨겨져 있는 것이다. 이러한 서술은 새로운 이하 구분과 내외 구분의 합리적이고 합법적인 근거를 제공해 주고 있다. 각 종교의 기원에 관한 위원의 논술 속에서 문화적 차이는 매우 제한적인 범위로 압축된다. 이하·내외의 차이가 종교·윤리·문명 수준이라는 범주 안에서 규정된다고 한다면, 서구 국가의 제도·기술·방법을 차용하고 학습하는 것은 상술한 이하·내외의 차이를 명확히 구분 짓는 데 아무런 문제도 되지 않았다. 이는 '오랑캐의 장기를 배워 오랑캐를 제압한다'는 명제가 성립될 수 있었던 기본 전제이며, 또한 위원이 서구의 제도와 기술에 대해 광범위하면서도 긍정적으로 소개할 수 있었던 기본 전제이기도 했다. 함포 기술과 무역 방식으로부터 정치 제도와 법률 체계에 이르기까지, 그리고 민주 실험으로부터 시민 경험에 이르기까지, 모든 것들이 이하·내외의 실질적인 차이와는 상관없는 '용'用의 범주였다. 이는 청말 중체서용론의 기원이었다. 위원은 "국왕으로부터 서민에 이르기까지 모두가 천주 예수교를 신봉하고, 다른 학문은 조금도 용납하지 않는"[108] 서구 각국의 편협한 태도에 대해 배척과 비판의 뜻을 지니고 있었다. 그가 보기에 영국, 프랑스 등의 민족국가와 로마 제국의 근본적인 차이는 다음과 같은 점에 있었다. 제국은 종교와 문화 가치에 관심을 가졌지만, 민족국가는 이에 대해 별로 신경 쓰지 않고 다만 무역과 상업 활동, 즉 군사적 방식으로 교역 시장의 순조로운 진행을 보장하는 것에만 신경 쓴다는 점이었다. "군대와 상인이 서로 뒷받침해 주는 방식"은 영국이 세계를 제패한 근본적인 비결이었다. 위원은 "중국 주변의 오랑캐를 잘 배우는 자는 능히 주변의 오랑캐를 제압할 수 있지만, 저 멀리서 온 오랑캐를 제대로 배우지 못하는 자는 멀리서 온 오랑캐에게 제압당할 것이다"라고 경고하고 있다.[109]

4. 영국 경제 혹은 유럽 자본주의 굴기의 비결

아편전쟁은 중국이 직면한 주요 위협이 유럽, 특히 영국에서 온 것임을 명확히 보여 주었다. 이른바 '오랑캐를 배운다'에서의 '오랑캐' 역시 영국과 기타 서구 식민주의 국가들을 가리키는 것이었다. 그들은 제국의 진정한 '외부'였다. 강희제 50년(1711) 10월 임자王子일 조서에서 "짐이 예측건대 서양 열국과 같은 해외의 나라들이 천 년 혹은 백 년 후에 중국에 누를 끼칠까 우려된다"고 했다. 위원은 강희제의 상술한 예언을 역사와 지리적 서술로 전개시켰다. 그의 유럽에 대한 서술은 아래의 두 가지 특징이 있다. 첫째, 그는 유럽을 이익의 충돌과 문화적 차이(언어, 종교, 정치 제도 등), 그리고 변화하는 권력 관계로 가득한 세계로 보았다. 그래서 그는 명대 이전 중국인들이 유럽 각국을 뭉뚱그려 이탈리아나 포르투갈 등으로 착각했던 잘못을 바로잡았다. 청말 시기와 '5·4' 시기에 유행했던 '동서 문화'라는 총체적 묘사 방식 속에서의 '서양'에 비해 위원의 유럽관은 더욱 풍부한 것이었다. 그는 로마 제국의 붕괴와 독립된 민족국가의 탄생을 서술했고,[110] 또한 이슬람 제국과 로마 제국의 전쟁에 관하여, 천주교와 개신교의 충돌에 관하여, 그리고 유럽의 지리 환경·국가 제도·학교·지식·세금·처벌 등에 관하여 서술했다. 가장 중요한 것은 그가 포르투갈, 스페인, 네덜란드, 러시아, 영국 등 유럽 국가들의 권력 성쇠를 서술하여 유럽의 굴기에 대한 중국인들의 이해 및 대응 전략의 구상 등에 중요한 관점을 제공해 주었다는 점이다. 둘째, 그는 유럽 내부의 충돌과 그 군사와 무역 확장을 세계 각 지역의 광활한 무대 위에 놓고서 고찰했다. 이를 통해 위원은 유럽의 공업화와 대외 확장이 단지 한 방면에서의 사건이 아니며, 유럽 내부의 사회·정치·군사 관계의 변화가 다른 지역에서 발생하는 변화와 밀접히 연계되어 있다고 보았다. 위원은 유럽, 특히 영국의 굴기와 지정학적 관계, 생태 환경, 내부 압력, 해외 무역, 그리고 중국 등지에서의 대외 정책과 무역 정책이 조성한 결과들과의 사이에 있는 역사적 연계를 밝혀내고 있다.

영국은 위원의 관심의 중심에 있었다. 「대서양구라파주각국총서」大西洋歐羅巴洲各國總敍에서 "이번 영국에 대해 특히 상세히 기록하고자 하는데, 서양을 기록하는 것은 바로 영국을 기록하기 위함이며, 그들로 인한 피해를 막고 그들의 장기를 배우는 것은 우리가 부강해지기 위함이다"[111]라고 말했다. 아편전쟁 기간에 위원은 절강浙江의 최전방에 들어가 영국 포로의 구술을 근거로 「영길리소기」英吉利小記를 저술했다. 100권본 『해국도지』 권37에서 권53까지가 모두 유럽 국가에 관한 소개인데, 그 가운데 권50에서 권53까지가 영국 부분으로, 서술이 매우 상세하다. 「영길리총기」英吉利總記에서 영국의 법원·의회·내각·추밀원·군대·정치 생활·세수·국가 재정·은행 등을 간략히 소개하고 있는데,[112] 영국 내부 제도의 개혁을 그 패권적 지위의 유효한 버팀목으로 보았음이 분명하다. 하지만 영국 내부 정치 제도와 중국의 발달한 관료 제도 사이에는 유사한 부분이 있기 때문에 결정적인 요인이라 보기는 매우 힘들다.[113] 더욱 중요한 것은 영국이 "다른 대륙에 할거하고 있는 번속국이 매우 많은" 제국으로, 서로 멀리 떨어진 지역에서 수많은 식민 이주자들이 조선업과 무역항 개설의 방법으로 무역 네트워크를 구축하고 있다는 점이 그 특징이었다.[114] 따라서 영국 본토의 내부 제도만으로는 대영 제국의 특징을 설명하기에는 부족했다. 위원이 가장 주목한 문제는 다음과 같다. 왜 다른 국가들에서는 영국식 제국이 발전되지 않았나? 혹은 결국 어떤 요소가 영국으로 하여금 해양의 섬나라로부터 '세계 무역을 통제하고 그처럼 수많은 속국을 지닌 세계 패권 국가'가 될 수 있도록 만들었는가? 우리는 그의 서술 속에서 일련의 상호 관련된 종합적 결론을 도출해 낼 수 있다.

첫째, 영국의 인구와 토지의 모순이 기술 혁명을 촉진시켰으며, 공상업 인구가 농업 인구보다 많고 장거리 무역이 내부 무역부다 훨씬 성행하는 구조를 만들어 냈다. 영국 인구의 상당 부분은 이민으로 전환되었지만, 섬 내부의 인구는 여전히 지속적으로 증가했다. 추산에 따르면 위원이 『해국도지』를 쓰기 이전 45년 동안 영국 본토의 인구는 800만 명 이상이 증가했다. "인구는 조밀하고 호구는 번성하는데 경작할 토지는 부족했다. 노동자는 135만 호이고 그 나머지 대부분은 농부로 전체 인구의 1/3이 넘는다. 한 나라 한 지역의 무역에 멈추지 않고 천하 만국과 통상하기에 이르렀다."[115] 인구의 고속 성장, 토지 자원의 제한, 해외 장거리 무역 등은 새로운 노동 분업을 함께 만들어 냈으며, 원래의 농업 사회 기본 구조를 철저히 변화시켰다. 위원이 수집한 자료에 따르면 영국의 총 인구 가운데 농업 종사자가 30%, 광업이 10%, 제조업이 10%, 상업이 20%를 차지하며, 기타로 교사·변호사·의사·군인·선원 등이 있다.

둘째, 영국 공업의 주요 내용은 방직업인데, 이는 양모와 면화를 원재료로 하며, 동시에 공업과 에너지의 지원, 즉 기계와 그 동력인 석탄을 필요로 한다.[116] 다행히 영국의 국내 자원과 아메리카·인도의 자원은 방직업에 필요한 유리한 조건들을 제공해 주었다. 유목하기에 좋은 스코틀랜드의 드넓은 초원은 풍부한 양모를 제공해 주었고, 아메리카는 면화를 끊임없이 공급해 주었다. 동북 지역은 탄광, 주석광, 철광 등의 매장량이 풍부하여, 매년 은화로 약 2천만 냥*의 철, 약 34만 냥의 주석, 약 13만 냥의 납을 생산해 내었다. 그리고 가장 양이 많았던 석탄의 경우, 매년 은화 약 2만 4천 석에 달하는 석탄이 생산되었다. "매년 5억 2500만여 석의 석탄을 생산하는데, 탄광의 깊이가 139장丈(약 460m)이나 된다. 매년 1,200만 석의 석탄으로 화포, 칼 등을 만드는데 약 은화 5100만 석의 가치에 해당하며, 노동자는 30만 명이다. 면화의 대부분이 미국에서 오는데 매년 약 345만 석으로, 은화 4,280만 냥에 해당한다. …면과 양모는 매년 93만 석이 생산되는데 해외로부터 들여오는 것이 42만 석이다."[117] 바꿔 말하면 영국의 자연 산물과 아메리카와의 연계는 공업 발전의 우세한 조건을 제공해 주었다. 위원은

• 냥: 청대 은자 1냥은 37.3g이었다.

다음과 같이 부연 설명한다. "영국이… 부강해지고 수만 리 밖의 지역까지 종횡무진할 수 있었던 이유는 서쪽으로는 아메리카를 얻고 동쪽으로는 인도의 여러 지역을 얻었던 데에 있었다."[118] 영국의 발전은 국내 조건과 국외 조건, 특히 아메리카와 인도에 대한 식민 통치가 잘 맞아떨어진 우연의 결과였다.[119]

셋째, 영국 경제의 장거리 무역에 대한 의존 및 대량의 해외 식민은 영국의 조선造船 및 군사 기술에 장족의 발전을 촉진했다. 또한 군사와 상업의 밀접한 연계를 가져왔으며, 이 두 측면은 또한 역으로 영국의 해외에서의 척식 능력을 강화시켰다. 영국의 상업이 전통 상업과 다른 가장 중요한 특징은 자유 시장이나 자유 무역이 아니라, 군사 보호, 즉 군사와 상업의 긴밀한 연계에 있었다. 영국은 "무역을 확장하는 데 있어서 증기선이 있기 때문에 강이나 바다를 항해하면서 바람이나 조수를 기다리지 않아도 되었다."[120] 하지만 덴마크·네덜란드·스페인·프랑스 등의 국가도 모두 해외 확장의 경향이 있었기에 이들은 영국과 연이어 충돌하게 되었으며, 이로 인해 무역 쟁탈전에는 반드시 군사적 경쟁이 따를 수밖에 없었다. 영국 해군의 선박과 대포의 수량을 계산한 후, 위원은 다음과 같은 기본적인 사실에 주목하게 된다. 영국의 해상 활동이 유럽의 범위를 넘어서게 되는 것은 명의 만력 연간인데, 당시는 스페인이 해양 무역을 독점하고 있었다. 영국은 우선 스페인에 승리한 이후, 네덜란드와 프랑스를 격퇴하고, 최종적으로 통상의 주도권을 획득하게 된다. 따라서 통상권은 사실 해상 통치권에서 나오는 것이다.

> 가경 19년, 서방 열국의 대신들은 빈 회의(1814~1815)에서 강화를 맺어 전쟁을 멈춘 이후로는 군함을 공해 순시와 화물 보호에만 사용하기로 결정했다.
>
> 自嘉慶十九年, 西方列國大臣會議結和戢兵以後, 兵船惟巡海護貨而已.[121]

그들은 동인도 각국에서 물건을 구매하고, 또한 회사를 설치했다. 기회나 틈이 보이면 대포와 군함으로 해구를 점령하여 서양인을 감독으로 삼아 관세를 거두어들인다. 연이어 벵골,* 해남도海南島의 신부新埠, 싱가포르 등지를 얻었다. …그 군비는 회사가 각 항구에서 거둔 세금에서 나오며, 그 회사가 30년 간 세금을 거둔 뒤 기간이 다 되어서야 비로소 그 국왕에서 돌아갔다. 이들 군대는 상부의 명령만 따르지만 스스로 물자·자원을 준비해야 하기 때문에 도처에서 기회만을 엿본다.

> 其在東印度各國采買, 亦設大班諸人, 遇有可乘隙, 即用大炮兵舶占踞海口, 設夷目爲監督, 以收出入稅. 先後得孟甲喇·新埠及新加坡等處. …其用兵餉費出於公司各港所征收稅, 公司得收三十年, 期滿始歸其國王. 凡用兵只稟命而自備資糧, 以故到處窺伺.[122]

항해 기술과 군사력은 영국의 무역 발전, 광범위한 통상, 전 세계 각지의 식민지와 개항 등의 기본 조건이었다.[123] 바로 상술한 관찰에 근거하여 위원은 조선업을 중심으로 민간 상업과 국가의 군사적 보호의 연계를 강화할 것을 건의했던 것이다. 군사 공업 발전으로부터 민간 공업의 양무운동으로의 변천은 바로 이러한 노선을 보여 준다.

넷째, 무역과 군사의 내재적 연계는 다음과 관련이 있다. 영국의 무역은 자발적인 민간 무역이 아니라, 동인도회사(大公班衙)*라는 조직 형태의 독점적 중계무역이었다.이는 초과이윤을 얻는 제도적 조건이었다. 중국 범선의 자발적 무역과는 매우 다르다. 영국 상인들이 "파는 것은 모두 본국의 토산품이 아니라 다른 나라에서 사들인 것이었다.

• 벵골: 원서에는 '孟剌甲'으로 되어 있지만 이는 '孟甲喇'의 오기이다.
• 동인도회사(大公班衙): '公班衙'는 네덜란드어 compagnie 혹은 영어 company의 음역어로 회사를 가리키며, 현대 중국어에서는 '公司'로 대체되었다.

예를 들면 마드라스Madras와 동인도 각국에서 가장 많이 생산되는 것을 사들여 이를 차나 생사 등과 바꾸어 돌아갔다. 각국과 러시아 서쪽 지역에서는 모두 가까운 이 나라인 영국을 통해서 구입했다." 여기서 독점은 고이윤을 목적으로 하는 장거리 운송 판매 활동의 유효한 조직 형식이었다. 영국은 건륭 40년 무렵 중국에 회사를 설립했는데, "회사 (公司)란 나라 안의 부자들이 자본을 모아 설립한 관청으로, 24인의 이사를 두고 광동 지역에 지배인을 두었는데, 이들을 속칭 대반大班(옛날 외국 상사의 지배인), 이반二班, 삼반三班, 사반四班⋯이라 불렀다." 동인도 회사가 처음 수입한 것은 찻잎, 생사에 국한되었지만, 후에 그 수량이 크게 증가하자 "그 찻잎의 세금이 매우 무거워졌다. 그리고 중국에서의 매입가가 올라가자 다른 사람들은 지배인을 두지 못하도록 금했고, 선주나 항해사 등은 예약해 두고서 기일이 되면 회사에 수령 금액을 납부하도록 했는데, 이로 인해 나날이 부강해져, 대반·이반·삼반·사반 등의 지배인들이 정사를 다스리게 되었다."[124] 회사의 공동 투자적 특성은 그 독점성에 아무런 영향을 주지 않았다. 이런 독점성은 밀무역의 대규모 발전을 촉진시켰으며, 또한 이는 정부 정책과 군사적 지배에 영향을 주어 (자유무역이라는 명분하에) 조직적 밀무역 활동을 보호하도록 했다. 공반아公班衙건 아니면 공사公司라는 번역어든 간에 모두 '공'公이라는 특징을 내세우고 있다. 여기서 이른바 '공'의 개념은 '관'官이나 '동업'이라는 개념과 미묘한 관계를 지니고 있었다. 사실상 동인도회사의 해산 이후에도 영국 정부는 군사력으로 상업 운수를 보호했다. 조직과 독점 없이는 상인들이 군사력으로 강제로 시장을 개척하기란 쉽지 않았으며, 상업력을 식민지의 정치력으로 전환시키는 것 또한 어려운 일이었다. 바로 이러한 이유로 인해 위원은 반드시 회사를 해산시켜 상대 세력을 와해시켜야만 하며, 그렇지 않으면 아편 무역을 포함하여 영국의 대對중국 침략과 침투를 막기란 매우 어려울 것이라 여겼다.

다섯째, 장거리 무역의 위험과 화폐 교환에의 의존은 영국의 보험업의 발전과 금본위제의 형성, 그리고 세수 구조의 안착을 촉진했다. 화물선의 안전을 우려하여 선주나 화주는 다른 사람과 계약을 맺어 담보토록 했다. 만일 화물선이 안전하게 도착하면 은화 100냥당 3~4원을 보험료로 주었고, 만일 화물선이 불행히 침몰하게 된다면 화주에게 은화 2만 냥을 배상해 주는 것이었다. 이처럼 해외 무역과 직접 관련된 시스템은 영국 국내와 국외 세수 제도의 발전을 수반했으며, 국가 역량에 있어서 미증유의 제고를 가져왔다. 위원은 다음과 같이 서술하고 있다. "영국인이 거둬들이는 세금 가운데 오인도五印度가 그 절반을 차지한다. …세입은 상인의 이윤 이외에도 매년 약 2천여만 냥이나 되며, 지출 역시 2천여만 냥이다." 세수의 증가는 영국으로 하여금 더욱 많은 군사를 기를 수 있도록 했는데, 거기에는 국내 주둔군뿐만 아니라 식민지 주둔군, 그리고 모집한 현지의 용병(土兵)까지 포함되어 있었다.[125] 위원은 영국을 중심으로 하는 금융 체제가 세계 경제를 재구축하는 과정에 대하여 명확한 설명을 하고 있지는 않지만, 금본위제의 확립에 대하여 간략히 언급하고는 있다. 영국은 금을 경화硬貨(Hard currency)로 삼아, 금화 3냥당 22은괴에 해당하고, 그 은은 다시 동전으로 나뉜다. 은표銀票(은행에서 발행한 은행 인수 어음), 동전·지폐(錢鈔) 등의 화폐도 함께 사용했는데, 이는 금·은과 동가였다. 발달한 무역, 건전한 시스템, 금본위제의 확립 등으로 인해 영국 은행은 가장 우수한 신용을 누릴 수 있었으며, 이는 영국을 금융 중심의 지위로 올려놓았다. 위원의 『도광양소정무기』와 「주해편」에서의 아편 무역과 백은 위기의 관계에 대한 논의, 그리고 『해국도지』의 아메리카산 황금에 관한 서술을 참조해 본다면, 여기서의 영국의 금융, 보험, 금본위제에 관한 서술은 분명 광활한 세계사적 배경 속에서 이루어지고 있다. 위원은 아편 무역과 백은 유출 문제에 대해서는 명확한 인식을 지니고 있었지만, 은본위제의 쇠락과 아메리카 황금의 생산, 그리고 그것의 런던을 중심으로 하는 금융 체계 속에서의 작용 사이의 연계에 대해서는 거의 인식하지 못하고 있다. 위원이 주목한 기본 문제는 다음과 같다. 영국 식민주의가 하나의 군사·독점·점령·국제 유통 무역·공업·금융 신용대출 등을 한데 묶은 세계 시장을 만들어 내었으며, 그 내부 분업 및 제도 발전과 세계 시장 사이에는 밀접한 상호 관계가 있다는 점이었다. 이는 영국의 패권과 부강의 진정한 기초였다. 바로 이로 인해 그는 문제가 드러난 부분만 해결하는 대증적인 방책에서 벗어나 남양, 러시아, 서아시아 등의 각 방면으로부터 '중국 문제'의 맥락을 전개하고, 더 나아가 중국을 그 속에 포함하는 상호 연결되고 상호 작용하는 세계상을 묘사하고자 했던 것이다.

5. '합중국'의 정치 구조와 대일통의 상상

위원은 영국의 정치 제도에 대해 소개하고 있기는 하지만, 그가 미국 독립의 역사적 경험과 민주 제도를 중시했던 것과 비교해 본다면 영국 제도에 대해 특별한 열정을 보여 주고 있지는 않다. 「아메리카주 총서」의 서두에서 그는 유학 전통상 최고의 찬사들을 이용하여 다음과 같이 미국의 정신, 제도, 정책 등을 칭송하고 있다. 즉 '저항을 위해 분연히 일어났으며'(무武), '가까운 나라는 공략하고 먼 나라와는 친교를 맺으며'(지智), '연방제 정치를 시행하며'(공公), '선거 제도를 실시하며'(주周), '평등한 무역을 행하며'(부富), '약소국을 무시하지 않는다'(의誼)는 것이다. 그리고 위원은 콜럼버스, 마젤란, 바스쿠 다 가마 등의 아메리카 발견에 대해 서술하면서, 오히려 유럽 식민주의자들의 인디언 인종 학살에 대해서는 거의 언급하고 있지 않다. 그의 서술은 미국의 독립운동과 영국에 대한 반항, 그리고 미국 정치 제도의 독특함 등에 중심이 맞춰져 있다. 이하관이라는 관점에서 보자면 다음과 같은 문제를 제기해 볼 수 있을 것이다. 미국 인구는 주로 잉글랜드, 스코틀랜드, 네덜란드, 스페인, 독일, 프랑스, 스웨덴 등의 유럽 이민(특히 영국의 이민)으로 구성되어 있어, 종족상으로는 유럽인과 차이가 없다("이 신생국 사람들의 체격과 체형은 모두 영국과 다르지 않다"[126]).
하지만 어째서 위원의 미국에 대한 태도가 그의 유럽 국가에 대한 태
도와는 확연히 차이가 나는 것일까? 우선, 아편전쟁 시기에 미국 정부
와 많은 영사, 상인들이 모두 영국의 야심에 대해 반대의 태도를 지녔
으며, 주중 공사 마샬Humphrey Marshall은 중국이 영토 주권을 보존하는
것을 지지했다. 이로 인해 중·미 간에 일종의 친근한 분위기가 형성되
었다. 다음으로, 위원의 관심은 정치 방면에 있었기 때문에, 국가의 대
외적인 태도나 그 내부 제도 등의 문제와는 달리 종족 문제가 중심적
지위에 놓여 있지 않았다. 전자의 대외적인 태도를 놓고 보자면 미국
은 영국 식민 통치에 저항하여 독립을 이룬 신흥 국가였기 때문에 무
역과 외교 방면에서 전통적인 식민주의 국가들처럼 핍박하지 않았다.
후자의 내부 제도를 놓고 보자면 미국은 노예 제도를 포기하고 흑인의
지위를 제고시켰으며, 연방 정치를 도입하고 종족 평등의 추세를 구현
했다. 이는 모두 위원이 미국에 대해 상대적으로 많은 열정을 보이도
록 만든 원인이었다.

미국의 흡인력은 유럽 국가와의 차이로부터 나왔을 뿐만 아니라 중
국과의 유사성에서 온 것이기도 했다. 위원은 중국을 유럽 민족국가와
단순 대비한 적이 한 번도 없었으며, 오히려 반대로 민족을 중심으로
하는 분리 경향에 대해 폄하의 태도를 유지했다. 이적과 중심의 관계
를 논할 때, 로마 제국 대 주변의 관계가 중국 및 그 조공 체제와 유사
점이 있음을 암시했다. 위원이 보기에 미국은 문화와 민족이 다원적이
면서도 통일된 제국이었으며, 유럽 민족국가 모델과는 완전히 달랐다
(약간 비슷한 나라로 스위스가 있었다). 미국의 다민족 상황은 국가의
통일에 영향을 주지 않았는데, 이는 제국의 내재적 완정성 유지를 전
제로 하는 청말 지식인들에게 있어서 중요한 암시였다. 미국의 풍부한
광업 자원과 발달한 교통을 논하면서 위원은 특히 미국과 중국의 유사
점에 대해 언급하고 있다. 즉 다민족의 상황에서 통일된 언어를 지니
고 있음으로써 유럽의 복잡한 언어 상황과는 중요한 차이를 낳게 되었

다는 것이다. 따라서 언어·종족·종교를 주요 내용으로 하는 유럽 민족주의 모델은 중국의 상황에는 맞지 않으며, 미국의 상황에도 맞지 않는다는 것이었다. 그는 『미리가합성국지략』美里哥合省國志略*의 자료를 인용하면서, 미국과 중국은 지리적 위치상 "동, 남, 북이 다르지 않으며",[127] 그 넓이·종족·문화·언어 상황 등의 측면에서도 모두 유사점이 있음을 증명하고 있다.

미국의 또 다른 흡인력은 그 정치 제도가 중국과 매우 다르다는 점, 즉 민선 대통령제라는 점에서 왔다. 영국, 독일 등의 국가는 여전히 군주 국가였고, 정치 구조라는 관점에서 봤을 때 중국 황권 중심의 정치 제도와 별다른 차이가 없어 보였다.[128] 미국의 각 주(즉 그가 말하는 소위 부락部落)에 주지사는 있지만 영국과 같은 국왕은 없으며, 통수권은 "따로 수령을 선거로 뽑아 통치하도록 했다." 이로 인해 미국을 '합중국'(合省國, United States: '겸섭방국'兼攝邦國이라 번역됨)이라 부르게 된 것이었다.[129] 위원은 대통령이 각 주와 인민들에 의해 선출되는데, 임기가 4년이고 두 번 선출된 이후에는 더 이상 연임할 수 없도록 하여 세습제를 완전히 없앤 것 등에 대해 반복해서 언급하고 있어, "선거권이 위로부터 나오는 것이 아니라 아래로부터 나오는" 민주 제도에 대해 매우 커다란 열정을 지니고 있었음이 분명하다.[130] 여기서 언급해 둘 사실은 세습 제도가 가져온 폐단을 어떻게 해결할 것인가는 청대의 뜻있는 선비들이 관심을 가졌던 중요한 과제였다는 점이다. '세습 귀족에 대한

• 『미리가합성국지략』(美里哥合省國志略): 원서는 *Brief Geographical History of the United States of America*이다. 이 책은 중국에 온 최초의 미국 선교사 엘리야 브리즈먼(Elijah Coleman Bridgman, 1801~1861)이 지은 책이다. 브리즈먼은 1930년 중국 광주(廣州)에 와서 영국의 선교사 로버트 모리슨에게 중국어를 배웠다. 이후 1839년엔 임칙서(林則徐)의 통역원이 되기도 했고, 1844년엔 망하조약(望廈條約) 체결에 참여했다. 이후 신구약 『성경』 중국어 번역에도 종사했다. 1838년에 출간된 『미리가합성국지략』은 미국을 27개 분야로 나눠 상세하게 설명했다. 이후 첨삭을 거쳐 1846년엔 『아미리가합중국지략』(亞美理駕合衆國志略)이란 이름으로 광주에서, 1862년엔 『연방지략』(聯邦志略)이란 이름으로 상해(上海)에서 출판하기도 했다.

비판'(譏世卿)과 "하늘이 어느 한 가지에만 구애되지 않고 골고루 인재를 내리준다"(不拘一格降人材)는 관점은 특히 장존여와 공자진 등의 금문경학 전통의 기본 주제 가운데 하나였다. 위원에게 있어서 대통령제와 그 선거 제도는 중국의 세습 황권이나 귀족 제도와 선명히 대비되는 것이었으며, '세습 귀족'(世卿)의 전횡을 해결할 수 있는 중요한 방법을 제공해 주는 것이자, 현명하고 능력 있는 이를 선임하는 이상적인 인재 임용 제도를 위한 가능성을 제공해 주는 것이었다.

상술한 두 가지 측면은 미국의 연방 체제와 밀접한 관련이 있다. 금문경학의 관점에서 봤을 때, 연방주의 정치관은 봉건제와 군현제를 융합한 대일통 구상과 모종의 유사성이 있었는데, 이들 모두 제국의 이상을 균형 잡힌 정치 구조 속에 보존할 수 있는 정치적 틀이었다. '대일통'의 함의는 군현제의 틀 안에서 봉건의 정신을 회복하여 분권과 집권을 하나로 융합한 제도적 구조를 형성하는 것이었다. 청대의 특수한 역사적 조건에서 이런 제도적 구상은 '중국'에 대한 재정의라는 함의, 즉 각 민족 문화와 제도를 존중하는 전제하에서 모종의 보편 윤리('효'와 같은)를 기초로 통일된 정치 관계를 형성한다는 함의를 지니고 있었다. 위원에게 있어서 미국 연방제는 바로 이러한 중앙집권과 지방 분권이 융합된 정치 구조였다. "미국에는 도성의 관리가 있고 각 주(部落)의 관리가 있다. 각 주에는 주지사와 부주지사가 있으며, 정해지지 않은 인원수의 의원(議擬人員)이 있다. …대통령은 매년 각 주(省)의 세금을 거두는데, 지출 이외에 국고를 남용할 수 없으며, 매년 정례에 따라 2만 5천 원의 봉급을 받는다."[131] 뒤이어 새로 성립된 주州들은 자신들의 자치권을 유지하지만, 유럽 국가들과 같이 민족국가적 독립의 형태를 취하지는 않고 연방에 가입하여 연방 정치 체제의 자주권과 독립성을 지닌 일부분이 된다.

따라서 연방 정치 체제는 내외가 분명하면서 또한 상호 연계된 정치 질서이다. 다원 정치의 차원에서 봤을 때, "이 신생국에는 다섯 가지 법제 조례(制例)가 있는데, 첫째는 국가 조례(國例)로 26개 주에 통용되며, 둘째는 주 조례(部落例)로 각 주마다 다르다. 셋째는 부 조례(府例)로 각 부府마다 달라 그곳에서 태어난 자만이 이를 지킨다. 넷째는 현 조례(縣例)로 각 현마다 각자 규칙을 세워 그 주민들이 그 제도를 따르도록 한다. 다섯째는 사 조례(司例)로 사司에 의해 만들어지며, 그에 속한 자들만이 이를 준수한다. 이와 같은 다섯 가지의 법제 조례들은 작은 것이 큰 것을 어기지 못하게 되어 있다. 예를 들자면 사 조례는 현 조례를 어길 수 없다."[132] 이는 연방 정치 내의 분권 혹은 봉건의 측면을 강조한 것이다. 통일 국가와 그 행정 제도라는 측면에서 보면 "한 나라의 수장을 가리켜 통령이라고 하는데, 그 권한은 국왕과 같다. 각 주의 수장을 가리켜 주지사라 하는데, 그 권한은 중국의 독무督撫와 같다. 한 주는 다시 몇 개의 중간 부락으로 나뉘는데, 지부知府와 마찬가지이다. 이는 다시 약간의 소부락으로 나뉘는데, 지현知縣과 마찬가지이다. 그 수도에 육정부六政府를 세우는데, 이는 육부상서六部尙書와 마찬가지이다. 다만 공부工部가 없고 역부驛部가 있을 따름이다."[133] 이는 연방 정치와 군현 제도의 유사성을 강조한 것이다. 위원은 유학의 언어를 가지고 「독립선언」의 각 조항을 다음과 같이 번역하고 있다.

하느님이 사람을 만드시니, 모든 민족이 한 몸이나 마찬가지다. 하느님이 사람마다 생명을 주시니 각자 안분지족安分知足하게 하셨다. 또한 하느님은 사람들 가운데 강자가 약자를 능멸하거나, 다수가 소수를 능멸하거나, 아둔한 이들이 교화되지 않을 것을 걱정하시어, 나라의 군주를 세워서 사람들을 통제하고 부양하신 것이지, 군주가 사람들을 가렴주구苛斂誅求하게 하신 것이 아니다. 우리 미국은 원래 우두머리가 없었기에, 영국의 왕이 우리 땅을 통치하고, 우리 백성을 신하로 삼았을 때, 우리 역시 기꺼이 이를 받들었다.

上帝生民, 萬族同體, 各界性命, 使安其分. 又恐民之强凌弱, 眾凌寡蠢頑之無教, 故又立國主, 以範圍之, 扶植之, 非使其股

削之也. 我國白無渠長, 及英吉利來王我地, 臣我民, 我民亦歡
然而奉.[134]

　여기 두 가지 중요한 지점이 있는데, 첫째는 '모든 민족이 한 몸이
요 각자가 그 위치에 맞게 안돈시켰다'는 점(즉 다원 일체의 정치 구
조)이고, 둘째는 영국 국왕이 무도하여 각 주가 독립을 선언했다는 점
이다. 독립전쟁의 종결 이후, 지도자(君長)를 세우고, 법을 제정하고,
새로운 법통을 확립하고, 문무를 분립하고, 내외를 안돈시키고, 각국
과 통상하게 되었다. 하나의 참신한 제국이 탄생한 것이다. 미국의 흥
기와 그 내부 제도에 관한 위원의 서술에서 춘추공양학의 정취를 느낄
수 있다. "따라서 비록 국왕을 세우지는 않지만, 대통령을 세우고, 국
정으로 여론을 조정하며 논의된 바를 시행하니, 폐해가 있으면 반드
시 위에 전달되고, 일이 간편하고 행정이 신속하여 명령과 금지가 바
로 시행된다. 현명한 임금에 의해 다스려지는 것과 별다른 바 없으니,
이 또한 봉건제와 군현 관료제의 형세를 변화시켜 하나의 세계를 이룬
것이다."[135] 위원은 미국의 연방 정치에서 대일통의 현실을 보았거나,
혹은 미국 연방 정치에 대하여 '대일통'의 이해 방식을 취했다고 할 수
있다. 정치 통일이라는 전제하에서 정치 제도를 구상했던 위원의 태도
는 훗날 금문경학가들에게 계승되지만, 연방주의 제도의 구상은 오히
려 캉유웨이에 의해 완전히 배척당했다. 캉유웨이는 (성省은 철폐하고
부府 이하의 자치 단위는 보류하는) 지방자치와 중앙집권을 상호 결합
하여 분권의 명분하에 국가가 분열되고 군벌 정치가 행해지는 것을 피
하고자 했다.[136] 위원과 캉유웨이의 연방주의 문제에 대한 관점 차이는
부분적으로 각자가 처한 정치와 사회 환경의 차이에서 나온 것이다.
위원이 『해국도지』를 썼던 시대에 내우외환이 막 부상하고 있기는 했
지만, 태평천국운동은 아직 중국을 석권하지 못했고 국가 권력은 여전
히 자기 개혁의 권위와 능력을 가지고 있었다. 하지만 캉유웨이의 시
대에는 풍파가 몰아치던 시기로, 태평천국의 충격을 겪었고, 지방 세

력이 전에 없이 발전하여 중앙정부의 권력이 분명 퇴락하고 있었다. 그의 판단에 따르면, 국가의 능력이 극도로 쇠락한 환경 속에서 갑자기 성省을 단위로 하는 분권 행정을 시행한다면 분열과 동란이 야기될 것임에 틀림없었다.

위원은 삼권분립의 정치 구조에 대해서는 총통(대통령) 선거제와 연방주의에 대해서처럼 그렇게 적극적인 태도를 보이지 않는다. 그는 의회를 '의사각'議事閣 혹은 '선의처'選議處라고 했는데, 그 의사 ("온 나라 안의 농업, 공업, 군사, 무역, 상벌, 형법, 교류, 사신 교환, 기간 시설의 건축과 수리 등의 모든 일을 여기서 논의한다"고 했던) 기능에 대해서는 중시하고 있으면서, 오히려 그것이 입법 기구라는 점이나 총통 파면권을 지니고 있는 점 등에 대해서는 거의 언급하고 있지 않다 (그는 법원의 기능에 대해 논하면서 '회의 법제 조례'[會議制例]에 대해 언급하고 있는데, 입법과 사법의 문제를 함께 두고 있었음이 분명하다).[137] 행정권의 경우, 그는 미국 제도와 중국 제도 사이의 차이가 그리 크지 않다고 여겼다. 예를 들면, 미국의 행정 권력과 각 부서를 '이정부'吏政府·'호정부'戶政府·'병정부'兵政府·'수사병부'水師兵部·'예정부'禮政府·'역정부'驛政府 등의 여섯 부서로 칭하고 있는데, 이는 완전히 중국의 6부 구조에 따라 서술한 것이다. 유일한 차이는 공부工部가 없는 대신 역부驛部가 있다는 점뿐이다. 사법 문제에 있어서, 위원은 이를 도찰원都察院에 비유하고 있으며, 그 가운데 특히 법관이 입법 의원을 겸임할 수 없는 회피 원칙에 대해 언급하고 있다.[138] 그는 상대적으로 법제 문제에 대해 주목하여 양형量刑의 기준, 조례, 죄명 등에 대해 상세히 소개하고 있다. 이는 그의 입법 문제에 대한 관심을 월등히 뛰어넘는 것인데, 이는 중국 법률 체계가 민법이나 형법에만 치중되어 있는 사실과 관련이 있다. 이밖에 그는 미국의 빈민 구제 제도, 특히 교육 제도에 대해 상당히 호감을 가졌는데, 이런 교육 제도가 전문 실용 지식에 치중한다고 여겼다. 교육 제도를 서술할 때, 그는 중국의 수재秀才, 거인擧人 등의 제도와 비교하여 설명하고 있다.

6. 역사적 예견과 근대적 논리

러시아, 미국 등과의 연합에 관한 위원의 책략들은 당시 모두 실패했지만, 이는 전략상의 오류라기보다는 차라리 실력상의 차이에서 나온 결과였다. '오랑캐로 오랑캐를 제압하'건, '오랑캐의 장기를 배워 오랑캐를 제압하'건 간에, 모두 상응하는 국가 능력과 융통성 있는 정치 책략이 필요하다. 청말, 청 조정 내부와 지식인들 사이에는 이미 러시아와 연합할 것인지 아니면 영국·일본과 연합할 것인지에 대한 논쟁이 있었다. 하지만 토지 양도나 조차, 이권 양도나 배상 등을 대가로 하지 않은 적이 한 번도 없었다. 정관응鄭觀應은 다음과 같이 말한다. "이른바 세력이 적과 같아진 연후에야 평화조약을 믿고 체결할 수 있으며, 공법公法을 논할 수 있다." 힘이 없다면 설사 이치상으로 내가 전적으로 옳다 해도 "공법을 믿을 수 없다. 오늘날의 세상은 꾀와 술수가 횡행하여 감언이설은 믿기 힘들다."139 『해국도지』가 출간된 후 수십 년간 구미 각국은 세계 각지에서 전에 없이 격렬한 경쟁을 전개했다. 아시아를 예로 들자면, 1878년에서 1880년까지 영국은 제2차 아프가니스탄 전쟁을 일으켰으며, 아프가니스탄을 압박하여 영국의 보호국으로 만들었다. 1884년에서 1885년에는 러시아가 서아시아에서 군대를 일으켜 아프가니스탄과 군사적 충돌을 일으켰다. 1874년에서 1887년에는 영국이 말레이시아 지역을 침략하여 정식으로 식민지화 했다. 1885년에서 1886년에는 프랑스와 영국이 각기 베트남과 미얀마를 침공하여 각기 프랑스령과 영국령의 식민지로 만들었으며, 시암은 영국과 프랑스가 분할 점령했다. 분할 점령이 진행됨에 따라 제국주의 국가들 사이의 충돌 역시 날로 격화되었는데, 1898년 미국과 스페인의 전쟁은 세계의 새로운 분할 점령의 발단이 되었다. 하지만 이런 충돌들로 인해 중국과 동맹을 맺고자 하는 국가는 전혀 없었으며, 오히려 반대로 서방 국가들 사이에는 세력 범위의 분할에 있어 모종의 묵계가 형성되어 중국 본토에서 전쟁이 수차례 발생하게 된다. 1857년 영불 연합군의 침략, 1884년 청불전쟁, 1894년 청일전쟁, 1900년 8국 연합군의 침략 등과 함께 일련의 불평등조약이 연이어 체결되었다. 1897년에서 1898년 사이에 독일은 교주만膠州灣을 점령하고 산동을 그 세력권으로 삼았다. 영국은 위해위威海衛를 점령하고 그 세력을 양자강 유역까지 확장했다. 프랑스는 광주만廣州灣을 점령하고 영국과 협의하여 광동, 광서, 사천을 양국이 나누어 세력권에 편입시켰다. 복건福建은 일본의 세력권 안에 들어갔다. 1899년 미국은 '문호 개방 정책'이라는 명분하에 '기회 균등'하게 중국의 이권을 나눠 줄 것을 요구했다.

하지만 상술한 사건들은 위원의 전략 구상의 실패를 증명한다기보다는 그의 심원한 역사적 예견과 청 왕조 국가 능력의 심각한 쇠락을 증명하고 있다고 봐야 한다. 19세기 동안에도 위원의 전략 구상은 부분적으로나마 실현되었다. 일본의 근대화를 참조해 보면 이는 더욱 명확하다. 1850년에서 1853년까지『해국도지』4부가 연이어 일본에 전해졌지만, 당시의 일본은 쇄국정책을 펴고 있었던데다 덴보天保 연간에 '서학西學 진압령'이 반포되었던 탓에『해국도지』는 발행 금지 되었다. 1854년 3월 일본은 강압에 의해 미국과 가나가와神奈川 조약을 맺고, 미국 선박이 시모다下田, 하코다테函館 두 항구에서 식품과 석탄을 구매할 수 있도록 허락했으며, 다시 연달아 영국, 러시아, 네덜란드 등과도 평화조약을 체결했다. 마침 이때『해국도지』15부가 다시 일본에 전해져 7부는 어용 상점에서, 그리고 8부는 일반 상점에서 팔리게 되었다. 1854~1856년 사이에 번각된 판본이 20여 종에 달했고, 많은 번역본, 훈해본, 간각본들이 나타났다. 이는 일본의 개항, 오랑캐와의 강화(款夷), 오랑캐로부터 배움(師夷), 개혁, 국가 군사화 등의 근대화 노선에 중대한 영향을 끼쳤다.[140] 1854년 일본의 요시다 쇼인吉田松陰은『해국도지』를 읽은 후 다음과 같이 평했다. "청나라가 우려해야 할 바는 외이外夷가 아니라 내민內民에 있다. 어찌하여 이에 대해서는 침묵하며 한마디도 하지 않는단 말인가?"[141] 또한 위원의 '오랑캐로 오랑캐를 제압한다'(즉 러시아, 미국, 프랑스와 연합하여 그 힘으로 영국을 제압하는 것)는 책략에 대해서는 "하나만 알고 둘은 모르는 것이다. 무릇 오 랑캐들은 이익만을 볼 뿐 의리는 돌보지 않는다. 이롭다면 적 또한 동 맹을 맺고 해롭다면 동맹국 또한 적이 되는 것이 다반사이다"[142]라고 했다. 하지만 1850년에서 1860년 사이에 청 정부의 '오랑캐를 배우는 계책'(師夷之策)은 두 가지 방면으로 전개되었다. 하나는 '오랑캐의 힘' 을 빌어 태평천국운동을 진압하는 것이었고, 다른 하나는 군사 공업과 민간 공업을 양성하는 것이었는데, 그 목적은 국가 역량을 배양하는 것이었다. 연구자들은 이미 증국번曾國藩, 이홍장李鴻章, 좌종당左宗棠, 풍계분馮桂芬, 설복성 등 양무파의 주장과 실천 속에서 그들의 위원 사 상과의 직접적 연계점을 찾아내었고, 또한 정관응, 캉유웨이, 량치차 오, 옌푸嚴復 등의 개량파로부터 위원 사상의 연속과 발전을 발견한 바 있다. 『해국도지』가 출간된 이래로 '오랑캐의 사정'을 통찰하기 위하 여 설립된 신문, 역서국譯書局, 학회 등이 속속 등장했다.[143]

장기적 관점에서 봤을 때 위원의 예견은 더욱 빛을 발한다. 첫째, 그 는 근대 세계의 상업·경제·정치·군사 사이의 상호 의존 관계를 발견 함으로써, 군사전략과 군사 공업을 통해 국가 건설과 민간 상공업의 발전을 가져오고자 했으며, 동시에 내부 제도 개혁을 통해 군사 및 경 제의 발전을 촉진하고자 했다. 1860년에서 1890년 사이에 청 정부는 20여 개의 군수산업 기업을 창업했으며, 뒤이어 교통·운수·채광·제 련·방직 등의 민간 공업 방면 역시 발전시켜 나갔다. 중국 초기 공업 화 단계에 민간 자본주의 공상업은 진척이 어려워 거의 생존하기 힘 들었다. 관영(官辦) 혹은 '관부官府 감독하의 민영'(官督商辦)이 중국 초 기 자본주의 공업 발전에 있어 독점적인 방식이었다(이는 위원이 주장 한 '관부 감독하의 민영'의 독점 방식과는 달랐다. 함선·대포의 제조에 민간의 참여를 격려할 것을 주장한 그의 견해를 놓고 보자면, 그는 민 영 기업이 〔국방 산업을 포함하는〕 근대 산업에 개입하는 것을 지지했 다). 양무운동의 신학문·기기·제조·상업 등에 대한 추진은 위원의 생 각과 일맥상통하는데, 양무운동의 '상인으로 상인을 대적하고'(以商敵

商), 정부가 민영 기업을 지원하고, 주식회사 형식으로 무역을 추진하는 등의 중상주의 정책들 역시 위원의 주장과 상호 호응 관계에 있다. 둘째, 그는 근대 세계 체제 내부의 연계를 발견하여, 고립된 방식으로 외적에 대항하는 것을 반대하고, '오랑캐를 배우는 것'과 합종연횡이라는 전략을 가지고 전체적인 형세를 변혁할 것을 주장했다. 장기적인 역사의 관점에서 봤을 때, 쑨원孫文의 러시아(소련)·공산당 연합, 장제스蔣介石의 미국과의 동맹, 마오쩌둥毛澤東의 친소련 및 제3세계 이론, 덩샤오핑鄧小平 시대의 미국·일본과의 화친 및 미·소 사이의 전략적 균형 관계의 유지, 그리고 당대 중국이 아시아 대륙을 근거지 삼아 중앙아시아와 서아시아 국가와의 광범위한 관계를 수립함과 동시에 해양을 향하여 아세안 지역 포럼에 적극적으로 참여하고 있는 것 등에 이르기까지, 모두가 위원이 그려 낸 국가 전략에 대한 실증인 셈이다. 더욱 중요한 것은 국가 능력과 세계 형세 및 군사전략과의 관계는 청말의 대외 인식이 결국 내부 개혁으로 방향을 전환하도록 한 기본 논리를 제공해 주었다. 위원의 경세 실천과 비판 정신은 『해국도지』속에서 '오랑캐를 배우는' 방식으로 드러나고 있었다. 그는 서구 국가들의 부강과 패권이 추동·유지되는 데 있어 그 내부 제도가 일으켰던 작용에 대하여 매우 중시하고 있었다. 『해국도지』는 영국, 미국, 그리고 기타 유럽 국가들의 행정·사법·입법·재정·상업·군사 등의 제도에 대해 상세히 소개하고 있는데, 그 목적은 여기에서 비롯된 것이었다. 따라서 민족국가 경쟁의 시대에 병서의 의미 역시 변화하게 되었다. 즉 일종의 단순한 용병책으로부터 더욱 복잡한 치국 방략으로 변환된 것이었다. 근대 국가 제도는 일종의 준군사 동원 체제로 볼 수 있다. 위원은 서구, 특히 영국에 대한 연구를 통해 근대 자본주의 경제 발전과 국가 역량의 관계를 통찰했으며, 이를 통해 식민주의의 내재적 동력을 드러내 보여 주었을 뿐만 아니라 그 발전 논리를 복제해 내었다.

유럽 식민주의는 중국의 민족국가로의 전환을 촉진했지만, 이 과정은 제국의 유산을 역사적 전제로 한 것이었으며, 또한 동시에 제국의 역사적 유산과 관점을 회복하는 방식으로 나타났다. 해양 시대와 그 국가 관계는 새로운 이하관의 탄생을 위한 역사적 조건을 제공해 주었다. 하지만 이러한 새로운 이하관('오랑캐의 장기를 배워 오랑캐를 제압함')을 구축하는 과정에서 위원은 명대와 그보다 이른 시기의 중국과 남양 사이의 관계를 새롭게 발견했으며, 중국의 조공 네트워크를 재구축했다. 또한 이를 중심으로 그의 유럽, 아메리카, 기타 지역 등에 대한 지리학적 서술을 전개했다. 이런 의미에서 그는 명대 혹은 더 이른 시기의 조정들이 조공 관계를 처리해 왔던 예의와 법률 준칙을 회복하는 것이야말로 중국의 중요한 임무라 보았다. 조공 관계의 관점에서 새로운 세계상을 드러내 보여 주는 것은 다음과 같은 사실을 의미한다. 국가 주권의 원천은 『주례』周禮와 춘추공양학에 기술된 그러한 역사 관계로까지 거슬러 올라갈 수 있으며, 조공 체제와 조약 체제의 관계는 확연히 대립하는 것은 아니다. 외래의 압력과 갈수록 강렬해지는 변혁에의 요구에 직면하여 공자진·위원·캉유웨이·량치차오 등의 금문경학가들은 부단히 외래 역량에 대한 대응을 내재적 제도 변혁으로 전환시켜 갔으며, 이러한 사실은 국가 간 관계 혹은 질서의 확립이 내부 제도 및 예의 원칙의 재조직과 서로 깊은 관련이 있음을 증명해 준다. 국가 건설을 세계 민족국가 체제의 패러다임 속에 놓고 바라봐야만, 비로소 국제 범주 속에서의 내외 관계의 절대화 역시 국내 관계 속의 내외 관계의 상대화와 동질화로 전환된다. 중국의 양무파, 개량파, 일본의 근대화 운동 등은 모두 하나의 전제 위에 세워졌다. 즉 통일된 내부 정치 권위를 수립해야만 비로소 가장 효과적으로 국제적 승인을 획득할 수 있다. 민족주의, 군국주의, 국가주의, 제국주의, 제도 개혁 등의 구상들 사이의 관계는 새로운 전 지구적 관계 속에서 세워졌다. 실제 결과야 어쨌든, 국가의 내부 권위의 강화는 바로 국가가 국제 승인을 획득하는 전제 조건이 되었다. 경학이 처리하던 내외·이하 관계의 원칙들은 점차 국제 관계에 따라 운용되었으며, 이러한 변화는 근대 주권 원칙이 그러한 상대화된 내부 사회관계와 풍부한 유연성을 지닌 제도적 조건을 어떻게 와해시켰는지를 적절히 설명해 준다. 『해국도지』의 세계 관계에 대한 서술 속에서 초기 금문경학에 내포되어 있던 제국 폭력과 등급 관계에 대한 비판은 점차 사라져 갔으며, 그 비판적 관점과 제국적 관점 사이의 진정한 차이는 거의 구분하기 힘들게 되었다.

제4절

주권 문제: 조공 시스템의 예의 관계와 국제법

1. 조공, 조약과 대외 관계

유럽 패권의 침입과 지배하에서, 중국과 일본 등 동아시아 국가에는 민족주의 조류가 출현한다. 이 민족주의 조류의 첫 파도는 이夷와 하夏, 그리고 내와 외라는 경계 범주 안에서 전개된 민족주의였는데, 우리는 이를 '관 주도 민족주의'라고 부를 수 있을 것이다. 베네딕트 앤더슨Benedict Anderson은 『상상의 공동체』(Imagined Communities)에서 '관 주도 민족주의'를 민족과 군주제 제국의 결합이라 묘사하면서, 민족주의의 다른 세 가지 유형(즉 아메리카 식민지의 민족 독립 운동, 유럽 대중 민족주의, 식민지 민족 해방 운동)과 구별했다. 유럽의 맥락 속에서, 이런 '관 주도 민족주의'는 1820년 이후로 유럽에 만연했던 대중적 민족주의에 대한 반동으로 나온 것으로, 군주제 제국(영국, 러시아 등)이 그 통치 범위 안에 강제적 교육을 확립하고, 주체 민족의 지방어*를 보편적 민족 언어로 삼았던 것은 바로 그 예이다.[144] 앤더슨은 제

---

* 지방어: 원문에는 '方言'으로 되어 있지만, 여기서는 문맥상 'dialect'라기보다는 'vernacular'의 의미로 사용되고 있기 때문에 이에 대한 국내 번역어인 '지방어'로 번역하고자 한다.

국과 대중 민족주의(언어 민족주의 혹은 방언 민족주의) 사이의 대립적이면서 자연 모순적인 관계 속에서 '관 주도 민족주의'를 고찰했다. 제국과 민족을 강제적으로 결합, 합일시키는 관 주도 민족주의는 지방 중심적·분리형 민족주의에 대한 대응으로서 나온 것이다.

그런데 아시아, 특히 중국의 맥락 속에서 분리형 민족주의는 제국과 민족 사이의 결합을 촉진하는 데 있어 부분적인 작용을 일으켰을 뿐이다. 우리는 이런 민족주의의 또 다른 두 개의 근원을 확인해 볼 수 있다. 첫째, 제국 건설과 국가 건설은 시종 병행·중첩되고 있다는 점에서, 근대 민족 건설의 과정은 제국의 국가 전통을 전제로 한 것이었다. 정치 형태상으로 봤을 때, 청 왕조 내부에서 발전해 나온 대중적·혁명적 민족주의는 비록 반만反滿이라는 역사적 태도를 취하기는 했지만, 최종적으로 형성된 것은 여전히 오족공화제五族共和制의 제국형 민족국가였다. 문화 형식 면에서 근대 언어 민족주의는 방언을 주도적인 지향점으로 삼은 적이 없었다. 대중 민족주의가 새롭게 활성화시킨 것은 제국 전통 속에서 귀족 문언문文言文(서면어)에 상대되는 백화문白話文(구어)이었다.[145] 이 언어 민족주의는 민족 건설이라는 틀을 가지고 다원적 문화 전통을 정합시켜, 근대 '국어'를 형성했다. 하지만 그것은 주로 대중·평민·현대 등의 가치를 가지고 정종正宗으로의 문언의 지위를 대신하여 일종의 서면 언어 체계를 삼고자 하는 것이었다. 구어로 대변되던 백화문은 그 어떤 의미에서 놓고 보더라도 방언 민족주의의 모델은 아니었다. 둘째, 왕조 체제의 제국 민족주의는 유럽의 국가 체계 및 그 규범에 대한 반작용으로 나온 것이었다. 이를 단순히 민족국가적 국제 체제에 대한 단일 제국 체제의 반작용이라 결론지어서는 안 될 것이다. 청 왕조와 유럽 열강 사이의 충돌은 일반적인 국가와 국가 간의 충돌이 아니라, 두 개의 세계 체제와 규범 사이의 충돌, 즉 두 종류의 국제 체제와 규범 사이의 충돌인 것이다. 앤더슨은 마루야마 마사오丸山眞男가 분석한 일본의 존황양이론尊皇攘夷論을 예로 들면서, 유학의 '화이내외관'華夷內外觀과 유럽 국제법에서 인정되는 상호 승인의 주권 원칙 사이의 대비를 통해서 일본 민족주의의 특징을 위치 짓고 있다. 그가 내린 결론은 국제 사회라는 의식의 전제는 '유럽식' 민족 의식이었으며, '이하 구분'이라는 관념의 제약을 받고 있던 동아시아 국가들에서는 '국제'라는 것의 함의가 이해될 수 없었다는 것이다. 앤더슨이 인용한 관련 문단 이외에, 마루야마 마사오는 후쿠자와 유키치福澤渝吉의 『당인왕래』唐人往來와 『권학편』勸學篇을 해석하면서 다음과 같이 평한다.

> 여기서(『권학편』에서 국제간에 통용되어야 할 '권리통의'權理通義에 관한 내용의 문단을 가리킴) '중화 – 이적'의 오만한 태도는 도전을 받게 되었다. 이는 "정리正理의 앞에서는 아프리카의 흑인 노예도 마땅히 존중받아야 하며, 정도正道 앞에서는 영미의 군함 또한 두려워할 필요가 없는" 새로운 형태의 국민이라는 자존적 태도에 의해 대체되게 된 것이다.[146]

여기서 '중화–이적'은 평등을 결여한 국제 지향적 유교주의 제국 체제의 자기중심론으로 간주되고 있는데, 베네딕트 앤더슨은 더 나아가 이러한 국제 의식의 결핍이 일본 민족주의와 제국주의 모델이 결합하게 된 근원 가운데 하나라고 해석한다.[147] 이런 견해는 중국 연구 분야에서도 마찬가지로 존재하는데, 예를 들자면 페어뱅크Fairbank는 중국의 조공 체제와 '이하의 구분'은 평등 존중의 개념을 결여한 것이었으며, 결국 이는 중국의 정치적 민족주의와 국제 무역 체제의 형성을 저해했다고 단언한다.

근대 중국의 민족 건설이 '국제적 지향성'을 지니고 있는지의 여부는 생각해 볼 만한 문제이다. 우선, 중국 민족 건설의 '국제 지향'을 논하기 전에, 한 가지 기본적인 사실에 대해 설명할 필요가 있다. 소수민족이 통치하던 청대 사회에서 이하夷夏·내외의 개념은 주류적 지위를 점하지 못했으며, 이 개념이 청말 시기에 다시 부활하게 된 것은 사실 유럽의 침입에 대한 사상적 반응이었다는 점이다. 여기서 두 가지 문제를 제기할 수 있을 것이다. 첫째, 18세기 금문경학가들은 이하 상대화와 내외 무별론無別論을 주장했는데, 이는 만주족 청 왕조 통치의 합법성을 승인하는 것임과 동시에, 민족 평등의 관념을 담고 있었다. 둘째, 조공 체제와 조약 체제를 규범적으로 대립시키는 것으로는 사실상 명·청대 사회의 내외 관계를 결코 설명할 수 없다. 왜냐하면 이 체제 자체는 다양한 관계 모델을 포함하고 있었는데, 그 속에서 조약 관계 혹은 국제 관계가 중요한 내용 가운데 하나였기 때문이다. 내외, 이하, 대일통 등의 문제에 대한 금문경학의 논의는 청 왕조의 정치적 합법성에 대한 연구였다. 이는 제국 내부 관계와 관련된 매우 풍부한 사고를 제공해 줄 뿐만 아니라, 또한 왕조와 외부 세계의 관계 및 그 규범의 문제까지도 다루고 있다. 따라서 금문경학과 그들의 정치적 실천에 대한 연구 역시 청 왕조의 내외 관계 및 그 변화에 대한 이해에 도움을 줄 수 있을 것이다.

금문경학이 어떻게 청말 개혁의 주요 사상 원천으로 전환되었는지에 대해서 논하기에 앞서, 다음의 현상들에 대해 한번 살펴보고 넘어가는 것도 무방할 듯하다. 1)청대 사대부는 어떻게 유학 경전을 끌어다가 자신들의 세계관과 권리 의식을 재건하여, 위원이 묘사한 이런 새로운 세계 관계 및 그 변화에 적응했는가? 2)서양 선교사, 법학자, 중국 지식인들은 각기 다른 각도에서 어떻게 유학 경전을 이용하고 더 나아가 국제법의 합법성과 국가 주권에 대한 논증을 시도했는가? 민족국가 시대의 기본적 특징은 엄격한 상호 승인의 주권 관계를 가지고 내외의 경계를 획정지음으로써, 원칙적으로 내정 불간섭의 원칙을 확립한다는 점이다. 초기의 공양학은 왕조 국가 내부의 다른 민족들 사이의 관계를 처리하는 데 애썼으며, 예의를 구분 짓는 과정에서 이하, 내외간의 융통성 있고 임기응변적이며 차별과 평등이 서로 얽혀 있는 교환 관계를 강조했다고 한다면, 지금에 와서는 민족국가들 사이의 현실 정치·경제·군사·외교 등의 관계를 고려해야만 한다. 금문경학이 내외, 이하를 엄격히 분리하는 전통을 제거했던 것과는 정반대로, 청말 시대의 '중화 중심주의'적 논술은 엄격한 이하 구분을 전제로 삼았다. 이하 구분의 관념은 권리를 상실하게 된 일련의 굴욕적 조약들 속에 체현된 엄격한 내외간의 차이(주권 관계)에 대한 내재적 호응이었다. 이들은 청대 금문경학이 오랫동안 창도해 왔던 내외, 이하의 절대적 차이를 제거한 대일통 관념에 대해 도전하면서, 오히려 이학理學 전통 속의 이하 구분이라는 보수적 담론에 호응했던 것이다. 바로 이러한 배경하에서 서구화된 민족주의 사조와 강렬한 양이攘夷의 색채를 띤 이학이 동시에 부각되면서, 한바탕 첨예한 사상 충돌이 일어나게 되었던 것이다. 따라서 다음과 같이 질문을 던져야만 할 것이다. 이러한 '중화 중심주의'는 어디로부터 나온 것인가? 청대의 역사적 맥락 속에서 이 새로운 '이하 구분'은 중국 역사 전통의 필연적 산물인가, 아니면 새로운 역사 조건의 결과인가?

다음으로 청말 시기에 만주족과 한족 대신과 사대부들 사이에서는 쇄국의 방식으로 외적에 대항할 것에 대한 논의가 끊이지 않았다. 더욱이 1900년에는 의화단 운동과 반기독교 운동으로 상징되는 배외 풍조가 나타나게 되자,[148] 서구를 접한 적이 있거나 변법 개혁과 문화 혁신을 주장하던 지식인들은 중국 사회의 '천조天朝 심리 상태'에 대해 날카로우면서도 역사적 통찰력이 풍부한 비판을 가했다. 이는 청대 사회가 외부 세계에 대해 전혀 무지한 것은 아니었으며, 더욱이 청대 사회가 외래문화를 완전히 거부한 것은 아니었음을 증명해 준다. 앞서이미 논의했던 제국 내부와 관련된 종족 관계 이외에도, 청 왕조는 서양 선교사나 기타 제국 관련 업무를 처리하는 데에 있어서 일정 정도의 경험이 있었다. 그 첫 번째 예는 1660년대, 신안新安 사람인 양광선楊光先이다. 그는 자신이 편찬한 『벽사론』辟邪論과 『부득이』不得已라는 책을 통해 중국에서의 천주교 활동(선교 활동 이외에 중국 산천의 지세 및 병마와 군량에 대한 묘사 역시 포함됨)에 대해 우려를 표한 바 있다. 그는 독일 출신 예수회 선교사 샬 폰 벨Johann Adam Schall von

Bell(湯若望, 1591~1666)이 면직된 후 흠천관欽天館의 흠천감정欽天監正으로 취임하여, 회회력回回曆에 근거해 서구의 역법을 배척했지만, 역법의 추산이 잘 맞지 않아 강희제에 의해 파면당했다.[149] 강희제는 다시 페르비스트를 흠천감정으로 취임시켰는데, 많은 선교사가 페르비스트의 천거로 북경과 궁정에 출입할 수 있었다. 두 번째 예로는 같은 시기에 청 왕조가 러시아와의 전쟁 중 포로가 된 러시아인을 적절히 배치했던 사실을 들 수 있다. 그 가운데 성경盛京(지금의 심양瀋陽)과 북경에 정착한 일부는 후에 수가 증가함에 따라 팔기八旗 중 양황기鑲黃旗 예하에 러시아 좌령佐領으로 따로 편성되었는데, 동직문東直門 내에 있었다. 청 정부는 이들에게 묘지廟地를 하사하여 교당을 짓도록 했는데 이것이 곧 니콜라스 교당으로, 속칭 '나찰묘'羅刹廟라고 하며, 또한 북관北館 혹은 북당北堂이라고도 했다. 이 교당은 포로들 가운데 동방정교회 사제인 레온티예프Leontief가 주재했으며, 또한 러시아 정부의 허가를 받아 선교사를 교체하기도 했다. 세 번째 예로는『중서기사』中西紀事 권3「호시당안」互市檔案에 기록된 사실을 들 수 있다. 강희 22년(1683) 타이완을 평정한 뒤, 동남의 각 성이 해금海禁을 풀어줄 것을 요구하자, 강희 24년에 광동 마카오(澳門), 복건 장주漳州, 절강 영파寧波, 강남 운대산雲臺山 등지의 사각관四権關(국가 전매 상관商關)을 열어 외국과 통상하도록 한 정황이 기록되어 있다. 또한 네덜란드, 시암, 그리고 기타 국가들에 대한 면세와 감세 정책 시행을 선포한 사실이 기록되어 있다. 네 번째 예로는 옹정 5년(1727) 6월 25일에 체결한 '청·러 캬흐타Kiakhta(恰克圖)조약'을 들 수 있다. 이 조약을 통해 캬흐타를 두 나라 간의 무역 시장으로 정하고, 러시아가 북경에 선교사를 파견할 권리를 허락했다. 예수회 선교사의 활동은 항상 정세를 염탐하는 첩자 성격을 띠고 있었다. 그들이『황여전람도』皇輿全覽圖의 작업에 참여한 뒤 얼마 안 되어서 파리에 복사본이 나타났던 것은 하나의 사례이다. 동교민항東郊民巷에 위치한 '남관'南館(그리고 성 마리아 성당)의 동방정교회 포교단은 러시아의 외교부 관할하에 있었는데, 실제로는 러시아 정부의 첩보 기관이었다.[150] 마찬가지 상황이 중국 측에서도 또한 나타났는데, 예수회 선교사는 일찍이 러시아 지도와 정보를 청 왕조에게 전해 주었다. 제국 체제 내에서 왕조는 구체적인 원근遠近 친소親疏 관계에 근거해서 조공의 성격을 확정했으며, 예법 질서 관념과 왕조 통치의 방식을 가지고서 내외 관계를 처리했다. 따라서 조공 관계가 되었든 아니면 예서 관념이 되었든 간에, 이를 하나의 순수한 자기중심적이거나, 완전히 폐쇄적인 통일 모델로서 이해해서는 안 될 것이다.

셋째로, 청대의 내외, 이하 관계의 층차는 매우 복잡한데, 만滿·한漢, 만滿·몽蒙을 비롯해서 기타 각종 외교 사무라 여겨지는 관계들에 이르기까지 모두를 이 '조공 관계' 안에서 이해할 수 있다. 조공 제도는 적어도 5세기에 이미 형성되었는데, 형식상 중국을 중심으로 해서 외부로 확장시킨 체계라 하겠다. 유럽 국제법에서 보이는 민족국가 간에 운용되는 법률 규범과 비교해 본다면, 조공 체제는 국내법과 국제법 간의 형식적 차이가 없다고 할 수 있다. 현재의 국제 관계를 가지고서 중앙 왕조와 조공국 사이의 관계를 이해해서는 안 되지만, 그렇다고 해서 국제 관계와 겹쳐지는 부분이 없는 것도 아니다. 조공 체제의 독특성과 혼합성 때문에 이해하기 어려운 면이 있는데, 이는 사람들이 조공 관계를 어떤 방식으로든 민족국가의 조약 체제라는 배경 속에 놓고서 이해하려 하기 때문이다. 예를 들어, 페어뱅크는 조공 체제가 중국이 순조롭게 조약 체제로 진입하는 데 장애가 되었다고 여겼지만,[151] 하마시타 다케시 등은 이와는 정반대로 근대 조약 관계에 의한 조공 체제의 전복 자체가 일정 부분 조공 체제의 역사적 관계를 계승한 것이었음을 강조하고 있다.[152] 하지만 만일 조공 관계와 조약 관계를 명확히 구분하려 한다면, 우리는 '청·러 네르친스크조약'이나 '청·러 캬흐타조약' 등의 조약이 지닌 함의를 해석할 방도가 없게 될 것이다. 이들 조약과 조공 체제는 중첩되어 있다. 또 다른 일부 학자들은 중국과 서구의 문화적 차이를 비교하는 데 있어 예의와 법률의 이분법을 사용하며, 또한 이 이분법을 조공과 조약을 구분해서 해석하는 데 이용한다. 하지만 역사적 관점에서 봤을 때, 이런 구분은 여전히 혼란스럽다. 상술한 바와 같이 중국 조공 네트워크 내부에는 조약 체제와 무역이 포함되어 있기 때문이다.[153] 강희제 시대부터 청 왕조는 이하, 내외 관계를 효과적으로 처리할 수 있는 완정한 이론, 예의, 법률 등을 형성했다. 청 왕조의 제국 확장에 따라, 정치 구조의 측면에서 청 왕조는 내외 사무를 처리할 다중적인 정치 구조를 설립했는데, 예를 들면 몽골 관련 사무를 처리하기 위하여 설치한 이번원理藩院(1638), 선대 왕조를 계승하여 설치한 예부, 내외 사무를 처리하는 특수 기구인 군기처 등이 그것이다. 함풍제咸豐帝 시대에 이르기까지 서구 국가의 외교 예의에 적응하기 위하여, 청 정부는 총리각국사무아문을 설립하여 중국과 서구 국가 사이의 조약 관계를 주관하고 처리하도록 했다. 이처럼 다중적인 기구의 설치는 제국 내외 관계의 다중성과 복잡성에 대한 반응이었으며, 조공 예의 관계와 제국 간 조약 관계는 제도적 형식을 통해 제국 체제 내에 존재하고 있었다.

일찍이 순치제·강희제 시대에 이미 청 왕조의 통치자는 예의와 법률 형식을 가지고 러시아, 영국, 프랑스, 네덜란드, 일본, 시암, 조선, 베트남 등의 국가와 조약을 체결하거나 관계를 조정했다. 하지만 이런 종류의 국가 관계에 '조공' 개념을 적용할 경우, 그 이후의 국제 관계의 패러다임을 가지고 예의와 외교 사이의 실질적 차이를 구분하기란 사실 쉽지 않다. 이는 소위 현대 국제 관계라는 것이 유럽 국제법의 규범 체계 속에서 규정된 것이기 때문이다. 조공 관계 자체는 일종의 조공국과 중앙 왕조 사이의 친소 관계와 힘의 균형에 의해 만들어진 관계이며, 형식상의 평등한 주권국가 개념이 미리 설정되어 있는 것도 아니었으므로, 국가 간에 조절할 수 있는 어떠한 규범적 법률 체계가 존재하지 않았다. 비록 중국이 조공 체제의 중심적 지위에 있기는 했지만, 예의 관계에 있어서 조공국의 상황은 각기 달랐다. 조선과 일본은 둘 다 청 왕조의 조공국으로 간주되었지만, 그들은 청 왕조와의 관계 속에서 전혀 다른 지위를 누렸다. 명 왕조의 번속국藩屬國으로서 조선은 명나라와 후금 및 청나라와의 전쟁에 군대를 파견해 원조했다. 후에 청나라 군대가 조선을 침략해 조선에게 명의 연호를 버리고 청의 역법을 따르고 신하국이 되어 조공하도록 핍박했으며, 이에 따라 정복의 토대 위에 조공 관계가 성립되었다. 1875년에는 조선의 민비(명성황후)가 청 왕조에게 자신의 아들을 왕위의 계승자로 책봉해 달라고 요구하기도 했다.[154] 설사 그러했다 하더라도, 19세기 서구와 일본이라는 외래의 압력이 시작되기 이전까지 청 왕조는 조선의 내부 일에 전혀 간섭하지 않았으며, 조선 역시 북경에 장기간 사신을 주재시켰던 적은 없었다(베트남과 류큐의 국왕 역시 청 왕조의 책봉을 받았지만, 마찬가지로 상주하는 사신은 없었다). 일본과 청 왕조의 정식 관계는 강희 12년(1673)부터 시작되었는데, 주로 무역 왕래였다. 하지만 도쿠가와德川 막부가 (일본 상인의 중국 방문 금지, 금은의 외부 유출의 금지, 쌍방 무역액 제한, 중국 상인의 자유로운 화물 처리 제한, 고정된 무역법의 부재, 수입세 명목의 번잡함, 일방적인 화물 가격 조정 등을 포함하는) 쇄국정책을 취했기 때문에, 양국 관계는 그리 친밀하지 못했다.[155] 그런 의미에서 보자면 조공 관계는 일종의 동질적인 관계가 아니었다. 조선, 베트남, 류큐, 라오스 등 조공국의 예를 놓고 보더라도, 이들의 조공 관계 역시 서로 달랐다. 1818년 청나라 조정의 기록에 따르면, 조선은 1년에 네 차례, 라오스는 10년에 1차례, 시암은 3년에 1차례 조공했다. 하지만 조공 횟수는 고정된 것이 아니었으며 때에 따라서 달라졌다.

　조공 관계는 일종의 차등적 예서 관계로 설명될 수 있기는 하지만, 반드시 중앙 왕조가 조공국 내부의 일에 간여할 권리가 있음을 의미하는 것은 아니었다. 청나라 조정의 관방 기록과 기타 국가 혹은 정치 실체의 이 관계에 대한 이해에는 커다란 차이가 있었다.[156] 그런 의미에서 조공 관계는 일방적으로 확정된 차등적 체계가 아니라, 다중적 관계의 실천과 참여에 의해서 형성된 일종의 역사적 관계였다. 청 왕조는 결코 외부와의 관계가 결여된 제국이 아니었으며, 조공국과의 쌍방 관계는 항상 국가 간의 관계로서의 성격을 지니고 있었다. 여기서 주의해야 할 점이 있다. (겉으론 조공이라 칭했던) 청 왕조의 대외 관계는 사실 기타 제국(러시아)과 서구 국가들과의 왕래를 포함하고 있었으며, 따라서 조공 관계와 조약 관계는 두 가지의 확연히 상반되는, 결코 병행될 수 없는 관계는 아니었다는 사실이다. 베버Max Weber는 현대 사회의 특징에 근거하여 국가의 세 가지 조건을 규정했다. 첫째, 고정적인 행정 관리. 둘째, 이러한 관리들의 합법적인 폭력 수단의 독점 유지. 셋째, 일정 지역 내에서의 이러한 독점의 유지. 간단히 말해서, 그는 행정 권력, 폭력 수단, 영토권을 현대 국가의 주요 특징으로 보았다.[157] 상술한 세 가지 특징은 청대 제국과 현대 중국 양자의 국가적 특징 모두를 설명해 줄 수 있으므로, 이러한 개괄만을 가지고는 민족국가와 초기 제국의 차이를 명확히 구분할 수 없다. 일반적으로 민족국가의 특징으로 기술되는 주권 개념 역시 이와 마찬가지이다. "이들 개념은 만들어질 당시, 단지 통치에 대해 기술한 참신한 어휘에 불과한 것만은 아니었다."[158] 민족국가론은 민족 정체성·주권 개념·관세·명확한 경계를 자신의 지표로 삼기 때문에, 그 자아의 경계는 결국 '외부'와의 관계 위에서 세워지게 되며, 강력한 내부 동질화와 외부 이질화의 경향을 지니게 된다. 내외 구별과 엄격한 경계 구분은 민족국가의 필요 전제이지만, 일정 정도 청 왕조 통일 제국의 특징이기도 하다. 일부 학자들의 견해에 따르면, 청 왕조의 서북 지역에 대한 통치는 현대 국가의 이른바 영토 주권의 내용을 완벽히 갖추고 있었다. 1. 효과적인 행정 구획과 행정 관리. 2. 정기 정액의 세금 징수 제도. 3. 군대 주둔, 개간, 역참의 설치, 감시 초소, 경계를 표시하는 돌탑, 정기 순찰 등을 포괄하는 변경 방비의 강화.[159] 이는 영토와 행정 관리의 밀접한 연계를 보여 주는 예증이다. 변경이나 변방(frontier)이라는 개념과 국경이나 변경(border)이라는 개념 사이의 구별 역시 제국과 민족국가 사이의 주요한 변별점이라 여겨진다. 변경 혹은 변방은 국가의 가장자리 지역(반드시 다른 국가와의 인접 지역일 필요는 없음)으로, 중심 지역의 정치 권위는 이들 지역에까지 미치거나 혹은 미약한 통제만이 이루어짐을 가리킨다. 하지만 국경은 둘 혹은 더 많은 국가 사이를 구분 짓는 명확한 지리적 분계선이다. 기든스는 "국경이 민족국가의 탄생 과정에서야 비로소 나타나기 시작했다"고 논증한 바 있다. 그러한 국경지역에서 생활하는 집단은 종종 혼합적인 사회적·정치적 특징을 지니고 있지만(이러한 점은 초기 제국과 차이가 없다), 그들은 특정 국가의 행정 관할에 속해 있다.[160]

민족국가의 탄생에 관한 정설에 따르면, 18세기에 이르러서야 변강은 비로소 국경, 즉 피차간에 공인된 국경으로 발전하게 된다. 클라크 G. N. Clark는 유럽 변경과 국경 문제를 논하면서 특히 1718년 플랑드르 조약에 이르러서야 비로소 처음으로 문자상으로 획정된 국경이 나타나게 되었다고 지적했다.[161] 하지만 이런 판단은 착오다. 1670년부터 1690년 사이 청 왕조와 러시아의 관계에 장기간의 위기가 나타나는데, 주요 원인은 시베리아 지역 소수민족의 귀속 문제였다. '삼번의 난'을 평정하고(1681), 정씨鄭氏 가문이 다스리던 타이완을 정복(1683)한 다음에, 청 왕조는 마지막으로 북방 문제의 처리에 나서, 1689년 9월 7일에 러시아와 '청·러 네르친스크조약'을 체결했다. 이 조약의 주요 내용 가운데 하나는 국경 지역 소수민족의 이동을 통제하는 것으로, 쌍방 모두 변경 지역의 소수민족이 상대방 영토로 도주함으로 인해 제국의 이익에 손해를 입고 있었기 때문이다. 경계 구획의 문제와 무역 문제의 확정은 이와 밀접한 관련이 있다. 조약은 라틴어본을 정본으로 하고, 동시에 만주어본과 러시아어본을 덧붙였는데, 조약의 성립 이후, 만주어·중국어·러시아어·라틴어로 돌에 새겨 청·러 국경에 영구적인 경계비로 삼았다. 그 실질적인 내용은—외흥안령外興安嶺과 아르군강을 중국과 러시아 동쪽 국경으로 획정 짓고, 알바치나성을 없애고 러시아인을 국경 밖으로 이주시키며, 월경 침략을 금지하고 쌍방 간에 도망자를 수시 교환하며, 청·러 간의 수호 관계 및 쌍방 무역의 발전을 도모한다 등등—국경 개념, (상호 승인의 주권을 포괄하는) 주권 개념 및 무역 허가 문제 등을 담고 있어, 이런 것들이 모두 '해양 시대'만의 특허품이 아님을, 또한 민족국가만의 배타적 특징으로 간주될 수 없음을 증명해 준다. 동쪽 국경의 구획은 각 행정 권력의 명확한 국경 범위 내에서의 관리권에 관한 것이고, 도망자 처리법은 국적과 행정 권력의 본국 국적 보유자에 대한 배타적 관리권에 관한 것이며(따라서 변경 지역의 거주민이 이미 중앙 행정 관리 획정의 국경 범위 안에서 정의되고 있음을 의미한다), (설사 조공의 개념을 연용한다 하더라도) 쌍방 무역 협정은 국가를 시장 분할의 단위로 하는 상업 교환에 관한 것이다. '청·러 네르친스크조약'은 이 지역의 국경, 국적, 행정 통치 범위 등에 대한 명확한 의식을 반영하며, 국경 조약은 변경 주민이 국경을 넘어 왕래할 때, 반드시 '문표'文票와 '노표'路票를 지니고 있어야 한다고 명확히 규정하고 있는데, 이는 현재의 '여권'에 해당한다.[162]

'청·러 네르친스크조약'의 비준은 중·러 간의 영구적인 평화 관계에 대한 보장은 아니었으며, 청·러 간의 영토와 인구의 귀속에 관한 분쟁은 일련의 조약을 거치면서 점차 확립되어 갔다. 만주인과 몽골인 각부, 그리고 티베트 사이에는 매우 복잡한 갈등이 착종되어 있었는데, 강희제와 옹정제 시대에 중가르의 확장과 반항은 청대의 가장 중요한 전쟁이자 변방 관련 사건이었다. 사실상 청·러 간의 일련의 국경 조약은 국경 내부 민족 관계의 영향을 받을 수밖에 없었다. 1721~1722년, 러시아 차르 황제 피터 1세는 사신을 파견하여 중가르부의 칸 체왕랍단策妄阿拉布坦(Čevengrabdan)에게 러시아의 신하국이 되도록 권유했지만, 체왕랍단은 "러시아 국적으로 전입하는 것을 거절하고, 또한 러시아 사신 웅코푸스키Ivan Unkovskiy가 제안한 칸국汗國 영토에 요새를 보수 건설할 것과 러시아군을 파견하여 그곳을 방어하도록 하자는 건의를 거절했다."[163] 1733년 중가르에서 러시아의 사신과 체왕랍단의 후계자 갈단 체렝噶爾丹策凌(Galdan Tseren)을 위해 16년간 봉사했던 스웨덴인(그전에는 러시아의 전쟁 포로였으며, 후에 시베리아에 유배되었을 때 중가르의 포로가 됨)이 본국에 돌아가게 되었는데, 그는 두 폭의 중가르 지도를 몸에 지니고 있었다. 그중 하나는 갈단이 직접 그린 것이고, 다른 하나는 중국 조정의 원본을 복사한 것이었다. 전하는 바에 따르면 갈단은 무사였을 뿐 아니라 학자이기도 했기 때문에, 무기 제조·교통 노선·도시·그리고 인근의 통치자 등에 대해서 많은 관심을 가지고 있었다. 그의 정치 목표는 네팔의 구르카廓爾喀(Gurkha)족과 중가르 몽골을 통일하여, 강희의 청 왕조 제국에 대항하는 것이었다. 그의 지도는 원元 왕조 이래로 몽골 초원 부족 스스로 그린 (많은 부분이 부정확하고, 명확한 국경이 확정되어 있지는 않았던) 최초의 지도였는데, 지리적 위치 및 그 명명에 대해 민감했음을 보여 준다.[164] 중가르와 호자 형제(大小和卓木: 부르한 앗 딘Burhan ad-Din과 호자 자한 Khoja Jahan)를 격파한 후, 건륭제는 1762년 이리伊犁 등지에 장군과 그 관련 기구를 두어, 국경을 따라 군대를 주둔시키고 검문소를 설치하여 이 지역을 순찰하도록 했다. 가경 연간에는 이리 지역 한 곳에만 83곳의 검문소가 있었다. 하지만 태평천국 의거義擧*와 제2차 아편전쟁 시기에 러시아는 서부 경계 미정론을 공포하고, 또한 함풍 8년 5월 초사흘(1858년 6월 13일)에 청 정부를 핍박하여 '청·러 천진조약'을 체결했다. 그리고 뒤이어 '청·러 북경조약'(1860)을 맺어 또다시 청 왕조의 서부 지역 양국 국경을 재협상하는 방향으로 나가게 된다.[165] 이후로 불법적인 '청·러 리바디아Livadia(里瓦機亞)조약'(1879년 숭후崇厚에 의해 독단적으로 러시아와 체결한 '청·러 조약 18조'), '청·러 개정조약'(1880, 증기택曾紀澤이 대표로 체결한 '상트페테르부르크조약') 및 그 뒤를 이은 다섯 개의 세부 조약(즉 1882년 10월 28일 체결한 '청 이리 국경조약', 1882년 12월 8일 체결한 '청·러 카슈가르 국경 조약', 1883년 8월 12일 체결한 '청·러 콥·타[科·塔: 科布多·塔尔巴哈台(콥도·타르바가타이)]*조약',

---

* 태평천국 의거(義擧): 한국에서는 '태평천국의 난(亂)'이라 표현하지만, 중국은 공산당의 관점에서 태평천국의 난을 매우 긍정적인 민중 봉기로 간주하기에 '의거'라고 표현한다.
* 콥도·타르바가타이: 19세기 당시 카자흐족이 지배하던 지역으로, 현재로 따지면

1883년, 10월 3일 체결한 '청·러 타르바가타이 서남 국경 조약', 1884년 6월 3일 체결한 '청·러 속감續勘 카슈가르 국경 조약' 등)이 연이어 체결되었으며, 러시아는 청 왕조 통치 영토의 많은 부분을 점령했다. 주의할 점은 이러한 담판들이 국경 분할 후 변경 지역 인민의 귀속 문제(예를 들면 청·러가 콥·타 담판 속에서 다룬 변경 양측의 카자흐 주민의 귀속 문제와 같은 경우)를 다루고 있으며, 또한 중국 측이 견지했던 것은 현지 인민들의 뜻을 존중하여 그 귀속 여부를 결정하도록 하자는 것이었다. 허싱량何星亮은 1983년에 발견한 카자흐 차가타이察合臺 문서 가운데 하나인 「광서 9년 7월 초 6일의 서찰」에서 C조는 중·러 양국의 분계선 규정이고, E, F, G, H조는 '이들 지방에 거주하는 카자흐인들에게 주는 특별 서한'인데, 각각 다음과 같은 내용이다. "E. 대청국에 귀속되길 원하는 카자흐인은 대청국의 속지로 오고, 대러시아로 귀속되길 원하는 카자흐인은 대러시아의 속지로 가도록 한다. 대러시아의 사람이 대청국의 카자흐로 오는 것을 막지 못하고, 대청국의 사람 역시 대러시아의 카자흐로 가는 것을 막아서는 안 되며, 카자흐인은 자유롭게 선택할 수 있다.", "F. 이처럼 마음대로 이동할 자유는, 이번 동계冬季 목장 이전까지만 허용된다." "G. 이후로 원래의 지역으로 돌아가고자 하거나, 혹은 이 나라에서 저 나라로 옮겨 가 상주하길 원하는 자 및 도망자가 있더라도 허용되거나 받아들여지지 않을 것이다. 또한 일단 체포되면 즉시 소속국으로 보내져 참수당하게 될 것이다." "H. 양국의 주민이 국경을 출입하는데 만약 증서가 없다면, 체포되어 벌을 받게 될 것이다."[166] 청·러 쌍방은 각자의 접경 지역의 통치 영역, 국경, 소속 범위 등에 대하여 명확한 의식이 있었으며, 또한 쌍방 간의 승인 관계를 통해 영토와 인구의 귀속권을 확정 짓고자 애썼다. 국경 실측 기술의 운용, 국경 실측 과정의 복잡성, 조약의 다종 언

몽골 서쪽 끝에 있는 콥도(Kobdo, 科布多)에서 신강성 서북쪽에 있는 타르바가타이(Tarbagatai, 塔城) 사이에 있는 지역을 가리킨다.

어본 형식 등은 모두 양측이 일종의 객관적이면서도 쌍방 혹은 제3자에 의해 평가될 수 있는 기준이 필요했음을 보여 주며, 이 점은 민족국가 간의 조약 형식과 다르지 않다. 만약 중·러 국경 확정의 문제를 동일 시기의 국제 조건하에 놓고 본다면, 우리는 각 대제국이 연이어 17세기부터 시작된 조약 형식을 가지고 국경을 확정 짓고 있었음을 관찰할 수 있을 것이다. 1639년, 오스만 제국과 사파비드Safavids는 분쟁이 생긴 국경을 확정 짓기 위하여 조약을 체결했다. 1683년과 1699년, 오스만과 합스부르크 제국은 조약을 체결하여 양측의 국경을 확정지었다. 17세기 중기부터 18세기 초기까지, 러시아와 주변 국가들은 일련의 국경 확정 조약을 체결했다. 이런 국경 확정 작업은 새로운 기술과 객관적이며 공정하다고 인정받는 지식을 필요로 했기 때문에, 측량과 제도製圖 기술의 발전을 가져왔다.[167] 상술한 새로운 발전은 바로 제국 시대가 민족국가 시대로 전환해 가는 징조였다.

청 왕조 제국의 대외 관계는 예의의 성격을 부여받았는데, 이른바 조공 관계이다. 여기서 예의란 일종의 도덕/정치 관계이자, 또한 일종의 법률/경제 관계로, 그 내함의 복잡성은 실제 역사 관계의 복잡성에 의한 것이다. 래티모어는 만리장성을 중심으로 해서 매우 상세하게 중국 변경 지역의 상황을 묘사했는데, 서방 이론가들 역시 항상 이를 고대의 변경 성벽, 변경과 현대의 국경을 구분 짓는 근거로 삼고 있다. 하지만 만약 17세기의 청·러 간의 국경 확정을 그 안에 넣고 고려한다면, 비교의 척도는 제국과 민족국가 간에 있는 것이 아니라, 제국 범주 내부에 있다. 청·러 간의 국경 조약과 확립된 국경은 만리장성과는 다른 성격을 지닌 것이었으며, 그것에 내재한 주권 개념은 현대 국가와 근본적인 차이가 없었다.[168] 조공 관계이든, 아니면 제국 간의 교류든, 청 왕조에는 풍부한 예의와 법률 규범이 발달해 있었고, 또한 외국 정부와 담판을 진행하는 기교·기술·절차 등도 발달해 있었다. 이들이 단지 임기응변식으로 대외 관계를 처리했던 것만은 아니었다. 아편전쟁 이전의 역사 시기 동안, 청 왕조는 부단히 변화하는 내외 관계에 적응하기 위하여 풍부하고 발달된 기존의 예의와 법률 규범을 통해 지역 내부의 조공 관계와 제국 간의 조약 관계를 성공적으로 처리했다. 경학이 처리했던 예의 문제—더욱이 그것이 다뤘던 내외 관계와 그에 상응하는 예의 규범—는 이와 관련된 사유를 내포하고 있다.『춘추』의 의례義例나『주례』는 학자의 연구 대상일 뿐만 아니라 예의 혹은 예법의 근거였는데, 이들 유학 경전은 가정 계승권의 분쟁, 사망자의 상복 착용 여부 등의 문제로부터 군신 간의 예, 조공 관계, 대외 사무 등에 이르기까지 각 층차의 문제들을 처리했다. 청 왕조의 통치자는 자각적으로『주례』와 유가 학설을 원용해 변경 업무를 처리함으로써 일종의 탄력성 있는 제도 구조와 규범적 이론을 형성했다.

그렇다면 결국 어떤 요소가 제국 간 혹은 종주국과 조공국 간의 관계 모델과 민족국가의 관계 모델의 기본적인 구별을 가져왔는가? 우선, 초기 제국 간의 조약 혹은 조공 관계의 예의 협정은 일종의 '국제법' 위에 세워진 것이 아니었다. 그것은 힘의 차이 및 문화 교류의 산물이거나, 혹은 내부 관계의 확장이었다. 제국 간의 관계를 다룰 때, 제국 간의 조약 체결은 역량 대비와 상호 규범에 대한 인정의 산물이었다. 조약 자체는 일종의 국내법, 혹은 국내 예의 체계의 규범적 법률 체계를 초월해서 세워진 것이 아니었다. 다음으로, 조공 체제 내부의 일부 정치적 실체들은 국가의 각종 특징을 지니고 있었는데, 조선·베트남·류큐 등과 같은 경우가 그러하며, 다른 일부는 국가를 가지고 형용하기 곤란한데, 서남 지역의 토사土司의 경우가 그러하다. 어느 상황에 속하든 간에, 그들은 제국 와해의 산물 혹은 민족 자결의 산물로서의 민족국가와는 중요한 차이가 있다. 조공 체제 내부의 협정 혹은 조약은 형식상의 평등 국가 간의 조약이 아니라, 차라리 특정한 예의 관계의 산물이라고 하는 편이 나을 것이다. 중국 측에서 봤을 때, 이 예의와 규칙의 체계는 중국을 중심으로 하고 있으므로, 어떤 이는 이 체계를 중국 중심의 조공 체제로 보기도 한다. 이런 관점은 청 왕조와 조공국이 특정한 예의 규범에 따라 외교 관계를 수립하고, 중국이 그 속에서 확실한 중심적이며 우월적인 지위를 향유했으며, 조공 관계는 기본적으로 중국 국내 관계의 연장이므로, 이런 의미에서 조공 체제에는 국제와 국내의 명확한 구분이 존재하지 않는다고 여긴다. 하마시타 다케시는 조공 체제를 다음과 같이 개괄한다. "조공국은 중국 국왕의 승인을 받아 책봉되었으며, 국왕의 교체 시 및 경축·위로·사은謝恩 등의 시기마다 중국에 알현하러 갔다. 이렇듯 중앙 정권에의 복종과 관련된 각종 활동을 거행함으로써, 그들과 중국의 관계를 유지하는 기본 방식으로 삼았다." 그의 구분에 따르면, 조공 관계 속의 종속 관계는 각각 서로 다른 층차를 포함하고 있는데, 대체로 여섯 가지 유형으로 나눌 수 있다. 1. 토사土司·토관土官의 조공. 2. 속박(羈縻) 관계하의 조공(명조 시기의 여진 및 그 동북부, 청 왕조 시기의 티베트와 신강 등). 3. 관계가 가장 가까운 조공국(조선, 베트남 등) 4. 이중 관계의 조공국(류큐 등) 5. 외연外緣 지역에 있는 조공국(시암 등) 6. 조공국으로 볼 수 있지만, 실제로는 교역국의 부류(러시아, 유럽 제국).[169] 교역 유형에서의 조공 관계는 후대의 이른바 외교 관계와 대외 무역 관계에 가장 가까우며, 조공권 내의 중심에 있는 중국은 조공국의 조공품에 의존하지 않고 자기 경제 운행을 유지시키고 있었으며, 대부분의 경우 중앙 국가는 예의상의 상위국으로서의 지위를 유지하기 위해 반드시 조공국에 답례용 회사回賜를 해야만 했다. 이런 조공에 대한 회사의 관계는 등가이거나, 혹은 회사가 조공의 가치를 초과하는 것이었으므로, 조공 관계는 경제 무역 왕래와 예의 왕래의 이중적 성격을 지닌 것이었다. 이런 상황에서 예의 형식상의 불평등과 실질적 대등 관계, 그리고 조공 관계의 예의적 성격과 조공 무역의 실질적 내용은 상호 중첩되어 있었다.

하지만 조공 관계 속의 다른 참여자들의 관점에서 봤을 때, 이러한 차등화된 조공 관계는 또한 상대성을 포함하고 있었다. 이러한 상대성은 다른 국가의 입장에서 바라본 조공 체제에 대한 해석 공간으로 개괄해 볼 수 있을 것이다. 조공 예의의 차등성은 주로 중국의 시야로부터 전개되어 나온 것이었지만, 조공국 역시 이러한 조공 차등 관계에 대해 이와는 다른 해석을 내놓을 수 있는 것이다. 두 제국 간의 조약인 '청·러 네르친스크조약'과 '청·러 캬흐타조약'은 마찬가지로 조공 관계 속의 다른 종류의 평등 모델로 설명할 수 있다. 양국 간에 국경 획정, 도망자, 무역 등과 관련된 조약은 특정한 평등 조약 형식을 채용했다(라틴어를 가지고 문서의 정본을 삼고, 러시아어본과 만주어본을 부본으로 삼았던 것과 같이). 하지만 청 왕조의 관리 기구의 관점에서 봤을 때, 이런 평등 조약 관계는 여전히 조공의 등급 체계 속에 집어넣을 수 있다. 이런 의미에서 보면, 설사 조공 예의 체계 자체가 국제와 국내를 명확히 구분하고 있지는 않지만, 구체적 실천 속에서는 시종 확연한 차이를 보여 주고 있다. 그렇지 않다면 우리는 청·러 간의 국경 획정 조약을 해석하기가 쉽지 않다. 하마시타 다케시는 '청·일 신미조약'('일·청 수호조약')을 예로 들면서, 비록 중국이 주도적 지위를 점한 상황이었다 할지라도, 조약은 또한 양국의 평등 관계를 나타내는 것이다. 이는 "이미 영사 재판권을 상호 승인하는 등의 근대 국제 관계의 평등성의 특징을 지닌 조약에 이른 것이었다고 할 수 있을 것이다. …하지만 일본 측에서 바라봤을 때의 이 같은 조약의 평등성이, 중국 측에서 봤을 때도 역시 마찬가지로 평등성을 지닌 것이었는지는 여전히 의문이 남는다. …중국의 대외 인식의 전제하에서 중국의 대외 질서(국내 질서에 대해서도 역시 그러하다)는 기본적으로 '예'禮 위에 세워진 존비 질서이며, 황제는 이 질서의 정점에 있었다."[170] 하마시타 다케시 이전에, 플래쳐Joseph F. Fletcher는 명 왕조의 황제와 티베트 달라이 라마의 관계에 대해 논하면서 각자의 서술과 수사 전략 속에 조공 관계라는 대등 관계의 가능성이 내재해 있었으며, 따라서 조공 관계 속의 대등성의 요소가 해양 조공 네트워크만이 아니라 대륙 조공 네트워크 속에도 존재하고 있었다고 설명한 바 있다.[171] 민족국가가 주도적 구조가 되어 버린 조건에서, 이런 예의 관계는 분리주의의 근거로 이해되는 것이 아니라, 주권 불가분성을 입증하는 근거가 되었지만, 이에 대해 설명한 이는 거의 없다. 상술한 조공 관계의 몇몇 요소들과 비교해 봤을 때, 민족국가 체제는 완전히 새로운 체제다. 여기서 진짜로 문제가 되는 것은 예의의 차등성과 각자 서술·해석의 자주성 속에서 확실히 일종의 실질적인 상대적 평등 관계를 구성할 수 있으며, 이런 대등성이 민족국가 모델과는 확연히 다른 역사 범주 속에서 전개된 것이라는 점이다. 따라서 우리는 한 걸음 더 나아가 질문을 던질 필요가 있다. 조공 관계의 차등성과 대등성은 어떤 정치/경제/문화 조건에서 존재하는가? 그들의 균형은 어떻게 파괴되었는가?

조공 체제의 성립은 이 체계에 참여한 국가가 일종의 특정한 세계상과 예의 규칙을 공유할 것을 전제로 하며, 전통 왕조 체제 혹은 제국 체제는 이를 지지한다. 벤자민 엘먼Benjamin A. Elman이 이미 논한 바 있는 청 왕조와 베트남의 조공 관계를 가지고 이 점을 설명하겠다. 1824년 도광제가 베트남 국왕에게 내린 칙령에서 베트남을 '외이'外夷라고 칭하여, 베트남 사절단의 불만을 불러일으켰다. 그들은 '외이' 대신에 '외번'外藩을 사용해 달라고 건의했다. 예의/외교의 충돌이 일어남에 따라 조정은 당시 예부에 임직 중이던 유봉록에게 이 일을 처리하도록 했다. 예부 관리이자 경학 학자인 유봉록은『주례』의 이복夷服과 번복藩服에 관한 구별을 근거로 베트남 사절단에게 예의에 대해 해석해 주었다. 우선 이복은 번복에 비해 경기京畿 지역에서 2천 리가 가깝다(이복은 7천 리 밖, 번복은 9천 리 밖을 의미한다). 그다음으로는『설문해자』를 근거로 들어, '이'夷 자가 짐승을 뜻하는 '우'丬 부수의 글자와 같은 멸시의 뜻을 품고 있지는 않음을 설명했다. 그는 1770년 건륭제의『만주원류고』滿洲源流考나『맹자』에서 순舜임금을 '동이'東夷, 문왕文王을 '서이'西夷라고 했던 것과 관련된 설명을 인용하여 베트남 사절단을 설득시켰다.[172] 조공 관계는 새로운 곤경의 시대에 직면하게 되었는데, 어째서 유봉록은 경학의 관점과 방법을 원용해서 이러한 '외교 문제'를 처리하게 되었던 것일까? 첫째, 유봉록 개인에 관해서 말하자면, 그는 청대 금문경학의 내외, 이하의 절대적 경계를 제거하는 관점을 계승했으며, 나아가 '온 천지가 한 집안'(六合一家), '화이일체'華夷一體의 관념을 가지고 왕조의 내외 정책을 설명하고 조공 관계 내의 분쟁을 처리했다. 앞서 언급한 외교 분쟁에서 유봉록의 '이'夷 자에 대한 해석은 이 점을 잘 설명해 준다. 둘째, 청 왕조 제국의 내외 관계를 가지고 말하자면, 『주례』와 왕조의 '예법 질서'는 일종의 보편주의적 예제禮制와 법률 규범을 제공하는데, 이 예제와 규범은 당시 조공 체제 내의 각국으로부터 인정을 받고 있었다. 조공 예의 체계는 보편 유효한 예의 체계로 여겨졌으며, 대청 제국은 이 차등 체계의 최고 지위를 승인받을 수 있었기 때문에, 왕조 혹은 국가는 국제 조직을 초월한 이 국제 관계 규범의 대표 기구가 될 필요가 없었다. 하지만 만일 청 왕조가 이웃 국가에 대한 존중 및 이웃 국가 간의 상호 존중을 결여했다면, 조공 예의가 진정으로 유지될 수 없었을 것이다. 역사적 관점에서 봤을 때, 만약 베트남과 중국이 하나의 세계 관계상과 예의 체계를 공유하지 않았다면, '이'夷라는 개념을 어떻게 해석하더라도 양국은 여전히 협의에 이를 수 없었을 것이므로, 조공 체제는 '상호적' 성격을 지니는 것임을 보여 준 것이다. 유봉록이 베트남 사절단에게 해석해 주었던 이 사건은 유명한 조지 매카트니George Lord Macartney 사절단의 중국 방문(1787)보다 37년 뒤의 일이자, 아편전쟁 발발 16년 전의 일이었다.

2. 국제법과 주권

19세기의 전 지구적 현상 가운데 하나는 유럽 국가가 아시아, 아프리카 등지의 정치 실체들과 일련의 쌍방 간 혹은 다자간 조약을 체결하고, 이들 조약을 통해 후자의 영토, 주권, 이익을 '합법적' 형식으로 유럽 국가 수중에 넣게 된 것이다. 이후 오랜 세월 동안 일부 유럽 학자들은 이 과정이 합법적 쌍방 간 조약, 다자간 조약 혹은 협정에 기초한 것이므로 '평등한' 것이었다고 주장했다. 이에 대해 제기되어야 할 네 가지 문제가 있다. 첫째, 19세기 내내 유럽 국제법학자들은 국제법을 문명국가 간의 법률이라고 정의하면서, 한 번도 아시아와 아프리카 등지의 정치 실체가 국제법의 주권 단위라고 승인한 적이 없었는데, 그렇다면 이런 관점과 그들이 아시아와 아프리카 국가들의 주권·영토·재부에 대해 '합법적으로 양도'받았다고 한 행위를 어떻게 이해해야 할 것인가? 둘째, 아시아와 아프리카의 수많은 국가와 사회가 자신들의 법률과 예의 규범을 지니고 있었을 텐데, 상술한 '양도' 과정 중 이런 법률과 규범은 어떤 작용을 했는가? 셋째, 이 과정에서 만약 아시아와 아프리카 국가가 유럽 국가와 동일한 규범의식과 규범적 제도를 공유하지 않았다고 한다면, '쌍방 간' 혹은 '다자간' 협의나 조약이 어떻게 '합법적'으로 이루어질 수 있었을까? 넷째, 유럽 열강은 중국 등의 아시아 국가들과 조약을 체결하는 과정 중, 원래의 유럽 국제법이 유럽 바깥으로 확대 적용됨에 따라 국제법의 보편주의에 역사적 전제를 제공해 주었는데, 그렇다면 우리는 국제법과 그것으로 대표되는 국제 질서의 보편성을 어떻게 이해해야만 할 것인가? 민족국가와 그 주권은 유럽 국제법 보편주의의 산물인가, 아니면 유럽 국가가 세계 각 지역과 전쟁·왕래·상호 작용한 산물인가? 오누마 야스아키大沼保昭가 말한 바 있듯이, 이러한 문제에 대답하기 위해서는 우선 반드시 한 가지 기본 문제에 대해서 답해야만 할 것이다. 국제법이란 무엇인가?[173]

유럽 국제법은 주권을 독립국가 간의 상호 승인의 기초 위에 세움으로써, 전통적 주권 개념에 도전했다. 16, 17세기에 유럽의 종교전쟁에 직면하여, 장 보댕Jean Bodin과 토마스 홉스Thomas Hobbes는 정치 질서를 세우는 가장 좋은 방법은 법의 단일성 혹은 단일 원천(즉 국가 주권을 중심으로 하는 정치 일원론)이라고 생각했다. 이러한 법의 단일성 해석을 근거로 내부의 반항은 불법으로 규정된다. 따라서 주권 개념은 국가 권위 기구와 상호 의존 관계에 놓이게 된다. 이런 의미에서 주권은 우선 국가 내부의 권위 조직 및 그 유효 통제 범위를 의미하는 것이며, 그것은 새로운 법률을 창제하고 그 신민으로 하여금 무조건 복종하도록 하는 권력인 것이다. 하지만 내부 사안에 대한 배타적 처리권을 포함하는 대내적 주권 자체는 반드시 외부와의 관계를 맺어야만 한다. 베스트팔렌Westphalia(독일어로는 Westfalen) 평화회의의 영향하에, 상술한 대내적 주권 개념은 점차 상호 승인의 주권 개념으로 대체되었고, 이는 주권의 원천에 대한 소추를 내부 통치의 합법성으로부터 외부의 승인 관계에서 찾는 방향으로 옮겨 가도록 했다.[174] 법리상 제국 통치권이나 봉건영주제와의 사이에 중요한 경계선이 그어지게 된다.[175]

역사적 측면에서 봤을 때, 국제법은 유럽 절대주의 국가로부터 민족국가 체계로 전환해 가는 과도기에 탄생했다. "비록 봉건시대에 이미 상주常駐 외교의 선례가 일부 있기는 했지만, 대부분의 외교는 16세기 및 그 이후에 이르러서야 비로소 발전하기 시작했다. 이는 새로운 국가 체제가 바야흐로 형성되기 시작했음을 가장 간명하게 보여 준다. 전통 국가에서 그러했듯이 전쟁은 이런 신형 국가 체제 속에서 주도적 지위를 점하고 있었지만, 이와 동시에 새로운 체제는 또한 각 국가들이 서로 상대국의 합법적인 자주 영토의 보유를 승인하는 것에 의존하여 형성되었다."[176] 서구 국제법 학계와 국제 관계 학계에서는 일반적으로 유럽 국제법의 탄생이 17세기 네덜란드 신학자 그로티우스Grotius의 『전쟁과 평화의 법』(De Jure Belli ac Pacis, 1625)이 베스트팔렌 평화회의에 적용되었던 것에서 비롯되었다고 보며, 유럽학자들은 그 기원을 그리스의 근린 동맹 조약 및 로도스 해법(Rhodian Sea law)에서 찾는다. 이 때문에 베스트팔렌 평화회의는 '권력이 중첩되어 있던 중세'(the medieval world of overlapping authorities)와 민족국가 사이의 경계라 여겨진다. 17세기 이전에도 몇몇 유럽 국가의 대표가 한 곳에서 모임을 갖기도 했지만, "(30년 전쟁의 결과인) 베스트팔렌 회의는 여러 측면에서 이러한 모임들과는 아주 달랐으며, 마치 유럽 전 지역 회의와 같은 것이었는데, 왜냐하면 그 관심사가 유럽의 서로 다른 국가 간의 관계를 배치하고 해결하는 데 있었기 때문이다. …다른 국가의 합법성을 명확히 승인하려면, 그 어떤 국가도 다른 국가를 대신해서 자신의 행정 원칙과 법률을 보편적으로 수행할 수 있는 권리가 없다는 것을 인정해야 한다. 하지만 이와 동시에 베스트팔렌 평화회의는 '무정부'의 원칙이기도 했다. 왜냐하면 각 국가가 그 자신의 주권을 승인받을 때, 다른 국가도 독립된 주권 영역을 지니고 있음을 승인해야 했기 때문이다."[177] 주권국가 체제는 조약 체제(treaty system)를 형식으로 삼아, 전통 주권 개념에 대한 변화를 일으켰던 것이다.

식민지 민족 해방 운동이 유럽 국제법에 대해 새로운 규정을 내리기 이전까지, 주권국가 개념은 주로 유럽 국가들 사이에만 국한되었다. 유럽 국가가 기타 지역의 국가와 조약을 체결할 때, 그들은 모종의 주권국가의 존재를 설정하고 있었지만, 이 시기의 주권 개념은 완전히 형식주의적인 것이었으며, 근본적으로 실질적 국가 관계를 설명할 수 없었다.[178] 하지만 어째서 이 전형적인 유럽 국제법이 일종의 '국제법'으로 전환될 수 있었을까, 즉 유럽 바깥에서도 규범 체계로 인정받을 수 있었을까? 이에 대해 두 가지 초보적인 답안을 내놓을 수 있을 것이다. 우선, 계몽운동의 역사 관점 및 그 자연법 관념이 형식주의적 주권 개념에 보편주의적 기초를 제공해 주어, 국제법을 인도주의의 국제 관계 영역에서의 표현(이른바 인도주의와 상호 존중 원칙의 실현)으로 간주함으로써, 이를 순전히 현대적인 현상이라 여기게 된 것이다.[179] 이 전형적인 규범적 서술은 실질적 불평등 관계를 형식적 대등 관계로 대체하고, 이 형식적 대등 관계를 조공 관계와 같은 기타 지역의 규범 체계와 대립시킴으로써, 제국주의 행위에 구실을 제공해 주었다.[180] 다음으로 19세기 이래로 수많은 식민 국가 혹은 피침략 국가들은 상술한 계몽주의의 보편 권리의 구호를 받아들여, 민족 해방 운동과 반식민 투쟁을 통해 민족 자결을 실행하고 주권국가를 건립함으로써, 일정한 정도와 범위 내에서 상술한 형식주의적 주권 개념에 어느 정도의 실질적 내용을 부여했다. 후자의 의미에서 봤을 때, 당대 세계의 '주권' 범주는 이미 유럽 국제법 규정의 산물이라고 단순화시킬 수 없으며, 그것은 식민주의 반대, 피압박 민족의 민족자결 추구 과정 중의 역사적 경험과 성과를 포함하고 있다. 따라서 국제법 체계가 지니고 있는 유럽 중심주의에 대한 비판은 당대의 주권 개념에 대한 전면적 부정으로 단순화되어서는 안 된다.

19세기의 맥락 속에서 유럽과 아시아·아프리카 국가 사이의 조약은 유럽이 추진한 제국주의 정책의 산물이며, 따라서 이들 조약의 규범적 기초로 삼았던 국제법은 사실 유럽의 국제법일 뿐이었다. 계몽주의의 보편주의 관점으로부터 더욱 주류적인 유럽 중심주의 서술로 우리의 시선을 옮겨 본다면, 이 점은 더욱 분명해진다. 더욱 주류적인 관점에 따르면, '국제법'에는 서로 다른 문화와 사회가 국제 관계를 처리할 때 취해야 할 원칙들 사이의 대화와 논의가 포함되어 있지 않으며, 그것은 철두철미하게 '서양적' 혹은 '유럽적'인 것이었다. 영국 법학자 로렌스Lawrence는 그의 『국제법 원리』(The Principle of International Law)에서 다음과 같이 말한다.

> 국제법은 고대 서양의 그리스, 로마에서 발생했는데, 이후로 점차 유럽 영토의 밖에 있기는 하지만 서구 문명을 받아들인 국가들에도 확산 시행되었다.[181]

이 말은 이중의 함의를 지니고 있다. 첫째, 국제법은 유럽인의 독창적인 것일 뿐만 아니라, 유럽 바깥에서도 시행되었는데, 그 전제는 '서구 문명을 받아들인 국가'라는 점이다. 둘째, 국제법은 민족국가의 산물이 아니라, 초기 그리스와 로마 제국의 법률 질서로부터 나온 것이다. 로렌스는 또한 유럽 영토 바깥의 국가가 왜, 그리고 어떻게 서구 문명을 받아들였는가에 대해 언급했다. 다른 일부 서구학자들은 다음과 같이 단언한다. 국제법은 기독교의 산물이며, 중국 문명과 같은 다른 문명들에서는 국제법이 출현할 수 없다고 말이다.[182] 1905년 라사 오펜하임Lassa Oppenheim은 그의 책 『국제법』(International Law)에서 다음과 같이 논증한다.

평등한 주권국가 사이의 법률로서, 이들 국가의 공동 인정의 기초 위에 세워진 국제법은 현대 기독교 문명의 산물이다.[183]

그의 견해에 따르면, 국제법은 독립국가와 독립국가의 공동체가 출현한 17세기 유럽의 현실 속에서 탄생했다. 국제법 규칙의 확립과 기독교 사이에는 확실히 역사적 연관성이 존재한다. 중세 유럽은 동일성을 갖춘 정치 단위로 구성되어 있지 않았으며, 그 정치 판도는 상호 교착되어 서로 다른 군신·종속 관계, 비대칭의 주권, 불규칙적인 엔클레이브enclave* 등이 존재하고 있었다. 이런 상황에서 정식 외교 관계는 생겨날 수 없었다. 왜냐하면 그들 사이의 일치성 혹은 대등 관계가 존재하지 않았기 때문이다. "모든 사람을 묶어 낼 수 있는 라틴어 기독교 세계라는 개념은 각종 충돌과 결정에 하나의 보편주의적 틀을 제공해 주었다. 이는 각종의 이질적인 특수주의적 정치 단위에게 있어 불가결한 대응체였다." 이와 같은 봉건적 피라미드 구조는 문예 부흥 시기에 중앙집권화된 군주국으로 병합됨으로써, 국가 간에 압력을 행사하고 교류를 추진하는 대사관, 상설 외교 기구, 비밀 외교 통로 등과 같은 정식 체계를 탄생시켰다.[184] 수많은 평등한 독립국가들의 출현과 함께, "만민법(Law of Nations: 원문에는 '民族法')은 이제 일종의 필요조건이 되었다." "이미 이 법률의 수많은 원칙이 많건 적건 간에 그로티우스의 원리에 들어가 있거나 나타나고 있고, 이미 그로티우스의 체계가 당시 국제 관계 대부분의 법률적 기초를 제공하고 있었기 때문에, … 그로티우스의 저작은 세계적인 영향력을 획득했으며, 이로 인해 그는

---

* 엔클레이브(enclave): 월경지(越境地), 비입지(飛入地) 등으로도 불리기도 하는데, 이는 어떤 나라의 본토에서 떨어져 타국의 영토에 둘러싸여 있는 고립된 영토, 즉 A국 국경 내에 있지만 B국에 예속된 영토를 가리킨다.

바로 '만민법의 아버지'로 여겨지게 되었다."[185] 독립국가 체제의 출현은 전통 유럽 제국의 와해를 수반했는데, 이 과정 역시 유럽 '근대'의 발생이라 간주될 수 있으며, 따라서 유럽 내부 정치 관계의 변화는 일종의 근대화 과정이라 볼 수 있을 것이다. 그런 의미에서 상호 승인을 지표로 하는 실증주의적 국제법 관념과 계몽주의적 국제법 관념 사이에는 사실상 내재적 역사 관계가 존재했으며,[186] 이는 기독교 문명 혹은 유럽 계몽주의의 틀 안에서 국제법에 유럽 근대성 비전vision을 구축해 주었다.

바로 이로 인해 19세기에도 이 보편주의적 국제법 체제는 여전히 일종의 지역적 법률 체제였으며, 전 지구적 범위에서는 대다수 인구와 지역이 이 체제를 인정하지 않았다. 사실상 1844년에 이르러 미국인들은 부정적인 방식으로 중국 사법권의 자주성과 서구 법률 사이의 경계를 인정했다. 바로 그해에 '망하조약'望廈條約의 미국 측 담판 대표인 쿠싱Caleb Cushing은 미국인과 중국인 사이의 폭행 사건을 처리하게 되었는데, 그는 중국 측에 범인을 넘겨주기를 거부하고, 미국 법률에 따라 심판하겠다는 입장을 견지했다. 이 안건은 중국인에 의해 기소된 미국인에게 진행된 법률 심판에 관한 선례가 되었다. 1844~1845년의 미국 「상원 문건」(제2차 의회 제28차 회의 문건 제58호)에는 쿠싱의 다음과 같은 논평이 실려 있다.

어떤 상황에서도 미국은 자국민의 신변과 자유에 대해 진행되는 법률 심판에 있어서 외국에게 어떠한 양보도 해서는 안 된다. 이 국가가 우리 국제 사회의 일원일 경우, 즉 다시 말해서 기독교 국가인 경우를 제외하고 말이다.

기독교 국가가 조약을 통해 긴밀히 단결할 때, 이 조약은 반드시 피차간의 권력, 상호 의무에 대해서 규정해야만 한다. 그들은 자신들 가운데 널리 인정받거나 보편적으로 받아들여지는 일부 기독교 신조와 관례에 대해서는 익숙하며, 이것들은 기독교 국가 공통의 법규로 부를 수 있다. 그렇지만 이들 법규는 사실상 기독교 국가의 법규일 뿐이다. 왜냐하면 그것들은 그 어떤 이슬람 혹은 이교도 국가에서도 잘 알려지거나 인지되고 있지 못하며, 이런 국가들이 오히려 지구상의 대부분 지역을 차지하고 있기 때문이다.[187]

쿠싱은 중국과 기타 지역이 기독교 국가의 국제법규를 승인하지 않는다는 사실을 인정하면서, 또한 이들 비기독교 국가가 지구상 대부분의 지역을 차지하고 있다는 사실에도 주의를 기울이고 있다. 따라서 기독교 국가 간의 조약과 법규는 하나의 안과 밖이 분명한 세계 관계, 즉 기독교 세계와 비기독교 세계 혹은 이교도 세계와의 구분 위에 세워진 것이었다. 치외법권의 개념은 바로 이를 전제로 한 것이었으며, 그것은 유럽 기독교 국가의 법률 규범의 경계에 대한 이해를 담고 있었다. 다만 '장기 20세기' 동안 비로소 유럽 국제법은 차츰 일종의 '유럽적' 혹은 '기독교적' 국제법으로부터 일종의 세계 질서로 확장되어 갔으며, 그것에 의해 준비되었던 규범적인 평등 국가 체제는 지배적 질서가 되어 갔다. 이 전환을 구성하는 두 가지 정치적 조건이 있었다. 첫째, 유럽 국가들은 기타 지역의 주권 단위들과 광범위한 조약 관계를 수립했는데, 이는 실질적으로 불평등한 국가 관계를 형식상 평등한 국가 관계로 전환시키는 역사적 조건을 제공해 주었다. 둘째, 식민주의와 자본주의가 세계적 범위로 확장됨에 따라 아시아·아프리카·아메리카 각지의 반식민 운동이 민족자결 운동과 건국 운동으로 전화되었으며, 이로 인해 유럽 국제법에 의해 확정되었던 상호 평등한 주권국가라는 개념이 전 세계에서 운용될 수 있는 국제 관계 준칙으로 확산되기 시작했다. 현대 세계의 주권 개념은 상술한 두 가지 운동의 결과였다고 할 수 있다. 여기서 짚고 넘어가야 할 지점은 유럽 주권 개념을 재구성하는 과정에서 민족 해방 운동이 일으켰던 작용에 관한 부분인데, 민족 해방 운동은 이 개념을 각 지역의 전통적 주권 형식들과 연계시켰다. 따라서 우리는 당대 세계의 주권 개념을 식민주의적 주권 개념과 완전히 등치시켜서는 안 될 것이며, 또한 당대 세계의 주권 개념 전체를 베스트팔렌의 주권 개념으로 환원시켜서도 안 될 것이다.

중국을 중심으로 하는 조공 체제, 이슬람 세계의 법률 체제, 그리고 기타 규범 체계 등과 마찬가지로, 16~18세기 유럽 국제법 역시 일종의 지역적인 보편주의 체계이다. 이런 관점에서 봤을 때, 19~20세기에 형성된 새로운 세계 질서는 확실히 일종의 특수한 예외이다. 만일 위원의 『해국도지』 속에 수록되었던 경선과 위선이 그어진 지구 전도를 전통 지도와 비교해 본다면 이 점은 더욱 확연해질 것이다. 이들 지도 사이의 차이는 중국 지도와 세계 지도 사이의 차이가 아니라 전통적 천하와 오늘날의 세계 사이의 차이이다. 이 특정한 전 지구의 형상이 없었다면 캉유웨이도 경선, 위선의 틀 속에서 대동 세계와 유학 보편주의를 구축해 낼 수 없었을 것이다. 『대동서』의 세계에 대한 구상은 지식의 전환과 이상적 청사진의 전환 간의 상호작용 관계를 매우 선명하면서도 전형적으로 보여 주고 있다. 아시아 국가에 대해서 말하자면, 유럽 국제법의 추진은 국가 간의 상호 약정이라기보다는 차라리 식민주의 정책의 강제에 의한 결과라고 말하는 편이 나을 것이다.

19세기의 청 왕조를 예로 들면, 우선 청 왕조는 하나의 자주적 정치 실체로서, 그 주권 혹은 통치권은 내부 통치의 합법성으로부터 나온 것이자, 역사 관계의 변화와 전승으로부터 비롯된 것이었다. (주자학과 경학을 포괄하는) 유학과 그 지도하의 법률 체계는 왕조의 합법적 이론을 구성했다. 다음으로, 세계에서 가장 강성한 왕조의 하나였던 청 왕조와 다른 국가들은 중국의 주권 합법성에 대해 의구심을 가져 본 적이 없었다. 청대에 제국은 복잡한 행정 권력·법률 시스템·영토권·국제 관계를 지니고 있었기에, 중국의 주권 합법성이란 수많은 학자가 제기한 바 있는 동아시아 조공 체제를 가리킬 뿐만 아니라, 17세기 이래로 러시아 및 기타 유럽 국가들과 체결한 일련의 쌍방 간 조약을 가리키기도 한다. 따라서 유럽 국가가 유럽 국제법을 이용해서 그들의 주권 개념을 팔아먹으려 했을 당시, 주권의 함의는 청이 합법적 통치 실체인지 아닌지의 여부를 가리키는 것이 아니었으며, 또한 그것이 서구 국가의 승인을 받은, 조약 체결의 능력과 권위를 지닌 주체인지 아닌지 여부를 가리키는 것도 아니었다. 아편전쟁 후의 역사 맥락 속에서 유럽 국제법의 진정한 기능은 '승인 관계'를 가지고 청 왕조를 핍박해 유럽 주도의 세계 질서에 승복하도록 만드는 근거로 삼고자 하는 것이었으며, 또한 전통적인 동아시아 지역의 규범 체계─조공 체제─를 낙후되고 불평등한 체계로 폄하하기 위한 것이었다. 그런 의미에서 형식상의 평등한 주권 개념은 군사 정복 및 불평등 무역과 밀접한 관계에 있었으며, 결국 불평등조약의 형식으로 확정되었다. 바꿔 말해서 중국의 주권국가로서의 지위는 일종의 왜곡된 형식─즉 불평등 조약의 형식─에 의해서만 성립될 수 있는 것이었다. 여기서 역설이 발생한다. 한편으로 서구 국가는 중국을 압박해 해관과 통상 항구를 설립하고 땅을 할양받고 배상을 받는 등, 매우 엄중히 중국의 내부 주권(홉스적인 의미)을 침해했지만, 다른 한편으로 이러한 내부 주권 훼손은 동시에 중국에 하나의 독립 국가로서의 사법 주권을 부여해 주었다. 즉 중국의 국제 사법 주권에 대한 승인은 국내 주권에 대한 파괴와 폄하를 전제로 한 것이었다. 복종 관계의 형성이 주권의 확립과 등치되고, '자유 무역' 혹은 토지 할양과 배상이 근대적 주권 개념의 역사적 전제가 되었다는 사실은 하나의 역사적 아이러니이다.[188]

따라서 우리는 유럽 식민주의 시대의 특징을 다음과 같은 두 가지로 개괄해 볼 수 있을 것이다. 첫째, 유럽 식민주의는 국제법을 기준으로 해서 일종의 패권적 국제 관계의 구조를 세웠으며, 이를 기초로 해서 식민주의자의 이익에 유리한 무역·식민·외교 관계를 시행했다. 둘째, 이 목적을 달성하기 위하여 자신의 기준에 따라 착취하고 있는 대상을 형식상 평등한 주체로 구성해야만 했다. 이른바 불평등조약의 함의는 상술한 두 가지 상호 모순된 측면을 포함하고 있었다. 한편으로 조약 관계에 따라 조약 체결의 쌍방이 모두 주체가 되므로, 조약 체결에 참여한 왕조, 도시국가, 정치 실체는 이런 의미에서 모두 주권국가였다. 다른 한편으로는 이런 정치 실체를 주체(주권국가)로서 구성하는 유일한 목적은 그들에게 내부 이익의 양도를 위한 합법적 전제를 부여하기 위해서였다. 승인 관계 속의 주권이란 주체 간의 평등한 관계가 아니라, 계약 형식을 통해 합법적으로 주변 지역의 자원과 노동력을 착취하기 위한 합법적 조건이었던 것이다. 만약 15세기 말에 시작된 유럽 식민 확장과 식민 통치가 없었고, 식민주의가 세계적 범위에서 불러일으켰던 저항이나 유럽 신형 국가 간의 충돌과 살육이 없었다면, '유럽 국제법'이 보편주의적 국제법으로 나아가는 국제법적 과도기도 나타나지 않았을 것이다. 식민주의 사학은 일찍이 아편전쟁을 자유무역과 쇄국의 충돌이라고 해석해 왔지만, 수많은 연구가 다음과 같은 사실을 입증하고 있다. 아편전쟁은 열강이 중국을 그들이 조종하는 국제 무역 관계 속으로 끌어들이려는 과정에서 발생한 것이며, 이 전쟁을 촉발시킨 조건 가운데 하나가 바로 국제적 왕래 속에서의 중국 법률과 영국 법률의 충돌이었다.[189] 따라서 아편전쟁은 무역과 법률의 이중적 관계 속에서 해석될 수 있을 것이다. 무역의 각도에서 보면, 서구 국가는 본국의 공업 상품을 가지고 백은과 교환하고 이를 등가물로 삼아 중국과 찻잎 및 생사 무역을 진행시킴으로써, 중국−유럽 무역에서의 백은 유출 문제를 완화하고자 했다. 그들의 시도가 성공을 거두지 못하자, 이를 바꿔 다각 무역 관계와 다각 결산 방식을 이용해서 목적을 달성하고자 했다. 하마시타 다케시는 다음과 같이 말한다.

> 영국−인도−중국의 삼각 무역 관계를 구성하는 중요한 한 축인 아편 무역은 실질적으로 일종의 밀수 무역으로, 중국 연해에서 진행된 아편 교역은 백은만을 지불 수단으로 사용해서 거래가 이루어짐에 따라, 중국의 백은 수요량 증가와 백은 가격의 상승을 가져왔다. …아시아와 서구가 주로 찻잎과 백은을 통해서 진행시켰던 대응적 무역의 역사를 살펴보면, 아편전쟁이 이 양자

관계의 연장선 위에 있으며, 서구가 자꾸 다각 무역 속에서 아편 무역을 합법화하고 찻잎 구매 시장을 확대시키고자 한 시도로 인해서 발생한 것이었다고 설명할 수 있을 것이다. …'자유무역'의 주장은 결코 영국 근대 산업자본가 계층만이 독점했던 단어가 아니며, 동시에 지방 무역 상인이 자신의 이익 실현을 위해 사용했던 유행 구호였다.[190]

하지만 이 무역 충돌의 결과는 결국 법률과 주권 범주 속에서 드러난다. 1839~1840년 이후 수차례의 전쟁과 담판 기간 동안, 유럽 열강들은 '국제공법'을 가지고 밀수 무역 및 중국 영토와 주권에 대한 침해를 합법화하고자 애썼다. 1842년 8월 29일에 조인된 '남경조약'은 아편전쟁(1839~1842)의 실제 목적(중국 영토를 영국 무역에 개방하도록 강제하는 것)과 장기적 결과(중국을 유럽 국제법 규범하의 불평등 주권 체제 속으로 편입시키는 것)를 아주 명확히 명시하고 있다.

아편전쟁 이후 중국과 유럽 국가들이 체결한 각 조약은 중국의 주권과 이권에 대한 침해일 뿐만 아니라, 중국을 중심으로 하는 조공 체제 및 그 규범에 대한 무자비한 타격이었다. 태국·미얀마·티베트에 대한 영국의 침략·조종·침입, 베트남·캄보디아에 대한 프랑스의 통제, 신강과 동북에 대한 러시아의 침입 등은 원래의 조공 네트워크를 파괴했을 뿐만 아니라, 또한 조공국 혹은 조공 지역 내부의 분리 독립 움직임을 조장했다. 유럽 조약 체제의 확장 속에서 조약 체제에 담겨 있는 형식상의 평등한 국가 관계는 조공 지역 내부의 민족주의에 이론적 전제를 제공해 주었다. 주의할 점은 1884년 청불전쟁과 1894~1895년 청일전쟁이 청말 사대부에게 주었던 심리적 자극은 아편전쟁을 능가하는 것이었는데, 이는 뒤의 두 전쟁이 중국과 프랑스, 중국과 일본의 쌍방 간의 전쟁에서 그치는 게 아니라, 중국 조공 체제 및 그 규범의 철저한 와해에까지 미치는 것이었기 때문이다. 전자는 중국과 가장 가까운 조공국인 베트남과의 관계와 관련이 있었고, 후자는 또 다른 가장 가까운 조공국인 조선의 지위, 그리고 조공권 내에 있으면서도 특수한 지위를 지니고 있던 일본과 중국의 관계와 관련이 있었다. 캉유웨이의 기술에 따르면, 『대동서』의 구상은 1884년 청불전쟁의 자극으로부터 시작되었는데, 그가 정치에 발을 들여놓게 되는 최초의 글인「상청제 제1서」上淸帝第一書에서 중국의 위기에 대해 다음과 같이 서술한다. "류큐가 멸망하고 베트남·미안마를 잃어 양 날개가 모두 잘린 형세이니, 장차 내지에까지 미치게 될 것입니다. …일본은 조선을 도모하려하고, …영국은 티베트를 부추기고 있으며, …러시아는… 중국의 성경盛京으로 몰려들고 있습니다."[191] 세계 질서를 재편하려는 힘과 조공 체제의 위기 사이에는 밀접한 관계가 있음을 볼 수 있다. 일찍이 1882년 조선 정부가 영·미 각국과 통상 조약을 체결한 사건은 이미 청 왕조 정부를 불안하게 만들고 있었다. 마건충馬建忠은 이 일로 조선에 사신으로 갔는데, 그의 출사出使 기록 속에서 우리는 조선이 청 왕조 몰래 멋대로 영·미 등의 국가와 조약을 체결한 것에 대한 그의 분노를 읽을 수 있다. 마건충은 조선이 대외 조약 속에서 "청나라의 속국이므로 우리 청나라와는 기존의 번속 관계이며, 또한 저 영국·미국과는 평등한 관계임"을 명확히 밝힐 것을 요구했다.[192] 청불전쟁 기간 동안 청의 사절 정관응은 시암이 수년간 중국에 조공하지 않은 것과 함께 화교華僑 상인에게 인두세를 징수한 것을 책망하고, 시암에게 청불전쟁에서 베트남을 원조하여 조공 체제 내부의 책임을 다해 줄 것을 요구했다. 이로 보건대 유럽 국가들의 아시아에서의 식민 전쟁과 침투의 결과는 전쟁 하나의 승부 문제가 아니라, 원래의 조공 체제와 규범 질서 와해의 문제였던 것이다.

청일전쟁과 뒤이어 조인된 '시모노세키조약'(일본어 '下關條約', 중국어 '馬關條約')은 청말 사상사에서 극히 중요한 전환점이었다. 우선 청일 간의 충돌은 일본의 조선에 대한 침략과 청 왕조의 종주국으로서의 조선에 대한 보호권 행사 간의 충돌에서 비롯되었다. 따라서 전쟁의 실패는 곧 중국 자체에 대한 타격이었을 뿐만 아니라, 원래의 조공 관계 네트워크의 파괴였다. 명 만력 20~26년(1592~1598) (도요토미 히데요시를 수장으로 하는 막부가 일으켰던) 조선의 임진왜란을 참조해 본다면, 청 왕조가 일본의 침입에 대한 조선의 항거를 돕는 것은 일관된 조공 모델을 따른 것이며, 따라서 청 왕조에게 있어서 전쟁 자체가 조공 체제를 유지하기 위한 필수적 행보였음을 명확히 알 수 있다. 다음으로 설사 일본이 이른바 조공 관계 속에서의 지위가 매우 특수했고 완전한 주권국가의 지위를 누렸다고는 하지만, 청 왕조의 예의 질서라는 관점에서 봤을 때, 청일전쟁은 두 평등 국가 간의 전쟁이었고 전쟁의 결과 역시 두 국가 간의 승부의 문제였을 뿐만 아니라, 또한 전체 조공 체제의 상징적인 지속 유지 가능 여부의 문제이기도 했다. 캉유웨이는 「상청제 제2서」上淸帝第二書(즉 유명한 「공거상서」公車上書)에서 '시모노세키조약' 공포 이후의 사회적 충격을 다음과 같이 묘사하고 있다. "일본과의 평화조약에서 봉천奉天 연안 지역 및 타이완을 할양하고, 거기에 군비 2억 냥을 보상해 주며, 소주蘇州·항주杭州와 통상할 수 있도록 했다고 들었습니다. 『상해신보』上海新報를 보니 천하가 충격을 받아, 온 나라 안의 쟁론들은 놀랍고 당황스러운 것뿐이라 합니다. 또한 타이완의 신민들은 조약의 칙명을 따르지 않고 청 왕조를 받들려 한다고 들었습니다." 그는 특히 다음과 같이 경고한다. "생각건대 타이완 백성들을 버리는 일은 작은 일이지만 천하의 백성이 흩어지는 것은 큰일이며, 땅을 할양하는 것은 작은 일이지만 나라를 잃어버리는 것은 큰일이라 사료됩니다. …어찌하여 타이완 백성을 버리는 것이 곧 천하를 흩어 버리는 것이라 했겠습니까? 천하는 우리 왕조를 조정으로 섬기고 있지만, 조정이 타이완 백성을 버릴 수 있다면, 곧 자신들도 버릴 수 있을 것이라 여길 것입니다. 일단 변고가 생겨 차례로 할양해서 포기한다면, 결국에 대청의 백성을 보전할 수 없을 겁니다."[193] 타이완 할양은 조정의 군사적 실패의 상징일 뿐만 아니라, 합법성의 위기를 의미하는 것이기도 했다. 이는 일종의 밖으로부터 안으로의 위기감, 일종의 체제 붕괴에 대한 예감이었다. 청불전쟁, 청일전쟁 등 일련의 실패로 조공 체제 속에서의 중국의 지위는 뿌리부터 흔들리게 되었을 뿐만 아니라, 조공 체제 자체도 그와 함께 완전히 와해되었다. 유럽 국제법이 준비해 놓은 형식상의 평등 주권 개념은 한편으로는 지역 내부의 조공국들에게 민족주의라는 새로운 규범을 제공해 주었고, 다른 한편으로는 일본 등의 국가가 형식상의 평등 주권 개념을 가지고 원래의 조공국들과 불평등조약을 체결하는 데 도움을 줬으며, 더 나아가 아시아 국가들에 대한 식민 전쟁과 침략에 근거를 제공해 주었다. '유럽 국제법'은 직접적으로는 불평등조약의 체결과 원래 조공국들의 조공 체제로부터의 이탈에 대한 고무라는 이중의 형식을 통해 스스로를 보편적 법칙으로서 확립시켰으며, 그에 따라 원래의 조공 관계와 그 보편 규범은 더 이상 '보편 규범'으로서 인정받지 못하게 되었다. 바로 이런 점에서 조공 체제의 붕괴는 내외 상호작용의 산물이었던 것이다.

1884년에서 1895년 사이에 비록 청 왕조가 아직 와해된 것은 아니었지만, 중국의 제국 체제는 붕괴의 길을 걷고 있었다. 이 체제의 붕괴는 또한 동시에 보편적으로 인정되어 오던 법률과 예의 규범의 종말이었으며, 이는 유학 보편주의 및 그 세계 질서관의 재구성을 위한 기본 동력과 필요성을 제공해 주었다. 유럽의 확장은 군사와 무역의 확장만이 아니라, 신형 국가 체제의 확장, 이러한 신형 국가 체제를 조절하고 통제하는 규범의 확장, 그리고 이러한 체제의 합법성과 관련된 지식의 확장이었다. 바로 그런 의미에서 청 왕조가 직면한 위기는 군사력·경제력 대결의 위기였을 뿐 아니라, 도덕 체계와 지식 체계의 위기이자 광범위한 합법성의 위기였다. 만일 유럽 국제법 및 그 형식상의 평등한 주권국가 등의 개념이 아시아와 기타 지역에서의 유럽 국가의 식민과 통제에 합법성을 제공해 주었다고 한다면, 기존의 차등적 조공 체제를 뛰어넘는 새로운 보편주의적 비전 없이는 이러한 유럽 패권의 법률과 예의 규범에 대항하거나 거부할 수 없었다. 따라서 시대에 맞지 않는 제국 시대의 조공 모델을 초월하는 것과 유럽 특수주의적 보편주의를 초월하는 것은 상호 중첩된 문제였다. 이러한 이중의 딜레마로부터 청 왕조가 형성시켜야만 했던 것은 이중적인 구조의 제도 체제였다. 한편으로는 민족국가 체제로의 진입을 통해 원래의 제국 체제를 주권국가 모델로 개조하면서, 또 한편으로는 원래의 조공국들에 대해 주권국가로서의 신분과 평등한 지위를 인정하고, 중국을 그러한 국가 체제 속에 위치시키는 것이었다. 전자가 제국 내부 체제의 합리화와 동질화를 요구한다면, 후자는 원래의 조공 규칙을 수정하고 자기중심적 세계관을 고칠 것을 요구했다.

3. 『춘추』·『주례』와 국제법

중국의 경우, 베스트팔렌조약에서의 주권 개념은 간섭 및 침략과 밀접한 관련이 있었지만, 바로 이러한 간섭과 침략에 의존한 주권 개념은 주권 승인(즉 내정 불간섭)을 주권의 전제로 삼고 있었다. 조약 체결의 과정은 항상 식민지를 넓혀 가는 국가와 아직 승인을 얻지 못한 주권 단위 사이에서 발생하게 되므로, 조약 체결 자체에는 하나의 기본 전제가 존재한다. 즉 내부 정치 권위와 지속된 역사 전통을 근거로 하는 실질적 주권 개념을 승인하는 것이다. 베스트팔렌조약에서의 주권 개념은 중국(및 기타 지역)의 주권 함의를 완벽하게 설명해 주지는 못한다. 부분적으로는 중국 스스로가 국제법 질서에 복종하도록 하기 위한 것이었고, 부분적으로는 서구 사회 내부의 종족적 편견에 대한 비판이었다. 이 때문에 서구 정부의 사업을 도왔던 일부 선교사들은 국제법의 주권 승인과 중국 전통 법률 예의의 토대 사이에 다리를 놓고자 애를 썼으며, 중국 주권을 식민주의 세계 체제 속에 편입시킴으로써 새로운 관계를 확립하고자 했다.[194] 19세기 후반부터 일부 서구 선교사와 법률사가들은 새로운 개념, 즉 '중국 고대 국제공법'이라는 개념을 사용하기 시작했다.

이들 선교사는 어째서 중국 전통에 대한 재해석이라는 방식으로 국제법을 보급시키려 했을까? 19세기 이전까지 예수회는 중국 법령에 복종하고 중국 풍속에 순응하며, 중국어와 문화를 배워 과학 지식을 전파하는 방식을 통해서 중국 관리와 사대부를 끌어들였다. 이 과정은 무력적인 선교와는 다른 몇 가지 결과를 낳았다. 첫째, 서구의 지식과 중국의 문화·습속을 연결 지음으로써, 유학이나 기타 전통 방식을 가지고 종교적 교의, 서구 법률·문화, 자연 지식 등을 해석했다. 둘째, 점차 선교사는 중국 조정 및 사대부와 밀접한 관계를 형성해 나갔으며, 내부적 전환을 통해 교의와 기타 유럽 지식을 보편화하는 효과를 달성했다. 셋째, 일부 선교사는 중국의 문화로부터 모종의 문화적 매력과 전통의 유구함을 경험하고서 유럽 사회 내부의 종족적·문화적 편견을 깨닫게 되었으며, 유럽 문명과 중국 문화를 연결시키고 더 나아가 계몽주의적 보편주의 신념과 호응시키고자 시도했다. 넷째, 유럽의 세계적 확장과 더불어 유럽 국제법의 운용 범위가 이미 유럽 국가를 넘어섬에 따라, '기독교 국가 간에 운용되는 국제법의 보편적인 적용 가능성을 어떻게 설명할 것인가?'—즉 '어째서 유럽 국제법을 '문명국가'(기독교 국가)의 형식을 아직 채용하지 않은 국가 혹은 지역에도 적용할 수 있을까?'—가 유럽 사회의 국제법에 관한 토론에서 중요한 문제가 되었다. 바로 상술한 배경하에서 17~18세기에 수많은 유럽 선교사들이 중국 법률 지식을 대거 소개했는데, 예를 들자면 12살 때(1792) 이미 아버지를 따라 매카트니 사절단의 중국 방문 때 따라간 적이 있는 조지 토마스 스톤튼George Thomas Staunton(1781~1859)은, 1800년부터 『대청율례』大淸律例를 번역하기 시작하여 1810년 런던에서 출판했다. 당시 『애딘버러 리뷰』Edinburgh review는 여러 편의 평론을 발표하여 이 번역 작업에 대해 높이 평가했다. 이는 선교사 문화와 계몽운동의 지식 전통의 영향에서 근대 유럽이 중국의 법률 전통에 대해 일정 정도의 인식을 지니고 있었음을 보여 준다. 1894년 『한린논문집 제2집: 중국의 역사와 철학 그리고 종교에 관한 에세이』(Hanlin Papers, Second Series: Essays on the History, Philosophy, and Religion of the Chinese)의 서언에서 미국 장로회 선교사인 윌리엄 마틴William Martin은 중국과 서구 고대—특히 그리스 로마—를 연계시키는 방식을 통해 자신의 연구 목적을 설명했다. 그리고 로마 제국 및 기타 유럽 지역과 중국 사이의 장기간에 걸친 교류의 역사를 논증한 이외에도, 그는 인도인과 유럽인의 종족상의 연계를 논증했던 막스 뮐러Max Müller의 비교 문헌학을 사례로 삼아, 중국 언어와 인도·유럽어계 사이의 더욱 이른, 그리고 더욱 기본적인 연계를 설명하고자 시도했다.[195] 이는 또 다른 종류의 이하夷夏 상대화 관념이었다. 또한 이 논문집에는 「플라톤과 공자」, 「데카르트 이전의 데카르트 철학」 등의 논문을 수록하고 있을 뿐만 아니라, 중국 고대의 국제법 및 외교에 관한 논문도 포함하고 있다.[196] 또 다른 유럽 선교사로, 벨기에의 신부이자 벨기에 중국학회 회장이며 남양대학南洋大學 교수인 벤히Ven Hee는 일찍이 중국에 20년간 거주한 바 있다. 그는 『춘추국제공법』春秋國際公法이라는 제목의 프랑스어 저작의 서언에서 중국에 국제법이 존재했다고 주장하는데, 그 기본 근거는 다음과 같다. 첫째, 고대 중국은 국제공법 학설을 지니고 있었을 뿐만 아니라, 실질적인 법규를 지니고 있었다. 둘째, 춘추 시대는 풍부하면서도 완벽한 국제법 사상 및 예증을 제공해 주었는데, 예를 들자면 각국이 외교 관리를 두어 외래 상인의 관리 및 우호 통상 조약을 요구하는 타국의 사절을 상대했다. 셋째, 고대 중국은 국제법 탄생의 근본 원칙을 갖추고 있어, 실질적인 독립 평등 국가가 있었으며, 또한 공동 준수의 국제법규도 있었다.[197] 상술한 관점은 유럽 법학 분야에 분명 일정한 영향을 주었는데, 예를 들면 파리대학의 법학 교수인 루이 르 퓌어Louis le Fur는 국제법이 자연법칙에서 기원하므로 어느 지역에서나 국제법은 나타날 수 있으며 중국 역시 예외가 아니었다고 주장한다.

고대 중국은 이미 수많은 국제공법의 고상한 원칙을 갖추고 있었으며, 이러한 고상한 원칙은 유럽에서는 15세기 이후에야 흥성하기 시작했다. 예를 들면 국가 절대 자주설에 대한 비판, 국가 평등설, 국가 상호 협조설, 전쟁 정의설, 전쟁·약탈 배제설 등이 그것이다. 국가 상호 협조를 시행했기 때문에 각국은 일종의 특별 세칙을 세워서 타국의 기아·흉년, 수재, 지진 등의 환난에 대한 원조를 준비했다. 그러므로 이 국제공법의 고상한 원칙으로 보건대 중국 고대의 국제공법은 매우 완벽한 것이었음에 틀림없다.[198]

상술한 관점들은 유가의 예의·도덕과 제도·법규 사이의 내재적 연계를 이용하여, 각기 다른 측면에서『주례』,『춘추』, 기타 역사 전적 가운데 나타나는 국가 및 조공 관계의 처리에 관한 몇몇 원칙과 특징들에 대해 주목했다.

'중국 고대 국제공법'이라는 관념은 아편전쟁 이후 서구 식민주의자의 논리와는 달랐다. 제1차 아편전쟁의 24년 뒤인 1864년에 헨리 휘튼 Henry Wheaton의 원저原著『국제법의 요소들』(Elements of International Law)을 당시 동문관同文館 총교습을 맡고 있던 윌리엄 마틴과 여러 명의 중국인들이 중문으로 번역하여『만국공법』萬國公法을 출판했다. 1858년 마틴은 '천진조약' 담판 기간 동안 미국 공사 윌리엄 리드William B. Reed의 통역을 맡았는데, 이 뒤로 또한 대고구大沽口에서의 군사 충돌로 인해 영불 연합군과 청말 정부가 외교적 담판을 할 때도 통역을 맡았다.[199] 미국인이 국제법의 번역과 소개를 맡게 되었던 데에는 일정 정도 필연성이 작용했다. 왜냐하면 아편전쟁 시기 미국은 직접적으로 영국의 군사적 행동에 개입되어 있지 않았으며, 또한 중국의 주권 유지를 지지했기 때문이다. 마틴이 동문관 총교습을 맡고 있던 시기는 바로 안손 벌링게임Anson Burlingame이 주중 공사를 맡던 시기(1861~1867)에 해당하는데, 그는 청 조정과 밀접한 관계를 유지하고 있었다. 청 왕조와 일반 사대부들은 미국 국내에 이미 중국인 배척의 풍조가 일고 있음을 알지 못했지만, 미국 선교사의 중국 문화에 대한 편견이야말로 바로 이러한 풍조의 시발점이었다.『만국공법』의 번역은 임칙서가

1839년 스위스 법학자 바텔Emmerich de Vattel(1714~1767)의 『국제법』(원제 Le Droit des Gens)을 번역하도록 했던 이후로 국제법을 중국어로 번역하고자 한 또 한 번의 시도였지만 양자의 목적은 전혀 달랐다. 마틴 스스로는 번역 동기 가운데 하나가 "중국에 이러한 저작이 빠져 있는 점에 주목했기 때문"이었다고 말했지만, 이러한 동기의 배후에는 물론 보다 중요한 동기가 작용하고 있었다. 첫째는 실제적인 동기인데, 즉 유럽 국제법을 기준으로 해서 중국과 서구 사이의 왕래의 규범을 세우는 것이었다. 둘째는 이념적인 동기였는데, 유럽의 자연법 원리를 보편화함으로써 중국인에게 이 보편주의 원리의 전제하에서 유럽 '국제법'의 합법성을 받아들이도록 하기 위함이었다. 국제법과 '중국인의 정신'에 대한 선교사 마틴의 해석은 유럽 계몽주의적 색채가 더욱 강했다.[200]

4. 마틴의 '고대 중국 국제공법'

『만국공법』 번역 17년 후, 마틴은 중국 고대의 국제공법이라는 개념을 제시하게 된다. 1881년, 그는 독일 베를린 동양학협회(the Congress of Orientalists)에서 「고대 중국의 국제공법」(International Law in Ancient China)이라는 제목으로 강연했는데, 휘튼Wheaton, 울시Woolsey, 블룬칠리 Bluntschli, 그리고 기타 서양 법학 및 정치 이론가의 이론 등을 참조하여, 수만 단어의 편폭으로 '고대 중국의 국제공법'에 대해 논술했다. 이 강연문은 『더 인터내셔널 리뷰』the International Review(January, 1883)에 발표되었고, 후에 「고대 중국의 외교」(Diplomacy in Ancient China)라는 글과 함께 『한린논문집 제2집』에 수록되었다. 그의 강연문은 중국과 서구의 조약에 대한 언급으로부터 시작된다.

근래의 각 조약은 이미 국제법이라는 주제에 중국 정치가들이 주의를 기울이도록 했으며, 이 조약을 통해, 특히 항구적인 대사관과 같은 왕래 형식의 확립을 통해, 중국은 이미 서구 국가와의 더욱 가까운 관계 속에 편입되었다.

그들에게 있어서 이는 완전히 새로 배워야 하는 것들이며, 그 가운데는 과거 2천 년 역사 과정의 어느 단계에서도 그들의 선조들이 거의 상상할 수 없었던 관념도 들어 있다. 하지만 바로 우리가 증명하고자 하는 바와 같이, 그들은 자신들의 초기 역사 속에서 이 문제에 대해 어느 정도 답을 가지고 있었다.[201]

그가 북경 동양학회에서 했던 또 다른 강연문인 「고대 중국의 외교」의 시작 부분 역시 거의 같은 입장을 취하고 있다.

중국인에게 국제 외교는 일종의 새로운 기술이지만, 또한 그들이 독특한 경향을 보여 주었던 기술이기도 하다. 내가 보기에 우리가 막 시작하려고 하는 이 탐색은 다음과 같은 사실을 밝혀 준다. 그들에게 있어서 이는 차라리 잃어버린 기술의 부활이라고 봐야 할 것이다. 이 기술을 창조하는 과정에서 그들은 현존하는 그 어떤 국가들보다 훨씬 일찍부터 이 기술에 관한 우선권을 지니고 있었음을 주장할 수 있을 것이다.

유명한 주대周代에 성인의 출현과 함께, 그들의 저술은 제국의 사상을 지배했고, 외교 역시 이로부터 생겨났다. … 외교는 국가 간 교류의 기술이라고 정의될 수 있을 것이다. 그것은 평등의 전제하에서 상호 교류하는 국가의 존재를 가정한다. 이는 어째서 외교가 주대에 유행했다가 뒤이어 2천 년 동안 거의 사라졌는지, 그리고 어째서 마치 하나의 강물이 지하를 가로지른 뒤 다시 지면으로 올라오듯이 오늘날 다시 새롭게 부활하게 되었는지를 설명해 준다. 마치 예의가 개인으로 구성된 사회의 산물인 것처럼 외교는 국가로 구성된 사회로부터 나온 것이다. 외딴 섬에서 일생을 보낸 로빈슨 크루소가 우수한 교양 규범을 만들어 낸다는 것은 거의 있을 수 없는 일이다. 설사 그가 '탐험했던 모든 곳의 군주'였다고는 하지만, 그는 외교를 한 적이 없었다. 진나라의 승리는 이 지역에서 수많은 국가가 사라지도록 만들었다. …이는 외교의 죽음을 의미했다. 제국은 이 이후로 타타르의 사막으로부터 미얀마 국경에 이르기까지, 그리고 히말라야산맥에서 동해 연안에 이르기까지, 분할될 수 없는 존재가 되었다. 경쟁자가 없었고, 지구상에 평등한 적수가 없었다. 외교 사절이 다른 조정에 가서 그들의 비밀 사명을 수행할 필요도 없었다. 연맹도 더 이상 이뤄지지 않았다.[202]

문제는 명확했다. 하나의 천하 통일의 제국으로서, 중국은 외교도, 국제법도 없었으며, 마치 무인도의 로빈슨과 마찬가지로 고독한 군주였던 것이다. 다만 아편전쟁 이후로 중국과 서구 국가들이 차례로 조약을 체결하고 나서야 비로소 중국은 이 "공평하다고 불리는 문명 세계 공법이라 불리는 칼 아래에" 편입될 수 있었다. "이는 다른 국가들과의 평등 공존의 보조를 맞추도록 중국을 이끌었다. 지난 3세기 동안 줄곧 중국이 조공 방식에 따라 대우해 왔던 국가들과 말이다."[203]

도대체 어떤 방식으로 중국인들을 이 "문명국가들 사이의" 상호 승인에 의한 국제공법 체계로 들어가도록 만들었을까, 그리고 도대체 무슨 이유 때문에 중국이 기꺼이 중국과 구미 국가들 사이의 조약을 체결, 확인, 실현하게 된 것일까? 마틴은 우선 중국 역사를 유럽 역사에 대입시키는 방식으로 역사를 개괄했다.

그들의 근대사는 기독교 시대 2세기 이전부터 시작되었다. 우리의 목적에 따라 이를(지금의 중국 역사를 가리킴) 세 개의 시기로 나눌 수 있다. 첫째, 고대 로마와 카르타고 사이의 3차에 걸친 포에니 전쟁 시기로부터 희망봉을 경유하여 인도에 이르는 항로의 발견에 이르기까지. 둘째, 3세기 반 동안의 제한적인 무역 왕래의

시기. 셋째, 1839년의 이른바 '아편전쟁' 이후로 60년 간의 조약 시기.[204]

첫 번째 시기에 중국은 서양 세계를 뒤흔들었던 그 사건으로부터 거의 아무런 영향을 받지 않았는데, 마치 다른 별에 있는 것과 마찬가지였다. 두 번째 시기에 중국인들은 주요 근대 유럽 국가의 존재를 인식하기는 했지만, 유럽 국가의 다양성이나 이처럼 멀리 떨어져 있는 강력한 권력들의 중요성에 대해 충분한 인식을 갖지는 못했다. 세 번째 시기 동안, 수에즈 운하와 시베리아 철도의 개통은 중국과 그의 위협적인 이웃들을 연결해 주었고, 결국에는 그들이 유럽 국가의 군사력을 깨닫도록 만들었다. 이는 중국이 평등 국가 체계로 발을 들여놓게 되는 과정이었다. 이러한 역사 형세 속에서 유럽인은 중국을 어떻게 대했으며, 중국인은 또한 이 새로운 시대에 어떻게 적응해야만 했는가? 마틴은 베를린과 북경에서 행한 두 차례의 강연에서 그 길을 명시하고 있다. 국제법과 외교는 유럽인이 중국에 강제한 것이라기보다는 차라리 새로운 시대에 새롭게 부활한 중국의 전통이라고 말하는 것이 낫다고 말이다. 그의 글 속에서 공자는 노나라의 외교부 장관으로 그려지고 있을 뿐 아니라, 열국의 종횡가들 역시 직업 외교관의 모습으로 그려지고 있다. '봉건 이후의 유럽'과 '제국 이전의 중국' 양자는 시간상으로 2천 년을, 공간상으로는 수만 리를 사이에 두고 있었지만, 마치 가족과도 같은 닮은꼴의 국가 체제로 구성되어 있었다. 청말 이후 대부분의 주류 논술들과 마찬가지로 진·한 이후의 통일 제국 시대는 '근대'와는 상호 대립하는 역사 존재로 이해되고 있다.

마틴의 관점에 따르면, 과거 2천 년 동안 중국은 통일 대국으로서 국제법과 국가 간 외교를 형성할 이중의 조건, 즉 독립국가의 존재와 평등이라는 기초 위에서의 왕래라는 이중의 조건을 결여하고 있었다. 이런 관점은 중국을 하나의 국가가 아닌, 자족적이며 외부가 없는 세계 체제로 간주하는 것이다. 적어도 한·당·송·원·명·청 등 왕조의 풍부한 외교 실천을 놓고 봤을 때, 이런 관점은 역사적 근거를 제대로 갖추지 못했다. 상술한 마틴의 논점은 사실 또 다른 논점, 즉 진·한 이전, 특히 동주열국東周列國의 형세 속에서 중국이 풍부한 '국가' 문화를 지니고 있었다는 점을 논증하기 위한 것이었다. 첫째, 로마 제국으로부터 갈라져 나온 유럽 국가들과 마찬가지로, 주대의 분봉 국가들은 제국 분화의 산물로서 독립된 국가였다. 둘째, 이들 국가는 그리스 주변의 야만 부락들과는 달랐으며, 그들은 제국의 법률과 문명을 계승한 문명·평등 국가였다.[205] 셋째, 비록 그가 명확히 설명하지는 않았지만, 글에 전반적으로 일관된 논지는 전국시대의 혼란·전쟁·분립은 일종의 형식 평등(formal equality)적인 이성을 갖춘 국가 체제였다는 것이다. 공자는 예악·정벌이 천자로부터 나오지 못하게 된 국면을 예악 붕괴의 표지로 여겼지만, 유럽과 미국의 저술가들은 이런 국면에서야말로 '이성화'된 질서가 나올 수 있다고 보았던 것이다.

그런 의미에서 마틴의 해석은 전략적일 뿐만 아니라 또한 이론적이기도 했으며, 그것은 유럽 근대 이성주의의 가설에 뿌리를 둔 것이었다. 막스 베버는 그가 읽은 각종 선교사의 중국에 관한 기술들을 더욱 완벽한 이성화의 관점 속에서 고찰했기 때문에, 『유교와 도교』에서 주대의 열국 간 경쟁의 형세로부터 귀납시킨 정치적 이성주의를 쉽게 찾아볼 수 있다. 마치 기독교 국가 간의 전쟁과 이성의 관계와 마찬가지로, 주대의 정치적 이성 역시 국가 간의 경쟁·전쟁·협상·연맹 등의 권력관계로 귀결시킨다. 그가 보기에 주周 제국의 통일은 주로 '문화적 통일'을 의미하는 것이지, 가끔 거행된 제후들의 회합을 의미하는 것이 아니었다. 최고의 제사장으로서의 황제는 의식儀式상의 특권을 지녔지만, 이는 군사적 변란의 발생을 막을 수 있는 것은 아니었다. "마치 로마 제국의 주교가 종교 회의상에서 주석의 지위를 차지하고 있다고 주장했던 것과 마찬가지로, 중국의 황제나 혹은 그 사절 역시 제후의 회합에서 주석의 지위를 요구했으며, 이는 역사서 속에 자주 보인다. 하지만 매우 강대한 봉건 신하국이 강력한 왕실의 대리인(보호자)

역할을 맡던 시기에 이 권리는 무시되었다(하지만 경전 이론상으로 이는 예의를 벗어나는 행위였다). 이런 종류의 제후 회합은 꽤 자주 있었다."[206] 그런 의미에서 제후국 간 관계의 구성은 마치 기독교 국가 간의 관계와 마찬가지로 일종의 특수한 문명−야만의 구별을 전제로 했다. 이들 문명국가 간의 전쟁은 정치적 이성주의의 근원이 되었다. 베버는 다음과 같이 논술한다.

> 열국의 정치가 보여 주는 바는 실제로는 이와는 다르며, 차라리 대소 봉건 신하국 간의 무자비한 투쟁이었다. 작은 봉건 신하국들은 수시로 기회를 봐서 독립을 쟁취하려 했고, 큰 제후국들은 오로지 기회를 틈타 이웃 제후국을 병합하려고 했다. 역사서에 실린 기록으로 판단해 보건대, 결과적으로 그 시대 내내 온통 미증유의 피비린내 나는 전쟁으로 가득했다. 설사 그렇다 하더라도 이론상 아무런 의미도 없었던 것은 아니다. 확실히 그것은 문화 통일성의 중요한 표현이었다 할 것이다. 이런 종류의 통일성의 대변인은 문인, 즉 글과 문자를 아는 사람들이었다. 제후는 그들을 이용하여 합리적으로 통치함으로써 국력을 증강시켰고, 이는 인도의 왕과 제후들이 브라만을 이용한 것이나, 서구의 제후들이 기독교의 목사들을 이용했던 것과 마찬가지다. …전국 시기 정치 권력 쟁취를 위한 제후들의 경쟁은 그들 경제 정책의 이성화를 가져왔다. 문인은 이 정책의 집행자였다. 문인의 대표라 할 수 있는 상앙은 이성화된 내정의 창시자로 여겨진다. 또 다른 문인인 위염魏冉은 이성적인 국가 군대 제도를 만들어 내어 진나라가 이후 다른 나라들을 능가할 수 있도록 했다.[207]

마틴의 관점은 이 견해와 상호 참조를 이루고 있다. 그들은 실제로 모두 19세기 유럽 이성주의의 관점과 이성화 관념에 의해 구축된 제국−국가 이원론의 틀 속에서 중국의 역사를 바라보고 있었다.

유럽 국제법이 '문명국가 간의' 법률이라는 개념을 가정했다고 한다면, 주대의 공법 역시 '오랑캐'(蠻夷)의 범주까지는 적용되지 않았으며, 제후국 간의 법률은 내외 구분, 이하 구분의 기초 위에 세워졌다. 마틴은 주대와 로마 제국, 제후국가와 유럽 민족국가 사이를 성공적으로 연결 지었으며, 전국시대의 열국들에게 '문명국가 간', 그리고 '평등적'이라는 이 두 가지 특징을 부여하기 위한 전제를 제공해 주었다.

> 따라서 만약 우리가 이 시기의 역사로 되돌아가 이 제도의 토착적인 형태를 찾아보려 한다면, 우리는 곧 발견할 수 있을 것이다. 만일 제도 자체가 아니라 하더라도, 적어도 이런 제도의 존재의 증거라도 발견할 수 있을 것이다. 이미 말한 바 있듯이, 우리는 한 그룹의 국가를 발견했다. 그들 가운데 대다수가 마치 서구의 위대한 국가들의 확장과 마찬가지로, 종족·문학·종교를 가지고 스스로 응집시키고, 적극적으로 무역과 정치적 왕래를 시행해 왔다. 만약 국제법(jus gentium)이 없었다면, 이런 왕래 행위는 실현되기 힘들었을 것이다. 우리는 일정한 예의에 따른 사절의 교환 속에서 정교한 문명의 상징을 찾아볼 수 있었다. 우리는 엄숙하게 체결하여 '맹부'盟府라 불리는 곳에 안치시킨 조약을 발견할 수 있었다. 우리는 세밀한 연구와 실천을 통해 이루어진 권력의 균형학을 발견할 수 있었는데, 그것은 강자의 침략에 대한 통제와 약자의 권리에 대한 보호를 수행했다. 우리는 일정 정도 승인되고 존중되었던 중립의 권리를 볼 수 있었다. 마지막으로 우리는 또한 외교에 힘쓴 직업 계층을 찾아볼 수 있었다. 비록 그렇지만 실제로 그들의 외교는 마키아벨리 시대의 이탈리아의 외교 행위와는 다른 것이었다.[208]

공자, 맹자, 제자백가, 패관야사稗官野史, 특히 『주례』를 자세히 읽어보았던 마틴은 국제공법의 흔적을 발견했다. 사절의 교환, 조약의 체결과 보존, 전쟁과 평화의 법규, 중립의 지위와 권리, 직업적 외교의 출현, 등등. 그가 다른 단락에서 논한 것들을 참조해 본다면 다음과 같은 점들을 좀 더 보충할 수 있을 것이다.

1. 영토권과 국경: 주 왕조의 12개 제후국의 영토 구획을 하늘의 신성 질서에 대응시킴으로써, 특수한 천문학과 지리학적 관점 속에서 경계 구획과 영토 불가침의 원칙을 확립했다.
2. 제후국과 위성국: 마치 '신성로마제국'의 통치하에서 독일 국경 내에 존재했던 복잡다단한 정치 조직들과 마찬가지로, 12개 제후국들은 5등급의 작위로 나뉜, 국가에 예속된 좀 더 작은 정치 실체였다. 단 그들은 모두 천자의 숭고한 지위를 존중했다.
3. 맹약: 『춘추』와 『좌전』左傳에 기술된 회맹은 국제 우호 관계를 촉진하는 기능을 지녔으며, 이러한 합법적 회합 제도는 이 시대 국제공법의 기초를 이루었다.
4. 국제공법은 문명국가 간의 법률: 오랑캐는 『주례』에 의해 관할 통치되는 범위 내에 있지 않았으며, 그들은 '우리들의 천적'(our natural enemies)이었다.
5. 특사 제도: 각 제후국 간에 서신을 전달하고 조약 담판을 하는 외교 관원이 많이 있었다.[209]

마틴은 특히 고대 전적 속에서 '전쟁법'에 관한 몇몇 규정들을 도출했다.

1. 비전투 인원의 생명과 재산은 존중되어야 한다.
2. 합법적 전쟁은 반드시 선전포고해야 하고, 또한 상대방이 응전의 준비를 할 수 있도록 해야 한다.
3. 군사를 출전시킬 때는 명분이 있어야 한다.

4. 권력 균형의 유지는 언제나 전쟁의 이유로서 승인되었다.

5. 국가 존재의 권리

6. 중립의 권리

상술한 논증들을 통해 마틴은 다음과 같은 시대가 이미 도래하고 있다고 예언한다. "뛰어난 네덜란드인이 그리스와 이탈리아의 국제 관계 속에서 흔적을 찾아내었던 것과 마찬가지로, 중국의 그로티우스들이 이들 흩어져 있는 암시들을 자세히 수집하게 될 것"이라고 말이다.[210] 하지만 결국에 이 '중국의 그로티우스' 역할을 맡았던 사람은 바로 마틴 자신이었던 것 같다. "우리는 이미 다음과 같은 사실들을 증명했다. 고대 중국의 국가는 부분적으로 성문成文 혹은 불문不文의, 발달한 혹은 그리 발달하지 못한 법률을 지니고 있었으며, 이는 제후국이 평화와 전쟁 중에 승인한 법률이었다. 『주례』와 이 시기의 여타 역사 저작들은 이 사실을 증명해 준다."[211]

고대 중국에 국제공법이 있었다는 이 추론에 기뻐하고 고무 받기 이전에 먼저 생각해 둬야만 할 것이다. 어떤 상황 속에서, 그리고 어떤 이유와 유추에 의해서 『주례』, 『춘추』, 그리고 기타 고대 유산들을 '국제법'이라고 간주했던 것일까. 우선, 마틴이 인정한 중국 역사 속에서의 '국제법'은 아편전쟁 발생 이후의 일이었다. 즉 영국 등의 유럽 국가가 '국제법' 규칙에 따라 중국에 수많은 불평등조약을 받아들이도록 강제한 뒤의 일인 것이다. 문제는 다음과 같다. 마틴은 어째서 『만국공법』을 번역하기로 결정했던 것일까? 그리고 어째서 담판의 통역을 수행하던 과정 중에는 『주례』, 『춘추』 의례, 『대청통례』大淸通禮 혹은 『대청율례』를 직접 인용하지 않았을까? 다음으로, 마틴은 이미 명대 예수회 선교사의 저작을 염두에 두고 있었다. 그는 특히 마테오 리치의 "먼저 유가에 맞추고, 유가를 보완한 뒤, 유가를 능가한다"(合儒·補儒·超儒)는 번역 책략, 즉 서구 사상에 중국적 외피를 입혀 보편 진리로 만들어 중국인에게 전파하는 책략을 높이 평가했다. 그런 의미에서

『주례』 및 기타 중국의 유산을 '국제법'으로 이해했던 것은 단지 '국제법' 자체를 하나의 자연법 원리에 뿌리를 둔 보편 지식·질서로서 중국과 아시아 지역에 확산시키기 위한 것에 지나지 않았다. 고대 중국의 국제공법을 발명한 목적은 "그들로 하여금 스스로의 역사 기록 속에서 우리(서구)의 근대 국제법과 상통하는 관례·언어·관념을 찾아내도록 하는 데 있었다. 이러한 사실들로 인해 그들은 기독교 세계의 국제법을 더 잘 받아들이는 방향으로 기울고 있다. 지구상의 모든 국가가 최종적으로 평화와 정의에 이르게 될 것이라는 유토피아적 비전이 없는 국제법을 말이다."[212] 그렇게 함으로써 고대 중국의 법률을 가지고 당시 중국의 법률을 부정하고, 주대, 더욱이 전국시대의 논리를 가지고 과거 2천 년 간의 제국 통일의 논리를 부정하는 데 있었다. 이런 논리에서 보면, 중국 역사 속에 '국제법'이 존재했음을 인정한 것은 중국의 방식대로 중국의 일을 처리하게 하고자 함이 아니었으며, 또한 중국의 법률 유산을 참조하여 국제 관계의 일반 원칙을 수정하고자 함도 아니었다. 마틴의 목적은 다름 아니라 중국을 유럽 '만민법' 질서로 편입시킨 뒤에 이 유럽 법률과 중국 고대 유산의 "우연의 일치"를 논증함으로써 일련의 강제의 과정을 당연시, 합법화하고자 함이었다.

'국제법'의 합법성은 두 가지 기본 전제 위에서 세워졌다. 세계 각지의 정치 실체가 형식상의 평등한 주권 단위로 전환됨으로써 '국제' 관계의 함의를 실현시키는 것, 그리고 세계 각지의 인민이 국제 관계를 지배하는 규범에 대해 보편적으로 승인하는 것이 바로 그것이다. 이러한 관점 속에서 마틴의 이른바 중국 고대의 '국제공법' 개념을 이해할 때, 우리는 그것이 담고 있는 실질적 함의를 명확히 찾아낼 수 있을 것이다.

첫째, 주대 봉건제의 범주 내에서 제후국 간의 관계는 주권국가 간의 관계와 등치될 수 없다. 봉건 예의에 근거하여 이들 제후국들은 모두 종법 봉건 원칙상 최고 지위에 있는 주나라의 왕에게 예속되어 있었으므로, 형식상 평등한 주권 단위는 아니었다. 또한 맹약을 체결한

주체는 '국제법'이 가정한 상호 평등한 주권 단위로서의 국가의 함의
를 지니고 있지 못했다. '외교' 개념을 예로 들자면, 노魯 은공隱公 원년
(기원전 722년) 제국祭國의 군주가 노나라를 방문했는데, 『춘추』에는 "제
나라 백작이 왔다"(祭伯來)고 기록되어 있고, 『춘추곡량전』春秋穀梁傳 은
공 원년 편에서는 다음과 같이 설명하고 있다. "국내의 제후는 천자의
명이 없이는 제후를 만나러 갈 수도 없고, 다른 제후국과 친교를 바로
잡을 수도 없기 때문에, '찾아뵙다'(朝)란 표현을 함께 쓰지 않은 것이
다." 천자국인 주나라 근방의 제후로서 제국祭國이 왕명을 얻지 못하
고 사사로이 방문을 했기 때문에, '찾아뵈러 왔다'(來朝)라고 쓰지 않고
다만 '왔다'(來)라고만 쓴 것이며, 이는 예의에 위배되는 대외 활동이었
음을 보여 준다. 여기서 쓰인 '외교'라는 단어는 곧 예의에 따르지 않
고 '국경 바깥과 왕래하는 것'을 말한다.[213] 마틴은 진秦·한漢 이래의 통
일 제국을 중국 '외교' 전통의 중단이라고 봤는데, 이 판단은 주대 외
교의 성질이라는 측면과 진·한 이후 외교가 존재했는지 여부의 측면의
두 가지 방향에서 되물어야 할 것이다. 리후黎虎의 연구에 따르면, 바
로 한漢·당唐 시기야말로 중국 최초로 외부 세계에 문을 열고 외교 관
계를 열기 시작한 시기이자, 진정한 국제적인 외교를 수행하게 된 시
기이다. 그는 한·당 시대의 외교 방식과 체계를 세 가지 층차로 구분한
다. 1. 중원 왕조와 중앙아시아·서아시아 지역에 해당하는 지역에 있
었던 쿠샨 제국貴霜帝國·대완국大宛國·강거국康居國·안식국安息國* 등이
나, 유럽 지역에 있었던 로마 제국, 남아시아 지역에 있던 신독身毒·천
축天竺·황지黃支·탄국撣國,* 동쪽의 삼한三韓·일본 등, 그리고 정남쪽의

• 쿠샨 제국(貴霜帝國)~안식국(安息國): 쿠샨 제국은 고대 중앙아시아에 월지 민족
이 세웠던 제국이고. 대완국은 현재 우즈베키스탄 동부에 위치해 있던 왕국으로 페르
가나로도 불렸다. 그리고 강거국은 현재 우즈베키스탄 서부와 카자흐스탄 남부에 위
치해 있던 이란계 소그드인들이 세운 왕국이며, 안식국은 파르티아, 고대 이란 동북부
에 위치해 있던 왕국이다.
• 신독(身毒)~탄국(撣國): 신독이나 천축은 고대 중국에서 사용한 인도를 가리키는

반도 국가들과의 외교. 2. 중원 왕조와 주변 소수민족 정권 간의 외교. 예를 들면 한대의 흉노匈奴, 남북조 시대의 유연柔然과 돌궐突厥, 당대의 회흘回紇·토번土蕃·남조南詔·발해 등. 3. 중국 영토 내 각 독립 정권 간의 외교. 예를 들면 삼국 시기, 동진 16국, 남북조 시기 국가 간의 관계. 그의 분류 속에서 선진先秦 시기는 고대 외교의 맹아기였고, 한·당 시대야말로 고대 외교 제도의 확립기이자 형성기이며, 송·원·명·청 시기는 고대 외교 제도의 지속 발전기이자 전환기였다.[214]

둘째, 청 왕조와 주변 국가가 체결한 각 법률 책임과 의무 속에서 쌍방은 구체적 정황과 상호 인정된 (전통적) 예의 규범에 따라 상호 교역 시장, 조공, 상호 통신 등의 각 조항을 해석했다. 이러한 협의의 근거는 역사적으로 형성된 제도·예의·규칙·외교 관례, 그리고 중국과 조약 체결 대상과의 관계의 성질과 조약 체결의 구체적 정황이었다. 이들 관계는 일정한 예의 차등 관계에 따라 해석되었지만, 이런 예의 차등 관계는 조약 체결 상대방이 아무런 대등한 성격도 지니고 있지 못함을 의미하는 것은 아니었다. 『주례』와 『춘추』의 범례이건, 아니면 유봉록이 이하夷夏 개념을 처리할 때 보여 주었던 경학 사상이건 간에, 비록 유럽의 자연법이나 성문법적 의미 속에서 이해될 수는 없겠지만, 이는 확실히 중국의 전통과 역사적 상황 속에서 생겨난 외교적 실천이었다. 『춘추』, 『주례』 및 경학가들이 이들 전적에 대해 행한 해석들은 고대 전장 제도의 기록이며, 또한 이들 전장 제도를 새롭게 해석할 수 있는 실마리를 제공해 준다.

셋째, 유학과 중국 역사의 맥락 속에서 실제 역사 관계는 이들 원칙에 대해 매우 중요한 작용을 했기 때문에, 만일 이들 원칙을 추상화해 버리고 나면 이를 이해할 가능성을 잃게 된다. 『춘추』, 『주례』 등의 전

명칭들로, 둘 다 인더스강을 가리키는 이란어계 명칭 Hinduka에서 왔다. 신독은 『사기』에, 그리고 천축은 『후한서』(後漢書)에 기록된 명칭이다. 황지는 인도 동남부의 칸지푸람을 가리키는 것으로 추정된다. 탄국은 현재 미얀마에 해당하는 지역에 있던 고대 왕국이다.

적 속에 언급된 '국' 혹은 '방국'邦國과 유럽 국제법 속의 국가(주권국가 혹은 민족국가)는 서로 다른 두 가지 개념이며, 서로 다른 관계 모델에 속한다. 마틴은 유럽 국제법의 관점 속에서 중국 고대 전적 속의 이른바 '국제공법 원칙'을 나열함으로써 이들 원칙을 그 구체적 역사 맥락으로부터 분리시켜 내고 있다. 그의 '중국 고대 국제공법'에 대한 설명에서 가장 중요한 부분은 '국'과 '국제'의 두 개념에 대한 보편적 적용이다. 주권적이며 형식상 평등한 국가 단위가 동서고금의 보편적 존재로 변하게 됨에 따라 형식상의 평등한 주권국가 체제를 규정하는 법률 규범 역시 동서고금의 빼놓을 수 없는 보편 법칙이 되었다. 유럽 국가의 해외 식민지 개척은 동시에 새로운 국가 체제 및 그 규칙의 확장을 수반했다. 이러한 배경이 없었다면 마틴이 『주례』와 『춘추』 속의 '국'을 주권국가에, 그리고 제후국 간의 관계를 국제 관계에 견강부회해야 할 동기도 필요성도 없었을 것이다.

마틴은 주대 제후국 간의 전쟁과 평화 관계를 형식상 평등한 나라들 간의 관계로 보고, 봉건제도하의 '예약 정벌'을 민족국가 관계와 등치시킴으로써, 주대의 봉건제도하의 예약 제도와 유럽 국제법의 실질적 차이를 혼동시켜야만 했다. 마틴 한 사람의 국제법 술어와 중국 어휘 간의 관계에 대한 연구로 그치는 것이 아니라, 이들 어휘의 상관성이 번역 과정의 산물임을, 또한 자연적 연계 혹은 본질적 일치성을 지니고 있지 못함을 지적해야만 할 것이다. 예를 들자면 마틴 등은 'right'라는 단어를 '권리'라는 중국어로 번역하는 데 상당히 망설였는데, 왜냐하면 한자의 '권'權은 '권력'·'특권'·'권세' 등의 부정적 의미를 지니고 있으며, 이들 함의는 국제 관계와 아무런 내재적 연계도 없기 때문이었다.[215] 번역 과정에서 그는 서로 다른 의미 속에서 '권'이라는 개념에 대해 활용과 수식을 가했는데, 예를 들어 민·형법 제정권(制定律法之權: Rights of civil and criminal legislation), 평등권(平行之權: Rights of equality), 재산권(掌物之權: Rights of property), 국권國權(National right), 사권私權(Private right) 등이 그것이다. "다만 번역본 속에서의 '권(리)'權(利)가 일괄적으로 원저 속의 right만을 가리키는 것은 아니었다. 실제로 영문 속에서 authority, sovereignty, power, privileges 등의 어휘는 모두 서로 다른 상황을 가리키지만 중국어로는 '권', '권리'로 번역되었다."[216] 나는 여기에 다음 사실들을 보충하고자 한다. 춘추공양학의 술어 속에는 '국'과 '국'의 관계를 처리하는 '권'이라는 개념이 확실히 포함되어 있으며, 그것이 가리키는 것은 특정한 상황 속에서 주체가 만들어 낸 변통(權變), 기준(權衡)을 말하며, 이런 변통과 기준은 예의 원칙과 구체적 상황 간의 상호작용을 말한다. 유학의 예의와 법률의 틀 속에서 내외의 구분은 곧 예의의 구분이거나 혹은 내외 자체가 예의의 전제가 되기도 한다. 청대 공양학은 내외와 이하의 엄격한 구분을 없애고자 애썼으며, 예의 관계를 안으로부터 밖으로 확장시켜 예의 질서 관계의 절대성을 부인하고, 구체적인 상황·조건·행위 동기를 중시했다. 따라서 국제법에 대한 운용 역시 원칙과 임기응변 사이에서 만들어진 균형이었다. 유봉록은 『춘추』를 만세법, 즉 보편적 의미를 갖춘 법전이라고 보았지만, 이 만세법의 핵심은 시비 판단과 구체적 정황의 관계를 강조하는 것이었다. 따라서 모종의 원칙을 영구불변의 보편 법칙으로 보는 것에는 반대했다. 이는 바로 금문경학이 그처럼 경과 권의 변증법적 관계를 강조한 근본적 원인이었다. 그런 의미에서 '권'權이라는 개념은 성문법적 의미에서의 권리 조항과는 중요한 차이점을 지니고 있었으며, 또한 자연법적 의미에서의 자연권적인 함의도 지니고 있지 않았다. '권'이 가리키는 것은 주체 의지, 구체적 상황, '예'禮 사이에 진행되는 상호작용과 변통의 행위 방식이며, 구체적 정황을 떠나서는 '임기응변'(行權)도 없다. 앞에 인용한 유봉록의 이른바 "덕에 어긋나는 것을 벌하여, 덕에 순응하도록 하는 것이 또한 권이다"라고 한 것이 그 예증이며, 이는 형벌과 은덕, 그리고 변통(權變)과 상도常道를 하나의 변증법적 역사 관계 속에서 엮어 내는 것이다. 금문경학의 춘추관과 국제법의 가장 중요한 차이는 다음과 같다. 후자가 모종의 원칙과 규칙을 보편 법률로 삼는다면, 전자는 구체적 변동적 역사 관계에서 시비를 판단하고 결정해야 함을 강조함으로써 하나의 규칙을 영구불변의 성문법전으로 만드는 것을 거부한다.

5. '열국의 형세', 민족국가와 유학적 세계상의 재건

상술한 논의는 다음과 같은 사실을 입증해 준다. 『주례』, 『춘추』는 확실히 제후국 간의 전쟁과 평화 관계를 처리한 것이기는 하지만, 그것과 이른바 '국제법'이 법리상 공동의 기초를 지니고 있는 것은 아니다. 그렇다면 마틴은 어째서 상술한 바와 같이 단정했던 것일까? 나는 여기서 일단 그의 개인적인 동기 문제는 제쳐 두고, 해석의 가능성에 착목하여 이 문제를 이해해 보고자 한다. 어떤 의미에서 보면, 『춘추』·『주례』와 유럽 국제법은 모두 특정 환경 속에서 더 융통성 있게 작동되는 원칙과 규칙이라는 점에서, 그들 모두 융통성 있게 해석될 가능성을 지니고 있다. 청 왕조는 조약 체결 과정 중 '국제법'에 대해 일종의 실용적 태도, 즉 상황과 예의의 상호작용 속에서 선택적 입장을 취했다. 주목해야 할 점은 마틴이 한편으로는 명확히 『춘추』를 고대 중국 국제공법의 법전으로 삼으면서, 다른 한편으로는 논증의 과정에서 주로 『주례』를 끌어다가 초기 국제공법의 자원으로 삼고 있다는 점이다. 그렇다면 어째서 그는 "『주례』를 가지고 『춘추공양전』의 궁색함을 구제함"으로써 고대의 '국제공법'을 설명하려 했던 것일까? 왜 『주례』의 구체적 조항들에 대한 그의 논증 자체가 공양학적 특징들을 지니고 있었음에도 불구하고, 주로 『주례』를 가지고 유럽 국제법과 상호 비교했던 것일까? 더욱 흥미로운 문제는 다음과 같은 점이다. 외국 선교사로서 마틴은 당연히 경학의 가법을 엄격히 준수할 필요가 없었다. 하지만 어째서 유사한 상황이 청대 경학가의 논술 속에서도 드러나고 있는 것일까? 유봉록의 예를 들자면, 그는 베트남 관련 사무를 처리할 때 『춘추』가 아니라 『주례』를 원용했는데, 이는 『주례』를 배척하고 『춘추공양전』을 높이 평가해 왔던 금문경학파의 특징과는 정확히 대조를 이루고 있다.

그 기본 원인에는 두 가지 측면이 있다. 유럽 국제법의 경우를 보자면, 그로티우스는『전쟁과 평화의 법』에서 자연법과 만민법을 구분하면서, 국제법을 자연법 논자가 이해하는 식의 이성적 규범이 아니라, 각 국가가 왕래하는 가운데 공통으로 준수해야 할 규칙이라고 보았다.[217] 이 점은 후대의 국제법학자들로부터 인정을 받게 된다. 자연법과 만민법의 구분은 국내법과 국제법을 명확히 구분해 냈는데, 이는 곧 국제 관계의 원칙 속에서 일종의 성문법적 입장을 관철시키는 것이었다. 중국 고대 전적의 경우를 보자면,『춘추』는 문장이 간단하고 포폄의 의미를 담고 있지만,『주례』는 주 왕실의 관제와 전국시대 각국의 제도를 수록하되 '더할 것은 더하고 뺄 것은 빼고 재배열하는 방식'(增減排比)을 통해서 유가의 정치 이상을 체현하고 있다.『춘추』에 대한 공양학의 해석은 반드시 구체적 맥락에 기대고 있어서 그 해석 과정이 지나치게 가변적이지만,『주례』에 기재된 전장 제도는 일정 정도 성문 법전의 특징을 지니고 있다. 장존여가『주관기』周官記에서『주례』를 운용하고 있는 것에 대해 논하면서 양샹쿠이楊向奎는 다음과 같이 말했다. "『주례』를 가지고『춘추공양전』의 궁색함을 구제하는 것은, 유흠의 전통이라고도 할 수 있을 것이다. …공양학은 정치적으로 단지 이론 방면에서만 작용할 뿐이다. 그것은 역사 철학이지, 정치 강령은 아닌 것이다. 그것은 운용 가능한 전장 제도를 갖추고 있지 못하고, 그저 텅 빈 논의에 불과하기 때문에,『주례』를 빌려 '거울(참고 체계)로 삼고자' 하는 것이다."[218] 실제 정치 실천 속에서『주례』는 줄곧 더욱 유연하게 운용되는 (성문법이 아닌) 예의 규칙이었지만, 형식상으로는 가장 성문법에 가까웠다. 한대 왕망王莽의 변법이나 송대 왕안석王安石의 변법은 모두『주례』를 가지고 근거로 삼았다. 동중서와 청대 공양학파의 해석 속에서『춘추』의례가 말하는 나라와 나라 사이의 관계는 중국과 이적 간의 구별을 포함하고 있기는 하지만, 그들 사이에 절대적인 내외 구별은 존재하지 않는 반면, 『주례』에서는 전甸·복服·이夷·번藩 등에 대한 개념이 비교적 명확히 규정되고 있다. 따라서 국제법적 의미에서 『주례』를 도용하는 것은 더욱 일리가 있는 것이었다. 경학 내부의 차원에서 봤을 때, 금문경학은 본래 두 가지 서로 다른 전통으로 구분해 볼 수 있다. 명원퉁蒙文通은 이에 대해 『춘추곡량전』을 기점으로 하는 한대漢代 노학魯學(랴오핑이 이 전통에 속함)과 『춘추공양전』을 기점으로 하고 경전 해석에 의존하는 제학齊學(캉유웨이가 이 전통에 속함)으로 정리하고 있는데, 전자는 주로 『주례』에 의존해서 금문경을 해석한다.[219] 『주례』에는 사방 3만 리나 구복九服 등의 설이 담겨 있는데, 「왕제」王制 편의 사방 3천 리와 비교한다면 영토 범위에 있어서 엄청나게 확장된 것이다. 따라서 노학의 노선을 따르는 랴오핑은 이를 근거로 『주례』를 전 세계적인 법전이라고 간주한 바 있다.[220]

청대의 제국 건설과 국가 건설 사이에는 이중적 관계가 존재했으므로, 청 왕조 역시 어느 정도 주권국가의 특징을 지니고 있었다. 사실상 한·당 이래로 제국 체제 자체에는 일종의 비교적 성숙한 국가 형식이 체현되어 있었으며, 이에 어울리는 성숙한 고전적 외교 법률·예의·제도도 갖춰져 있었다. 주대의 봉건제를 가지고 진·한 이래의 중국 전통을 폄하하는 것 자체가 유럽 근대 국가적 역사관의 유산이다. 유럽 민족국가의 자기 정체성은 기독교 제국과 오스만 제국 사이의 대립 관계 속에서 확립되어 나온 것이었다. 이러한 국가와 제국의 대비를 통해, 경쟁적인 국가 관계가 결국 대통일 제국의 모델보다 낫다고 본 것이다. 경험적 측면에서 봤을 때 유럽 국제법은 합법적 조약 안에서 끊임없이 위반을 범하는 법전이었다. 그것이 제공해 주는 것은 보편 승인되는 지고지상의 원칙이라기보다는, 차라리 실용주의적인 혹은 권력 관계에 의존해야만 비로소 실제로 운용될 수 있는 담론이었다. 그런 이유로 인해 17, 18세기 유럽 국가들 또한 자신들의 법률 규범과 청 왕조의 예의 규범 사이에서 적합한 공간을 찾아내어 쌍방간 조약을 체결할 수 있었던 것이다. 『주례』·『춘추』 등과 같이 제국 내부의 일들과 조공 관계 및 대외 관계를 처리해 온 예의 법칙이 국제 관계의 실천에서도 적용될 수 있었던 것과 마찬가지로, 국제법 역시 국내 관계에서도 적용되었다. 국제법이 독일에 소개되었을 때, 그것은 주로 신성 로마 제국의 범위 내에서 주권 자치를 확립하는 데 사용된 것이 아니라, 종교 관용의 원칙을 가지고 독일 내의 종교적 충돌을 해결하는 데 사용되었다. 19세기, 발칸 지역의 주된 국가적 관심은 소수민족 권리의 문제였으며, 이는 나폴레옹 전쟁 이후의 평화회의 속에서 명확히 언급되고 있다. 1999년 북대서양조약기구는 국제법에 근거하여 주권국가의 내정에 간섭했으며, 베스트팔렌조약의 주권 개념을 민족국가 내부의 민족 자치권을 해결하는 데 사용했다. 그런 의미에서 국제법의 역사는 끊임없이 도용되는 역사이다. 마치 『춘추』와 『주례』가 끊임없이 도용되는 것과 마찬가지로 말이다. 따라서 마틴에 의해 해석된 고대 중국의 '국제법'·'외교'와 유럽의 '국제법'·근대 '외교' 사이의 관계는 더욱 복잡한 역사적 고찰을 필요로 한다.

유럽 국제공법의 헤게모니는 외재 역량과 내재 역량의 상호작용의 산물이다. 국제법과 『춘추』·『주례』 및 청대 예의·법률 사이에 세워진 연계는 일종의 중요한 책략이었다. 그것은 국제법이 중국의 맥락 속에서 합법화되는 데 전통적 전제를 제공해 주었다. 하지만 이런 보편주의적 공법관은 마틴과 기타 선교사들의 창조물일 뿐만 아니라, 또한 중국 사대부의 자각적 노력의 결과였다. 마틴의 『춘추』와 『주례』 도용과 청말 금문경학가들의 유학 경적 재해석을 비교해 보면, 많은 유사점과 일치점들을 찾아볼 수 있을 것이다. 예를 들면 다음과 같다. 이하 상대화의 원칙을 가지고 나라와 나라의 관계를 처리한 점, 즉 원래의 '이'를 문명국가로 보았던 점. 춘추 혹은 전국의 열국 형세와 유럽 민족국가 체계 사이에 연계를 설립하고, 대통일 제국 체제와 조공 관계를 부정한 점. 형식상 평등한 외교를 확립하여, 차등화된 예의 관계를 대체한 점. 진정한 '고대'를 이용하여 진·한 이래의 '고대'를 부정하고, 후자의 권위성과 합리성을 전복한 점 등등. 이러한 점에서 봤을 때 국제 관계 속에서 『춘추』・『주례』・『대청통례』 등을 운용했던 사실을 서구 헤게모니의 직접적 투사와 등치시키는 것에는 문제가 있다. 왜냐하면 이는 여러 측면의 상호작용의 산물이기 때문이다. 한편으로 청 왕조의 역사 속에서 17세기부터 이들 유학 전적과 법률 체계는 이미 외교 사무를 처리하는 데 사용되었으므로, 조공 체제 자체는 조약 관계의 내용을 포함하고 있었다. 다른 한편으로 『주례』와 『춘추공양전』을 회복한 것의 의의는 청말 사상의 중요한 한 측면을 이루며, 마틴과 같은 선교사들의 발명품은 아니다. 예를 들면 『춘추동씨학』春秋董氏學에서 캉유웨이는 『춘추번로』의 내용을 다음과 같이 인용하고 있다.

> 『춘추』가 혐오하는 바는 덕이 아니라 힘으로 백성을 쫓아내고 해치고 도적질하는 것이고, 좋아하는 바는 힘을 갖추고는 있으되 함부로 사용하지 않고 인의로써 따르도록 하는 것이다. … 『춘추』는 사람을 아꼈다. 전쟁이란 사람을 죽이는 것인데 군자가 어찌 자신이 아끼는 사람을 죽이라고 즐겨 말할 수 있겠는가? 그래서 『춘추』에서는 전쟁을 뒤로 제쳐 두었으며, 특히 여러 제후국들에 대해서는 더욱 그러했다. 그것을 노魯나라를 기준으로 말하면 바깥(外)이라 하겠지만, 이적夷狄을 기준으로 말하자면 안(內)이라고 하겠다. 간교한 전쟁에 비하면 의롭다고 하겠지만, 싸우지 않는 것에 비하면 불의하다고 하겠다. 그래서 맹세하는 것은 맹세하지 않는 것만 못하지만 이른바 좋은 맹세(善盟)라는 것이 있다. 싸우는 것은 싸우지 않는 것만 못하지만 이른바 좋은 전쟁(善戰)이라는 것이 있다. 불의함 속에 의로움이 있고, 의로움 속에 불의함이 있다. 이는 말로 다 드러낼 수 없지만, 모두가 『춘추』 속에 담긴 요지要들이다. 온 마음을 기울여 생각하지 않는다면 어떻게 이를 알 수 있으리오?(『춘추번로』 「죽림」竹林 편)[221]

한대 이후로 『춘추』는 종종 형법서라 여겨져, 이를 가지고 국가 간의 충돌을 처리하고 전쟁의 성격을 판단했다.

위의 인용문을 마틴의 『고대 중국의 국제공법』의 마지막 단락과 비교해 본다면, 『춘추』가 '국제공법'으로 정의되는 내재적 논리를 확실히 파악할 수 있을 것이다.

> 이런 모든 역사 저작들 가운데, 하나의 저작만이 국제법이라 공인될 수 있다. 내가 말하는 하나의 저작이란 공자가 편집한 『춘추』다. …현지의 학자들은 이 저작의 포폄이 일종의 거스를 수 없는 단안斷案이며, 그것이 지닌 구속력이 육군·해군 같은 군사력보다도 강하다고 여긴다. 중국의 정치가들은 이미 공자가 살았던 춘추시대와 근대 유럽의 분리 형세의 유사점을 지적한 바 있다. 그들은 자신들의 역사 기록 속에서 우리의 근대 국제법과 상통하는 관례·언사·관념들을 찾아냈다. 이러한 사실들로 인해 그들은 기독교 세계의 국제법을 더 잘 받아들이는 방향으로 기울고 있다. 지구상의 모든 국가가 최종적으로 평화와 정의에 이르게 될 것이라는 유토피아적 비전이 없는 국제법을 말이다.[222]

이것이 바로 마틴이 유럽 국제법적 의미에서 『주례』와 『춘추』의 기본 배경과 동기를 전용한 것이며, 또한 금문경학파가 전통적 이하 범주를 상대화함으로써 일종의 대등한 관계 구조를 만들고자 애쓴 기본 배경이었다. 아편전쟁, 청·영 '남경조약', 그리고 그 뒤로 발생한 일련의 전쟁들과 체결된 일련의 조약들이 있고 나서야 청말 사회의 '내외' 범주는 근본적인 변화를 일으키게 된다. 그것은 더 이상 제국 내부의 내외 관계 혹은 조공 관계 속에서의 내외 관계가 아니라, 민족국가 간의 내외 관계였다. 중국은 스스로 열국 경쟁 시대의 한 주권국가로 봐야만 했다. 이런 상황 속에서 청대 사대부들은 스스로에게 묻지 않으면 안 되었다. 중국의 각종 내외 사무를 처리하는 예의와 법률 유산이 아직도 그 효용과 의미를 지니고 있는가? 유봉록 시대에 그는 유학의 유산을 가지고 대외 사무를 처리할 수 있었지만, 공자진·위원 이후로 이러한 기회는 더 이상 찾아오지 않았다. 이는 하나의 새로운 시대, 하나의 새로운 관계, 하나의 새로운 위기, 하나의 새로운 지식 헤게모니였다. 전통 제국의 예의 모델은 유효적절하게 대외 관계를 처리할 수 없었으며, 반드시 내외 정치 구조를 변화시켜야만 비로소 이러한 새로운 현실에 적응할 수 있었다. 이런 상황이 금문경학의 내외관을 하나의 새로운 영역, 즉 국제 관계의 영역으로 나아가도록 만들었다. 이는 내외 범주의 함의를 재구성하도록 했을 뿐만 아니라, 다른 요소들과 함께 결합하여 경학 자체의 변화를 촉진했다. 사실상 변혁 사상은 외부 세계에 대한, 더욱 정확히는 외부 세계의 압박에 대한 이해와 불가분의 관계였으며, 청말 변법자강운동의 근본 동력은 내부 개조를 통해 국제 경쟁 속에서의 평등한 주권 지위를 획득하고자 하는 것이었다.

중국의 세계상과 예의 체계는 중앙과 변방, 안과 밖의 관계 모델 위에 세워진 것이었다. 따라서 중국의 위기는 일종의 국가적 위기였을 뿐만 아니라, 일종의 '체제'의 위기를 의미했다. 만일 아편전쟁이 두 나라 사이의 전쟁이었다고 한다면, 청불전쟁과 청일전쟁은 중앙과 변방, 안과 밖의 범주의 철저한 동요를 의미했으며, 조공 체제 및 그 예의 규범이 붕괴의 지경에 빠지게 되었음을 의미했다. 전자가 군사 공업을 중심으로 하는 양무운동을 촉발시켰다면, 후자는 청말 사대부로 하여금 새로운 세계상을 재구성하고 유학 보편주의를 재창조하도록 촉진시켰다. 캉유웨이의『만목초당강의』萬木草堂講義 속에는「춘추만국공법보정표」春秋萬國公法補正表,「중국율례출어『춘추』고」中國律例出於『春秋』考,「중국율례호정출어『춘추』고」中國律例號政出於『春秋』考 등의 항목들이 있다.[223] 이 이후로 중국에서의 국제법 관념의 형성은 이러한 사유 방식과 밀접한 관계가 있었다.[224] 캉유웨이는 전통적 세계 네트워크가 전 지구적 시대로 대체되어 가고 있음을 명확히 알고 있었으며, 따라서 유학의 기초 위에서 각종 지식을 종합하여 이 시대를 위한 규범과 설명을 제공하고자 애썼다. 만약 공자 학설이 그저 중국을 위해서만 만들어진 만세법에 불과하다고 한다면, 열국 경쟁의 시대에 중국은 다만 그어진 국경과 바다를 경계로 삼을 수밖에 없으며, 결국에는 자기가 발붙일 수 있는 법리적·실제적 근거를 상실하게 될 수밖에 없을 것이라는 사실을 청말 사대부들은 분명하게 인식하고 있었다.[225] 따라서 당장 시급한 임무는 중국 전통의 특수성을 강조하는 것이 아니라, 세계상을 새롭게 구성하고, 유학의 내재적 맥락을 가지고서 보편주의 세계관과 공법의 근거를 세우는 것이었다. 이러한 보편주의 공리관과 공법관을 구축하고자 하는 사상적 분위기가 없다면, 유학은 자신의 진정한 전환을 실현할 수 없을 것이며, 또한 이러한 보편주의가 없다면, 중국은 외래의 규칙에 굴종할 수밖에 없을 것이다.

금문경학가 가운데 『주례』를 '전 세계적 만세법'으로 삼았던 가장 대표적인 이는 랴오핑이었다. 그는 마침 무술변법운동을 전후한 시기에 자신의 경학에 세 번째 변신을 겪고 있었다. 공자를 전 지구적 관계 속에서 위치 짓기 위하여 그는 금문경학을 높이고 고문경학을 억누르는 경학 태도를 기꺼이 바꿔, 고문경학을 공자 학설의 정통 학파로 간주했다. 이러한 변화를 대변하는 『지구신의』地球新義, 『주례신의』周禮新義, 『황제강역도』皇帝疆域圖, 『속지성편』續知聖篇 등과 같은 저작들 속에서 그는 일종의 광범위한 여지학輿地學(지리학)적 관점을 발전시켰다. 이로 인해 대동大同을 지향하는 학문의 전제로서 강역 문제가 갑자기 대두되었다. "황제와 왕백王伯의 구분은 영토의 대소에서 나오는 것이므로, 삼황오제가 시행한 대동의 학문을 밝히고자 한다면, 우선 여지학을 말하지 않을 수 없다. 대체로 지역 고유의 정치는 여지학에서 나오는 것이니, 황제의 학문을 밝히고자 한다면, 우선 강역을 살펴보지 않을 수 없다."[226] 랴오핑은 공자의 학통을 소통小統(중국 만세법)과 대통大統(전 세계적 만세법)으로 구분하고, 또한 일종의 여지학적 관계를 가지고서 이에 대해 구체적인 해설을 가했다. 경전 속에서 '소' 자의 항목에 있는 것들이 '소통'에 해당한다(예를 들면 『시경』의 '소아'小雅와 '노

송'魯頌 중 「장발」長發의 '소공'小共이란 표현, 『주역』의 「소축괘」小畜卦·「소과괘」小過卦, 『예기』禮記 중 '소대례기'小戴禮記[즉 지금의『예기』], 『예기』「예운」禮運 편의 '소강'小康, 추연鄒衍의 '소구주'小九州 등). 경전 속에서 '대' 자 항목에 있는 것들이 곧 '대통'에 해당한다(예를 들면『주례』 '추관'秋官의 「대행인」大行人, 『시경』의 '대아'大雅, 『주역』의 「대축괘」大畜卦, 『예기』「예운」의 '대동'大同, 추연의 '대구주'大九州 등[227]). 대통과 소통 구분의 주요 지표는 첫째, 영토 범위의 대소 구분이다.[228] 그는『시경』 '상송'商頌 중 「장발」長發 편의 '대구소구'大球小球란 표현을 대구주大九州와 소구주小九州에 비유하면서, 여기서 대구주와 소구주가 각기 전 세계와 중국을 가리킨다고 설명한다. 그리고『시경』과『주례』 '지관'地官 중 「대사도」大司徒의 어휘 구절을 예로 들면서 그 가운데 이미 오대주설이 포함되어 있으며,[229] 서구 지리학의 오대주설은 공문孔門 경전經典에 대한 연역적인 적용이라고 여겼다. 둘째, 공언空言(즉 공자가 육경에 기탁했지만 아직 실현되지 않은 이상)과 행사行事(중국 역사 속에 이미 실현된 사항)의 구별이다. 랴오핑의 구분에 따르면 '소통설'은『춘추』를 경經으로 삼고, 『예기』「왕제」 편을 전傳으로 삼는다. 따라서 금문경학이 떠받드는 「왕제」 편은 소통의 학문이며, 그것이 적용되는 범위는 사방 3천 리의 소구주 지역에 불과하다. '대통설'은『상서』를 경으로 삼고, 『주례』를 전으로 삼으며, 모든 경사자집經史子集을 포괄한다. 따라서 고문경학에서는 떠받들지만 금문경학에서는 배척하는『주례』가 대통의 학문이 되며, 그 적용 범위는 사방 3만 리의 대구주 지역, 즉 중·서가 교류하는 전 세계에 해당한다.『주례신의』에서 랴오핑은『주례』에 11번 나오는 '주지'周知라는 어휘에 대해, 정현鄭玄 주에서 "주周는 '두루'(徧)라는 뜻이다"라고 한 말에 근거하여 "『주례』가 대통 황제를 위하여 천하를 두루 알 수 있게 해 주는 책"이라고 단정 짓고 있다.[230]

어째서 랴오핑은 그의 경학의 두 번째 변신에서 엄격한 금문경학·고문경학의 분리 지향을 뒤집어, 『주례』를 '대통'의 경전으로 삼게 되었던 것일까? 「서경주례황제강역도표」書經周禮皇帝疆域圖表에 첨부된 발문跋文에서 랴오핑의 제자인 황롱黃鎔은 다음과 같이 말한다. "서한의 박사들은 '소통'이 당시의 시의時宜에 적절한 것만을 알았을 뿐, 일체의 원대한 규모는 빠트려 버려서 언급하지 못했다. 한말漢末에 이르러 『주례』가 빛을 보게 되었지만, '벽옹'辟雍이나 '순수'巡守의 의례는 알지 못했으니, 이는 멀고 험한 좁은 길에서 큰 적을 맞이하려는 것과 마찬가지다. 이후로 갈수록 악화되어 수신修身의 도로 천하를 다스리려 했다."[231] 랴오핑은 한대 박사들이 한대 강역을 '소통'의 규모에 적용했기 때문에, 『춘추』나 『예기』 「왕제」 편을 가지고 경을 설명하게 되었고, 오랜 세월 동안 이를 사제 간에 전수하게 되면서 황제 본래의 가르침을 잃어버리기에 이르니, 한대 이후로 2천 년 간 선현들이 『상서』 「우공」禹貢의 지역에 얽매여 전 세계적 범위에 적용되는 육경을 축소해서 중국의 법전에 적용해 왔다고 여겼다. 그런 의미에서 보면 『주례』가 전 세계적 만세법이 아니고 무엇이겠는가?[232] 랴오핑은 서양인들의 침입이 때마침 '대일통'의 실현을 위한 조건을 제공해 주었다고 여겼다. 왜냐하면 서양이 오대주를 소통케 해 주었고, "외국이 나날이 강해짐은 곧 유가 경전의 판도가 날로 확장되어 가는 징조"라 여겼기 때문이다.[233] 상술한 논의를 통해 그는 기존의 전통적인 '안으로부터 바깥으로', '가까운 곳으로부터 먼 곳으로'의 제국적 관점을 새로운 여지학과 정치 구조 속에 엮어 내고 있다. 1897년에 지은 「오등봉국설」五等封國說, 「삼복오복구복구기고」三服五服九服九畿考 등과 같이 고대 여지학과 예의 범주를 기초로 한 저작들 속에서 랴오핑은 일종의 경학적 관점과 서양 지리학 지식을 융합시킨 새로운 세계관을 만들어 냈다. 그는 "해외 구주는 바로 우임금의 구주의 확장이다. 작은 것으로부터 큰 것으로 변화해 가는 도는 변하지 않는다. 따라서 해외의 실질적인 법이 바로 『예기』 「왕제」에 있으니, 굳이 다른 새로운 이론에서 근거를 찾을 필요가 없다. 같으면서 같지 않고, 같지 않으면서 같으니, 이른바 공자께서 계승하면서 더하고 뺀 바만 알 수 있다면 100세대 이후라도 헷갈릴 리가 없다고 한 것*과 별다르지 않다고 하겠다."²³⁴ 여지학의 관점을 '중국'으로부터 '세계'로 돌리는 데 있어, 설사 여전히 "왕도 정치가 가까운 곳에서 먼 곳으로, 작은 것에서 큰 것으로"라는 규칙을 지키고 있다 하더라도,²³⁵ 내외·원근·대소의 함의는 이미 그와 함께 변화했다. 근대 지리학과 유럽 정치 이론의 관점에서 봤을 때, 랴오핑의 상술한 견해는 헛소리나 다름없을 것이다. 하지만 만약 우리가 이들 괴이한 논의를 세계 관계가 새롭게 만들어 낸 역사적 맥락 속에 놓고 본다면, 여전히 이들 논의가 일으키는 동력과 지향을 발견할 수 있을 것이다.

금문경학가는 군현과 봉건의 관계 속에서 역사의 변화를 이해했으며, 그들은 식민주의 시대 주권국가 간의 충돌과 투쟁을 춘추전국시대의 제후 간의 상쟁 국면으로 보았다. 랴오핑과 동시대인 캉유웨이는 유가의 '대동' 사상을 바탕으로 새로운 세계의 관계·규칙·관리를 구상했다. 경학의 입장에서 봤을 때 만약 세계를 유학의 틀 속에 넣고 설명할 수 없다면, 유학은 또한 보편 '공리' 혹은 '공법'이 될 수 없을 것이다. 그렇다면 캉유웨이는 어떻게 세계 관계를 삼통 안에 집어넣음으로써, 삼세, 내외, 혹은 기타 의례를 가지고 세계 관계를 논의했던 것일까? 그는 다음과 같이 말한다.

공자는 원년 표기법*으로 천문 역법을 총괄했다. 이는 부처가 말한 36천三十六天과 다르지 않다. 인도에는 봄·여름·겨울의 세 계

• 이른바~한 것: 이는 『논어』 「위정」편 제23장의 내용을 가리킨다. "자장이 물었다. '10세대 뒤의 일도 알 수 있습니까?' 공자가 말씀하셨다. '은나라는 하나라의 예를 따르면서 더하고 뺀 바가 있으니 알 수 있고, 주나라는 은나라 예를 따르면서 더하고 뺀 바가 있으니 알 수 있다. 만약 누군가 주나라를 잇는 이가 있다면 비록 100세대가 지났더라도 알 수 있다."(子張問: 十世可知也? 子曰: 殷因於夏禮, 所損益, 可知也, 周因於殷禮, 所損益, 可知也, 其或繼周者, 雖百世可知也)
• 원년 표기법: 『춘추』에서 노나라의 각 군주의 역사 기록마다 첫해를 '원년'(元年)으로 표기하는 것을 가리킨다.

절이 있으니, 4개월을 한 계절로 삼는다. 미얀마는 두 계절이 있으니, 각각 6개월씩이다. 러시아는 12월을 정월로 삼는다. 유럽의 영국·프랑스 등은 모두 11월을 정월로 삼는다. 이들 모두가 공자의 삼통의 범주 안에 있다. …춘추시대 주나라에게 있어서 노나라의 관계는 우리 청나라에게 있어서 조선의 관계나 마찬가지이다. 한나라 사람들에게 있어서 검은 옷은 곧 본 왕조의 하늘색 마패자馬褂子와 마찬가지이니, 공자의 제도에서 온 것이다. 유럽도 모두 검은색을 숭상하고, 한 번 타종하는 것을 기준으로 하루를 삼는다. 외국에서는 길한 의례를 행할 때는 모두 흰색을 쓰고, 러시아는 붉은색을 쓴다.[236]

금문경학의 입장에서 보면, 세계 관계가 모두 삼통의 범주 안에서 설명될 수 있어야만 대동 혹은 세계 관리의 문제가 비로소 합법성을 가질 수 있는 것이었다. 캉유웨이의 대동 구상은 동시에 민족국가를 기본 정치 형식으로 하는 세계 관계에 대한 사고를 수반했다.[237] 그는 춘추 시기 열국列國을 가지고 민족국가 병존의 상황에 비유하고, 전국 시기 빈발했던 전쟁을 가지고 예의 질서의 문란을 설명했다. "지금 여러 나라들이 전쟁을 일삼는 상황은 천 수백 년 뒤가 되면 반드시 점차 대동 세계로 들어가게 될 것이며", 중국은 '거란세'의 단계에 처해 있음이 분명했다.[238] 바로 이 때문에 중국은 반드시 대일통 제국과는 다른 상태로 이 세계 구조로 진입하게 될 것이라 봤다.

대체로 중국은 2천 년 동안 법으로써 천하를 다스렸지만, 오늘날 국가의 형세가 빈약하여 핍박을 받기에 이르렀다. 중국의 법이 피폐하다 보니 이 지경에 이르고 만 것이다. 선왕들의 법도가 천하를 다스려 온 지 수백 년이 되었는데, 어찌하여 감히 법이 시행될 수 없다고 하는가? 이는 국가 조정의 법도가 모두 명나라의 제도로부터 비롯되었기 때문이다. …생각건대 오늘날의 정치는 애초에 천하가 시작되던 당시 상황에서의 통치 방법을 써야지, 안정기 상황에서의 통치 방법을 써서는 안 된다. 열국 병립의 형세하에서의 통치 방법을 써야지, 통일·법도의 형세하에서의 통치 방법을 써서는 안 된다.[239]

이 서술은 장존여, 유봉록 등이 이하의 상대화를 가지고 중국이 승평세로부터 태평세로의 과도기적 단계에 있다고 비유했던 방법을 수정하고 있다. 이른바 '열국의 경쟁'은 세계가 현재 거란세의 단계에 있으며, 반드시 엄격한 내외 구분을 전제로 해서 법도를 세우고, 군사화의 방식을 통해 사회적 동원을 시행해야 함을 암시하고 있다. 내부 관계의 강화 혹은 동질화는 서로 반대되면서도 서로 완성시켜 주는 추세, 즉 외부 관계의 엄격한 구분 혹은 이질화를 수반하지만, 이 이질화의 목적은 세계로부터의 고립을 위한 것이 아니라 정반대로 새로운 세계 관계 속에서의 중국의 주권적 지위를 확립하고, 형식상의 평등하면서 주권적인 국가 체계의 합법성을 인정받기 위한 것이었다. 하지만, '열국의 경쟁'이란 개념은 고대 국가의 봉건 관계의 실체를 설명하는 것일 뿐만 아니라, 민족국가 체계의 특징을 암시하는 것이기도 했다. "전국시대의 제후는 오늘날로 치면 속국에 해당하는 것으로, 종주국이 강하면 순종하고, 약하면 배반한다."[240]

'국제법'과 그 규범하의 국제 관계는 주권국가를 단위로 하고, 엄격한 내외 관계와 명확한 국경을 경계로 삼는 통치 범위를 가정하며, 군사 문제의 중심적 지위는 주권과 국경의 확정과 밀접히 연계되어 있다. 청대 제국의 만·한 일체 정책과 금문경학의 이하 상대화는 내부의 동질화 경향에 합법성을 제공해 주었으며, 더 나아가 새로운 국제 조건에서 제국을 통일된 주권국가로 전환해 가는 데 있어서 역사적·이론적 전제를 제공해 주었다. 청대 중기의 아편 무역 금지의 시행, 그에 뒤이어 체결된 각종 불평등조약, 그리고 각종 침략에 대한 저항 운동 등은 각기 다른 방면에서 중국을 하나의 상호 주권 승인을 특징으로 하는 조약 체제 속으로 이끌어 갔다. 강권적 공법을 법리적 기초로 하는 국제 관계 속에서 평등한 지위를 획득하고자 한다면, 유일한 방법은 중국을 열국 분쟁의 환경 속에 두고서 원래의 '일통—統의 법'을 바꿈으로써 변법 부강을 실현하는 것이었다. 바로 이렇게 할 때만 비로소 『춘추』의 대의와 국제법 사이에 관계가 성립될 수 있다. 캉유웨이는 다음과 같이 말한다. "옛사람은 연맹을 맺지 않고 언약만 맺고서 물러났으니, 이는 바로 『춘추곡량전』에서, 군주가 백성들을 권면하는 "고서誥誓는 오제五帝 때만 못하고, 국가 간의 맹세 의식인 맹저盟詛는 삼왕三王 때만 못하며, 군주의 자제를 서로 인질로 삼는 것은 이백二伯, 즉 주초周初의 주공周公과 소공召公 때만 못하다"고 했던 것을 의미한다. 요약하자면 이는 곧 오늘날의 화약을 맺는 것을 말한다. 송 왕조부터 도광제·함풍제 이전까지 대체로 외국과는 화의를 맺지 않았는데, 이는 그저 "주나라 왕실을 받들어 오랑캐를 쫓아 버린다"(尊周室攘夷狄)는 『춘추』의 종지宗旨를 받들어 시행한 것이었다. 하지만 근세의 강화 회의는 희생 제물을 죽여 피를 낼 필요가 없다."[241] 이 같은 금문경학의 의례義例는 '평화조약'에 합법성을 제공해 준다.

상술한 조건에서 전통 경학의 내외관에 변화가 일어나지 않을 수 없었다. 이 변화는 두 가지 측면을 지니고 있었다. 첫째, 제국 내부의 내외 관계의 상대화를 통해 내지의 체제에 적용되던 정치 구조를 기존의 변방 지역에까지 확장시키고자 애썼다. 이에 따라 내부 조공 관계가 직접적인 관리의 통치 형식으로 전환해 갔고, 제국 정치 권위의 단일 원천을 세우게 되었다. 둘째, 중국 전체를 새로운 세계 관계 혹은 해양 관계 속에 위치시켰다. 이에 따라 국제 관계 범주상의 엄격한 내외 구분하에서, 중국 자체는 하나의 내외 구분이 없는 다원적 민족과 문화의 제국으로부터 하나의 주권국가로 전환되었다. 상술한 예증이 설명해 주는 바는 내외관의 변화가 곧 전통적인 조공 체제 및 예의 체제가 그 의의를 상실했음을 의미하지는 않는다는 사실이다. 자신의 주권 원천을 찾아가는 과정에서 청대 사대부들은 때마침 조공 체제의 관점을 회복함으로써 '중국'의 역사적 기초를 재구성하고 있었으며, 그 기초는 '중국' 자체에 있는 것이 아니라 광활한 세계 관계 속에 있었다. 이렇듯 '관계' 자체의 의미가 크게 제고되자, 조공 관계·조약 관계 등과 같은 내외 사무를 처리해 왔던 청 왕조의 경험은 비로소 중요해지게 되었다. 제국의 내적 동일성을 보존하고 외부의 위협에 저항하기 위하여, 청 왕조 정부는 조공·상호 교역 시장·조약 등의 관계를 모두 예의 질서 관계 속에 편입시켰다. 이에 따라 청 왕조는 한편으로 예의의 미묘한 차이를 가지고 엄격한 내외의 경계를 대신했으며, 다른 한편으로는 복잡한 제도 장치를 통해 구체적인 이익 관계를 처리함으로써[242] 더욱 통일된 내부 통치 질서를 확립할 수 있었다. 양무운동으로부터 무술유신에 이르기까지 줄곧 변혁의 기본 내용은 군사화였으며, 이른바 내외/이하夷夏의 예의 질서 관계 역시 무엇보다도 군사적인 관계를 말하는 것이었다. 캉유웨이는 다음과 같이 이야기한다.

삼대의 어진(仁) 정치 시기에는 병농일체의 정책을 썼고, 당대唐代의 강성함은 직업 군인(府兵)의 힘에 근거한 것이었습니다. 근래 반란의 곤경을 맞아 각 성의 민병단 모두가 고향을 보위함으로써 국가에 보답할 수 있었습니다. 오늘날 지구상의 수십 개 국가들이 모두 백성들을 병사로 삼고 있습니다. 우리도 이러한 시대를 맞아 응당 복고적인 제도를 시행해야 마땅할 것입니다. 청컨대 각 성에 명하여 장정 20명 가운데 한 명씩 선발하되, 관리나 사대부를 제외하고 18세에서 40세까지 모두 병적에 넣어 군대를 만들도록 하십시오. 5년 동안은 전투병으로 선발하고, 나머지 기간은 부대 내에 두도록 합니다. 그리고 유사시에는 파병하고, 그 외에는 돌아가 농사짓게 하며, 농한기에 수시로 훈련시키되, 군영에서 훈련시킵니다. 신사紳士들로 하여금 이들을 통솔케 하고, 병기를 공급하며, 매월 세 번 훈련하고, 연말에 큰 시합을 열어 최고 득점자에게 상패를 하사하도록 하십시오. 중국의 민적民籍은 4억이라, 2천만의 용맹하고 똑똑한 군대를 만들 수 있으니, 물러나 앉아 있더라도 지킬 수 있고, 나아간다면 전쟁을 치를 수 있으며, 위맹을 떨쳐 사해의 으뜸을 차지할 테니, 이를 일러 민병단을 조직한다고 하는 것입니다.[243]

그는 팔기군, 녹영군, 해군, 군기창, 무비학당武備學堂 등의 재건에 대해 구체적으로 건의하고 있다. 초기 금문경학의 중심이 예의를 재건하는 데에 있었다고 한다면, 이제 예의 문제는 동시에 군사 문제이기도 했다. "삼대의 어진 정치 시기에 시행한 병농일체의 정책"과 민병대 사상은 유학 전통에 대한 새로운 발견이었다. 고대의 정전제는 예의의 한 부분이자, 병제의 한 부분이기도 했다. 쉬중수徐中舒의 말을 빌리자면 다음과 같다. "'전'田의 원래 뜻은 수렵과 전장의 진지를 의미했는데, 2천여 년 사이에 학자들은 이런 의미를 거의 알지 못하게 되었다."[244] 이런 설명 방식은 그 역사적 근거가 풍부한데, 캉유웨이 역시 이러한 관점을 지니고 있었음이 분명하다. 『춘추좌씨전』 「은공 5년」隱公五年에는 다음과 같은 기술이 있다. "때문에 계절별 사냥인 춘수春蒐, 하묘夏苗, 추선秋獮, 동수冬狩는 모두 농한기를 틈타 시행하다, 3년마다 대대적인 훈련을 한 뒤, 그 군대를 수도에 들여 정비했다. 그리고 그들을 위해 피로연인 음지飲至를 열고 군사 훈련의 실적을 살폈다."『춘추공양전』 「환공 4년」桓公四年 부분에서 하휴는 이렇게 주를 달았다. "'전'田이라는 것은 수렵의 총칭이다. 옛날에 육식을 하고 가죽옷을 입기 위해 금수를 잡았기 때문에, 이를 가리켜 '전'이라고 했다."•『춘추곡량전』 「소공 8년」昭公八年 조에서는 "옛날에는 수렵으로 무술을 익혔

• '전'(田)이라는~했다: 이 구절의 직역은 그 의미가 선뜻 이해가 가지 않는다. 이 구절에 대해서는 두 가지 해석이 있다. 첫째, 옛날에 육식을 하고 가죽옷을 입기 위해 금수를 잡는 일이 마치 논밭을 일구는 것과 같았기에, 이를 가리켜 '전'(田)이라고 했던 것이다. 둘째, 여기서의 '전'(田)은 '전야'(田野), 즉 '들판'을 가리킨다. 그래서 육식, 가죽옷, 동물 사냥이 모두 들판에서 하는 것이기에 '전'(田)이라 부른 것이다.

다"고 설명한다. 『주례』 '하관'夏官 「대사마」大司馬에서는 다음과 같이 말한다. "2월에는 군사적 시위 방법을 가르쳤으니, 사마가 깃발을 가지고 백성들을 움직였는데, 나란히 늘어서게 하여 전투의 진열을 갖추었다. …그렇게 사냥했다."[245] 주대의 봉건과 제도 자체가 모두 군사화의 특징을 지니고 있었다. 캉유웨이는 민족국가 경쟁의 새로운 형세에서 삼대 봉건의 군사적 함의를 되살려냈는데, 이 점은 우리가 민족국가의 동원 기제를 이해하는 데 있어 중요한 의미를 지닌다.

바로 그로티우스의 『전쟁과 평화의 법』이라는 표제에서도 볼 수 있듯이, 국제법이 다루는 것은 전쟁과 평화의 법칙이었으며, 군사적 관계는 국가 관계의 주요 내용이었다. 만일 민족국가의 경쟁 관계 속에서 그로티우스라는 한 개인의 저작이 '공법'으로서 운용될 수 있다면, 캉유웨이와 랴오핑의 경우에 『춘추』는 어째서 열국 경쟁 시대의 기본 법칙이 될 수 없단 말일까, 그리고 공자의 '예운'이나 '대동' 사상은 어째서 열국 경쟁의 시대를 초월하는 만세법이 될 수 없단 말인가? "천하에 왕이 없다면, 유덕무위有德無位의 소왕素王(백의白衣의 제왕)에 의존해야한다."[246] 이는 캉유웨이의 소왕에 대한 서술이다. 소왕이 처리하는 문제는 다만 중국의 문제에 국한되는 것이 아니라 천하의 문제까지도 포함한다. 그런 의미에서 『춘추』는 공자의 주나라 제도에 관한 저술로부터 세계의 공리와 공법으로 변화하게 되며, 공자 자신은 이로 인해 왕위에 오르지 않고서 실천한 '법을 만든 왕'(制法之王)이 되는 것이다. 공자와 그로티우스는 개인 저술을 가지고 세계의 법칙을 만들었지만, 다음과 같은 점이 달랐다. 공자는 '의'義의 제도화를 위주로 했고, 그로티우스는 '판례'(例)의 제도화를 위주로 했다. 공자가 관심을 기울인 것은 경쟁 시대를 초월하는 '공리'였지만, 그로티우스가 관심을 기울인 것은 경쟁 과정의 '공법'이었다. 청대 금문경학가들은 고문경학에 속하는 『주례』에 대해서는 내용을 흡수하면서도 비판을 가했고, 『춘추』의 의례에 대해서는 유연한 재해석을 진행했다. 이렇게 했던 부분적 원인은 그들이 필요로 했던 것이 기성의 규칙이 아니라, 구체적이며 변화하는 역사 상황 속에서 각종 일을 처리할 능력과 변혁의 근거였으므로, 자신들에게 경전을 근거로 미증유의 변혁을 실행할 수 있도록 하는 것이었기 때문이다.

청말 무렵 개혁적 사대부들은 열강 사이의 분쟁 속에서 '공법' 이용의 가능성을 보았으며, 열강 간 상호 인정의 '공법'을 중국과 서양의 관계에도 끌어와 적용시키고자 시도했다. 설복성은 일본의 경험을 사례로 들어 다음과 같이 논증했다. "근자에 듣기로 일본이 미국과 협의하여 새로운 조약을 맺었는데, 미국이 일본에게 권리를 되돌려주는 것을 허락했고, 일본은 이에 대한 보답으로 양국 통상의 증대를 허락했다고 한다. 대체로 이쪽에는 이익이 늘어나고 저쪽에는 보답이 있게 되니, 이는 각각 서로 양보하여 실로 손해되는 바가 없게 됨이다. 그리고 유사시에는 합종연횡의 도움을 얻을 수 있으니, 어찌 꺼리며 행하지 않을 것인가!"[247] 하지만 '공법'의 실제 운용은 국가 역량의 대소에 근거한다. 아래의 정관잉과 캉유웨이의 서술은 이 간단한 도리를 아주 명확히 설명하고 있다. 정관잉은 다음과 같이 말한다.

> 공법에 의존할 수 있으려면, 반드시 우선 국회를 세워 민의가 전달될 수 있게 해야 한다. 그런 다음에야 국위를 선양하고, 외부로부터 업신여김을 받지 않게 될 수 있다. …중국은 인구가 4억이 넘는다. 만약 국회를 세우고 인민들의 의사가 소통되어 마치 팔과 손가락처럼 일사불란하게 되고 4억의 인민이 한 사람처럼 될 수 있다면, 전 세계를 통합하는 것도 어려운 일은 아닐 것이다. 다른 민족이 9만 리를 건너와 마구 날뛰고, 함부로 분에 넘치는 부탁을 하고, 무례한 요구를 하며, 섬김에 대소 구분이 없고, 툭하면 무력을 행사하니, 분명 공법에 위배되는 것인데 어찌 이를 좌시하겠는가![248]

캉유웨이는 다음과 같이 말한다.

선조들의 법을 가지고 선조들의 땅을 다스려 왔다. 오늘날 선조들의 땅을 지킬 수 없게 되었으니, 선조들의 법인들 어찌 남아 있으리오? 즉 이 같은 상황에서의 외교 부서 역시 선조들의 법에서는 없었던 것이다. 시대에 따라 제도도 맞춰 가지 않으면 안된다. …오늘날은 열국병립列國並立의 시대이므로 일통一統 시대로 다시 돌아갈 수 없다. 오늘날의 법률 관제는 모두 일통 시대의 법이라, 중국을 약화시키는 것은 모두가 이 때문이니, 마땅히 모두 없애야 한다. 다시 말해 단번에 모두 없앨 수 없다면 또한 헤아려서 개정해야만 한다. 그래야만 새로운 정치가 추진되고 시행될 수 있을 것이다.[249]

여기서 캉유웨이는 명확히 '일통'의 제도와 '열국'의 제도를 구분했지만, 그 무게중심은 '일통'의 영토와 통치권의 개혁이 아니라, 관료 행정 제도와 법률의 개혁으로부터 착수해 들어가는 것에 있었다. 내부 제도의 개조는 '열국병립'의 형세를 근거로 하여 국가의 군사화와 경제 발전을 중심으로 하는 것이었는데,[250] 이는 제국이 민족국가로의 자기 전환을 실현하는 기본 조건이었다. 캉유웨이는 유럽 국가의 가치와 제도, 특히 국제공법·국제 외교·헌법 개혁·시장 제도 등을 대부분 받아들였지만, 그가 시종 견지했던 기본 가치는 '대일통', 즉 제국의 기본 틀을 유지하는 것이었다. 춘추전국의 분립 형국으로 퇴보하는 것이 아니라, '중국'을 하나의 국가 단위로서 새로운 세계 질서 속에 진입시키는 것이었다. 그의 정치사상과 경학 관념의 각 측면은 모두 이러한 기본 입장과 밀접히 연결되어 있다.

'대일통'이라는 가치나 '예의 중국'이라는 관념은 확실히 근대 중국의 국가 건설과 중층적인 관계를 지니지만, 전자가 제공해 준 이상 모델과 민족국가적 구상 사이에는 심각한 차이가 있었다. 민족국가는 민족성(및 그것의 타자와의 관계)의 구축을 기본 전제로 삼았지만, '대일통'과 '예의 중국' 등의 관념은 오히려 엄격한 내외·이하의 경계 구분을 반대하고, 민족 격리 정책과 자민족 중심주의를 반대했다. 이는 일종의 문화 다원적이며 내와 외를 나누지 않는 '천하' 상상이자 기획이었다. 이는 예의 관계(문화라고도 불리는)를 가지고 다원적 정치 공동체의 기초를 삼으며, 각 민족과 지역들 사이의 변방 지역(국경이 아니라)을 연결 고리로 삼는다. 민족국가의 시대에 청말 금문경학은 한편으로 변화의 형세에 순응하며 민족국가를 지향하는 변법 개혁에 사상적 원천을 제공해 주었지만, 다른 한편으로 오히려 유학의 보편주의를 재건하여 대동을 지향하는 세계 거버넌스*에 가치와 규범을 제공해 주고자 했다. 유럽 국제법이 갈수록 보편 질서의 기초가 되어 가는 과정 속에서 유학 예의 규범과 기획에 의거한 랴오핑, 캉유웨이 등의 '만세법'은 거의 아무런 실질적 성과도 얻을 수 없었다. 하지만 그들이 이와 같은 세계상을 재건하고자 하는 활동 속에서 전개해 갔던 '대동'의 구상, 자본주의 세계 관계에 대한 분석, 특히 이 세계 관계가 의존하고 있는 국가·국경·계급·성별 등의 차등적 관계에 대한 날카로운 비판은 오히려 깊이 있는 통찰력과 예지력을 지닌 것이었다. 이러한 근대 비판 속에서 공양학의 역사관이나 그 유학적 관점이 새로운 세계상 및 지식과 일으켰던 충돌과 접합을 명확히 찾아볼 수 있다.

상술한 각 측면에 대한 분석을 통해 하나의 기본적 결론을 도출해 낼 수 있다. 청대 중기에 시작된 충돌은 국가 간의 충돌이었을 뿐만 아니라, 두 세계 체제 및 그 규범 체계 사이의 충돌이었다. 유럽인들이 설정해 놓은 제국과 국가의 대비 관계, 중국 사대부가 만들어 놓은 일통과 열국 경쟁이라는 형세에 대한 역사관, 그리고 후대에 학술 연구 속에서 형성된 조공과 조약의 이원론 등은 모두 이 세계적 규범 충돌

• 세계 거버넌스: 여기서의 'governance'는 '통치, 지배, 관리' 등과 같은 기존의 개념과는 달리 다자간의 네트워크나 파트너쉽 등을 강조하는 개념으로, 원문에서는 이를 '치리'(治理)라 번역하고 있다. 한국의 경우 '협치'(協治) '공치'(共治) 등과 같은 번역어를 사용하는 경우도 있기는 하지만, 아직까지 의역하지 않은 채 음역 어휘를 사용하는 경우가 적지 않은데, 여기서도 이런 번역 관례에 따라 '거버넌스'로 번역했다.

의 지식상의 표현이었다. 따라서 이 충돌에 대한 지식계의 반응은 군사 전략에 관한 논의에만 국한되는 것이 아니라, 자기 개혁에 대한 총체적 구상이기도 했던 것이다. 두 개 서로 다른 세계상의 대립·상호작용·삼투의 과정에서 상대방과 그 규범 체계를 참조해 스스로 하나의 새로운 세계상 속에서 새롭게 위치시키고, 자신과 다른 국가들과의 관계를 확정했으며, 또한 내부 개혁의 방안을 결정해 나갔다. 그런 의미에서 중국의 근대 민족주의는 애초부터 명확한 국제적 성격을 지니고 있었다. 대중적·혁명적 민족주의가 군주제 제국의 민족주의를 대신하여 주류가 되어 감에 따라, 이제 막 변화해 가고 있던 제국 전통은 세계주의적이며(캉유웨이·량치차오) 국제주의적인(쑨원·마오쩌둥) 지향*과 결합하여 근대 중국 민족 건설의 가장 중요한 특징을 구성하게 된다. 이 민족주의적 세계주의의 특징은 마루야마 마사오가 서술한 국제 지향이 결여된 '존황양이론'과는 확실히 달랐다. 바로 이 지점으로부터 출발하여 캉유웨이로 대변되는 사상적 지향에 대해서 논의해 보고자 한다. 과연 황권 중심주의적 황제 체제의 개혁과 대동주의적 미래 지향은 어떻게 하나로 종합될 수 있었던 것일까?

• 세계주의적이며 국제주의적인 지향: 세계주의란 '세계시민주의' 혹은 '사해동포주의'로 부르기도 한다. 원래는 서양에서 다양한 도시국가들을 아우르는 세계 전체를 하나의 국가 또는 체계로 인식하는 데에서 나온 관점이다. 현재는 보편적 이성을 바탕으로 국가나 민족의 구분을 부정하고 전 인류를 '세계시민' 혹은 '동포'로 간주하는 사상으로 발전했다. 국제주의란 여러 국가가 정치적 혹은 경제적인 이익이나 목표를 위해 협력해야 한다는 사상이다.

제7장 제국의 자아 전환과
유학 보편주의

공자는 천하의 대의와 종족의 대의를 세웠지만,
오늘날에는 국민의 대의만이 있을 뿐이다.
그러므로, 예의와 율법에 다소간의 차이가
없을 수 없다. 이것이 소위 시대적 흐름이다.

― 캉유웨이

경학 해석학과 유학 '만세법'

유학은 경전의 원리와 사회 변화 사이에서 부단히 나타나는 모순과 장력 속에서 변화해 왔다. 유학 의리와 명제에 대한 사회 변천의 도전에 적응하기 위하여 각 시대의 유학자들은 풍부한 경학 해석학을 발전시켜 왔으며, 그렇게 함으로써 새로운 사회관계를 경학의 시야 속으로 집어넣을 수 있었다. 그리고 이를 통해 변화해 가는 역사적 상황 속에서 유학의 '만세법'으로서의 지위를 유지해 왔다. 바로 유학의 보편적 적용 가능성을 유지하기 위한 노력 자체가 유학 형태의 끊임없는 변화를 가져왔다고 할 수 있다. 유학 보편주의는 유학자의 입장과 사회적 상황, 그리고 유학 경전 사이의 반복적 조율·변통·유연한 해석 등으로부터 나온 것이다. 제국 체제의 확립, 예의·풍속의 변화, 지역의 확장 등으로 인해 발생한 민족 관계 등에 적응하기 위하여 금문경학은 몹시 복잡한 경전 해석의 방식을 발전시켜 왔다. 경학 해석학으로서의 금문경학은 청대 중기, 특히 후기에 급부상했다. 또다시 삼통三統·삼세三世·내외內外·개제改制 등의 경학 주제들은 역사적 상황과 유학 원전 사이의 내재적 모순에 대한 해석과 조정을 통해 유학 보편주의를 재건했다.

베버는 프로테스탄트 윤리와 자본주의의 내재적 관계를 논증하기 위하여 일종의 대비 관계 속에서 유교 윤리의 일반적 특징을 논했다. 그가 보기에 유교 윤리 속에는 자연과 신 사이, 윤리적 요구와 인간의 결점 사이, 죄의식과 속죄에 대한 요구 사이, 속세의 행위와 내세의 보답 사이, 그리고 종교적 의무와 사회 정치 현실 사이의 긴장이 결여되어 있었다. 그래서 순수한 전통과 관습의 구속을 받지 않는 내재적 역량이 생활 방식에 영향을 주는 문제는 언급할 수조차 없었다. 유교 사회의 내재적 응집력은 가족 내의 효도에서부터 시작된다. "진정한 중국의 경제 조직은 어느 정도까지 강해질 수 있을까. 대체로 이런 개인 단체가 효도에 의해 조절될 수 있는 정도까지만 강해질 수 있다. … 윤리적 종교, 특히 프로테스탄트 윤리를 지향하는 금욕적인 각 교파의 위대한 성취는 씨족의 유대를 타파하여 신앙 공동체와 공동의 생활 윤리를 만들어 냈다는 점에 있다. 이는 혈연 공동체보다 우월하며 심지어는 가정과 상당히 상호 대립되기도 한다. 경제적 측면에서 봤을 때 이는 사업상의 신뢰가 실제 직업 업무 속에서 검증된 개인의 윤리적 질을 기초로 하고 있음을 의미한다."[1] 여기서는 유교 이성주의에 관한 베버의 기본 논점의 분석을 통해 근대 유교 보편주의에 대한 논술을 전개하는 데 도움을 주고자 한다.[2] 베버는 유교와 가정 윤리의 견고한 관계 때문에 유교가 '객관 이성화'를 제한하게 되었다고 여겼다. 즉 유교는 씨족 방식을 통해서 내면세계로부터 개인을 계속해서 그 씨족 성원과 강하게 함께 연계시키고자 했다는 것이다. 이로 인해 윤리와 시민 생활 방식 사이를 매개하는 중간 고리가 결여되었다는 것이다. 베버가 치중한 부분은 경제생활 방식의 문제였다. 다른 각도에서 보면 이런 가정 윤리 역시 이성화된 국가 및 그 상호 관계의 윤리를 발전시켜 내기 힘들다는 것이다. 그러나 베버의 관점은 유가 윤리에 대한 정확한 논술이라기보다는 기독교 세계의 근대적 자기 이해라 할 수 있다. 왕조 변천의 역사 속에서 유학은 풍부한 변화 방식을 통해 정치, 경제, 그리고 각종 사회문제를 처리해 왔으며, 아울러 가정만으로는 포괄될 수 없는 일련의 사회적 구조 속에서 그 윤리를 실현해 왔다. 장존여, 유봉록, 위원, 공자진 등 청대 유학자들의 사상적 시야에 대한 논의 속에서 이미 제시한 바 있듯이, 유학의 윤리와 그 역사관은 변화에 끊임없이 적응해 가는 윤리와 역사관이었다. 혈연과 지연에 반대하는 사상적 요소를 유학의 형식 내부에서 찾아볼 수 있으며, 유학 윤리를 가정 윤리 혹은 혈연 공동체 범위 속에 한정하는 논점은 지나치게 협소한 시각이다. 하지만 어째서 베버에 의해 개괄된 이러한 유럽의 근대적 자기 이해가 정말 변혁 운동의 문제 틀이 될 수 있었던 것일까? 민족주의의 조류 속에서 개혁가와 혁명가는 자신들이 직면한 곤경을 혈연과 지연 관계의 한계로 해석함으로써, 새로운 사회 공동체를 창조하고자 하는 노력을 지연·혈연 관계에서 벗어나는 과정과 결부시켰다. 여기서 언급해 둘 두 가지 중요한 점이 있다. 첫째, 유럽 민족주의의 보편적 특징은 지연·혈연 등의 지방적 요소를 초월하여 '상상의 공동체'인 민족국가를 창조해 냈다는 점이다. 따라서 베버가 서술한 윤리적 차이는 유교와 기독교, 혹은 중국 전통과 서구 전통 사이의 충돌이 아니라, 민족주의·공업화·도시화 과정으로부터 나온 윤리적 충돌로 해석되어야 할 것이다. 둘째, 유학에는 가정 내 효도를 초월하는 윤리적 요구가 결여되어 있지 않다. 예를 들자면, 캉유웨이는 유학의 배경 위에 고대의 천하 관념을 재건함으로써 새로운 국가 정치 구조와 전 세계적 관계를 위하여 보편주의적 유학 윤리를 창조했다. 그의 유학 보편주의는 가족 내 윤리의 초월을 그 특징으로 할 뿐 아니라 가정 제도를 부정하는 사상적 의미 또한 포함하고 있다. 하지만 캉유웨이에게 있어서 이 두 가지 특징이 그가 신봉한 유학 혹은 공자교孔子敎에 대한 해체를 의미하는 것은 아니었다.

레벤슨Joseph R. Levenson의 동서 관계에 대한 논의는 베버로부터 많은 영향을 받았다. 그는 어휘 변화(vocabulary change)와 언어 변화(language change)를 가지고 서로 다른 중국-서구 교류의 상황을 설명했다. '어휘 변화'는 사회적 총체의 변화를 수반하지 않는 순수한 지식상의 접촉을 가리키는 것으로, 외래문화는 원래의 '언어'(문화적 규칙)를 풍부하게 할 뿐이다. '언어 변화'란 외래 지식의 변천이 심각한 사회 변천을 가져옴으로써, 원래의 '언어'(문화 규칙)를 재건하거나 쇄신, 혹은 교체하는 것을 가리킨다. 17세기에 유럽의 조선 기술과 코페르니쿠스 천문학이 중국에 전해져 중국의 항해와 천문에 관한 지식을 풍부하게 했는데, 고염무顧炎武는 차분하고 담담한 태도로 이 새로운 지식을 받아들였다. 하지만 19세기, 특히 아편전쟁 이후로 서구 지식의 유입은 사회관계의 총체적 변화를 가져왔으며, 사람들은 고염무와 같이 그렇게 차분하게 서구 천문학의 장점을 논할 수 없었다. 레벤슨이 보기에 전자는 어휘적 변화이고, 후자는 언어적 변화였다.[3] 19세기의 '커다란 변화'를 전체 사회 규칙의 전환으로 이해하는 것은 복잡한 문제이며, 여기서는 상세히 논의하지 않도록 하겠다. 하지만 이에 근거해서 중국 역사 속에서의 각종 변화를 그저 '어휘의 변화'일 뿐이라고 여기는 것은 이를 유럽 근대성의 '자기 확증'이라 여기는 것밖에는 될 수 없을 것이다. 당·송 간의 전환이나, 원 제국과 청 제국의 건립은 모두 서로 다른 측면에서 원래의 사회 체제를 변화시켰으며, 유학 보편주의의 표상하에 매우 중대한 규칙의 변화(혹은 '언어 변화')를 담고 있었다. 청말의 유학 보편주의 재건 노력은 어휘의 변화이면서, 또한 언어의 변화이기도 했다. 하지만 이 두 측면은 모두 19세기 이전에 그 기원을 찾아볼 수 있다. 한대 유학, 송대 유학, 청대 유학은 서로 다른 상황에 기초해서, 그리고 서로 다른 방식으로 유학 보편주의를 재건해 낸 결과물이었다. 이것이 유학 발전의 기본 양상이었다. 청 왕조는 잔혹한 정복을 통해 소수민족의 왕조를 세웠다. 그런 왕조 안에서 살아갔던 유학자들은 어떻게 해서 '외래 왕조'의 체제 내에서 유학의 보편주의를 실현할 수 있었던 것일까? 장존여, 유봉록 등은 일종의 상대화된 이하관을 가지고 '중국' 개념을 새롭게 정의했는데, 이는 한편으로 청 왕조라는 소수민족 통치의 합법성을 인정하는 전제에서 한족 사대부의 평등에 대한 요구를 표현하는 것이었다. 또한 다른 한편으로 변화의 역사적 조건에서 유학의 정통 지위와 보편 의의를 유지하고, 정치와 문화적 정체성의 기초를 재건하는 것이기도 했다.

아편전쟁 이후 내외 관계에 심각한 변화가 일어나게 되면서, '중국'

의 위치와 유학의 적용 범위를 어떻게 확정할 것인가가 유학자들의 피할 수 없는 도전 과제가 되었다. 위원은 '외부'에 대한 깊은 이해를 지녔지만, 여전히 불교 경전의 사주설四洲說을 가지고 각 대륙에 대해 설명하고자 했다. 랴오핑은 그 뒤를 이어 대구주大九州－소구주小九州의 지리학적 내용을 가지고 유학의 '보편주의'를 유지했다. 그들의 노력은 가장 보수적인 관료나 사대부의 취향과는 완전히 상반되었지만, 유학 보편주의의 유지라는 측면에서는 상당히 일치했다. 유신維新을 추구하는 이들은 새로운 변화와 지식을 유학적 시각 속에 조직해 넣음으로써, 시각의 확장을 통해 유학 보편주의를 재건하고자 애썼다. 반면 수구 세력들은 "중국에 이전부터 있었다"라고 외치면서 신지식을 배척하거나, 혹은 신지식을 모두 이단 사설이라 단언하면서 신지식을 억압하고자 했다. 그들은 '외부'의 것을 전통 지식의 시각 속으로 끌어들여서 처리하고자 애썼으며, 더 나아가 유학 보편주의의 환상을 유지하고자 했다. 보편적 지식은 모두 '무외'無外의 것이 아니면 '정통적'인 것이어야만 했다. 금문경학 내외관의 변화는 민족 관계, 지역 범위, 제도 구조 등의 변화와 밀접히 관련되어 있었다. 내륙과 해양 전체에 걸쳐 청 왕조는 민족 관계가 매우 복잡한 다원적 제국이었다. 청 왕조는 송·명 시대의 군현제 국가라는 역사적 국면을 타파하고, 영토 범위의 변화와 민족 관계에 최적화된 광대한 지식 체계를 만들어 냈다. 사고전서四庫全書의 편찬, 청대 경학의 발달, 이전에 없었던 여지학(지리학)의 발전, 예의·법률의 다양성 등은 송·명 시대와는 완전히 다른 지식 풍경과 제국 시야를 구축했다. 금문경학의 내외/이하夷夏 관계와 관련하여 상대화된 해석 전략(그리고 청대 여지학 속에 드러나 있는 그런 해석 전략의 표현 양태)은 새로운 제국의 영토 범위와 민족 관계가 유학 형태에 미친 영향을 잘 보여 준다. 청 제국의 내외 관계에 대한 해석이 없이는 유학의 '만세법'적 지위는 유지될 수 없었다.

그러나 '해양 국가'의 시대를 맞이하여 '지대무외'至大無外의 제국적 시각은 더 이상 '무외'적인 시각이 될 수 없었다. 소위 '천조'天朝 제국의 붕괴는 우선 세계관의 붕괴를 의미했다. 제국의 시각이 얼마나 광범위하건 간에, 제국의 문화와 종족에 대한 포용력이 얼마나 강하건 간에, 제국을 기준으로 중심과 변경을 확립해 왔던 지식은 더 이상 세계에 대한 총체적 지식을 제공해 줄 수 없게 되었다. 서아시아에서 기원하여 세계 각지로 전파된 각종 종교의 특수한 가치를 어떻게 해석할 것인가? 로마 제국의 찬란한 문명, 대영제국의 강한 군사력, 미국 사회의 진보와 번영을 어떻게 해석할 것인가? 청 제국의 명백한 군사적 패배와 기술상의 낙후를 어떻게 해석할 것인가? 근대 유럽의 놀라운 발전, 조공 체계의 내외 갈등, 영국 군함의 노골적인 도전, 과학기술의 급속한 발전, 그리고 이와 더불어 '외부'와 관련된 갈수록 정확해지는 지식 등, 이들 모두는 전통 유학의 해석 범위 내에 있지 않았다. '외부'의 확실한 존재는 '만세법'의 보편성을 강하게 뒤흔들어 놓았다. "이로부터 우리 중국은 열국 경쟁의 시대에 들어서게 되었으니, 온 나라를 걸어 잠글 때가 아니다. 열국 경쟁이란 정치·공업·문학·지식 등의 모든 방면에서 서로 비슷하거나 견줄 만해야 비로소 병립할 수 있는 것이다. 하지만 조금만 뒤처져도 바로 도태 패망의 길로 들어서게 될 것이다."[4] 중국은 더 이상 천하가 아니라 '열국' 가운데 한 나라인 것이다. 이는 캉유웨이의 민족국가 시대에 대한 개괄이었다. 청말 유학은 최대의 곤경에 직면하게 된다. 제국이 세계 자본주의의 변방 지역이 되면서, 유학 '만세법' 또한 동시대에 맞지 않는 '지방적 지식'으로 전락하게 되었다. 유학 '만세법'은 유학 예의와 '중국' 사이의 내재적 역사 관계 위에 세워졌다. 일단 '중국'으로부터 보편적 예의 원칙으로 추상화될 수 없게 되자, 그리고 풍속·종족·지역 등이 '중국'의 범위를 벗어나게 되자(즉 '내부'로 편입시킬 수 없게 되자), 그리고 '중국'이라는 존재가 더 이상 스스로 경계를 확정 짓지 못하고 '외부'에 의해 경계를 확정 짓게 되자, 이 '만세법'의 보편성과 적용 가능성은 위기에 직면할 수밖에 없었다. 유봉록이 "중국 역시 또 하나의 새로운 오랑캐"라고 말했을 때 그 맥락은 청 왕조의 법통의 인정을 통해서 '중국'

을 새롭게 예의의 내부로 편입시키고자 한 것이었다. 하지만 캉유웨이에게 있어서 문제는 지역과 종족으로서의 중국이 유학 예의와 부합되는지의 여부에 있는 것이 아니라, 설사 양자가 상호 부합된다 할지라도 유학 예의의 보편 가치를 확정할 방법이 없다는 데 있었다. '외부'에 대한 승인과 '외부로부터의 승인'에 대한 필요성이 이 위기의 심각성을 의미하는 것이었다. 1864년, 중국어로 번역된 최초의 '국제법' 저작은 선교사의 손에 의해 이루어졌다. '만국공법'이라는 표제가 명확히 사람들에게 보여 주는 바는 다음과 같았다. 첫째, '공법'은 중국의 예의·법규·원칙 등을 초월하는 보편주의 법칙이다. 둘째, 그처럼 오랫동안 '만세법'이라 여겨져 왔던 유학 경전과 그 속에 내포된 예의 규범은 한물간, 적용될 수 없는, 보편 가치를 지니지 못한 지역에 국한된 지식이다. 셋째, '중국'은 유학의 '만세법'이 아니라, 반드시 이 보편 공법을 준수해야만 '세계'의 일원이 될 수 있다. 이 번역에 앞선 일련의 굴욕적 조약들 속에서 청 왕조 정부와 사대부들은 이미 국제공법의 실제 함의를 이해하기 시작했다. 따라서 전통적인 유학 '만세법'과 청말 시기 유학 보편주의를 재건하고자 한 노력 사이에는 맥락상 근본적인 차이가 존재한다. 유학이 더 이상 보편 법칙이 아니라고 한다면, 유학이 과연 성립될 수 있을 것인가?

상술한 역사적 변화는 단순히 외부로부터의 변화로만 귀결될 수 없다. 그것은 청 왕조 사회 내부로부터 발생한 위기와 내재적 호응 관계를 지니고 있었다. 청대의 유학자들에게 있어서 이는 내외 문란의 상징이었다. 태평천국太平天國, 염군捻軍 봉기, 회민回民 봉기* 등은 외부

---

* 태평천국(太平天國)~봉기: 태평천국은 1851~1864년 중국 남부 지역을 중심으로 일어났던 대규모 농민 전쟁이고, 염군 봉기는 거의 비슷한 시기인 1851~1868년 중국 북부 지역의 황하와 회하(淮河) 유역을 중심으로 일어났던 대규모 농민 봉기를 가리킨다. 그리고 회민 봉기란 이슬람교를 신봉하는 소수민족 무슬림들의 봉기를 말하는데, 이른바 둥간(Dungan, 東干) 혁명이라고도 불리는 1862~1873년 섬서성(陝西省)과 감숙성(甘肅省)에서의 봉기를 가리킨다. 한족과 회족 사이의 민족 갈등으로 인해

의 충격에 대해 격렬히 호응했으며, 서로 다른 방향에서 청 왕조 사회의 정치·지역·종족 관계를 변화시키고자 했다. 그 가운데 태평천국운동은 지속 시간, 파급 범위, 군대 규모 등의 면에 있어서 중국 농민 전쟁 가운데서 보기 드문 것이었다. 태평천국운동의 진압을 위해 청 정부는 부득이 한인 관원을 중용하고 그들에게 진정한 병권을 내줄 수밖에 없었는데, 이로 인해 한인 관원의 지위가 향상되었다. 태평천국운동의 발전과 태평군에 대한 저항의 과정에서 청대 후기에 필립 쿤Philip A. Kuhn이 말한 '지방 군사화' 현상이 나타나기 시작했다. 그의 해석에 따르면 이는 청 왕조의 쇠락의 근원이었을 뿐 아니라, 전통 사회 구조가 전환되는 근원이었다. 왜냐하면 이 과정에서 신사 계층이 더 이상 국가 행정 기구와 지방 사회 사이의 중개자 역할을 하지 않게 되었으며, 왕조를 운영할 수 있게 했던 사회관계에 구조적인 변화가 일어나게 되었기 때문이다.[5] 태평천국운동의 문화적 영향은 두 가지 측면을 지니고 있었다. 첫째, 태평천국운동은 유학 보편주의와는 대립하는 새로운 보편주의 지식을 창조 혹은 전파했다. 배상제교拜上帝敎라는 이름 하에 진행되었던 이 운동은 각종 서구적 가치와 정치적·종교적 관념들을 중국 전통의 평등주의와 결합시켰는데, 이데올로기의 측면에서 전통 지식 및 제도와 격렬히 충돌했을 뿐만 아니라, 또한 정치 실천과 정치 이론에서도 토지 개혁, 남녀평등, 종족 억압 등의 문제를 제기하기도 했다. 둘째, 태평천국운동의 거대한 인력 동원 능력은 만주족 통치의 합법성에 의문을 던졌으며, 또한 내외·이하 구분의 필요성을 새롭게 제기했다. 실제로 배상제교의 보편주의 틀 내에서 준민족주의적 경향을 가지고 제국의 정치 체제를 반대했다. 금문경학이 제국의 정치 체제를 승인하는 전제하에서 내외·이하 관계를 상대화했다면, 태평천국은 청 왕조의 지배층 관료나 군대를 비하해 부르는 '청요'淸妖 등과 같은 격렬한 언어를 써가면서 내외/이하의 명확한 차이를 재건했

발생한 이 내전으로 약 2천만 명의 인명 손실이 발생할 정도로 피해가 막심했다.

다. 이는 명말 청초에 성행했던 이하 구분에 대한 반향이자, 청말 민족주의 분출의 단초였다. 태평천국의 만주족 통치 합법성에 대한 회의는 명확한 민족 구분과 배상제교의 보편주의(人人平等)라는 틀 속에서 전개되었다. 이 운동의 실패에도 불구하고 반만反滿 민족주의는 쇠퇴하지 않았다. 얼마 뒤에 일어난 청말 민족주의 운동도 '반만'이라는 구호를 외쳤으며, 또한 반만주의는 더욱 복잡하고 다양한 보편주의 지식—예를 들면 민족국가의 지식, 과학 기술의 지식, 공업화의 지식 등—과 결합하게 된다. 태평천국이 상제에 대한 지식, 보편 평등의 가치관, 새로운 토지 정책과 종족관에 호소한 것이었다고 한다면, 청말 민족주의는 민족국가의 정치 모델 및 자유·평등·공화의 가치관에 호소한 것이었다. 이들 모두 전례가 없는 강력한 힘으로 유학 '만세법'의 기초를 뒤흔들어 놓았다.

청대 공양학의 단계적 변화는 상술한 과정과 밀접히 연관되어 있었다. 장존여와 유봉록으로 대변되는 초기 단계의 금문경학은 왕조의 합법성과 내외 관계의 문제에 치중했기 때문에, '내외에 대한 관례'(內外例)와 '세습 귀족에 대한 비판'(譏世卿)이 경학의 중요한 주제가 되었다. 공자진과 위원으로 대변되는 발전기 단계에는 내외 문제가 제국 내부의 종족 문제로부터 제국 영토 범위 내부의 통치 방식 및 그 개혁 문제로 발전되었으며, 여지학과 기타 경세학이 경학 시야 내부로 포함되어 감에 따라 경학 원래의 틀을 크게 벗어나게 되었다. 캉유웨이, 랴오핑으로 대표되는 흥성기 단계에는 유럽 중심의 '전 세계적 지식'이 지배적 지식이 되어 가고 있었기 때문에, 만일 유학 내부에서 이 '전 세계적 지식'을 포용할 수 있는 틀을 발견해 내지 못한다면, 또한 이러한 새로운 유학 보편주의에 근거해서 변혁의 청사진을 설계하지 못한다면, 유학은 몰락의 운명을 피할 수 없는 상황이었다. 상술한 각 단계의 상호 침투와 상호 구분은 경학 내부의 변화와 역사적 맥락 사이의 상호작용 관계를 잘 보여 주고 있다. 학자들은 일반적으로 1884년 전후를 청말 금문경학의 발단으로 여기지만, 시기 구분의 기준이 완전히 일치하지는 않는다. 경학 내부적으로 봤을 때, 랴오핑이 1886년 『금고학고』今古學考를 발표하여 「왕제」王制와 『주례』周禮를 금문경학과 고문경학으로 구분한 것은 청대 경학의 맥락 속에서 하나의 중요한 분기점이었다. 랴오핑이 이 사상을 품게 된 시기는 바로 1884년 전후였다.[6] 더욱 넓은 각도에서 보면 청말 경학의 변화를 상징하는 것은 아래의 현상이었다. '개제'改制, '삼세'三世, '대동'大同 등의 주제가 중심 주제로 부각됨에 따라, '내외'內外, '세습 귀족에 대한 비판'(譏世卿) 등의 주제는 지위가 상대적으로 저하되었으며, 왕조 개혁과 전 세계적 관계는 하나의 반성적 시각 속에 편입되었다. 이 과정은 청대 금문경학으로 하여금 왕조의 합법성 이론으로부터 왕조의 변법개제 이론으로 전환되도록, 그리고 중국에 관한 만세법으로부터 세계에 관한 보편 진리로 전환되도록 촉진시켰다. 또한 최종적으로는 민족국가, 식민 체제, 산업화 과정 등을 기조로 하는 전 세계적 관계에 대한 비판적 반성을 진행하도록 이끌었다. 따라서 청말 유학 보편주의가 주목한 것은 '중국'의 문제였을 뿐만 아니라, '세계 거버넌스'의 문제이기도 했다.

국가를 넘어선 대동, 그리고 대동을 향한 과도過渡로서의 국가

청말 유학, 특히 금문경학의 사상적 의의는 '유학 보편주의의 재건'이라는 맥락 속에서 바라봐야만 비로소 정확히 이해할 수 있다. 캉유웨이는 청대 금문경학의 마지막 사상가이자, 유학 보편주의 재건에 있어 가장 중요한 인물이기도 하다. 그의 저작은 명확히 두 개의 맥락을 관통하고 있는데, 변법 강국의 맥락과 대동 세계의 맥락이 그것이다. 전자는 그의 정치 실천을 관통하고 있으며, 후자는 그의 이러한 실천 과정 및 그 맥락에 대한 사고 전체를 관통하고 있다. 캉유웨이는 서방의 해양 무역 세력과 군사력 확장의 배후에 있는 정치적 틀, 즉 강력한 국가와 그 정치 체제를 분명히 인식하고 있었다. 따라서 위원과 마찬가지로 그는 서구 부강의 논리 방식을 모방함으로써 해양 시대의 역사적 도전에 대응하고자 애썼다. 즉 왕권을 중심으로 하고, 공자 및 유학을 근거로 삼으며, 변법 제도 개혁을 구호로 삼고, 공업화와 군사화를 수단으로 삼아, 강대한 '중국'을 재건하고자 애썼던 것이다.

위원과 마찬가지로 캉유웨이는 민족국가 상호 경쟁이라는 새로운 구조에 대해 명확히 이해하고 있었는데, 그의 중국과 그 위기에 대한 감각은 대청 제국과 그 조공 관계의 범위 안에서 세워진 것이었다.[7] 1888년 말에 쓴 「상청제 제1서」에서 캉유웨이는 국가 대사의 급박한 지경과 존망의 위급함을 한탄하면서, 조서를 내려 중국 현실을 보살피고 서둘러 치국을 도모할 것을 황제에게 요구했다. 아래에 기술되고 있는 그의 절박한 어조의 이면에 깔려 있는 지정학적 배경에 대해 한번쯤 주의를 기울여 볼 필요가 있다. 류큐는 망했고, 베트남은 국권을 상실했으며, 미얀마마저 망하게 되었으니, 양 날개를 잃고 장차 내지까지 위협 받는 지경에 이르렀다. 일본은 조선을 도모하고 있고 동쪽의 길림吉林 지역을 넘보고 있고, 영국은 티베트 지역에서 도발하면서 서쪽의 사천·운남 지역을 넘보고 있다. 러시아는 북쪽에 철로를 건설하여 성경盛京(지금의 심양瀋陽)으로 세력을 뻗치고 있다. 프랑스는 남쪽에서 민란을 선동하여 운남·광동 지역을 차지하려 하고 있다. 종교 집단과 비밀결사 집단이 강소·절강·호남·호북·하북·하남·감숙 등지에서 내란을 일으키고 있다. 이러한 상황들은 또 다른 재난들과 연결되어 있었는데, 수재·태풍·지진 등이 연이어 발생했을 뿐만 아니라, 수도의 군사력은 약하고 재정은 빈약했으며, 풍속은 문란하고 기강은 해이해져 있었다. 캉유웨이는 밖으로부터 안으로 서술하는 방식을 취하고 있는데, 류큐·베트남·미얀마·조선·티베트 등으로부터 시작하여 사천·운남·광동 등에 이르기까지, 위기의 징조는 우선 조공 체계의 바깥쪽에서부터 나타나고 있었다. 캉유웨이는 군사·형법·부세·교육·복지 관리 제도 등의 각 방면에서 변법을 시행하여 '중국'을 쇠락으로부터 구원할 것을 요구했다.[8] 그리고 정치 변혁의 측면에 있어서, 그는 서태후西太后(자희태후慈禧太后) 섭정의 현 상태를 바꿔 광서제를 중심으로 삼고, 서구로부터 배워 정치·경제·군사 제도를 재건하여 진정한 변법 강국 운동을 일으키고자 했다. 그렇게 함으로써 중국의 법통과 내부의 안정을 유지하는 것이 관건이라고 생각했다. 이러한 운동을 일으키기 위해서는 이론적으로 현존 체제의 합법성을 전복해야만 했다. 『신학위경고』新學僞經考, 『공자개제고』孔子改制考 등의 저작은 이러한 생각에 따라 유학 내부로부터 전개된 '혁명 운동'이었으며, 이들 저작의 출현은 금문경학이 제국의 합법성 이론으로부터 변법개제 이론으로 전환되어가고 있음을 의미하는 것이었다. 이른바 변법개제의 중심 문제는 국가 체제의 문제였다. 바로 이로 인해 변법개제론은 결국 일종의 국가 이론이었다.

앞에서 언급한 정치 실천의 진행과 동시에 캉유웨이의 관심은 언제나 또 다른 보다 원대한 문제에 가 있었다. 즉 대동의 문제 혹은 어떻게 국가 및 그 경계를 극복하여 하나의 보편 세계를 창조해 낼 것인가의 문제가 그것이었다. 대동의 시각 속에서 캉유웨이는 주권국가의 실천을 재앙과 혼란의 근원이라고 여겼으며, 대동주의 세계 관념을 가지고서 민족국가적 정치 구조와 해양 군사력을 역사적 기초로 삼는 자본주의를 부정했다. 이는 베버가 말한 평화주의적 유학 윤리와 밀접한 관련이 있는 세계관이었다.[9] 캉유웨이가 한편으로는 국가 건설의 실천에 적극 투신하면서, 다른 한편으로는 국가와 그로부터 기인한 문제들을 어떻게 극복할 것인가의 문제에 그처럼 노력을 기울였던 것은 어째서일까? 여기서 몇 가지 이유를 이야기해 보자면 다음과 같다.

첫째, "과거 주요 '세계 문명'들은 대부분 해상 역량에 근거해서 세워진 것이 아니었다. 그들은 전 세계적 규모의 해상 무역의 발전 및 식민주의의 발전에 근거한 서양과는 달랐다. …만일 서구 '보편주의'의 창조가 없었다면, 상업 자본주의 및 그에 뒤이은 공업 자본주의의 전 세계적 확장은 생겨날 수 없었을 것이다. 하지만 이는 주로 다른 몇몇 원인들에 기반한 것이었다. 이와 관련된 주요 현상으로는 해상 역량에 있어서 유럽의 우세를 들 수 있을 것이다. 이는 상업 자본주의가 대규모로 전 세계의 수많은 지역으로까지 확장될 수 있도록 만들었다."[10] "서구 '보편주의'의 창조"는 유럽 무역 및 식민 체제의 확장과 밀접한 관련이 있다. 이 '보편적 지식'은 모든 다른 지역의 지식을 지방적 지식으로 평가절하시킴으로써, 자신의 특수주의를 보편주의라는 표상으로 포장했다. 따라서 영국·프랑스·일본·러시아 등의 침입·침투에 대한 항거는 필연적으로 이 '보편적 지식'에 대한 항거를 의미했다. 캉유웨이는 일종의 전 세계적 관계에 근거한 보편 윤리를 창조하고자 했으며, 이러한 윤리적 시각 속에서 유럽 중심주의적 보편주의는 유럽 특수주의로 환원되었다. 『대동서』大同書에서 캉유웨이는 민족국가나 제국을 중심으로 해서 구체적인 정치 구조의 문제를 논한 것이 아니라, 지구를 단위로 하여 '세계 거버넌스'의 문제를 논했다. 실질적으로 그는 민족국가 및 그 체계를 부정하는 기초 위에 전 세계적 정치 구조를 새롭게 구상한 것이다. 그는 공양 삼세설을 전 세계적 역사 서술의 근거로 삼았으며, 이에 따라 금문경학의 응용 범위는 '중국'의 범주를 넘어서고 있었다.

둘째, 캉유웨이는 이전 세대의 유학 만세법 신념을 계승하고, 유학, 특히 금문경학을 특정 지역과 특정 사회에만 적용되는 지식으로 보는 것을 거부하면서, 유학을 변화에 적응할 수 있는 보편 지식으로 확장시키고자 애썼다. 그는 19세기의 새로운 국면을 대일통大一統 시대로부터 열국 경쟁 시대로 가는 과도기라 결론짓고, 유학의 보편주의적 특징은 '열국' 시대를 극복하고 또 다른 차원에서 '대일통' 체제를 재건하게 될 것이라고 설명한다. 초기 금문경학과 마찬가지로 이러한 새로운 유학 보편주의는 국가(제후) 논리에 대한 극복이자, 또한 국가(대일통 제국) 건설에 대한 논리적 근거였다. 유럽 식민주의는 민족국가와 산업화라는 형식을 가지고 자신의 세력을 확장시켰으며, 또한 개인주의·이성주의·민족주의의 삼위일체적 보편주의 지식과 사회 집단 간에 상호작용하는 규범을 구축했다. 캉유웨이는 이 부분에서 '대동' 논리와 '강국' 논리가 상호 충돌을 일으키고 있다. 왜냐하면 강국 운동은 기본적으로 식민주의에 대한 저항을 가지고 호소하고 있지만, 그가 따라가고 있는 기본 논리는 오히려 상술한 보편주의 지식에 대한 재확장과 긍정이라 할 수 있기 때문이다. 즉 유럽 식민주의와 산업화 노선을 모방하여, 스스로를 '주권국가'로 구성해 냄으로써 외적의 침입과 도전에 대항하고자 하는 것이었다. 만일 유학 보편주의의 최종 목적이 그 부강 논리를 그저 모방하는 데에 있는 것이 아니라 이 과정을 비판하는 데 있다고 한다면, 그것은 이러한 과정을 초월하는 이론적 논리와 구상을 내놓아야만 할 것이다. 그런 의미에서 유학 보편주의 재건

의 노력은 민족국가·식민 체계·자본주의 관계에 대한 반성과 비판이
되어야만 할 것이다.

셋째, 대동의 구상은 실질적으로 국가에 대한 부정을 기반으로 해서
세워지게 되는데, 왜냐하면 국가는 명확히 전제專制의 경향을 지니고
있기 때문이다. 따라서 '대동' 논리의 국가에 대한 비판은 역사의 진화
라는 관념 위에 세워졌다. 즉 전통 사회가 국가로 변환되고, 또다시 국
가로부터 대동으로 변환되는 것이므로, 국가에 대한 극복은 또한 반드
시 국가를 전제로 삼게 되는 것이다. 이런 의미에서 '대동' 논리는 강
국 논리 세계관의 전제를 제공해 줄 뿐만 아니라, 또한 개인주의·이성
주의·민족주의의 지식 체계도 포함하고 있다. 따라서 여기서의 '대동'
은 일종의 긴장과 모순의 종합체이다. 현실 세계의 대립 관계와 지식
상의 대립 관계가 하나의 내재적 장력을 형성하고 있는 것이다. 우리
는 초보적으로나마 이를 '근대성 초월'의 논리(이는 대동의 이상과 세
계 거버넌스의 구상으로 드러난다)와 '근대성의 논리'(강국 운동을 목
표로 하는 변법개제론) 사이의 충돌이라고 개괄해 볼 수 있을 것이다.
대동 논리도 부강 논리도 아닌, 민족국가를 초월하는 대동 논리와 부
강을 추구하는 강국 논리 사이에서 지속되는 갈등·모순·분리는 캉유
웨이 사상의 내재적 기조를 구성하고 있다. 일정 정도 '삼세설'과 '소
왕설'이 다른 의례를 대신하여 이 시기 금문경학의 주요 명제로 격상
되었던 것은 상술한 모순을 봉합하고자 하는 노력과 밀접한 관계가 있
다. 초기 금문경학의 내외 상대화 중시는 여기서도 여전히 작용하고
있지만, 그 초점에는 변화가 일어나게 된다. 즉 내외·이하 관계에 대한
논의로부터 "『춘추』는 태평세에 대해 이야기하고 있는데, 원근 대소에
상관없이 모두 매한가지"(『春秋』言太平, 遠近大小如一)라 했던 것과 '지구
통일'(地球一統)에 대한 탐구로 방향을 전환하게 된다. 태평과 지구 통일
은 새로운 역사적 맥락 속에서 이루어진 '내외례'內外例의 전환이었으
며, 이런 시각 속에서 내와 외, 이夷와 하夏는 철저히 상대화되어 갔다.

캉유웨이의 유학 보편주의는 일종의 과학 우주론적 배경 위에서 세

위진 것이었으며, 이로 인해 그보다 앞선 시기의 유학 형태와는 달랐다. 이는 일종의 과학적 '천인'天人 학설이었다. 그의 문제는 아주 명확했다. 만일 유학의 보편적 가치를 새로이 재확인할 수 없다면, 어떻게 당대 세계의 변화를 파악하고 변법개제의 근거를 제공할 수 있겠는가? 혹은 만일 당대의 변화를 해석할 수 없다면 어떻게 유학의 보편주의를 유지할 수 있겠는가? 이러한 측면에서 보자면 변법개제의 논리는 유학 지식의 보편성에 의존하고 있었다. 유학 보편주의는 예의禮儀 관계의 보편성 위에 세워졌다. 따라서 만일 예의를 중심으로 하는 유학 지식을 보편적 지식으로 간주하려면, 반드시 예의와 세계 사이의 보편적 연계를 세움으로써 유학 예의와 중국 사이의 '내재적' 혹은 '역사적' 연계를 전복해야만 했다. 그런 의미에서 예의의 보편성은 다음과 같은 점들을 의미했다. 첫째로 예는 일종의 보편적 세계 관계이다(이로써 예와 중국 사이의 절대적 연계는 느슨해지게 된다). 둘째로 예는 반드시 시대의 변화에 따라 순응하고, 새로운 요소를 받아들여만 한다(이로써 예에 대한 존숭은 과거의 예에 대한 고수와는 달라질 수 있으며, 예의 보편성과 『주례』와 같은 특정한 예제禮制 사이의 관계 역시 느슨해지게 된다). 상술한 두 가지 측면은 하나의 근본적인 결론을 낳게 된다. "왕 노릇 하는 자는 예를 만듦으로써 만방에 규범을 세운다"(以王者制禮, 軌範萬方)에서 말하는 예란 '시왕'時王(지금의 왕)이 만든 예이며, 따라서 특수한 것이다. 하지만 성인이 제시해 준 자연 인성의 예 혹은 "변통으로써 백성에게 맞춘"(通變以宜民) 예는 '소왕'素王(백의의 제왕, 즉 공자)의 예이며, 따라서 보편적인 것이다.[11]

지식 혹은 예의의 보편성은 또한 권위적 실천으로부터 기원하는 것이 아니라, 일종의 선천적·추상적 본질로부터 기원하는 것이다. 캉유웨이는 추상적 방법을 운용해서 유학 예의와 성왕聖王 실천 사이의 역사적 관계를 분리시키고, 예 혹은 인에 일종의 '자연적' 성질을 부여했다. 그는 다음과 같이 말한다.

공자는 "윗사람을 평안케 하고, 백성을 다스리는 데 있어, 예만 한 것은 없다"라고 했다. 예라는 것은 자연스러운 인간 도리이며, 필연적인 만물의 이치이다. 위로는 태고의 원시 시대(狉榛之世)로부터 밖으로는 야만적 오랑캐의 미개한 사회에 이르기까지, 결코 이를 떠나서는 살 수 없다. …인간이 살아감에 부모와 자식, 어른과 아이 사이에는 앉는 자리와 서는 자리에 있어 반드시 차등이 있게 마련이다. …인간이 살아감에 음식·의복·주거에는 제도상 반드시 구별이 있게 마련이다. 사람들이 모여 부락을 이루는데 그 역할 및 복종 관계에는 군신 상하 간에 조공을 드리고 알현하는 의식(朝聘相見之儀)이 나타나게 마련이다. 인간사에 삶이 있으면 죽음 또한 반드시 있게 마련이니 삼가 죽은 자를 보냄에 제사의 예가 형성된 것이다. …비록 고금이 다르고, 중국과 오랑캐가 서로 다르지만, 좋은 것에 맞추고 나쁜 것을 버리며 위를 평안케 하고 백성을 다스리는 데 그 법도는 하나이다.[12]

예란 선왕이 제정하고 실천한 전장 제도를 말하는 것이 아니라, '자연스러운 인간의 도리, 필연적인 만물의 이치', 즉 일종의 보편주의적 자연법과 거의 비슷한 최고의 원칙인 것이다. 나는 이러한 예 개념을 '자연예'自然禮 관념이라 부르고자 한다. 이 '자연예'의 관념 속에서 또한 '자연인'自然仁의 관념 또한 형성된다. 예는 자연적·보편적 본성이 전제되어야 하는데, 중국, 더 나아가서는 인류 자체를 초월하는 '인'仁 관념이 바로 그 자연적·보편적 본성이다. '인'은 인간의 도덕적 본질일 뿐만 아니라, 또한 모든 세계와 우주의 본질이기도 하다. 인간과 동물계의 차이는 '인'의 차이가 아니라, '지'智의 차이이다. 그런 의미에서 캉유웨이는 바로 송대 유가의 보편주의적 천리관天理觀 논리로 돌아오게 된다. '인'과 '예'는 문화적 차이와 역사적 경험을 초월하는 선험적·객관적 지식이다. 캉유웨이는 『강자내외편』康子內外篇(1886)에서는 다음과 같이 말한다.

모든 만물에는 인·의·예가 있으니, 인간에게만 있는 것이 아니다. 늙은 어미새에게 먹이를 먹여 주고, 양이 무릎을 꿇어 새끼에게 젖을 주는 것도 '인'이다. 소나 말이 덩치가 크기는 하지만 사람을 물지 않는 것 또한 '인'이다. 사슴이 서로 울고, 개미가 줄을 지어 가는 것은 '예'이다. 개가 주인을 지키는 것은 '의'다. 다만 '지'가 없기 때문에 금수의 수준에 머물 따름인 것이다. 인간에게는 '지'가 있어서 능히 음식·주거·의복을 만들어 내고, 이를 발전시켜 예악·정치·문장을 만들어 내고, 이를 정리하여 윤리를 만들고, 이를 정교화하여 의리義理를 만들어 낼 수 있었으니, 이는 모두 '지'로부터 기인한 것이다. …따라서 '지'만이 모든 이치를 만들어 낼 수 있다. …'인'이라는 것은 천지 및 모든 인류가 함께 공유한다.[13]

'인'은 우주 일체 만물의 공통된 본질이며, '지'는 인류 문화의 독특한 근원인 것이다. 같은 시기에 저술한 『실리공법전서』實理公法全書 등의 저작 속에서는 이러한 유학 범주 내의 '인'과 '지'의 구분이 '공리'公理와 '공법'의 구분으로 바뀐다.

변법 실천이라는 맥락 속에서 유학 보편주의는 유학 실용주의와 서로 조화를 이루지 않으면 안 되었다. '자연인' 혹은 '자연예'의 관념은 유학 보편주의에 이론적 틀을 제공해 주기는 했지만, 유학이 직면한 역사적 도전을 해결하지는 못했다. 하나의 보편주의적 지식으로서 유학은 반드시 변화하는 역사적 형세에 적응해야만 했고, 인간이 살아가고 있는 현실 관계 및 그 명확한 변화에 대해 설명해 내야만 했다. 예를 들면, 어떻게 해야 "주공周公이 하夏·은殷 시기를 거울삼았던(鑒二代) 것처럼" 전 세계를 통일하고 "오랑캐의 장기를 배울"(師夷長技) 수 있을 것인가? 이 때문에 캉유웨이는 서양 옷을 입고, 서구 제도로 개혁하고, 서학을 배우는 것 등을 모두 '삼통'설 안으로 통합시킴으로써, '삼통'설의 역사성을 없애고 그 보편적 의의를 보존시켰다. 또 하나 예를 들면, '이하의 상대화'가 제국 범위 내부의 종족 관계에 적용되었던 것이기는 하지만, 민족국가 병존의 시대를 맞아 만일 안과 밖을 엄격히 구분할 수 없다면, 어떻게 민족의 독립을 유지하고 국가의 부강을 추구할 수 있을 것인가? 상대화된 '내외례'는 국제 관계의 주권 원칙에는 적용될 수 없으며, 절대화된 '내외례'는 제국 내부의 분열을 가져올 우려가 있었다. 때문에 캉유웨이는 '내외'의 상대화와 제국 통일 보전의 유지를 결합시켰다. 즉 '외부'는 더 이상 원근법적 예의 질서 관계 속에서의 '외부'가 아니라, '내부'와 서로 구별되는 새로운 세계 중심이었다. 그리고 다른 예를 하나 더 들면, 한인 관료들은 지위가 향상됨에 따라 '세습 귀족에 대한 비난'(譏世卿)을 통해 정치적 욕구를 표출해야 할 필요성이 크게 줄어들었다. 이로 인해 '세습 귀족에 대한 비난'이 아니라 변화된 보편 법칙에 근거하여 제도 자체에 대한 개조를 진행하는 것이 캉유웨이 학설의 핵심 주제를 이루게 된다. 이런 논리에 따라 '내외례'와 '세습 귀족에 대한 비난' 등의 주제는 금문경학 내에서 그 지위가 약화되었으며, '삼세설', '대동설', '대일통' 등의 주제는 오히려 기본적인 서술의 틀 내지는 종지로 격상되었다. 캉유웨이의 사상 속에서 삼세설의 지위는 특히 중요했는데, 그것은 한편으로는 세계 역사 전체를 서술하는 틀이면서, 또 다른 한편으로는 변법개제에 역사적 근거와 미래의 방향을 제공해 주는 것이었다.

청말의 유학 보편주의는 제국적 확장으로부터 기인했다기보다는, 일종의 절망감, '외부'와 '내부'를 파악할 수 없는 긴장감(그것은 항상 '외부'가 이미 '내부' 속에 침투해 있는 것으로 표현되었다), '만세법'이 '지역에 국한된 지식'으로 변질되는 것에 대한 우려 등으로부터 기인한 것이었다. 지리·제도·경제·문화 등 각 방면에서의 중국의 한계에 대한 인식이 없었다면, 그리고 유가 이외의 서적·지식·신앙에 대한 인정이 없었다면, 다시 말해 '외부'에 대한 명확한 인식이 없었다면, 유학 보편주의를 재건하고자 하는 원동력 또한 존재할 수 없었을 것이다. 여기서 예를 한 가지 들어보자. 캉유웨이는 『일본서목지』日本書目志

에서 다음과 같이 말한다.

정치학 가운데 가장 뛰어난 것으로 우리의 육경六經만 한 것이 없다. 생각건대 서양이 강성한 이유는 모두 우리 경전의 의리와 일치한다. 서양의 강성함의 근본은 백성에 대한 교육·복지·보건·의사소통·동고동락함에 있다. 이는 『춘추』에서 인간을 중시하라 했고, 『맹자』에서 이른바 "백성이 원하는 바를 함께하고, 즐거움을 함께 즐기고, 걱정을 함께 나누고, 지켜 주는 것이 왕도"라 했던 바와 같다. …어떻게 우리의 옛 전고를 알 수 있을 것인가? 우리의 역사는 진秦나라·원元나라와 같은 패도 왕조를 거치면서, 중국 성현이 남긴 경전 의리의 옛 모습이 사라져 버렸다. 예가 사라지면 재야에서 구한다 했는데, 외국이 여전히 우리의 경전 의리의 정수를 도용하고 있다. 공자는 『춘추』에서 오랑캐라도 중국화가 된다면 곧 중국이라 여겼다. 때문에 초楚 장왕莊王은 정鄭나라를 구하여 중국이라 간주되었고, 순림보荀林父는 오랑캐를 대적했지만 중국에 포함되지 않았다.* 진晉나라가 선우鮮虞를 정벌하고, 위衛나라가 범백凡伯을 정벌하고, 기杞나라가 오랑캐의 예를 이용한 것 등은 오랑캐화가 된 중국이었으므로(즉 지리적으로는 중국 내에 있지만 문화적으로는 오랑캐의 행위였으므로) 이들은 오랑캐라 폄하되었다. 『춘추』의 의리는 오직 덕만을 가까이한다. 일본은 아직 그렇게 이야기하기에는 부족하다. 그러나 서양의 서적을 번역하여 그 백성을 지키고 교화에 힘써 자강을 이룬 것으로 보아, 그 정치는 가히 참조할 만하다.[14]

---

* 때문에~않았다: 기원전 607년 진(晉)나라가 위(衛)나라, 진(陳)나라와 연합하여 정(鄭)나라를 공격하자 초 장왕이 이를 격퇴하여 정나라를 구했다. 그리고 기원전 597년 초 장왕이 북벌에 나서자 진(晉)나라 장수 순림보가 이에 맞서 싸웠으나 필(邲) 전투에서 패배했다. 이를 계기로 그 이전까지 남쪽 오랑캐로 여겨지던 초나라가 패자로서 위업을 달성하여 춘추오패 가운데 하나로 이름을 남기게 되었다.

성인의 치도治道는 시대에 맞춰 의를 세운 것이니, 시대의 추이에 따라 법도 역시 변한다. 공자가 육경을 지었는데, 『주역』·『춘추』로 귀결된다. '역'易이란 시대에 맞춰 변화하는 것을 말한다. 궁하면 변하고, 변하면 통한다. 공자는 사람들이 옛 처방을 고수하여 다른 병을 치료하게 되면 그 해악으로 사망에까지 이르게 할 수 있음을 우려했다. 『춘추』는 삼세의 의리를 보여 주었는데, 거란세據亂世, 승평세, 태평세마다 각각의 도는 서로 다르다. 하나의 세世마다 각자의 형식과 내용(文質)을 갖춘 삼통이 있다. 각 이치를 따져 세부적인 것에 따름으로써, 한 세의 변화가 다하면 이에 따라 다른 도를 취했다. 아! 공자의 배려는 참으로 주도면밀하도다![15]

캉유웨이는 서구가 강성한 원인을 정치 지식으로 해석했으며, 이러한 정치 지식은 육경에 담겨 있는 정치 이론과 딱 맞아떨어진다고 여겼다. "오랑캐라도 중국화가 되면 곧 중국이라 여겼던" 원칙에 따르자면, 서구와 일본의 정치 실천을 참조하는 것은 성현의 가르침에 부합하는 것이다. 따라서 중국의 한계를 인정하고 외부의 지식을 인정하는 것은, 유학을 단지 하나의 지역에 국한되거나 특수한 지식으로 인정하는 것이 아니라, 정반대로 유연한(어쩌면 견강부회의) 해석을 통해 '외부'의 지식을 새롭게 경학 '내부'로 받아들이는 것이었다. 이 점은 "오랑캐나 중국이나 덕만 따지지 그 지역은 따지지 않는다"(혹은 이하의 상대화)는 금문경학의 종지와 정확히 부합한다.[16] 유가에서 보기에 내외가 서로 교착되어 있는 것이나 예가 사라지면 재야에서 구하는 것이나 모두 육경의 보편적 의의에 아무런 영향을 주지 않았다. 문제는 그 의미를 어떻게 해석할 것인가에 있었다. 유학 자체는 이미 변화에 적응하는 원칙과 해석 전략을 포함하고 있었다. '열국 경쟁'의 시대에 유학 '만세법'의 지위는 서구 지식을 유학 '내부'로 받아들일 수 있을 것인가의 여부에 달려 있었다. 공자의 학설은 문란한 역사적 관계를 설명해 낼 수 있을 것인가? 캉유웨이에게 있어서 '통삼통'通三統(하夏·상商·주周의 제도를 관통함)은 서구의 각종 정치적·종교적 지식의 참조를 위한 경학적 근거로 바뀌게 되며,[17] '장삼세'張三世(거란세·승평세·태평세를 펼침)는 전 인류의 진화 법칙에 어울리는 보편 공리로 전환되며, '별내외' 別內外의 경계는 중국과 서방 사이에 놓이게 된다. 이에 따라 원래의 내외무별론內外無別論은 '대민족주의' 혹은 '다원적 민족국가'론의 근거로 변화하게 되는 것이다. 『일본서목지』는 1898년 봄에 출판되었으므로, 그 저술 시기는 1897년 11월 15일(광서 23년 10월 21일) 이전이었을 것이다.[18] 하지만 캉유웨이에게 있어서 이러한 유학 보편주의의 재건은 아주 이른 시기부터 시작된 사상적 실천이었으며, 또한 이는 한 저작에 국한된 것이 아니었다. 『대동서』, 『신학위경고』, 『공자개제고』 등과 같은 각기 다른 시기에 지어진 저작들 속에서, 우리는 대동, 삼세 등의 학설을 틀로 삼아 역사 발전을 총괄하고 각종 지식을 통합시킨 흔적들을 발견할 수 있다.

캉유웨이의 변법개제 실천과 그것의 경학 내에서의 체현에 관해서는 이미 수많은 저술에서 다룬 바 있다. 『신학위경고』(1891), 『공자개제고』(1892~1898), 『춘추동씨학』春秋董氏學(1893~1897)은 캉유웨이의 금문경학 저작 가운데 대표적인 작품들로, 앞의 두 저작은 변법 개혁 운동 시기 한때를 풍미했다. 만일 새로운 유학 보편주의를 근거로 삼지 않았다면, 캉유웨이가 어찌 그처럼 격렬한 사상적 돌풍을 불러일으킬 수 있었겠는가?[19] 청말 금문경학의 주요 특징은 전 세계적 배경 속에서 유학 보편주의를 재건함으로써 근대 세계의 변화를 배경으로 한 경학 지식을 창조해 내었다는 점이다. 변혁의 이론은 이를 근거로 삼았다. 『대동서』는 한참 뒤에 발표되어 일반적으로 경학 저작으로 보지 않는다. 하지만 이 책이야말로 각종 자연과학과 사회과학의 지식을 종합하여 유학의 기본 종지와 금문경학의 삼세진화설을 세계 서술의 틀과 세계를 판단하는 준칙으로 발전시킴으로써, 유학 보편주의의 회복에 가장 큰 기여를 한 저작이다. 캉유웨이의 유학 보편주의는 세계와 우주를 배경으로 하여, 세계와 우주 안에서의 중국의 위치 및 선택 가능한 길에 대하여 깊이 있게 파고들었다. 이러한 유학 보편주의의 시각에서 봤을 때, '중국'은 더 이상 보편 예의의 대명사나 '지대무외'의 제국이 아니라, 지구의 만국 가운데 하나의 수구적인 국가이자, 강철 군함들이 승리를 다투는 대양 위를 항해하는 썩은 목선이었다. 유학이 중국의 만세법이라고는 하지만, 이러한 광활한 세계 속에서 그것의 유효성은 의심스러운 것이었다. 캉유웨이는 다음과 같이 묻는다. 만일 육경이 만세법이라고 한다면, 중국이라는 커다란 함선의 조타수들은 어째서 모두 맹인이란 말인가? 만일 중국이 위기를 벗어나는 유일한 방법이 열국 경쟁의 '전쟁' 논리에 순응하는 것이라고 한다면, 유학은 과연 변법 개혁에 이론적 합리성을 제공해 주는 것이 아니라, 즉 세계 변화의 논리에 순응하는 것이 아니라, 전체 역사 과정을 되돌아볼 수 있는 보편주의 지식이 될 수 있을 것인가?

따라서 유학 보편주의의 회복은 반드시 유학을 '중국'과의 단일한 연계로부터 해방시킴과 동시에 '중국'을 '세계'의 내부에 위치시키고, '중국'과 '세계'의 관계를 재건하는 것이어야만 했다. 세계 파악 능력이 부족하면 할수록, 더더욱 보편주의적 시각을 확립하거나 회복해야 했다. 그렇게 함으로써 파악할 수 없는 '외부' 혹은 '예외'를 익숙한 경험 속으로 받아들일 필요가 있는 것이다. 다른 한편으로 세계 현실을 이해하면 할수록, 더더욱 변혁을 통해 '내부'를 통일된 효율적인 총체로 구성해야 했다. 그렇게 함으로써 '내외무별'의 '중국'을 명확한 외부를 지닌 주권 단위로 전환시킬 필요가 있었던 것이다. 캉유웨이는 이러한 이율배반 속에서 그의 대동에 대한 원대한 구상을 전개시켜 나갔으며, 유학과 '중국'의 내재적 연계를 느슨하게 했다. 장존여, 유봉록과 다른 점은 캉유웨이가 '중국'의 재정의에 집착하지 않고, 세계의 재조직에 착안했다는 점이다. 유학의 보편성은 더 이상 단순히 '중국'이라는 개념에만 의존하지 않았다. 서구의 과학과 정치 학설과 마찬가지로 그것은 세계와 우주의 보편 법칙이었다.

『대동서』의 저술 시기와 초기 캉유웨이의 공리관

『대동서』의 저술 연대 및 캉유웨이의 기타 저술과의 관계를 명확히 하는 것은 중요한 문제이다. 『대동서』의 갑부甲部와 을부乙部는 1913년에 잡지 『불인』不忍에 발표되었으며, 비교적 완정된 원고본은 저자가 죽고 8년이 지난 1935년에 발간되었다. 캉유웨이는 1919년에 쓴 『대동서』 「제사」題辭에서 『대동서』의 저작 연대가 1884년이라 명확히 밝히고 있다.[20] 『대동서』의 갑부 「입세계관중고·서언」入世界觀衆苦·緖言에는 1884년 청불전쟁 기간 동안 담여루澹如樓에 피신하여 『대동서』를 썼던 일을 기록하고 있다.[21] 가장 완벽한 설명은 『강남해자편년보』康南海自編年譜 '광서 10년 갑신'光緒十年甲申(1884) 조에 보인다.

봄여름 사이에는 성 남쪽의 판상板箱항에 기거했는데, 이미 프랑스 베트남 사이의 전쟁 때문에 광주廣州 성내에 경계가 삼엄해져 고향으로 내려가 담여루에 머물렀다. 일찍이 『송원학안』宋元學案, 『명유학안』明儒學案, 『주자어류』朱子語類를 읽었고, 해당사海幢寺와 화림사華林寺에서 불전을 많이 보았다. 위로는 브라만교로부터 시작해서 사교四敎, 산학, 서학서 등을 두루 섭렵했다. 가을 겨울 무렵에는 누각에 혼자 머물며, 만사를 절연한 채 12월까지 책 읽기와 사색에 빠져 지냈는데, 나날이 깨닫는 바가 깊어 갔다. 현미경으로 보면 수만 배가 되어, 이가 수레바퀴만 해 보이고, 개미가 코끼리만 해 보이니, 대소가 같은 이치임을 깨 달았다. 전기와 빛은 1초에 수십만 리를 가니, 멀고 가까움이 같 은 이치임을 깨달았다. 지극히 큰 것의 밖에 보다 더 큰 것이 있 고, 지극히 작은 것의 안에 더욱 작은 것을 담고 있으며, 사물 하 나를 나눔에 그 끝이 없고, 만물이 각기 다른 소리를 내니, 원기 의 혼돈으로부터 태평세가 나온 것이다. …그 도는 원元을 체體 로 하고, 음양을 용用으로 하니, 이치에는 모두 음과 양이 있다. 기에는 뜨거운 것과 찬 것이 있고, 힘에는 미는 것과 당기는 것 이 있고, 물질에는 고체와 유체가 있고, 형태에는 네모난 것과 둥근 것이 있고, 빛에는 흰 것과 검은 것이 있고, 소리에는 맑은 것과 탁한 것이 있고, 체는 암과 수가 있고, 정신에는 혼과 백이 있으니, 이로써 여덟 가지 물리가 통괄된다. 그리고 천계天界, 성 계星界, 지계地界, 신계身界(신체계), 혼계魂界(영혼계), 혈륜계血輪界(혈 액계)로 세계는 총괄된다. 용勇·예·의·지·인 등 오행의 운행으로 우주를 논하고, 삼통으로 모든 성현을 논하고, 삼세로 장래를 추 론한다. 그리고 인을 주로 삼음으로써, 천리를 받들어 지상에 부 합시키고, 국가·종족·종교를 통합하여 지구의 통일을 이루게 된 다.[22]

캉유웨이가 제시하는 각종 자료에 따르면, 『대동서』는 1884년에 집 필되기 시작했다.

하지만 수많은 학자는 이러한 증거에 대해 회의적인 태도를 보이 고 있다. 「제사」는 1919년 『대동서』의 갑부·을부를 재인쇄할 때 쓴 것 이고, 『강남해자편연보』는 1899년(그 가운데 '광서 21년' 이전 부분은 1895년 이전에 저술되었다)에 완성되었다. 또한 『대동서』는 캉유웨이 에게 있어서 매우 중요한 저작인데, 어째서 그의 상술한 인용문들 속 에서 명확히 『대동서』라는 책 이름을 언급하지 않았던 것일까? 더욱 확실한 반증은 『대동서』에서 언급하고 있는 몇몇 사건들은 1884년 이후에 발생한 것이다. 예를 들면 '헤이그 평화회의'는 1899년에 열렸고, 광서 정해년丁亥年의 홍콩 화물선 참사는 1887년에 발생했으며, 제자 진천추陳千秋는 1895년에 사망했고, 동생 캉광런康廣仁이 조직한 상해부전족회上海不纏足會는 1897년에 성립되었다. 캉유웨이는 『신학위경고』, 『공자개제고』가 랴오핑으로부터 영향 받은 사실을 감추고 있으며, 또한 정치적 필요에 따라 무술년戊戌年의 상주문 원고를 새로 편찬했다. 이런 사실들은 저자가 『대동서』의 저술 연대 문제에 있어 '거짓말'을 하고 있을 거라는 사람들의 의심을 더욱 강화시켰다. 예를 들어 탕즈쥔湯志鈞은 상술한 예증들을 근거로 캉유웨이가 제시한 자료들은 저자가 저술 시기를 뒤집어 놓은 결과라 여겼다. 그는 『대동서』가 1884년에 쓰였다는 사실을 부정했을 뿐 아니라, 량치차오梁啓超의 「대동서성제사」大同書成題辭에 덧붙여진 주석에서의 주장을 근거로 하여 『대동서』가 1902년에 쓰였다고 단정하기도 했다.[23]

『대동서』에 기재된 일부 사건들이 1884년보다 늦다는 것은 사실이지만, 이는 이 책 초고의 일부가 1884년에 저술되기 시작했다는 사실을 부정하기에는 부족하다. 여기서 몇 가지 지점에 대해 명확히 할 필요가 있다. 우선 저자가 최초의 원고에 대해 반복해서 수정·첨삭을 가하는 일은 언제나 있는 일이다. 정본 속에 1884년 이후의 사건이 보인다고 해서 당연히 캉유웨이가 1884년에 『대동서』의 저술을 시작하지 않았다는 결론을 낼 수는 없으며, 또한 1902년의 원고가 『대동서』의 최초의 판본임을 입증할 수는 없다. '1902년설'은 량치차오에게서 나오긴 했지만, 일찍이 량치차오 본인이 완전히 상반되는 보다 확실한 증거를 제시한 바 있다. 예를 들면 『삼십자술』三十自述에서, "신묘년辛卯年(1891), 내가 열아홉 살이었을 때, 남해南海 선생(즉 캉유웨이)은 광동성 장흥長興의 만목초당萬木草堂에서 강학을 시작했다." "선생은 당시 막 『공리통』公理通, 『대동학』大同學 등의 책을 저술하고 있었다. 매번 거시적인 것으로부터 논의를 시작해서는 미시적인 것을 분석해 들어 갔는데, 나는 항상 말석에 서서 얻어들은 것은 있지만 막히는 것을 묻지는 않았다. 대체로 그 아름다운 뜻은 알았지만 그 근거는 이해하지 못했다."[24] 량치차오는 1890년부터 캉유웨이에게 배우기 시작했는데, 『강남해자편연보』 '광서십육년경인光緖十六年庚寅(1890) 삼십삼세' 조에는 상술한 량치차오의 주장에 상응하는 부분이 있다. 1901년에 쓴 『강유위전』康有爲傳에서 량치차오는 "선생이 이에 『춘추삼세의』春秋三世義·『대동학설』大同學說 등의 책을 지어 공자의 진의를 밝혔는데, 이는 공자교 복원의 두 번째 단계였다"고 언급하면서 대동학설의 내용에 대해 체계적으로 소개하고 있다. 이는 적어도 1901년 이전에 이미 『대동서』 최초의 원고가 존재했음을 보여 주므로, 1902년에 『대동서』를 쓰기 시작했다는 주장은 성립되지 않는다.[25] 『청대학술개론』淸代學術概論에서 량치차오는 만목초당 시기에 이미 『대동서』 원고본이 존재했다고 다시 주장하면서 다음과 같이 이야기한다. "캉유웨이는 비록 이 책을 짓기는 했지만, 숨기고 남에게 보이지 않았으며, 이 의론을 가지고 가르친 적이 없었다. 지금은 '거란세'이므로 소강小康을 말할 수 있을 뿐, 대동을 말해서는 안 되며, 이를 이야기하게 되면 천하가 재앙과 야만으로 가득 차게 될 것이라 하셨다. 그 제자 가운데 최초로 이 책을 읽은 이는 진천추陳千秋와 량치차오뿐이었는데, 읽고서는 크게 기뻐 그 일부라도 어서 선전했으면 하는 생각을 품었다. 캉유웨이는 이를 좋게 여기지는 않았지만, 또한 그 하고자 하는 바를 막을 수도 없었기에 그 이후로 만목초당의 학도들이 대동에 관하여 자주 이야기하게 되었다."[26] 이러한 추론에 따르면 적어도 1890년 이전에 이미 『대동서』 초고의 일부가 존재했다.

『대동서』가 1884년에 지어졌다는 것을 부정하는 또 다른 이유에 대해 "캉유웨이가 금문경학의 입장을 취하게 된 것은 1889~1890년에 랴오핑과 처음 만난 뒤의 일로, 캉유웨이는 자신이 '조금도 베끼거나 참고하지 않았다'는 사실을 밝히기 위해, 1889년 이전에 이미 써 놓은 것이라고 해야 했던 것"[27]이라 주장하기도 한다. 이밖에도 『강남해자편연보』'광서육년' 조에서는 "이해에 경학 연구가 공양학에 이르게 되었다. 『하씨규류』何氏糾繆를 지어 하휴何休를 집중적으로 연구했다. 하지만 오래지 않아 그 잘못을 스스로 깨닫고 불태워 버렸다"[28]고 기재하고 있다. 이런 사실들이 캉유웨이가 초기에는 금문경학에 대해 비판적인 태도를 지니고 있었음을 확실히 보여 준다고 설명한다. 하지만 광서 6년, 즉 1880년 캉유웨이가 금문 학설을 접하고서 "그 잘못을 스스로 깨달았다"고 하는 사실이 1884년 무렵에 그가 여전히 공양학 사상을 배척하고 있었음을 설명해 주지는 못한다. 량치차오는 "캉유웨이가 초기에는 『주례』를 몹시 좋아하여, 일찍이 그 요체를 묶어 『정학통의』政學通義를 지었지만, 후에 랴오핑의 저서를 보고서 자신의 옛 학설들을 모두 버리게 되었다"[29]고 했다. 캉유웨이가 초기에 『주례』를 몹시 좋아했던 것은 사실이다. 『강남해자편연보』의 기록에 따르면, 그가 『주례』·『의례』儀禮·『이아』爾雅·『설문해자』說文解字 등의 고문경학 전적을 공부한 때는 광서 4년(1878)으로, 그가 하휴를 공부하고 또한 "그 잘못을 스스로 깨닫게 된 것"보다 2년이 빠르다. 량치차오가 언급한 『정학통의』는 바로 『교학통의』教學通義로, 이 책은 1886년에 완성되었다. 캉유웨이 자신이 정한 『만목초당총서목록』萬木草堂叢書目錄에서는 이 책에 대해 "젊었을 때 지었는데, 이미 사라졌다"라고 했다. 최근 수고본이 발견되어, 1987년판 『강유위전집』제1권에 포함되어 간행되었다. 이 저작은 금문경학의 명확한 흔적을 담고 있어 량치차오의 주장이 부정확함을 보여 주는데, 이에 대해 부연해 보면 다음과 같다.

우선 『교학통의』는 한편으로는 주공의 경륜과 치적을 칭송하면서, 다른 한편으로는 '삼세설'과 약간의 금문경학적인 경향을 가지고 고문경학 전통에 비판을 가하고 있다. 저자가 관심을 기울인 문제는 통변通變의 방식으로 공자 학설의 보편적 가치를 보전시키는 것이었다. 『예기』「왕제」와 『주례』를 가지고 금문경학과 고문경학을 분별하기 시작한 것은 랴오핑이지만, 장존여·유봉록을 비롯하여 금문경학가이면서 『주례』를 인용한 이는 적지 않았다. 그런 의미에서 봤을 때, 설사 량치차오가 말한 바와 같이 캉유웨이의 『교학통의』가 『주례』로 관철되고 있다 할지라도, 이 역시 이 시기 캉유웨이에게 금문학적 관점이 전혀 없었다고 볼 근거가 될 수는 없다. 이 책의 「종금 제13」從今第十三 편에서는 "공자와 맹자에 관한 한가로운 논의도 불가하거늘, 하물며 오늘날의 한가로운 논의는 허신許慎과 정현鄭玄에 가 있으니 더 말해 무엇하겠는가"라고 하여, 고문학자들이 허신과 정현을 존숭하는 학풍에 대해 염증을 표출하고 있다. 「존주 제14」尊朱第十四 편에서는 유학의 변란이 유흠劉歆에서 시작되었음을 언급하면서, 주자朱子가 여러 경전에 통달하고 있음을 추앙하고 있다. 이는 캉유웨이가 1886년에 이미 유흠의 저술이 위서임을 확신하고 있었음을 보여 준다.[30] 그리고 「춘추 제11」春秋第十一에서는 전적으로 공양학을 추종하고 있다. 『춘추좌씨전』을 폄하하고, 『춘추공양전』과 『춘추곡량전』을 높이면서, "오늘날 공자의 새로운 의미를 보고자 한다면, 『춘추공양전』·『춘추곡량전』이 아니면 안 된다"고 말하고 있다. 캉유웨이는 다음과 같이 설명한다.

> 『춘추』란 공자가 난적의 시대를 통감하여, 주나라의 예법을 취하고, 황제가 반포한 책서策書에 근거하여, 제도를 명확히 하고, 왕도를 세우며, 쓸 것은 쓰고, 지울 것은 지움으로써, 이른바 미언대의微言大義를 담아 놓은 것이다. 이를 자하子夏에게 전했다. …『춘추공양전』·『춘추곡량전』은 자하가 전한 것으로, 실로 공자의 미언微言을 담고 있어, 그야말로 경과 전이 모두 부합한다. 『춘추좌씨전』은 노나라 역사만을 다뤄 경의를 전하지 않는다. …세습 귀족에 대해 비판하고, 세법을 명확히 하고, 상중에 혼례를 진행해 장가드는 일을 비판하고,* 제후에게 100리의 봉토

• 상중에~비판하고: 『춘추』「문공 2년」(文公二年)의 "공자 수가 제나라로 가서 납폐를 올렸다"(公子遂如齊納幣)는 구절에 대해 고문 경서인 『좌전』에서는 노(魯) 문공(文公)이 제나라에서 정비(正妃)를 맞아들여 돌아가신 아버지를 잘 모시는 것이 효도라고 칭찬하고 있는데, 금문 경서인 『춘추공양전』에서는 오히려 아비 희공(僖公)이 죽

를 규정하고,* 세 등급의 작위를 뒤따르고,* 삼통의 순환적 제도 변혁을 지키는 것 등은 모두 공자가 지은 미언으로, 주공의 예법과는 완전히 다르다. 공자는 안회顔回의 '나라를 다스리는 것'에 대한 물음에 답하여 사대四代(우순虞舜·하夏·상商·주周)를 논했고, 자장子張의 '십세'十世에 대한 물음에 답하여 '주나라를 계승할 것'에 대해 이야기했다. 맹자는 순·우·탕·문왕·주공, 그리고 공자에 이르기까지를 서술하면서, "왕도의 흔적이 사라지자 『시』가 없어졌고, 『시』가 없어지자 『춘추』가 지어졌다"고 했다. 농가農家로 유명한 허행許行에 대한 그의 비판은 공자가 지은 『춘추』에 근거한 것이었다. 『춘추』에 의해 요·우·주공의 사업이 이어질 수 있었고, 이로써 천자의 사업을 삼았던 것이다. 공자는 또한 "나를 아는 것"도 『춘추』를 통해서이고, "나를 비판하는 것"도 『춘추』 때문일 것이다. 필부가 제도를 개혁함에 증거가 없으면 믿지 않으니, 『춘추』에 기탁하고서야 그 뜻을 확실히 밝힐 수 있다. …따라서 주·한 무렵부터 『춘추』를 공자 개제의 저작으로 삼지 않았던 적이 없었다.[31]

경전의 지위를 배치하는 점에 있어서나, 『춘추』의 의미를 해석하는 점에 있어서나, 상술한 인용문은 완전히 금문경학가의 논조와 부합한다. 이러한 단서들은 캉유웨이가 이미 공양학으로 전향하는 과정 중에 있었으며, 이는 이미 랴오핑과 캉유웨이가 만나기 3년 전의 일이었음

은 지 3년이 되지도 않았는데 아들인 문공이 장가들려고 혼례를 진행한 것을 비판하고 있다(『춘추곡량전』 역시 비판하고 있다).

* 제후에게~규정하고: 『맹자』「고자장구 하」나 금문 경서인 『예기』「왕제」에서는 제후의 봉토가 100리에 불과하다고 했지만, 고문 경서인 『주례』에서는 500리로 규정짓고 있다.

* 세 등급의 작위를 뒤따르고: 원래 주나라는 공작(公爵)·후작(侯爵)·백작(伯爵)·자작(子爵)·남작(男爵)으로 구분되는 오작(五爵) 제도를 운영했는데 실제로는 공작, 후작과 백작, 자작과 남작, 이렇게 삼등(三等)으로 분류했다.

을 보여 주고 있다.

다음으로 춘추 삼세설의 역사 구분은 『대동서』의 기본적인 서술의 틀이자, 캉유웨이의 금문 인용의 중요한 특징이었는데, 『교학통의』 속에는 이와 관련된 흔적이 존재했을까? 아래의 문장을 살펴보도록 하자.

『춘추』의 학문은 오로지 도로써 명분을 삼고 상하를 판별하여, 백성의 뜻을 안정시키는 대의를 밝히고자 하는 것이다. 한대 이후로 『춘추』의 뜻이 날로 분명해질수록 임금은 날로 존중받고, 신하는 날로 낮아졌다. 변화에 따라 구분해서 말하자면, 무릇 삼세三世가 있게 된다.

진晉나라에서 육조六朝까지가 한 세世이다. 대신이 전권을 휘두르고, 세습되는 권신權臣이 직위를 차지하니, 마치 진나라의 육경六卿이나 노나라의 삼가三家와 같은 유풍이 있었다. 그 심한 경우로는 전상田常·조무휼趙無卹·위앵魏罃 등과 같은 자들도 있었다. 당에서 송까지가 한 세이다. 『춘추』의 '세습 귀족을 비판하는'(譏世卿) 학설이 완전히 행해져, 조정에는 세습되는 권신이 줄어들고, 음양이 나뉘고, 적서嫡庶가 변별되고, 군신이 정해지고, 찬탈과 시해가 줄어들었지만, 대신이 여전히 전권을 휘둘렀다. 명에서 지금의 청조에 이르기까지는, 천자가 태양의 역할을 하여 지고지상의 위치에 오르니, 백관이 모두 아래에서 명을 받들어, 널리 천하가 통솔되었고, 작은 명령, 적은 돈이라도 모두 천자에 의해서 결정되었다. …이에 『춘추』가 공자의 공을 드러낸 것은 비단 중국에서만이 아니었으니, 또한 일본에서 가장 잘 시행되었다. 일본은 수·당 시대에 교통한 이래로 중국의 경학을 배워 『춘추』와 『통감강목』通鑑綱目이 크게 행해졌다. 그리하여 송대에는 미나모토 요리토모源賴朝가 쇼군으로서 천하를 제패했고 가마쿠라鎌倉 막부가 그 뒤를 잇고, 아시카가足利 가문이 뒤를 잇고, 도쿠가와德川 가문이 그 뒤를 이었으니, 무릇 봉건, 군사와 형벌, 용인用人, 행정 등이 모두 쇼군으로부터 나왔다. 670년 동안을 천황은 궁궐을 지키며 감히 명호를 바꾸거나, 그 왕을 폐하지 못했다. 지금의 메이지 천황 무츠히토睦仁가 갑자기 세력을 일으켜 이를 폐지했다. 사람들은 모두 『춘추』의 학문을 익혀 왕을 돕고자 하지 않는 이가 없다. 무츠히토가 그 정통성을 복원한 것은 대체로 이른바 『춘추』의 힘과 공자의 도가 여기에 이르러 극성하게 되었음이다. 따라서 후세가 모두 『춘추』의 치세라 일컫는 것은 진실로 이른바 주나라를 계승하는 것이다.[32]

이 단락은 『대동서』 병부丙部의 「거급계평민족」去級界平民族 편 가운데 한 단락과 대조해 보면 양자 사이의 유사성을 쉽게 발견할 수 있다.

중국에는 『춘추』 이전에 봉건 세습 작위가 있었으니, 제후가 자신의 나라를 세습하고, 대부가 자신의 가문을 세습했기 때문에, 비록 작은 제후일지라도 모두 세습 귀족이었다. 사인士人이나 일반 백성은 비록 공자와 같은 위대한 성인이라 해도 재상에 머물 뿐이고, 안회와 민손閔損*과 같이 현명할지라도 입신양명할 수 없었다. 당시 비록 인도만큼 폐해가 심했던 것은 아니지만, 중세 유럽이나 유신 이전의 일본 정도와 유사했다. 공자는 평등의 뜻을 세우고, 통일을 밝혀 봉건을 없애고, 세습 귀족을 비판하여 세습 관직을 없애고, 전답을 나눠주고 재산을 형성시켜 노예를 없애고자 했다. 그리고 『춘추』를 지어 헌법을 세우고, 임금의 권한을 제한하고, 그 따르는 무리들을 높이지 않고, 승려를 없앴다. 이에 중국의 풍속은 계급이 모두 사라져 사람들 모두가 평민이 되니, 초가집에 사는 평민 출신이라도 왕·제후·재상·학관

* 민손(閔損): 공자의 제자다. 노나라 사람으로, 이름보다 자인 자건(子騫)으로 더 알려졌다. 안회와 함께 공자의 제자 중에 덕행으로 손꼽았다.

學官이 될 수 있었다. 사람들 모두 청운의 뜻을 품고서 발양 노력할 수 있게 되어, 계급의 해악이 사라졌다. 이는 진정 공자의 뛰어난 업적이니, 유럽보다도 2천 년이나 앞서 행해진 것이다. 중국의 강성함이 인도를 능가하는 것은 모두가 이 때문이다. …따라서 공자는 천하를 논함에 있어서 다스림을 말하지 않고 공평함을 말했으니, 『춘추』의 삼세 진화설에 대해서는 특히 승평세와 태평세에 대해 논했다.[33]

『교학통의』는 '삼세'를 구체적으로 진–육조, 당–송, 명–청 등을 각각 한 세대로 구분하고 있어, 『대동서』에서의 구분과는 차이가 있다. 하지만 이는 모두 명확히 '봉건'과 세습 귀족 제도를 재앙의 근원으로 보고, 대일통의 가치 경향성을 암시하고 있다. 캉유웨이의 '삼세설'은 역사에 대한 객관적 서술이 아니라, 일종의 유연하게 운용될 수 있는 세계관이었다. 삼세를 어떻게 나누는가는 구체적인 필요에 따라 정해지므로, 이를 한마디로 논하기는 매우 힘들다. 더욱 중요한 것은 『교학통의』와 『대동서』가 춘추 '삼세설'을 중국 역사뿐만 아니라 또한 세계 각지의 역사 속에서도 적용하고 있다는 점이다. 전자가 일본 천황제의 부활과 '삼세' 문제를 연결시키면서 자신의 통일 제창·봉건 폐지·근왕勤王 변법* 등의 구상을 보여 주고자 했다면, 후자는 '삼세설'을 이용하여 인도·중세 유럽·미국 근대사 등을 논증하면서 귀족제·노예제·계급 제도 등이 만들어 낸 폐단을 지적하고, 평등과 태평의 관계를 설명하고 있다. 그런 의미에서 상술한 두 저작은 금문경학을 중국 역사와 세계 역사 이해의 보편 법칙으로 삼고 있다.[34]

상술한 논증은 다음과 같은 사실들을 증명해 준다. 1. 캉유웨이의 금문경학으로의 전향이 오로지 랴오핑의 영향으로 인한 것만은 아니었

---

* 근왕(勤王) 변법: 나라의 제도를 개혁하되 제왕의 존재를 인정하고 제왕을 중심으로 진행하는 개혁을 가리킨다.

다. 2.『대동서』가 1902년에 저술되었다고 단정 짓는 것은 정확하지 않
다. 3. 1884년부터 1913년까지, 심지어는 그보다 더욱 뒤늦게『대동서』
의 부분적인 필사본이 발표되었는데, 캉유웨이는 줄곧『대동서』를 확
충·수정·증보하고 있었으며, 더 나아가 부분적으로는 새로 쓰고 있는
중이었다. 1902년은 캉유웨이가 기존 필사본에 대해 비교적 체계적인
수정 및 대규모 증보를 진행한 해이다. 현존하는『대동서』원고본에는
1902년 이후로도 수정 증보된 흔적이 남아 있는데, 예를 들면 캉유웨
이가 1904년과 1906년 이탈리아에 방문했던 사실이나, 1905년에 캐나
다와 미국에 방문했던 사실, 1906년에 스페인에 방문했을 때의 감상
등이『대동서』속에 들어가 있다. 량치차오의 말에 따르면, 캉유웨이
는 만목초당 시기에는『대동서』의 발표를 거부했으며, 완정한 텍스트
는 그가 죽은 뒤에야 출판될 수 있었다. 만약 캉유웨이가 이 문제에 관
하여 자신의 선견지명을 밝히고자 하는 마음이 있었다고 한다면, 그는
어째서 생전에 저술 전체를 발표하려 하지 않았던 것일까?[35] 내 기본
적인 생각은 다음과 같다. 캉유웨이는 2, 30년의 시간 동안『대동서』의
구상·저술·수정·증보를 지속했으며, 이러한 사실은 이 책이 이미 그의
사상적 출발점이었던 데다 그의 최종적인 목표이기도 했을 것임을 설
명해 준다.『대동서』의 완정한 원고본이 언제 형성되었는가는 사실 이
러한 기본 논점에 아무런 영향을 주지 못한다.

　　캉유웨이의 만년 저작인『제천강』諸天講은『대동서』의 속편이라 할
수 있다. 왜냐하면 캉유웨이가 1884년 전후로『대동서』를 구상한 출발
점은 기하학과 천문학을 기초로 해서 '공리'와 '공법'의 문제를 논하는
것이었는데,『제천강』에서는 사고의 틀이 여지학적 의미에서의 '중국'
을 초월하고 있을 뿐만 아니라, 지구조차도 초월하고 있기 때문이다.[36]
그는 분명 지구상의 문화적 차이를 초월하는 더욱 객관적인 시야를 발
견하여, 이를 기초로 새로운 보편주의를 세우고자 했던 것이다. 이는
과학주의적 세계관과 전통적인 우주론을 종합한 산물이자, 유럽 자연
법 관념의 영향하에서 전통적인 우주론을 새롭게 수정한 결과였다. 주

목할 만한 것은 캉유웨이에게 있어서 이러한 우주 보편주의가 그의 공자에 대한 숭상과 결코 모순적이지 않았다는 점이다. 캉유웨이는 일찍이 진천추, 량치차오 등에게 자신의 대동에 관한 생각을 다음과 같이 설명했다.

> 나는 공자의 개제의 뜻과 인도仁道와 사회의 근원을 가지고 기존 고증학의 무용함에 대해 알려 주었다. …요순 삼대의 문명 모두가 공자가 의탁했던 것임을 알려 주자 이를 곧 믿고 입증했다. 인간이 말을 낳고, 말이 인간을 낳고, 인간이 원숭이에서 변해 나온 것을 알려주자 이를 곧 믿고 입증했다. 천계(諸天之界), 성계(諸星之界), 대지계(大地之界), 신체계(人身之界), 혈액계(血輪之界), 각국의 국토·인민·물류·정교·예악·문장에 대해 알려 주자 이를 곧 믿고 입증했다. 또한 대지계에서의 삼세와 이후의 대동세, 그리고 다시 삼통이 있음을 알려 주자 이를 곧 믿고 입증했다.[37]

또한 그는 『공자개제고』에서 다음과 같이 말한다.

> 그래서 공자는 '원'元으로 하늘을 통섭했으니, 하늘조차 공자가 통제하는 범위 안에 있다. 지구는 수많은 천체 가운데 하나일 뿐이고, 왕 또한 지구상의 수많은 나라 가운데 하나의 왕일 뿐인데, 공자가 어찌 이를 다 일일이 언급하겠는가![38]

'대지계' 위에는 천계와 성계가 있지만, 이들 모두는 '원元으로 하늘을 통섭했던 것'의 범주 안에 있다. 만일 『대동서』가 유학 보편주의의 '외편'外篇(즉 지구 내부의 세계 질서)이라고 한다면, 『제천강』은 유학 보편주의의 '내편'內篇(즉 우주 만물의 존재 원리)인 셈이다. 그런 의미에서 보면 '대동' 사상은 '공리'와 '공법'에 관한 그의 사상의 일부일 뿐이다.

『대동서』의 사상 요소는 극히 복잡하여, 삼세 대동설 이외에도 수많

은 불교·도교·주자학·양명학·서양 정치·종교·지리·과학 지식들을 포
함하고 있는데, 그 가운데 일부는 『만국공보』萬國公報와 기타 통속 출
판물에서 기원했음이 확실하다. 『대동서』의 기본 내용에 대한 분석에
들어가기에 앞서, 1884년 전후 캉유웨이의 독서와 글쓰기의 상황에 대
한 고찰을 좀 더 진행하여 『대동서』의 기본 주제가 형성될 수 있었던
지식 조건과 사상 맥락을 살펴보고자 한다. 1876년(광서 2)에서 1878년
(광서 4) 말까지 캉유웨이는 주차기朱次琦에게 가르침을 받았다. 주차기
는 "성현의 대도를 펼치는 근본은 자신을 수양하고 남을 사랑하는 의
를 일으켜 세워, 한·송대의 유가 종파를 버리고 공자의 근본으로 돌아
가는 것"[39]이라 했는데, 이는 캉유웨이의 유학에 대한 기본 이해와 태
도에 중요한 영향을 주었다. 『대동서』의 출발점은 '입세계관중고'入世
界觀衆苦(속세로 들어가 중생의 고통을 살핌)로, 여기에는 분명 불교의 흔적이
남아 있다. 캉유웨이의 초기 학습 과정 역시 이와 관련된 실마리를 제
공해 주고 있다. 1879년(광서 5) 정월, 캉유웨이는 불교 서적에 심취하여
고증학과 과거 시험 공부를 포기하고 불교 공부에 온 노력을 다 기울
였다. 그는 "이미 민생과 가난에 대해 근심하고 있었는데, 하늘이 내
게 총명과 재능을 주어 이를 구제하도록 했으니, 이에 만물과 세상을
안타까이 여겨 천하 경영에 뜻을 두게 되었다. …독서와 사색을 통해
글로 옮기는 것 모두가 우주 세계를 망라하는 글들뿐이었다"고 자술한
다. 불전佛典은 그에게 피세의 생각을 가져다 준 것이 아니라, 오히려
천하의 중생을 근심하고 전 지구와 인류를 '경세'經世('고통을 없애고 즐거움
을 찾다'(去苦求樂))의 대상으로 삼고자 하는 충동을 불러일으켰다. 캉유
웨이가 경세로 돌아서게 된 도덕적 원동력은 그의 양명학과 불학에 대
한 연구와 관련이 있었음이 분명하다. 그는 상술한 도덕적 충동을 수
신修身의 범위로 제한하지 않았다. 그가 보기에 기왕에 천하를 근심하
려 한다면 『주례』·『예기』「왕제」·『태평경국서』太平經國書·『문헌통고』文
獻通考·『경세문편』經世文編·『천하군국이병전서』天下郡國利病全書·『독사
방여기요』讀史方輿紀要 등과 같은 전통적인 경세서, 그리고 미국 선교

사 칼 크레이어Carl Traugott Kreyer 등이 편역한『서국근사휘편』西國近事
彙編, 이규李圭의『환유지구신록』環游地球新錄 등과 같은 서구 관련 서적
들과 기타 작품들을 함께 참고하여 세계의 변화를 완벽하게 이해할 필
요가 있었다. 이해에 캉유웨이는 마침 홍콩에 방문할 기회가 있었는
데, 그곳 건물들의 아름다움과 도로의 정결함, 치안의 엄밀함 등에 대
해 깊은 인상을 받았다. "이에 비로소 서양인들의 치국에 법도가 있으
며, 과거의 낡은 오랑캐 관념을 가지고 이들을 봐서는 안 된다는 사실
을 깨닫게 되었다" 이로 인해 "『해국도지』와『영환지략』 등의 서적을
다시 읽고, 세계 지도를 구입했다. 점차 서학 서적을 받아들이고 서학
의 근본에 대하여 탐구하게 되었다."[40]

상술한 기록 속에서 가장 주목할 만한 점은 그가 각종 경세학과 서
구 지식, 그리고 불학 및 도가 학설을 통해 생각해 냈던 천인 관계와
우주 체계 등을 함께 결합시켜 냈다는 사실이다. 그의 서구에 대한 연
구는 단순히 서구를 연구하기 위한 것도, 또한 더 나아가 위원처럼 '오
랑캐의 장기를 배워 오랑캐를 제압할 것'에 뜻을 둔 것도 아니었다.
'천하 경영'을 위한 이론과 지식을 준비하고자 한 것이었다. 캉유웨이
가 집중적으로 서학 서적을 읽었던 또 한 번의 절정기는『대동서』를
구상하기 한 해 전, 즉 1883년이었다. 학습의 중점은 이전 단계의 지
리, 정치, 종교 등의 지식으로부터 보다 광범위한 과학과 역사로 확산
되었다. "『동화록』東華錄·『대청회전칙례』大淸會典則例·『십조성훈』十朝聖
訓·청 왕조 역사 관련 서적 등을 보고,『만국공보』를 사서 서학서를 탐
독했으며, 파동학(聲學)·광학光學·화학化學·전기학(電學)·역학(重學) 및
각국의 역사서, 여러 사람의 여행기 등을 섭렵했다. 당시에 음악(樂律)·
음운학(韻學)·지도학까지를 포괄하여 '만국문헌통고'萬國文獻通考를 집
필하고자 했다. 이에 그 무렵 과거 시험에 대한 뜻을 접고서 학문에 전
념했다. 새로이 지식을 쌓고 깊이 생각하여 정묘한 이치를 깨달았으
며, 독서와 사색을 통해 나날이 큰 진전이 있었다."[41]『만국공보』,『서
국근사휘편』,『해국도지』,『영환지략』 등과 같은 잡지나 저작들 속에

있던 서구, 과학 기술, 미래 세계 등에 관한 논의들은 『대동서』에 새로운 지식 배경과 상상력의 원천을 제공해 주었다.

새로운 지식과 시각들 속에서 '중국'은 '전 세계'를 의미하던 것으로부터 한 '국가'를 의미하는 것으로 전환되었고, 캉유웨이가 경영하고자 한 '천하' 역시 더 이상 '중국'의 별칭이 아니라 전 세계를 가리키는 것이 되었다. 뒤집어 말하면 비록 '중국' 문제가 그의 최고의 관심사였음에도 불구하고, 이 문제 자체는 이미 더 이상 단순한 '중국'만의 문제가 아니었으며, 따라서 고립된 '중국'의 범주 내에서 해결될 수 있는 문제도 아니었다. 1883년부터 북경으로 과거 시험을 보러 가서 「상청제 제1서」(1888년 12월 10일)를 썼던 1888년에 이르기까지 캉유웨이의 마음속에서 떠나지 않았던 것은 더욱 추상적이면서도 더욱 광범위한 문제, 즉 어떻게 하면 세계의 '공법'과 우주의 '공리'를 찾아내어 중국과 전체 인류가 직면한 곤경을 해결할 수 있을까 하는 문제였음이 분명하다. 이러한 임무를 완성하기 위하여 그는 한편으로는 구체적인 문화적 차이를 초월하여 더욱 객관적인 시각을 발명할 필요가 있었으며, 다른 한편으로는 유학 보편주의와 이 공리 세계 사이의 관계를 새로이 구축해야 할 필요성이 있었다. 만일 유학 '만세법'의 지위에 근본적인 동요가 없었다면, 무엇 때문에 캉유웨이가 각종 지식을 종합하여 보편적 '공리'와 '공법'을 재건하려고 애썼겠는가? 1884년 '크고 작음과 긴 시간과 짧은 시간'(大小久速)이 '매한가지의 이치'(齊同之理)이고 '태평세로 나아가는 것'(推太平之世)임를 깨닫고 난 이후로 캉유웨이는 1885년 "수학을 배워 기하학의 원리에 근거하여 『인류공리』人類公理를 지었다. … 기록과 원고들을 대조하여… 대동의 체제를 직접 편찬했다." 이듬해에 그의 『강자내외편』康子內外篇에서 "내편에서는 천지 만물의 이치를 논했고, 외편에서는 정교政敎와 예악을 논했다. 또한 『공리서』公理書를 저술했는데, 이는 기하학에 의거하여 지었다"[42]고 했다. 또한 그는 천문과 역법의 문제를 연구하여 지구 및 그 문명의 분포에 관한 새로운 해석을 내놓았다. 여기서 언급해 둬야 할 사실은 금문경학이 이미 율법과 천문에 대한 연구를 포함하고 있었기 때문에, 새로운 자연 지식을 포용하기가 비교적 용이했다는 점이다. 캉유웨이가 북경에 가서 정치 활동에 뛰어들기 1년 전인 1887년은, 공자의 비유에 따르면, 그에게 있어 '이립而立의 해', 즉 서른이 되는 해였다. 캉유웨이는 다음과 같이 기록하고 있다.

> 이해에 『인류공리』를 편찬했는데, 뭇 하늘의 이치를 자유로이 사유하여 이를 기록함에 무궁했다. 그리고 『내외편』을 지었는데, 서학을 함께 논하고, 유가 경전과 제자諸子의 학문을 가지고 태곳적 대홍수의 사실과 중국이 하우夏禹로부터 비롯된 이치를 밝혔다. 그리고 당시의 제후는 지금의 토호와 같았고, 황제와 패자가 권력을 잡아 모든 천하를 소유하게 되었는데, 이는 삼대의 구제도가 아직 문명화되지 못했기 때문임을 미루어 밝혔다. 공자의 거란세, 승평세, 태평세의 이치를 추론하여 지구에 관하여 논했다. 군대를 기르고 언어를 배우는 것은 모두 인간의 지혜와 힘에 큰 낭비가 된다. 이에 지구만음원地球萬音院을 설립하여 언어 문자를 연구하고, 지구공의원地球公議院을 세워 공법 학자들이 연합하여 연합국의 공리를 논하고, 공병公兵을 길러 따르지 않는 국가를 없애는 것을 골자로 하는 지구 통합의 계획을 세우고자 했다.[43]

상술한 내용 가운데 주목할 만한 두 가지 지점이 있다. 첫째는 캉유웨이가 '내/외'를 가지고서 천지 만물의 이치와 정교 예악에 관한 것을 구분하고 있으며, 그렇게 함으로써 그의 변법개제 사상인 '외편'을 '공리' 체계 속에 위치 짓고 있다는 점이다. 둘째는 삼대의 구제도가 공리가 아니라 특정한 환경 속에서 형성된 예악 체계였으며, 따라서 불변의 보편 원칙이 아니라는 점이다. 캉유웨이는 인류 지식 갱신의 두 가지 기본 조건은 교통과 언어라고 보았다. 그는 일단 교통과 언어로 인해 새로운 범위의 인류 왕래가 이루어지게 되면, 의례·제도·기타 지식에 있어서도 반드시 변화가 일어나게 되며, 성인이란 이러한 변화에 따라서 새로운 규칙을 창조할 수 있는 인물이라 여겼다. 바로 이 때문에 과학 기술과 인류의 왕래가 나날이 발달해 가던 청말 시대에 '중국'의 범위에만 국한되어서는 유학의 보편적 의의를 보장할 수 없었으며, 공자의 삼세 학설은 반드시 지구에서 우주에 이르는 범위 안에 두고서 설명되어야만 했다.[44]

『인류공리』가 『대동서』의 초기 원고였는지, 아니면 별도의 저작이었는지 명확히 알 수는 없다. 하지만 만일 『민공편』民功篇, 『교학통의』, 『강자내외편』, 『만신공법서적목록제요』萬身公法書籍目錄提要, 『실리공법전서』, 『공법회통』公法會通 등과 같은 이 시기의 다른 저작들을 대조해 보면 캉유웨이의 자술은 완전히 입증할 수 있다. 이들 저작은 삼라만상을 두루 포괄하고 있다. 요순·삼대 예제의 흥기로부터 역대 정교 제도와 학술의 발전에 이르기까지, 그리고 우주 자연과학의 원리로부터 인류 사회의 기본 법칙에 이르기까지, 캉유웨이는 역사 변화와 보편 원리를 포괄하는 총체적 세계관을 구축하고자 했다. 한편으로 『민공편』, 『강자내외편』, 『교학통의』에서 그는 역사 고찰의 방식으로 선왕의 도가 "통변으로 백성을 편하게 해 주는 것"(通變以宜民)에 있으며 성왕의 예제와 법규 모두 백성의 요구와 시대의 변화에 따른 적응의 산물임을 논증함으로써, 이를 만고불변의 도로 삼는 것을 반대했다. 다른 한편으로 공리·공법과 관련된 각 편 속에서 그는 기하학이나 실측학(實測之學)과 같은 우주 원리를 기초로 삼아 인류 생활의 제도와 윤리를 탐구함으로써, 성왕의 의리를 더욱 보편성과 과학성을 지닌 체계 속에서 묶어 내고자 했다. 『실리공법전서』에서 실리實理와 공법을 구분한 것은 하나의 중요한 이론적 전제였는데, 실리는 보편적 원리이고 공법은 보편 원리에 근거해서 인간이 설정한 법률이나 규칙이다. 예를 들면 인간의 물리적 특징, 인간의 자연 본성 등은 모두 실리의 부분에 해당하고, 인간의 자주권 설정에 관한 법률은 곧 공법에 해당한다. 그런 의미에서 인류 공법의 근거는 선왕의 정전이나 역사적 변화가 아니라, 하나의 추상적·초월적·객관적 원리이다. 이 원리는 반드시 기하·실측(실증 혹은 실험) 등의 과학적 방식을 거쳐야만 얻을 수 있다. 과학은 여기서 구체적 역사 관계와 구체적 권력관계를 초월한 객관 표준으로서 운용된다.

 '실리공법'이란 지구를 단위로 해서 형성된 공리와 공법이다.『만신공법서적목록제요』및『실리공법전서』의 마지막 장절(즉「정제지구서적목록공론」整齊地球書籍目錄公論)에서는『지구정사』地球正史,『지구학안』地球學案, 각국의 율례·자전字典, 만국공법 등을 필수적인 참고서적으로 열거하고 있다. "공법은 지구상 고금의 수많은 사람이 각자의 고뇌와 노력을 종합하여 만들어 낸 것"으로, 인도에 가장 유익한 것이다. 캉유웨이는 이 보편주의 공법을 가지고 역사적으로 형성된 법률과 풍속을 당장 바꾸고자 했던 것은 아니다. 반대로 그는 풍속에 따라 제도를 맞추고, 기존의 예의 관계와 공리·공법이 만나는 접점을 찾아냄으로써 점진적으로 공법을 시행해 나갈 것을 제안했다.[45] 삼세진화설은 일종의 목적론적 역사 서술을 통해 현실 관계와 미래의 대동 세계를 관련짓고 있다. 공리와 공법에 대한 캉유웨이의 논의는 부부, 부모자녀, 사제, 군신, 장유, 붕우, 예의(상제上帝 명칭, 기원 기년, 위의威儀, 안식 일시 등), 형법, 교육, 일 처리(관제, 신체 궁실 기물 음식 등의 규칙, 장례, 제례) 등과 같은 유학적 도덕 분류법을 따르고 있다. 하지만 그에게 있어서 이러한 분류법은 유학의 전유물이라기보다는 차라리 공리에 의거해서 성립된 공법 체계였다. 공리와 공법의 논리 구조 속에서 도덕 계보는 공리에 근거한 것이며, 그 보편성(공법으로서의)은 더욱 객관적이며 보편적인 지식에 기댄 것이었다. 선왕들의 정전政典의 보편적 가치는 이를 통해 상대화·역사화되었다. 더욱 보편적·객관적인 지식과 시각 없이는 선왕 정전의 신성성을 해체할 수 없었다.『대동서』의 구상과 저술은 수십 년을 거치는 동안 구체적 내용의 수정과 첨삭이 불가피했다. 하지만 이처럼 공리·공법과 역사를 융

합시킴으로써 하나의 역사적 변화와 보편주의 지식을 상호 관통시키
고자 했던 노력은 오히려 일관된 것이었다.

제4절

세계 거버넌스로서의 '대동'

캉유웨이가 『대동서』의 구상과 저술 과정 중에 『해국도지』를 참고했던 것은 한두 번이 아니었다. 그러므로 『대동서』와 위원의 『해국도지』를 함께 논의한다 해도 무리는 없을 것 같다. 첫째, 이 두 저작은 모두 전 세계를 대상으로 한 저작이었다. 둘째, 이 두 저작은 모두 '중국' 문제로부터 기인하여 전개된 세계에 대한 탐구였다. 셋째, 이 두 저작이 세계를 다루는 방식은 금문경학으로부터 깊은 영향을 받았다.[46] 『해국도지』의 세계 서술을 배경으로 해서 살펴본다면, 『대동서』의 사상적 특징을 보다 명확히 보여 줄 수 있을 것이다. 일단 논술의 편의상 비교의 관점을 통해 『대동서』의 의의를 설명해 보고자 한다.

1. 구체적 서술과 보편적 서술

『해국도지』는 세계의 현실 관계에 대한 역사-지리적 서술이다. 위원은 서구의 지리학적 지식을 많이 이용했지만, 책 전반에 걸쳐 곳곳에서 역사를 인용하고 있고, 세계를 다루는 방식에 있어서는 제국적 시각의 영향을 많이 받았다. 『대동서』는 일종의 역사 허구의 방식을 통해 세계의 상상적 관계에 대하여 서술하고 있다. 캉유웨이는 종교,

철학, 과학 지식을 이용하여 세계를 다루는 보다 초월적인 시각을 구축했다. 비록 유학 지식을 사용하기는 했지만, 상술한 시각 속에서 제국과 유학 지식은 다만 하나의 '지역에 국한된 지식'일 뿐이었다. 공리에 상호 부합하는 경우에만 유학은 비로소 보편 의의를 지니게 된다. 캉유웨이는 '중국' 문제를 초월하는 시각을 찾아내어 '중국'과 세계를 다루고자 애썼다. 그 방식은 기하학과 지리학 지식을 불교 세계관과 결합시켜 세계의 '고통받는 중생'에 대해 평면적 분류를 진행하는 것이었다. 예를 들면 '고통'은 인생·자연·사회의 고통(사회의 고통은 또다시 사회 신분의 차별, 중심과 주변의 차별, 병역과 세금 징수의 괴로움, 사회 제도의 차별 등으로 구분된다) 등으로 구분된다. 이런 분류법은 역사적 연원 관계를 소홀히 하며, 자연 재난과 사회적 고통을 인류와 세계의 기본적 특징으로 포함시키고 있다. 캉유웨이는 '천재지난의 고통'의 범주에 화재, 수재, 질병 이외에도 선박 침몰의 고통, 기차 충돌의 고통 등도 포함시키고 있다. '인간의 고통'의 범주에는 환과고독鰥寡孤獨과 질병 이외에도 빈곤과 비천함(노예 등)의 고통을 포함시킴으로써, 사회적 문제를 더 이상 역사적 문제가 아닌 생존의 본체론적인 문제로 만들었다. 그런 의미에서 고통이나 즐거움과 같은 추상적 개념은 현실 세계의 역사적 관계를 대신하여 세계에 대한 캉유웨이의 서술에 있어서 중요한 기조를 이루고 있다.

캉유웨이는 '중생의 고통'이라는 관점을 고통 제거와 즐거움 추구라는 현세적 지향과 결합함으로써 하나의 '외석내유'外釋內儒(겉으로는 불교를 따랐지만 안으로는 유가를 따름)적인 사상 체계를 구성했다. '내유'內儒가 근본을 이루지만, '외석'外釋 역시 매우 중요하다. 왜냐하면 이러한 불교 세계관의 틀을 통해서만 유학의 의리가 비로소 구체적 역사 관계를 초월한 보편 적용성을 획득할 수 있기 때문이다.[47] 캉유웨이는 본체론을 가지고서 새로운 보편주의를 표현하고자 했지만, 유학은 이러한 틀을 거의 제공해 주지 못했음이 분명하다. 캉유웨이의 논지에 따르면, 공자교는 바로 불교의 화엄종이다. "따라서 무릇 인도人道라는 것은 사람에 의거하여 도가 이루어진 것이다. 사람에 의거한 도란 고통과 즐거움일 따름이다. 사람을 위하고자 한다면 고통을 없애고 즐거움을 추구하는 것 이외에 다른 도는 없다.""따라서 부자, 부부, 형제가 서로 사이좋게 지내고, 사랑하고, 거두고, 도우면서, 이해 관계나 환난에 따라 변하지 않는 것이 인간의 즐거움이다. …성인은 인정상 즐거워하는 바에 따르고, 인사의 자연스러움에 따르며, 가법을 세워 기강을 바로잡아야 한다. 이를 일컬어 '어버이는 자애롭고 자식은 효도하며, 형은 우의 있고 동생은 공경하며, 남편은 의롭고 아내는 순종한다'(父慈, 子孝, 兄友, 弟敬, 夫義, 婦順)고 하는 것이다. 이는 또한 인도人道에 가장 순응하는 것이자, 인정의 가장 바람직한 바이니, 그 기교적인 부분은 다만 인간의 즐거움에 보탬이 될 수 있을 따름이다"[48] 국토, 부락, 군신, 정치 등의 법은 모두 성인이 "인사의 자연스러움에 따라" "인간을 그 고통으로부터 벗어나게 하고자" 제정한 규칙이다. 만일 인류의 제도·예의·도덕 자체가 고통의 근원이 된다면, 그것이 국법이건, 군법이건, 가법이건, 아니면 그 어떤 신성한 법이건 간에 모두 인도에 위배되는 법칙일 뿐이다. 중생의 고통에 대한 캉유웨이의 서술 속에서 우리는 여전히 유학, 특히 금문경학의 기본 종지를 찾아볼 수 있기는 하지만 유학 의리의 보편성은 사실상 이미 상대화되고 있다. 예를 들면, 갑부의 제1장 「인생의 고통」 제1조에서 논한 '출산의 고통'이나, 제5장 「인정의 고통」 제7조에서 논한 '계급의 고통'은 세습 귀족 제도에 대하여 비판하고 있다는 점에서 금문경학의 '세습 귀족에 대한 비판'이란 종지와 깊은 연관이 있지만, 이미 계급 문제에 대한 사고로까지 확장되고 있다. 캉유웨이는 다음과 같이 말한다.

> 중국은 땅은 대단히 넓지만, 계급은 적었다. …공자가 처음으로 계급제를 없앴다. 그는 세습 귀족을 비판하여, 대부가 작위를 세습하지 않도록 하고, 사士가 관직을 대물림하지 않도록 하는 의를 세웠다. 진·한이 멸망한 이후로 귀족은 모두 사라지고 사람

들이 평등해져 모두가 평등한 백성이 되었다. …끝내는 전 중국
에 계급이 모두 사라지게 되어, 인도나 유럽의 종족 및 계급 구
분의 고통과 비교해 봤을 때 그 평등 자유의 즐거움이 마치 천당
에 있는 것과도 같으니, 이는 진정 공자의 큰 공이로다![49]

이에 따르면 공자 학설의 위대한 성취는 계급의 영역을 없앤 것이
다. 이미 인용한 바 있는 병부 「거급계평민족」의 한 단락 속에서 계급
제거의 문제는 '봉건제의 폐지'(去封建), '대일통', '세습 귀족에 대한 비
판' 등의 금문경학 종지와 밀접한 관련이 있다. 그는 이를 통해 계급
문제와 국가 체제 사이의 역사적 관련성을 암시하고 있다.

공자는 평등의 의를 세운 이래로, 통일의 뜻을 밝혀 봉건을 없애
고, 세습 귀족을 비판하여 세습 관리를 없애고, 밭과 재산을 나
눠 노예를 없애고, 『춘추』를 짓고 헌법을 세워 군권을 제한하고,
자신들의 제자들을 높이지 않고 승려를 없앴다. 그리하여 중국
의 풍속에는 계급이 모두 사라져 사람들 모두가 평민이 되니, 초
가집에 사는 평민 출신이라도 왕·제후·재상·학관이 될 수 있었
다. 사람들 모두 청운의 뜻을 품고서 노력할 수 있게 되어, 계급
의 해악이 사라졌다. 이는 진정 공자의 뛰어난 업적이니, 유럽보
다도 2천 년이나 앞서 행해진 것이다.[50]

하지만 캉유웨이의 공자 학설에 대한 견지는 더 기본적인 공리에 대
한 복종을 전제로 한 것이었다. 이 때문에 그는 공자 학설을 구체적인
역사 관계로부터 분리시켜 내야만 했다. 예를 들면, 그는 삼대에는 정
전을 만들어 백성들에게 나눠주었으므로 노예가 존재하지 않았는데,
몽골이 군사력으로 각국을 멸망 복속시킴에 따라 노예 제도라는 '오랑
캐(胡狄)의 습속'이 중원에 들어오게 된 경우와 같이, 후세에 노예를 삼
고자 전쟁을 일으키게 되면서 노예가 생겨나게 된 것이라 여겼다. 또

한 유흠이 『주례』周禮를 날조하게 되면서 공자의 진의가 사라져 버렸고, 결국 만주족의 팔기 제도가 노예제의 요소를 포함하게 된 것이라고 보았다. 캉유웨이는 "오늘날 마땅히 공리를 밝혀야 할지니, 공자의 대의를 가지고 광무제光武帝의 제도*를 원용援用해 모든 노예 문서를 말소시켜야만 할 것"[51] 이라 호소했다.

2. 역사 서술과 과학 서술(종족주의적 지식 기초)

『해국도지』에서 '과학' 지식(지리학 지식과 같은)은 더 현실적이고 진실되게 세계를 서술하기 위한 수단이었다. 과학 기술 자체는 일종의 운용 가능한 역량으로 묘사되기는 했지만, 과학 자체가 전 세계를 다루는 틀은 아니었다. 『해국도지』의 지정학적 관계에 대한 서술은 극히 광범위한 제국 전략의 시각을 내포하고 있었으며, 과학 기술은 다만 '장기'에 불과했다. 하지만 『대동서』에서 '과학' 지식은 일종의 객관 지식이자, 세계를 다루는 틀이자, 새롭게 세계 관계를 규정하는 원리이자, '자연법'이었다. 따라서 결국 본체론 혹은 우주론적 시각과 결합되어 있었다. 때문에 『해국도지』의 세계상에 대한 서술은 동시에 역사 관계에 대한 규명을 포함하고 있었지만, 『대동서』의 세계 관계에 대한 재구성은 오히려 역사 관계에 대한 부정이었다. 갑부 「입세계관중고」 이후로 캉유웨이는 정식으로 그의 대동 세계에 대한 구상을 전개했는데, 첫 번째 제기한 문제는 바로 '국경을 없애고 대지(즉 지구)를 통합한다'(去國界合大地)였다. 그는 지리학 지식에 근거하여 지구의 남반구와 북반구를 각각 50도度(총 100도)씩 나누고 동서로도 역시 100도

---

* 광무제(光武帝)의 제도: 서한(西漢) 말부터 전쟁과 기근으로 적지 않은 농민들이 노비로 전락해 버렸기에, 광무제가 동한(東漢)을 세웠을 때 국가에 세금을 낼 농민이 부족했다. 이에 광무제는 더 이상 농민이 노비가 되는 상황을 억제하고 여러 차례 노비들을 면천해 농민으로 만들었다.

로 나누며, 각 도를 다시 10분分으로 하여 사방 100분으로 나누고, 각 분을 다시 10리로 하여 사방 100리로 나누었다. 사람들을 도로 본적을 삼고, 자치 정부 역시 도를 위주로 하며, 전 세계를 대동기년大同紀年과 도량형 모두를 통일하여 보편 언어와 역법을 사용토록 한다. 캉유웨이는 금문경학의 삼통·삼세설을 가지고 상술한 규정들을 설명했다. 예를 들면 "공자가 하·상·주 삼대의 역법인 삼정三正의 학설을 세웠는데, 주 왕조는 자월子月(음력 11월)을 정월로 삼고, 상 왕조는 축월丑月(음력 12월)을 정월로 삼고, 하 왕조는 인월寅月(음력 1월)을 정월로 삼았기에, 세 가지 모두 가능하지만, 하 왕조를 쫓아 인월을 정월로 삼는 것이 옳다. 오늘날 유럽의 경우는 정월이 주 왕조의 자월에 가까운데, 일본이 이를 따르고 있다. 러시아의 정월은 상 왕조의 축월에 가깝다"고 했던 것은 공자 학설을 전 세계 범위로 확장시키고자 했던 것이다. 하지만 이는 반역사적 분류법이자 전통 역사 관계를 부정하는 분류법이었다. 이런 분류의 틀 속에서는 어떤 역사 학설도 모두 이러한 과학 분류법에 따라야만 비로소 자기 합리성을 얻을 수 있다. 그것은 바로 과학주의적 보편주의다.

하지만 상술한 과학의 방식은 금문학의 전통과 일정 부분 상통한다. 초기 금문경학에는 '율력律曆과 같은 자연법칙에 따라 법을 만드는'(以律立法) 전통이 있었는데, 동중서로부터 공광삼에 이르기까지 춘추 의례는 모두 이러한 특징을 지니고 있었다. 을부 제1장 「유국지해」有國之害에서는 중국과 사이四夷의 관계, 그리고 지구와 우주의 관계를 철저히 상대화하고 있으며, 내와 외, 이夷와 하夏, 봉건과 군현, 그리고 각종 경계나 구분 등이 모두 부정되어야 한다고 보고 있다.[52] 캉유웨이는 고금중외古今中外의 영토 침략의 역사를 규명하면서, 국가가 번잡하고 국경이 엄격해질수록 전쟁이 더욱 빈번해진다고 보았다. 그런 의미에서 "공자의 대일통에 관한 언급인 '여러 나라들이 하나로 정리된다'(定于一)"는 주장 역시 국가를 없애고 병란을 그치게 하는 것의 근거가 되었다. "봉건을 없애고, 군현을 설치했다. …이는 실로 공자의 대일통의 뜻에 따라 백성을 보전하고 병란을 종식시키는 데 합당한 것이었다. 이 이후로 중국은 통일되었다. 비록 여러 왕조의 말엽에는 여전히 전쟁과 변란이 있긴 했지만, 왕조 중엽의 안정기가 수백 년이나 이어지니, 인민들은 부모 자식이나 부부가 모두 해로할 수 있었다. 이를 전국시대의 비참한 재앙과 비교해 본다면 그 차이가 어찌 크다 하지 않겠는가?"[53] 캉유웨이에게 있어서 대일통은 평화주의적, 혹은 반전주의적 정치 윤리였다. '대일통'의 논리에 따르면, 군현은 봉건보다 낫고, 통일은 분열보다 나으며, 제국 통일은 국가 간의 분쟁보다 낫다. 그 궁극적인 해결 방법은 군대와 국경을 없애고, 대동을 실현하는 것이다. '내외의 상대화'란 원칙은 여기서 국경과 이로 인해 발생하는 전쟁에 대한 염증으로 표현된다. 하지만 "국가는 최상위의 인민 단체이다. 천제天帝를 제외하고 그 이상의 법률 제도는 없다"고 한다면, 국가와 군대를 없앨 근거는 어디에 있는가? 이는 바로 '공리' 혹은 '자연스러운 추세'(勢之自然)이다. "무릇 국경의 진화란 분리로부터 통합으로 나아가는 것이니, 이것이 자연스러운 추세이다"[54] '자연스러운 추세'는 한편으로는 공리에 부합하지만, 다른 한편으로는 약육강식의 법칙에도 딱 들어맞는 것이기도 했다. 그런 의미에서 "강대국에 의한 작은 나라의 병탄과 약육강식은 자연의 추세로 공리가 미칠 바가 아니라" 한 것 또한 공리의 체현 내지는 '대동의 선구'[55]였다. 캉유웨이는 반역사적인 공리화의 방식을 통해서 약육강식의 세계를 반성하면서, 도리어 역사 변동에 있어서 강자의 논리를 공리의 구체적인 담당자로 전환시키고 있는 것이다.

겉으로 보기에 캉유웨이의 '대일통' 개념은 종족주의에 대한 비판이지만, 그 결과는 오히려 종족주의 논리의 승인이다. 금문경학의 '대일통' 관념은 내외 상대화, 이하 상대화에 대한 사고를 담고 있지만, 상

• 여러~정리된다: 이는 사실 공자가 한 말이 아니라 맹자가 한 말이다. 이 말은 『맹자』「양혜왕장구 상」 제6장에 보인다.

대화의 근거는 역사와 문화 관계의 변화이다. 공리주의의 틀 속에서 내외 상대화, 이하 상대화의 '대일통' 논리는 이미 과학적 분류법 위에서 세워진 것이었다. 이로 인해 캉유웨이는 피부색과 혈통을 가지고 종족을 구분하는 과학적 편견 속에 빠져들고 말았다. 병부「거급계평민족」과 정부丁部「거종계동인류」去種界同人類에서, 그는 "대일통을 통해 봉건을 없앤다", "세습 귀족에 대한 비판을 통해 세습 관리를 없앤다", "정전제를 통해 노예제를 없앤다" 등의 평등주의를 가지고 공자의 교의를 설명하면서 계급·민족·국가·종족의 등급 차별이야말로 대동의 적이라고 간주하고 있다. 하지만 조금만 더 주의를 기울여 본다면, 여기서도 마찬가지로 내외 상대화와 이하 상대화를 논하고 있되, 여기서는 새로운 '과학' 성분을 첨가하여 서술하고 있음을 알 수 있다. 초기 금문경학이 예의나 문화를 '내외 상대화와 이하 상대화'의 근거로 삼았던 데에는 청 왕조 사회관계 속에서의 제도화된 등급 정책에 대한 부정의 함의가 포함되어 있었을 뿐만 아니라, 또한 종족이나 민족을 가지고 사회 등급을 구분하는 지식에 대한 부정의 함의 또한 담겨 있었다. '예의 중국'이라는 개념은 바로 이러한 이중의 부정 위에서 세워진 것이다. 『대동서』에서 비록 내외·이하 상대화의 종지를 계승하고 있기는 하지만, 캉유웨이는 과학적 공리관을 바탕으로 종족에 관한 '객관적인 지식'을 새로이 끌어들였다. 이로 인해 그의 종족주의에 대한 비판은 종족주의 전제에 대한 승인으로 변질되고 만다. 여기서 '족'族이나 '종족'의 개념 및 종족 구분의 기준(피부색이나 혈통)은 이미 선결 전제가 되고 있으며, 이는 예의와 문화를 기초로 한 이하관이나 내외관을 근본적으로 바꿔 놓았다. 캉유웨이는 다음과 같이 묻는다. 유럽의 로마, 튜턴족, 슬라브족은 서로 가까워 합일되기 쉽다. 아시아의 화하족華夏族(한족漢族), 몽골족, 일본족은 모두 교화되어 있고, 얼굴 생김새가 비슷하니, 이들 역시 동화되기 쉽다. 하지만 백인종, 황인종, 갈색인종, 흑인종은 어떻게 동화시킬 것인가? 종족에 관한 논점이 언제쯤 『대동서』 속에 들어가게 된 것인지 정확히 알 수는 없지만,

이러한 종족주의적 지식과 관점은 청말의 정치에서 중요한 역할을 했다. 예를 들면, 청일전쟁 이후 일본이 러시아의 대중국 영향력과 균형을 맞추기 위하여, 종족주의적 아시아관을 가지고 유신파 사대부들을 부추겼는데, 정관잉鄭觀應·탄쓰퉁譚嗣同·쉬친徐勤·당재상唐才常 등이 모두 그 영향을 받았다. 당시 일본에서 유학 중이던 쉬친은 다음과 같이 말한다. "일본의 선비들이여, 어질고도 의협심 있도다! 매일같이 중국의 멸망을 근심해 주고 있다. 중국이 망하면 황인종이 약해지고, 황인종이 약해지면 일본도 위험해진다! 때문에 위로는 정부로부터 아래로는 초야의 인사들에 이르기까지, 모든 세상 구제에 뜻을 둔 사람들은 흥아의회興亞義會를 창립하여 황인종을 도와 동아시아를 보전하고, 러시아와 독일 등의 열강의 침략을 없애려 하고 있다."[56] 러일전쟁 시기, 중국 유학생들은 같은 황인종으로서 중국 토지를 점령한 일본을 지지할 것을 호소했다.

이하와 내외는 초기 유학 전적의 기본 범주였지만, 이 전적들 속에서 이하 관계와 내외 관계는 일종의 예의·풍속·문화의 차등 관계로 이해되었다. 『대동서』에서처럼 피부색과 혈통을 종족 구분의 방식으로 삼는 것은 완전히 새로운 것으로, 일종의 과학적 관념에 근거한 것이었다. 피부색과 혈통 등의 '객관적' 과학 지식을 받아들임에 따라 종족적 차이는 상대화될 수 없는 자연적인 간극으로 간주되었다. 만일 이하와 내외를 말하는 것이 기본적으로 예의와 문화 등의 범주에 속한다고 한다면, 피부색과 혈통은 반드시 생물학 혹은 생리학적 범주 내에서만 비로소 해결될 수 있다. 이것이 바로 캉유웨이가 어떻게 백인종과 흑인종 사이에 잡종 배합을 할 것인가를 고민했던 이유였다. 캉유웨이가 구상했던 방법에는 두 가지 측면이 있었다. 첫째, 백인종을 각 종족의 최고 등급으로 삼았기 때문에, 종족 개량은 반드시 백인종을 표준으로 삼아야만 한다. 둘째, 개량의 방법은 이주, 잡혼, 식사 개량, 도태 등의 방법을 포괄하는 것이었다. 이는 금문경학의 이하관·내외관과는 완전히 동떨어진 관점이었으며, 캉유웨이가 신봉하던 공법적 공자 학설과도 아무런 관계가 없다. 캉유웨이의 평등관은 여기서 등급화된 종족관을 기본 전제로 삼게 됨에 따라 대동 실현의 과정은 열등 종족의 소멸을 전제로 하는 것으로 변질될 수밖에 없었다. 캉유웨이는 다음과 같이 말한다.

> 무릇 인류를 평등 대동으로 통합하고자 한다면, 반드시 인류의 형상과 체격을 같게 하는 것으로부터 시작해야 한다. 만일 형상과 체격이 같지 않다면, 예절·사업·사랑 등도 같아질 수 없게 된다. 형상과 체격이 전혀 다른 것을 같게 만들고자 한다면, 남녀 교합 말고는 변화시킬 수 있는 다른 방법이 없다.[57]

> 무릇 대동의 태평세에는 인류가 평등하고 인류가 '크게 같아지는 것'(大同)이니, 이는 진실로 공리이다. 하지만 사물이 같지 못한 것이 사물의 실제 상황이다. 그렇지 않다면, 비록 국법으로 강제하고, 임금의 권위를 몰아붙이며, 공리로 이끈다 할지라도 행해질 수 없다.[58]

보편주의 공리관의 틀 속에서, 그리고 이른바 진화(天演)의 공리 범주 안에서, 차이에 대한 인정은 차이를 승인하는 평등주의로 나아가기보다는, 오히려 백인종을 표준으로 하여 더 나아가 종족의 차이를 없애는 평등주의로 발전해 나갔다. 이런 보편주의는 차라리 백인 중심의 사회 다원주의라고 하는 편이 나을 것이다. 여기서 지적해야 할 사실은 이런 종족주의적 관점의 형성에 있어서 과학 지식은 단지 제한적인 역할을 했을 뿐이고, 보다 근본적으로는 역사적인 요소가 작용하고 있었다는 점이다. 미국의 정치 문화를 숭앙했던 캉유웨이는 그 정치 문화 속에 내재한 흑인에 대한 종족적 멸시와 노예 제도가 역사적 과학적 합리성을 지니고 있다고 여겼다.[59] 과학은 여기서 하나의 전형적인 합법화 지식이 된다. 만일 이런 캉유웨이의 논술을 『해국도지』 가운데 종교와 문화적 편견이 가장 심했던 부분과 비교해 본다면, 위원이 더 큰 관용과 이해의 태도를 보여 주고 있다. 그는 서로 다른 종교나 문화 사이의 차이를 변화시킬 수 없는 선천적 차이로, 그래서 반드시 소멸시켜야만 할 선천적 차이로 보지 않았다. 『대동서』에서는 문화적 차이와 역사 관계를 초월한 지고지상의 공리나 마치 객관적인 듯이 보이는 지식을 세계 관찰의 근거로 삼았던 반면, 세계 관계에 대한 『해국도지』의 현실주의적 묘사 속에는 그런 공리나 지식이 전혀 담겨 있지 않았다. 위원이 세계 관찰의 근거로 삼는 기본 척도는 여전히 유학 자체의 신성성이었다.

3. 제국의 병서와 세계 대동지치大同之治

『해국도지』는 해양 시대 권력관계의 역사적 기초와 복잡한 네트워크를 설명하고 있는데, 그 목적은 전체 세계를 재구성하는 데 있는 것이 아니라, 외적의 침범으로부터 자신들을 보호하는 데 있었다. 그 병서로서의 성격은 추상적인 보편 법칙을 가지고 다른 문명·민족·국가들을 일괄적으로 규정하지 않은 채, 전략·전술·구체적 역사 관계에 치중하여 논의를 진행하고 있다는 사실에서 잘 드러나고 있다. 위원은 청 왕조 사회에 대해 통렬히 분석했지만, 그의 개혁 구상은 역사적 영감, 제국의 경험, 세계 정세의 변화를 이끄는 기본 동력에 대한 통찰 등으로부터 더 많이 기원했다. 그러나 『대동서』는 이와 정반대로, 전쟁을 멈추고 국가를 없애는 것을 중심으로 삼고, 역사의 시공時空 관계를 말소시키는 것을 지향하고 있다. 그리고 보편 공리를 근거로 하여 세계 전반을 규정하고 보편주의적 공법 체계를 설계했다. 대동이 전통 사회 체제와 다른 근본적인 차이점은 그것이 세계 거버넌스의 형식이라는 점이다. 뿐만 아니라 과학 지식을 기초로 하여 세계를 규정하며, 각종 전통적 지연·종족·문화·역사 등의 요소를 완전히 배제한다. 『해국도지』는 '오랑캐에게서 배울 것'(師夷)을 강조하고 있지만, 기본적인 서술 구조는 오히려 중화 제국의 네트워크를 중심으로 삼고 있다. 『대동서』는 공자 삼세설을 세계 서술의 틀로 삼고 있지만, 보편주의라는 시각 속에서 '서구'의 지식(국가·종족·성별 등등)이 이미 지배적 가치로서 자리잡고 있다. 그런 의미에서 『대동서』는 반근대적 근대성의 텍스트이자, 또한 비서구에서의 서구 지식의 계보였다.

캉유웨이가 보기에 자본주의·산업혁명·식민화 등의 과정은 전통적인 제국의 역량과는 달랐다. 그것은 세계 관계의 기초를 변화시키는 것이었다. 따라서 이 과정에 대한 저항은 결국 서구에 대한 반항이 아니라, 근대 세계를 구성하는 기본 규칙에 대한 반항이어야만 했다. 때문에 제국을 가지고서 제국에 대해서 저항하는 것이 아니라, 게임의 법칙을 철저히 고쳐야만 비로소 중국과 인류가 직면한 문제를 해결할 수 있다. 규칙 개정의 전제는 동일한 게임의 과정에 진입하는 것, 즉 새로운 세계 체제 속으로 편입해 들어가는 것이었다. 이를 통해 내외·이하·국가·성별 등의 경계를 철저히 제거하고, 더 나아가 '객관적 지식' 혹은 보편 공리에 의거하여 반역사적 방식으로 세계 거버넌스 체제를 구축해야 한다. 주목할 만한 사실은 1884년 캉유웨이가 대동의 문제를 구상할 당시 그에게 자극을 주었던 것은 청불전쟁과 내우외환들이었지만, 국가를 없애고 전쟁을 멈추게 하는 대동주의는 오히려 모든 역사 관계에 대한 부정 위에 세워진 것이라는 점이다. 을부 「거국계합대지」去國界合大地의 제1장인 「유국지해」에서는 중국의 역사와 기타 지역의 역사와 같이 서로 다른 측면들로부터 체계적으로 국가·전쟁·인민이 받는 고통을 묘사하고 있다.[60] 캉유웨이가 내외·이하의 상대화에 사용했던 논리는 '중국'을 부단히 확장 구성되는 과정으로 보는 것이었으며, 이러한 과정의 직접적 동력은 바로 부단한 겸병이라는 것이었다. 이러한 역사관은 후대의 고사변파古史辨派, 특히 구제강顧頡剛의 '적층적積層的으로 형성된 고대사'라는 학설의 선성先聲이 되었다. "과거에는 익히 알고 있던 중국과 사이四夷만이 대지의 모든 것이라 여겼다. 오늘날에는 지구가 둥글다는 사실이 모두 밝혀졌다. 중국과 사이라 불리던 것은 단지 아시아의 한 귀퉁이로, 전체 대지의 80분의 1에 불과하다." 국가 겸병의 역사는 곧 전쟁과 정벌의 역사이며, 고금 중외 역시 예외는 아니었다. 이 때문에 캉유웨이는 일종의 궁극적인 해결 방법, 즉 공양학의 삼세 진화설에 근거한 세계 거버넌스 체제를 구상했다. 이러한 세계 거버넌스 체제의 기본 특징은 반국가적이기는 하지만 무정부적이지는 않다는 점이었다.

금문경학의 발전이라는 측면에서 봤을 때, 캉유웨이의 대동 구상은 공자진의 '봉건' 제거의 관점을 극대화하여 '통일' 개념을 전 지구적 범위로 확장시킨 것이었다. 대동의 역사적 전제는 더 이상 장존여·유봉록이 꿈꾼 봉건 예의의 세계가 아니라 '봉건'의 철저한 제거였다. 이는 '봉건제 제거'의 실현이야말로 "국가 경계가 분열로부터 통합으로 진화해 온" "자연스러운 추세"이기 때문이다.[61] 그런 의미에서 보면 캉유웨이는 삼대를 폄하했을 뿐만 아니라, 춘추를 비판하고 진나라의 통일을 높이 평가했으며, 또한 인도·서아시아·남아시아·유럽 등 각 지역의 역사에 대해서도 마찬가지로 분석하면서 다음과 같이 이야기한다. "유럽의 경우, 독일은 제후(즉 귀족)가 30만, 프랑스는 11만, 오스트리아와 영국은 각각 1만여 명이었는데, 근래에 와서는 하나의 왕권으로 통합되었다." 그는 심지어 러시아의 북아시아 병탄, 프랑스의 베트남·튀니지 병탄, 영국의 미얀마 병탄, 일본의 조선·류큐 점령, 그리고 유럽 식민주의자들의 아프리카에 대한 갈라 먹기 등을 모두 봉건을 없애고 통일로 나아가는 징표로 바라보았다.[62] 따라서 캉유웨이의 '대동설'과 공정부公政府의 구상은 이미 전쟁과 겸병을 부정하면서 또한 동시에 전쟁과 겸병을 대동에 이르는 경로라 여기고 있었던 것이다. 만일 상술한 그의 사상을 청말 개혁 운동의 맥락 속에 놓고 고찰해 본다면, 그 실질적인 함의를 무시할 수만은 없다. 청일전쟁 이후 열강들의 중국 갈라 먹기 과정은 명백히 가속화되고 있었으며, 변법운동을 추동하던 사대부들은 '합방'·'토지 판매'·'조약' 등의 방식을 통해 이를 일시적으로나마 완화시키고자 애썼다. 양심수楊深秀는 광서제에게 올린 상주문에서 러시아·독일·프랑스 등이 중국을 갈라 먹고자 하는 의도를 분석하면서 다음과 같이 건의했다. "최근의 위태로운 형국은 영국·미국·일본 등과 연합하지 않고서는 다른 방도가 없습니다." "바라옵건대 황상께서는 조속히 대계를 마련하여 영·미·일 삼국과 연대해야만 합니다. 합방이라는 명분의 불미스러움을 꺼리실 것이 아니라, 천하 창생의 복을 도모하셔야 합니다."[63] 변법유신의 기본 목표를 실현하기 위하여 캉유웨이 자신은 "땅을 팔아 자금을 마련할 것"을 주장했다. 만일 국가 겸병 자체가 대동을 향한 길이라고 한다면, 상술한 해괴한 주장들 역시 어느 정도 합법성을 지니는 것이라 하겠다.

공양 삼세설의 틀 속에서 문제를 논의했기 때문에, 캉유웨이의 연방과 대동 사이의 관계에 대한 상상은 경학가가 이해했던 봉건과 군현의 관계와 다소 유사하다. 연합국의 구상에 대해 논할 때 캉유웨이는 다음의 세 가지 체제를 구분했다. 각국이 평등하게 연맹하는 체제, 각 연방이 내정을 행하고 국정은 대정부大政府로 통합하는 체제, 국가를 해산하고 각각 자립 주군州郡을 건설하고 공정부로 통일하는 체제. 삼세설의 구분에 따르면 상술한 세 가지 정치 체제는 각각 '연합의 거란세 체제', '연합의 승평세 체제', '연합의 태평세 체제'로 나뉘며, 상호 간에는 일종의 적층적 진화 관계가 존재한다. 그 가운데 연방에 대정부를 가미한 체제(즉 연합의 승평세 체제)에 가장 근접한 것이 삼대나 춘추의 '봉건' 체제였다.[64] 캉유웨이는 공자진의 비非봉건에 대한 주장 혹은 봉건 예의를 무효화시키자는 주장을 전 지구적 범위로 확장시켰는데, 예를 들면 독일이나 미국의 연방제는 사실상 봉건을 무효화시킨 국가 형식이었던 것이다. 그런 의미에서 봤을 때, 대동의 초기 단계에 대한 캉유웨이의 구상은 여전히 일정 정도 '봉건'적 가치의 요소를 지

• 합방: 캉유웨이는 '합방'이란 방식을 통해 중국이 영·미·일과 합병해 연방정부를 수립하길 바랐다.

니고 있지만, 이런 봉건적 가치는 이미 그 근대적 형식, 즉 연방정치라는 형식을 획득하고 있다. 설사 전면적인 대동의 단계라 할지라도, 캉유웨이가 구상한 정당 경쟁이나 의회 논쟁이나 관료 부패가 없는 정치 형식 등에는 역시 유가의 삼대에 대한 상상의 흔적이 담겨 있었다.

> 태평세가 되면 인간의 덕은 지극히 아름다워지고, 교육은 더욱 심화되며, 뛰어난 현철賢哲이 의원議員이 되니, 당연히 이처럼 야만적인 행동은 없어질 것이다. 태평세에는 공정부, 각 도度정부, 지방자치국 등의 세 등급의 체제만 있다. 지방자치국이란 향鄕이고, 각 도정부란 읍邑이다. 인류 모두가 여기에 포함될 것이다.

원활한 분업 속에서 "대동세에는 일반 백성이 없어지게 된다." 온 세상 사람들이 세계를 관리하게 되니, "따로 관리官吏가 없게 된다." 직무의 고하는 있지만, 직무 이행은 매우 융통성 있게 이뤄지며, 직무 이행 이외에는 "전 세계 사람들이 모두 평등하고, 작위의 구별이 없으며, 신분에 따른 복식·의장·수행원 등의 구분도 없어지게 될 것이다."[65] 자본주의·산업혁명·식민주의 등이 인류 교류의 가능성을 촉진시킴에 따라, 상술한 역사 상상 속의 정치 형식은 새로운 역사 조건하의 전 지구적인 정치 형식으로 확장될 수 있었다. 대동 세계는 교통과 통신이 고도로 발달된 기술 조건하에서 세워진 하나의 지구촌이며, 원래 있던 국가나 민족을 단위로 하던 자치 권력은 더 이상 유효하지 않다.[66] 캉유웨이가 말한 '도度'로 구획된 대동 세계의 정치 단위는 집·종족·고향·국가·대륙(洲) 등과 같은 모든 전통적 개념을 버린 것이었다. 이런 정치 구조 속에서는 비단 봉건 자치의 요소만이 아니라, 연방 정치의 자치 형식 역시 와해된다. "따라서 전 지구의 규모로 통합되어, 종횡으로 경도 위도에 따라 각기 백도로 나누고, 각 도에 하나의 정부를 세운다. 수천 개의 소정부를 통합하여 전 지구의 대정부를 건설하니, 더 줄일 수도 늘일 수도 없다."[67] 어째서 '도'를 행정 단위로 해야 하며, 또한 어째서 '도'의 크기를 딱 맞추어서 더 줄이거나 늘이거나 할 수 없도록 해야만 하는 것일까? 첫째, '도'는 국가·종족·지세 등으로 단위를 삼는 것이 아니다. 그 규모는 예하에 행정 단위를 더 설치할 만큼 커서는 안 되고, 또한 전 지구적 차원에서 관리할 수 없을 정도로 작아서도 안 되므로, '도'를 가지고 자치 단위를 나눈다면 최대의 효율을 얻을 수 있다. 둘째, '도'는 일종의 자치 단위이다. 그 특징은 지연·문화·종족 등의 요소를 떨쳐 버리고, 정치 구조 이질화의 기초를 뿌리 뽑아, 가장 기층 사회에 '자치'를 실현하는 것이다. "대동세에는 전 지구가 모두 자치를 시행하고, 관리가 곧 백성이므로, 애초에 대소의 구분이 없다."[68] "따라서 지금의 촌락이 곧 태평세의 농장이다. 그 지방 정치는 곧 농장주가 관장하고, 상점장·우체국장·전기국장·비행선국장·기차역장 등이 이를 보좌하므로, 향관鄕官을 따로 둘 필요가 없다." 공장과 같은 것들도 이에 근거하여 유추한다.[69] 상술한 관점들은 현실 정치에서의 자치에 대한 캉유웨이의 관점들과 평행선상에 있었다. 그는 효율적인 중앙정부('위민'爲民을 중심으로 하는 기능적 기구)와 보다 작은 지방행정 기구의 이원 체제를 주장하면서, 원나라 이래 추진되어 온 성 단위의 자치 형식을 반대했다. 왜냐하면 성 체제는 효율성이 낮고, 사회 분열의 가능성이 높기 때문이었다. 상술한 고민들로부터 출발하여 그는 중앙집권의 필요성(더욱이 삼대의 정치 체제에 대한 숭상)과 사회 자치 혹은 시민 자치(즉 기층 사회의 자주 관리에 대한 주장)를 결합시켰다.[70] 위원과 마찬가지로 캉유웨이 역시 미국과 스위스의 연방제에 흥미를 갖기는 했지만, 현실 정치 속에서는 연방제와 중국의 성 체제에 대해 매우 부정적인 태도를 취했다.[71] 캉유웨이와 량치차오의 지방자치에 관한 구상과 국가주의적 논술은 기본적으로 이 문제를 중심에 놓고 전개된 것이었다. 이 점에 관해서는 량치차오 부분에서 더욱 상세히 논하고자 한다.

대동의 제도 혹은 세계 거버넌스와 관련된 논술은 을부「거국계합대지」와 신부辛部 「거란계치태평」去亂界治太平의 두 부분에 집중되어 있는데, 전자는 대동 실현의 과정과 방향에 대하여 논했고, 후자는 대동 세계의 정치 구조·경제 관계·사회 모델 등을 구체적으로 서술했다. 대동의 초기 단계는 곧 공의정부公議政府가 설립된 단계로 각국의 주권은 여전히 중요한 작용을 하며, 이 단계의 주요 임무는 공의정부를 통하여 각국의 공률公律을 제정하고, 관세·도량형·언어 문자 등을 통일시키는 데 있다. 이러한 연방 구상에 의거하여 규정된 정치 형식은 국가 연합·인종 연합·종교 연합으로부터 인종·국가·종교의 구별이 없는 단계로 나아가기 위한 과도기적 형식이다. 완비된 정치 구조라는 차원에서 봤을 때, 대동의 국가에 대한 부정은 세계 정부의 기초 위에서 세워지는 것이다. 즉 세계 차원에서 세워진 관리 체제인 셈이다. 따라서 대동은 국가에 대한 부정일 뿐 아니라, 일종의 확대된 국가, 외부가 없는 국가인 것이다. 대동 세계는 양급의 정부, 즉 전 세계 대동 공정부와 각 도정부로 나뉜다. 공정부의 정치 체제 구성은 민부·농부·목부牧部·어부·광부·상부·금부金部(재정부)·벽부闢部(개발부)·수부水部·철로부·우부郵部·전선부電線部·선부船部·비공부飛空部·위생부·문학부·장지부獎智部·장도부獎道部·극락부·회의원會議院·상의원·하의원·공보원 등의 24개 부문으로 나뉜다. 각 도정부의 구조는 공정부의 구조와 비슷한데, 18개 부문으로 구성된다. 공정부의 직능 부문은 부라 하고, 도정부의 직능 부문은 조曹라 한다. 기타 각 항목별 차이를 보면 다음과 같다. 어업은 농조에 귀속시키고, 의조醫曹를 증설하고, 우·전·선·비공 등의 부문은 공정부 관할로 귀속시켜서, 도정부에는 따로 조를 설치하지 않는다. 대동 정부의 설치가 일반적인 국가 정치 체제의 설치와 구별되는 지점은, 상비군·사법·외교가 없다는 점이다. 의회의 설치 역시 약간 다른데, 공정부의 상의원上議員은 각 부의 대표가 맡고, 도정부의 상의원은 인자仁者 혹은 지자智者가 맡는다. 도정부에는 하의원을 설치하지 않고, 전체 인민이 공동 협의한다. 정치 체제는 원활한 분업의 기초 위에 세워지므로, 의원議院 자체는 권력 분립 체제가 아니라 공정부 혹은 도정부의 한 부분이다.

4. 국가주의와 사회주의

『해국도지』의 역사 지리 서술은 내외가 문란해진 세계를 묘사하고
있다. 하지만 그 기본적인 목표는 국가 경쟁의 세계 속에서 내외 질서
를 형성하고, 중국의 주권을 확립하여 경쟁 태세로 상업과 군사 패권
에 의해 주도되는 세계 체제 속으로 진입하고자 하는 것이었다. 따라
서 그것이 지향했던 방향은 유럽 근대화의 논리를 복제하는 것이었으
며, 자본주의 경제를 발전시키고 국가 및 군사력을 강화하여 제국을
중심으로 조공 네트워크를 재건함으로써 궁극적으로는 중국의 전통
을 보호하는 것이었다. 공자진·위원은 모두 금문경학의 내외관을 이용
하여 제국 내부의 차이를 상대화하고, 동시에 제국 외부의 관계 속에
서 명확한 국경과 내외 관계를 확정짓고자 했다. 이는 제국이 국가로
전환해 가는 중요한 전환점이었다. 그런 의미에서 위원이 제시한 세계
비전은 근대 국가주의라는 관념을 위한 전제를 제공해 주었다. 『대동
서』는 이와는 정반대로 현실 세계와 확연히 상반되는 세계 법칙을 묘
사했다. 경쟁·군대·살육을 없앨 뿐만 아니라, 상술한 현상의 기초, 즉
국가·주권·계급·사유재산·성별 등의 차별을 제거하자는 것이었다. 그
런 의미에서 '해국'은 자본주의 논리 및 그 역사적 기초에 대한 서술이
자 확인이었으며, '대동'은 바로 자본주의 논리 및 그 역사적 기초의
제거이며 부정이었다.

『대동서』는 국가·민족·종족 등의 문제에 대한 반성은 물론, 계급·성
별·재산권 등과 같은 자본주의적 내재 논리에 대한 비판을 진행했다.
이러한 비판은 공양 삼세설과 보편주의적 평등관의 틀 안에 놓여 있었
기 때문에, 형식상으로 봤을 때 자본주의의 특정 역사 논리에 대한 비
판이라기보다는 인류 생활 속 보편적 현상에 대한 비판이었다. 과거
의 연구들 속에서는 『대동서』가 결국 공상적 사회주의 저작(자본주의
를 겨냥한 저작)인지, 아니면 자산계급 계몽의 저작인지에 관하여 줄
곧 논쟁이 있어 왔다. 『대동서』가 관심을 기울였던 것은 새롭게 세계

관계를 규정짓는 문제였다. 대지를 통합하고 인류를 동질화시키는 것을 전제로 하는데, 대지 통합과 인류 동질화는 또한 국가의 겸병, 과학 기술의 발전, 생산방식의 전환 등을 그 전제로 했다. 그런 의미에서 보면, 대동의 논리가 직접 겨냥하고 있던 것은 현대 자본주의였으며, 공자 학설의 의미 역시 자본주의적 내재 논리의 극복이라는 의미 안에서만 비로소 보편적일 수 있었다. 하지만 대동 학설은 보편적 진리로서, 그 유효성이 하나의 역사 시기 혹은 특정 사회에만 국한된 것은 아니었다. 거란·승평·태평의 논리에 따른 각 단계들은 모두 대동을 향한 과도기로서의 의미를 지니고 있었다. 공자는 평등의 정의를 창립하여, 봉건 폐지, 세습 귀족에 대한 비판, 정전제, 노예 폐지, 군권 제한 등을 통해 중국을 "계급이 모두 사라져 사람들 모두가 평민이 되니, 초가집에 사는 평민 출신이라도 왕·제후·재상·학관이 될 수 있는" '무계급'의 사회로 만들고자 했다.[72] 중국 사회의 쇠락은 바로 공자의 가르침을 버리고, 계급 사회를 재구축했기 때문이었다. 미국 혁명과 프랑스 대혁명은 평등을 지향하고 있어, 그들에 의해 창조된 현대 사회의 일부 측면들은 계급을 제거한 공자의 평등주의 가치를 체현하는 것일 뿐만 아니라, 대동 세계의 인류 관계를 예시하는 것이기도 했다.

『대동서』의 무부戌部 「거형계보독립」去形界保獨立에서는 승평·태평의 평등주의를 여성 해방의 문제로까지 확장시켜 인류 역사 속에서의 성 차별을 "천하의 가장 기괴하고 불공평하며 불가해한 일"이라고 비판하고, "공리라는 측면에서 봤을 때 여자는 응당 남자와 일체 동등하며, 실제로도 여자는 남자와 일체 동등해야 한다. 이는 천리와 인도상 지극히 공평해야 할 바이며, 전 우주적으로 바뀔 수 없는 바"라고 주장했다.[73] 비록 캉유웨이의 남녀평등 구상은 대동 세계의 윤리이기는 했지만, 그가 직접적인 비판의 대상으로 삼았던 것은 중국의 전통과 서방의 잔재였다. 캉유웨이는 '관리가 될 수 없음', '과거 시험을 볼 수 없음', '의원이 될 수 없음', '시민이 될 수 없음', '공무에 간여할 수 없음', '학자가 될 수 없음', '자율을 누리지 못함', '자유를 누리지 못함' 등의 여덟 가지 조항을 열거하며 사회적 관점에서 역사 속의 남녀 불평등을 분석했다. 더 나아가 '감금', '형벌', '노예', '사유화됨' 등의 네 가지 조항을 들어 여성의 고난을 논증했다.[74] 그의 부녀 해방에 대한 논의는 기본적으로 전통의 습속·제도·문화를 겨냥하고 있으며, 제시한 해결 방법 역시 '태평'이 아닌 '승평'을 위주로 했다. 이 부의 제7장 「여성 억압은 국가 건설과 종족 유전에 해로우니, 금기를 풀어 변법을 시행하고 남자와 동등하게 승격시켜 공리에 합당하고 인류에 도움이 되도록 할 것」, 제8장 「여성 평등화 및 독립을 위한 제도」, 제9장 「남녀 계약 교제를 하게 하되, 기한을 정해 놓아 부부가 될 수 없게 할 것」 등에서 캉유웨이는 부녀 해방과 국가 부강의 관계를 설명하고, 교육·법률·풍속·관습·혼인 제도·복식 등의 방면에서 변혁 방안을 제시했다.

『대동서』의 가족 제도에 대한 비판도 마찬가지로 이중적인 의미를 지닌다. 기부己部 「거가계위천민」去家界爲天民에서는 천륜과 인륜이 서로 대조를 이루고 있는데, 부자간의 도는 천부적天賦的인 것이지만 부자 관계가 꼭 친생 관계 혹은 혼인 관계의 산물일 필요는 없다고 주장한다. "자식의 아비가 됨에 있어 반드시 그 친생 여부를 따질 필요는 없다. 무릇 사랑하는 아내의 소생이라면 그 사랑을 확장시켜 사랑할 수도 있고, 그 보살핌을 확장시켜서 보살펴 줄 수도 있는 것이다. 이는 실로 태곳적부터 내려오던 공공의 상식이자 공공의 풍속이다. 그렇게 되면 실질적인 부자의 도의가 세워지게 될 것이다."[75] 캉유웨이는 부자의 도를 '공공의 상식, 공공의 풍속' 혹은 천성의 범주로 포함시킴으로써 부자의 도와 부부 가족 제도 사이에 구분을 지었는데, 왜냐하면 후자는 인위적 산물이기 때문이다. 삼세설의 논리에 따르면, 가족 제도는 공자가 '거란세'를 위하여 만든 것으로, 승평과 태평의 시대에는 이제도 자체가 반드시 폐지될 것이었다. 가족 제도의 주요 폐단은 '출생에 따른 분리의 해악'에 있었다. 즉 같은 성씨끼리는 가깝게 지내고, 다른 성씨끼리는 멀리 지내게 되므로, 결국에는 다른 성씨 간의 경쟁과 복수를 낳게 되기 때문이다. 국가 경쟁의 시대에 가족 제도는 종족 동질성을 초월할 수 있는 동력이 결여되어 있으므로, "일국이 천·만·억의 국가로 분리되고, 대통합을 되돌려 미세하게 분화된" 국면을 야기하게 되는 것이다.[76]

가족 제도는 지연·혈연·풍속 등과 밀접한 관련이 있는데, 대동 세계는 풍속의 통일과 종교의 단일화를 전제로 한 것이었다. 이런 의미에서 '거가'去家(가족의 제거, 즉 가족 제도의 폐지) 역시 태평 대동의 전제 가운데 하나가 된다. 하지만 '거가'가 세계를 떠나거나 불교의 출가를 의미하는 것은 아니다. 왜냐하면 대동의 논리는 '구락'求樂(즐거움을 추구함) 혹은 '낙생'樂生(즐거운 삶)을 근본으로 하기 때문이다. 만약 현존하는 혼인제도나 가족 제도를 없애 버린다면, 어떻게 자유로운 양성兩性 관계와 그 산물을 처리할 수 있을 것인가? 캉유웨이의 답안은 인류 재생산의 사회화이다. 그는 이 사회화 체제에 대하여 상세한 구상을 내어놓는다. 1. 공공 육아(公養) 제도: 인본원人本院을 설립하여 임산부를 돌보고 태교를 실시하여 아버지의 책임을 면제토록 한다. 육영원育嬰院을 설립해 영아를 기르도록 하여 어머니의 일을 면제토록 한다. 회유원懷幼院을 설립하여 3세 이후의 아동을 교육시킨다. 2. 공공 교육 제도: 몽학원蒙學院을 설립하여 6세 이상의 아동을 교육시킨다. 소학원을 설립하여 10~14세의 아동을 교육시킨다. 중학원을 설립하여 15~17세의 소년을 교육한다. 대학원을 설립하여 18~20세의 청년을 교육한다. 3. 공공 구휼 제도: 의료원을 설립하여 사람들을 치료해 준다. 양로원을 설립하여 60세 이상의 자립이 불가능한 노인을 돌본다. 휼빈원恤貧院을 설립하여 가난하고 의지할 곳 없는 이들을 돕는다. 양병원養病院을 설립하여 장애인에게 재활의 조건을 제공한다. 화인원化人院을 설립하여 사망자의 사무를 처리하게 한다. 이는 삼대의 제도 방식에 따른 사회주의적 구상이다.

인류 자체의 재생산을 사회화하는 것 이외에도, 『대동서』는 생산과 분배 제도의 사회화에 관해서도 상세히 서술하고 있다. 량치차오가 말

한 이른바 '사회주의파 철학'이 여기에 집중적으로 드러나고 있다.[77]
캉유웨이는 현대 세계의 기본 법칙은 사회 다원주의라 여겼다. "최근
진화론(天演論)이 알려지면서 경쟁이 지극한 이치라 여겨지고 있다. 이
에 따라 국가 간에 군대가 대치하고, 서로 병탄하여 멸망시킴이 당연
하게 여겨지고 있다. 사람과 사람 사이에는 사기를 치고 속이면서 그
런 기만을 성공이라 여긴다. 만사에 경쟁만을 떠받들게 되면서, 재주
와 지혜는 경쟁을 통해 진보하고, 기예는 경쟁을 통해서 정교해지며,
우승열패가 곧 자연의 법칙이라 여기고, 생계 상업에서는 더욱이 경쟁
이 대의라 여기게 되었다."[78] 경쟁 법칙은 사유재산 제도에서 기원한
것이다. 이른바 "무릇 집안의 사적인 일로부터 민간 산업에 이르기까
지 반드시 한 사람이 스스로 경영하게 되었으니, 이는 실로 난세의 어
찌할 수 없는 바"라 한 것이 그것이다.[79] 농업에서는 이로 인해 생산물
을 고르게 분배할 수 없어 배고픈 백성이 생기게 되고, 공업에서는 임
금 분규가 국난을 일으키게 되고, 상업에서는 이로 인해 사기가 생겨
나고 과잉생산이 조성된다. 캉유웨이가 제출한 대책은 공유제 실행을
전제로 하는데, 즉 공公농업, 공公공업, 공公상업이 그것이다. 공농업의
대책은 다음과 같은 내용을 담고 있다. 천하의 농지를 공유하고, 토지
매매를 금지하며, 정부는 농부農部를 세워 천하의 농지를 구획하고, 각
도度 정부는 농조農曹와 농국農局을 세워 구체적인 농업 생산을 관장한
다. 이는 일종의 계획 농업의 사상이었다. 인민이 수요로 하는 식품과
그 종류의 통계를 내어 각지의 특정에 근거하여, 기계화 농업과 농업·
임업·축산업·어업 등의 다종 경영을 실행한다는 것이다. 전 세계 인
구와 각지의 수요에 근거하여 농업 생산물을 상부商部를 통해 통일 분
배한다면, 진정으로 토지에는 과잉 이윤이 남지 않고, 농민들은 경작
에 오류가 없고, 작물은 부패하지 않고, 상품은 중복 생산되거나 남아
돌지 않게 될 것이다. 이는 미래를 위하여 자원을 절약하고, 인민을 위
해 정력을 아낄 수 있는 방법이다. 공공업의 대책은 다음과 같다. 생산
원료를 모두 공유화하여 공정부의 공부工部와 도정부의 공조工曹가 통

일적으로 관리 경영한다. 공부와 상부는 협력하여 적합한 공장 부지를 조사하고, 생산품과 기술의 조건을 연구하며, 소비자의 취향을 정확히 파악하여 계획 생산과 판매를 시행한다. 계획 공업의 사상은 주로 노동자와 기계 간의 모순을 탈피하고, 생산 과잉을 피하며, 과학 발견의 기술 전화를 촉진하는 것이다. 공상업의 대책은 다음과 같다. 전 세계 상업을 공정부의 상부商部 하에 귀속시키며, 상부는 공·농업 생산의 상황과 전 세계 인민의 수요에 근거하여 생산과 소비를 조절하며, 인구와 그 수요 상황에 따라 각지의 생산품을 관리 배치한다. 각 도정부와 그 산하의 각 구역에 상조商曹, 상국商局, 상점商店을 분설한다. 전 세계 교통을 통일 관리하며('공통'公通), 자연 개발 역시 공정부가 관리한다('공벽'公闢). 주목할 점은 캉유웨이의 공유제에서는 화폐를 폐지하지 않고, '공은행'(公金行)을 통해 경제와 소비 활동을 조정하고, 공·농·상·교통·통신·기타 사회 복리, 그리고 개인 경제 활동 등을 조절한다는 점이다. 공유 제도가 효율 저하와 활력 결핍을 가져올 것을 우려했기 때문에, 그는 미의 경쟁, 지혜와 인의의 장려 등의 활동을 펼칠 것과 나태·독선·경쟁·낙태 등의 금지, 즉 '사금'四禁을 시행할 것을 제안했다.

공유제는 사유재산권을 없앰으로써 전통적인 권리 개념을 없앴다. 하지만 캉유웨이는 이 체제가 더욱 광범위한 권리, 즉 인권 위에 세워져야 하며, 후자는 사람들의 자립을 전제로 한다고 여겼다. 『대동서』의 논리에 따르면, 사유제는 가정 제도를 만들어 내었고, 가정의 성립은 남녀 불평등을 조건으로 한다. 캉유웨이는 다음과 같이 말한다.

> 따라서 전 세계인은 가족 간의 경계(家界)라는 폐단을 없애기를 바란다. 이는 남녀가 평등하고 모두에게 독립의 권리가 있음을 밝히는 데서 시작하며, 이는 하늘이 부여한 인간의 권리이다. 전 세계인은 사유재산의 폐해를 없애기를 바란다. 이는 남녀가 평등하고 모두에게 독립의 권리가 있음을 밝히는 데서 시작하며,

이는 하늘이 부여한 인간의 권리이다. 전 세계인은 나라 간의 다툼을 없애기를 바란다. 이는 남녀가 평등하고 모두에게 독립의 권리가 있음을 밝히는 데서 시작하며, 이는 하늘이 부여한 인간의 권리이다. 전 세계인은 종족 간의 경계(種界)로 인한 다툼을 없애기를 바란다. 이는 남녀가 평등하고 모두에게 독립의 권리가 있음을 밝히는 데서 시작하며, 이는 하늘이 부여한 인간의 권리이다. 전 세계인은 대동세와 태평 세상을 이루길 바란다. 이는 남녀가 평등하고 모두에게 독립의 권리가 있음을 밝히는 데서 시작하며, 이는 하늘이 부여한 인간의 권리이다. 전 세계인은 극락 세상과 장생의 도를 이루길 바란다. 이는 남녀가 평등하고 모두에게 독립의 권리가 있음을 밝히는 데서 시작하며, 이는 하늘이 부여한 인간의 권리이다. 전 세계인은 자신의 영혼을 단련하고(煉魂) 정신을 수양하며(養神) 불생불멸不生不滅하고 부증불감不增不減하기를 바란다. 이는 남녀가 평등하고 모두에게 독립의 권리가 있음을 밝히는 데서 시작하며, 이는 하늘이 부여한 인간의 권리이다. 전 세계인이 정신적으로 자유로이 노닐며(神氣遨遊) 저 하늘 위까지 올라서기를(行出諸天) 무궁무진(不窮不盡) 한도 끝도 없이(無量無極) 할 수 있기 바란다. 이는 남녀가 평등하고 모두에게 독립의 권리가 있음을 밝히는 데서 시작하며, 이는 하늘이 부여한 인간의 권리이다.[80]

그런 의미에서 공유제의 전면적인 실현은 남녀의 평등한 인권을 기초로 하는 것이다.

제5절

경학, 공자교, 국가

1. 대동과 국가, 황권과 민권

만일『대동서』라는 저작이 캉유웨이의 정치사상을 시종일관 관철하고 있다고 한다면, 우리는 다음의 세 가지 문제를 피할 수 없을 것이다. 첫째, 캉유웨이는 상대주의적 관점을 이용하여 우주의 현상을 고찰함으로써 '중국' 문제를 천지간의 작은 문제로 축소시켰는데(이른바 "천지조차도 이처럼 아주 작아 보이니, 중국은 그보다도 더 작아 보일 수밖에 없다.") 어째서 그는 여전히 '중국'을 구해야 한다는 생각을 갖고 있었는가?[81] 둘째『대동서』는 국가에 대해 매우 비판적 태도를 지녔음에도 불구하고 어째서 캉유웨이는 이 책을 쓰는 과정 중에도 황권에 대해서는 적극 긍정하는 입장을 취했는가? 셋째, 어째서『대동서』의 국가 정치 구조에 대한 비판은 그의 변법개제 실천과 모순 상충하지 않았는가?『신학위경고』,『공자개제고』,『춘추동씨학』등의 경학 저작에 대한 해석에 들어가기에 앞서 우선 상술한 세 가지 문제에 대해 간추려 답변해 보고자 한다.

정치 이론의 각도에서 보면, 상술한 문제는 모두 금문경학의 이론 범주 안에서 해석될 수 있는데, 첫 번째 문제는 '삼세설'의 틀 속에서 이해될 수 있다. 우선 내외 구분이 사라진 태평세는 바로 예의 질서가

제5절 경학, 공자교, 국가 449

엄정한 승평세를 전제로 한다. 따라서 '중국'에 대한 부정은 '중국'의 구원을 조건으로 할 수밖에 없다. 1895년 캉유웨이가 계림桂林에 가서 강학할 때, 한 학생이 『대동서』의 문제를 질문하자, 그는 "현재는 거란세라, 소강小康을 말할 수 있을 뿐 대동을 말할 수는 없다. 주장하는 것이 지나치게 빠르면 오히려 백해무익하다"[82]고 하였다. 이는 바로 역사 변화가 진화 단계를 건너뛸 수 없음에 대한 캉유웨이의 논리였다. 다음으로 '중국'이라는 개념 자체가 대동의 의미를 담고 있는데, '중국'은 민족국가나 제국이 아니라 일종의 문화적 상징이자 담지체이기 때문이다. 캉유웨이의 이해에 따르면, 중국과 서구 열강의 충돌은 일반 국가 간의 충돌일 뿐만 아니라, 또한 문화 규범 간의 충돌이기도 하다. 중국을 구제하는 것은 그런 의미에서 일종의 문화적 응답, 즉 유학 보편주의에 대한 응답으로서의 의미를 담고 있었다. 유학 보편주의(즉 공자 학설을 만세법이라 보는 것)는 중국 예의와 법률의 전제일 뿐만 아니라, 세계 예의 법률의 전제이기도 한 것이다. 그는 공자 학설을 따라 '정명'正名의 방식으로 유학의 범위와 '중국'의 함의를 규정하고 있다.

> 객가客家는 묘족(苗氏)으로, 황제黃帝의 후예가 아니다. 귀주貴州는 명나라 이전에는 라사귀국羅斯鬼國이었다. 운남雲南은 원나라 때 중국 땅으로 바뀌었고, 귀주는 명나라 때 바뀌었다. 공손룡公孫龍이 견백堅白에 대해 논한 것은 명학名學(논리학)으로, 유럽의 학파는 공손룡과 유사하다. 외국의 이름은 모두 인도에서 나왔다. 일본, 안남安南, 고려는 모두 공자(즉 유교)의 범위 안에 있다.[83]

여기에서 그는 '중국'을 민족(묘족), 지역(운남, 귀주), 그리고 문화(명학)까지도 초월한 범주로 개괄하면서, 공자학설을 '국가' 범주를 뛰어넘는 교의敎義("일본, 안남, 고려는 모두 공자의 범위 안에 있다")로 보고 있다. 만일 중국의 구원과 공자교 예악의 중흥이 서로 짝을 이루는 것이라고 한다면, 이 과정은 대동과 전혀 상충하는 것이 아니지 않은가? 금문경학의 각도에서 봤을 때, 캉유웨이·랴오핑 등은 이미 모두 중외 관계와 관련된 논점을 '삼통설'三統說로부터 부연해 내었다. 캉유웨이에게 영향을 주었던 랴오핑의 『지성편』知聖篇을 예로 들자면, 랴오핑은 삼통설이 『시경』의 삼송三頌, 즉 '주송'周頌·'노송'魯頌·'상송' 商頌에서 기원한다고 추론했는데, 삼통과 삼송 사이의 관계에 대한 그의 결론은 다음과 같다. 첫째, "삼송에서 노魯와 상商은 '문'文과 '질'質을 의미하며, '문'과 '질'은 곧 중국과 외국(中外), 중화와 서양을 대신하는 말이다. 중국 고대에는 질質에 속한 적이 없었으니, 이른바 '질'이란 모두 해외를 가리키는 것이다. 한 번은 문이었다가 한 번은 질이 되면서 상호 교체되는 구조(一文一質)는 중국과 외국이 서로 교체되는 방식을 말한다. 오늘날의 천하에 대해 말하자면 과거의 천하가 아니다." 둘째, "『시경』에서 말하는 황제, 팔왕八王, 팔감八監, 십육목사十六牧事란 바로 대일통을 말하는 것으로, 이는 백세百世 뒤의 제도로 전 세계의 법이 될 것이다. 『상서』에서 사대四代의 제도가 하나에서 나와 넷으로 변했다고 한 것은 삼통의 변통이란 의미이다. 일수일횡一竪一橫, 일내일외一內一外는 모두 '치'治와 '평'平의 가르침이다. …육경은 모두 소왕素王(백의의 제왕)과 만세의 대법을 개괄하고 있다."[84] 만일 중외 관계를 '문-질'의 범주로 해석할 수 있다면, 중외의 충돌 또한 반드시 문화 혹은 예의의 방식으로 해결할 수 있을 것이다. 캉유웨이는 이런 방식으로 '중국'을 일종의 문명 개념 혹은 문화 개념으로 이해함으로써 '구국'과 유학 보편주의의 중흥을 연관 지었다.

두 번째 문제는 '내외례'라는 범주 속에서 답변할 수 있을 것이다. 청 왕조의 법통은 황권의 형성이라는 문제와 밀접한 관련이 있었다. 어떻게 자기 부족을 통솔하던 칸을 각 민족(내외)에 대한 보편적인 통치권을 지닌 황제로 만들 것인가. 이는 만주족 청 왕조의 가장 중요한 합법성의 문제였다. 캉유웨이는 제국의 내외 관계와 그 역사 변화에 대해 명확히 인식하고 있었다. 한편으로 그는 금문경학의 '내외례'를 가지고서, "오랑캐와 중국은 덕을 논할 뿐 그 지리적 범위는 논하지 않는다"는 원칙을 확장하여, 제국 내부 관계의 통일성을 강화했다. 다른 한편으로 그는 삼통을 새롭게 해석하여, 만주족 왕조를 중국 왕조의 연속 관계 속에 편입시킴으로써, 미묘한 중국 정체성 문제를 규정지었다. 예를 들면 그는 음양 교체로 왕조 교체를 설명하고, 청 왕조와 명 왕조의 연속성 및 그 '외부'(다른 민족)와의 관계를 설명했다. "성인은 천지가 일음일양一陰一陽하되, 인간사의 이치는 양으로 귀결된다고 했다. 본 왕조는 명 태조太祖 때의 통치 방식을 벗어나지 않았다. 불교는 공자의 유교와 몹시 반목한 연후에야 성립될 수 있었다. 성현께선 동류를 사랑하여, 동류가 아닌 자는 죽여도 되지만, 만약 동류라면 죽여서는 안 된다고 했다. 이는 성인의 대의이다"[85] 청나라 통치자의 이른바 '만·한 모두 짐의 신하', '내와 외를 나누지 않는다'(無分內外), '중국과 외국은 일가다'(中外一家) 등의 화법은 일종의 가능성을 제공해 주었다. 즉 청 제국의 확장 범위를 배경으로 하여, 각종 문화에 대한 추상화를 통해 황권을 '중국' 통일성의 상징으로 전화시키고 있는 것이다. 이러한 상징이 없다면 만주족·한족·회족·티베트족 등이 통일된 '인민'으로 구성될 수 없었을 것이며, 중국 중심의 조공 체제라는 실질적이면서도 상징적인 체제 또한 세워질 수 없었을 것이다. 바로 이러한 맥락 속에서 캉유웨이는 공자의 천자제천天子祭天에 대한 논의의 해석을 통해 황권과 중국 통일의 역사적 관계를 재구축했다.[86] 청말 개혁 운동 속에서, 황권 중심주의는 한편으로 서태후 일파를 겨냥한 직접적인 정치적 목적을 담고 있었지만, 다른 한편으로는 '중화민족 정체성'을 강화하는 사회운동의 목적을 지니기도 했다. 주자학을 기초로 한『대청통례』大淸通禮는 우주 질서와 청 왕조가 따르는 예의 습속의 관계를 규정지어, 황권이 정치 질서 유지를 위한 상징으로서 예의 습속 유지 또한 동시에 책임을 지도록 했다. 따라서 황권은 일종의 정치적 권력일뿐만 아니라, 또한 예의 및 문화 통일의 상징이기도 한 것이었다.

그렇다면 복잡한 내외 관계 속에서 황권의 중심적 지위는 어떻게 확립할 수 있을 것인가? 캉유웨이는 "당시 제후들이 모두 천지에 제를 올렸지만, 공자는 천자가 천지에 제를 올리도록 정했다. 공자의 의義는 차등을 두는 것이었으니, 모든 것이 차등에서 나왔다. 불교에서의 평등은 곧 의가 없는 것"[87]이라 설명했다. 한편으로 공자는 차등의 방식으로 황권의 절대적 지위를 확정했지만, 다른 한편으로 이러한 절대적 지위는 공자의 가르침(立敎)과 성왕聖王으로서의 공자라는 형식을 통해 확립된 것이었다. 따라서 황권의 중심은 일종의 정치 관계일 뿐만 아니라, 또한 일종의 예의 질서 관계이기도 했다. 즉 황권의 합법성은 예의·제도라는 전제 위에 수립된 것이었다. 아래 인용문은 이러한 특수한 황권 중심주의적 경학에 대한 서술이다.

> 공자는 천도를 논함에 있어 음양 모두 중시했지만, 인도에 있어서는 양을 중시했다. 따라서 국가에는 하나의 임금만이 있고, 집안에는 하나의 가장만이 있으며, 아내는 남편의 성姓을 따른다. …공자는 원元으로 하늘을 통섭했다. 하늘을 작은 그릇으로 여겨 '원'元이란 표현으로 하늘을 통섭했던 것이다. …하늘은 만물의 근본이요, 조상은 그 무리의 근본이요, 임금과 스승은 다스림의 근본이자 예의 근본이다. 공자는 모든 제도가 부부와 부자 관계로부터 시작된다 했다.[88]

황권 중심주의는 결코 황제 자신이 그 신민臣民을 통치할 절대 권력을 가지는 것을 의미하는 것이 아니며, 이는 캉유웨이의 황권론을 이해하는 데 있어서 중요한 고리이다. 우리는 다중적인 맥락 속에서 그 의미를 해석해야 할 필요가 있다.

우선 태평천국운동 이후의 맥락 속에서 황권 중심주의의 재구축은 황권 중심주의와 유교 보편주의를 결합시키고자 한 것이었다는 점에 바로 그 구체적 함의가 담겨 있다. 바스티드Marianne Bastid는 태평천국운동 이후 '군주제의 종교성과 예의성의 쇠락'에 관하여 상세히 연구한 바 있다. 그녀는 "태평천국은 군주제 자체의 원칙에 대해서는 결코 회의를 품지 않았다. 따라서 '천국'이라는 이교도 문화에 대한 청 왕조의 선전포고는 황제 체제 자체를 지키기 위한 것이 아니라, 전반적으로 유가 윤리 도덕과 신조를 지키기 위한 것이었다."[89] 정치사의 각도에서 도출된 이 같은 결론은 '공자 개제론'에서부터 시작되었던 황권을 위한 캉유웨이의 변론들과 일치한다. 1861년 북경정변北京政變으로부터 1875년까지 두 명의 태후에 의한 '수렴청정' 기간 동안* 조정 내부는 섭정, 후위 계승, 적통 등의 문제와 관련하여 일련의 사건과 논쟁들이 일어났다. 이런 논쟁들은 실제 정치 권력 투쟁 이외에도 황제권위의 기초와 규칙 등의 예의 문제로까지 파급되었다. 영불 연합군이 북경에 쳐들어온 1년 뒤인 1861년 8월 22일에 함풍제가 죽자, 같은 해 8월 24일 황제의 장자가 대통을 계승한다고 선포했다. 황제가 어렸기 때문에, 태후의 섭정 문제를 둘러싸고 조정 내부에 숙순肅順을 중심으로 하는 여덟 명의 어전 대신들이 서태후 일파와 충돌하게 되는데, 11월 북경정변에 이르러 숙순 등의 무리는 파면·재판·사형 등을 당하게 되고, 태후는 황제의 명의로 '수렴청정'을 선포했다. 바스티드의 연구에 따르면, 먼저 태후의 섭정을 주청한 감찰어사 동원순董元醇의 태후 섭정에 대한 발의는, 황권의 실질적 화신化身, 황제 숭상에 대한 신민들의 유대감 유지, 변화 국면에 대한 정치 관례의 적응이라는, 상호 연관된 세 가지 측면 의미를 모두 가지고 있었다. 황제의 권위는 추상적일 수 없으니, 만일 황제가 어려 친정할 수 없다면 반드시 태후가 섭정의 방식으로 황제의 실질적 지위를 유지해야만 한다는 것이었다.[90]

---

* 1861년~동안: 북경정변은 소위 신유정변(辛酉政變)으로도 불리는데, 1861년 함풍제(咸豐帝)가 열하(熱河)에서 사망한 이후 권력 다툼의 과정에서 동치제(同治帝)의 생모였던 서태후(西太后, 혹은 자희태후慈禧太后)와 공친왕(恭親王) 혁흔(奕訢) 등이 중심이 되어 일으킨 정변이다. 이를 통해 나이 어린 동치제를 대신하여 동태후(東太后, 혹은 자안태후慈安太后)와 서태후 두 명의 태후에 의한 수렴청정이 시작되었으며, 이는 1875년 동치제의 사망과 광서제(光緒帝)의 즉위 이후로도 이어져 동태후가 사망한 1881년에 이르러서야 서태후의 단독 수렴청정이 이루어지게 된다.

'섭정'의 합법성 문제를 둘러싸고, 청 조정 내부에서는 황권의 성질에 관한 논쟁이 벌어졌는데, 그 대립 지점은 다음과 같다. 서태후의 섭정을 지지한 이들은 황위가 통치권을 위한 실제 요구, 즉 국가 통일의 요구로부터 나온 것이라 이해했기 때문에, 섭정이 꼭 필요하다는 것이었다. 서태후 섭정을 반대하는 이들은 군주 정체는 하나의 제도요, 황위와 황제 제도 자체가 국가 존재를 보장하는 것이며, '섭정'은 선례가 없는 것이니, 필요치 않다는 것이었다. 1875년 1월 12일 동치제가 붕어했는데, 뒤를 이을 자식이 없었다. 서태후는 '훈유'訓諭를 내려 겨우 세 살밖에 안된 동치제의 사촌동생 재첨載湉(광서제)을 황태자이자 함풍제의 양자로 내세웠다. 이틀 후에는 유지를 내려 서태후의 '수렴청정'을 선포했다. "1879년과 1898년 사이에 관원들은 황권의 시행에 대한 자신들의 생각을 표현하도록 강요당했는데, 그 본질 혹은 지위와는 관련이 없었다. 시간이 흐름에 따라 서태후와 광서제의 권력 투쟁을 통해 사실상의 황제 권력의 분할 현상이 나타나게 되는데, 이러한 분권은 점차 심화되어 갔다." 1886년 12월부터 광서제는 직접 상주문에 평을 달기 시작하여 1889년 3월 4일에는 정식으로 친정을 하게 되지만, 서태후는 여전히 모든 상주문·보고서·정책 등에 간섭할 권한을 가지고 있었으며, 고관의 임명 역시 그녀의 비준을 거쳐야만 했다. 황권은 일종의 분열 분립 상태에 놓여 있었다. 바스티드는 이에 대해 다음과 같이 평한다. "정부 직위와 마찬가지로 황권도 분할될 수 있음이 사람들에게 받아들여지게 되자, 1898년부터 황권이 위협받게 된 이래로 군주제 역시 단순히 일종의 이성적 정치 제도로서 지켜지는 것일 뿐, 그 신성한 본질이나 종교적 기능과는 상관이 없게 되었다. 이는 황제 제도의 지위를 다른 정부 고관과 동등화하던 추세의 연장선상에 있었다. 때문에 1898년 유신파의 관점에 대한 이론적인 반박은 조정 대신들이 아니라 지방 신사들이나 직위가 비교적 낮은 성급省級 관원들로부터 나왔다."[91] 이러한 역사적 맥락들은 캉유웨이의 경학 저작을 새롭게 이해하는 데 중요한 실마리를 제공해 준다. 한편으로 캉유웨이는 황권 중심주의와 왕위의 신성한 지위를 재확인함으로써 주공을 추앙하는 고문경학을 비판하는 명분으로 삼고, 황권 행사에 있어서 '섭정'의 합법성을 완전히 제거했다. 다른 한편으로 그는 공자개제를 찬양하면서, 선왕先王·후왕後王·소왕素王·성왕聖王·제법製法의 왕 등의 신성한 범주를 황제가 아닌 공자에게 부여하고, 왕위의 신성성을 제도의 신성성이라는 전제 위에 둠으로써, 서구식 정교분리의 사회 체제를 형성하기 위한 유학 내의 근거를 제공해 주었다. 중국의 황권 전통은 방대한 관료제 전통과 밀접한 관련이 있으며, 황권 절대주의로는 결코 중국 황권의 실제 상황을 설명할 수 없다. 황제든, 귀족이든 간에 모두 예의·제도·관료 체제 사이의 균형으로부터 제약을 받아왔다. 따라서 황권과 귀족 사이의 모순 역시 절대적인 것이 아니었다.

캉유웨이의 황권 중심주의에 대한 논증은 섭정의 정통성에 대한 배척의 의미를 담고 있었지만, 그가 이용한 방식은 공자의 가르침을 재천명하는 것이었으며, 이는 명확히 예의의 권위가 황권 위에 있음을 가정하고 있었다. 사실 '수렴청정'을 하는 동안이라 하더라도, 서태후 역시 황실 예의와 '수렴장정'垂簾章程*의 제약을 받을 수밖에 없었다. 예를 들면, 무술정변 이후 서태후는 광서제의 폐위를 시도했지만, "궁정 내부 논의의 향방을 살펴보고, 남쪽 각 성省 독무督撫들의 동의를 얻어야만 비로소 시행할 수 있었다. 이에 양강총독兩江總督 유곤일劉坤一과 양호총독兩湖總督 장지동張之洞 등에게 은밀히 문의했다."[92] 하지만 유곤일은 "군신 간의 명분은 이미 정해져 있고, 중국과 외국 사이의 통로를 지켜야만 합니다"라고 상주문을 올려 광서제 폐위를 결사반대했고,[93] 장지동 역시 "가부에 대해 감히 뭐라 말씀드릴 수 없다"고 답변했다.[94] 정변 이후에도 서태후가 광서제를 폐위시킬 수 없었던 근본

• 수렴장정(垂簾章程): 청 왕조에서는 줄곧 수렴청정을 시행한 적이 없었기에 동치제(同治帝)가 6세의 나이로 등극하게 되자 중신들이 나서서 '수렴장정'이라는 수렴청정의 원칙을 제정했다.

원인은 청나라의 황권 전통과 황위에 관한 유학 예의관이 그녀의 야심을 제한했기 때문이다. 그리고 청말 중앙과 지방 사이의 권력 균형 관계 역시 그녀의 행동을 제약한 근본 배경 가운데 하나였다.[95]

다음으로 캉유웨이의 황권 중심론은 상호 모순적인 두 가지 특징을 지니고 있었다. 즉 한편으로는 군권의 절대 중심적 지위를 확립하면서, 다른 한편으로는 공자와 그가 대표하는 가치·예의·제도 등을 가지고 황권의 운영 범위를 제한한 것이다. 황권은 권력의 중심이지만, 황제의 권력이라고 해서 절대적이지는 않았다. 왜냐하면 행정, 사법, 도덕 권위는 바로 중심 권력 자체가 법의 권위와 법령을 구분한다는 원칙을 준수하고 있기 때문이었다. 다시 말해 모든 법의 왕으로서 공자는 최고의 공정함을 체현하고 있으므로, 황제는 이러한 근본적인 법의 원칙을 행사하는 권력에 의거해야 하며, 황제의 법령은 법의 권위가 규정하는 범주 내로 제한된다. 이처럼 캉유웨이는 한편으로 황권을 중심으로 삼으면서, 다른 한편으로 공자개제를 대대적으로 강론하고 공자를 성왕이자 권위의 유일한 원천으로 삼음으로써, 황권 중심적이면서 또한 황권 운용 범위를 제한하는 이론을 구축했다. 이는 유학을 형식으로 하는 군주입헌론이었다. 따라서 황권과 섭정의 관계 문제에 대한 관심 이외에도, 캉유웨이의 황권 중심론은 다음과 같은 생각들과 밀접한 관련이 있었다. 중국은 입헌의 시행만이 가능할 뿐, 혁명은 불가하다. 중국은 중앙집권과 기층 자치의 상호 결합만이 가능할 뿐, 분성分省 자치는 불가하다. 이러한 기본 관점은 무술변법 실패 이후 더욱 명확한 방식으로 드러난다. 1902년 「남북 아메리카 화상華商에게 보내는 답장—중국은 입헌제 시행만 가능할 뿐 혁명은 불가함에 대해 논함」(答南北美洲諸華商論中國只可行立憲不可行革命書)이라는 글에서, 캉유웨이는 황제가 복벽復辟되지 못한 채 서태후와 영록榮祿*이 여전히 대권

• 영록(榮祿): 1836~1903. 청말의 대신으로, 자는 중화(仲華), 호는 약원(略園)이며, 만주족 정백기인(正白旗人)이다. 북경정변 이후 서태후의 신임을 얻어 총관내무부

을 잡고 있는 국면에 대하여 비분을 표함과 동시에, 프랑스 혁명과 그 전제專制정치의 후과에 대하여 비판하면서, 구미 각국이 "헌법을 세워 군주와 인민의 권리를 정한 것"을 배우자고 주창했다. 그는 춘추 삼세설을 근거로, 혁명의 방식을 통해 "단계를 뛰어넘어 민주 세계로 바로 진입하는 것"을 반대했다.

> 공자는 『상서』를 정리하며 요임금과 순임금을 칭송함으로써 민주 통치의 뜻을 세웠고, 『시경』을 정리하며 주周 문왕文王을 맨 앞에 두어 군주 통치의 뜻을 세웠고, 『주역』을 엮으면서 "용들에게 우두머리가 없음을 본다"라는 효사爻辭*를 언급했으니 이는 천하가 다스려진다는 의미이다. 이는 바로 평등한 사회에는 군주가 없음을 칭송한 것이다. 그리고 『춘추』를 써서 거란세·승평세·태평세를 나누었다. …오늘날은 거란세이니, 이 시대의 나라는 바로 도약하여 세계의 대동에 이를 수는 없다. 군주 전제專制의 옛 풍조 역시 바로 도약해서 민주 세계가 될 수는 없다. …이는 공리를 행하고 대동에 이르러 국계國界(국가라는 경계)와 가계家界(가족이라는 경계)를 없앤 연후에야 가능할 것이며, 부녀자도 모두 관리가 될 수 있게 된 연후에야 가능할 것이며, 짐승의 고기를 모두가 먹지 않게 된 연후에야 가능할 것이니, 오늘날에는 행해질 수 없는 것이다. 내가 중국에서 최초로 공리를 주창했고, 민권을 주창했다. 민권을 반드시 시행하고자 하는 뜻은 있지만, 오늘날 공리를 모두 실행하는 것은 불가능하다. …무릇 군주 전제, 입헌, 민주의 세 가지 법제는 반드시 각각의 순서에 따라 행

대신(總管內務府大臣)에까지 올랐다.
* 용들에게~효사(爻辭): 『주역』「건괘」(乾卦) 상구(上九) 효사에 이런 기술이 보인다. "아홉, 즉 하늘의 덕을 사용하니 여러 용에게 우두머리가 없는 것을 보면 길하다."(用九, 見羣龍无首, 吉) 캉유웨이는 우두머리가 없다는 것을 군주가 이끄는 것이 아닌 평등한 민주주의의 상징으로 푼 것이다.

해져야 한다.[96]

　군주입헌제는 '조정朝廷국가'로부터 '민권국가'로 가는 과도적 형식이라 여겨졌다.

　어째서 혁명 방식으로 만주족 황제를 제거하고, 대중 민주주의를 이루어서는 안 되는가? 첫째, 황권의 폐지는 국가 제어 능력의 상실과 분열 국면의 출현을 의미한다. "중국의 토지는 넓고, 인민은 많으며, 각 성省과 부府의 언어나 집단들(私會) 간에 서로 소통하지 못하고, 각자가 사심을 품고, 각자가 향토를 사유화하여 아직 성숙하지 못한 상태이다. 각 주州와 현縣, 성과 부가 난립하여 서로 경쟁하고 공격하며, 각기 통령을 세우고 서로 집어삼키려 할 테니, 상호 간의 살육으로 유혈이 강을 이루게 될 것이다. …내란과 상잔相殘으로 결국 외국인들만 이득을 보게 될 것이다."[97] 그는 같은 해 봄 량치차오 등에게 보낸 서신에서 유럽의 민족자결과 각 성의 자립 모델을 따라 배우는 것에 반대하고, 인도의 예를 들어 각 성의 독립과 인도의 망국 노예화 사이의 관계를 논증했다. 량치차오 등의 18개 성 자립에 관한 주장에 대하여 캉유웨이는 호되게 질책하면서 다음과 같이 말한다. "만약 우리나라 각 성이 자립한다면 반드시 줄줄이 멸망할 것이니, 우리 동포들이 문명국과 만날지라도 진실로 왕제가 아니고서는 문명국의 백성들과 나란히 설 수 없을 것이다. …오호라! 수천 년간의 광대한 신주神州 중국이여, 우리 동포들은 어찌하여 분열 자립의 사상을 품어 멸망을 재촉하는가. 진실로 큰 변고요 불가사의한 일이로다.""대상을 바꿔서 만주를 공격하는 것은 인도가 몽골에 맞서 자립한 것을 본받는 것일 뿐, 그 결과 역시 인도와 마찬가지가 될 것이다.""수십 개의 봉건 소국을 통일하고 변법을 시행할 수 있다면, 일본과 같은 작은 나라도 또한 강성해질 수 있는 것이다. 통일을 해체하여 수십 개의 소국으로 분열한다면, 인도처럼 커다란 나라라 할지라도 패망할 것이다."[98] 캉유웨이는 분성分省 자치나 연방, 혹은 연맹의 구상에 내포되어 있는 민족 충돌과 국가 분열에 대해 매우 우려했으며, 이런 국면과 외래 세력 사이의 상호작용에 대해 깊이 통찰하고 있었다. 그의 '혁명'에 대한 비판은 주로 '혁명 수단'에 대한 비판이 아니라, '혁명'의 주장과 '혁명'의 배후에 있는 '중국' 관념, 즉 민족 자결과 각 성 분립을 포함한 미래 중국 구상에 대한 비판인 것이다.

둘째, 캉유웨이가 황권을 옹호한 데에는 광서제에 대한 기대 이외에도 만한滿漢, 내외의 구분을 초월하여 '중국'을 새롭게 규정하고자 하는 동기가 내재해 있었다. 그의 말을 빌려 설명하면 다음과 같다.

> 혁명을 이야기하는 자는 입만 열면 만주를 공격하자고 한다. 이는 이해할 수 없는 일이다. 몽골·신강·티베트·동북삼성을 개척한 대중국은 200년간 일체 평안한 정부였다. 그런데도 아무 이유 없이 함부로 법과 미적 기준을 가지고 내홍을 일으키고 오랑캐와 다른 종족을 몰아내자는 논리를 펴서 재난을 불러일으키는 자들이 어찌하여 끊이지 않는가? …그러한즉 만주·몽골은 모두 우리 동족인데 어찌 차별하여 구분 지으려 하는가. …또한 중국은 과거 진晉나라 때부터 저족氐族, 강족羌族, 선비족鮮卑族 등이 중화에 편입되었으니, 위魏 문제文帝가 96개의 오랑캐 성씨를 한족 성씨로 고쳐 주면서, 그 자손이 중화 땅에 널리 퍼져 헤아릴 수 없이 많아졌다. …또한 양자강 이남에 오계만五溪蠻과 낙월駱越, 민閩(복건성), 광廣(광동/광서) 등의 종족은 모두 중화 사람들인데, 여러 남쪽 오랑캐들과 뒤섞여 오늘날에는 구분할 수 없다. 당시 중국 백성은 2, 3천만 명에 불과했지만, 오늘날에는 4억 명을 헤아리게 되었다. 각 종족의 거의 절반이 중화와 같은 성씨이니, 그 가운데 진짜 중화의 후예와 오랑캐의 후예를 어찌 알 수 있겠는가? …만일 정치 전제의 폐단이 있다고 한다면, 한·당·송·명 시대의 구체제 모두 그러한 것이지, 비단 만주의 체제 탓만은 아닐 것이다. …만약 국가 조정의 제도에 있어서 만주족·

한족이 평등하다면, 한족에 재능 있는 자가 필부라 해도 재상이 될 수 있다. …오늘날 혁명하려는 자들은 날이면 날마다 문명을 주장하지만, 어찌하여 한 나라에 범죄와 처벌이 끊이지 않는가. 혁명가는 매일같이 공리를 외치지만, 어찌하여 지금과 같이 국가와 민족 간에 구별이 이루어지게 되었는가. 이 어찌 커다란 모순이 아니겠는가! …오늘날 중국인들이 근심해야 할 바는 내홍이 아니라 외세에 저항하는 것에 있다. …과거 무술년 북경에 있을 때 정치 체제에 대해 묻는 이가 있었는데, 나는 바로 여덟 자로 답했다. "만한불분, 군민동체."滿漢不分, 君民同體(만주족과 한족은 나눌 수 없고, 임금과 백성은 한 몸이다) …따라서 소위 중국이라는 것이 있을 뿐, 소위 만주라는 것은 없다. 황제의 종실宗室이란 한나라 유씨, 당나라 이씨, 송나라 조씨, 명나라 주씨에 불과하며, 이는 하나의 가문에 불과할 따름이다.[99]

이는 특정한 '중국'과 '중국인'이라는 관념에 기초해야만 비로소 생겨날 수 있는 사상이다. 중국과 중국인은 하나의 뿌리를 지닌 종족이나 민족이 아니라, 역사의 변화와 민족 혼종을 거치며 형성된 민족이자 국민이다. 어떤 내부 분열에 대한 이해, 혹은 종족주의적 이해도 '중국'이라는 독특한 개념과는 상충된다. 우리는 반드시 광활한 '중국' 개념과 정치관의 전제하에서 캉유웨이의 경학 사상을 이해해야만 한다. 『신학위경고』, 『공자개제고』, 『춘추동씨학』 등의 저작은 공자를 유일한 교주, 성왕聖王, 제법諸法의 왕으로 받들고 있으며, 주공周公 섭정의 합법성을 철저히 부정하고 있을 뿐만 아니라, 다른 어떠한 세력도 공자의 '왕'위를 넘보는 것을 인정하지 않는다. 이러한 서술은 왕권 분할의 불가능, 군권의 중심, 중화 통일 등의 역사 관념과 정치적 알레고리를 담고 있다. 이는 캉유웨이가 봉건과 통일의 충돌을 중심으로 유학의 기타 각종 학설 및 정치와의 관계를 해석하고 설명하는 기본 이유이다.

마지막으로 이처럼 황권과 국가를 수호하고자 하는 확고한 태도는 캉유웨이의 대동 사상과 내재적 관계를 지니고 있다. 『신학위경고』와 『공자개제고』에서 보이는 황권의 신성성과 유일한 원천에 대한 캉유웨이의 주장 가운데에는 매우 눈길을 끄는 지점이 있다. 그가 추앙한 절대 왕권은 역사 속의 제왕이 아니라 공자였다는 사실이다. 그가 제창한 왕위의 신성성은 공자가 만든 예의와 제도의 신성성에서 연원한다. 한편으로 육경은 공자에게서 나왔지만, 다른 한편으로 육경은 "제도를 가지고서 그 대강大綱을 삼는다."[100] 따라서 제도의 신성성은 어떤 현실 권력의 신성성보다도 높은데, 이는 제도가 성왕 공자가 직접 만든 데서 연원하기 때문이다. 바꿔 말하면, 캉유웨이는 왕권의 신성성을 회복시키고 있지만, 이러한 회복은 여전히 예악, 제도의 우선성이라는 전제 위에서 이루어지고 있다.

또한 그런 의미에서 봤을 때 세 번째 질문에 대한 대답은 앞선 두 문제와 밀접한 관련이 있다. 이는 『춘추』의 '새로운 왕을 세우다'(作新王) 혹은 "오랑캐에 임금이 있다 한들, 중화에 임금이 없는 상황만도 못하다"*의 범주에서 해석되어야만 한다. 즉 예의 질서의 중요성은 군권의 중요성을 초월한다. 이런 원리는 다음과 같이 이해될 수 있다. 일단 중앙집권 국가가 형성되고 나면 국가와 군주 사이의 분리 또한 시작된다. 우선, 만일 예의 질서의 존재가 중국이라는 존재의 전제라고 한다면, 황권 주도의 개혁이 '국가주의'의 방향으로 바뀐다 해도, 황권에 대한 부정이 곧 중국의 멸망을 의미하는 것은 아니다.[101] 중앙집권 국가의 건립과 내부 주권 단일성의 형성 과정에서 군주는 자신을 민족의 대표로 여긴다. 즉 자기 민족을 대표해서 통치권을 행사하는 것이다. 왕권 형식의 중앙집권 국가가 민족국가로 가는 과도적 형식은 주로 국

---

* 오랑캐에~못하다: 이 구절은 『논어』 「팔일」편 제5장에 보인다. "子曰: 夷狄之有君, 不如諸夏之亡也" 해석에 이설(異說)이 있긴 하지만 일단 주희(朱熹)의 풀이를 따랐다.

가와 제국의 분리, 군주와 국가의 분리이다. 다음으로, 절대군주의 보편 권력은 일종의 보편적 존재 혹은 내재적 일치성을 지닌 '인민' 개념 위에 세워지며, 인민의 동일성은 군주가 대표하는 민족 동일성에서 비롯된다. 따라서 일단 국가와 군주의 관계가 분리되기 시작하면, 주권 재민主權在民이 민족국가의 주도적 정치 이념이 될 수 있다. 청말의 강국 운동은 황권의 강화라는 의미를 지니고 있었다. 하지만 캉유웨이의 변법운동은, 금문경학의 정치 이념이라는 측면에서 보건, 아니면 구체적 변법 구상이라는 측면에서 보건 간에, 절대군주를 만들어 내는 문화 운동이 아니라 오히려 정반대였다. 그의 변법의 목적은 군권과 국가의 분리에 있었으며, 이를 통해 '중국'과 자신이 말하는 문명(공자교)의 합일을 이루는 것이었다. 청대 내부 민족주의의 도전에 직면하여, 제국의 합법성을 유지하기 위해서는 그 사회 대부분의 성원이 공동으로 인정할 수 있는 형상을 찾아내야만 했다. 변법운동 중에 캉유웨이와 그의 추종자들은 금문경학을 이용하여 공자의 소왕 형상을 발전시켰으며, 춘추학에 대한 해석을 통해 당대 변법 개혁에 역사적 합법성을 제공했다. 군주 입헌을 지향하는 정치 변혁은 군주 권력 자체에 대한 부정을 내포하고 있었다. 아래의 인용문은 캉유웨이의 사상 논리를 전형적으로 보여 준다.

천하의 종사宗師는 공자다. 의리와 제도 모두가 공자에게서 나왔기에 경학가는 공자만을 배울 뿐이다. 공자가 세상을 떠난 지 3천 년이 되었으니, 그 가르침은 어디에 있는가? 대답하여 가로되 육경에 있다. …공자의 학문을 배우는 자들은 모두가 경학을 배워야 한다. …그런데 공자에게 비록 육경이 있지만, 대도大道는 『춘추』에 모아져 있다. 만일 공자를 배우면서 『춘추』를 배우지 않는다면, 이는 들어가려고 하면서 문을 닫는 격이다. …공자가 성인으로 추앙받는 까닭은 제도 개혁을 통하여 만물을 모두 이루고, 만세를 아우르고 있기 때문이다. 그 핵심은 차마 두고 보지 못하는 인자함이요, 그 제도는 차마 두고 보지 못하는 정치이다. 인도仁道의 근본을 효제孝悌에 두어 인륜을 정했고, 인술仁術의 시작을 정전井田에 두어 왕도 정치를 추진토록 했다. 맹자는 공자의 도를 가장 정치하게 발현시켰는데, 대체로 그 의義의 발현됨은 그 근본과 말단, 큰 부분과 세세한 부분에서 모두 다루어졌다. 『춘추』가 유독 존귀한 까닭은 공자 개제의 흔적이 있기 때문이다. 『춘추공양전』과 『춘추번로』春秋繁露만이 믿을 만한 까닭은 공자 개제의 설이 담겨 있기 때문이다. 『춘추』의 제도에 통달할 수 있다면, 육경의 논의 가운데 그 어느 것도 관통하지 않은 것이 없으니, 공자의 대도를 가히 깨달을 수 있다. …진실로 공자 개제의 미언대의를 깨달을 수 있다면, 주周·진秦의 제자諸子가 도를 논한 것들의 시비득실, 진·한 이래 2천 년간의 의리·제도 근본의 시시득실은 물론, 오랑캐의 치세와 난세 및 강약, 하늘과 인간의 연고 등의 모든 것을 능히 명백히 밝힐 수 있다. 그 대강을 펼쳐 그 세세한 조목을 구하고, 그 줄기를 따져 그 가지와 이파리를 헤아리니, 그 도는 지극히 들어맞고, 그 공은 지극히 넓도다.[102]

공자를 성왕으로 삼고, 『춘추』를 전범으로 삼은 것은 동시에 제도와 예의가 황제 자체보다 위에 있음을 의미하는 것이었다. 공자교 통일은 곧 유교를 중심으로 하여 정교분리 체제를 실행하기 위한 전제를 제공했으며, 또한 황권과 국가를 초월하는 대동 체제를 위한 변화의 내재적 논리를 제공했다. 공자와 공학孔學에 대한 숭상은 이런 의미에서 변법개제와 동의어가 되는 셈이었다. 황권 중심주의는 정치의 측면에서 보면, 제국과 민족국가 사이의 과도기적 고리였지만, 예의 제도의 측면에서 보면, 공자가 세운 왕제를 시행하는 역사적 조건이자, 대동을 향한 과도기적 교량이었다. 이는 황권과 그 권력 체제의 자기 전화의 내재적 논리였다.

2. 『신학위경고』

1888년(광서 14년, 무자년戊子年) 5월, 캉유웨이는 북경에 가서 향시를 치렀는데, 당시 31세였다. 9~10월 사이에 그는 나날이 국세가 기울어 감을 느끼며, 시대에 맞춰 변법을 시행하도록 상주문을 올려야겠다고 결심한다. 하지만 언사가 너무 격렬하여 위로 상달되지 못하자, 이에 뜻을 바꿔 "고문경이 위조된 사실과 금문경이 정본임을 밝혔으며, 한 나라 비문碑文을 대거 모으고 『급취장』急就章의 글자들과 합해 『주한문자기』周漢文字記를 펴내 『창힐편』倉頡篇의 옛 뜻을 복원했다."[103] 그는 이 듬해 9월 북경을 떠나 항주, 소주, 구강九江, 무창武昌 등지를 거쳐 그 해 말 광동으로 돌아왔다. 1890년(광서 16년, 경인년庚寅年)에 광주 안휘회관安徽會館에 머물면서, 1~2월 사이에 광주에 내려와 『국조십삼경소』國朝十三經疏의 편찬 사업에 참가하고 있던 랴오핑을 만났다.[104] 랴오핑의 『벽유편』辟劉篇과 『지성편』知聖篇을 지은 1888년은 랴오핑의 이른 바 '경학6변'經學六變 가운데 제2변變을 시작하던 시기로, 당시 두 책은 아직 출간되지 않았다. 『벽유편』은 지금 남아 있지 않지만, 이를 근거로 하여 개정한 『고학고』古學考는 1897년(광서 23)에 발간되었고, 『지성편』은 1902년(광서 28)에 발간되었다. 이 두 저작의 첫 판본 모두 랴오핑의 최초의 원고는 아니며, 그 속에는 랴오핑의 '경학3변' 사상이 담겨 있다. 1896년에 랴오핑은 『경화갑편』經話甲編을 지었는데, 그 가운데 107조條와 108조에서 캉유웨이의 『신학위경고』가 『지성편』에서 나온 것이라 지적하고 있다.[105] 랴오핑과 캉유웨이의 관계 문제는 학술사에 있어 풀어야 할 하나의 과제이다. 비교적 초기의 학술사 저술인 첸무錢穆의 『근삼백년중국학술사』近三百年中國學術史와 최근의 저작인 황카이궈黃開國의 『요평평전』廖平評傳에서 이미 『지성편』과 『공자개제고』 그리고 『고학고』와 『신학위경고』의 같고 다름에 대해 기본적으로 정리한 바 있으며, 캉유웨이가 랴오핑의 영향과 계발을 받았다는 것이 정설로 받아들여지고 있다.

『강남해자편연보』에는 1890년(광서 16년, 경인년), 진천추, 량치차오가 각기 6월과 8월에 그의 학생이 되었다고 기재되어 있다. 진천추가 손님 신분으로 찾아왔을 때, 캉유웨이는 "공자 개제의 뜻을 가지고 인도仁道 사회의 원리를 알려주었고" 또한 대동 사상을 언급했다. 이는 『강남해자편연보』 중에서 처음으로 공자 개제의 문제를 논한 부분으로, 이는 시간상으로 랴오핑과 캉유웨이의 만남보다 뒤의 일이다.[106] 이듬해 가을 7월 『신학위경고』의 초각본이 나오고, 1894년에는 청 정부에 의해 폐기 처분된다. 1898년 중각본이 광서제에게 바쳐지지만, 곧이어 또다시 폐기되고 만다. 『공자개제고』는 1894년에 완성되어 대동역서국大同譯書局에서 1897년 겨울 초각본이 나오고, 1898년에는 처음으로 세상에 나오게 된다. 『강남해자편연보』에 따르면 광서제 18년 항목에서 처음으로 『공자개제고』를 언급했는데, 다음과 같이 이야기하고 있다. "이 책은 체재가 방대하다. 병술년부터 천수용陳樹鏞(자는 경생慶笙)과 『오례통고』五禮通考의 수정에 대해 논의하고 집필을 시작했으며, 기축년에 이르러 북경에서 국사國事로부터 물러나서 다시 이를 만들게 되었다." 이 밖에 광서 20년 갑오년 항목에서도 "『춘추동씨학』과 『공자개제고』를 지었다"고 기재되어 있다.[107] 병술년은 광서 12년, 즉 1886년이고, 기축년은 광서 15년, 즉 1889년이며, 광서 20년 갑오년은 1894년이다. 이로써 추론해 보건대 『공자개제고』의 저술에는 여러 해가 걸렸다. 시간상으로 봤을 때 캉유웨이가 랴오핑의 영향을 받았을 가능성이 매우 높으며, 내용상으로 보더라도 랴오핑과 캉유웨이의 저술 사이에 중첩되거나 유사한 지점이 있음은 확연하다.[108] 『지성편』· 『고학고』古學考와 『공자개재고』· 『신학위경고』를 대조해 보면, 양자가 상호 겹치는 지점들을 쉽게 찾아볼 수 있다. 유흠 위조설, 공자 소왕설, 공자 육경 저작설, 탁고개제설托古改制說(옛 제도를 빌려 제도를 개혁하자는 주장) 등이 그것이다.

하지만 캉유웨이가 랴오핑을 완전히 답습만 한 것은 아니었다. 그의 상술한 두 저작에서는 랴오핑이 아주 드물게 논술했던 제자개제설諸子

改制說, 이민위귀以民爲歸(백성을 최종 목표로 삼음), 삼세설 등의 문제를 다루고 있었다. 뿐만 아니라 캉유웨이가 이미 랴오핑보다 먼저 유흠의 위작에 대해 의심을 품기 시작했음을 증명할 수 있다. 더욱 중요한 사실은 비록 랴오핑의 저술이 어느 정도 정치적 알레고리를 담고 있기는 했지만, 캉유웨이와 같은 정치에 대한 통찰이나 직접적인 정치적 동기를 결여하고 있었다는 점이다. 캉유웨이의 변법개제(병원 설치, 학교 개설, 부녀 평등 등)에 대한 구체적 계획들은 그의 정치관 속에 놓고 고찰할 때에만 비로소 이해될 수 있다. 무술변법 후, 랴오핑이 아들 랴오스신廖師愼을 시켜 저술한『가학수방』家學樹坊 안에 들어 있는「지성편독법」知聖篇讀法에는 랴오핑의 학설과 캉유웨이의 학술의 차이를 명확히 구분 짓고 있다. 그 가운데 한 절을 보면 다음과 같다. "모씨某氏(캉유웨이 등을 가리킴)가『춘추공양전』에 의탁하여 이를 변법의 종지로 삼게 되면서부터, 온 세상 모두가 들고일어나『춘추공양전』을 공격하게 되었다. 마치『춘추공양전』이 매우 가공할 만한 주장을 가지고서 사람들에게 반역을 가르치는 책인 것처럼 되었고, 『춘추공양전』을 배우는 이들은 모두 품행이 바르지 못한 사람인 양 여겨지게 되었다. 오호라! 동중서에게 이를 어찌 해명해야 한단 말인가?"[109] 이는 비록 정변 실패의 상황속에서 랴오핑의 공양학과 캉유웨이의 정치사상과의 관계를 떨쳐 내버리기 위한 것이기는 했지만, 일정 정도 랴오핑과 캉유웨이 공양학의 기본적인 차이를 설명해 주고 있다. 금문경학의 발전이라는 측면에서 봤을 때, 개제론과 소왕론素王論은 모두 동중서의『춘추번로』속에 담겨 있었으며, 위원 등의 경학가들이 금문학의 무게중심을 하휴로부터 동중서로 옮겨 감에 따라 변혁이라는 주제는 이미 점차 부각되고 있었다. 청대 공양학자들이『춘추공양전』의 '수명개제'受命改制(천명을 받들어 제도를 개혁한다는 주장)로부터 제도 개혁의 구상으로 시야를 확장시킴에 따라, '왕제' 문제는 하나의 중심적인 문제가 되었다. 이러한 전향은 송상봉宋翔鳳에게까지 거슬러 올라갈 수 있다.[110] (비록 집중적인 논술은 랴오핑에게서 시작되지만) 그런 의미에서 랴오핑의 '왕제'王制에 대한 논의든, 아니면 캉유웨이의 개제에 대한 구체적 구상이든 간에, 둘 다 전혀 근거 없이 나온 것들은 아니었다. 금문경학의 변천 맥락과 캉유웨이 본인의 사상 궤적 속에서 『신학위경고』와 『공자개제고』의 창제는 모두 그 궤적을 확인해 볼 수 있다. 이러한 준비가 없었다면, 캉유웨이가 랴오핑과의 만남 이후 그처럼 짧은 시간 안에 그렇게 방대한 규모의 『신학위경고』를 출판해 낼 수 없었을 것이다. 이런 배경들을 고려하여, 아래의 논술에서는 더 이상 랴오핑과 캉유웨이의 같은 점과 다른 점 및 영향 관계에 얽매이지 않고, 캉유웨이 경학 저작의 기본 주제 및 그 정치 함의를 중심으로 논의를 전개해 보고자 한다.

『신학위경고』로부터 논의를 시작해 보자면, 고문경학에서는 고문과 고문 경전을 치켜세우는데, 어찌하여 캉유웨이는 이를 가리켜 '신학' 新學이라 했을까? 그의 해석에 따르면 '고학'古學이라는 이름은 공벽 孔壁*에서 나온 여러 경전이 고문으로 쓰여 있었던 사실에서 비롯되었다. 하지만 만일 공벽의 고사가 거짓이고 고문 역시 위조된 것이라면, '고문'은 곧 '신문'新文이 되는 것이므로, 이를 '고'古라 부르려 하지 않았던 것이다. 그리고 유흠은 신新나라* 때 벼슬을 지냈으니, 그의 '고경'古經은 사실 '신학'인 것이다. 같은 의미에서 후세의 이른바 '한학', 즉 가규賈逵, 마융馬融, 허신許愼, 정현鄭玄* 등의 학문은 "곧 '신학'이지 '한학'이 아니다. 즉 송나라 사람들이 따라 지은 경전들은 대다수가 위경僞經이지, 공자의 경전이 아니다. '신학'이라는 명칭이 확립되어 학자들이 모두 공자에게서 구할 수 있게 되자, 한학가들과 송학가들은 물러나 과거의 어리석음과 잘못들을 자책하게 되었다"[111] 확실히 신학

• 공벽(孔壁): 서한 경제(景帝) 때, 공자가 살던 고거의 벽을 허물다가 그 속에서 고문으로 쓰인 경전들이 나왔다고 하여, 이를 가리켜 '공벽'이라 한다.
• 신(新)나라: 서한을 뒤이어 세워진 신나라(9~23)는 왕망(王莽)이 세운 나라라는 의미에서 신망(新莽)이라고도 불린다.
• 가규(賈逵), 마융(馬融), 허신(許愼), 정현(鄭玄): 후한을 대표하는 4명의 경학 대가로서 고문경학을 유학의 주류로 만든 장본인들이라 할 수 있다.

에 대한 배척과 신나라의 정치(新政)에 대한 배척은 완전히 일치한다. 캉유웨이의 '신학' 비판의 목적은 결코 하나의 구체적인 역사 문제를 논증하는 데 있는 것이 아니었으며, 그의 야심은 훨씬 더 컸다. 『신학위경고』의 서두에서 그는 2천 년 동안의 경학이 위학僞學이었으며, 2천 년 동안의 예악 제도 역시 위법僞法이었다고 천명한다.

> 위작僞作을 날조해 내어 성제聖制를 어지럽히기 시작한 것은 유흠으로부터이며, 위경僞經을 퍼뜨려 공자의 성과를 찬탈한 자는 정현이다. 유구한 2천 년의 세월을 돌아보건대, 수많은 선비의 학문과 20여 왕조의 장엄한 예악 제도가 모두 위경을 성법聖法으로 받들고 암송·신봉하면서 이를 시행해 왔다. 그러면서 이를 어기면 성법이 아니라 비난하다 보니, 누구도 감히 어기지 못했고, 누구도 감히 의심하지 않았다. 공자의 경전을 빼앗아 주공에게 주고는 공자의 가르침이 전해지는 것을 억압했다. 이에 따라서 공자의 제도 개혁에 대한 성법은 말소되어, 난잡하고 진부해지고 말았다. 육경은 전도되어 잡다한 것들과 뒤섞였고, 성제는 파묻혀 안개 속에 휩싸이게 되었으며, 천지는 뒤집히고 일월日月은 빛을 잃었다. 공자가 천명天命을 받아 위대한 성인이 되신 지 400년 만에 땅은 여전히 중화 땅이로되, 재난과 폐단이 이처럼 극심해졌으니 어찌 같다 할 수 있겠는가? …찬탈로부터 비롯된 것들이 마침내 진짜가 되고, 애초에 참칭했던 왕조가 나중에는 정통이 되었다.[112]

상술한 파격적인 내용은 『신학위경고』가 강렬한 사상적 충격을 일으킬 수 있었던 근본적인 원인이었다. 하지만 만일 더욱 명확한 정치적 함의가 없었다면, 이 저작은 변법 이론의 초석으로 간주될 수 없었을 것이며, 또한 1894년이나 1898년에 폐기처분당하지도 않았을 것이다. 그동안 '『신학위경고』의 요점'에 대한 논의는 량치차오가 제기한 몇 개의 측면에 집중되어 있었다. "1. 서한 경학에는 소위 고문이라는 것이 없었고, 고문은 모두 유흠의 위작이다. 2. 진대秦代의 분서焚書는 육경에까지 화가 미치지는 않았으며, 한대漢代의 14박사가 전한 것들은 모두 공자 문하의 완정본으로, 빠진 부분이 없다. 3. 공자 시대에 사용된 문자는 곧 진한 때의 전서篆書이므로, 문자나 서체 측면에서 보자면 고금의 구분은 결코 없었다. 4. 유흠이 그의 위작의 흔적을 지우고자, 교중비서校中秘書 직에 있을 당시 고서들 대부분을 뒤섞어 혼란스럽게 했다. 5. 유흠이 위경을 지은 까닭은 왕망이 한 왕조를 찬탈하는 것을 돕기 위해 우선 공자의 미언대의부터 교란시키고자 했기 때문이다."[113] 문제는 상술한 경학 주제의 배후에 더욱 구체적인 의미가 존재하는지 여부이다.

캉유웨이의 구체적인 설명에서부터 출발해 보고자 한다. 우선, 위경 폭로의 출발점 가운데 하나는 진시황이 분서를 행할 당시에도 육경은 없어지지 않았음을 증명하는 것이었다. 캉유웨이는 진시황의 분서갱유를 새롭게 해석했는데, 정치·예의·언어 등의 측면에서 당시 봉건과 통일 사이의 격렬한 충돌이라는 역사적 전환기의 맥락을 복원하고, 이를 경서 진위와 전승 관계를 판정하는 돌파구로 삼았다. 금고문의 문제는 진대의 분서에서 비롯되기 때문에 분서갱유의 재해석은 피할 수 없는 문제였다. 여기에서 표면적으로는 육국의 서적들이 모두 불태워졌는지 여부의 문제를 다루고 있지만, 심층적으로는 정치 제도상 통일(군현제)을 택할 것인지, 아니면 봉건을 택할 것인지의 정치적인 문제를 다루고 있었다. 따라서 분서의 문제와 통일의 문제는 밀접한 관련이 있다. 『사기』의 「이사전」李斯傳에서 이사는 다음과 같이 말한다. "제후들을 진나라에 복속시키는 방법으로는 군현제 같은 것을 예로 들 수 있습니다. 무릇 진나라의 강대함과 대왕의 어짊이라면, …족히 제후를 멸하고 황제의 대업을 이루어 천하를 통일시킬 수 있으니, 만세에 한 번 있는 기회입니다." 그리고 「진시황본기」秦始皇本紀에서는 이사가 "폐하의 신령함으로 천하를 통일했으니, 모두 군현을 삼을 수 있습니다"라고 했다. 『춘추공양전』에 있는 "군자는 천하를 바르게 하고", "왕자王者는 천하를 통일한다"는 말은 여기에서 기원했을 가능성이 높다.[114] 캉유웨이의 위경에 대한 논박은 '통일'에 대한 논증의 의미를 명확히 담고 있었다. 『신학위경고』에서 육경이 진나라의 분서로 인해 망실되지 않았다고 한 주장은 다음과 같은 측면들을 포함한다. 첫째, 분서의 명령이 내려졌지만 민간의 서적들을 불태웠을 뿐, 박사들이 관장하던 것들(『시경』, 『상서』, 육예六藝, 백가百家)은 불태워지지 않았다.[115] 진나라에서는 "관리를 교사로 삼아" 학관學官을 설립하고 사학私學을 폐지함으로써, 이를 제국의 법령·제도·예의 통일의 전제로 삼았다. 만일 통일 시대에 선대 유가의 학문이 폐지되지 않았다고 한다면, 통일 시대 자체의 합법성 역시 여전히 성립될 수 있다. 둘째, 문자의 측면에서 캉유웨이는 문자의 다른 형태들이 제후들의 각기 다른 정치의 표현으로 보았다. 그리고 유흠이 '고문'을 날조했다고 공격하면서, 선진先秦 시기의 주문籒文과 전서篆書가 비록 변화하기는 했지만 크게 달라지지는 않았다고 단언한다.[116] 그는 다음과 같이 말한다.

공자의 필사본 경전들은 공부孔鮒와 공양孔襄이 공광孔光에게 전하여 10여 세대 동안 끊이지 않았다. 따로 진秦나라와 위魏나라의 박사인 가산賈山과 복생伏生, 그리고 노나라의 여러 유생이 필사본을 전하여, 사제 간에 전수되고 부자간에 전해졌으니, 어찌 변화가 있었겠는가? 한나라 유생이 쓴 글자가 바로 공자가 쓴 글자이며 다른 별도의 서체書體는 더더욱 없었다. 자사子思는 "오늘날 천하가 같은 문자를 쓴다"라고 했다. 하지만 허신은 '제후들이 무력으로 정치를 행하고, 주나라 왕실에 통일시키지 않고, 7국으로 나뉘어 문자의 형태가 달라졌다'고 했고, 강식江式은 「논서표」論書表에서 "그 뒤로 7국이 서로 달라져 문자가 각기 어긋나게 되었다. 진나라가 천하를 겸병하기에 이르러 승상 이사가 진나라 문자에 맞지 않는 것들을 일소했다"라고 했으며,

위헝衛恒은 「사체서세」四體書勢에서 "진나라에 이르러 전서를 사용했는데, 전적들을 분서하게 되면서 고문이 사라졌다"고 했다. 이들은 모두 유흠의 날조된 학설(僞說)을 이용하여 망령된 헛소리를 지어냈다.[117]

이러한 해석에 따르면 금문은 공자를 직접 계승한 것이고, 별도의 글자체는 없었다. 허신 등의 고문경학가들에 대한 비판은 문자학상의 비판일 뿐만 아니라, 정치 이념과 역사 이해상의 비판이기도 했다. 왜냐하면 고문학자들이 '문자 이형異形'을 인정하는 데 전제가 되었던 것은 "제후들이 무력으로 정치를 행하고, 주나라 왕실에 통일시키지 않았다", 혹은 "7국이 서로 달라졌다"는 등의 말이었기 때문이다.[118] 만일 공자 시대에 '문자 이형'의 상태가 아니었다고 한다면, 이는 통일 상태야말로 선대 유가의 정통이며, 제후 봉건이야말로 오히려 '찬탈' '섭정'의 거짓 정치임을 말하는 것이 아니겠는가? 진대의 분서와 관련된 논의가 군현과 봉건, 통일과 분봉分封의 정치적 판단과 관계되어 있음은 매우 분명하다. 진대의 분서가 군현과 봉건의 충돌에서 비롯되었다고 한다면, 진나라가 실행한 군현은 육경에 부합되는가? 캉유웨이 이전에 이미 랴오핑은 다음과 같이 말했다. "진나라가 군현제로 개편한 것은 경전의 뜻과 부합하며, '대일통'의 선성先聲이 되었다. 『예기』「예제」에 이르길 왕기王畿(왕이 직접 다스리는 땅과 그 주변의 땅)에는 봉건을 세우지 않았고, 오직 팔주八州에만 제후를 봉했다고 했다. '대통'을 이룬 중심 국가(中國)를 왕기라 했으므로, 그 땅에는 제후를 봉하지 않았던 것이다."[119] 하지만 랴오핑의 논의는 경학의 측면에 집중되어 있었으며, 봉건과 군현의 정치적 알레고리에는 관심을 두지 않았다. 『신학위경고』는 이 지점에서 출발하여, 각기 다른 측면에서 통일(지존至尊)과 봉건(병렬竝列)의 관계로 논의를 전개했다. 그리고 복잡한 예증을 통해 황권 중심주의와 공자의 지존으로서의 지위를 논증함으로써, 대일통 체제 혹은 군현 국가 체제에 의리로서의 토대를 제공했다. 서태후의 섭정과 지방 분권의 맥락 속에서 캉유웨이는 한편으로는 대일통과 군현 제도를 주창하고, 다른 한편으로는 '섭정', '찬위', 봉건 등을 맹렬히 비판했는데, 이는 그의 정치적 알레고리를 명확히 드러내 보여 준다.

다음으로 거의 동일한 논리에 따라, 캉유웨이는 단일한 원천으로서의 육경과 지존으로서의 공학의 지위를 논증했다. 『사기』는 공자를 '세가'世家에 두었는데, 캉유웨이는 이에 대해 다음과 같이 단언했다. "'육예'에 대한 언급은 모두 공자에게서 나왔으니, 가히 지성至聖이라 할 만하다." "육경은 공자에 의해 저술·첨삭되었고, 예제와 악제樂制는 공자가 만들어 내었기에, 천하가 모두 공자의 학문과 가르침을 배운다."[120] 육경의 지존으로서의 지위와 공자의 지고무상한 지위는 서로 지탱해 주고 있는데, 캉유웨이는 이를 다음과 같이 정리하고 있다. 첫째, 육경의 함의와 순서가 『시』, 『서』, 『예』, 『악』, 『역』, 『춘추』임을 재천명함으로써[121] 고문경학에서 말하는 『역』, 『서』, 『시』, 『예』 등의 배열 순서를 배제시켰다. 또한 후세에 의해 '경'經의 반열에 올랐던 일부 저술들(예를 들면 『논어』, 『효경』孝經, 『예기』의 「왕제」·「경해」經解·「학기」學記 등을 비롯해 소학서小學書들에 이르기까지)을 다시 전주傳注(경서를 보좌하는 해설서)로 격하시켜, 육경의 절대적이면서도 신성한 지위를 확보했다. 둘째, 진대의 분서가 육경을 멸절시키지 못했으므로, 이에 따라 서한 경학이 정통의 지위를 지니게 되었으며, 후세에 의해 첨삭된 텍스트들은 배척되어야만 했다. 이를 통해서 경전 해석학의 유일한 '정본 텍스트'를 확립했다. 셋째, 주 문왕과 주공의 지위를 폄하하고, 공자의 성왕으로서의 절대적이면서도 유일한 지위를 확립했다. 유흠은 "주 문왕이 『주역』을 상·하편으로 만들고, 주공이 『주관』周官(즉 『주례』)·『이아』爾雅를 지었다"고 날조했으며, "주 문왕과 주공을 추앙하는 것은 허행許行이 농사를 강조하며 신농씨神農氏에 의지하고, 묵자墨子가 자신의 주장을 우禹임금에게 근거하는 것과 마찬가지이며, 사실 이는 공자의 자리를 빼앗으려는 계략이자, 성현을 어지럽히는 무법

한 노릇"[122]이라고 보았다. 넷째, 제자諸子의 지위를 폄하하고, 제후 각
국이 함께 공자교를 존숭하게 됨으로써 열국의 형세가 공자의 천하 통
일의 시대로 진입하게 되었다고 단언했다. "70 제자가 각기 제후들에
게 유세했는데, 크게는 스승과 재상의 지위에 오르거나, 작게는 사대
부와 교류하며 이들을 가르쳤다. 비록 7국의 무도한 이들이었지만 모
두 공자의 가르침을 따르게 되었다." 노자老子·묵가墨家·명가名家·법
가法家·농가農家·병가兵家 등의 제자백가들 모두 공자와 상호 대립했지
만, 오히려 공자의 숭고한 지위만 더 입증해 줄 뿐이었다. 제자백가의
병존과 여러 종교의 혼효는 아직 대일통 시대에 이르지 않았음을 보
여 주는 것이며, 이러한 제자백가의 병립 국면은 동중서가 한 무제에
게 "'육예'를 익히고 공자의 학술을 배우지 않은 자는 절대 등용하지
말라"고 청하게 되면서부터 그 종말을 고하게 되었다.[123] 상술한 각 측
면들을 살펴본다면 육경의 단일 원천과 공학의 지존 지위에 대한 캉유
웨이의 논의들 속에서 여전히 봉건과 대일통이 그 중심에 놓여 있음을
알 수 있다.

셋째, 캉유웨이의 역사 편찬학과 지식 분류학에 대한 이해를 재확
인할 수 있다. 공자를 성왕으로 삼는 것은 곧 육예를 법으로 삼는 것
이다. 장학성 등과 마찬가지로 캉유웨이의 역사 편찬학과 지식 분류학
에 대한 이해는 편찬 체제와 역사 사이의 상호 관계 위에 이루어졌다.
그러나 '칠략'七略 분류에 대한 캉유웨이와 장학성의 태도는 매우 상
반된 것이었다. 역사 편찬 체제와 지식 분류 체제에 대한 비평은 복잡
한 정치적 알레고리를 담고 있다. 캉유웨이의 서술 속에서 학술 사상
의 각종 유파들이 공자의 통일 맹주로서의 지위와 어깨를 견주며 대치
하고 있는 것은 제후 분봉(봉건)과 통일(군현)의 대치, 주변(夷)과 제국
(夏)의 충돌 등과 같은 정치적 현실에 대응한 것이었다. 상술한 관계들
의 역사적 변화를 정확히 체현한 역사학 체계와 지식 분류여야만 비로
소 정확한 체계와 분류라 할 수 있다. 한편으로 역사적 변화는 역사학
체례와 지식 분류의 기본 척도이면서, 다른 한편으로 역사학 체례와

지식 분류에 대한 심의는 역사 관계의 청산을 위한 필수 경로이다. 그런 의미에서 캉유웨이가 『사기』를 긍정하고 『한서』漢書를 부정하는 근거는 장학성 등이 『한서』를 긍정하고 『사기』를 비난했던 것과 다를 바가 없었다. 예를 들어 『사기』 열전列傳에는 「유림전」儒林傳이 제자백가의 열전들과 병렬 배치되어 있는데, 이처럼 "유가를 육가六家*에 병렬시키는" 서술 전략은 바로 "이교異敎가 멸절되지 않았던 당시의" 역사적 특징을 보여 주는 것이다. 따라서 『사기』에서 "'유가'를 '도가'·'묵가'와 동급으로 나눴던 것은 마치 요遼나라나 서하西夏의 음악이 송宋나라의 음악과 병칭되거나, 야랑국夜郞國이 한나라와 비견되었던 것 등과 마찬가지이니, 그 또한 그럴 만한 것이었을 따름이다."[124] 한대 이후로 공자교만이 존숭되면서 역사 관계에 중대한 변화가 발생했음에도, 한대로부터 명대까지 각 조대의 역사에서 여전히 구제도를 따라 「유림전」을 다른 제가백가와 병치하여 열거하는 것은 역사적 변화를 체현한 것이 아닐뿐더러 역사 관계를 철저히 전도시키는 것이었다.

역사 편찬학과 지식 분류학은 역사적·정치적 관계의 체현이므로, (유흠의 『칠략』 분류와 같은) 지식 분류와 (반고班固의 『한서』와 같은) 역사 편찬학의 내재적 모순에 대한 표명은 반드시 역사적·정치적 관계에 대한 이해 및 재정리와 관련이 있을 수밖에 없다. 사학史學 체례와 지식 분류는 특정한 정치적 함의를 지니고 있으며, 결코 고립된 학술사의 문제가 아니다. 이 점은 장학성의 역사관에 관해 논술한 부분에서 이미 상세히 분석했다(본서 제3장 제3절 참조). 캉유웨이와 장학성의 사학 취사선택에 있어서의 분기점은 주로 정치관의 차이, 즉 봉건과 통일에 대한 태도상의 차이에 놓여 있었다. 캉유웨이는 통일을 중국 문명의 정도正道라 보았고, 장학성은 봉건을 중국 예의의 전제라 보았다.

• 육가(六家): 사마천의 아버지 사마담의 제자백가 분류로, 음양가(陰陽家)·유가(儒家)·묵가(墨家)·명가(名家)·법가(法家)·도가(道家)를 가리킨다. 이에 대한 구체적인 기술은 『사기』 「태사공자서」 중 사마천이 인용한 아버지 사마담의 발언에 보인다.

무술변법운동 전후의 맥락 속에서 캉유웨이는 황권 중심주의의 형성을 절실히 바랐고, 군주제에 의탁하여 개혁을 진행하고자 애썼으며, 섭정이나 분권론에 대해 비판적인 입장을 취했다. 이러한 그의 정치적 입장은 동시에 그의 경학관과 역사관에서도 드러난다. 예를 들어, 그는 유흠이 삼황三皇을 날조하고 오제五帝 관련 사실을 문란케 한 것을 비판했다. "치우蚩尤는 과거의 제후였으며, 소호少皥 역시 과거의 제후였으니 치우와 마찬가지였다. 오제가 없었다고 말하는 자는 황제의 자손이 아님이 너무나 자명하다."[125] 이는 제위 질서에 대한 재해석이다. 또한『한서』「왕망전」王莽傳에는 왕망이『서경』「강고」康誥 편의 "왕이 말하길 '맹후孟侯이자, 짐의 동생인, 어린 봉封아'"를 인용한 사실이 기록되어 있는데, 캉유웨이는 이것이 주공이 섭정을 하면서 자신을 왕으로 칭한 문장이라고 지적하고, 다음과 같이 논증했다. "『춘추』에 '은공隱公은 즉위라 말하지 않고 섭정이라 한다'고 했다. 이 두 경전은 주공과 공자가 정한 것으로, 후세 사람들이 봉행하는 법도가 되었다. 이를 보건대 유흠이『춘추좌씨전』을 위조한 논지는 왕망의 섭정과 찬위를 돕고자 한 것이니,『춘추공양전』과『춘추곡량전』에서는 이러한 논의를 본 적이 없다."[126] 상술한 예들은 캉유웨이가『춘추공양전』과『춘추곡량전』을 긍정하고,『춘추좌씨전』을 배척하는 정치적 함의, 즉 '섭정'·'찬위'를 배척하고, '정위'正位를 요구하고자 한 정치적 함의를 잘 보여 준다.

상술한 내용들을 종합해 보면 다음과 같은 기본적 결론, 즉 공자의 학문은 분열의 난세 속에서 통일을 체현하는 유일한 힘이라는 결론을 얻을 수 있다. 소위『춘추』의 '새로운 왕을 세우는 것'의 의의는 바로 여기에 있다. 공자는 "예악과 정벌을 천자가 아닌 제후가 나서서 행하던"(禮樂征伐自諸侯出) 시대에 태어났기 때문에, 제후의 초빙에 응해야만 했고, 이에 대한 답례로써 도의에 따라야만 했다. 하지만 공자의 학설은 제후의 이익을 대변하는 것이 아니라 오히려 정반대로 선왕의 가르침을 체현하고 있었다. 이른바 "서술할 뿐 지어내지 않으며, 옛것을 믿고 좋아한다"(述而不作, 信而好古)는 방식 그 자체가 바로 "예악과 정벌을 제후가 나서서 하는 것"에 대한 훈계였다. 공자는 고금의 책들을 연구하고 살펴보고서 마침내 다음과 같이 말했다. "크도다, 요堯의 군덕君德이여! 오직 하늘만이 지대하며, 오직 요임금만이 이를 본받았도다. 그 이룬 공적은 우뚝 솟아 있고, 그 문장은 빛나도다." 또한 "주공은 이대二代(하夏와 상商)를 거울삼았으니, 풍성하도다 그 문화여! 나는 주공을 따르리." 캉유웨이는 이에 대하여 다음과 같이 해석한다. "이 때문에 『상서』를 펴낼 때, 「요전」堯典에서 시작했고, '음악'(樂)에 대해 칭할 때는 순舜임금의 음악인 「소무」韶舞를 본받았고, 『시경』을 논할 때는 주공의 채읍采邑에서 채집한 노래를 모은 '주남'周南을 첫 번째로 삼았고, 『주례』周禮를 편찬했고, 『춘추』에서 노나라 12공의 일들을 열거할 때 문·무의 도를 가지고 엮어 내다가 그 완성을 '기린을 얻는'(獲麟) 데서 끝냈던 것이다. 대체로 만년에 와서야 『주역』을 좋아하여 죽간을 묶은 가죽 끈이 세 번이나 끊어질 정도로(韋編三絶) 읽고서 이에 전傳(『주역』의 십익十翼)을 달았다. 모두가 성현의 일로써 선왕의 가르침을 세우기 위함이었다."[127] 이와 마찬가지로 70제자들은 여전히 천하가 서로 다투는 국면 속에서 하나의 내재적 통일 역량이었다. 그들이 흩어져 제후에게 유세를 했든, 아니면 은거하여 현신하지 않았든 간에 말이다. 캉유웨이는 공자 학술이 진대의 분서로 망실되지 않았음을 전력을 다해 증명하여, 제나라와 노나라 지역의 유학은 단절되지 않았고 한대의 학술이 바로 공학의 정전正傳이었음을 반복해서 설명했다. 이는 진시황을 변호하기 위함이 아니라, 공자 학문이 천하 상쟁의 형세를 극복할 수 있는 내재적 역량이라 보았기 때문이다.

주목할 점은 공자의 통일학에 대한 존숭을 통해 대일통(혹은 분봉제 반대)의 정치 구상을 표현하고자 했을 뿐만 아니라, 캉유웨이가 경학 서술과 정치 서술의 완전한 합일을 통해 황권 발전 과정의 정통성에 대해 논증하고자 했다는 사실이다. 위경에 대한 폭로는 곧 위정僞政에 대한 폭로였으며, 왕망의 한나라 왕위 찬탈과 유흠의 공자 찬위에 대한 직접적인 연계를 통해 사실 캉유웨이는 광서제 시대의 태후 섭정이 가져온 황권의 위기를 언급하고자 했다. 캉유웨이는 다음과 같이 말한다.

> 왕망은 거짓을 꾸며 한나라를 찬탈했고, 유흠은 위경을 가지고 공자의 학문을 찬탈했으니, 이 둘은 거짓을 꾸며내어 찬탈했다는 점에서 마찬가지이다. 위군僞君(자격 없는 자가 임금인 척함), 위사僞師(자격 없는 자가 스승인 척함), 찬군簒君(임금의 지위를 찬탈함), 찬사簒師(스승의 자리를 찬탈함)로 당시 거짓투성이 천하가 되었으니, 어찌 이리 군신君臣이 닮았는가![128]

『신학위경고』에서 서술한 유흠의 공자 찬위, 왕망의 한 왕위 찬탈에 대한 폭로는 황권 정통에 대한 논증이었다. 서태후 섭정이라는 맥락 속에서 정통에 대한 재정의, 황위에 대한 정정은 곧 청 왕조 정치에 대한 비판의 의미를 담고 있었다. 상술한 정치와 학술의 중첩 관계를 빼놓고서는 캉유웨이의 위경 폭로의 동기를 이해할 수 없다.

> 유흠은 『춘추좌씨전』을 위조하고, 성제成帝와 애제哀帝 때 『일례』逸禮, 『고문상서』(古文尚書), 『모시』毛詩 등을 차례대로 위조했다. 이때는 아직 왕망이 찬탈을 하지 않았던 때이니, 유흠이 공학孔學의 지위를 찬탈하고자 하는 뜻은 오래전부터 품고 있었던 것이다. 왕망의 찬탈을 맞이하여, 위경을 꿰맞추어 이를 환영하고 아부하려 했다. 유흠은 왕망의 한나라 왕위 찬탈을 도와주었고, 왕망은 유흠의 학문을 널리 퍼지게 했다. 유흠의 학인들 천명을 공거公車(추천에 응한 인재를 도성에 데려오기 위해 사용하던 관용 수레)로 맞아들이고, 여러 위경들의 학관에 세움으로써 왕망 또한 유흠의 공자 지위 찬탈을 도와주었다. 한나라 왕위를 찬탈하여 왕망이 임금이 되자, 유흠은 그 신하가 되었으니, 왕망은 유흠을

잘 이용한 것이다. 공자의 지위를 찬탈하여 유흠이 스승이 되자, 왕망이 그 제자가 되었으니, 유흠 역시 왕망을 잘 이용한 것이다. 유흠과 왕망은 서로 함께했다. 후세에 이르러 신나라는 망한 지 오래되었지만, 유흠의 경전은 크게 퍼져 2천 년 동안이나 세상을 속여 왔으니, 유흠의 찬탈이 왕망보다 심각하다. 유흠은 왕망의 신하가 되어 자신의 학문을 '신학'新學이라고 불렀으니, 신新나라를 세운 왕망 역시 이와 함께한 것이다. 그래서 유흠과 왕망의 열전列傳을 합해 서술함으로써 신학이 위경임을 밝히는 바이다.[129]

왕망의 한나라 왕조 찬탈은 유흠의 공자 지위 찬탈을 근거로 하고 있었고, 유흠의 공자 지위 찬탈은 왕망의 한나라 왕조 찬탈의 증거로 쓰였으니, 양자가 서로 임금과 스승으로서 함께하고 있었던 것이다.[130] 이러한 이야기들을 『춘추동씨학』 중 "천자는 모후母后 주변 파당派黨의 사람을 신하로 삼아서는 안 된다"는 것에 관한 인용문과 함께 대조해 보는 것도 좋을 듯하다.

『춘추』가 의義를 세워서 천자는 천지에 제사를 지내게 했는데, 제후의 경우는 사직社稷에 제사를 지내되 산천山川이 자신의 봉지封地 내에 있지 않으면 그 산천에는 제사를 지내지 않도록 했다. 천자가 있는 곳에서 제후는 마음대로 땅을 가져서는 안 되고, 마음대로 봉지를 정해서도 안 되며, 천자의 신하인 대부大夫를 함부로 처리해서는 안 되고, 천자의 음악을 즐겨서도 안 되며, 천자의 세금을 함부로 거둬서도 안 되고, 천자의 귀인을 함부로 취해서도 안 된다. 임금의 친척은 모반을 일으켜서는 안 되니 그럴 경우에는 주살해야 한다. 대부는 세습할 수 없고, 대부는 임금의 명령을 팽개쳐 두어서도 안 된다. 적장자를 세울 때 장유長幼를 기준으로 해야지 현명함을 기준으로 해서는 안 되고,

귀천貴賤(즉 적서嫡庶)을 기준으로 해야지 장유를 기준으로 해서는 안 된다. 정실부인으로는 처妻를 세워야지 첩을 세워서는 안 된다. 천자는 모후 주변 파당의 사람을 신하로 삼아서도 안 된다 (「왕도」王道).[131]

캉유웨이의 황권에 대한 논증의 목적은 궁극적으로 황권 자체의 실현에 있는 것이 아니라, 공자의 특별한 지위의 실현에 있었다.

경학의 측면에서 봤을 때,『칠략』이 유독 '육예'를 첫 번째 분류로서 존중하고 있고,* 여러 서적에서 으뜸으로 삼아 공자를 추앙하고 있는 것은 공자의 정통 지위가 이미 확립되었던 당시의 역사적 국면을 체현한 것이다. 그런 의미에서 '육예'를 첫 번째 분류로 삼은 것은 일종의 서사 체제였다. 그것은『한서』에서 한 고조高祖를 존중하여 '본기'本紀에 넣은 것이나,『송사』에서 송 태조太祖 조광윤趙匡胤을 존중하여 '본기'에 넣은 것과 마찬가지의 의미이다. 만일 공자의 지위가 한 고조나 송 태조와 같은 것이라고 한다면, 역사 편찬의 체례라는 각도에서 봤을 때 공자의 70제자의 후학들은 '본기'의 반열에 올라야 하며, 한나라의 문제文帝·경제景帝·무제武帝·소제昭帝, 송나라의 진종眞宗·인종仁宗·영종英宗·신종神宗 등과 마찬가지의 지위를 누려야 하며, 한 발 양보한다 하더라도 최소한 '종실 제왕諸王'의 지위는 누려야 한다. 이에 상응하여 명가·법가·도가·묵가 등 제자백가의 지위는 대략 "한대의 흉노와 서역, 송대의 요나라·서하·금나라·원나라" 등에 해당하는 것이므로, '전'傳의 범주에 들어가야 할 것이다. 바로 이 지점에서 출발하여 캉유웨이는『칠략』이 제자諸子를 '이학략'異學略 범주에 넣지 않고, 오히려 유가를 명가·법가·도가·묵가 등과 나란히 "제자의 하나로 간

* 『칠략』이~있고: 정확하게 말하면『칠략』의 맨 첫 장절은 「집략」(輯略)인데 이는 총론이라 실질적인 분류는 두 번째 장절인 「육예략」(六藝略)부터로 친다. 그래서 이름은 '칠략'이지만 실제 '칠략' 분류법은 7분법이 아닌 6분법이다.

주하고 육예의 바깥에 두어 구류九流라 불렀던 점"•과, 또한 그렇게 함
으로써 대일통의 역사 국면을 "진수陳壽의『삼국지』三國志, 최홍崔鴻의
『십육국춘추』十六國春秋, 소방蕭方의『십국춘추』十國春秋 등이 묘사한 열
국 경쟁의 형세"와 동일시한 점을 지적했다. 그리고 그 황당무계함
은 "광무제가 한 고조의 실록을 고쳐 「한전」漢傳, 「흉노전」匈奴傳, 「서
역전」西域傳, 「서남이전」西南夷傳 등을 병렬시켜 놓는 것"과 진배없다
고 질책했다.[132] 캉유웨이의 핵심 논점은 한대 이후로 지식 분류와 역
사 편찬 체례에서 예서 관계가 전도되어, 통일의 형세를 제후 봉건의
국면과 혼동하고 있다는 데에 있었다. 그런 의미에서 유흠의『칠략』에
대한 부정은 공자의 성왕으로서의 지위 재건과 밀접하면서도 불가분
의 관계에 있었다. 공자의 성왕으로서의 지위 재건은 또한 동시에 정
치 영역에서의 '찬위'와 '섭정'에 대한 비판이기도 했다.[133]

3.『공자개제고』

『신학위경고』 가운데 상술한 사상들은『공자개제고』에서 더욱 발
전하게 되는데, 캉유웨이는 다음과 같이 말한다. "공자가 만든 예제가
삼대의 옛 제도와는 다르며, 유흠의 거짓 예제(僞禮)와는 더욱 상반되
니, 고금이 혼란스러워 적당히 절충할 수 없고 고증하기도 매우 어렵
다. 이에 고금의 예에 관한 설들을 탐구하여 조례를 세워 개괄했다."[134]

• 제자의~불렀던 점: 『칠략』은 「육예략」 뒤에 「제자략」을 두었는데, 이 안에서 '유
가류'를 맨 앞에 두었다. 결국 육경과 관련 전주(傳注)는 「육예략」에 두었지만, 다른
유가의 책들은 제자백가의 범주에 포함시킨 것이다. 「제자략」에서는 제자백가를 유가
(儒家)·도가(道家)·음양가(陰陽家)·법가(法家)·명가(名家)·묵가(墨家)·종횡가(縱橫
家)·잡가(雜家)·농가(農家)·소설가(小說家), 이렇게 총 10가(家)로 분류하고 있는데,
이 중 길가에 떠도는 이야기를 모은 소설가를 얕잡아보고 이를 뺀 9가를 일러 따로 구
류(九流)라고 칭한다.

캉유웨이는 황권 중심론과 공자 지존론을 결합하여 공자의 성왕으로서의 개제 실천을 논증했다. 『공자개제고』의 정치적 함의는 아래의 몇 가지 측면으로 나뉜다.

3.1. 봉건과 통일

『공자개제고』에서, 제후 병립과 제자백가 병기竝起라는 두 역사 현상 사이에는 일종의 역사적 연계와 은유적 관계가 존재한다. 제자백가의 분쟁과 여러 종교의 병기라는 사상적 국면은 또한 제후 분열과 끊임없는 전란의 시대적 표현이기도 했다. 공자의 유교 창시와 제도 개혁(創敎改制)의 노력은 문왕이 예와 악을 만들어 천하를 통일하고자 했던 정치적 실천과 완전히 일치한다. 그런 의미에서 공자가 곧 문왕인 셈이다. 바꿔 말하면 공자의 유교 창시와 제도 개혁과 제자백가의 종교 창시와 유교 공격(創敎攻儒) 사이의 관계 자체가 바로 역사 속에서의 '통일'과 '봉건' 사이의 관계였다. 『공자개제고』는 제2권에서 제6권까지 「주나라 말엽 제자백가의 봉기와 종교 창시」(周末諸子竝起創敎考), 「제자백가의 종교 창시와 제도 개변」(諸子創敎改制考), 「제자백가의 옛것을 근거한 제도 개변」(諸子改制托古考), 「제자백가 간의 상호 논쟁과 공격」(諸子爭敎互攻考), 「묵자의 제자와 후학」(墨子弟子後學考) 등으로 나뉜다. 제7권에서 제13권까지는 공자 개제의 구체적인 내용을 고증하고 있고, 그 뒤로 제14권부터 제20권까지는 공자의 유교와 제자백가의 종교 창시 사이의 투쟁을 다루고 있다. 「제자백가의 유교 비판」(諸子攻儒考), 「묵가와 도가의 유교 비판 강화」(墨老攻儒尤盛考), 「유가와 묵가 사이의 상호 비판」(儒墨爭敎交攻考), 「유가의 제자백가 비판」(儒攻諸子考), 「유가와 묵가의 동시 흥성과 병칭」(儒墨最盛幷稱考), 「노나라의 전적인 유교 추종」(魯國全從儒敎考), 「천하에 전파된 유교, 전국시대 및 진한 시기 성행」(儒敎遍傳天下戰國秦漢時尤盛考) 등으로 나뉘며, 마지막으로 제21권의 「한 무제 이후 유교의 통일」(漢武帝後儒敎一統考)로 끝을 맺는다. 유교의 통일은 제가가 동시에 일어나 각 교파를 창설한 뒤 기나긴 투쟁을 거쳐 하

나로 귀결된 결과였다. 한대의 대일통 국면은 유교 통일의 지위를 확
립해 주었다. 결국 이는 공자가 한나라 제도의 본보기가 되었던 의미
를 암시해 준다. 캉유웨이는 다음과 같이 말한다.

> 10가의 제자백가 중 볼만한 것은 9가뿐이다. 이들 모두가 왕도
> 가 이미 쇠미해지자 일어난 것이다. 제후들이 무력으로 정치를
> 행하여 일시적으로 군주가 되고 맹주가 되었는데, 그 좋아함과
> 싫어함이 각기 달랐다. 이에 9가의 학술이 벌떼처럼 일어나, 각
> 기 한 자락씩 잡고서는 그 잘하는 바를 숭상하여 이를 가지고 유
> 세를 하며, 제후와 야합했다. …그 사람으로 하여금 명왕 성군이
> 되게 하고, 절충시킬 수 있는 것은 모두 그를 보필할 만한 뛰어
> 난 인재뿐이다. …만일 '육예'의 학술을 수양하고 9가의 주장을
> 관찰하여 그 단점을 버리고 장점을 취한다면, 만방의 책략에 통
> 달할 수 있을 것이다.[135]

제자백가의 흥기와 제후의 무력 정치는 밀접한 관련이 있으며, "일
시적으로 군주가 되고 맹주가 되었는데, 그 좋아함과 싫어함이 각기
달랐던 것"이 바로 각 유파가 종교 창시와 제도 개혁을 하게 된 동력
이었다. 비단 공자뿐만 아니라, 묵자墨子·관자管子·안자晏子·극자성棘
子成·송견宋銒·윤문尹文·양자楊子·혜자惠子·허자許子·백규白圭·공손룡公
孫龍·등석鄧析·도가道家·법가法家·명가名家·음양가陰陽家·종횡가縱橫家·
병가兵家 등 가운데 종교 창시, 제도 개혁, 옛것에 근거(托古)를 하지 않
은 이가 없었다. 이는 봉건 할거와 제후 경쟁의 세계였다. 이런 의미에
서 '새로운 왕'(新王)의 확립은 역사적 선택이었으며, 공자의 가르침이
다른 것들보다 우월했음을 증명하는 것이다. 캉유웨이는 공자의 유교
창시를 논증하는 데에 힘썼지만, 제자의 교의가 지닌 통찰과 의미를
부정하지는 않았다. 공자는 "예가 사라지자 재야에서 구하게 된" 국면
속에 있었으며, 그의 의미는 제가백가를 절충하면서, 그들의 단점을

버리고 장점을 취해, 하나의 완비된 교의敎義를 창조해 낼 수 있었다는 데에 있었다.

캉유웨이가 제자백가의 종교 창시와 공자 제도 개혁을 논한 것은 중국 역사 속의 봉건과 통일의 관계를 논하는 데 그 뜻이 있었다. 즉 공자교의 통일을 중국이 귀의해야 할 곳이라 여겼던 것이다. 우리는 이러한 비유적 관계를 어떻게 이해해야 할 것인가? 우선 캉유웨이의 서술 가운데 가르침은 다스림으로 귀결되며, 다스림은 또한 가르침으로 귀결되니, 정교政敎 분리는 경전 혼란과 정권 찬탈의 결과였다. "백 줄기의 강물은 각기 그 근원이 다르지만 모두 바다로 돌아가고, 백가는 비록 업은 다르지만 모두 정치에 힘쓴다"라고 했으니, 이는 오히려 초기의 정교 관계를 상징적으로 보여 준다.[136] 이런 관점은 이후 캉유웨이의 지방자치에 관한 정치관과 상응한다.

> 과거에는 봉건을 했지만 백성을 다스림에 봉건의 실행이 불가능해졌던 까닭에, 마침내 소홀해지고 다스려지지 않게 되었다. … 무릇 지방자치란 곧 과거의 봉건이다. 하지만 과거에는 난세라서 한 사람에게 봉건 영지를 주었는데, 대대로 사사로운 전쟁의 우환이 이어졌던 까닭에 행해질 수 없었다. 오늘날은 승평세라서 그 인민들에게 봉건 영지를 주고, 인민의 의견을 들어 자치를 하고, 대중의 의견을 들어 공론을 펼치며, 사람들이 스스로 공익을 도모하니, 지리적으로 크게 확장되고, 인간의 기술은 크게 발전하여 풍속은 아름답고 재능과 지혜가 생겨나게 되었다. 미국의 주들은 자치제를 따르니, 이는 곧 과거 공후公侯 대국의 봉건이요, 독일 연방과 마찬가지이다.[137]

그는 군현과 통일을 중시했으며, 군현 통일의 형세를 지방 분치와 융합시키길 희망했다. 제자백가의 종교 창시와 공자의 통일은 경학의 측면에서 이러한 정치적 구상에 의존했다. 그의 해석에 따르면, 제자백가의 종교 창시는 최종적으로 '다스림'에 귀결됨으로써, 제자백가의 종교 창시와 제후들의 병립 사이, 즉 가르침과 다스림 사이에는 어떤 구별도 존재하지 않게 된다. 따라서 통일과 봉건의 투쟁은 일종의 정치적 투쟁일 뿐만 아니라, 일종의 교의와 신앙의 충돌이기도 하다.

다음으로, 선진 시기 제후 간의 분쟁과 제자백가들의 상호 비판이란 국면은 결국 병기와 문명 충돌의 식민 시대와 유비적 관계를 형성한다. 주나라 말기의 제자백가들의 병기와 종교 창시는 각기 하나라 우임금 이래의 지식과 지혜를 계승하여 독자적인 실천을 행하고, 이론을 세워 무리를 모으고, 제도 개혁을 통해 새로운 기준을 세워 천하를 바꾸고자 한 것이었다. 하지만 각자가 가진 능력이 달라 각기 하나의 의義만을 밝히고, 각자 치우치고 막혀 서로 소통하지 못하다가 결국 서로 비방하고 공격하는 국면에 이르게 된 것이다. 그는 이러한 사유의 흐름에 따라 다음과 같이 주장하기에 이른다.

> 외국의 종교들 역시 이와 다르지 않다. 당시 인도에서는 부처를 비롯해 바라문과 96개의 외도外道가 동시에 학파를 창시했으며, 페르시아에서는 조로아스터가 창시되어 새로운 신도를 이끌었고, 유럽에서는 그리스의 문화와 교육이 극성하여 동시에 일곱 현자가 나타났으며 이를 소크라테스가 집대성했다. 따라서 드넓은 중국에서도 여러 종교가 나오게 되었는데, 춘추전국시대에 특히 극성했다. 제자백가가 홍성해 그들의 주장이 축적되며 더욱 신성한 것이 나오자 많은 사람이 따르게 되었고, 대일통을 이루어 만세에 두루 퍼지게 되었다. …천하가 모두 공자에 귀의하고, 대도가 통합되니, 한대漢代 이후로는 제자백가가 사라지게 되었다.[138]

통일과 봉건의 관계는 제자 병기의 국면을 설명할 수 있을 뿐만 아니라, 외국의 종교들에 대한 묘사에도 적용할 수 있다. 따라서 "천하가 모두 공자에 귀의한다"고 한 것은 확실히 한대 이후 백가가 배척되고 유학이 독존하던 시대를 묘사한 것이지만, 또한 세계적 범위에서 종교 간의 경쟁과 통일로의 귀결이라는 필연적 추세를 암시하고 있기도 하다. 여기서 '경쟁'이라는 상태를 중심으로 제후 봉건, 제자백가의 상호 비판, 민족국가 충돌 등의 역사적 현상들을 연계시킴으로써 상술한 세 측면에 대비되는 '대일통', '유학독존', '대동'의 삼자 사이에 일종의 우의적寓意的 관계를 구성해 내었다. 아래 인용한 『춘추동씨학』의 문장은 『공자개제고』에서 제자백가들의 상호 비판과 종교 창시에 관한 논의와 상호 참조할 만하다.

> 살펴보건대, 지구의 인류 역사는 우임금 시대로부터 시작되었다. 인류는 곤륜崑崙에서 처음 비롯되었다. 공자는 인류를 천자·제후·대부라는 세 등급으로 나누었고, 『춘추』에서는 대부의 권력을 없앴다. 난세에는 대부를 없애고, 승평세에는 제후를 없애고, 태평세에는 천자를 없앤다. …공자가 제도 개혁을 하면서 비로소 문명이 일어났다. 한漢 왕조는 로마와 동시대이다. …수많은 국가가 세워지자 전쟁 또한 많아졌다. 귀주와 운남 사이에는 곳곳에 족장들이 일어났다. …서양의 삼대는 바빌론, 그리스, 이집트다. …임금은 백성의 권력에 기대었고, 무당은 신의 권력에 기대었다. 종족과 언어는 모두 인도에서 나왔다. …공자는 불의 종교(火敎)이니, 태양을 종주로 삼는다.[139]

캉유웨이는 분명 '중국'의 범주에 국한되지 않은 채 '경쟁'의 국면을 논하고 있다. 춘추시대의 제자백가, 각종 종교, 각 제후의 공통점은 각기 세계에 대한 비판과 이해에 얽매여 있었다는 점이다. "천지의 아름다움을 판단하고, 만물의 이치를 분석하고, 옛 성인들의 완전함을 통찰할 방법이 없었기에, 천지의 아름다움을 완비하고, 신명을 담아내기엔 역부족이었다." "후세의 학자들은 불행히도 천지의 순수함과 옛 성인들의 요체를 알지 못하니, 도술이 장차 천하를 분열시키게 될 것이다."[140] 대일통, 유교, 대동은 이러한 종합적·통일적 시야에 대한 요구로부터 생겨난 것이자, 또한 제자나 여러 종교, 국가 충돌로부터 단점을 극복하고 장점을 흡수하는 과정에서 생겨난 것이었다.

    캉유웨이의 공자 제도 개혁에 대한 논증은 어째서 제자백가의 종교 창시, 여러 종교의 상호 비판, 여러 종교의 유교 비판, 유교의 통일 등에 대한 고증을 통해서만 설명될 수밖에 없었을까? 더 나아가 어째서 그는 민족국가 충돌의 국면을 직접적인 정치 충돌이 아닌 여러 종교들의 상호 비판에 비유했던 것일까? 광범위한 인증을 통해 당시 유행하던 고문학파의 관점에 반격하고자 한 기술적 고려와, 학술적 수사修辭를 통해 정치적 의지를 드러내고자 했던 저자의 의도 등을 생각해 볼 수 있을 것이다. 그러나 가장 중요한 원인은 다음과 같다고 사료된다. 1. 캉유웨이는 '중국'을 단순히 하나의 국가로 본 것이 아니라, 일종의 문명으로 보았다. 그는 또한 동시에 19세기 국가 간의 충돌을 문명의 충돌로 보았다. 그런 의미에서 정치적 충돌이 문명의 충돌 혹은 종교의 충돌로 설명될 수 있었던 것이다. 2. 캉유웨이는 유교를 각 학파 가운데 한 유파로 보지 않고, 각종 학설에 대한 역사적 종합이자 하나의 균형점이라고 보았다. 상술한 두 지점은 유교와 그 역량에 대한 그의 해석에 집중되어 있다. 유교는 단일성을 지향하는 하나의 학설을 체현한 것이 아니라, 종합적 역사 관계이자 문명의 형식을 체현한 것이었다. 유교는 공자의 종교 창시의 결과이면서, 동시에 역사 관계와 역사 충돌의 산물이었다. 캉유웨이는 결코 공자를 무수한 종교 창시자들 가운데 한 명으로 치부하지 않았다. 한편으로 오로지 이러한 복잡한 역사 관계 속에서만 비로소 공자교와 기타 종교 사이의 (공자와 양주楊朱의 경우와 같은) 첨예한 대립과 (공자와 묵자의 경우와 같은) 미묘한 차이가 명확히 드러날 수 있다. 다른 한편으로 각종 사상 간의 상호 공격이 있어야만 비로소 각 학설의 종합이라는 맥락이 창출될 수 있고, 각 종교의 분화와 종합의 가능성을 제공함으로써, 유교로의 통일을 역사적 운동의 자연스러운 결과, 즉 천명의 귀결로 볼 수 있게 되는 것이다.

여기서는 권18의 「유가와 묵가의 통시 홍성과 병칭」을 예로 들어, 캉유웨이가 어떻게 공자의 유교 창시에 담긴 함의를 논증했는지 분석해 보겠다. 권18 뒤로 3권이나 계속해서 유교가 역사 속에서 전면적으로 승리하는 과정을 서술하고 있다. 권19 「노나라의 전적인 유교 추종」, 권20 「천하에 전파된 유교, 전국시대 및 진한 시기 성행」, 권21 「한 무제 이후 유교의 통일」 등이 그것이다. 분명 유가와 묵가의 상호 비판과 병칭에 대한 논의는 공자교 통일이 확립되는 마지막 논전이었다. 공자와 묵자는 모두 인仁의 가르침을 내세웠으며, 모두 요·순임금을 말하고, 학문이나 제도에 있어서 다른 사람들을 능가했고, 봉건 영지가 없는 임금이자 관직이 없는 수장首長이라 할 수 있었다. 내부적인 분화에 있어서도 유사한 측면이 있었는데, 유가는 여덟 분파로 나뉘고, 묵가는 세 분파로 나뉘었다.* 전국시대에 유가와 묵가의 제자들은 천하를 양분했기에, 만승지국萬乘之國의 군주조차 이들과 경쟁할 수 없었다. 묵자교는 공자교가 천하를 통일하는 데 있어서 강력한 경쟁자였다. 여기서 공자와 묵자의 공통점들, 즉 "모두 선왕을 언급함"으로써 "과거에서 증거를 찾았다"는 점, 그리고 '천하 사람들을 두루 사랑함'(兼愛天下)으로써 "백성들이 모두 추앙하게 했다"는 점 등은 모두 다른 제자백가에겐 불가능한 것이었으며, 이는 공자교와 묵자교가 천하에 퍼지게 된 까닭이었다. 유가와 묵가의 차이점은 장례를 후하게 치를 것인가 약소하게 할 것인가, 공公(공정)을 높일 것인가 겸兼(보편)을 높

---

* 유가는~나뉘었다: 『한비자』(韓非子) 「현학」(顯學) 편에 이런 기술이 보인다. "요즘 세상에 돋보이는 학파는 공자의 학파와 묵자의 학파다. …공자와 묵자가 죽은 이후에 유가(儒家)는 여덟 분파로 나뉘었고, 묵가(墨家)는 세 분파로 쪼개졌다."(世之顯學, 儒墨也. …孔墨之後, 儒分爲八, 墨離爲三) 여기서 말하는 유가의 여덟 분파란 '자장'(子張)·'자사'(子思)·'안씨'(顏氏)·'맹씨'(孟氏)·'칠조씨'(漆雕氏)·'중량씨'(仲良氏)·'손씨'(孫氏)·'악정씨'(樂正氏), 이렇게 8개의 지파(支派)를 가리키고, 묵가의 세 분파란 '상리씨'(相里氏)·'상부씨'(相夫氏)·'등릉씨'(鄧陵氏), 이렇게 세 지파를 가리킨다.

일 것인가, 인간의 죽음에 운명이 있는가 없는가, 문명(文)으로 난亂을 다스릴 것인가 무력(武)으로 범죄를 금할 것인가 등에 있었다. 하지만 최종적으로 각자의 운명을 결정한 것은 "주 왕실이 쇠하자 왕도가 폐해졌다"는 역사적 국면에 있었다. 공자교 성행의 원인은 대화大化(온 세상의 존재들을 어우러져 발전하게 함)에 있었다! 따라서 캉유웨이는 금문학의 관점을 계승하여 공자가 '천명을 받은 왕'(受命之王)이라 여겼다.[141] 만일 노나라에서 유교를 적극 실천하고 70제자가 사방으로 유세를 하지 않았다면, 만일 열국 간의 무력 전쟁으로 인해 유교의 문치文治라는 가치가 더 부각되지 않았다면, 더욱이 만일 한나라에 의한 통일이라는 정치적 국면이 없었다면, "적극적으로 나서는 것은 힘들지만, 성취한 바를 지키는 것은 가능한"(難與進取, 可與守成) 유교가 천하를 통일하는 일은 없었을 것이다. 그런 의미에서 캉유웨이가 어째서 이처럼 특이하게 군권 통일과 공자교 통일을 연결 짓게 되었는지를 이해할 수 있을 것이다. 캉유웨이는 이에 대해 다음과 같이 평론한다. "진나라는 무력으로 천하를 얻었지만, 박사를 세워 공자의 경전을 존중하도록 하고 70명이 넘는 제자를 길러낼 수 있었던 공자의 학문 역시 흥성했다."[142]

"한 무제는 백가를 몰아내고 유교만을 숭상했으며", 동중서는 공자를 추존하여 관학의 교관을 만들고, 주와 군에 무재茂材와 효렴孝廉*을 천거 받도록 하여 군권 통일과 공자교 통일이 하나로 합일시켰다. "공자의 제도는 한나라 효무제孝武帝에 이르러 크게 행해져 통일이라 일컬어지게 되었으니, 불교에서의 아소카 대왕과 마찬가지였다. 이로부터 지금에 이르기까지 모두가 공자를 존중하게 되었다."[143] 이는 일종의 독특한 정교 합일 체제였다. 즉 황권의 세속적 권력을 인정하고, 또한 이에 기대어 공자를 성왕으로서 존중하며 공자교를 국교로서 숭상했다. 제도를 창설한 공자가 성왕이 아니라면 무엇이란 말인가? 공자

---

* 무재(茂材)와 효렴(孝廉): '무재'는 재덕이 뛰어난 인재를 가리키며, '효렴'은 효성스럽고 청렴한 인재를 가리킨다.

의 유교 창시 이후 그들의 옷은 유복儒服이라 하고, 그 책은 유서儒書라 하고, 그 말은 유설儒說이라 하며, 그 가르침을 따르는 자를 유생儒生이 라 했다. 그러니 유儒라는 것이 공자가 유교를 창시한 것이 아니고 무 엇이겠는가? 『남해사승기』南海師承記에서 캉유웨이는 한 무제가 공자 를 존숭했던 것을 "아소카 대왕이 부처를 존숭했던 것이나 로마가 마 호메트를 존숭했던 것"*과 함께 거론하면서, 이 모든 것들이 "한대漢代 와 동시대이니 신기한 일"[144]이라며 감탄했다. 이러한 정교 합일 체제 가 지니는 함의는 공자를 중심으로 하여, 학교를 세우고, 선거를 시행 하고, 예의를 존중하고, 탁고개제托古改制(옛 제도를 빌려 제도를 개혁하자는 주 장) 했다는 것이다. 이런 대일통의 국면은 선왕의 유제遺制에 의한 것이 아니라 공자가 창조한 새로운 제도(新制)에 의한 것이었다. 따라서 공자 교 자체가 새로운 왕을 따르고자 하는 뜻을 포함하고 있다. 청말 변법 의 맥락 속에서 공자를 교주로 삼을 것과 유교를 종교적 구호로 삼을 것을 명확히 한 것은 결국 변법개제를 가지고 통일된 제도를 시행하기 위한 기본 근거가 되었다.[145] 또한 그런 의미에서 새로운 왕에 대한 춘 추공양학의 논증은 한편으로는 간접적으로 전통 체제에 대한 공격의 뜻을 비추면서, 다른 한편으로는 직접적으로 청말 정치 개혁의 기본 방향을 보여 주었다.[146]

3.2. 삼통설과 공자의 왕제

만일 종교 간 충돌과 통일이 동시에 정치상의 봉건과 통일을 나타 내는 것이라면, 교주로서의 공자야말로 분명 천하 통일의 성왕이라 할 것이다. 바로 그런 의미에서 캉유웨이는 공자를 '주 문왕'으로, 『춘추』 를 '새로운 왕을 세우기 위한 책'으로 단정했다. 이러한 캉유웨이의 규

• 로마가 마호메트를 존숭했던 것: 이슬람교를 창시한 마호메트를 로마에 연계한 것 은 아무래도 캉유웨이가 착각한 것으로 보인다. 아마도 예수 그리스도를 말하려 했던 것이 아닐까 한다.

정에 따르면 문왕은 '중국'의 성왕이 되는 것이다. 따라서 공자의 성왕으로서의 형상과 그가 만들어 낸 예의의 방식과 내용 역시 중국 황권 중심주의('새로운 왕')의 근거가 될 수 있다. 이런 논증에는 두 가지 측면이 포함되어 있는데, 한편으로 공자가 천하의 보편적 교주이면서, 다른 한편으로 중국의 성왕이라는 점이다. 이런 이중의 신분에 근거를 제공해 주는 것은 공양학의 삼통설, 이하론, 봉건·통일의 변증법적 관계 등이다. 캉유웨이는 『춘추번로』 「삼대개제」三代改制 편을 인용하며 이렇게 말한다.

> 과거의 왕은 천명을 받아 왕이 되었다. 제도를 바꾸고 연호를 정하고 복색을 정한 뒤에 천지와 뭇 신들에게 제를 올렸는데, 멀리 조상신에까지 이른 뒤에야 천하에 반포했다. 제후는 천자의 명을 받들어 사직, 종묘, 산천에 고한 뒤에 그 감응을 기록했다. 삼통의 변화는 멀고 가깝건 간에 오랑캐에겐 없고, 그 변화의 순환은 오로지 중국에만 적용되는 것이다. 삼대에는 각 왕조가 세워질 때마다 역법을 고쳤기에 반드시 삼통으로 천하를 다스렸다. 삼통과 오단五端*은 사방을 변화시키는 근본이라 했다. 하늘이 옛것을 폐지하고 시작할 때, 땅은 반드시 중앙(中)에 처하기 마련이다. 그런 까닭에 삼대는 반드시 중국에 있게 되는 것이다.

동중서가 『춘추번로』 「삼대개제」 편에서 말한 천통天統의 요점은 세 가지이다. 1. 왕조는 반드시 역법曆法상 정월을 정하는 것으로부터 시작되니, 천시天時를 지키는 것을 중시한 것이다. 2. 천명이 거하는 곳은 반드시 중국이니, 화하 민족을 안으로 삼고 오랑캐를 밖으로 삼는다.

• 오단(五端): 오시(五始)라고도 한다. 『춘추』에서 각 군주마다 기술을 시작할 때 우선적으로 원년(元年), 춘(春), 왕(王), 정월(正月), 공즉위(公卽位), 이 다섯 가지로부터 시작했기에 이를 『춘추』의 가장 기본적인 기술 원칙으로 여겼다.

3. 의복은 반드시 하나의 색깔로 통일시켜야 하니, 의복 색깔의 개혁을 드러내는 것이다.* 이 세 가지 항목이 시행되면 천하를 통일했다 할 수 있다. 캉유웨이는 이에 근거하여 청대 금문학 내에서의 '삼통설'의 지위를 이전에 없던 정도로 향상시켰다. 이는 사실상 변법개제變法改制를 '새로운 통'(新統)의 건립을 위한 필수 경로로 본 것이다. '왕 노릇 하는 이가 정월을 정하는 것'(王正月)은 본래 역성易姓 임금이 천명의 변화에 따라 제도를 개혁하는 것을 가리키지만, 여기서 역성의 문제는 언급되고 있지 않다. 개제 자체가 이미 진정한 혁명인 것이었다. 캉유웨이 스스로 다음과 같이 해석하고 있다. "공자는 각각의 제도를 세울 때마다 모두 각기 하夏·상商·주周 삼통이 있었다. 하·상·주가 각기 인월寅月·축월丑月·자월子月을 정월로 정한 것이나, 각기 백색·흑색·적색을 숭상한 것이나, 각기 계명鷄鳴·평단平旦·일오日午를 삭朔으로 삼은 것* 등이 바로 그것이다. 이들은 모두 하·상·주 삼대에 의탁하고 있는데, 제도는 비록 다르지만 공자의 정설로 모두 따를 만하다."[147] 공양학의 시각에서 봤을 때, '통삼통'通三統은 예의로부터 정치적 합법성으로 가는 과도기를 연결해 주는 주요 고리이며, 또한 '새로운 왕'이 변법을 통해 자신의 합법성을 세우는 과정이자 근거였다. 『춘추번로』「초장왕」楚莊王 편에서 이르길 "왕은 반드시 개제를 한다"고 했다. 캉유웨이의 해석에 따르면 공자는 법을 만든 '새로운 왕' 혹은 제도를 개혁한 '새로운 왕'이며, 천명을 받아 역성혁명을 했으므로, 이전 왕조의 의발衣鉢을 계승한 제왕들과는 다르다. "만일 이전의 제도를 따른 채, 과거의

---

* 의복은~것이다: 왕조가 바뀌면 오행의 변화에 따라 그 왕조를 상징하는 색으로 의복 색깔을 바꾸어 통일시켰던 것을 가리킨다.
* 계명(鷄鳴)~삼은 것: 초하루(朔)란 음력에서 한 달의 기점을 가리키는데, 새로운 왕조가 시작될 때 정월을 정하는 것과 함께 역법상의 중요한 제도 개혁 가운데 하나였다. 그 기점은 각 왕조마다 다르게 정해졌는데 하 왕조는 그 기점을 평단, 즉 인시(寅時: 3시~5시)로 잡았고, 상 왕조는 계명, 즉 축시(丑時: 1시~3시)로 잡았고, 주 왕조는 야반(夜半), 즉 자시(子時: 23시~익일 1시)로 잡았다고 전해진다. 여기서 일오(日午), 즉 오시(午時: 11시~13시)를 언급한 것은 저자의 실수로 보인다.

방식을 지켜 개혁을 하지 않는다면, 이는 이전 왕조를 계승하여 왕이 되는 것과 다를 바 없는데"[148] 어찌 자신의 법통을 세울 수 있겠는가? "공자가 새로운 왕"이라는 전제하에서, 캉유웨이는 동중서의 『춘추번로』에 있는 '새로운 왕을 세우는 것'이나 '통삼통'과 관련된 논증들을 대거 인용했다. 이는 '삼통설'의 틀 속에서 왕이라는 것은 반드시 제도 개혁을 의미하기 때문이었다.[149]

캉유웨이가 보기에, 공자의 왕으로서의 신분은 '제법의 왕'이라는 범주 안에서 가장 집중적으로 체현되어 있다. 이는 한 세대를 구원하는 것이 아니라, 100세대를 구원하는 것이며, 사람의 주인이 되는 것이 아니라, 제법의 왕이 되는 것이다. 유흠이 『좌씨춘추』*를 가지고 『춘추공양전』을 논파하고, 고문을 이용해 가짜 경전을 전하여 금문경학의 주장들을 공격하며, 주공으로 공자의 지위를 차지하게 만들고, 조술祖述로 공자의 제작制作을 바꿔치기*한 이래로, 공자는 왕자王者에서 박학하고 뛰어난 실천을 한 인간으로 신분이 바뀌었다. "제도 개혁을 통한 입법의 교주이자 성왕으로 복권되지 못한 채, 다만 사통師統 (학문에서의 스승 계통)만이 유지될 뿐 군통君統(정치에서의 군주 계통)은 이루어지지 못했다. 소왕素王을 비난하여 괴이한 거짓말이라거나 참위(僭竊)라 여기기도 했다. 결국 그 권위가 세속 군주에게 돌아가게 되었다. 이리하여 천하의 일을 논하는 자들이 율전(律)은 인용하되 경전(經)은 인

• 『좌씨춘추』: 캉유웨이는 『좌전』을 일부러 『좌씨춘추』라고 칭하고 있다. 『춘추』의 주석서로서 『춘추좌씨전』이라 부르고 이를 줄여 『좌전』이라 칭하는 것이 일반적이지만, 금문경학에서는 『좌전』이 『여씨춘추』와 같이 노나라의 역사서인 『춘추』와는 아무 상관이 없는 저술이라는 점을 강조하기 위해 굳이 일반적인 명칭을 거부하고 잘 사용하지 않는 『좌씨춘추』란 명칭을 사용했다.
• 조술(祖述)로~바꿔치기: 『논어』 「술이」(述而) 편을 보면, 당초 공자는 스스로 "조술만 했을 뿐 제작하지 않았다"(述而不作)고 말했지만, 금문경학가들은 이를 부정했다. 이후 고문경학에서 이 구절을 근거로 공자는 제도와 문명을 만든 사람이 아니라 주공이 만든 제도와 문명을 조술, 즉 받들어 전한 사람이라 규정했다. 캉유웨이는 바로 이러한 고문경학의 관점이 잘못된 것이었다고 비판하고 있는 것이다.

용치 않고, 권세만 좇고 도는 좇지 않게 되었다." 캉유웨이는 교주·소왕·성인 등의 개념을 서로 구분했을 뿐만 아니라, 또한 천하가 귀의하는 성왕을 제왕·군왕 등과 같은 세속 권력과 구분했다. 왕은 곧 교주이자 제법의 왕이자, 원元으로 하늘을 통섭한 공자였다.[150] 여기서 왕은 절대적 유일자로서, 무수한 국가의 국왕, 심지어는 무수한 별들의 통치자들과도 다르다. 공자가 대변하는 것은 하나의 절대 왕권이자, 보편 군주이자, 대일통이라는 의미에서의 군통이다. 여기에는 두 가지 주의할 점이 있다. 첫째, 공자 개제에 대한 고증은 군권 통일과 왕권 지존에 대한 인정을 포함하고 있었다. 둘째, 군통에 대한 강조는 군통 혹은 왕권에 대한 새로운 규정을 위한 전제였다. '왕'은 천하가 귀의하는 '제법의 왕'이며, 원으로 하늘을 통괄하는 '우주의 왕'이다. 따라서 율법에 기대거나 세력에 근거하여 국가를 다스리는 제왕 혹은 봉건 작위와는 무관하다. '법'은 율례나 형법전과는 다르며, 성왕이 만들어 낸 기본 규칙, 즉 의리·제도·예의이다. 캉유웨이의 규정에 따르면 "무릇 대지의 교주가 개제 입법하지 않았던 경우가 없다. …중국의 의리·제도는 모두 공자에게서 세워졌다. 그의 제자들이 그 도를 받들고 그 가르침을 전하여 천하에 행해지자 그 구습이 바뀌었다. 관복冠服, 삼년 상, 친영親迎(신부를 몸소 맞이함), 정전, 학교, 선거 등과 같은 것이 특히 두드러진 예들이다."[151]

제법의 왕과 제왕은 명확히 구분된다. 하지만 캉유웨이가 사람들에게 익숙한 주周 문왕文王·선왕先王·후왕後王 등의 개념을 모두 공자에게 사용하게 되면서, 이 제법의 왕과 정치적 왕권 사이의 구분은 모호해져 버렸다. '삼통설'의 추론에 따르면, 공자는 질박함에 정통했기에(質統) 소왕이며, 화려함에도 정통했기에(文統) 주 문왕이기도 하다. 또한 순자에 따르면 "공자는 인자하고 지혜로우며 막힌 곳이 없었다"고 했고, 장자莊子는 『춘추』는 선왕의 뜻을 세웠다"고 했고, 맹자는 "선왕께선 차마 두고 보지 못하는 마음(不忍之心)을 지녔기에 차마 두고 보지 못하는 정치(不忍之政)가 있게 된 것"이라고 했는데, 이런 논법들 속에서 공자는 '선왕'으로 추정되어 왔다. 캉유웨이는 "공자의 후학들이 인용하는 예禮는 모두 공자의 예이다. '선왕'이라 칭하는 것들은 모두 공자이지, 삼대의 선왕이 아니다"[152]라고 했다. 또한 "하나라와 상나라는 증거가 남은 것이 없고, 주나라의 전적들은 모두 사라져, 공화共和*로부터 몇 년 전의 일인지 알 수 없다. 진·한 이후에야 비로소 상세히 기록되었다"라고 했다. 따라서 상고 시대에 관한 고증은 모두 믿을 수 없고, "삼대에 문교文敎가 흥성했다는 것은 공자의 추론에 근거한 것이다."[153] 여기서 캉유웨이는 요임금·순임금·주 문왕 등의 지위를 공자로 대신함으로써 탁고개제론에 근거를 제공했을 뿐만 아니라, 또한 공자의 왕으로서의 지위를 확인했다. 순자가 말한 '후왕을 본받음'(法後王)이라는 명제는 정치적 왕권과 더욱 밀접한 관련이 있는데, 캉유웨이는 이 명제를 공자가 곧 '후왕'이라는 명제로 바꿔 놓으면서 다음과 같이 논증한다.

> 순자 당시 주나라의 덕은 쇠했으나, 천명은 아직 바뀌지 않았고, 진나라 또한 아직 황제가 되지 않았다. 그런데 작위의 명칭은 주나라를 따랐다 하고, 상나라와 함께 거론하고 있으니 소위 '후왕'이라는 것이 위로는 주나라 왕을 가리키는 것도 아니요, 아래로는 진나라 황제를 가리키는 것도 아니라 한다면, 소왕 공자를 가리키는 것이 아니고 무엇이겠는가? 맹자는 공자를 가리켜 '선왕'이라 칭했고, 순자는 공자를 가리켜 '후왕'이라고 했는데, 이는 실제로는 하나이다. '작위의 명칭은 주나라를 따랐지만' 형벌

---

* 공화(共和): 주나라 제10대 왕인 여왕(厲王)이 혹정을 펼치다 반란으로 망명하게 된 기원전 841년부터 망명지에서 사망했던 기원전 828년까지의 14년 동안의 연호를 의미하는데, 여기서는 공화 원년인 기원전 841년을 가리킨다. 공화는 그 이후로 역사 연표 기록이 정확히 남아 있기 때문에 연대 확인이 가능한 기점이 되기도 하며, 또한 주 여왕의 망명 기간 동안 그를 대신하여 주정공(周定公)과 소목공(召穆公)이 함께 정사를 돌봤다는 의미에서 공화제의 기원으로 해석되기도 한다.

의 명칭(刑名)과 예절의 명칭(文名)은 주나라를 따르지 않았다고
한 것은* 바로 이른바 후왕이 정명한 것이니, 후왕이 공자가 아
니고 누구겠는가? 그런즉 예법의 명칭, 형벌의 명칭, 예절의 명
칭을 주나라 사람의 구습이라 여기고, 공자가 제도 개혁이 아니
라 여기는 것은 더 말할 나위 없는 잘못이라 하겠다![154]

순자 이전 시대가 하나라 우임금, 상나라 탕왕, 주나라 문왕·무왕
등을 선왕이라 칭할 수 있었고, 이들을 백왕의 모범(百王之法)으로 삼을
수 있었던 시대라고 한다면, 순자의 시대는 소위 "예라는 것은 진심과
믿음이 희박해진 것이며 혼란의 시작"이라 할 만한 시대였다. 즉 후왕
의 도는 예악이 붕괴한 국면에서 일어나는 것이다. 캉유웨이는 "순자
가 '후왕'이라 칭한 것은 모두 공자였다"고 단언한다.[155] 그가 다른 곳
에서 썼던 관련 논의들을 참조해 보면, 공자의 형상은 법률·제도의 창
조자이자 집행자로서의 이미지가 매우 뚜렷하다.

공자 학술에 대한 비난은 심성에 관한 것이 아니라 예제에 관한
것들이다. …하급 관리는 한 방면의 사안만 다루고, 중앙 관리는
한 시대 한 왕조의 사안만을 다루며, 유자儒者는 천하 고금의 사
안을 다루니, 그 임무가 가장 크다. 천하 고금의 사안들은 공자
를 언제 어디서든 통용되는 범례로 받든다. 만일 공자의 범례에
통달하지 않는다면 어찌 사안들을 처리할 수 있겠는가? 만약 이
에 통달만 한다면, 제자백가의 서적이나 이십사사二十四史나 일
체의 서적들은 모두가 구체적인 사안事案들일 뿐이다. 범례를 공
부하지 않고, 각 사안들을 심의하지 않는다면, 관리가 될 수 없

---

* 형벌의~것은: 여기서 '문명'(文名)은 예절 의식의 명칭을 가리키는데, 『순자』(荀
子)「정명」(正名) 편에 "후왕의 명칭을 정함에, 형벌의 명칭(刑名)은 상나라를 따르
고, 작위의 명칭(爵名)은 주나라를 따르고, 예절 의식의 명칭(文名)은 『예』를 따랐다"
고 했다.

다. 그런데 공자의 범례에 통달하지 않고, 천하 고금의 대소 사
안들을 심의하지 않는다면, 어찌 유생이 될 수 있겠는가? 매일
같이 사안들을 안고 있으면서 범례를 모른다면 이는 곧 사안을
판단할 도구도 근거도 없는 것이나 마찬가지이다. 만일 다만 범
례만을 읽고 각 사안의 세부 상황을 상세히 살펴보지 않는다면
또한 천하의 변화를 모두 다 알 수는 없는 노릇이다. 따라서 경
전에 통달한 이후에는 제자백가의 서적이나 사서史書, 그리고 여
러 종류의 서적들을 두루 열람해야 한다. 관리가 되는 데 뜻을
두지 않는 것은 기꺼이 하류가 되겠다는 것이요, 천하 고금의 큰
사안들을 다루고자 하지 않는 것은 기꺼이 어리석은 자가 되겠
다는 것이다.[156]

예의 제도와 범례, 혹은 경서와 사안의 판단 사이의 구분은 이미 매
우 모호해져 버렸다.

만일 변법개제만을 위해서라면, '삼통설'과 노나라를 근거로 삼고(據
魯), 주나라를 가까운 왕조로 하고(親周), 은나라를 그 앞선 왕조로 삼겠
다는(故殷)* 뜻을 활용하는 것만으로도 충분할 것이다. 또한 역사 속의
제왕·성왕·선왕·후왕 등의 명칭을 모두 공자의 일신상에 귀속시킬 필
요도 없었을 것이다. 캉유웨이가 논증하고자 한 바는 분명 공자의 절
대 왕권의 지위였다. 아래의 문장은 이 점을 확실히 입증해 준다.

그 밖에 순임금의 우虞나라와 우왕禹王의 하나라를 주나라와 먼
왕조로 격하시킨 것과 오제五帝, 구황九皇, 64민六十四民* 등의 개

• 노나라를~삼겠다는: 『춘추』의 삼통에 대한 동중서의 해석에 따르면, 현재의 왕
(왕조)과 앞선 두 왕조를 포함한 세 왕(왕조)이 삼왕(三王)이 되는데, 현재의 왕조는
'거'(據), 바로 이전 왕조는 '친'(親), 그에 앞선 왕조는 '고'(故)라 칭해진다.

• 오제(五帝), 구황(九皇), 64민(六十四民): 동중서의 삼통설에 따라 새로운 왕(왕
조)이 세워지게 되면 현재 왕(왕조)을 포함한 세 왕(왕조)이 삼왕(三王)이 되고, 자동

념을 내놓은 것은 모두 공자의 판단을 따른 것이다. 각 왕조의 시조들이 요姚, 사姒, 자子, 희姬* 등의 성姓을 가지게 된 것도 모두 공자의 표현을 따른 것이다. 흑백 같은 빛깔의 차이, 방원方圓과 같은 형태의 차이, 같고 다름의 구분, 세습과 같은 전승 방식 등도 모두 공자가 만들어 낸 것이다. 비록 삼대라 명명하긴 했지만 실제로는 공자라는 일가一家에서 나온 것이다. 단지 폭넓은 조리를 갖춰 후세 사람들도 시행할 수 있도록 했던 것이다. 때문에 두 번이고 세 번이고 네 번이고 다섯 번이고 아홉 번이고 왕조가 바뀌더라도 그대로 반복할 수 있다. 땅과 같이 드넓고, 하늘과 같이 고명하더라도, 그 안에서 노닐다 보면 조상을 섬기는 종묘宗廟의 미덕과 온갖 관직들의 풍부함을 깨닫게 되니, 또 다른 세계에도 끝없이 펼쳐 낼 수 있다. …이럴 수 있는 이는 오로지 공자밖에 없다.[157]

공자가 제도 개혁을 통해 만물을 이루고 만세에 표본이 되었으니, 그의 지위는 모든 제왕보다도 높다. 하지만 만일 고대 제왕이 모두 공자가 추론하고, 형상화하고, 만들어 낸 것이라고 한다면, 성왕과 왕권 사이의 차이는 매우 모호해져 버리고 말 것이다. 캉유웨이는 "그 마음이 바로 차마 두고 보지 못하는 마음이요, 그 제도는 바로 차마 두고 보지 못하는 정치다. 인도仁道의 근본을 효제孝悌에 두어 인륜을 정했고, 인술의 시작을 정전井田에 두어 왕도 정치를 추진토록 했다"[158]고

으로 그에 앞선 다섯 왕이 오제(五帝), 그 앞선 아홉 왕은 구황(九皇), 그리고 그에 앞선 왕들은 64민(六十四民)이 된다. 따라서 삼왕, 오제, 구황, 64민의 맨 앞에 있던 왕은 자동적으로 한 단계씩 격하[絀]되는데, 주나라 이후로 새로운 왕이 나타나게 되면, 원래 삼왕이었던 하나라는 오제로 격하되고, 원래 오제였던 황제(黄帝: 헌원씨軒轅氏)는 구황으로 격하된다.

• 요(姚), 사(姒), 자(子), 희(姬): 우나라 순임금의 성이 요(姚), 하나라 우왕(禹王)의 성이 사(姒), 상나라 탕왕(湯王)의 성이 자(子), 주나라 문왕(文王)의 성이 희(姬)씨였다.

명확히 밝히고 있다. 『춘추』가 국가와 군왕을 중심으로 삼고 있다는 점에서 금문경학은 하나의 국가 이론인 것이다. 『춘추동씨학』에서 다음과 같이 설명한다.

그래서 위衛나라 자하子夏는 "나라를 다스리는 자는 『춘추』를 배우지 않으면 안 된다. 『춘추』를 배우지 않는 것은 곧 전후좌우의 위험을 알지 못하는 것이요, 국가의 대권이 군주의 중대한 임무임을 모르는 것"이라 했다. …그래서 내가 우선 말하고자 하는 바는 『춘추』는 자신의 나랏일은 상세하지만 다른 나라의 일은 간략하다는 점이다. 이는 그 나라의 역사를 통해 천하를 담아내고자 함이다. 『춘추』의 도를 크게 깨달은 자는 왕도를 실현할 수 있고, 작게 깨달은 자는 패도를 실현할 수 있다. 따라서 공자의 제자인 증자曾子와 공손룡公孫龍*은 제齊 환공桓公이 제후들을 평안케 하고 천자를 존숭했음을 칭송했다. 패왕霸王의 도란 모두 인仁에 뿌리를 두고 있다. 인은 곧 천심天心이니, 천심을 따른다. …인을 천심으로 삼았기에 공자는 당시의 불인不仁함을 혐오했다. 이에 『춘추』를 지어 왕도를 밝히고, 인을 중시하고 인간을 사랑했으며, 재난을 근심하고 예방하여, 불인을 바꾸어 인으로 만들고자 했다. 이는 『춘추』의 종지이다. 『춘추』는 하늘의 미언을 체현한 것이라, 깨닫고 읽어 내기가 어렵다. 동중서는 그 행해진 일들에 기탁된 것들을 명백히 하여 근거 없는 빈말을 명백히 가려내고, 그 작위 호칭(位號)을 빌려 인륜을 바르게 했다. 이로써 일국의 역사를 통해 천하를 담아내고 후대가 소왕의 제도 개혁과 천하 통일을 알게 했다. 이에 『춘추』를 읽고 이해할 수

---

* 공손룡(公孫龍): 여기서 공송룡은 백마비마(白馬非馬)로 유명한 명가(名家)의 공손룡자(公孫龍子)가 아닌 공자의 제자를 가리킨다. 『사기』 「중니제자열전」(仲尼弟子列傳)에서는 "공손룡의 자는 자석으로, 공자보다 53세가 어리다"(公孫龍, 字子石. 少孔子五十三歲)라고 했다.

있게 되었다.[159]

여기에서 '국가'와 '나라를 다스리는 자'가 진정한 중심적 지위를 차지하고 있다. "『춘추』의 법은 사람들이 군주를 따르게 하고, 군주가 하늘을 따르게 하는 것이다." "따라서 백성의 삿된 뜻을 누르고 군주의 뜻을 펼치고, 군주의 삿된 뜻을 누르고 하늘의 뜻을 펼치는 것이 『춘추』의 대의다."(「옥배玉杯 편」)[160] 군주를 눌러 하늘의 뜻을 펼친다는 것은 추상적인 것이지만, 백성을 눌러 군주의 뜻을 펼친다는 것은 구체적인 것이다. 청말의 국가 건설과 공화제 구상은 사회 구성원 신분에 대한 새로운 이해를 포함하고 있다. 주권국가는 하나의 특정한 정치 질서로서, 이 질서 내의 구성원들에게 국가의 요구에 따라 납세에서부터 병역 복무에 이르기까지 일련의 의무들을 부담할 것을 요구한다. "국법이란 군법으로부터 변화해 나온 것이다. 장수의 명령을 따르도록 병졸을 위압하는 법을 가지고 국가에 시행하는 것이니, 군주를 존숭하고 신하를 낮추며 백성을 부리는 것이다. 가법家法(한 가문의 법도)이란 신제新制에서 생겨난 것이다. 족장을 존중하고 낮고 어린 자들을 통솔하는 법을 가지고 집안에 행하는 것이니, 남존여비를 행하고 자제子弟를 부리는 것이다."[161]

3.3 삼세설과 황권 중심주의에 대한 초월

공자는 요순에게 의탁하여 개제했는데, 요임금과 순임금은 중국이 존재하기 전 태평세의 상징이었다. 따라서 황권 중심주의적 개제론改制論에는 일종의 자기부정의 논리, 즉 중국 대일통으로부터 태평세의 대일통으로 전환될 것이라는 논리가 포함되어 있었다. "공자는 『춘추』를 지어 군주를 세우는 제도를 수립했는데, 이는 다만 한 세대만의 다스림을 위함이 아니라 만세萬世의 다스림을 위한 것이다. …『춘추』가 세습되는 천자에 대해서만 논한 것은 후세에 단절될 것을 예방하기 위함이었다. 『춘추공양전』을 공부한다면 가장 먼저 제도 개혁(改制)을 민어야 한다. 제도 개혁을 믿지 않는다면 『춘추공양전』은 그저 무용지물일 뿐이다."[162] 금문경학의 시각에서 봤을 때, 공자의 절대 중심적 지위를 논증하는 데 사용한 소왕·성왕·선왕·후왕·제법의 왕 등의 개념 자체가 (후세에 단절되는 원인이라 할 수 있는) 세속 왕권에 대한 부정을 포함하고 있다. 또한 금문경학의 '삼세론' 역시 황권 중심주의(혹은 국가주의)에 대한 자기부정의 이론적 근거를 제공해 주고 있다. 성왕은 시대의 변화에 따라 자신의 역사적 임무를 확정한다. 이른바 "『춘추』는 난세에는 대부를 비판하고, 승평세에는 제후를 물러나게 하고, 태평세에는 천자를 폄하한다"[163]고 한 것은 '거란세'에는 반드시 절대왕권을 확립하여 대부가 권력을 농단하는 것을 억제해야 하고, '승평세'에는 왕권 통일을 확립하여 제후 봉건을 물리쳐야만 하고, '태평세'에는 왕권 자체를 폄하 배척하여 군주 없는 예악 세계를 건설해야만 한다는 것이다. '삼세설'은 절대왕권, 절대 국가, 대동 세계 사이에 시대에 따라 응변하는 자기 변화의 내재적 논리를 구축했다. 또한 이를 통해 『공자개제고』와 『대동서』 사이에 내재적 연계 논리를 수립했다.

'삼세진화'三世進化의 학설과 "공자가 정한 봉건 폐지 대일통의 제도"는 서로 짝을 이룬다. '대일통'은 제후 봉건에 대한 부정이자, 국가 경쟁에 대한 부정이었다. 하지만 동시에 '대일통'을 실현하는 과정 자체가 바로 국가 권위를 수립하는 것이기도 했다. 캉유웨이는 "『예기』 「왕제」에 천팔백 국가에 관한 설*이 나오는데, 이는 사리에 맞지 않는다. 주나라 때는 확실히 이런 제도가 없었으니, 이는 공자의 제도 개

---

* 천팔백 국가에 관한 설: 『예기』 「왕제」 편에 따르면, 중국, 즉 사해(四海)는 사방 3천 리로, 이는 구주(九州)로 나뉜다. 가운데 천자가 있는 주는 현(縣)으로, 그 안에는 사방 100리인 나라가 9개, 사방 70리인 나라가 21개, 50리인 나라가 63개로 도합 93개의 나라가 있다. 그리고 나머지 주는 각기 사방 천 리인데, 그 안에는 사방 100리인 나라가 30개, 사방 70리인 나라라 60개, 사방 50리인 나라가 120개, 도합 210개의 나라로 구성된다. 구주를 모두 합하면 1,773개의 크고 작은 나라들이 있으며, 각기 5개의 작위에 따라 제후가 이곳에 봉해진다.

혁을 위한 것임이 분명하다. 100리里에 관한 설 역시 공자의 제도이니 이는 공자가 건국의 대의를 밝혀 둔 것이다."[164] 여기서 '건국의 대의'는 군현제의 통일 국가를 세우는 것을 가리키며, 그 자체가 봉건 국가 혹은 제후 병치에 대한 부정인 것이다. 『사기』「진시황본기」秦始皇本紀에 다음과 같이 기록되어 있다. "이사李斯가 건의하여 말하길 '주나라 문왕과 무왕은 자제들을 제후로 책봉하여 같은 성씨가 매우 많았는데, 후에 친족들이 서로 소원해져 마치 원수와도 같이 서로 공격하게 되자, 제후들끼리 서로 주살 정벌하는 것을 주나라의 천자도 막지 못했습니다. 오늘날 천하가 폐하의 신령함으로 통일을 이루었으니, 모든 땅을 군현郡縣으로 만들고, 모든 자제와 공신에게는 공평히 부세를 하면서 큰 상을 하사한다면 충분히 제도를 바꿀 수 있을 것입니다. 천하에 다른 뜻이 없어지니, 천하를 평안케 할 수 있는 치세治世의 방법입니다. 제후를 두는 것은 불편한 일입니다'라고 했다." 캉유웨이는 이를 평하여 말하길 "『춘추』가 대일통의 뜻을 처음으로 펼쳤고, 맹자와 순자가 이를 전했다. 이사는 이 같은 뜻을 이미 알고 있었기에, 진시황에게 청하여 제후를 폐하고 군현을 설치한 것이니, 진정한 『춘추』의 대의로다. 여러 제후가 있으면 서로 다투게 되니, 봉건이야말로 성인의 뜻이 아니다"라고 했다.[165]

캉유웨이의 삼세 관계에 대한 재구성은 하나의 독특한 논리를 구축했다. 즉 국가로서의 '중국'의 건립이 우임금과 하나라 이래로 이어진 통일과 봉건 투쟁으로부터 시작되었다고 본 것이다. 동시에 그는 공자가 요임금과 순임금에 대한 의탁(托古)의 방식을 통해 이런 과정들에 대한 자기부정을 진행했다고 보았다. 만일 요임금과 순임금의 시대가 태평성세였다고 한다면, 그다음의 태평성세는 중국을 포함하여 모든 국가가 사라진 시대에 있게 될 것이다. 따라서 한편으로 공자는 『춘추』를 지어 천하의 왕이 되었지만, 다른 한편으로 『춘추』 삼세라는 논리 자체는 '새로운 왕'이 다름 아닌 하나의 과도적인 과정임을 예견해 주었다. 하나라와 진나라가 그러했고, 한나라와 당나라 역시 그러했다.

진·한대의 제자백가 중 그 누구도 '육경'을 공자가 지은 것이 아니라 여기지 않았다. 육경 중 『상서』는 공자께서 옛일을 살펴 밝힌 바를 말하고 있기에, 이를 사가史家들이 본받을 모범으로 삼는다면, 이 외의 따로 살필 만한 옛일이란 것은 없을 것이다. 중국은 우임금에서 시작했는데, 하나라 때에 이르러 정벌은 오랑캐들(外夷)에게만 했기에 세상 사람들은 중국을 중하中夏라 했다. 또한 진·한·당나라 때에는 외국과의 교섭이 많았던 까닭에 중국을 칭하여 대진大秦, 한인漢人, 당인唐人이라 불렀다. 순임금 때는 우임금이 아직 나라를 세우기 전이었는데, 어찌 하나라가 있었겠는가? 그런데 『상서』「순전」舜典에 '남쪽 오랑캐가 하나라를 어지럽히다'(蠻夷滑夏)라는 말이 있으니, 이 두 사실을 함께 놓고 보건대, 『상서』가 성인이신 공자께서 지은 것이 아니라면, 누가 지었단 말인가!¹⁶⁶

요·순임금은 민주를 행하고, 태평세를 이루었으며, 인도人道의 극치였기에, 유자가 최고로 높이 친다. …요·순임금 때는 아직 홍수가 다스려지기 이전이었으니, 중국은 아직 개화(開闢)하지 못했던지라, 『상서』「주서」周書에서는 이를 칭송하지 않았다. …이로 미뤄 보건대 요·순임금은 덕으로써 양위하여 태평성세를 이루었으니, 공자에게 있어서 이는 불교에서 말하는 석가모니의 일곱 전생을 가리키는 칠불七佛과도 같은 존재다. …공자는 거란세와 승평세에는 주 문왕에 의탁하여 군주가 인정仁政을 시행하도록 했다. 더 나아가 태평세에는 요·순임금에 의탁하여 민주의 태평을 시행할 것을 말했다.¹⁶⁷

대체로 하나라는 강대한 왕조였다. 중국을 통일했으니, 실로 우임금으로부터 강물과 땅이 다스려지게 되었다. 뒤에 서역과 교통하면서 주나라 때 이하夷夏, 화하華夏라 부르게 되었으니, 근세에 한나라나 당나라 등의 명칭과 마찬가지였다. 때문에 공자 같은 성인도 방편 삼아 이를 '하나라를 어지럽히다'(猾夏)라고 말했던 것이다. …『춘추』와 『시경』은 모두 군주를 논했지만, 유독 『상서』 「요전」堯典만은 민주의 대의를 드러냈다. 『상서』 「요전」에서 '하늘을 공경한'(欽若昊天)이란 구절 뒤부터는, 왕위를 자식이 아닌 후계자에게 양위한다거나, 사악四岳과 함께 공화정共和政을 펼쳤다거나,* 여러 관리가 그저 백성에 불과했던 순을 천거한다거나, 순임금이 요임금의 사당에 가면서 명당明堂에 모두가 모이게 되었다거나,* 순임금이 사방의 문을 활짝 열어 의원議院(즉 국회)이 열리게 되었다거나,* 육종六宗(하늘·땅·봄·여름·가을·겨울)에 제사를 지내 만물의 조화를 맞춘다거나, 남과 다른 옷을 입히는 것만으로 형벌을 삼아 체벌을 아예 가하지 않았다거나 했던 것들은, 모두가 이런 민주의 대의를 드러내는 것들로, 범상치 않은 논의들에 의탁한 것이다. 따라서 「요전」은 공자의 미언微言을 담

• 사악(四岳)과~펼쳤다거나: 『상서』 「요전」에서 요임금에게 여러 인재를 추천하고 평가하는 인물이 바로 '사악'인데, 일반적으로 요임금 예하의 네 명의 대족장으로 추정된다. 일설에는 희중(羲仲)·희숙(羲叔)·화중(和仲)·화숙(和叔), 이 네 명을 가리키는 것으로 보기도 한다. 혹자는 아예 '사악'을 한 인물로 추정하는 경우도 있는데, 여기서는 네 명으로 보고, 이들이 마치 공화정을 이루듯 함께 의견을 주고받으며 나라를 다스렸다는 뜻으로 푼 것이다.
• 순임금이~되었다거나: 『상서』 「순전」(舜典)에 이르길 "정월 초하루에 순임금이 요임금의 사당에 갔다"(月正元日, 舜格于文祖)라고 했는데 이로부터 천자의 조상을 모신 종묘(宗廟)에 모두가 모이는 예식이 시작되었다는 말이다. '명당'은 주나라 때의 명칭으로 천자가 기거하며 하늘과 조상에게 제사 지내던 곳이다. 여기서는 하늘과 조상에게 제사 지내는 의식의 장소란 의미로 통칭되었다.
• 순임금이~되었다거나: 『상서』 「순전」에 이르길 "사악에게 물어, 사방의 문을 활짝 열어 사방의 눈 밝은 이들이 본 바로 자신의 눈을 밝히셨고 사방의 귀 밝은 이들이 들은 바로 자신의 귀를 밝히셨다"(詢于四岳, 闢四門, 明四目, 達四聰)고 했는데, 이는 언로(言路)를 개방해 사방에서 들어오는 백성들의 보고 들은 바를 모두 받아들였다는 의미이다. 캉유웨이는 이를 두고 백성의 의사를 대변하는 국회를 열었다고 표현한 것이다.

고 있는 것으로, 소왕素王의 위대한 제도로 이만한 것이 없다.[168]

상술한 바와 같이 요·순임금의 태평세와 중국과의 관계라는 관점에서 보면 어째서 『신학위경고』, 『공자개제고』, 『춘추동씨학』 속에서 '내외례'가 중심 주제로 드러나고 있지 않은지를 이해할 수 있다. 장존여, 유봉록과 비교해 보면, 이 사례에 대한 강유웨이의 해석이 이하夷夏의 상대화를 강조하던 기존 해석을 바꿔 '변화'의 법칙을 부각시켰음을 알 수 있다. "『춘추』에서는 일반적으로 오랑캐에 대해서는 예를 언급하지 않고 중국에 대해서만 예를 가지고 논했다. 하지만 필邲 땅에서의 전투에 이르러서는 오히려 뒤바뀌는데, 이는 어찌 된 일인가? 동중서가 이르길 『춘추』에서 모든 것에 통용되는 의미는 없다. 변화에 따라 의미가 바뀌기 때문이다. 진晉나라가 변하여 오랑캐가 되고, 초나라가 변하여 군자의 나라가 되었기 때문에 그들에 대한 언사를 바꾸어 그 역사적 사실에 맞추었던 것이다."[169] '내외'는 봉건시대의 특수한 문제였다. 그러나 강유웨이의 핵심은 통일 제도 혹은 군현 국가를 가지고 과도적 내부 분권의 정치 구조를 극복하고자 하는 데 있었다. 이를 통해서 국가에 대한 자기부정, 즉 내외 차별의 자기부정을 위한 전제를 마련하고자 했던 것이다. 하지만 이것이 내외 문제가 이미 철저히 소멸되었음을 의미하는 것은 아니었다. 오히려 정반대로 내외 문제는 공자가 만들어 낸 통일의 제도에 대한 서술 속에 매우 미묘하게 포장되어 있었다. 여기서 진정한 문제는 어찌하여 황권을 중심으로 하여 국가 개혁을 추진하는 과정에서 황권이 아니라 공자교를 변법개제의 합법성에 대한 근거로 삼고 있는가 하는 점이다. 그리고 어찌하여 공자와 제자백가(혹은 제후)·오랑캐와의 투쟁을 이처럼 부각시키고 있고, 또한 공자교를 '왕', '천하', '통일'의 역사적 근거로 삼고 있는가 하는 점이다. 한편으로 '새로운 왕'과 황제의 차이는 의리義理라는 측면에서 찾아볼 수 있다. 공자의 '인'仁 관념 및 그로부터 파생된 대동 사상은 왕제 자체를 초월하고 있었다. 따라서 '새로운 왕을 세우는 것'의 의미는 '대동'의 함의 혹은 논리를 담고 있다. 다른 한편으로 보편주의 적 유교는 왕조 내부의 종족 관계 혹은 내외에 대한 차별의 극복이라 는 의미를 지니고 있었다. 그것은 모든 사회관계를 '예의' 관계 속으로 편입시키고 있으며, 또한 궁극적으로 내와 외, 이夷와 하夏를 극복하는 기본 논거를 제공해 준다. 그런 의미에서 공자의 성왕으로서의 지위는 내외 문제 극복을 위한 기본 전략이다.

더욱 중요한 것은 공자의 제도가 보편적 제도이며, 태평세가 중국과 이하 범주를 초월한 개념이라는 것이다. 만일 공자의 학문이 보편주의 적 유학이라고 한다면 그것에 의해 창도된 제도를 중국 어느 한 왕조 의 제도로 보아서는 안 될 것이다. 『공자개제고』에서 의원, 공화, 남녀 평등 등의 서구 제도를 공자의 제도로 편입시켰던 것과 상호 호응하 여, 캉유웨이는 『만목초당강의』 속에서 더욱 직접적으로 다음과 같이 말하고 있다. "외국은 공자의 제도를 온전히 활용하고 있다. …『예기』 「왕제」에 담긴 제도는 공자의 제도이지 주나라의 제도가 아니다. 춘추 시대에는 100여 개 국에 불과했다. …하·상·주나라의 제도라는 것들 도 모두 공자의 제도이다."[170] 의회나 학교뿐만 아니라, 복식, 시간 등 도 역시 마찬가지였다.

삼대에는 모두 서쪽 풍이 유행하여 짧은 옷을 즐겨 입었다. 공자 의 도는 하늘에 그 근본을 두어 '원'元으로 하늘을 통섭했다.[171]

본래부터 제사를 주관하는 이는 매우 중시되었다. 공자의 경우 하늘과 땅의 아들이라 불렸으며, 공자의 사상은 인仁을 위주로 했기 때문에, 왕 노릇 하는 자에게는 배척할 외부인은 없다는 사 상이 있게 된 것이다. …현재 서양에서는 일을 할 때, 낮에도 9시 에서 4시까지 일하며, 밤 역시 9시부터 4시까지 일하니, 이는 바 로 공자가 말한 조석朝夕의 뜻에 들어맞는다. 송 왕조에서는 지 방관인 지주知州가 중앙 조정에 참여할 때 잘못이 있으면 상주문을 올렸는데, 이는 바로 공자가 말한 상주문의 뜻에 부합한다. 무릇 학자는 반드시 고금 중외의 책들을 두루 읽어 통달해야 하니, 그런 뒤에야 모든 일을 처리할 수 있다.[172]

변법 개혁은 반드시 서방의 제도를 배워야 하지만, 서방의 제도는 또한 서방의 제도가 아니다. 서방의 제도는 일종의 보편 제도이지만, 그것이 보편 제도이기 때문에 서방의 제도라 칭해지는 것은 아니다. 그것은 공자의 제도이다. 이는 바로 캉유웨이가 유럽 보편주의를 받아들이기 위한 자기 이해 방식이었다.

1898년 6월 19일, 캉유웨이는 주야로 문장을 지어 자신이 편집한 『일본명치변법고』日本明治變法考, 『러시아 표트르대제 정치 개혁 부강고』(俄大彼得變政致强考), 『터키 수구 세력 쇠락기』(突厥守舊削弱記), 『폴란드 분열 멸망기』(波蘭分滅記), 『프랑스 혁명기』(法國革命記) 등을 진상하여 황제에게 열람하도록 했다. 동시에 『공자개제고』, 『신학위경고』, 『춘추동씨학』의 판각본을 진상했다. 이와 동시에 그는 「성인 공자를 추존하여 국교로 삼고 이를 담당하는 부서와 교회를 세워 공자가 탄신한 해를 시작으로 기년紀年하고 다른 망령된 제사들을 폐지할 것을 청하는 상주문」(請尊孔聖爲國敎立敎部敎會以孔子紀年而廢淫祀折)을 올렸다. 이 상주문의 세 가지 주요 논점은 주목할 만하다. 첫째, 그는 중국의 뭇 신을 섬기는 풍속을 비판하면서 "망령된 사당들이 곳곳에 퍼져 그 여파가 큽니다. 요상한 묘당이 해외까지 난립하여 구미歐美 사람들로부터 종교 없는 국민이라 비웃음을 사고 있으니, 이 어찌 수치가 아니겠습니까?"[173]라고 했다. 이에 공자를 교주로 삼을 것을 요구하고, 이를 통해 종교의 측면에서 통일과 봉건의 충돌, 그리고 제자백가의 배척이라는 취지에 호응하고자 했다. 둘째, 서구의 정교분리를 참조하고, 국민국가 경쟁의 국면을 전제로 삼아, 한편으로는 공자를 대륙의 절대 교주로 삼을 것을 주창하면서, 다른 한편으로는 정교 합일의 구습을 바꾸어 정교분리의 추세를 추종함으로써, 세속 황권을 위한 여지를 남겨

두도록 했다. 캉유웨이는 다음과 같이 말한다.

> 무릇 공자의 도는 광범위하고 보편적이며, 인간과 신을 모두 포
> 용하고 정치와 종교를 모두 망라하고 있으니, 진정 지극하도다.
> 그런 까닭에 정치와 종교가 합일되어 있었다. 그 가르침을 신봉
> 하는 자를 승려로 삼지 않은 것은 인민을 위한 것이었다. 이는
> 과거 통일 쇄국 시대의 일이다. 그 뜻의 지고함과 그 실천의 엄
> 정함은 진정 훌륭하도다. 오늘날처럼 열국이 종횡하는 시대를
> 놓고 보자면, 고금의 마땅한 바가 서로 다르므로 모두 행해질 수
> 는 없는 것이다. 그 조항이 너무 많으면 그 대강만을 들게 되어
> 있다. 대체로 공자는 천하의 대의와 종족의 대의를 세웠지만, 오
> 늘날에는 국민의 대의만이 있을 뿐이다. 그런즉 예의와 율법에
> 다소간의 차이가 없을 수 없다. 이것이 이른바 시류時流다. …만
> 일 공자의 큰 가르침을 받들지 않는다면, 인심과 세상의 도리는
> 어디서 물을 수 있겠는가. 따라서 오늘날에는 정치와 종교를 분
> 리하지 않을 수 없다. 이는 실로 정치에는 장애물을 없애고 인심
> 에는 도움이 되는 일이다.[174]

시대 변천을 이유로, 공자를 교주로 받듦과 동시에 조심스럽게 공자
의 성왕으로서의 지위를 소거시킴으로써, 정교분리와 황권을 중심으
로 한 제도 개혁 추진을 위한 이론적 여지를 마련해 주었다. 하지만 만
일 공자의 시대와 지금의 시대 사이에 거란세와 승평세의 구별이 있음
으로 해서 정교 합일과 정교분리의 정치적 차이가 생겨난다고 한다면,
승평세에서 태평세로 바뀌어 감에 따라 궁극적으로 지존무상으로서의
공자의 지위는 확립되고 정교의 관계는 다시 분리로부터 합일로 나아
가게 될 것이다. 캉유웨이에게 있어서 이는 황권과 공자교, 국가와 대
동 사이의 변증법이었으며, 또한 열국 경쟁의 시대에 군주 입헌을 중
심으로 변법을 실행해야 하는 이론적 기초이기도 했다. 군주 혹은 황

권은 하나의 과도적 특징이자 방식이었다. 이를 통해 공자와 그 제도는 비로소 가장 근본적인 보편 법칙이 되는 것이다.

이 상주문의 마지막 특징은 공자 기년의 채용을 공개적으로 요구한 것이다. 즉 제국이 주권국가로 전화해 가는 과정에서 변혁과 '정통'正統 재건의 필요성을 강조한 것이었다. 구양수歐陽修는 "정통에 관한 논의는 『춘추』에서 비롯되었다"고 주장한 바 있다. 라오쫑이饒宗頤는 다음과 같이 말한다. "정통의 확정은 시간순으로 된 역사 정리를 급선무로 하므로, 정통의 대의와 편년체編年體 사서史書는 항상 연관되어 있다.""'통'統의 관념은 역법과 가장 밀접한데, 가장 근본적으로는 『주역』의 '역법을 다스려 때를 밝힌다'(治曆明時)고 한 것에 의해 규정 받고 있다. 『사기』「봉선서」封禪書에서 이르길 '역법을 추산推算하는 것은 통統의 근본이다'라고 했다."[175] 기년의 문제는 춘추공양학에서 중요한 지위를 차지하는데, 이는 『춘추』가 역사 사건의 기년을 통해 주빈主賓을 구분했고, 역대 해석자들도 『춘추』 속의 정통과 비정통의 문제에 대하여 번다한 해석을 내리고 있기 때문이다. 기년은 새로운 통(新統)의 창설과 밀접한 관련이 있어, 소위 '통기'統紀라 칭해지기도 하는데, 이른바 '왕자가 되어 정월을 정하는 것'은 모두 기년 창설의 상징성을 암시한다. 『춘추공양전』은공 원년 편에서는 "왕자가 되어 정월을 정한다고 한 것은 무엇을 말함인가? 대일통을 가리킨다"라고 했다. 하휴는 "통은 시작이다. …모든 것이 정월에 연관되어 있지 않은 것이 없다. 그렇기에 정교政敎의 시작이라 하는 것"이라 주注했다. 캉유웨이는 중국·서양·인도의 역법 변화를 비교하면서 금문 가법을 계승하여 공자의 탄신을 원년元年으로 기년紀年하고자 했는데, 이는 바로 공자를 제도 개혁의 성왕으로 삼고자 하는 의도였다. "하휴는, 천자는 원년元年을 바꿀 수 있고, 제후는 원년을 바꿀 수 없다고 주注했다. 고문경인 『춘추좌씨전』에서는 제후가 원년을 바꿀 수 있다고 여겼다. …공자의 삼통은 모두 옛것에 의탁한 것(托古)이다."[176] "그러므로, 『춘추』에는 정치 제도에 대한 논의를 담아 두었으니, 『춘추』의 내용은 대수학의 기호와 같은 것이다. 따라서 『춘추』가 전부 의탁이라는 말은 그 기호를 통해 숫자를 기록한 것일 뿐이라는 말이다. 숫자를 직접 늘어놓을 수가 없기에, 연월일시年月日時를 천간天干 지지地支로 표기하듯 한 것이다. 세상 사람들 중 천간 지지로 연월일시를 표기하는 것을 비난하는 이는 없건만, 어찌 『춘추』에 대해서는 의심을 품는가?"[177] 캉유웨이는 상주문에서 공자 기년을 건의하면서 공자를 '왕'이자 교주로서 받들자고 공개적으로 호소하고 있지는 않다. 하지만 공양학 삼통설 속에 내포된 역성혁명의 함의나 대통의 구축에 있어서 기년 문제가 차지하는 위치 등을 참조해 봤을 때, 이 호소는 분명 급진 변혁과 새로운 통의 창조라는 의미를 포함하고 있었다. 왕조라는 측면에서 보면 이는 황권의 연속성을 유지하는 전제하에 전체 체제를 재구축할 것을 주장하는 것이었지만, 중국 변혁이라는 측면에서 보면 이는 공자를 내부의 문화적 통일성을 유지하고 서구 보편주의에 대항하기 위한 근본적인 방법으로 삼고자 하는 것이었다.

제국에서 주권국가로: '중국'의 자기 전환

캉유웨이의 경학 연구와 정치적 실천은 청대 금문경학의 종결을 상징할 뿐만 아니라, 무술변법운동의 이론적 및 실천적 방향을 체현했다. 하지만 이 두 가지 측면만으로는 이 학술 저작들과 정론의 사상사적 의미를 모두 설명해 내기에 부족하다. 아래에서는 몇 가지 측면으로 나누어 캉유웨이 사상의 역사적 함의에 대하여 요약 개괄해 보고자 한다.

첫째, 캉유웨이는 경학 내부로부터 당대 세계의 특징과 그 속에서 중국이 차지하는 위치를 새롭게 묘사함으로써, 변법 개혁을 위한 기본 방향을 다졌다. "오늘날은 대략 춘추전국의 경쟁 시대와 마찬가지이니, 한·당·송·명대의 전통을 반복하는 것이 아니다. 이른바 수천 년간 없었던 변화인 것이다. …오늘날은 개방과 창조로 천하를 다스려야지, 기존의 것을 지키는 것으로 천하를 다스려서는 안 된다. 열국 경쟁으로 천하를 다스려야지, 통일 무위無爲로 천하를 다스려서는 안 된다."[178] '열국 경쟁'이라는 개념을 가지고 세계 국면을 묘사함으로써, 즉 『춘추』의 뜻을 민족국가 체계의 특징과 연결 지음으로써, 경학 내부로부터 국가 건설을 중심으로 하는 변혁 방안의 기본 근거와 발전 논리를 찾고자 했던 것이다. 여기서 '경쟁'이건 아니면 '통일'이건 간에 모두 '중국'의 상황을 묘사한 것이 아니라, 세계의 추세를 묘사한 것이다. 이 두 가지 상황 사이의 차이에 대한 묘사는 일정 부분 '세계' 속에서 '중국'이 처한 위치에 의해 정해졌다. 즉 '경쟁'은 '중국'이 약세 혹은 변방의 위치에 처해 있음을 의미하고, '통일'은 '중국'이 강세 혹은 중심의 위치에 있음을 의미하는 것이었다. '통일' 국면에 상응하는 것이 더 이상의 바깥이 없는 제국이라고 한다면, '경쟁' 상태에 대응하는 것은 내외가 명확히 분리된 민족국가이다. 무술변법 전후로 청 황제에게 바친 책들과 상주문 문장들에서 캉유웨이는 우선 중국 조공 체제의 위기와 청 제국 자체가 직면한 위협을 논증하고, 일본과 서구가 실행한 변법개제를 본받을 것을, 즉 제국 체제를 국가 체제로 개조할 것을 호소했다. 그는 정치 제도, 군사 체제, 교육 체제, 과학 기술 체제, 경제 체제, 국내 교통 체제, 관료 체제, 신문 체제, 외교 체제 등의 전반에 대해 건의했으며, 또한 변법개제의 실천들을 시행하고자 애썼다. 이는 청말 시기에 가장 전면적이면서도 세계관으로서의 의미 또한 지니고 있는 변법 강령이었다.

둘째, 중국의 국가 건설을 촉진하는 과정 중에 캉유웨이는 청대 금문경학의 성과를 총결하고, '중국'의 함의를 새롭게 해석했다. 그는 한편으로 종족적 요소를 배제하고, 다른 한편으로 성을 단위로 하는 분권 혹은 연방제 형식의 분권에 대한 요구를 반대했다. 이를 통해 문화적으로는 '중국'적 정체성의 근거를 찾고, 정치적으로는 '중국'을 위한 반反민족주의적(반민족자결, 반종족중심론적) 국가 건설의 이론을 발견했다. 캉유웨이의 이론은 다른 어떤 전통 이론보다도 더 강렬한 중앙집권의 경향성을 지녔지만, 동시에 이런 중앙집권 경향성은 또한 제국 건설 과정 중에 부단히 발전해 온 경향의 자연스러운 연속선상에 있었다. 캉유웨이 정치 구상의 중심 문제는 세습 귀족의 전통과 지역 자치 제도를 반대하고, 제국이 분열되어 여러 개의 민족국가 혹은 유럽식의 연방 정치 체제로 되는 것을 반대하고, 프랑스대혁명이 만들어 낸 민족주의적 전통을 반대하는 것이었다. 그리고 황권 주도의 행정 개혁을 통해 제국을 직접 주권국가로 전환시키고, 더 나아가 '열국 경쟁'의 세계 체제 속에서 통일된 '중국'으로 자리매김하는 것이었다. 동중서의 『춘추번로』가 제국의 필요성을 논증했다고 한다면,[179] 캉유웨이의 『춘추동씨학』과 다른 경학 저작들은 민족국가 시대에 어떻게 중국을 제국으로부터 바로 주권국가로 이행시켜 갈 것인가의 필요성을 논했다. 따라서 국가 통일의 문제와 어떤 문화와 제도를 가지고 이 국가를 형성할 것인가 하는 문제는 캉유웨이의 정치 강령에 있어서 가장 관건이 되는 부분이었다. 여기에는 다음과 같은 각 측면의 내용들이 담겨 있었다.

1. 황권을 중심으로 국가 개혁을 추동하고, 공자 학설과 공자교를 중심으로 국가 정체성을 건립하여 하나의 문명론적 기초 위에 '중국'을 확립하는 것이다. 이를 통해 정치 구조나 종족 혹은 혈연이 아니라, 그런 문명론적 기초를 '중국' 정체성의 전제로 삼고자 했다. 여기서 새로운 황권주의는 전통적 황권과 다른 중요한 차이점이 존재하는데, 그것이 새로운 시대정신과 열정, 즉 국가주의적 정신과 열정을 대변한다는 점이다. 황권 중심주의는 새로운 국가 체제를 가지고 수구 귀족守舊貴族 권력과 종법 분봉宗法分封 권력을 대체하는 특징을 보여 준다. 또한 지방 권력과 사회 구조를 새롭게 구축하고, 더욱 형식화·동화된 정치 형식을 형성하려 한다. 이런 국가주의적 틀 속에서 관료 등급제나 법률 체계는 하나의 보편성을 지닌 제도이다. 다시 말해 이 제도는 다른 국가의 체제들과 유사한 경향을 지니고 있다. 이처럼 보편성을 지닌 국가 제도는 유럽 국가 형식의 연장이 아니라, '중국' 정치 문화로의 복귀인 것이다. 캉유웨이는 '중국 정체성'이야말로 왕조 변천, 종족 관계, 정치 성향 등을 초월하는 보편 전제이며, 그 기초는 유학 보편주의라 보았다. 또한 캉유웨이는 이처럼 제국의 역사와 유학의 배경 속에서 형성된 중국관을 가지고서 혁명을 반대하고 개량을 주장했다. 소위 '혁명'이란 곧 프랑스대혁명이 만들어 낸 민족주의 모델을 가지고 구제도를 척결하고, 제국 시대의 내부 민족 관계를 바꿈으로써 국가의 정치적 관계를 개조하는 것이다. 소위 '개량'이란 곧 제국 시대에 형성

된 문화 정체성의 기초 위에 제국을 직접 주권국가로 전화시키고, 중앙 권력의 통일을 유지하고 기층 사회의 자기 관리를 고무시킴으로써 국가의 정치와 경제 구조를 개조하는 것이다.[180] 혁명은 건국의 책략이지만, 개량은 곧 제국의 자기 전화의 경로이다.

2. 제국을 국가로 바로 전화시키기 위해서는 반드시 제국 내부의 민족 모순을 제거하고, '중국'을 민족 관계를 초월한 문화적 상징으로 만들어야만 한다. 민족국가 체제의 주요 특징은 내부의 통일, 즉 민족·언어·문화·정치 제도 등을 고도로 일체화하는 데 있다. 하지만 제국은 매우 복잡한 민족·언어·문화·제도 등의 요소를 포함하고 있다. 하나의 제국으로서 중국의 기본 특징은 곧 내부 관계가 느슨하고 문화 관계가 다양한 것이었다. 이른바 "백성은 국사國事에 간여하지 않고, 자신의 집안과 친족만을 살필 뿐 나머지는 도외시한다. 이 때문에 그것이 심해지면 다른 씨족, 마을, 현, 성省 간에 서로 갈라지게 된다. 청 왕조는 동쪽 땅(즉 만주 지역)에서 발흥하여 중화 땅을 차지하고 몽골·위구르·티베트 등을 평정하여 통일을 이루었으되, 모두 그 구습에 따라 통치했다."[181] 열강이 임박해 옴에 따라 제국이 부득이 주권국가로 이행해 가는 과정 중인데, 반드시 제국 내부의 민족 차별, 정치적 경계, 풍속의 차이 등을 신중히 처리해야만 한다. 이를 통해 제국을 통일된 주권국가로 바로 전화시킴으로써 내외의 도전에 맞서야 한다.

3. 제국 내부의 다원적 종족과 그 정치 체제가 만들어 낸 분열의 위협을 극복하기 위하여, 캉유웨이는 '중국인'의 개념을 새롭게 정의하고, 본질주의적 이하 관념과 한족 단일성을 부정했다. 북위北魏 시대에 효문제孝文帝가 선비족의 성씨를 한족의 성씨로 바꾼 것은 단일 민족 신화를 부정한 가장 좋은 사례이다. 북위의 황족이 탁발拓拔씨를 원元씨로 바꾸고, 헌제獻帝의 형 흘골紇骨씨를 호胡씨로 바꾸고, 그다음 형 보普씨를 주周씨로 바꾸고, 그다음 형 탁발씨를 장손長孫씨로 바꾸고, 그다음 동생 구돈丘敦씨를 구丘씨로 바꾸고, 공신 99명의 성씨를 모두 한족의 성씨로 바꾸도록 명했다. 이로부터 "오늘날 성씨 가운데 십중

팔구는 북위의 후예"가 되기에 이르렀으니, 순수한 '한족'은 논해서 무엇 하겠는가? 캉유웨이가 보기에 입헌 국회, 삼권분립의 대의, 사법의 독립, 책임 정부의 조례, 의원 선거의 법 등과 같은 각국의 사례들을 모두 갖추는 것은 쉽게 따라할 수 있는 일이 아니었다. 또한 온 나라를 하나의 체제로 만드는 것은 더욱 요원하면서도 힘든 일이었다. 바로 이러한 생각에 기반해 캉유웨이는 '중국'을 왕조의 호칭(청 왕조)과 구분했을 뿐만 아니라, '중국' 혹은 '중화'를 내부가 통일된 주권국가의 국호와 정체성의 근거로 삼고자 했던 것이다.[182] 여기서 변혁의 근거는 '정통'에 대한 부정이 아니라, '정통'에 대한 재해석이었다. 청말의 정치적 맥락 속에서 '정통'에 대한 의존은 제국이 주권국가로 자기 전화하는 데 있어서 필연적인 반응이었다. 변혁이 제국 체제의 철저한 와해로 전화되어서는 안 되었던 것이다.

4. 봉건의 제거와 통일의 건설을 이론적 배경으로 삼아, 연방이나 연합과 같이 분열을 초래할 수 있는 분권 체제를 반대했다. 하지만 동시에 군주 입헌과 지방 분권, 즉 지방 기층의 분권화와 중앙 권력의 조직화를 하나의 독특한 정치 체제로 이루어, 모종의 분권 방식을 통해 국가 행정 체제가 전체 사회 속에 파고들게 할 것을 주장했다. 그리고 이를 통해 제국 분열의 위험을 없앨 것을 주장했다. 이런 정치 구상은 '열국 경쟁'의 상황과 열강들에 둘러싸여 있는 국제적 조건을 전제로 한 것이었으며, 또한 동시에 중국과 구미 각국의 역사 조건을 비교한 후에 내놓은 판단이었다. 그의 정치 구상은 모종의 공화제적 특징을 지니고 있었다. 만일 이 서술들을 『대동서』에서 국가를 반대했던 그의 논의들과 비교해 본다면, 그가 반대한 국가와 그가 비판한 '연방'이 모두 민족국가' 모델과 관련이 있음을 발견할 수 있을 것이다. 『대동서』에서 그는 민족국가를 반대하고, 대동 세계를 주창했다. 하지만 『공자개제고』와 다른 정론 속에서는 성省을 단위로 하는 자치 형식(연방 혹은 연합)을 반대하고, 열국 경쟁의 세계 관계 속에서 제국 통일의 형세로 대응할 것을 주장했다. 이는 제국의 범위 내부에서 민족자결을 시행하

는 것을 반대한 것이었다. 캉유웨이의 이런 사상은 중국 정치 변혁의 기본 특징과 맞닿아 있었다. 즉 어떻게 하면 제국의 영토, 인구 상황, 문화 정체성 등을 보존하는 전제하에서, 정치 변혁의 실행을 통해 국가 통일을 유지하고 국가 체제를 변혁할 것인가 하는 문제가 전체 개혁 과정을 좌우하는 주요 문제가 되었던 것이다. 이는 일정 정도 중국의 독특한 문제라 할 수 있을 것이다.

근대 서구의 민주 개혁과 민족주의 사이에는 내재적 관계가 존재한다. 제국이 자결권을 지닌 민족국가들로 내부 분열해 가는 과정에서 민족 공동체가 국가의 담지체가 되고, 민족 구성원의 권리와 평등이 민족국가의 법률과 정치 제도의 기본 특징이 되었다. 버만Harold J. Berman의 말을 빌리자면 "계몽운동을 발생시킨 정치·사회 철학은 종교적인 것이었다. 왜냐하면 이들 철학이 궁극적 의미와 신성 불가침성을 개인의 두뇌, 그리고 이와 긴밀히 연동된 민족에 귀속시켰기 때문이다. 개인주의와 이성주의의 시대는 또한 민족주의의 시대이기도 했다. 개인은 하나의 시민이며, 공중公衆의 의견은 인류의 의견이 아니라, 프랑스인의 의견, 혹은 독일인의 의견, 혹은 미국인의 의견이 되었다. 민주의 삼위일체 신인 개인주의, 이성주의, 민족주의는 법률의 측면에서 다음과 같은 형태로 나타났다. 입법 기구의 지위 제고와 사법 기구의 법률창제 기능의 약화(미국은 제외), 개인 행동(특히 경제 영역에서의 개인 행동)의 공공 기구 통제로부터의 이탈, 형법 법전과 민법 법전의 편찬에 대한 요구, 개인 행위의 법적 결과(특히 경제 영역에서의)에 대한 예측 가능성 부여를 위한 노력 등."[183] 하지만 중국의 국가 건설은 기본적으로 하나의 제국으로부터 주권국가로의 자기 전화의 과정이었다. 그리고 이를 통해서 어떻게 중앙 권력을 유지함으로써 국가 통일을 유지하고, 어떻게 사회 성원을 특정한 지연 관계로부터 해방시켜 주권국가의 권리 주체로 조직해 내는가 하는 것이 중국 정치 제도, 법률 체계, 지역 관계, 공민권 문제 등의 기본 문제가 될 수밖에 없었다. 주권국가와 제국 체제의 내재적 연속성으로 인하여, 국가 내부의 정치 관계가 유럽의 민족국가와 같이 그렇게 긴밀해질 수 없었으며, 분리와 통일의 긴장은 결국 내외 관계의 변화와 함께 변화해 왔다. 후대의 정치가와 지식인들이 캉유웨이의 정치적 선택을 인정하든 인정하지 않든 간에, 그가 고민하고 직면했던 문제들은 지금도 여전히 중국 사회가 직면한 중요한 문제들이며, 또한 중국 사회 체제의 변혁과 국가 정체성의 문제에 있어서 가장 관건이 되는 부분이기도 하다.

셋째, 캉유웨이는 유학 보편주의의 시각을 각종 서구 과학 및 정치적 종교적 지식과 결합하여 유토피아 대동의 전망을 구상했다. 사회주의 색채가 농후한 대동 예언은 그가 반복해서 논했던 보편주의적 공자교 세계와 상호 호응하면서 국가·종족·계급·성별·기타 등급 관계 등을 초월하는 구상을 제시해 주고 있다. 캉유웨이의 대동 구상을 그가 경학이라는 형태를 통해 표현했던 국가 이론과 비교해 보면, 대동과 '대통일'의 국가 모델 사이에는 공통점, 즉 민족국가 모델에 대한 부정이라는 공통점이 존재한다. 『대동서』의 가장 중요한 정치적 함의는 국가의 초월이다. 캉유웨이는 황권 중심주의를 재구성하는 동시에 근대국가 자체가 피할 수 없는 전제專制적 성격과 국가 이론의 심각한 전제주의적 특징을 명확히 보았다. 이는 근대 중국이 당시 열심히 추구하고 있던 자본주의적 근대성을 초월하고자 하는 요구이자, 반근대적 근대성의 강령이자, '중국'을 자본주의적인 세속화 속으로 조직해 들어가는 과정의 종교적 반항이었다. 이런 구상은 한편으로 직선적 진화의 시간 논리와 낙관주의적 전망의 입장을 따르고 있었으며, 19세기 민족국가·영토·주권·종족·노동 분화 등의 기본적 가정을 따르고 있었다. 그러면서 동시에 오히려 이를 전제로 삼아 그에 대한 반론으로서의 대동 세계를 구축했다. 만일 유학 보편주의를 재구성하고 그 유학 보편주의로 입증한 대일통 제국의 논리를 재구성한 것이 '현대'를 위해 과거를 재구성하고자 한 노력이었다고 한다면, 대동 세계와 그 관리 규칙을 구성한 것은 곧 '현대'를 위해 미래를 구성하고자 한 노력이었다. 대동 세계가 결국 유학 보편주의라는 형태로 나타났든 아니든 간에,

그 대담하면서도 요원한 구상은 분명 근대 역사 변천의 맥락과 내재적 모순 속에 그 뿌리를 두고 있었다. 이는 이 구상 자체가 중국 현대성이라는 문제의 한 징후이자, 끊임없이 회고되고 총괄되고 또 새롭게 자극받고 비판하는 사상적 원천이 되도록 만들었다. 그런 의미에서 이 구상이 현실적인가 아닌가의 문제를 떠나서, 이 구상에 자극을 주었던 현대적 모순 자체가 현대 중국 사상의 회고적 태도와 전망적 태도의 근원이 되었다. 비록 캉유웨이의 이론 가운데 유럽 민족국가의 형성 과정과 유사한 중앙집권화 경향이 있었다 할지라도, 그의 개제론改制論과 대동론大同論의 틀은 오히려 이런 세속적 중앙집권 경향에 맞서는 사회주의적 경향을 띠고 있었다. 만일 유럽의 사회주의가 기독교 전통 속에서 발전해 나온, 민족국가에 대항하는 세속 종교적 역사 운동이라고 한다면,[184] 캉유웨이의 대동 구상은 유학 전통 속에서 발전해 나온, 분립적 민족국가 구상에 대항하는 사상적 도전이었으며, 이 도전의 목적은 바로 중국을 '국가'로 전화시키고자 하는 것이었다. 캉유웨이 본인도 예견했듯이 이 유토피아 청사진으로는 당시 중국의 현실 문제를 해결할 수는 없었지만, 이런 유토피아 청사진의 구성을 통해서 근대 세계가 직면한 심각한 모순은 잘 드러내 보여 줄 수 있었다. 근대화를 위해 애쓰고 있는 중국과 전 세계에게 있어서, 이러한 청사진은 이 발전 과정 자체의 모순을 드러내 보여 줄 뿐만 아니라, 근대화 프로젝트의 바깥에 있는 하나의 도덕적 방향성을 제시해 주었으며, 이를 통해 근대 사회에 자기비판과 상상력의 가능성을 제공해 주었다.

넷째, 유토피아 청사진과 제국을 역사적 전제로 하는 국가주의 사이의 갈등에 덧붙여, 공자를 교주로 하는 종교적 지향성은 변혁 자체에 종교 개혁의 색채를 가미했다. 캉유웨이의 유학 보편주의는 공자를 교주로 삼았는데, 이로 인해 그가 참여한 변혁에 일종의 준準 종교혁명으로서의 색채가 부여되었던 것이다. 1856년 토크빌Alexis de Tocqueville은 "종교혁명의 형식으로 전개된 정치혁명"이라는 말로 프랑스대혁명의 특징을 개괄했는데, 이는 이 혁명이 "포교의 열의를 격발시킨 정치혁명"이었기 때문이다. 그의 설명에 따르면 종교의 일반적인 특징은 인간 자체를 고려의 대상으로 삼는다는 점이다. 때문에 국가의 법률, 습속, 전통 등이 인간 공동 본성에 가하는 어떤 특별한 요소에는 주의를 기울이지 않는다. 토크빌의 종교혁명 개념은 두 가지 종교 개념 사이의 구분을 통해 이루어졌는데, 고대 그리스 로마 제국의 이교도와 기독교 사이의 구분이 그것이다. "이교도는 많건 적건 간에 각국 인민의 정치 체제나 사회 상황과 관련이 있는데, 그 교의는 어떤 민족적 면모를 지니고 있으면서도 항상 도시적 면모 또한 지니고 있다. 때문에 이교도는 항상 일국의 영토 내에 국한되어 있으며, 그 범위 밖으로 벗어나는 경우는 매우 적었다. 이교도들도 때로는 종교적 불관용과 박해를 가하는 경우도 있었지만, 포교에 대한 열의는 거의 찾아볼 수 없었다. 그래서 기독교의 도래 이전까지는 서구에서도 대규모 종교혁명은 없었다. 기독교는 과거 이교도들 사이를 가로막았던 각종 장애들을 손쉽게 뛰어넘어 매우 짧은 시간 안에 대부분의 인류를 정복했다."[185] 이런 구분하에서 그는 세속적인 프랑스혁명을 종교혁명으로 보았다. "종교는 인간을 국가와 시대에 따라 바뀌는 것이 아닌 일반적인 인간으로 보는데, 프랑스혁명은 이와 마찬가지로 공민을 모든 구체적 사회를 초탈하는 추상적인 존재로 간주했다. 프랑스혁명은 프랑스의 특수한 권리가 무엇인지 연구했을 뿐만 아니라, 정치에 있어서 인류의 일반적 의무와 권리가 무엇인지를 연구했다."[186] 우리는 캉유웨이의 개혁 이론 가운데서도 이런 보편주의적 특징을 찾아볼 수 있다. 그가 연구한 것은 '중국'의 사회와 정치 형식이었지만, 인류의 사회와 정치 형식 또한 연구했다. 유학을 이용한 것이건, 아니면 세계를 새롭게 분류한 과학적 지식을 이용한 것이건 간에, 모두 이런 보편주의적 특징을 지니고 있었다. 토크빌은 프랑스혁명의 보편주의적 특징을 국가나 지역, 특수한 정치 체제, 법률 등을 초월했던 점, 그리고 인간과 인류라는 보편적 개념을 가지고 제도의 지역성과 문화적 특수성에 저항했던 점에서 찾고 있다. 하지만 그 역시 무의식중에 제국 내부의 이교도와 기독교 사이의 차이를 언급했고, 또한 기독교의 제국 종교로서의 특징을 암시했다. 캉유웨이의 대동 개념은 인류 상황에 대한 서술이지만, 이 개념은 '중국'이라는 개념의 보편성으로부터 파생되고 발전해 나온 것이다. '중국' 개념은 '천하'라는 관념을 전제로 했다. 보편주의 유교는 어떤 지역이나 민족, 특정 왕조의 법률과 정치 체제를 초월한 것이다. 그는 보편적 '중국' 개념, 혹은 '천하' 개념, 혹은 '대동' 개념을 가지고 특정 시대의 정치 체제, 법률, 습속 등을 재구성했다. 때문에 캉유웨이의 강력한 국가주의적 경향은 정치상으로는 국가를 초월한 무정부주의적 경향과 문화적으로는 어떤 특수론도 초월한 보편주의적 경향을 띠기도 했다.

그런 의미에서 근대 국가주의는 일종의 준 종교혁명의 형태로 나타난 것이기도 했다. 그것은 필연적으로 국가를 초월한 보편주의와 밀접한 관련이 있었다. 하지만 프랑스대혁명이 사회 정치 혁명으로 귀결되었던 것과 마찬가지로, 국가주의 개혁과 그 이후의 혁명들은 모두 유사한 경향을 지니고 있었다. 즉 제국 내부에 남아 있는 '봉건' 제도 혹은 귀족 등급을 타파하고, 이를 더욱 일치되고 단순하면서도 사람들의 지위 평등을 요구하는 사회 정치 질서로 대체하는 경향을 지니고 있었다. 변혁의 사상·감정·습관·도덕 등은 모두 이런 질서관을 상상의 원천으로 삼았다. 이 제도와 그 질서관은 도대체 어느 정도나 새롭게 창조된 것이었으며, 또한 어느 정도나 과거의 원천을 회복한 것이었을까? 캉유웨이가 자연과학과 서구 정치·교육·법률의 지식을 이용하여 미래 세계를 기획했다는 측면에서 보면 그의 노력은 창조적인 것이었지만, 이들 새로운 지식과 규범의 역사적 전개라는 측면에서 보면 그의 노력은 자신의 금문경학 형식과 마찬가지로 유구한 역사적 변천의 연속에 불과한 것이었다. 황권 중심주의와 그 배후에 숨겨진 중앙집권의 경향, 중앙 국가의 제국 내부 정치·법률의 다원성에 대한 부정, 그리고 이 제국 건설을 위해 복무해 온 경학 전통 등은 모두 제국 스스로의 역사적 변천 속에서 부단히 재생되어 온 것들이었다. 따라서 근대 중국의 국가 건설은 제국 자체의 자기 전화로 볼 수 있을 것이다. 캉유웨이가 참여하고 기획한 무술변법운동은 비록 실패로 마쳤지만, 그가 기획한 정치 변혁의 기본 방향은 결코 사라진 적이 없었다. 만일 중앙 집권제가 전통 제국 체제의 일부분이었다고 한다면, 캉유웨이의 사상과 변법 실천은 동시에 다음과 같은 사실들을 밝히고 있다. 새로운 사회의 중앙집권 체제에 대한 의존은 제국을 훨씬 뛰어넘게 될 것이며, 이는 국가 내부의 다양성, 권력과 문화의 다원성에 대하여 제국 초기에 있었던 것과 같은 매우 강한 적대적 태도를 지니도록 만들 것이라는 점이다. 이는 바로 전통 군현제의 부단한 확장이었을 뿐만 아니라, 전통 제국의 범주 내에서 다른 자치 형식이 오히려 갈수록 위축되었던 주요 원인이기도 했다. 중앙집권과 그에 맞물린 행정 체제들은 개혁 혹은 혁명의 창조가 아니라, 구제도의 유물이었다. 하지만 이런 구제도의 유물이 새로운 사회 속에서 부단히 발전할 수 있었던 것은 이 부분이 있어야만 새로운 사회적 요구에 적응할 수 있기 때문이었다. 일부 전통 정치 형식에 대한 현대 국가의 적대적 태도는 전제 국가의 전통 내부에서만 그 원인을 찾을 것이 아니라, 민족국가 체제를 기본 정치 형식으로 삼는 더욱 광활한 세계 관계 속에서 그 전제를 찾아야만 할 것이다. 이는 캉유웨이의 몇몇 주요 경학 저작과 『대동서』에 대한 독해를 통해 얻은 기본적인 결론이다.

삼세설과 대동에 관한 캉유웨이의 서술을 인용하면서 그의 유학 보편주의에 대한 논의를 마무리하고자 한다.

'삼세'는 공자의 매우 큰 대의로서, 『춘추』에 의탁하여 이를 밝히고 있다. 전해 들은 세상을 거란세로 삼고, 직접 들은 세상은 승평세에 의탁하고, 직접 본 세상은 태평세에 의탁했다. 거란세란 문화와 교육이 아직 개명하지 않은 상태이다. 승평세란 점차 문화와 교육이 있게 된 시대로, 소강小康의 시대이다. 태평세란 대동의 시대로, 원근 대소가 하나와 같고 문화와 교육이 완비된 시대이다. 공자가 말씀하신 대의大義는 대체로 소강 시대에 속하고, 공자가 남긴 미언微言은 대체로 태평 시대에 속한다. 공자를 배움에 있어 이 두 부류로 나누어야만 이해할 수 있다. 이것이 『춘추』의 첫 번째 대의이다.[187]

제5장 안과 밖 (1): 예의 중국의 관념과 제국

1   '벽속의 책'은 『예기』, 『상서』, 『춘추』, 『논어』와 『효경』을 포함하고 있으며, 이외에 북
평후(北平侯) 장창(張蒼)이 『춘추좌전』을 바쳤는데 이것이 '고문'의 근거였다. 康有
爲, 『新學僞經考』, 『康有爲全集』(1), 上海: 上海古籍出版社, 1987, 747면 참고.

2   피석서(皮錫瑞)는 금문경학과 고문경학의 차이 및 그 역사에 대해 다음과 같이 개
괄했다. "양한(兩漢) 경학은 금문경학과 고문경학의 차이가 있었다. 금문경학과 고
문경학이 나뉘는 까닭은 먼저 문자상에 차이가 있었기 때문이다. 금문이란 오늘
날 말하는 예서로서 세간에 전해지는 『희평석경』(熹平石經)과 공묘(孔廟) 등에 있
는 한대 비석이 그것이다. 고문이란 오늘날 주서(籒書)로, 세간에 전해지는 기양(岐
陽)의 석고(石鼓)와 『설문』에 실려 있는 고문이 그것이다. 예서는 한대에 통용되었
기 때문에 당시 금문이라 불렀고, 오늘날 해서(楷書)가 그런 것처럼 모든 사람이 알
아볼 수 있었다. 주서는 한대에 이미 통용되지 않았기 때문에 당시 고문이라 불렀는
데, 오늘날 전서(篆書)나 예서가 그런 것처럼 당시 사람들 모두가 알아볼 수 있는 것
은 아니었다. 대개 문자는 모든 사람이 알아볼 수 있어야 비로소 초학(初學)을 가르
칠 수 있다. 허신(許愼)은 공자가 육경을 모두 고문으로 썼다고 했는데, 그렇다면 공
씨(孔氏) 가문과 복생(伏生)이 소장했던 책은 모두 고문이었을 것이다. 한대 초기에
감춰진 것을 내어 제자들을 가르칠 때는 필히 통행하는 금문으로 바꿔야 학자들이
익힐 수 있었을 것이다. 그리하여 14명의 박사를 설치했는데 모두 금문학자였다. 고
문이 흥기하기 전에는 아직 금문이라는 별도의 명칭이 없었다. …유흠(劉歆)이 처
음으로 『고문상서』, 『모시』(毛詩), 『주관』(周官), 『좌씨춘추』(左氏春秋)를 추가로 설
치하면서 학관(學官)이 세워지고 아울러 해설도 생기게 되었다. 후한의 위굉(衛宏),
가규(賈逵), 마융(馬融)이 또 증보하여 세상에 통행됨으로써 마침내 금문과 완전히
다른 방향으로 나아가게 되었다."(兩漢經學有今古文之分. 今古文所以分, 其先由
於文字之異. 今文者, 今所謂隸書, 世所傳『熹平石經』及孔廟等處漢碑是也. 古文
者, 今所謂籒書, 世所傳歧陽石鼓及『說文』所載古文是也. 隸書, 漢世通行, 故當時
謂之今文, 猶今人之於楷書, 人人盡識者也. 籒書, 漢世已不通行, 故當時謂之古
文, 猶今人之於篆·隸, 不能人人盡識者也. 凡文字必人人盡識, 方可以敎初學. 許
愼謂孔子寫定六經, 皆用古文. 然則, 孔氏與伏生所藏書, 亦必是古文. 漢初發藏以
授生徒, 必改爲通行之今文, 乃便學者誦習. 故漢立博士十四, 皆今文家. 而當古文
未興之前, 未嘗別立今文之名.…至劉歆始增置『古文尙書』·『毛詩』·『周官』·『左氏
春秋』. 旣立學官, 必創說解. 後漢衛宏·賈逵·馬融又遞爲增補, 以行於世, 遂與今
文分道揚鑣) 皮錫瑞, 『經學歷史』, 北京: 中華書局, 1959, 87~88면. 고문자 문제에
대해 캉유웨이는 또 다음과 같이 말하고 있다. "『사주편』(史籒篇)이란 주대(周代)

의 사관이 아이들을 가르치던 책으로, 공씨 벽에서 나온 고문과는 다른 글자체이다. 『창힐편』(蒼頡篇) 7장은 진나라 승상 이사(李斯)가 쓴 것이고, 『원력편』(爰歷篇) 6장은 거부령(車府令) 조고(趙高)가 쓴 것이며, 『박학편』(博學篇) 7장은 태사령(太史令) 호무경(胡毋敬)의 작품이다. 이런 책들은 글자를 대부분 『사주편』에서 취해 왔지만 대전(大篆)과는 또 다소 다른데, 이른바 '진전체'(秦篆體)를 사용한 것이다. 이때 비로소 예서가 만들어지기 시작했는데, 옥사(獄事) 등이 빈번하여 점차 간략히 줄여서 하급 관리가 사용했던 것이다." "사실 고대에는 '주'(籀), '전'(篆), '예'(隸)와 같은 명칭이 없었고 단지 '문'(文)이라고만 칭했을 뿐이었는데, 명칭을 붙여 그것을 통용시킨 것은 사실 유흠에서 비롯되었다." 康有爲, 『新學僞經考』, 『康有爲全集』(1), 上海: 上海古籍出版社, 1987, 678~685면.

3   캉유웨이는 "『춘추』를 지어 왕법(王法)을 기탁했는데, 그 내용이 의미는 은미하고 뜻은 넓어, 모두 구전에 의존했다"라고 하면서 '구전'과 미언대의의 관계를 지적했다. 『南海師承記』, 『康有爲全集』(2), 上海: 上海古籍出版社, 1990, 498면.

4   康有爲, 『南海師承記』, 『康有爲全集』(2), 445면.

5   董士錫, 「易說序」, 『味經齋遺書』(卷首) 참고.

6   魏源, 「武進莊少宗伯遺書序」, 『味經齋遺書』(卷首) 참고. 또 『魏源集』(上冊), 北京: 中華書局, 1976, 238면 참고.

7   량치차오는 장존여가 "『춘추정사』(春秋正辭)를 저술하여 훈고명물의 말단을 제거하고 오로지 이른바 '미언대의'만을 추구한 것은, 대진, 단옥재 일파가 취한 방법과는 완전히 다르다"라고 했다. 여기서 "대진, 단옥재 일파가 취한 방법과는 완전히 다르다"는 주장이 정확한 표현인지에 대해서는 잠시 후에 다시 분석할 것이다. 梁啓超, 『淸代學術槪論』, 臺北: 商務印書局. 1966, 75면.

8   阮元, 「莊方耕宗伯經說序」, 『味經齋遺書』卷首.

9   완원은 만년에 서한(西漢) 금문경학, 특히 『공양학』을 섭렵하기도 했지만, 그의 학술상의 공헌은 주로 정현(鄭玄), 허신(許愼)을 중심으로 한 동한(東漢) 고문경학에 대한 연구에 있었다. 그는 일찍이 공광삼의 『춘추공양통의』(春秋公羊通義)를 위해 쓴 서문에서 공양학의 원류를 정리한 적이 있다. 또 그의 주도하에 학해당(學海堂)이 기획하고 편찬한 『황청경해』(皇淸經解)에 장존여, 공광삼, 유봉록 등 금문경학가의 저작을 수록했다. 학해당의 명칭은 하휴(何休)를 기념하기 위한 것이었지만, 『황청경해』의 기획은 또 유봉록의 건의로 착수되었다. 이러한 의미에서 보면, 완원은 비록 고문가이지만 그의 경학실천과 관념은 이미 금문경학과 밀접한 관계를 맺고 있다고 할 수 있다.

10 완원은 「장방경종백경설서」(莊方耕宗伯經說序)에서 장존여의 학문을 다음과 같이 평가하고 있다. "『주역』에 있어서는, 모든 경전을 관통하고, 천문 역법, 성차 분야(星次分野), 절기 절후(節氣節候)를 널리 다루면서도, 한·송의 유학자처럼 술수(術數)만을 부연하거나 역사적 사실을 견강부회하지는 않았다. 『춘추』에 있어서는, 『공양전』과 동중서의 『춘추번로』를 위주로 하면서, 약간이나마 『좌씨춘추』와 『곡량전』 및 송·원의 유학자들의 학설까지도 취하기는 했지만, 하휴(何休)가 비난했던, '경문(經文)이나 전주(傳注)의 설명을 저버리고 제멋대로 주장을 펼치거나 원래 뜻과 어긋나는 주장을 펼치는 경우'와는 달랐다. 『상서』에 있어서는, 금문·고문의 차이를

따지지 않고, 뜻이 의심스러운 부분을 분석했는데, 공자가 『상서』에 「서」(序)를 달고, 맹자가 글쓴이가 처한 시대적 배경을 따졌던 의미를 체득했다. 『시경』에 있어서는, 변화를 추구해야 하는 환란 시기의 작품들을 모은 변아(變雅)를 상세히 고찰하고, 미언대의를 천명하였는데, 경서를 논하는 자리에서 펼칠 만한 가치가 있는 부분이 많았다. 『주관』에 있어서는, 여러 전적(典籍)들을 두루 고찰하여 도술(道術)을 담은 문장으로 그 망실된 부분을 보충하니, 이를 본받아 경세치용(經世致用)할 부분이 많았다. 『악경』(樂經)에 있어서는, 음악의 소리에 맞는 악보를 정리하고, 음악의 이치를 논했으니, 옛 『악경』의 빠진 부분을 보충할 만하다. 『사서설』(四書說)에서는, 사서에 담긴 본래 의미를 풀어내었으니 주희(朱熹)의 풀이 중 잘못된 바를 솔직히 지적해 주는 벗이라 할 만하니, 요강(姚江)의 왕수인(王守仁)이나 소산(蕭山)의 모기령(毛奇齡)처럼 자기 문호를 따로 만들어 주희의 풀이를 함부로 비난하는 경우와는 다르다."(『易』則貫穿群經, 雖旁涉天官分野氣候, 而非如漢宋諸儒之專衍術數·比附史事也. 『春秋』則主『公羊』·董子, 雖略采左氏·穀梁氏及宋·元諸儒之說, 而非如何劭公所譏倍經任意, 反傳違戾也. 『尚書』則不分今古文文字同異, 而剖析疑義, 深得夫子序『書』·孟子論世之意. 『詩』則詳於變雅, 發揮大義, 多可陳之講筵. 『周官』則博考載籍, 有道術之文爲之補其亡缺, 多可取法致用. 『樂』則譜其聲, 論其理, 可補古『樂經』之缺. 『四書說』敷暢本旨, 可作考亭諍友, 而非如姚江王氏蕭山毛氏之自辟門戶, 輕肆詆詰也) 阮元,「莊方耕宗伯經說序」,「味經齋遺書」卷首.

11   양샹쿠이(楊向奎)의 말에 따르면, "이것은 유흠으로부터의 전통이라고도 할 수 있다. 그는 금문경학의 대가면서도 고문경학을 제창했다. 이것은 아마도 그 역시 부득이해서였을 수도 있다. 공양학은 정치에 있어서 단지 이론적인 역할만 할 수 있었기 때문에, 일종의 역사철학이지 정치 강령은 아니었다. 유흠의 입장에서 경서란 운용할 수 있는 전장 제도를 구비하고 있지 않은 채 그저 근거없는 논의만 펼치고 있었기에, 『주례』에 가탁(假托)해 '이전 왕조들의 전장 제도에서 계승해 온 바를 밝혔다.'" 楊向奎,「淸代的今文經學」,『繹史齋學術文集』, 上海: 上海人民出版社, 1983, 328면.

12   유봉록이 스스로 기술한 범례는 다음과 같다. "1. 문자를 바로 잡는다. …이것은 그 소리와 뜻을 따지고, 그 구두(句讀)를 변별하고, 그 덧붙여진 글자나 빠진 글자를 살피고, 그 차이를 분석한다는 말이다. 2. 고의(古義)를 검증한다. …이것은 가법을 엄격하게 지킨다는 말이다. 3. 문호를 타파한다. 4. 『상서정의』(尚書正義)를 받든다. 5. 사설(師說)을 조술한다. …(一曰: 正文字. …審其音訓·別其句讀·詳其衍脫·析其同異. …二曰: 徵古義. …嚴家法也. 三曰: 祛門戶. …四曰: 崇正義. …五曰: 述師說.)" 劉逢祿,「尚書今古文集解序」,『劉禮部集』卷九, 光緖壬辰年延暉承堂刊本.

13   魏源,「兩漢經師今古文家法考敍」,『魏源集』(上冊), 北京: 中華書局, 1976, 152면.

14   랴오핑이 금문과 고문을 구분한 시기에 대해 지금까지 논란이 있어 왔다. 각종 자료와 고증을 종합해 보면, 1885년과 1886년 사이라 할 수 있다. 廖平,「今古學考」,『廖平學術論著選集』(一), 成都: 巴蜀書社, 1989, 35~110면 참조. 양샹쿠이는 또 다음과 같이 말하기도 했다. "금문경학은 비록 왕망(王莽)이 정권을 탈취하는 데 많은 도움을 주었지만, 전장 제도에 대한 설명이 결여되어 있어 왕망도 『주례』의 법을 취하지 않을 수 없었다. 그래서 『주례』를 받들고, '계승하여 거울로 삼으려'했다." 또

말하길, "『공양전』과 『주례』는 비록 경학에서 금문과 고문으로 나뉘기는 하지만 이는 단지 경학에서의 문제일 뿐이고, 실제로는 두 책은 내용상 근본적인 차이가 없으며 모두 대일통(大一統)을 주장하고 있다. 또 옛것의 기초 위에서 새로운 일통(一統)을 수립하려 했다. 이리하여 곧 자기모순에 빠져 해결할 방법이 없었다."『繹史齋學術文集』, 上海:上海人民出版社, 1983. 2면, 91면.

15 錢穆, 『中國近三百年學術史』, 下冊, 北京: 商務印書館, 1997, 582~583면.

16 劉逢祿, 「春秋公羊釋例序」, 『劉禮部集』卷三, 22~23면.

17 康有爲, 「萬木草堂口說·"春秋繁露"條」, 『康有爲全集』, 第二卷, 上海:上海古籍出版社, 1990, 383면.

18 서한 시기에는 금문오경, 즉 『시』·『서』·『예』·『역』·『춘추』가 통행되었는데, 동한 시기에 『효경』과 『논어』가 추가되어 7경이 되었다. 당대(唐代)에는 『역』·『시』·『서』·『의례』(儀禮)·『주례』·『예기』·『좌전』·『공양전』·『곡량전』(穀梁傳) 등 9경으로 정했는데, 당 문종(文宗) 태화(太和) 연간에 또 『논어』·『효경』·『이아』 3경을 포함시켜 전체 12경이 되었다. 동한 말 고문경학이 흥기됨에 따라 금문경학은 점차 쇠퇴하고 당대에 이르러서는 단지 하휴의 『춘추공양해고』만이 남았다. 또 송대(宋代)에는 『맹자』를 경전에 포함하여 13경이 되었다.

19 康有爲, 『南海師承記』, 『康有爲全集』(第二卷), 上海:上海古籍出版社, 1990, 444면.

20 피석서는 다음과 같이 말하고 있다. "『춘추』는 공자가 특별히 저술한 것으로 맹자 및 양한 여러 유학도 이견이 없었다. 맹자는 공자가 『춘추』를 지은 것을 홍수를 막은 우(禹)나 이적(夷狄)을 통합시키고 맹수를 몰아낸 주공(周公)에 비유했다. 또 공자의 뜻을 터득한 말을 인용하여, 순(舜), 우왕(禹王), 탕왕(湯王), 문왕(文王), 무왕(武王), 주공(周公)의 뒤를 이었다 했고, 공자가 여러 성인을 계승한 공적이 잘 드러난 곳은 바로 『춘추』 한 권에 있다 했다." 皮錫瑞, 『經學歷史』, 北京: 中華書局, 1959, 67면.

21 전대흔에 대한 반박은 유봉록의 『춘추론』 상하 두 편, 『劉禮部集』(卷三), 16~21면 참고.

22 캉유웨이는 후에 다음과 같이 말했다. "당대(唐代) 사람은 주공을 선성(先聖)으로 받들고, 공자는 선사(先師)로 삼았다. 근세 회계(會稽)의 장학성 또한 공자가 아니라 주공이 집대성자(集大成者)라고 했는데, 이는 모두 유흠의 악영향을 받은 것이다."『新學僞經考』, 『康有爲全集』(一), 上海: 上海古籍出版社, 1987, 696면.

23 劉逢祿, 「春秋論上」, 『劉禮部集』卷三, 18면.

24 劉逢祿, 「春秋論下」, 『劉禮部集』卷三, 19면.

25 육순의 저서로는 『춘추집전찬례』(春秋集傳纂例) 10권, 『춘추미지』(春秋微旨) 3권, 『춘추집전변의』(春秋集傳辨疑) 10권이 있으며, 그는 다음과 같이 말하고 있다. "『춘추』, 『곡량』도 처음에는 구두로 전수되었다. …그 주요 취지도 자하(子夏)가 전한 것이다. 따라서 두 전(傳)이 경(經)을 전하는 것을 보면 『좌씨』보다 세밀하다. 『곡량』은 의(意)가 깊고, 『공양』은 사(辭)가 분명하여 문장에 따라 해석하면 종종 깊은 의미를 얻을 수 있다."(『公羊』·『穀梁』, 初亦口授. …然其大指, 亦是子夏所傳. 故二傳傳經, 密於『左氏』. 『穀梁』意深, 『公羊』辭辨, 隨文解釋, 往往鉤深)『春秋纂例』卷一, 「三傳

526

得失議第二』, 5b~6a면, 文淵閣 四庫全書本. 『춘추공양전』은 자하의 전수(傳授) 제자인 공양고(公羊高: 전국시대 제나라 사람)의 저작이다. 『한서』「예문지」의 기록에 따르면, 『공양』과 『곡량』은 처음엔 구전되다가 한대에 이르러 비로소 예서(隷書)로 기록되어 금문경학의 경전이 되었다. 당대 서언(徐彦)의 『공양전소』(公羊傳疏)에서는 대굉(戴宏)의 서문을 인용하여 다음과 같이 말했다. "자하는 공양고에게, 공양고는 그의 자식 평(平)에게, 평은 그의 자식 지(地)에게, 지(地)는 그의 자식 감(敢)에게, 그리고 감은 그의 자식 수(壽)에게 전수했다. 그리고 한(漢) 경제(景帝) 시기에, 수(壽)는 제자인 제나라 사람 호무생(胡毋生: 자는 자도子都)과 함께 전수 받은 내용을 죽백(竹帛)에 기록했다."(子夏傳與公羊高, 高傳與其子平, 平傳與其子地, 地傳與其子敢, 敢傳與其子壽. 至漢景帝時, 壽乃共弟子齊人胡母子都著於竹帛)『春秋公羊解詁』, 何休 撰, 陸德明 音義, 徐彦 疏, 『春秋公羊傳注疏·春秋公羊傳序』, 2b, 文淵閣 四庫全書本.

26 康有爲, 『孔子改制考』, 『康有爲全集』(三), 上海: 上海古籍出版社, 1992, 191면.

27 顧炎武, 「夫子之言性與天道」, 『日知錄』卷七, 『日知錄集釋(外七種)』, 上, 536면.

28 劉逢祿, 「春秋公羊釋例序」, 『劉禮部集』卷三, 23면.

29 劉逢祿, 「律意輕重例」, 『劉禮部集』卷四, 21~22면【역주】본서에는 편명이「釋特筆例中」으로 되어 있으나 이는 잘못이기에 고쳐서 옮김.

30 龔自珍, 「春秋決事比自序」, 『龔定庵全集類編』, 北京: 中國書店, 1991, 56~57면.

31 皮錫瑞, 「春秋」, 『經學通論』四, 北京: 中華書局, 1954, 12~13면.

32 이것이 바로 皮錫瑞, 『經學通論』「春秋」 중 「『춘추』 개제는 오늘날 사람들이 변법을 논하며 4대를 더하고 감하여 계승한다고 하는 것과 같은 것으로, 공자가 안연에게 그 『춘추』를 지은 것에 대해 말한 바도 바로 또한 이러한 뜻이다를 논함」(論『春秋』改制猶今人言變法損益四代孔子以告顔淵其作『春秋』亦卽此意)의 요지이다.

33 魏源, 「學校應增祀先聖周公議」, 『魏源集』(上冊), 北京: 中華書局, 1976, 155면.

34 魏源, 「劉禮部遺書序」, 『魏源集』(上冊), 242면.

35 龔自珍, 「抱小」, 『龔定庵全集類編』, 92면.

36 龔自珍, 「古史鈎沉論二」, 『龔定庵全集類編』, 99~100면.

37 龔自珍, 「陸彦若所著書敍」, 『龔定庵全集類編』, 34~35면.

38 康有爲, 『南海師承記』, 『康有爲全集』(二), 442면.

39 劉師培, 「群經大義相通論」「公羊孟子相通考」, 『中國現代學術經典·黃侃·劉師培卷』, 石家莊: 河北敎育出版社, 1996, 575~577면.

40 『맹자』「등문공장구 하」(滕文公章句下)가운데 이 단락은 금문경학이 공자를 '소왕'으로 삼는 근거이다.

41 유월(兪樾)은 장타이옌의 스승으로 저명한 고문경학자이다. 그는 「춘추천자지사론」(春秋天子之事論)에서 다음과 같이 말하고 있다. "『춘추』는 성인의 미언대의로, 공양씨만이 이로부터 얻은 바가 많았는데 맹자의 언급 속에서도 찾아볼 수 있다. …나는 『맹자』를 읽고 나서 공양가가 기록한 왕도를 노(魯)나라에 기탁했다는 설을 더욱 믿게 되었다. 이에 그것을 자세히 논한다."(『春秋』一經, 聖人之微言大義, 公羊氏所得獨多, 嘗於孟子之言見之矣. …愚因孟子之言, 而益信公羊家記王於魯之說, 故具論之)『詁經精舍課藝文』, 第三輯(戊辰上), 上海圖書館藏, 3~4면.

42 맹자와 공양의 관계에 대해 학자들의 견해는 다양하다. 류스페이의 「공양맹자상통고」와 류이(劉異)의 「맹자춘추설미」(孟子春秋說微)는 모두 맹자 사상 속에 미언(微言)이 많아 공양학과 상통한다고 보고 있다. 반면 양샹쿠이는 맹자와 공양학은 사상 체계에 있어 서로 다르다고 보고, 일찍이 류스페이와 공광삼(孔廣森)이 맹자와 공양학의 관점을 뒤섞어 놓았다고 비판하기도 했다(楊向奎, 『繹史齋學術文集』, 337~338면 참조). 그러나 사상적인 관계를 학술 계승의 차원이 아니라 일종의 역사적 관계로 본다면, 청대 사상에는 제도와 법률, 그리고 역사의 계승 및 변혁을 중시하는 사상 조류가 출현했음을 알 수 있다. 그리고 대진이 맹자와 순자를 종합하고 공양가가 맹자와 공양을 뒤섞은 것은 모두 이러한 사상 조류의 한 표현이라고 볼 수 있다.

43 魏源, 「論語孟子類編序」, 『魏源集』 上冊, 145~146면.

44 孔廣森, 「春秋公羊通義序」, 『春秋公羊通義』, 石印本, 上海: 鴻寶齋, 淸光緖十七年 (1891).

45 劉逢祿, 「春秋公羊釋例序」, 『劉禮部集』 卷三, 23면.

46 皮錫瑞, 「春秋」, 『經學通論』(四), 1면. 피석서는 또 다음과 같이 말하고 있다. "맹자가 『춘추』를 논한 뜻은 매우 심원하다. 그에 따르면, 공자가 실천 없이 말만 세상에 전했는데도 만세의 사표(師表)가 된 것은 우선 『춘추』라는 책 때문이다. 맹자는 공자가 『춘추』를 지은 공이 천하를 태평케 하는 점에 있다고 하면서, 우(禹)가 홍수를 억제하고 주공이 이적(夷狄)을 통합하고 맹수를 물리친 것에 비교했고, 또 순(舜)이 사물의 이치에 밝았던 것으로부터 공자가 『춘추』를 지은 것을 논하면서, 그 일은 순, 우왕, 주 문왕, 주 무왕, 주공을 계승할 만하다고 보았다. 뿐만 아니라 공자가 『시경』과 『상서』를 정리하고, 예악을 수정하며 『주역』을 보충한 것에 대해서는 전혀 언급하지 않으면서 오직 『춘추』만을 거론했다. 이를 보면, 『춘추』에는 미언대의가 있어 족히 영원토록 천하를 다스릴 만하여 특별하게 존숭한 것임을 알 수 있다. 두 차례 공자의 말에 대한 인용은 더욱 믿을 만한데, 이것은 공자가 『춘추』를 지은 뜻으로 공자가 이미 직접 말했던 내용이다. 그리고 공자가 『춘추』를 지은 공에 대해서 맹자는 또 명확히 밝히고 있다. …이것이 『춘추』의 미언이며, 대의는 드러나 쉽게 알 수 있지만 미언은 은미하여 알기 어렵다. 그래서 공자는 사람들이 모를 것을 염려하여 스스로 그 뜻을 밝히지 않을 수 없었다. 그 내용은 제 환공과 진 문공을 기록한 구절에 보이며, 또 『공양전』 「소공 12년」(昭公十二年) 조에도 보이는데 내용은 대동소이하다. 이로써 맹자의 『춘추』학은 『공양전』과 같은 계보이며, 그가 미언을 높게 평가한 것은 『공양전』의 취지를 깊이 파악한 것임을 알 수 있다."(孟子說『春秋』, 義極閎遠. 據其說, 可見孔子空言垂世, 所以爲萬世師表者, 首在『春秋』一書. 孟子推孔子作 『春秋』之功, 可謂天下一治, 比之禹抑洪水, 周公兼夷狄·驅猛獸又從舜明於庶物, 說到孔子作『春秋』, 以爲其事可繼舜·禹·湯·文·武·周公. 且置孔子刪『詩』『書』·訂 禮樂·贊『周易』, 皆不言, 而獨擧其作『春秋』, 可見『春秋』有大義微言, 足以治萬世之 天下, 故推尊如此之至. 兩引孔子之言, 尤可據信. 是孔子作『春秋』之旨, 孔子已自 言之, 孔子作『春秋』之功, 孟子又明著之. …是『春秋』微言, 大義顯而易見, 微言隱 而難明, 孔子恐人不知, 故不得不自明其旨. 其事則齊桓·晉文一節, 亦見於『公羊』 昭十二年傳, 大同小異.足見孟子『春秋』之學, 與『公羊』同一師承, 故其表彰微言, 深

得『公羊』之旨) 같은 책, 1~2면.

47　劉師培,『群經大義相通論』「公羊孟子相通考」,『中國現代學術經典—黃侃·劉師培卷』, 石家莊: 河北敎育出版社, 1996, 596~601면.

48　楊向奎,「公羊傳中的歷史學說」,『繹史齋學術文集』, 上海:上海人民出版社, 1983, 87면.

49　예를 들어『춘추공양전』「희공 원년」(僖公元年)에서 "제(齊)나라 군사와 송(宋)나라 군사, 그리고 조(曹)나라 군사가 섭북(聶北)에 주둔(次)해 형(邢)나라를 구원했다"(齊師, 宋師, 曹師次於聶北, 救邢)는 구절을 풀이하면서 다음과 같이 말하고 있다. "구원했을 때는 주둔(次)라고 말하지 않는 것인데, 이곳에 '주둔'이라고 말한 것은 무슨 뜻인가? 일을 언급하지 않은 것이다. 일을 언급하지 않았다는 것은 무슨 뜻인가? 형나라가 이미 멸망했다는 것이다. 누가 멸망시켰는가? 적인(狄人)이다. 왜 적인이 멸망시켰다고 하지 않았는가? 제나라 환공(桓公)을 위해 숨긴 것이다. 왜 환공을 위해 숨겼는가? 위로는 천자가 없고, 아래로는 방백(方伯)이 없어, 천하의 제후들이 서로 멸망시키는 자가 있어도 제 환공이 능히 구하지 못했다면 제 환공에게는 부끄러운 일이기 때문이다. 왜 먼저 주둔을 말하고 뒤에 구원했다고 말했는가? 각국의 군주들이 직접 한 일이기 때문이다. 군주들이 직접 했다면, 그들을 그냥 그 나라의 군사라고만 부른 것은 무슨 뜻인가? 제후들이 제멋대로 봉한 것을 찬성하지 않은 것이다. 왜 찬성하지 않았는가? 실제로는 찬성하되 명문상으로는 찬성하지 않은 것이다. 명문상으로는 왜 찬성하지 않았는가? 제후의 '마땅한 도리'(義)로 보자면 제멋대로 봉작(封爵)을 하지 않는 것이다. 제후의 '마땅한 도리'에 따르면 제멋대로 봉작을 하지 못한다면서, 실제로는 찬성했다고 하는 것은 무슨 뜻인가? 위로는 천자가 없고 아래로는 방백이 없을 때 만약 천하의 제후들이 서로 멸망시키는 자가 있다면, 이런 상황에서는 구할 수 있다면 구하는 것이 옳은 일이기 때문이다."(救不言次, 此其言次何? 不及事也. 不及事者何? 邢已亡矣. 孰亡之? 蓋狄滅之. 曷爲不言狄滅之? 爲桓公諱也. 曷爲桓公諱? 上無天子, 下無方伯, 天下諸侯有相滅亡者, 桓公不能救, 則桓公恥之, 曷爲先言次而後言救? 君也. 君則其稱師何? 不與諸侯專封也. 曷爲不與? 實與, 而文不與, 文曷爲不與? 諸侯之義不得專封也. 諸侯之義不得專封, 其曰實與之何? 上無天子, 下無方伯, 天下諸侯有相滅亡者, 力能救之, 則救之可也) 李宗侗 註釋,『春秋公羊傳今注今譯』(上冊), 臺北: 臺灣商務印書館, 1973, 167~168면. 여기서 제나라, 송나라, 조나라 군대가 형나라를 구하고도 구했다고 말하지 못하고, 또 왜 제나라 군대가 먼저 그곳에 주둔하고도 구했다고 말하지 않았는가라는 질문에 대한 대답은 바로 제 환공, 즉 군주 때문이다. 그러나 왜 먼저 주둔했다고 하고 나중에 또 구했다고 말했는가? 그 이유는 원칙적으로는 제후가 함부로 봉작을 하지 못하지만 실제로는 이를 허용한 것으로, 단지 문장에서는 이를 밝힐 수 없었기 때문이다. 이것이 바로 "실제로는 허용되었지만 명문으로는 허용하지 않는다"는 말의 함의이다.

50　앞의 책, 65면.

51　『孟子』「梁惠王上」, 焦循 撰,『孟子正義』(上), 中華書局, 1987, 87면.

52　戴震,『孟子字義疏證』卷下,『戴震全集』(一), 203면.

53　건가 시기에 중요한 사회적 위기가 배태되었음은 확실하다. 종종 거론되는 사례로

는, 1774년(건륭 39) 산동 청수교(清水教) 왕륜(王倫)이 일으킨 수장(壽張) 농민 반란, 1781년(건륭 46) 소사십삼(蘇四十三) 등이 이끈 서북 회족(回族)과 살라르족(撒拉族, Salır)의 반란, 1786년(건륭51) 임상문(林爽文)이 지휘한 타이완 민중 반란, 1795년(건륭 60) 호남 및 귀주 지역의 묘족(苗族)의 반란, 1796년(가경 원년) 사천, 호남, 호북, 섬서 지방의 백련교 반란, 1813년(가경 18) 이문성(李文成)과 임청(林清)이 이끄는 팔괘교의 반란 등이 있다. 그러나 건륭제 때는 기본적으로 통치가 안정된 이른바 '태평성대'였으며, 만주족-한족의 모순과 각 민족 간의 관계도 상당히 완화되어 있었다. 따라서 단지 이상과 같은 몇몇 사건만으로는 이 시기 사회 위기와 경학의 관계를 명확히 설명하기는 어렵다.

54 벤자민 엘먼 著, 趙剛 譯, 『經學, 政治和宗族―中華帝國晚期常州今文學派研究』(Classicism, Politics, and Kinship: the Chang-chou school of new text Confucianism in late imperial China; 江蘇人民出版社, 1998)는 운경(惲敬)의 사상에 주목하여 적절한 분석을 보여 준다. 이 책의 215~222면 참조.

55 운경은 그들이 "지나치게 성현을 존경한 나머지 서민에 대한 관심이 소홀했으며, 과감히 옛것을 쫓으면서도 새로운 시세의 변화를 따르는 것은 저어했다. 그리고 전문적인 연구에 대해서는 독실히 믿으면서, 널리 전체적으로 관통하려는 연구는 박대했으니 어찌 성인을 안다고 할 수 있겠는가!"(過於尊聖賢而疏於察凡庶, 敢於從古昔而怯於赴時勢, 篤於信專門, 而薄於考通方, 豈足以知聖人哉)라고 했다. 「三代因革論(八)」, 『大雲山房文考』(初集卷一), 上海: 商務印書館, 1936, 17면.

56 惲敬, 『三代因革論』, 「七」, 16면.

57 惲敬, 『三代因革論』, 「四」, 10면.

58 벤자민 엘먼, 『經學, 政治和宗族』, 2면.

59 위원이 도광 연간 초기에 쓴 「무진장소종백유서서」(武進莊少宗伯遺書序)의 다음과 같은 구절이 이에 대한 좋은 근거이다. "선생께선 건륭 연간 말기에 대학사 화신과 같이 조정에서 일했지만 서로 의견이 맞지 않았다. 그래서 『시경』·『주역』 중 군자가 물러나고 소인이 대두되는 때에 대해서 종종 비분강개하며 크게 탄식하기를 거듭했다. 그의 책을 읽으면 그 뜻을 슬퍼할 만하다."(君在乾隆末, 與大學士和珅同朝, 鬱鬱不合, 故於『詩』·『易』君子小人進退消長之際, 往往發憤慷慨, 流連太息, 讀其書可以悲其志云) 이 단락은 초본(抄本)에는 나타나 있지 않고, "선생께선 더군다나 음률을 연구하여 깨달은 바가 있었는데, 이는 스승으로부터 전수 받은 것이 아니라, 신명(神明)이 전해 준 것으로, 도(道)도 기(器)도 아닌 것이 상세히 알 방법이 없다."(君尤研悟律呂, 不由師受, 神明所傳, 匪道匪器, 勿可得而詳云)는 말로 대신하고 있는데, 이로써 화신과의 사건이 도광 연간에도 여전히 민감한 사항이었음을 알 수 있다. 魏源, 「武進莊少宗伯遺書序」, 『魏源集』(上冊), 238면.

60 벤자민 엘먼, 『經學, 政治和宗族』, 15·77·79면.

61 류다녠(劉大年)은 두 가지 반증을 들고 있다. 첫째, 장존여와 공광삼(孔廣森)은 모두 공양학을 연구했는데 누가 먼저 했는지가 명확하지 않다. 공광삼은 한림원 편수로서, 『춘추공양정전통의』(春秋公羊正傳通義)를 저술하고 1786년 사망했다. 그런데 장존여의 『춘추정사』는 1786년 관직을 그만두고 상주로 돌아온 후에 지은 것이 분명하다. 따라서 금문경학이 정치 투쟁으로 발흥했다는 것은 근거가 없다. 둘째,

공양학은 본래 이른바 "『춘추』는 세습 귀족을 비난하고"(『春秋』譏世卿), "『춘추』는 현자의 허물을 감춰 준다"(『春秋』爲賢者諱)는 등의 주장이 있고, 또 삼과구지(三科九旨) 중 '비난〔譏〕, 폄하〔貶〕, 삭제〔絶〕' 등의 주장이 있다. 따라서 이러한 춘추공양학의 의례(義例)로 그 정치적 의미를 설명하는 것은 그다지 정확한 것이 아니다. 엘먼의 저서에 대한 류다녠의 이 같은 분석은 참고할 가치가 있다고 보지만, 그렇다고 금문경학의 정치성을 부정할 수는 없다. 이것은 '정치성'이 광범한 의미를 내포하고 있어 반드시 궁정 정치만을 가리키는 것은 아니기 때문이다. 劉大年,「評近代經學」, 朱誠如 主編, 『明淸論叢』, 第一輯, 北京: 紫禁城出版社, 1999, 2면 참조.【역주】삼과구지(三科九旨)에 대한 해석은 다양한데, 『공양전』「은공 원년」(隱公元年) 모두(冒頭)에 대한 당대(唐代) 서언(徐彥)의 소(疏)를 보면, "구지(九旨)란 첫 번째가 '때', 두 번째가 월, 세 번째가 일, 네 번째가 왕, 다섯 번째가 천왕, 여섯 번째가 천자, 일곱 번째가 비난, 여덟 번째가 폄하, 아홉 번째가 삭제다."(九旨者, 一曰時, 二曰月, 三曰日, 四曰王, 五曰天王, 六曰天子, 七曰譏, 八曰貶, 九曰絶)라고 했다. 공광삼은 구지를 '때'〔時〕, '월'〔月〕, '일'〔日〕, '비난'〔譏〕, '폄하'〔貶〕, '삭제'〔絶〕, '존귀한 자에 대한 존중'〔尊〕, '피붙이에 대한 친근함'〔親〕, '어진 사람에 대한 존중'〔賢〕으로 간주했다. 중요한 것은 '비난'〔譏〕, '폄하'〔貶〕, '삭제'〔絶〕, 이 세 가지는 춘추필법(春秋筆法), 즉 역사 기록 속 정치적 사안에 대한 비판이라는 점이다.

62 제임스 헤비아(James L. Hevia)는 청대를 중국 역대 왕조와 다르며, 원대(元代)를 계승한 또 하나의 예외, 즉 제국(empire)으로 간주한다. 나는 청 제국의 다원적 권력 중심, (봉건 식의) 다원적 정치 구조에 대한 그의 주장이 믿을 만하다고 보지만, '제국'과 '중국'의 역사적 관계를 어떻게 이해하는가에 대해서는 좀 더 고려해 볼 필요가 있다고 생각한다. 이 점에 대해서는 후술하겠다. James L. Hevia, "Chapter 2: A Multitude of Lords", in *Cherishing Men from Afar*(Durham: Duke University Press, 1995), pp.29~56.

63 이와 관련하여 동림당이 환관 세력에 반대한 전통과 비교하면, 그들과 왕조 정치의 관계는 훨씬 긴밀한 데다가, 사림과 조정 간의 이원 관계 속에서 해석할 수도 없다. 금문경학에 대한 이해는 정치에 대한 우리의 이해와, 금문경학에 대한 장존여·유봉록의 서술 전략과 그들이 참여하고 있던 청조 정치에 대한 우리의 이해에 근거하고 있는 것이다.

64 통기(統紀)의 학문과 일통 관념의 기원에 대한 고증은 라오쫑이(饒宗頤)의 『중국 사학에서의 정통론』(中國史學上之正統論; 上海:上海遠東出版社, 1996)에서 자세히 설명하고 있기에, 여기서는 생략하겠다.

65 王禕,「正統論」, 『王忠文公集』 卷1, 上海: 商務印書館, 1936, 萬有文庫本, 7~8면.

66 方孝孺,「後正統論」, 『遜志齋集』 卷二, 四部叢刊本, 55면.

67 王禕,「正統論」, 『王忠文公集』 卷1, 9면.

68 方孝孺,「後正統論」, 『遜志齋集』 卷二, 四部叢刊本, 56~57면.

69 饒宗頤, 『中國史學上之正統論—中國史學觀念探討之一』, 上海: 上海遠東出版社(香港:龍門書店, 1977), 1996, 57면. 라오쫑이의 이 저작은 중국 사학상의 정통 관념에 대해 체계적으로 분석·정리하고 절록(節錄)한 것으로, 매우 중요한 사학 저서이다.

70 陶宗儀, 『輟耕錄』 卷三, 『明文衡』 本. 8b~9a(楊維楨, 『東維子集』 卷首, 『正統辨』 이상은 모두 『철경록』(輟耕錄)에 수록되었기에, 『철경록』을 인용함. 貝瓊, 「鐵崖先生傳」, 『清江貝先生文集』 卷二, 四部叢刊本, 19면.

71 미야자키 이치사다(宮崎市定)는 다음과 같이 말하고 있다. "원대에는 확실히 새로운 법률을 반포한 적이 없다. 원대에 편찬된 법전은 송대 칙령을 형식적 바탕으로 삼아 판례를 보충하여 만든 『대원통제』(大元通制)로, 그것은 종합적인 육법전서라고 불리기도 한다." 「宋元時代的法制和審判機構」, 『日本學者研究中國史論著選譯』(八), 中華書局, 1992, 271면.

72 아이젠슈타트(S. N. Eisenstadt), 『帝國的政治體制』, 南昌: 江西人民出版社, 1992, 142면. 아이젠슈타트의 이 저서는 구조-기능의 방법을 운용하여 제국체제를 연구했는데, 그 목적은 역사상의 관료 제국과 근대 국가의 이중적 특징(전제와 민주)과의 관계를 분석하는 것이다. 이 저서에 대한 비평은 Dennis Smith, *The Rise of Historical Sociology*(London: Polity Press Limited, 1991), pp.18~21. 중역본으로는 丹尼斯·史密斯 著, 周輝榮, 井建斌 等譯, 『歷史社會學的興起』, 上海人民出版社, 2000, 24~28면.

73 위의 책, 145~146면.

74 瞿同祖, 「中國法律之儒家化」, 『瞿同祖法學論著集』, 中國政法大學出版社, 1998, 361~381면.

75 王惲, 「論論定德運狀」, 『秋澗集』 卷85, 5a면, 文淵閣 四庫全書本.

76 楊奐, 「正統八例總序」, 『還山遺稿』 上, 蘇天爵 編, 『元文類』 卷32, 上海: 商務印書館, 1936, 418~419면에서 재인용.

77 謝端, 「辯遼金宋正統」, 蘇天爵 編, 『元文類』 卷45, 653면, 萬有文庫本. 이곳에서의 인용문은 또 『추간집』(秋澗集) 卷100, 「옥당가화권지팔」(玉堂嘉話卷之八), 6a~7a면에도 몇 글자의 차이는 있지만 동일한 내용이 있다. "좌객이 또 말하기를, 요(遼)나라가 국가를 건설했으나 편벽한 연운(燕雲: 화북 지역)에 거하고 법도가 통일되지 않아 북위(北魏)와 북제(北齊)에 비할 바가 아닙니다. 이에 나는 다시 재배하고 다음과 같이 말했다. 이런 이유로 비판하면 너무 피상적입니다. 만약 중토(中土)에 거한 것을 올바른 위치〔正〕로 삼는다면, 오호십육국 중 유씨(劉氏: 전조前趙), 석씨(石氏: 후조後趙), 모용씨(慕容氏: 전연前燕·후연後燕·남연南燕), 부씨(苻氏: 전진前秦), 요씨(姚氏: 후진後秦), 혁련씨(赫連氏: 하夏)가 얻은 영토는 모두 오제(五帝) 삼왕(三王)의 옛 도읍지입니다. 만약 도를 갖춘 것을 올바른 위치〔正〕로 삼는다면 부씨(苻氏) 전진(前秦)의 역량은 재략이 뛰어나고 신임이 돈독했지만, 오대십국 중 주씨(朱氏) 후량(後梁)의 행위는 찬탈을 목적으로 내란을 일으켜 비참히 죽었으니, 이 양자를 비교하면 누가 '왕도의 계통'〔統〕을 얻었다 하겠습니까? 주고받고 서로 계승하는 이치에 관련하여 이런 이유로 비난하기는 어렵습니다. 더구나 태화(泰和) 초기 조정에서 앞서 이러한 의론이 있었지 않습니까? …중주(中州)의 사대부들 가운데 일부는 요나라와 금나라의 발흥에는 본말이 각기 다름을 알지 못합니다. 만약 태화 연간에 이와 같이 『요사』가 진작에 서술되었더라면 천하의 의론이 저절로 확정되었을 것이니, 어찌 다른 말이 더 필요했겠습니까?(座客又云: 遼之有國, 僻居燕雲, 法度不一, 似難以元魏北齊爲比. 仆再拜而言曰: 以此責之, 膚淺尤甚, 若以居中土者

爲正, 則劉石慕容符姚赫連所得之土皆五帝三王之舊者也. 若以有道者爲正, 符秦之量, 雄材英略, 信任不疑, 朱梁行事, 簒奪內亂, 不得其死, 二者方之, 統孰得焉. 夫授受相承之理, 難以此責, 況乎泰和初朝廷先有此論. …中州士大夫間不知遼金之興, 本末各異者, 向使泰和間若是, 『遼史』早得修成, 天下自有定論, 何待餘言)

78 植松正,「元初法制論考─重點考察與金制的關係」, 『日本中靑年學者論中國史·宋元明淸卷』, 298~328면; John. D. Langlois, Jr., "Law, Statecraft, and The Spring and Autumn Annals in Yuan. Political Thought", in *Yuan Thought: Chinese Thought and Religion Under the Mongols*, eds. Hok-lam Chan and Wm. Theodore de Bary(New York: Columbia University press,1982), p.95 참조.

79 宮崎市定,「宋元時代的法制和審判機構」, 『日本學者硏究中國史論著選譯』(八), 中華書局, 1992, 252면.

80 『元史』卷五八,「地理志」, 北京: 中華書局, 1976, 1345면.

81 아이젠슈타트, 『帝國的政治體制』(The Political System of Empires), 南昌: 江西人民出版社, 1992, 29~30면.

82 John. D. Langlois, Jr., "Law, Statecraft, and The Spring and Autumn Annals in Yuan. Political Thought", in *Yuan Thought: Chinese Thought and Religion Under the Mongols*, pp.89~152.

83 李則芬, 『元史新講』第一卷, 臺北: 中華書局, 1978, 6면.

84 胡祗遹,「論定法」, 『紫山大全集』卷22, 35b, 文淵閣四庫全書本.

85 吳澄,「易象春秋說」, 『宋元學案·草廬學案』卷92, 『黃宗羲全集』第6冊, 浙江古籍出版社, 1992, 606면.

86 吳澄,「春秋序錄易」, 『宋元學案·草廬學案』卷92, 『黃宗羲全集』第6冊, 浙江古籍出版社, 1992, 593~594면.

87 오징은 송학을 계승하여 한대 유학자의 견강부회를 비판했다. 그는 더욱이 『춘추』가 사실적 기록으로 선악을 자연히 드러낸다는 주자(朱子)와 소옹(邵雍)의 관점을 받아들였다. 하지만 동시에 역사 총괄에 관한 소옹의 주장을 인용하여 원대의 합법성을 위한 근거로 삼기도 했다. 吳澄,「春秋諸國統紀序」, 『吳文正公集』卷20과「皇極經世續書序」, 『吳文正公集』卷16 참조.

88 吳萊,「改元論」, 『淵潁吳先生文集』卷五, 10a~14a, 文淵閣四庫全書本.

89 饒宗頤, 『中國史學上之正統論─中國史學觀念探討之一』, 上海: 上海遠東出版社, 1996, 56면.

90 이상에 대해서는 John. D. Langlois, Jr., "Law, Statecraft, and The Spring and Autumn Annals in Yuan. Political Thought", in *Yuan Thought, Chinese Thought and Religion Under the Mongols*, pp.90~152, 참조.

91 「右諫議大夫吏部侍郎張行信議」, 『大金德運圖說』, 16a, 文淵閣 四庫全書本(이하 같음).

92 「應奉翰林文字黃裳議」, 『大金德運圖說』, 9a.

93 「朝請大夫應奉兼編修穆顔烏登等議」, 『大金德運圖說』, 16a~b.

94 金啓孫,「從滿洲族名看淸太宗文治」, 王鍾翰 主編, 『滿族歷史與文化』, 北京:中央民族大學出版社, 1996, 13면.

95 Derk Bodde and Clarence Morris, *Law in Imperial China, Exemplified by 190 Ch'ing Dynasty Cases with Historical, Social, and Judicial Commentaries*(Cambridge, Mass: Harvard University Press, 1967), p.60.

96 康有爲, 「萬木草堂口說」 「春秋繁露」條, 「康有爲全集」 第二集, 388면.

97 홍타이지의 개칭에 대해서는 孟森, 「滿洲名義考」, 「明淸史論論集刊續編」, 北京: 中華書局, 1986, 1~3면; 金啓孮, 「從滿洲族名看淸太宗文治」, 趙展, 「對皇太極所謂諸申的辨正」, 각각 王鍾翰 主編, 「滿族歷史與文化」, 北京: 中央民族大學出版社, 1996, 12~17면, 18~31면 참조.

98 雍正, 「駁封建論」, 「淸世宗實錄」 卷八三, 雍正七年七月.

99 원(元)나라가 일통설로써 자신의 법통을 증명한 이후부터, 이적과 정통의 관계에 대한 논의가 한족 사이에서도 점차 전개되었다. 예를 들어 방효유(方孝孺)가 오랑캐의 통합(統)을 '변질된 통합'(變統)이라 하여 '오랑캐를 내치고자 하는(攘夷) 뜻을 나타낸 것은 「춘추」의 의(義)에 근거하여 북위(北魏)는 황제를 칭할 수 없다고 한 황보식(皇甫湜)의 주장과 상통하는 바가 있다. 방효유가 오랑캐 문제를 중시한 것은 명초에 화이, 내외의 구분을 제창한 호한(胡翰)의 영향을 받은 것인데, 호한은 「정기」(正紀)를 지어 당 태종이 오랑캐를 자처했다고 비판했다. 饒宗頤, 「中國史學上之正統論—中國史學觀念探討之一」, 上海: 上海遠東出版社, 1996, 57면 참조.

100 「雍正朝起居注」 五年九月二十二日.

101 「上諭內閣」 六年十月初六日.

102 張晉藩 主編, 「淸朝法制史」, 北京: 中華書局, 1998, 484~485면 참조.

103 「淸高宗實錄」 卷八.

104 張晉藩 主編, 「淸朝法制史」, 北京: 中華書局, 1998, 486. 이하 건륭제의 형법 개혁에 관한 서술은 모두 이 책을 참조.

105 사형 죄를 범한 기인(旗人)에 대해 일반 사면으로 용서할 수 없는 경우를 제외하고, "집안에 16세 이상의 다른 장정이 없거나" 혹은 "늙은 부모를 모시는 독자"인 경우는 모두 일반 백성의 율례에 따라 죄를 사하여 부모를 공양하는 것을 허용했다. 「淸高宗實錄」 卷四三七, 乾隆十八年四月己酉.

106 「淸高宗實錄」 卷一八九, 乾隆十八年四月戊申. 건륭 7년에 한족 군인 가운데 기인(旗人)에서 벗어나 일반 백성으로 전환하는 것을 허용하는 령을 반포했고, 또 8년, 19년, 28년에 각각 이에 대한 상세한 규정을 두었는데 그 요점은 다음과 같다. 1. 일반 백성과 같이 보갑(保甲)에 편제되는 것을 허용. 2. 남녀를 불문하고 일반 백성과 결혼하는 것을 허용. 3. 원하는 자는 녹영군(綠營軍)으로 보충할 수 있음. 4. 대대로 승계해야 할 직위는 그 직위를 유지한 채 기인에서 벗어나 한족의 직위 세습법에 따라 처리. 5. 직위 세습, 진사, 거인, 공생, 감생과 후보, 임용 대기자(候選), 강조(降調), 연직함(捐職衙: 기부를 통해 얻은 직함) 등은 모두 한족을 위한 과거 시험에 포함시켜 선발 등용. (1은 「淸高宗實錄」 卷一六四, 乾隆七年四月壬寅; 2, 3, 4는 卷四六九, 十九年七月甲午에, 5는 卷六八一, 二十八年二月癸丑에 보임.) 팔기 가운데 별도로 등재된 사람이 기에서 벗어나 민으로 전환하는 것에 대해서는 다음과 같은 규정이 있다. 1. 기인에서 적을 옮긴 자 가운데 문무관 서리는 정식으로 임용될 수 없으며, 본래 관직은 이부와 병부의 논의를 거쳐 한족 결원으로 임용한다. 지방

관원 및 녹영군에 종사하던 자가 병으로 물러난 경우는 관직을 위한 기부금을 면제하고, 후보자와 진사, 거인, 공생, 감생의 시험을 통해 등용하며 이부와 병부에서 관장한다. 2. 관직이 없는 자는 본래 기(旗)에서 어느 곳을 원하는지를 파악하여 그 지방관과 상의하여 입적시킨다. 3. 하급 관리는 그 선발 임용을 중지한다. 4. 전투 중 희생된 자는 여전히 그 봉급을 지급한다. 5. 외성 방비에 근무하던 한직 혹은 무관직 자는 장군이나 대신이 자문을 구해 처리한다. 『清高宗實錄』 卷五〇六, 乾隆二十一年二月庚子.

107 張晉藩 主編, 『清朝法制史』, 北京: 中華書局, 1998, 487면.

108 건륭제의 효에 대한 중시와 당시 사회 정치 변화와의 관계에 대해서는 Pamela Kyle Crossley, *A Translucent Mirror*, pp.89~128 참조. 이 책은 Abe Takeo의 연구 "Shincho to Ka I shisho", *Jimbun Kagaku* 1, no.3(December 1946), pp.150~154를 참고하고 있다. 【역주】 아베 타케오의 원 논문은 安部健夫, 「清朝と華夷思想」, 『人文科學』 1卷 3號, 1946을 가리키며, 동일 논문은 후에 安部健夫, 『清代史の研究』, 創文社, 1981, 33~58면에도 실렸다.

109 이 조항은 『명율례』(明律例)를 계승한 것이다. 『大清律例匯輯便覽』 「名例下」 「犯罪存留養親」 卷四 참조.

110 『大清律例匯輯便覽』 제29권의 「刑律」 「罵詈」 가운데 '罵尊長'과 '罵祖父母父母' 조, 제26권 「刑律」 「人命」 가운데 '謀殺祖父母父母' 조, 제28권의 '毆祖父母父母' 조 등 참조.

111 張晉藩 主編, 『清朝法制史』, 北京: 中華書局, 1998, 487~496면.

112 Perry Anderson 著, 郭方 等 譯, 『從古代到封建主義的過渡』, 上海人民出版社, 2001, 234면.

113 『清高宗實錄』 卷342, 乾隆十四年六月.

114 Dorothea Heuschert, "Legal Pluralism in the Qing Empire: Manchu Legislation for the Mongols," *International History Review* 20, no.2 (June 1998), pp.310~324. 저자의 '법률 다원주의' 개념은 John Griffiths, "What is legal pluralism?" *Journal of legal pluralism and unofficial law*, 24, no. 5(1986), p.39.에 근거하고 있다.

115 청대 역사 연구에서 청대 법률과 민족 관계에 대한 연구는 줄곧 중요한 주제였다. 그 연구 결과는 청대 사상사의 여러 과제들을 다시 이해하는 데 중요한 단서를 제공해 주고 있다. 청대 입법과 민족 관계에 대한 연구에 관해서, 필자는 주로 장진판(張晉藩)이 주편한 『청조법제사』, 위안썬보(袁森坡)가 쓴 『강옹건경영여개발북강』(康雍乾經營與開發北疆) 등의 저서를 참고했다. 금문경학의 역사 의의에 대한 필자의 논의가 근거하고 있는 자료, 근거와 배경은 바로 이들 저서의 관련 자료에 대한 정리와 서술에서 얻은 바가 크다. 이 외에 필자는 다음과 같은 영문 저서들도 참고했다. Joseph F. Fletcher, *Studies on Chinese and Islamic Inner Asia*(Aldershot, Hampshire: Variorum, 1995). Pamela Kyle Crossley, *A Translucent Mirror: History and Identity in Qing Imperial Ideology*(Berkeley and Los Angeles: University of California Press. 1999). Elliott, Mark C. "The Limits of Tartary: Manchuria in Imperial and National Geographies." *Journal of Asian Studies*

59, no. 3(August 2000), pp.603~466.

116 마크 엘리엇(Mark Elliott)은 청대 만주의 정체성 문제를 논하면서, 동북 지역은 예
의(禮儀), 지리, 단일 조상 숭배 등을 중심으로 자신의 특수한 정체성을 형성했음
을 강조하고, 아울러 이러한 과정을 일본 지배하의 만주국의 실천과 연계시켰다. 만
주 청 왕조가 의식적으로 자기의 정체성을 유지한 것은 역사적 사실이다. 하지만 어
떻게 청 제국의 법률적 다원주의 혹은 제도 다원주의적 관점에서 제국의 정체성 및
그 내재적 모순을 탐구할 것인가는 더욱 근본적인 문제이다. 엘리엇의 서술은 하나
의 독립 국가 혹은 지역으로서의 만주의 정체성을 전제로 삼고 있다. 청대 역사로부
터 보건대, 제국 체제 자체는 바로 일종의 다원적 체제이며, 따라서 지방 정체성과
민족 정체성 모두에 대한 승인을 포함하고 있다. 그러나 이러한 다원적 체제 및 그
것의 지방과 민족 정체성에 대한 승인은 제국의 통일을 유지하기 위한 전제이다. 다
민족 왕조의 내부에서, 청 통치자는 왕조의 통치를 유지하기 위해 일련의 조치를 통
해 만·한과 기타 민족 간의 평등을 촉진시켰으며, 그리하여 결국 그것의 다원적이
고 차등적인 제국 제도와 내적인 모순이 발생했다. 만주 문제는 청 제국의 기원 문
제 및 왕조에서의 만주족의 특수한 지위 문제와 연관되어 있어 더욱 모순점을 드러
낸다. 이러한 의미에서 '만주 기술'과 '대청 기술'의 관계를 어떻게 처리하느냐 하는
것은 여전히 연구할 가치가 있다. 사실, 청 왕조는 줄곧 이러한 모순으로 곤혹스러
워했고, 청말 민족주의의 두 형태—즉 장타이옌식의 반만주 민족주의와 캉유웨이
와 량치차오식의 대민족주의(즉 '중국'을 단위로 하는 민족주의)—도 바로 이것을
역사적 전제로 하고 있다. 따라서 단일한 측면에서 청 제국의 정체성 문제를 사고하
는 것은 청조의 정체성 문제를 전면적으로 설명하기 어렵다. Elliott, Mark C. "The
Limits of Tartary: Manchuria in Imperial and National Geographies." *Journal
of Asian Studies* 59, no. 3 (August 2000), pp.603~466 참조.

117 袁森坡, 『康雍乾經營與開發北疆』, 中國社會科學出版社, 1991, 293면.

118 『淸高宗實錄』卷482.

119 『淸高宗實錄』卷1015.

120 『淸高宗實錄』卷1451, 乾隆五十九年乙亥. 이상은 각각 張晉藩 主編, 『淸朝法制
史』, 469~471면 참조.

121 Owen Lattimore, *Inner Asian Frontiers of China*(New York: American
Geographical Society, 1940)

122 명말 요동 지역의 만·한 관계, 특히 무순(撫順)의 역사에 대해서는 파멜라 카일
크로슬리(Pamela Kyle Crossley)가 *A Translucent Mirror*(Berkeley and Los
Angeles: University of California Press. 1999)에서 동(佟)씨 사건과 한족 팔기군
의 역사를 통해 자세히 설명해 주고 있다. 만·한의 교착 관계는 단지 청조의 현실
일 뿐만 아니라, 만주족의 중원 진출 이전의 현실이기도 했다. "Part I : The Great
Wall", pp.53~128 참조.

123 Fletcher, "China and Central Asia, 1368–1884," in *Studies on Chinese and
Islamic Inner Asia*(Aldershot, Hampshire: Variorum, 1995), p.207.

124 이시하(亦失哈)에 관해서는 『明英宗實錄』卷一百八十六의 『遼東誌』卷五 참조. 명
대 동북 지역의 상황에 대해서는 楊杉 主編, 『中國的東北社會(十四−十七世紀)』,

沈陽: 遼寧人民出版社, 1991 참조.

125 이러한 충돌의 최고조는 1873년 운남 무슬림에 대한 잔혹한 진압과 청 정부 정책
으로 발생한 한인과 현지 무슬림 간의 충돌인데, 이 충돌을 진압한 이후로 현지 무
슬림의 인구는 대폭 감소했다. 이것은 19세기 하반기의 일이기는 하지만, 이로부터
서남에서의 청조의 관방 정책이 야기한 최종적인 결과들을 알 수 있다. Jacqueline
Armijo-Hussein, "Narratives Engendering Survival: How the Muslims of
Southwest China Remember the Massacres of 1873", *The Traces* No.2, Hong
Kong: Chinese University of Hong Kong Press, 2001, pp.293~322.

126 『淸高宗實錄』卷284, 乾隆十二年二月.

127 이것은 학자들이 건륭, 『盛京通志』 가운데 卷二四 「田賦」, 卷三六 「戶口」, 卷三七과
卷三八 「田賦」 통계 숫자에 근거해 계산한 것이다. 翦伯贊, 『中國史綱要』, 第三卷,
268면 참조.

128 내지 유민이 변경 지역 밖으로 이동한 상황에 대해서는 袁森坡, 『康雍乾經營與開
發北疆』, 410~411면 참조.

129 『淸高宗實錄』卷133.

130 張晉藩 主編, 『淸朝法制史』, 498~501면 참조.

131 『大淸會典』卷64 「理藩院」.

132 한족 백성과 유학자의 복고주의 및 민족 사상에 대해 옹정제는 화이 구분을 고대 협
소했던 영토의 산물로 간주하며, "삼대 이전의 묘(苗: 즉 운남, 호남 등 지역), 형초
(荊楚: 호북 지역), 험윤(玁狁: 즉 북적, 흉노)은 지금의 호남, 호북, 산서 지역인데,
오늘날 이곳을 오랑캐 지역이라 할 수 있겠는가?"(三代以上之有苗·荊楚·玁狁, 即
今湖南·湖北·山西, 在今日而目爲夷狄可乎)라고 했다. 그는 또 순(舜)이 동이 출신
이고 문왕이 서이(西夷) 출신인 것을 들어 만·한 일체를 주장하며, "본 왕조에게 만
주라는 것은 마치 중원 사람에게 본적이 있는 것과 마찬가지다"(本朝之爲滿洲, 猶
中國之有籍貫)라고 했다. 즉 그가 반대한 것은 바로 이른바 "화하 출신이라고 다
른 마음을 품는 것"(以華夏而有異心)이었다. 『大義覺迷錄』卷1, 5a, 八冊 선장본.
【역주】中國社會科院 歷史所淸史硏究室 編, 『淸史資料』 第4輯, 北京: 中華書局,
1983, 5면에도 보임.

133 劉逢祿, 「釋九旨例下」 「褒例」, 『劉禮部集』 卷四, 11면.

134 순춘짜이(孫春在)의 『淸末的公羊思想』(臺北: 臺灣商務印書館, 1985, 27면)에서는
먼저 『춘추정사』가 '내외의 예(例)'를 중심으로 하고 있에 주목했으며, 청대 공양
사상에 대해 간략하지만 체계적이고 정확하게 정리하고 있다.

135 사상사의 각도에서 보면, 장존여의 춘추론은 비록 엄밀한 체계는 결여되어 있지만
명확한 정치 시각으로 경학 연구를 시작했으며, 금문경학의 춘추관을 기초로 다민
족 제국의 정치 합법성 및 그 예의(禮儀) 토대에 관한 일련의 경학 사상을 도출하고
전개했다. 이는 당시에는 알려지지 않았지만 실제로 보기 드문 독창적인 저작이다.
한편 경학사의 관점에서 보면 청대 금문경학은 장존여로부터 시작되었지만, 유봉록
이야말로 금문경학의 학술적 토대를 구축한 인물이다. 따라서 대부분 학자들은 경
학사의 관점에서 유봉록에 집중하여 청 중기 금문경학을 해석한다. 예를 들어 양샹
쿠이(楊向奎)는 "청대 중엽의 공양학자 가운데 후대에 가장 영향력을 미친 인물은

유봉록이다"(『繹史齋學術文集』, 341면)라고 했고, 순춘짜이는 "유봉록은 상주학파의 중진이자, 청대 공양학에서 선대를 계승 발전시킨 인물이다"(『淸末的公羊思想』, 臺北: 臺灣商務印書館, 1985, 32면)라고 했으며, 벤자민 엘먼은 "다방면에서 유봉록은 상주 금문경학의 최고 전성기를 상징한다"(『經學, 政治和宗族』, 149면)라고 했다. 何休, 「隱公元年」, 『春秋公羊解詁』, 李學勤 主編, 『十三經注疏』『春秋公羊傳注疏』卷第一, 北京: 北京大學出版社, 1999, 24면.

136 하휴(何休)의 『춘추공양해고』(春秋公羊解詁) 중 은공 원년 "공자(公子) 익사(益師)가 죽다."(公子益師卒), 『四部叢刊』經部, 上海涵芬樓版.

137 '삼통'설은 '변화'와 '순환'의 역사관을 바탕으로 삼고 있다. 그것에 따르면 각 왕조는 모두 자신의 일통이 있을 뿐만 아니라 천명을 받들어 '흑통', '백통', '적통'의 순환적 변화를 따른다. 한 왕조가 천명에 의거하여 일통을 이룰 때는 반드시 이미 정해진 이러한 통(統)의 방법과 제도에 따라 "정삭(正朔)을 고치고, 복색을 바꾸며", '예악정벌'에 나서야 한다. 하(夏: 흑통 혹은 인통人統), 상(商: 백통 혹은 지통地統), 주(周: 적통 혹은 천통天統) 삼대의 제도는 모두 이러한 순환적인 "(옛것을) 따르고, 바꾸고, 덜고, 더한다는 인혁손익(因革損益)"을 참고한 것이다. 예를 들어 『상서대전』(尙書大傳)에서 다음과 같이 말하고 있다. "하나라는 맹춘(孟春: 음력 1월)을 정월로 삼고, 은나라는 계동(季冬: 음력 12월)을 정월로 삼았으며, 주나라는 중동(仲冬: 음력 11월)을 정월로 삼았다. 하는 음력 13월(즉 음력 1월)을 정월로 삼고 흑색을 숭상했으며, 동이 틀 무렵을 정월 초하루 시점(朔)으로 보았다. 은은 음력 12월을 정월로 삼고, 백색을 숭상했으며, 닭이 우는 시점을 정월 초하루 시점으로 삼았다. 주는 음력 11월을 정월로 삼고 적색을 숭상했으며, 자정 전후 시점을 정월 초하루 시작으로 보았다. 2월 이후를 정월로 삼지 않은 것은 만물이 제각각 가지런하지 않아서 통(統)에 적합하지 않기 때문이다. 따라서 반드시 하·은·주의 세 정월로 하는 것이다."(夏以孟春月爲正, 殷以季冬月爲正, 周以仲冬月爲正. 夏以十三月爲正, 色尙黑, 以平旦爲朔, 殷以十二月爲正, 色尙白, 以雞鳴爲朔. 周以十一月爲正, 色尙赤, 以夜半爲朔. 不以二月後爲正者, 萬物不齊, 莫適所統, 故必以三微之月也) 이것은 계통을 계승 혁신과 연계시킨 역사관으로 동중서의 『춘추번로』「삼대개제질문」(三代改制質文)과 동한의 『백호통』(白虎通) 「삼정」(三正) 중 '삼정지의'(三正之義)는 모두 "하늘에 삼통이 있다"는 설에 근거하여 이러한 관념을 해석했다. 이외에 삼통설은 또 음악의 이치와도 관련이 있는데, 『한서』 「예문지」에서 "삼통이란 하늘의 베풂(天施), 땅의 화육(地化), 인사(人事)의 벼리를 말한다. 따라서 황종(黃鐘: 악률 12율 가운데 제1율)은 천통(天統)이고 임종(林鐘: 12율(육율육려六律六呂) 중 육려六呂 가운데 하나)은 지통(地統)이며 태족(太族: 육율 중 제2율)은 인통(人統)이다"(三統者, 天施·地化·人事之紀也. 故黃鍾爲天統, 林鍾爲地統, 太族爲人統)라고 한 것이 그 예이다.

138 莊存與, 「外辭第六」, 『春秋正辭』, 『皇淸經解』卷三八二, 6면.

139 '왕업'에 관한 위의 인용문에 이어 장존여는 '왕업' 위에는 또 천(天)의 존재가 있음을 명시하여 『춘추정사』의 전체적인 사상 구조에 상호 호응시키고 있다. 하늘의 또 다른 한 측면은, 하늘이 바로 백성이라는 것으로 이는 맹자가 남긴 가르침이다. 장존여는 또 '백성'을 『춘추』의 중요한 주제로 간주하여 다음과 같이 말했다. "백성이

538

란 『춘추』에서 극히 아끼는 바이다. 전쟁은 『춘추』에서 가장 통탄하는 바이다(民者, 『春秋』之所甚愛也, 兵者, 『春秋』之所甚痛也)." 莊存與, 「外辭第六」, 「春秋正辭」, 『皇清經解』卷三八二, 10면.

140 장존여는 『춘추정사』「외사 제6」에서 다음과 같이 말하고 있다. "비록 죽음으로 두렵게 하여도 백성이 두려워하지 않으면 난신(亂臣)은 반드시 처벌되고 적자(賊子)도 반드시 토벌됩니다. …『춘추』는 천하의 인심이기에 불의함을 분명하게 밝히고, 천하의 인심이기에 의로움을 널리 알립니다. 의로써 그를 죽이면 누구도 감히 반박하지 못하게 되고, 불의로써 천하를 매수하면 길 가는 사람도 어찌할 줄 모르게 될 것입니다. 자식 된 자는 관을 씀으로써 아버지를 대신함을 밝히고, 혼인하여 아내를 맞이하기에 삼가고 사랑하게 될 것입니다. …『춘추』를 통해 사람들은 그것이 무엇을 대변하는지를 알 수 있습니다."(雖以死懼之, 而民不畏然, 則亂臣必誅, 賊子必誅, …『春秋』即天下之人之心而明示以不義, 即天下之人之心而衆著之以義. 以義死之, 而弗敢犯也, 以不義賂之天下, 而途之人莫が從也. 爲人子者, 冠以著代昏授之室, 必將敬且哀也. …『春秋』使人知其代之者)『皇清經解』卷三八二, 6면.

141 莊存與, 「八卦觀象解」篇上, 27~28면. 『味經齋遺書』本 光緒八年刊.

142 莊存與, 「天子辭第二」, 「春秋正辭」, 『皇清經解』卷三七六, 2면. 【역주】저자의 출처 표기에 오류가 있어 원문에 따라 수정함.

143 莊存與, 「內辭第三上」, 「春秋正辭」, 『皇清經解』卷三七七, 11면.

144 莊存與, 「奉天辭第一」, 「春秋正辭」, 『皇清經解』卷三七五, 3면.

145 원문은 다음과 같다. "원년(元年) 봄, 왕정월(王正月). 원년은 무엇을 말하는가? 이는 군주로 등극한 첫해를 말한다. 봄은 무엇을 말하는가? 이는 1년 중 사시의 시작을 의미한다. 왕은 누구를 가리키는가? 바로 주 문왕을 가리켜 말한 것이다. 왜 먼저 왕을 말하고 정월을 나중에 말했는가? 이는 왕의 정월이기 때문이다. 그럼 왜 왕 정월을 말했는가? 이는 대일통을 나타내기 때문이다. 노 은공에 대해 왜 즉위했다는 표현을 하지 않았는가? 이는 은공의 뜻을 받들어 준 것이다."(元年春, 王正月. 元年者何? 君之始年也. 春者何? 歲之始也. 王者孰謂? 謂文王也. 曷爲先言王而後言正月? 王正月也. 何言乎王正月? 大一統也. 公何以不言即位? 成公意也) 李宗侗 注譯, 「春秋公羊傳今注今譯」, 1면.

146 莊存與, 「奉天辭第一」, 「春秋正辭」, 『皇清經解』卷三七五, 3면.

147 趙汸, 「春秋集傳自序」, 「宋元學案·草廬學案」九十二, 「黃宗羲全集」第六冊, 杭州: 浙江古籍出版社, 1992, 627면.

148 그는 구체적으로 다음과 같이 설명하고 있다. "그리하여 호칭〔名〕을 생략하는 방식을 통해 실제를 비판했는데, 예를 들어 제후 중 왕다운 자가 없으면 바로 왕이라 기술하지 않았으며, 중국에 패자가 없으면 제후를 군주라 서술하지 않았다. 그리고 대부는 그 공식적인 호칭을 생략하여 간단히 사람〔人〕이라 호칭했다." 위의 글, 629면.

149 莊存與, 「天子辭」, 「春秋正辭」, 『皇清經解』卷三七六, 15면.

150 예를 들어, 「내사 제3」(內辭第三) 「내빙」(來聘)에서 다음과 같이 말하고 있다. "제 환공이 중원을 관리하게 되자, 진(陳)나라는 초(楚)나라가 우환거리임을 잊게 되었다. 국가는 평안해지고 하나같은 의지와 뜻으로 왕사(王事)를 받들었으며, 내조하는

사신을 노(魯)나라에서 맞았다. 진(陳)나라가 노나라에게 사신을 보내 예방한 것을 기록하여 중원의 제후에게 이를 보이고자 했다. 『춘추』 전체에 걸쳐 한결같은 뜻으로 사신을 보내 방문한 것은 진(陳)나라와 정(鄭)나라뿐이다. 어찌하여 진(陳)나라 제후의 사신인 대부(大夫) 여숙(女叔)의 예방을 언급했는가? 이는 제 환공의 힘으로 중원을 안정시키고 제후국 간의 화목을 이루었음을 말하기 위함이다."(齊桓主中國, 則陳不知有楚患, 國家安寧而志一, 以奉王事, 嘉好之使, 接于我焉. 志陳之聘我, 則中國諸侯見矣. 終『春秋』而一志聘者, 陳與鄭爾. 何言乎陳侯使女叔來聘, 言齊桓之力, 安中國而義睦諸侯也) 莊存與, 「內辭第三」,『春秋正辭』,『皇清經解』卷三七八, 20면.

151 莊存與, 「諸夏辭第五」,『春秋正辭』,『皇清經解』卷三八一, 12b~13a면.

152 顧棟高, 「宋鄭交兵表敍」,『春秋大事表』卷37, 1a면. 文淵閣 四庫全書本.

153 董仲舒, 「楚莊王第一」,『春秋繁露』卷 一, 4~5면. 文淵閣 四庫全書本.

154 『漢書』, 「董仲舒傳」, 北京: 中華書局, 1962, 2495~2505면.

155 莊存與, 「奉天辭第一」,『春秋正辭』,『皇清經解』卷三七五, 2면.

156 莊存與, 『春秋正辭·內辭第三』,『皇清經解』卷三七七, 3면.

157 오시(五始)와 새로운 법통의 관계에 대해 『문선』(文選) 중 한대(漢代) 왕포(王褒)의 「성주득현신송」(聖主得賢臣頌)에 "삼가 아뢰옵건대 『춘추』에서 오시를 본받는 요체는 바로 자신을 살피고 법통을 바로잡는 것입니다라고 기록되어 있다"(記曰: 共惟『春秋』法五始之要, 在乎審已正統而已)라고 말하고 있다. 또 오시에 관해 안사고(顏師古)의 주석에서는 "원(元)은 기(氣)의 시작이고, 춘(春)은 사시의 시작이며, 왕(王)은 천명수수의 시작이고, 정월(正月)은 정교(政敎)의 시작이다. 그리고 공(公)의 즉위는 한 국가의 시작인데, 이를 오시(五始)라고 한다"(元者, 氣之始, 春者, 四時之始, 王者, 受命之始, 正月者, 正敎之始, 公卽位者, 一國之始, 是爲五始)라고 했고, 당(唐)의 여향(呂向)의 주석에서는 "지위를 바로 세워 천하를 관할하고 다스린다"(正位以統理天下)라고 했다. 饒宗頤,『中國史學上之正統論一中國史學觀念探討之一』, 3면.

158 莊存與, 「奉天辭第一」,『春秋正辭』,『皇清經解』卷三七五, 3면.

159 천치타이(陳其泰)는 장존여의 '대일통'과 '종문왕'을 분석하면서 말하기를, 장존여의 공양학은 "공양학을 이용하여 왕권신수설, 천인합일, 군신명분의 불침범의 관점을 선전하는 것이다. …그 학술의 종지는 확실히 '왕실을 받듦'에 있다"고 했다. 천치타이의 저서는 공양학에 대한 새로운 연구이기는 하지만 이러한 분석은 장존여의 관점 중 깊은 함축적인 의미를 미처 간파하지 못한 측면이 없지 않다. 陳其泰,『淸代公羊學』, 北京:東方出版社, 1997, 64면.

160 『춘추공양전』 「문공 13년」(文公十有三年) 중 '세실의 지붕이 무너졌다'(世室屋壞)란 구절에서 다음과 같이 말하고 있다. "세실이란 무엇인가? 노공(魯公)의 사당〔廟〕이다. 주공의 묘를 태묘라고 부르고 노공의 묘는 세실이라고 부른다. …노나라에서는 주공의 묘를 왜 태묘라고 부르는가? 노공을 노나라에 봉한 것은 주공을 위해서였기 때문이다. …그렇다면 주공이 노나라에 갔는가? 대답해 말하기를, 주공은 노나라에 가지 않았다. 노공을 봉한 것은 주공을 주인을 삼게 한 것이다. 그렇다면 주공은 왜 노나라에 가지 않았는가? 천하가 주나라로 통일되기를 바랐기 때문이

다.”(世室者何? 魯公之廟也, 周公稱太廟, 魯公稱世室, …周公何以稱大廟於魯? 封魯公以爲周公也, …然則周公之魯乎? 曰: 不之魯也. 封魯公以爲周主. 然則 周公曷爲不之魯? 欲天下之一乎周也) 李學勤 主編,『十三經注疏』『春秋公羊傳注 疏』卷第十四「文公十年」~「文公十八年」, 北京: 北京大學出版社, 1999, 302면.

161 徐復觀,「封建政治社會的崩壞及典型專制政治的成立」,『兩漢思想史』第一卷, 上 海: 華東師範大學出版社, 2001, 43면.

162 莊存與,「天子辭第二」,『春秋正辭』,『皇清經解』卷三七六, 10면.

163 莊存與,「內辭第三下」,『春秋正辭』,『皇清經解』卷三七九, 5면.

164 馮佐哲,「和珅略論」,「略談和珅出身·旗籍問題」,「有關和珅家族與皇室聯姻的幾 個問題」,「『和珅犯罪全案檔』考實」등 참조. 이상『淸代政治與中外關系』, 中國社會 科學出版社. 1998, 1~53면 수록.

165 陳文石,「淸代滿人政治參與」, 臺灣中央硏究院歷史言語硏究所編輯,『歷史言語硏 究所集刊』第48本, 551~552면.

166 莊存與,「天子辭第二」,『春秋正辭』,『皇淸經解』卷三七六, 11면.

167 위의 책, 8면.

168 李學勤 主編,『十三經注疏』『春秋公羊傳注疏』卷第一「隱公元年」, 北京: 北京大 學出版社, 1999, 5면.

169 莊存與,「象象論」,『味經齋遺書』, 3면.

170 莊存與,「外辭第六」,『春秋正辭』,『皇淸經解』卷三八二, 1면.

171 莊存與,「誅亂辭第八」,『春秋正辭』,『皇淸經解』卷三八四, 12면.

172 莊存與,「外辭第六」,『春秋正辭』,『皇淸經解』卷三八二, 7면.

173 莊存與,「外辭第六」,『春秋正辭』,『皇淸經解』卷三八二, 2~3면.【역주】원문의 면수 와 차이가 있어 바로잡음. 또 “不敢犯天子”는 “不敢叛天子”로 바로잡아야 한다.

174 이 항목의 전문은 다음과 같다. “『춘추』에서 노 희공 시기의 경문(經文)부터 비로소 사람으로 대했다. 초나라를 ‘사람’으로 호칭하는 것이 왜 이때부터 시작되는가? 이 는 제 환공의 공적이다. 사방의 오랑캐들이 중원을 해롭게 했는데 초나라가 오랑캐 중에서 가장 가까이 있었으며 스스로 천자의 신하라고 여기지도 않았다. 제 환공이 소릉의 맹약을 맺자, 초나라는 다시금 주 왕실에 조공을 바치게 되었다. 그리고 회 맹하여 약정을 맺으니 그 신하의 이름을 들어 씨(氏)를 부여하고 제후로 삼아 천자 를 받들게 했다. 이에 노 희공 이후로 초나라에 대해 ‘사람’이라 호칭하게 된 것이 다. 이는『춘추』를 지은 이가 제 환공과 초나라는 예절을 벗어나지 않았다고 여겼던 것이다. 이후로도 비록 중원을 침범하기는 했지만 감히 천자를 배반하지는 않았다. 그래서 초나라를 여전히 ‘사람’이라 호칭했던 것이다. 그러나 초나라의 작위인 자 작을 언급하지 않은 것은『춘추』는 중원에 심각한 해악을 끼치는 경우 그 등급을 엄 격하게 구분했기 때문이다. 이로써 왕제(王制)가 올바르게 되고 결함이 없게 되었 다.”(入僖之篇, 始人之也. 其稱人曷爲始於此論? 齊桓之功也. 四夷病中國, 莫楚若 近也, 不自以爲天子臣. 桓公爲召陵之盟, 復職貢於周室焉, 來盟以定約束, 舉其臣 之名, 且氏之, 列爲諸侯, 以承天子. 故於僖之篇始人之也. 君子以桓之與楚不逾節 矣. 自時厥後, 雖犯中國, 不敢叛天子, 於是乎楚恒稱人. 然不言楚子也. 春秋於病 中國甚者, 辨其等也嚴, 而王制正無缺矣) 莊存與,「外辭第六」,『春秋正辭』,『皇淸

經解』卷三八二, 2~3면.【역주】원문의 면수와 차이가 있어 바로잡았다. 그리고 위 인용문은 전문이 아니라 앞 부분에 빠진 부분이 있다. "누림에서 초나라 사람이 서(徐)를 패배시키다"(楚人敗徐於婁林)의 전문은 『外辭第六』, 『春秋正辭』, 『皇淸經解』卷三八二, 3~4면에 나와 있으며, "오랑캐가 패한 것을 어째서 기록했는가? 제환공이 이끄는 중원의 나라들이 서나라를 구제했으니 이 역시 중원인 것이다. 어째서 서나라는 '나라'라고만 하고 초나라는 '사람'이라 했는가? 초나라는 『춘추』의 노희공 시기부터 '사람'이라 칭하기 시작했는데, 이는 『춘추』를 지은 이가 제 환공의 공적을 찬미한 것이다"(夷狄相敗何以書, 中國救之則亦中國也. 曷爲國徐而人楚? 楚入僖之篇, 始稱人之也. 君子美桓公之功)로 시작된다.

175 예를 들어 위원의 「공양춘추론」은, "춘추의 법은 실제 일을 직설적으로 서술하여 선악을 조금도 감추지 않았을 뿐이다"(春秋之法, 直書其事, 使善惡無所隱而已)라는 전대흔의 관점을 반박함으로써, 춘추의 서술법(書法), 의리(義理) 법칙을 『춘추』를 해석하는 출발점으로 삼았다. 『魏源集』上冊, 北京: 中華書局, 1976, 130면.

176 劉逢祿, 「春秋論下」, 『劉禮部集』卷三, 19면. 유봉록은 「신곡량폐질서」(申穀梁廢疾序)에서 또 다음과 같이 말하고 있다. "곡량자는 건오시(建五始), 통삼통(通三統), 장삼세(張三世), 이내외(異內外) 등의 대의를 전하지 않는다. 대저 그것이 처음부터 공자께서 말씀하신 중인(中人) 이하는 그보다 뛰어난 사람에게 말할 수 없다고 한 것, 그 일월의 예(例), 재난과 변화의 설, 진퇴와 여탈(與奪)의 법에 관해 내용상 차이점이 많은데 이는 조금도 이상할 것이 없다."(穀梁子不傳建五始·通三統·張三世·異內外諸大旨, 蓋其始即夫子所雲中人以下不可語上者, 而其日月之例, 災變之說, 進退予奪之法, 多有出入, 固無足怪)『劉禮部集』卷三, 24면. 유봉록의 이러한 관점은 또 위원 등 후세 금문경학가들에 의해 수용되었다. 예를 들어 위원은 「공양춘추론하」(公羊春秋論下)에서 공광삼의 삼과구지(三科九旨)가 "한대 유학자의 옛 전(傳)을 따르지 않고, 별도로 시(時)·월(月)·일(日)을 천도과(天道科), 기(譏)·폄(貶)·절(絶)을 왕법과(王法科), 존(尊)·친(親)·현(賢)을 인정과(人情科)로 세웠는데, 이렇게 하면 『공양전』과 『곡량전』이 어디가 다르며 대의(大義)를 어떻게 부여할 수 있겠는가!"라고 비판한다. 『魏源集』上冊, 20면.

177 유봉록은 "삼과구지가 없으면 『공양전』이 없고, 『공양전』이 없으면 『춘추』도 없는데, 어디 미언대의가 있을 수 있겠는가!"(無三科九旨則無公羊, 無公羊則無春秋, 尙奚微言之與有)라고 했다. 劉逢祿, 「春秋論下」, 『劉禮部集』卷三, 20면.

178 유봉록은 다음과 같이 말하고 있다. "『춘추』에서 모든 왕들의 법도를 세운 것이 어찌 하나의 일과 한 사람을 위해서였겠는가? 그래서 이렇게 말한 것이다. 직접 본 바에 있어서는 표현을 은미하게 하고, 직접 들은 바에 있어서는 그 화(禍)를 애통해하며, 전해 들은 바에 있어서는 베푸는 은애(恩愛)를 줄인다. 이것이 (공양학의) 함의 중 하나인데, 『춘추곡량전』을 지은 곡량적은 미처 깨닫지 못했던 바이다. 전해 들은 시대로부터 혼란을 평정하여 질서를 회복하는 것을 보이고, 직접 들은 시대로부터는 승평(升平: 태평으로 나아감)의 치세를 보이며, 직접 목격한 시대로부터는 태평함을 나타내 보여 준다. 이것이 공양학의 또 다른 의미로, 공양학을 연구하는 자도 간혹 이를 믿지 않는 경우가 있다. 맹자는 공자가 『춘추』를 완성한 것이 우임금이 홍수를 다스린 것과 주공이 오랑캐를 겸병한 것 이래로 세 번째 치세라고 했으니, 이

를 인용하여 『춘추』로써 공자를 비난하는 세상 사람들에게 고한다."(春秋立百王之
法, 豈爲一事一人而設哉! 故曰: 於所見微其詞, 於所聞痛其禍, 於所傳聞殺其恩,
此一義也, 穀梁氏所不及知也. 於所傳聞之世, 見撥亂致治, 於所聞世, 見治升平,
於所見世, 見太平, 此又一義也. 卽治公羊者, 亦或未之信也. 孟子述孔子成春秋於
禹抑洪水·周公兼夷狄之後, 爲第三治, 請引之以告世之以春秋罪孔子者) 劉逢祿,
「春秋論下」, 『劉禮部集』 卷三, 20~21면.

179 그는 동중서(董仲舒)의 공양학설 활용을 설명하면서 다음과 같이 비평했다. "이때
대유학자 동중서가 학생들을 3년간 가르쳤는데, 해석이 명확하고 쓰임새가 있어 학
문이 크게 흥했다. 그가 한 무제에게 말하길, 육예(六藝) 관련 학과가 아니면 공자의
학술은 모두 끊어지고 더 이상 나아가지 못한다고 했다. 한대의 관리 통치와 경학이
근고(近古) 시기보다 훌륭한 것은 동중서가 『춘추』를 연구하여 이를 제창했기 때문
이다."(是時大儒董生下帷三年, 講明而達其用, 而學大興故. 其對武帝曰: 非六藝
之科, 孔子之術, 皆絶之, 弗使複進, 漢之吏治經術彬彬乎近古者, 董生『春秋』倡
之也) 劉逢祿, 「春秋公羊釋例序」, 『劉禮部集』 卷三, 22면.

180 "서한 시기의 학문은 큰 요체에 힘썼다. 따라서 동중서가 전하는 바는 장구(章句)를
나누고 훈고를 다는 학문 따위가 아니다."(先漢之學務乎大體, 故董生所傳, 非章句
訓詁之學也) 劉逢祿, 「春秋公羊解詁箋序」, 『劉禮部集』 卷三, 28면.

181 劉逢祿, 「春秋公羊釋例序」, 『劉禮部集』 卷三, 22~23면. 【역주】원문에 따르면 "審
決白黑而定奪董胡之緖"는 "審決白黑而定, 尋董胡之緖"로, "爲申何難鄭二卷"은
"爲申何難鄭五卷"으로 바로잡아야 한다.

182 예를 들어 '건오시'의 논제는 단지 '석특필례하'(釋特筆例下) '건시'(建始) 조목에
서만 간단히 토론하고 이후 「석례제례하」(釋禮制例下)에서는 '취부종시'(娶婦終始)
조목을 논할 때 언급될 뿐, 장존여의 『춘추정사』에서와 같은 지위는 전혀 찾아볼 수
없다. 『劉禮部集』 卷四, 23, 31면 참고.

183 유봉록은 다음과 같이 말하고 있다. "『춘추』의 『공양전』이 어찌 그저 『좌전』과만 다
르겠는가? 『곡량전』과도 다르다. …설령 구두로 전수받은 미언대의가 없다 해도, 사
람들은 문장으로 일을 기록하여 얻을 수 있다. 조방(趙汸)과 최자방(崔子方)은 어찌
하여 자유(子游)와 자하(子夏)처럼 『춘추』에 한 마디도 덧붙일 수 없다고 생각하지
않았던가? 장삼세·통삼통의 의미로써 일관하지 않는다면, 그 예시가 이때는 통하다
가 저때는 통하지 않게 되고 여기서는 펴지지만 저기서는 굽혀지는 애매한 상황에
놓이게 된다. 이 까닭에 달이나 날을 표기하거나 이름과 자(字)를 가지고 포폄을 가
하는 것은 『공양전』과 『곡량전』이 매한가지다. 그러나 대의에 있어 둘이 완전히 다
른 까닭은, 곡량적(穀梁赤)은 복상(卜商, 즉 자하子夏)의 훌륭한 제자가 아니다 보
니 장구(章句)만을 전수하고 미언대의는 전수하지 않았기 때문이다. 이른바 중간 정
도 되는 사람부터는 높은 수준의 가르침을 논할 수 없다는 것이 바로 이 경우일 것
이다!"(『春秋』之有公羊也, 豈第異於左氏而已, 亦且異於穀梁. …使無口受之微言
大義, 則人人可以屬詞比事而得之. 趙汸·崔子方何必不與遊夏同識, 惟無其張三
世·通三統之義以貫之, 故其例此通而彼礙比支而右絀. 是故以日月名字爲褒貶,
公穀所同, 而大義迥異者, 以穀梁非人商高弟, 傳章句而不傳微言, 所謂中人以下,
不可語上者與) 「春秋論下」, 『劉禮部集』 卷三, 19면. 【역주】인용문에 보이는 조방

(趙汸)은 『춘추집전』(春秋集傳)을, 최자방(崔子方)은 『춘추집해』(春秋集解)란 주석서를 지었다. "자유(子游)와 자하(子夏)" 운운한 부분은 『사기』 「공자세가」의 기술에 근거한 것이다. "공자는 『춘추』에서 대해서 기록할 것은 반드시 기록하고 삭제할 것은 반드시 삭제하니, 자하와 같은 제자들조차 한 마디도 덧붙일 수 없었다."(至於爲春秋, 筆則筆, 削則削, 子夏之徒不能贊一辭) 여기에 자유는 언급되지 않지만, 조식(曹植)의 「여양덕조서」(與楊德祖書)를 보면 "옛날 공자도 글을 지을 때는 남들과 의견을 나누었습니다. 하지만 『춘추』에 있어서만큼은 직계 제자인 자유나 자하조차 한 마디도 덧붙일 수 없었습니다"(昔尼父之文辭, 與人通流. 至於制 『春秋』, 遊夏之徒乃不能措一辭)라고 했다.

184 劉逢祿, 「春秋公羊議禮·制國邑第五」, 『劉禮部集』 卷五, 13면.

185 劉逢祿, 「秦楚吳進黜中國表序」, 『劉禮部集』 卷四, 45면.

186 "사람이 사물보다 귀한 까닭으로 부부유별보다 중요한 것은 없다. 부부가 바로 서면 부자가 친(親)하게 된다. …『춘추』의 대의(大義)에 따르면, 대부는 밖에서 아내를 취하지 않는 법이다. 이는 나라 밖의 정당하지 못한 직위는 비워 둔다는 의미다. 나라의 군주는 안에서 아내를 취하지 않는 법이다. 이는 마음에 드는 미인을 마음대로 취한다는 것은 미천한 행동에 가까워 종묘를 받드는 바가 아니며, 이치(義) 상으로 제멋대로 봉작할 수 없음을 뜻한다. 세자가 외부에서 아내를 취하지 않는다는 것은 역심을 품을까 두려워해서이다. …『춘추』는 원년(元年)의 원(元)에서 시작하고 기린〔麟〕으로 끝나며, 난세를 평정하고 주 문왕을 본받는 것일 뿐이다. 주 문왕을 본받는 것은 정부인에서부터 모범을 삼아 가문〔家〕과 나라〔邦〕를 다스린다는 것을 의미할 뿐이다. 부부에서 시작하여 천지의 성덕(盛德)의 지극함을 관찰한다."(人所以貴於物, 莫先於夫婦之別, 夫婦正, 則父子親. …『春秋』之義, 大夫不外娶, 謂越竟而曠官也, 國君不內娶, 謂近漁色且賤, 非所以奉宗廟, 義不得專封也. 世子不外娶, 恐貳君也. …『春秋』始於元, 亦終於麟, 撥亂世·法文王而已矣. 法文王, 刑於寡妻以禦於家邦而已矣. 造端乎夫婦, 而察乎天地盛德之至也) 劉逢祿, 「釋禮制例下·娶歸終始」, 『劉禮部集』 卷四, 31~32면.

187 "성인의 가르침은 학문을 널리 쌓고 예법으로 스스로 절제시키는 것으로서, 『역』(易)의 상(象)과 『시』(詩)·『서』(書)는 모두 예를 근본으로 삼는다. 『춘추』는 일상적인 일만 기록한 것은 아니었는데, 이는 사실 오로지 예를 말하기 위한 것만은 아니었기 때문이다. 그러나 예가 바뀌면 비판했으며, 시비를 판별하고, 안정〔治〕과 혼란을 밝혔으니, 이는 예가 아니면 사람을 바르게 할 수 없기 때문이다. …후에 왕된 자는 『춘추』의 이런 가르침을 거울삼아 법도를 세우는데, 그것을 잘 따르면 잘 다스려지고 그것을 따르지 않으면 혼란해진다."(蓋聖人之敎, 博文約禮, 『易』象『詩』『書』, 皆以禮爲本. 『春秋』常事不書, 固非專爲言禮, 然而變禮則譏之, 辨是非, 明治亂, 非禮無以正人也. …後有王者, 儀監於茲, 所謂循之則治, 不循則亂者也) 劉逢祿, 「春秋公羊議禮敍」, 『劉禮部集』 卷五, 1면.

188 유봉록은 제도의 엄격성을 매우 중하게 요구하여, 공양학이나 하휴의 '선양(禪讓) 존숭'의 정신을 유지하면서 인정(人情)보다 제도를 우선시했다. 이러한 점은 군현제도에 대한 그의 모종의 긍정적 태도를 보여 주는 것으로 볼 수도 있다. 황권은 양도할 수 없다는 관점은 후에 캉유웨이의 금문경학에서도 중요한 주제였다. '국가의

양도' 문제에 관해 중차이쥔(鍾彩鈞)은 「유봉록공양학개술」(劉逢祿公羊學槪述)에서 비교적 심도 있게 분석하고 있다. 『第一屆學術研討會·思想與文學·論文集』, 高雄: 國立中山大學中國文學系編印, 1989, 164~169면.

189 劉逢祿, 「釋內事例上」 「公終始」, 『劉禮部集』 卷四, 33~34면.

190 "공자가 말하기를, '만약 나를 쓰는 사람이 있다면, 나는 동방에서도 주나라의 제도를 회복시킬 것이다'라고 한 것은 근본이 소실된 것을 상심하신 것이다. 성인을 쓰는 것은 하늘이다. 하늘은 공자가 동주(東周)의 혼란을 구하길 원하지 않았으며 『춘추』로써 만세의 혼란을 구하도록 명했다. 성인이 어찌 감히 존친(尊親)의 피휘로써 하늘의 징계의 권한을 사양하겠는가? 세상에서 공자를 비난하는 자가 공자를 아는 자인지 아니면 모르는 자인지는 공자가 알 바가 아니다."(子曰: 如有用我者, 吾其爲東周乎? 蓋傷本之失也. 夫用聖人者, 天也, 天不欲孔子救東周之亂, 而命以『春秋』救萬世之亂, 聖人曷敢以尊親之諱, 辭天討之柄哉. 世之罪孔子者, 其知孔子者邪? 其不知孔子者邪, 非孔子所知也) 劉逢祿, 「釋內事例上」 「公終始」, 『劉禮部集』 卷四, 35면.

191 劉逢祿, 「釋兵事例-侵伐戰圍入滅取邑」, 『劉禮部集』 卷四, 38~39면.

192 司馬遷, 『史記』 卷6, 北京: 中華書局, 1985, 236·239면.

193 쉬푸관(徐復觀)은 진(秦)나라의 군현제를 논할 때 특별히 두 가지 점을 언급했다. 즉 "진의 군현은 무력을 주관하는 위(尉)가 있었다. 그러나 실제로는 군사력이 없었고 출병은 더더욱 불가능했던 것으로 보인다", "조정이 감찰어사를 파견하여 지방 관리에 대한 감독 책임을 맡게 했다." 徐復觀, 『兩漢思想史』 第一卷, 上海: 華東師範大學出版社, 2001, 78면.

194 康熙, 『御纂朱子全書』 「御製序」, 3a.

195 신강, 티베트, 몽골, 서남 등 광활한 지역 이외에, 다른 지역에는 또 사천 서부의 티베트족(藏族)과 기타 민족 집단 거주지 등과 같은 규모가 작은 자치 구역을 두었다. 이러한 지역에 대한 청조의 정복과 관할 통치에 대해서는 Joanna Waley-Cohen, "Religion, War, and Empire-Building in. Eighteenth-Century China", *The International History Review*, Vol. 20, No. 2(Jun., 1998), pp.336~352 참조.

196 魏源, 「定庵文錄敍」, 『魏源集』 上冊, 239면.

197 캉유웨이는 후에 「남해사승기」(南海師承記)에서 다음과 같이 말했다. "역사를 읽어 지리에 능통하려면 먼저 지리지(地理志)를 읽어야 한다. 그러나 고대의 어떤 주(州)나 군(郡)은 반드시 먼저 지금의 어떤 성(省)의 부(府)인지를 알아야만 이해할 수 있다. 따라서 먼저 지도를 보아야 한다. 지금 지도는 좋은 것이 없지만 호문충(胡文忠)의 『대청일통지여도』(大淸一統地輿圖; 남창南昌 각본刻本)가 자못 상세하다. 다음으로 이조락(李兆洛), 동방립(董方立)의 지도가 있고, 또 다음으로는 단지 군현(郡縣)의 지도만 있는 것으로 이 또한 항상 옆에 걸어 두어야 한다. 그러고 나서 『역대지리연혁도』(歷代地理沿革圖), 『역대지리운편』(歷代地理韵編)으로 고증하면 그 대강을 알 수 있다. …『천문도』(天文圖), 『지구도』(地球圖), 『오대주도』(五大洲圖), 『만국전도』(萬國全圖)는 모두 벽에 걸어 두어야 하며, 천구(天球)와 지구본도 구입하는 것이 좋다. …무릇 지도를 고찰하려면 마땅히 『여지경위도리표』(輿地經緯度里表)에 능통해야 한다." 『康有爲全集』(二), 448면. 이러한 논평은 이미 19세기 말의 금

문경학자의 견해이기는 하지만, 바로 금문경학과 지리학의 시각 사이의 내재적 연관을 잘 설명해 주고 있다.

198 龔自珍, 「答人問觀內侯」, 『龔定庵全集類編』, 208면.

199 캉유웨이는 다음과 같이 말하고 있다. "고대의 제후는 바로 오늘날의 사사(士師: 즉 토사土司)이다. 그들은 각각 그 나라의 군주가 되고 그 백성을 자신의 자식으로 삼았다. 한대에 관내후가 설치되고 나서 비로소 내신(內臣)이 되어 제후와 달라졌다. 우리 청나라 때 고려(즉 조선), 버마(지금의 미얀마), 베트남도 매년 정삭(正朔)을 받고 신하임을 자청하지만 다소 다르다. 단지 상주문을 올리면서 스스로 '신하'라 칭할 뿐이고, 자신의 나라에서는 왕이라 자칭하고 또 연호를 사용하기도 하는데, 이는 따질 필요가 없다. 오늘날 총독과 순무는 단지 하나의 사신(使臣)일 뿐이다. 『춘추』「노 환공 2년」의 "등(滕)나라 군주가 노나라에 입조했다"(滕子來朝)는 경문(經文)은 매우 이상하다. 만약 공자가 탁고개제(托古改制)를 통해 제후의 나가고 물러남을 포폄한 의미를 알지 못하면 이 구절의 문맥이 통하기 어렵다." 『南海師承記』, 『康有爲全集』(二), 483면.

200 龔自珍, 「答人問觀內侯」, 『龔定庵全集類編』, 209면.

201 龔自珍, 「御試安邊綏遠疏」, 『龔定庵全集類編』, 187면. 이 소(疏)는 결국 해서(楷書) 필법이 법도에 맞지 않는다는 이유로 우등(優等)의 평가를 받지 못했다.

202 龔自珍, 「五經大義終始答問七」, 『龔定庵全集類編』, 北京: 中國書店, 1991, 82~83면.

203 龔自珍, 「與人箋」, 『龔定庵全集類編』, 206~207면.

204 魏源, 『默觚上』 「學篇九」, 『魏源集』 上冊, 北京: 中華書局, 1976, 23~24면.

205 조지프 니덤은 중국 전통의 측량·제도 기술은 명청 시기 예수회 선교사가 가지고 온 서방의 측량·제도학이 중국에서 발전하는 데 토대가 되었다고 보고 있다. Joseph Needham, *Geography and Cartography, Science and Civilization in China*(Cambridge, 1954, iii, pt.22), pp.497~590 참조. 그러나 최근 연구에서는 서구 제도학이 중국 제도 기술에 미친 영향이 매우 작다고 보고 있으며, 이를 보여주는 예 가운데 하나로 『도서집성』(圖書集成)에 수록된 지도가 매우 세부적인 것을 생략하고 또 경·위선도 없다는 것을 들고 있다. Cordell D. K. Yee, "Traditional Chinese Cartography and the Myth of Westernization", *Cartography in the Traditional East and Southeast Asian Societies, Vol. 2 book 2 of The History of Cartography*, eds. J. B. Harley and David Woodward(Chicago: University of Chicago Press, 1994), pp.170~202 참조. 피터 퍼듀는 다음과 같이 지적하고 있다. 즉 예수회 선교사가 중국에서 간행한 지도는 2종의 판본이 있는데, 하나는 정확하고 범위가 넓으며 엄격한 판본으로서 그 가운데는 경·위선이 표시되어 있다. 다른 하나는 더욱 공개적인 판본이기는 하지만 경·위선이 없다. 전자의 판본은 조정의 군사 전략용으로 사용되었고, 후자는 중국에서 광범하게 발행되었다. 그러나 사실 조정의 비밀 판본은 유럽에서 널리 간행되었는데, 당빌(d'Anville)이 뒤 알드(du Halde)의 『중국지』(中國支: Description de la Chine)에 많은 지도를 수록했다. 17~18세기 제국의 변경 측정에서 제도학의 운용에 대해서는 Perdue, "Boundaries, Maps, and Movement: Chinese, Russian, and Mongolian

Empires in Early Modern Central Eurasia", *The International History Review* 20, no.2(June 1998), pp.263~286을 보라.

206 Walter Fuchs, *Der Jesuiten-Atlas der Kanghsi-Zeit*(Beijing, 1943), Perdue, "Boundaries, Maps, and Movement", p.274를 보라.

207 Philip John von Strahlenberg, *An historico-geographical description of the north and eastern parts of Europe and Asia*(London, 1736). 이에 대한 연구는 Perdue, "Boundaries, Maps, and Movement", pp.281~282 참조.

208 祥伯, 「近二百年國人對於中亞地理上之貢獻」, 中央亞細亞協會編, 『中央亞細亞季刊』第二卷第四期, 9~11면; 王聿均, 「徐松的經世思想」, 中央研究院近代史研究所編, 『近世中國經世思想研討會論文集』, 1984, 181~197면.

209 Joseph Fletcher, "Ch'ing Inner Asia c. 1800" in *The Cambridge History of China*, vol. 10 eds. D. Twitchett and John K. Fairbank(London:Cambridge University Press, 1978); Kent Guy, *The Emperor's Four Treasurise: Scholars And the State in the Late Ch'ien-Lung Era*(Cambridge, Mass: Harvard Council On East Asian Studies, 1987).

210 예를 들어 영귀(永貴)의 『신강회부지』(新疆回部志), 심종연(沈宗衍)의 『몽고연혁지』(蒙古沿革志), 마사합(馬思哈)의 『새북기행』(塞北紀行), 은화행(殷化行)의 『서정기략』(西征紀略), 방관승(方觀承)의 『종군잡기』(從軍雜記), 칠십일(七十一)의 『서역문견록』(西域聞見錄) 등이 있다. 그중 비교적 성과가 두드러진 것은 영귀의 『신강회부지』와 『서역문견록』이다. 이에 관한 연구는 郭雙林, 『西潮激蕩下的晚淸地理學』, 78면 참조. 【역주】칠십일(七十一)은 성이 니마사(尼瑪査)이며 호는 춘원(椿園)으로 만주 정남기인(正藍旗人)이다. 그는 건륭 연간에 하남(河南) 무척현(武陟縣)에서 직무를 맡았다가 후에 신강 위구르의 쿠처(庫車, Kuche)로 부임했는데 『서역문견록』은 바로 그 시기에 쓰여진 것이다.

211 예를 들어 서송(徐松)의 『서역수도기』(西域水道記) 권5는 대청과 러시아의 변경 상황 및 그 역사에 대해 상세히 서술하고 있으며, 아울러 러시아 상황에 대해서도 소개하고 있다.

212 俞正燮, 『癸巳類稿』 卷49, 商務印書館, 1957. 이에 대한 분석은 郭雙林, 『西潮激蕩下的晚淸地理學』, 87면 참조.

213 郭雙林, 『西潮激蕩下的晚淸地理學』, 80~83면 참조.

214 袁森坡, 『康雍乾經營與開發北疆』, 565면 참조.

215 吳昌綬, 「定庵先生年譜」, 『龔自珍全集』, 上海:上海人民出版社, 1975, 604면.

216 陳澧, 『東塾集』. 공자진과 청대 역사 지리학의 관계와 위 인용문에 대해서는 朱傑勤, 『龔定庵研究』, 上海: 商務印書館, 1930, 109~162면 참조.

217 주의할 점은 가경 연간에 동남 연해안 각지에서 기독교 선교사가 바로 중국 내지를 향해 서구 지리학 지식을 전파하고 있었다는 점이다. 남양 화교의 자제를 영화서원(英華書院, 말라카, 1818)에 입학시켜 학교 교육을 시행하는 한편, 그들은 또 『찰세속매월통계전』(察世俗每月統計傳, 말라카, 1815~1821), 『천하신문』(天下新聞, 말라카, 1828~1829), 『동서양매월통계전』(東西洋每月統計傳: 처음엔 광주에서, 후에는 싱가포르에서 발행, 1833~1837)을 출판했는데, 그중에는 적지 않은 지리학 관

련 내용이 포함되어 있었다. 1806년 왕대해(王大海)의 『해도일지』(海島逸志)가 발
간되었는데, 그 책은 자바 및 그 부근 도서의 지리·물산·형세·화교 생활·풍속 그리
고 네덜란드, 영국, 프랑스의 방위·인종·복식·제조·무역·성격과 풍속을 소개하고
있다. 1820년 양병남(楊炳南)은 사청고(謝淸高)의 남양에 대한 서술을 정리한 95
칙의 『해록』을 간행하여 남양과 유럽 각국의 지리, 풍속, 인정, 종교와 국정(國政)을
서술하고 있다. 郭雙林, 『西潮激蕩下的晚淸地理學』, 88~89면 참조.

218 龔自珍, 「西域置行省議」, 『龔定庵全集類編』, 164면.

219 吳昌綬, 「定庵先生年譜」, 『龔自珍全集』, 604면.

220 龔自珍, 「西域置行省議」, 『龔定庵全集類編』, 165면.

221 이것은 『龔定庵全集類編』에 수록된 「서역치행성의」에 후대 사람이 가필한 것이다.
    龔自珍, 『龔定庵全集類編』, 164면 참조.

222 魏源, 「答人問西北邊域書」, 賀長齡輯, 『皇朝經世文編』卷80. 1870년대 이홍장은
    증국번(曾國藩)의 뒤를 이어 "잠시 함곡관(函谷關) 밖을 버리고 함곡관 안을 안정
    시키는 데 집중할 것"(暫棄關外, 專淸關內)을 주장하며 연해안 지역의 방어를 강
    화하고자 했다. 이에 대해 좌종당(左宗棠)은 반박하여 "만약 지금 군사 활동을 중
    지하고 군량미를 줄이며 변방에서 철수한다면 우리가 1촌을 물러설 때 적은 1척을
    진공해 올 것이다. 그러면 단지 농우(隴右: 농산隴山의 서쪽 지역) 지역을 상실할
    까 우려될 뿐만 아니라 북쪽의 콥도(科步多, Kobdo)와 울리아스타이(烏里雅蘇臺,
    Uliastai)도 아마 평안하지 않을 것이다"(若此時卽擬停兵節餉, 自撤藩籬, 則我退
    寸而寇進尺. 不獨隴右堪虞, 卽北路科步多·烏里雅蘇臺等處, 恐亦未能晏然)라고
    했다. 그가 신강 전체 국면에 대한 대책을 수립할 때 상주한 「준지통주전국접」(遵旨
    統籌全局摺)은 위원의 전체 주장을 베낀 것이다(左宗棠, 「復陳海防塞防及關外剿
    撫運糧情形摺」, 『左文襄公全集奏稿』卷46), 郭雙林, 『西潮激蕩下的晚淸地理學』,
    94면 참조.

223 魏源, 『聖武記』, 上海: 世界書店, 1926, 1면.

224 이 글의 초기 원본 및 작자에 대해서는 논란이 있다. 이에 대해서는 姚薇元, 「再論
    「道光洋艘征撫記」的祖本和作者」, 楊愼之·黃麗鏞 編, 『魏源思想研究』, 長沙:湖南
    人民出版社, 1987, 278~291면 참조.

225 魏源, 「聖武記敍」, 『魏源集』上, 167면.

226 그들과 장타이옌 등 배만(排滿) 민족주의자 간의 논쟁은 금문경학의 내외관에 기초
    해 있을 뿐만 아니라, 제국이 내부 민족 관계를 처리하는 역사적 실천을 기초로 하
    고 있다. 신해혁명 이후, 쑨원이 민국에 제시한 오족공화 구상은 그의 초기 반만주족
    민족주의를 벗어나 있으며, 오히려 캉유웨이, 량치차오의 내외관에 보다 더 가깝다.

227 魏源, 「明代食兵二政錄敍」, 『魏源集』上冊, 165면.

228 龔自珍, 「送欽差大臣侯官林公序」, 『龔定庵全集類編』, 224면.

229 이 인용문은 임칙서가 공자진에서 보낸 서신의 내용이다. 龔自珍, 「送欽差大臣侯
    官林公序」, 『龔定庵全集類編』, 224~225면 부록.

230 龔自珍, 「西域置行省議」, 『龔定庵全集類編』, 164면.

231 龔自珍, 「送廣西巡撫梁公序」, 『龔定庵全集類編』, 227면.

232 당시 청조의 이 지역에서의 군사적, 정치적 통치와 직면한 저항에 관해서는

Fletcher, *Studies on Chinese and Islamic Inner Asia*, pp.220~221 참조.

233　Lattimore, *Inner Asian Frontiers of China*(New York: American Geographical Society, 1940); *Asia in a New World Order*(New York: Foreign Policy Association, Incorporated, 1942), p.8.

제6장　안과 밖 (2): 제국과 민족국가

1　1925년, 래티모어는 미국 상사의 직원으로서 '중국 내몽고 변경'(the Inner Mongolian Frontier)의 서북 지역에 처음 방문하여 만리장성 주변을 중심으로 하는 일련의 장거리 여행과 내륙 아시아 연구를 시작하게 되었다. 하버드대학 인류학과, 미국 지리학회, 『태평양 정세』(Pacific Affairs), 태평양 관계 연구소 국제처(the International Secretariat of the Institute of Pacific Relations) 등의 지원하에, 그는 중국 서북 변경과 아시아 질서에 관한 다수의 연구 저작들을 완성하여, 미국의 중국사 연구에 중요한 전통을 개척했다. 래티모어의 방문과 연구 자체가 해양 세력이 깊숙한 내륙 변경까지 침투했다는 증거다. 이 세력은 아주 맹렬한 속도로 전통적인 중국의 기제와 행동 방식 즉 조공 관계, 왕조 내외의 사무를 처리하는 법률·예의·제도 등을 파괴 혹은 약화시켰다. 래티모어는 만리장성 내외의 역사 관계에 대해 날카로운 통찰력을 지녔으며, 또한 서구 식민주의에 대해서는 비판적 태도를 지녔다. 하지만 민족주의적 관점 속에서, 근대 제국주의와 식민주의가 만들어 낸 국가 관계 모델을 가지고서 전통 제국의 관계를 관찰했던 탓에, 현대 중국의 제도, 강역(疆域) 인구, 민족 구성, 청 왕조의 내재적 연속성 등을 경시했다. Owen Lattimore, *Inner Asian Frontiers of China*(New York : American Geographical Society, 1940); *Asia in a New World Order*(New York : Foreign Policy Association, Incorporated, 1942) 참조.

2　Lattimore, *Inner Asian Frontiers of China*, 15면.

3　이는 마한이 해양 패권을 논한 첫 번째 저작으로, 이 이후로 두 권의 저작이 더 있는데, 이를 합쳐 '영향 3부작'(three influence books)이라 일컫는다. *The Influence of Sea Power upon History, 1660~1783*(1st ed. Boston, 1890, repr. London, 1965); *The Influence of Sea Power upon the French Revolution and Empire*(London, 1982); *Sea Power in its Relations to the War of 1812*(London, 1905) 등이 그것이다.

4　해양 패권의 영향과 한계에 관한 논의는, Paul Kennedy, "The Influence and the Limitations of Sea Power", *The International History Review* 10, no.1(February 1998): 2~17 참조.

5　Lattimore, *Inner Asian Frontiers of China*, 3면.

6　래티모어 자신은 농경사회와 초원사회의 역사 관계에 대하여 매우 깊이 있게 관찰했지만, 그의 도론 부분은 여전히 민족국가 모델을 가지고 중국 내지와 북방의 관계를 이해하고 있다. 우리는 앞 장(章)에서 이미 래티모어가 전통적인 남방사회를 중심으로 한 역사 서술을 비판한 것에 관해 언급한 바 있다. 그는 '변경 지역'을 중

국 역사 변천 과정에서의 작용을 부각시킴으로써 만리장성 양측의 농경과 유목 사회 형태의 상호 관계를 배경으로 하여 만리장성의 내륙 아시아에서의 중심적인 지위를 이해했다. 하지만 래티모어는 이 상호작용의 역사 관계를 그의 현대 국가에 대한 이해에까지 충분히 관철시키지는 못했다. 예를 들자면 만리장성 인근의 변화의 역사 관계로부터 출발하면서, 어찌하여 전혀 존재하지 않았던 정치 구조(민족국가)를 이 지역에 억지로 끼워 맞추려 했는가? 그리고 어찌하여 만리장성을 명확한 내외의 경계로 삼고, 300년 전 명대의 판도를 '중국'의 표준 판도로 삼고 있는가? 이런 관점은 그가 1945년에 발표한 중국 표준 역사 교과서 속에 매우 분명히 드러나 있다. Owen Lattimore and Eleanor Lattimore, *The Making of Modern China, A Short History* (London: George Allen & Unwin Ltd, 1945), 18~20면 참조.

7   Dorothea Heuschert, "Legal Pluralism in the Qing Empire : Manchu Legisltion for the Mongols", *The International History Review* 20, no.2 (June 1998): 313면.

8   魏源,「董子春秋發微」,『魏源集』上冊, 北京: 中華書局, 1976, 135면.

9   위원은「동자춘추발미서」에서 "『한서』(漢書)「유림전」(儒林傳)에 이르길 '동중서는 호무생(胡母生)과 함께 『춘추』를 연구했다'고 했다. 하지만 하휴는 다만 호무생의 주장만 따르고, 동중서에 관해서는 한마디도 언급하고 있지 않다. 근래의 곡부(曲阜)의 공광삼, 무진(武進)의 유봉록은 모두 공양학의 전문가지만, 이들 역시 하휴의 것을 보완하는 데에 그쳐, 동중서의 책에 대해서는 그리 상세히 알지 못했다. …동중서의『춘추번로』에는 삼과구지는 찬연히 완비되어 있으며, 두루 통달하고 정심하여, 안으로 성인이 되면서도 밖으로 왕 노릇 할 수 있으며, 기세가 웅장한 것이, 호무생·하휴의 문장보다 월등히 뛰어나다. …따라서 경전의 핵심을 파헤치고 성현의 권위를 가지고 천하의 도를 아우를 수 있는 이로는 동중서만 한 이가 없다."(『漢書』「儒林傳」言: 董生與胡母生同業治春秋, 而何氏注但依胡母生條例, 於董生無一言及. 近日曲阜孔氏·武進劉氏皆公羊專家, 亦止爲何氏拾遺補缺, 而董生之書未之詳焉. …其書三科九旨燦然大備, 且弘通精淼, 內聖而外王, 蟠天而際地, 遠在胡母生·何邵公章句之上. …故抉經之心, 執聖之權, 冒天下之道者, 莫如董生)『魏源集』上冊, 135면.

10 楊向奎,『繹史齋學術文集』, 上海:上海人民出版社, 1983, 377면.

11 위원은 이에 대해 강하게 논박하며 다음과 같이 말한다. "삼대 이전에는 하늘도 오늘날의 하늘과 달랐고, 땅도 오늘날의 땅과 달랐으며, 사람도 오늘날의 사람과 달랐고, 사물도 오늘날의 사물과 달랐다. …어찌 군현제와 봉건제, 혹은 천맥제(阡陌制)와 정전제(井田制)만 예외이겠는가? 따라서 기운(氣運)이란 한 순간이라도 변하지 않는 적이 없으니, 불변하는 것은 도(道)뿐이라, 기세라는 것은 매일같이 변하여 다시 되돌릴 수 없는 것이다. …송대의 유가는 오로지 삼대만을 말하는데, 삼대의 정전·봉건·선거 등은 되살려 낼 수 없으니, 헛되이 공리(功利)를 추구하는 무리들을 세상 물정 모르는 잘못된 유가 학설로 현혹시켰던 것이다."(三代以上, 天皆不同今日之天, 地皆不同今日之地, 人皆不同今日之人, 物皆不同今日之物, …豈獨封建之於郡縣, 井田之於阡陌哉? 故氣化無一息不變者也, 其不變者道而已, 勢則日變而不可複者也. …宋儒專言三代, 三代井田·封建·選擧必不可復, 徒使功利之

徒以迂疏病儒術) 魏源,「默觚下·治篇五」,『魏源集』上冊, 北京: 中華書局, 1976, 47~49면.

12 魏源,「默觚下·治篇九」,『魏源集』上冊, 北京: 中華書局, 1976, 60~61면.

13 다음과 같이 말했다. "군자는 『시경』의 주송(周頌)·노송(魯頌)·상송(商頌)을 읽고서 성인이 『춘추』에 삼통(三統)의 옳음을 남기신 것을 깨달았다. …삼통의 옳음은 이어 갈수록 더욱 섬기게 되니, 후왕이 선왕보다 더 나아가게 됨은 제자가 스승보다 더 나아가게 되는 것과 마찬가지이다. …도가 통일되어야 문(文)과 질(質)도 하나가 되고, 법통이 통일되어야 왕국과 제후의 봉토도 하나가 되며, 다스림이 통일되어야 자손과 공신의 후계도 하나가 된다."(君子讀三頌而知聖人存三統之誼, …三統之誼, 更相嬗者更相師, 故後王之於前王, 猶弟子之於先師, …道一而文質一·統一而王國侯邦一·治一而孫子功臣與勝國嗣一) 魏源『書古微』,『皇淸經解』권1307, 22면.

14 魏源,『老子本義』, 3면.

15 魏源,『古微堂內集』권3, 10면.

16 孫春在,『淸末的公羊思想』, 55면.

17 앞의 책, 55~56면.

18 龔自珍,「乙丙之際著議第七」,『龔自珍全集』上冊, 中華書局, 1959, 6면.

19 魏源,「默觚下·治篇三」,『魏源集』上冊, 42면.

20 魏源,「默觚下·治篇五」,『魏源集』上冊, 48~49면.

21 앞의 책, 47~49면.

22 魏源,「公羊春秋論下」,『魏源集』上冊, 133~134면.

23 李慈銘,『越縵堂日記』, 第36冊, 8면.

24 魏源,「道光洋艘征撫記上」,『魏源集』上冊, 185~186면.

25 魏源,「道光洋艘征撫記上」,『魏源集』上冊, 187면.

26 魏源,「道光洋艘征撫記上」,『魏源集』上冊, 206면.

27 Morris Janowitz, *Military Conflict: Essays in the institutional Analysis of War and Peace*, Beverly Hills: Sage, 1975.

28 『해국도지』의 병서적 성격에 대해서는 오히려 당시 민족국가 건설에 애쓰고 있던 일본인들이 더욱 명확히 보고 있었다. 시오노야 세코(鹽谷世弘, 1809~1867)는 「번각 『해국도지』서」(飜刻 『海國圖志序』)에서 다음과 같이 말하고 있다. "이 책은 원래 서양인이 지은 것으로, 사실들을 골라 전하되 그 정수만을 모았으니, 주해(籌海)·주이(籌夷)·전함(戰艦)·화공(火攻) 등의 편들이 그것이다. 지리가 상세하고 외국의 상황이 충실히 담겨 있으며, 병기·장비에 관해서도 충분히 다루어져 있다. 가히 지키고자 한다면 지킬 수 있고, 강화하고자 하면 강화할 수 있으니, 그들을 좌지우지할 수 있을 것이다. 다만 그 자질에 달렸을 따름이다. 이름은 지리지라 했으나, 그 실제는 군사 대비의 교범이라 할 수 있다."(鹽谷世弘,『宕陰存稿』권4) 난요 데켄(南洋梯謙)은 「『해국도지』서」(『海國圖志』序)에서 이 책은 "천하 무사들의 필독서"(天下武夫必讀之書)라 하면서, 널리 간행·배포하여 나라를 위하여 써야 한다고 말했다. 요시다 쇼인(吉田松陰)은 "청나라 위원의 「주해편」(籌海篇)에는 의수(議守: 방어를 논함), 의전(議戰: 전투를 논함), 의관(議款: 강화講和를 논함) 등의 글이 있는데, 주장이 모두 사리에 척척 들어맞으니, 청나라가 이를 제대로 사용하게 된다면 영국 외

적들을 제압하고 러시아와 프랑스를 취할 수 있을 것이다!"라고 했다(吉田松陰,「西游日記」,『野山獄文稿』23면). 위 인용문들은 모두 蕭致治,「評魏源的『海國圖志』及其對中日的影響」, 楊愼之·黃麗鏞 編,『魏源思想研究』, 344면에서 재인용.

29   魏源,『海國圖志』권2「籌海篇議款」(陳華, 常紹溫, 黃慶云, 張廷茂, 陳文源 共同点校注釋,『海國圖志』, 長沙: 岳麓書社, 1998, 38면).

30   위원은『도광양소정무기』에서 이에 대해 이미 명확히 인식하고 있었으며, 영국의 아편 무역의 비(非)사무역적 성격과 군사적 결과에 대해 깊이 통찰하고 있었다. 이는 그가 만든 대응 전략의 기본 전제였다.

31   吳澤·黃麗鏞,「魏源『海國圖志』研究」, 楊愼之·黃麗鏞 編,『魏源思想研究』, 292~333면.

32   이 점에 대해 가장 먼저 주목했던 것은 徐光仁의「試論魏源向西方學習的思想」(『南師范學院學報』, 1981年 第2期)이었으며, 또한 이는 楊愼之·黃麗鏞 編,『魏源思想研究』(長沙: 湖南人民出版社, 1987, 125면)에서도 볼 수 있다.

33   魏源,「道光洋艘征撫記上」,『魏源集』上, 177면.

34   魏源,「『海國圖志』原敍」,『海國圖志』, 1면.

35   "방어로써 전쟁을 한 연후에 외적(外夷)이 우리의 통제를 받도록 하는 것을 일컬어 '이이공이'(以夷攻夷)라 한다. 방어로써 강화를 맺은 후에 외적이 우리의 규범에 따르도록 하는 것을 일컬어 '이이관이'(以夷款夷)라고 한다."(以守爲戰, 而後外夷服我調度, 是謂以夷攻夷. 以守爲款, 而後外夷範我驅馳, 是謂以夷款夷) 魏源,「籌海篇·議守上」,『海國圖志』권1, 1면.

36   중국은 화포를 연안에 정렬할 때, 방향을 고정시켜 놓고 있는데, 만일 해외의 적을 맞이하게 된다면, 영국의 군함은 진퇴가 기민할 뿐만 아니라, 규모가 매우 크고 아주 강하기 때문에, 그 요해처(돛대와 뱃머리)를 맞추기 매우 어렵다. 따라서 강으로 끌어들여 측면에서 공격해야만 비로소 효과가 있다. 이러한 원리는 화공에도 적용할 수 있다. 광활한 바다 위에서 불붙인 배로 습격하여 성공할 가능성은 매우 희박하다. 위원은 세 가지 전투를 자신의 전략 전술에 참조 사례로 삼고 있다. 첫째는 베트남이 영국 함선을 강으로 유인하여 대거 격침시킨 사건이다. 그다음으로는 양화봉(梁化鳳)이 육상전의 방식으로 양자강 연안에서 정성공(鄭成功)의 수군을 붙잡아 두었던 사례이다. 마지막으로는 삼원리(三元里)에서 분분히 일어난 의병들이 "오랑캐의 우두머리(夷酋)를 포위하고, 오랑캐 장수(夷帥)의 목을 베고, 오랑캐 병사(夷兵)를 섬멸하여" 적을 제압하고 승리했던 조건을 참조 사례로 삼고 있다. 이들은 모두 "차근차근 진영을 구축하고, 방어로써 전투에 임하는 방법을 사용한" 구체적인 전투 사례였다.

37   예를 들자면 청 왕조는 미얀마의 수비가 엄중하여 공격 점령에 실패했고, 러시아는 적을 유인하여 깊이 침입했는데, 천시와 지리를 이용하여 영국군과 프랑스군을 차례로 격파했다. 또한 미얀마와 마찬가지로, 베트남은 "육군의 절제로 한 번 승리했고, 수상전에서의 유인 매복으로 한 번 승리하여" 영국군을 격퇴했다. 후자는 중국의 전통적인 속국이 침략을 격퇴시킨 사례를 제공해 주고 있다(이는 전통 조공 관계를 재건하여 서양 군사 정복에 대항하자는 위원의 전략 사상에 복선을 제공해 주었다). 이런 예의 기본 함의는 약하지만 강한 상대를 이긴 역사적 경험, 그리고 내륙에

의지하여 외래의 공격과 침략을 격퇴한 역사적 경험을 보여 주고 있다. 魏源,「籌海篇・議守上」,『海國圖志』권1, 15면.

38 The Embassy of Sir Thomas Roe to the Court of the Great Moghol(1899, II, p.344, cite par G. M. Cipolla, op. cit., p.117). 페르낭 브로델(Fernand Braudel), 『물질문명과 자본주의』(15至18世紀的物質文明, 經濟和資本主義) 제3권, 北京: 三聯書店, 1992, 569면에서 재인용.

39 魏源,「籌海篇・議守下」,『海國圖志』권2, 16~22면.

40 페르낭 브로델,『물질문명과 자본주의』(15至18世紀的物質文明, 經濟和資本主義) 제3권, 564면.

41 페르낭 브로델,『물질문명과 자본주의』제3권, 565면.

42 위원은 다음과 같이 예들을 들면서 이야기한다. "'문관이라도 반드시 전쟁할 수 있는 능력을 구비해야 한다', '계략을 잘 세워야 일이 성사된다', '내가 나가 싸운다면 이길 것이다', '창술을 익힌 염구(冉求)는 제나라와의 전쟁에서 갑옷 300개를 획득했다' 등의 말들은 단지 군사적으로 위급한 상황을 조괄(趙括)이 너무 함부로 말했던 것이기 때문에, 이런 말들은 병서의 논리과 완전히 상치(相馳)되었던 것이다."('有文事者必有武備', '好謀而成', '我戰則克', '學矛夫子, 獲甲三百'. 特兵危事而括易言之, 正與兵書相背故也)「孫子集注序」,『魏源集』上冊, 227면 참조.

43 魏源,「孫子集注序」,『魏源集』上冊, 226~227면.

44 魏源,「原敍」,『海國圖志』, 1~2면.

45 폐단을 제거하고자 한 위원의 논의는 변법(變法)의 서막이라 할 수 있다. "군자는 변법의 논의를 경시하지 말고, 법(제도) 밖의 폐단을 제거해야만 하니, 폐단이 사라지면 법(제도)은 그 원형을 복원할 수 있을 것이다. 그리고 법을 세우는 데에 급급하지 말고 법을 잘 활용할 사람을 구해야만 하니, 사람을 얻는다면 저절로 법은 세워질 것이다."(君子不輕爲變法之議, 而惟去法外之弊, 弊去而法仍複其初矣. 不汲汲求立法, 而惟求用法之人, 得其人自能立法矣)「默觚下・治篇四」,『魏源集』上冊, 46면. 상술한 종지에 따르면 한편으로 효과적인 군사행동은 반드시 "거짓, 수식, 두려움, 종기, 동굴 등을 없애야만"(去僞・去飾・去畏難・去養癰・去營窟) 한다. 즉 "마음속의 미몽과 걱정"(人心之寐患)을 없앰으로써 "실제 사실로써 실제의 공을 드러내고, 실제의 공으로써 실제 사실을 드러내야 할 것이며"(以實事程實功, 以實功程實事), 이는 곧 "사람들의 헛된 걱정을 제거하는 것"(人才之虛患)이 전제가 되어야 한다는 것이다. (「原敍」,『海國圖志』, 2면)

46 魏源,「籌海篇・議戰」,『海國圖志』권2, 24~25면.

47 위원은 『명사』(明史) 속의 '佛郎機'(포르투갈)를 '法蘭西'(프랑스)로 오해했는데, 이로 인해 역사 서술에 있어 일부 착오가 있었다.

48 魏源,「籌海篇・議戰」,『海國圖志』권2, 25~26면.

49 魏源,「籌海篇・議戰」,『海國圖志』권2, 26~29면.

50 "그래서 지방관이 서양 상인을 만나 서양 사정에 대해 자문할 때, 모두 잘못된 정보을 알려주었으나 이를 알지 못했다. 그러나 중국의 용인(用人), 행정(行政), 고위직 관리 등의 일거일동에 대해 저들 서양인 번역관들이 모르는 바가 없었다."(故洋商遇地方官詢以夷事, 皆謬爲不知, 而中國用人・行政, 及大吏一擧一動, 彼夷翻無不

周知) 魏源,「英吉利國廣述中」,『海國圖志』권52, 1437면.

51 魏源,「籌海篇·議戰」,『海國圖志』권2, 26면.

52 魏源,「籌海篇·議戰」,『海國圖志』권2, 26면.

53 직접 만들거나 구매한 함선·대포와 훈련받은 병사들은 연해의 각 성에 분포해 있었
    다. 이들의 목적은 최종적으로 함선·대포를 직접 만들고 스스로 수군을 훈련 배양
    하여, 또한 쓸모없는 인력을 도태시키고 군량미를 절약하는 데 있었다. 또한 "중국
    수군이 해양에서 함선을 몰고, 바다에서 양이(洋夷)와 싸울 수 있도록 하는"(中國水
    師可以駛樓船於海外, 可以戰洋夷於海中) 것이 최종 목적이었다. 魏源,「籌海篇·
    議戰」,『海國圖志』권2, 27면.

54 위원의 구체적인 건의는 다음과 같다. 1. 운하 운송을 해상 운송으로 바꾸고 또한 전
    함으로 호송케 한다. 2. 수군이 대량으로 인원을 수도로 이동시킬 때 반드시 해상 운
    송을 이용한다. 3. 상인은 화물 운송 시 관아에 전함 호송을 신청할 수 있다. 4. 나라
    에서 시행하는 무생(武生), 무거인(武擧人), 무진사(武進士) 등의 시험 과목이 육군
    병과(궁술弓術, 마술馬術)에만 치중되어 있는 상황을 개혁하여, 복건(福建)과 광동
    (廣東)에 수군 과목을 증설하며, 또한 함선과 대포의 기능에 익숙한 자를 과거 급제
    자로 인정한다. 5. 수군 장교는 반드시 조선소와 화기 공장(혹은 조타수〔舵工〕, 갑판
    원〔水手〕, 포수炮手)을 거치도록 하며, 전통적인 평가 기준을 개혁한다. 위원은 영
    국군, 포르투갈군의 엄격한 규율과 임전무퇴의 용기에 깊은 인상을 받았으며, 서구
    의 장기가 단지 기술의 측면에만 있는 것이 아니라, 군사의 훈련과 배양에 체계가
    있음을 잘 알고 있었다. 그래서 그는 청나라 군대가 서양의 군사 훈련 배양 방법을
    배워, 쓸모없는 인원은 도태시키고, 정예병을 보강시킬 것, 충분한 군량미를 확보할
    것, 해상 도둑들과 아편상을 잡아 이용할 것, 해적들을 추적 소탕하고 해상 운송을
    호위할 것. 해양 진출의 기회를 늘이는 등의 방법을 통해 수군과 녹영(綠營)을 훈련
    시킬 것 등을 건의했던 것이다.

55 魏源,「籌海篇·議款」,『海國圖志』권2, 40~41면.

56 魏源,「籌海篇·議款」,『海國圖志』권2, 36면.

57 魏源,「籌海篇·議款」,『海國圖志』권2, 37면.

58 濱下武志,「資本主義殖民地体制的形成与亞洲—十九世紀五十年代英國銀行資
    本對華滲入的過程」,『日本中青年學者論中國史』(宋元明清卷), 上海: 上海古籍出
    版社, 1995, 614~616면 참조.(번역문에 약간의 수정을 가함) 저자는 19세기 중기
    중국의 금융 무역을 사례로 들면서, 자본주의 열강의 아시아, 특히 중국에 대한 금
    융 침투의 심화가 미국과 오스트레일리아의 황금 발견이 초래한 국제 금융시장의
    확대 과정과 밀접한 관계가 있음을 지적하고 있다. 금융의 측면에서 봤을 때, 중국
    근대 경제가 런던을 중심으로 하는 전 세계의 일원화된 국제 결산 시스템 속에 편재
    되었던 것이다. 이런 의미에서 아시아의 '근대'란 경제적으로 유럽 중심의 세계 근
    대 역사에 점차 편입되어 가는 과정이었으며, 금융상의 정치—종속 관계가 그 특징
    이라 하겠다.

59 Tyler Dennett, *Americans in Eastern Asia*(NY: 1922), 4면; 馬文煥,『國會辯論中
    顯示的美國對華政策』, 上海: 1935, 39면 참조. Mary Gertrude Mason,『西方的
    中華帝國觀』(Western Concepts of China and the Chinese), 北京: 時事出版社,

1999, 171면 재인용.

60   宮崎市定,「東洋の近世」,『日本學者研究中國史論著選譯』제1권, 178면.

61   Immanuel Maurice Wallerstein,『現代世界體系』(The Modern World-System), 제1권, 北京: 高等教育出版社, 1998, 12면.

62   같은 책, 12면.

63   魏源,「籌海篇·議戰」,『海國圖志』권2, 26면.

64   오타니 도시오(大谷敏夫)는 「『海國圖志』對"幕末"日本的影響」에서 아베 마사히로(阿部正弘) 정부의 각료였던 가와지 도시아키라(川路聖謨), 사쿠마 쇼잔(佐久間象山) 등이 모두 『해국도지』의 영향을 받았다고 논하고 있다. 이 정권은 막부에서 전제적 지위를 포기할 것을 선포하고, 조정과 여러 번들을 포함하는 각종 세력들이 결합하여, 연합 정권을 세울 것을 목표로 한 정권이었다. 그 구호는 '공무합일론'(公武合一論)이었으며, 그 형태는 전국 통일 체제를 형성하여 국난에 대응하는 것이었다. 대외적으로는, 아베 정권은 열강과 통상조약을 체결하여 개국을 향한 기점을 마련했다. 대내적으로는 또한 막부 정권의 개혁 실행을 관철시켰다. 이후 천황 절대주의 정권은 아베 정권이 만들어 놓은 방향으로 나아갔다. 楊愼之·黃麗鏞 編,『魏源思想研究』, 361~362면.

65   중국의 근대 대학 체제가 우선 북양수사학당 등의 군사학교의 설립으로부터 탄생했다는 점은 하나의 전형적인 사례이다. 왕타오(王韜)는 영국의 의회 제도 시기에 대해 논할 때 이러한 민주 체제를 군사 동원과 연결 짓고 있다. 그는 『만유수록』(漫游隨錄; 岳麓書社, 1985)의 「기영국정치」(紀英國政治)라는 글에서 다음과 같이 논하고 있다. "국가 대사는 상하의원에서 논의하고, 반드시 중론이 모두 동의한 연후에야 시행된다. 출병할 일이 생기면 반드시 온 나라의 의견을 두루 묻는다. 대중이 싸우길 원하면 싸우고, 대중이 그만두길 원하면 그만두는 까닭에, 군대는 경거망동하지 않고, 대중의 마음도 하나가 될 수 있다."

66   魏源,「原敍」,『海國圖志』1면.

67   위원은 이 책의 출처에 관해 증명하고 있지 않은데, 슝위에즈(熊月之)의 고증에 따르면, 귀츨라프의 『만국지리전집』(萬國地理全集)의 또 다른 판본일 가능성이 높다. 熊月之,『西學東漸與晚淸社會』(上海: 上海人民出版社, 1994), 260면 참조.

68   1806년에 출간된 왕대해(王大海)의 『해도일지』(海島逸志)의 경우 자바와 부근 도서의 지리·특산물·화교 생활 등을 상세히 기재했으며, 더욱이 네덜란드·영국·프랑스 등의 유럽 국가의 방위, 인종 특징, 복식, 언어, 제작, 무역, 성정, 풍습 등도 개략적으로 묘사하고 있다. 또한 1820년 사청고(謝淸高)가 구술하고 양병남(楊炳南)이 기록한 『해록』(海錄) 95칙(則)의 경우, 남양·인도·서구 여러 나라(특히 영국, 포르투갈)의 지리, 풍속, 특산물, 국정, 종법, 수륙 노정(水陸路程) 등을 기술했다. 郭雙林,『西潮激蕩下的晚淸地理學』, 88~89면.

69   위원의 공헌을 논한다고 해서 그의 저작과 그 전 시대나 동시대 사람들의 저작 사이의 교차와 중첩을 잊어서는 안 될 것이다. 예를 들자면 궈솽린(郭雙林)은 다음과 같이 지적하고 있다. "세계 각국 지리 상황을 서술할 때, 『해국도지』는 기본적으로 진윤형(陳倫炯)의 『해국견문록』(海國見聞錄)의 예를 따르고 있다. 중국을 기점으로 해서, 중·서가 교통하는 가운데 범선의 서행 경로에 있는 각지의 순서에 따라, 우선

아시아, 다음으로 아프리카, 유럽, 마지막으로 아메리카 등으로 그 선후를 정했다. 체례에 있어서『해국도지』는 기본적으로 전통적인 편찬 방법에 대한 계승과 발전이라 하겠다."(『西潮激蕩下的晚淸地理學』, 113면) 여기서 두 가지 논의할 만한 지점이 있다. 첫째, 전통 중국 지리학과 그것이 담고 있는 역사관은 위원에 대해 여전히 중요한 영향을 주고 있다는 점이다.『해국도지』를 분석할 때 이러한 잠재된 전통적 관점을 무시해서는 안 되며, 반드시 중요한 위치에 두어야만 할 것이다. 둘째, 앞에서도 논하고 있듯이,『해국도지』 자체가 '병서'로서의 성격을 지니고 있기 때문에, 이런 전통적 관점은 사실상 제국 전략의 관점이다. 위원의 서양에 대한 관점은 바로 이런 이중의 관점 속에서 전개되고 있다.

70 Jane Kate Leonard, *Wei Yuan and China's Rediscovery of the Maritime World*(Published by Council On East Asian Studies, Harvard University, and distributed by Harvard University Press, 1984), p.3.

71 하마시타 다케시의 저작『근대 중국의 국제적 계기: 조공 무역 체계와 근대 아시아 경제권』(近代中國の國際的契機―朝貢貿易システムと近代アジア; 東京大學出版會, 1990)은 비록 조공 무역을 중심으로 아시아 경제권에 대한 논의를 전개시키고 있지만, 그의 중심은 분명 해양 방면에 있었다. 그의「후서」(後敍)에서의 논의는 해양 이론에 대한 강한 관심을 잘 보여 주고 있다.

72 페르낭 브로델,『물질문명과 자본주의』제1권, 535면.

73 魏源,「五印度國志」,『海國圖志』 권19, 666~667면

74 위원은 절강 항주에서 일찍이 동보(東甫) 전이암(錢伊庵, ?~1837)에게 불경을 배웠다. "출세간(出世間)의 요체를 구하여 선리(禪理)에 침잠(沈潛)하고, 불경을 두루 읽으며, 희윤법사와 자봉법사를 모셔서『능엄경』과『법화경』등 여러 대승 경전에 대해 토론했다."(求出世之要, 潛心禪理, 博覽經藏. 延曦潤慈峰兩法師, 講楞嚴法華諸大乘) 魏耆,「邵陽魏府君事略」,『魏源集』下冊, 848면.

75 청대 지리학에서의 오대주설(五大洲說)의 보급과 대구주설(大九州說)의 새로운 '발견', 그리고 사주설(四洲說)과 관련된 논변에 관해서는, 郭雙林,『西潮激蕩下的晚淸地理學』, 258~267면 참조.

76 魏源,「大西洋各國總沿革」,『海國圖志』 권37, 1112면.

77 魏源,「佛蘭西國總記下」,『海國圖志』 권42, 1221면.

78 페르낭 브로델,『물질문명과 자본주의』제3권, 234면.

79 魏源,「五印度國志」,『海國圖志』 권19, 666면.

80 魏源,「五印度總述上」,『海國圖志』 권19, 671면.

81 앞의 책, 671~672면.

82 魏源,「東印度各國」,『海國圖志』 권21, 727면.

83 앞의 책, 729~730면.

84 M. G. Mason,『西方的中華帝國觀』, 172~173면.

85 魏源,「俄羅斯國志」,『海國圖志』 권54, 1479면.

86 페르낭 브로델,『물질문명과 자본주의』제3권, 558면.

87 앞의 책, 559~560면.

88 앞의 책, 562~563면.

89 魏源,「敍東南洋」,『海國圖志』권5, 347~348면.

90 魏源,「英荷二夷所屬葛留巴島」,『海國圖志』권13, 526면.

91 魏源,「越南」,『海國圖志』권5, 359면.

92 魏源,「暹羅東南屬國令爲英吉利新嘉坡沿革」,『海國圖志』권9, 439면.

93 魏源,「英荷二夷所屬葛留巴島」,『海國圖志』권13, 157면.

94 魏源,「後敍」,『海國圖志』70~71면.

95 魏源,「西洋人『瑪吉士地理備考』敍」,『海國圖志』권76, 1888~1889면.

96 魏源,「大西洋各國總沿革」,『海國圖志』권37, 1112면. 같은 책의「구라파각국총서」
    (歐羅巴各國總序) 하편에서도 다음과 같이 말하고 있다. "서로마의 수도가 오랑캐
    (게르만족)에게 함락당한 이후로부터 당나라 중종(中宗) 사성(嗣聖) 연간에 이르기
    까지, 영국 남쪽의 비옥한 땅은 앵글로-색슨 왕국에 귀속되고, 오울루(핀란드) 땅
    은 프랑크 왕국에 귀속되고, 스페인은 서고트 왕국(Regnum Visigothorum)에 귀속
    되어 있었다. …그래서 로마국의… 정치, 율례, 풍속, 의관, 언어, 인명, 국호 등은 모
    두 오랑캐 풍속으로 변했다."(自羅馬西都陷於夷狄之後, 迨當唐中宗嗣聖年間, 英
    吉利南邊膏腴之地歸於薩索尼亞夷國, 奧盧地歸於法郞古夷國, 西班亞歸於厄都
    夷國, …於是羅馬國之…政事·律例·風俗·衣冠·言語·人名·國號, 盡變夷俗; 앞
    의 책, 1113면) 이런 맥락 속에서 오랑캐는 '미개'의 의미를 지니고 있다. 더욱 명확
    한 예로는「불란서국총기」(佛蘭西國總記) 하편에서 위원이 '외국사략'(外國史略)
    의 설명을 인용하여 "불란서국 또한 과거에 산림 속의 만이(蠻夷)였다가 오랫동안
    점차 변화해 왔기 때문에, 그 본성이 용맹하다"(佛蘭西國, 古時亦山林之蠻夷, 久漸
    向化, 然性好勇;『해국도지』권42, 1220면)고 한 것을 들 수 있다. 여기서 이(夷)의
    개념은 폄하의 의미(즉 문명과 야만의 틀로 귀속되는)이지만, 오히려 중국 중심적이
    라고 할 수는 없다. 왜냐하면 여기서 이(夷)는 로마 제국과 그 문명과의 관계 속에서
    규정되는 것이기 때문이다.

97 魏源,「西印度西阿丹國沿革」,『海國圖志』권24, 785면.

98 魏源,「各國回教總考」,『海國圖志』권25, 791면.

99 魏源,「天方敎考」,『海國圖志』권25, 803면.

100 魏源,「天主敎考」,『海國圖志』권27, 835면.

101 앞의 책, 835면, 838~839면.

102 魏源,「天主敎考」,『海國圖志』권27, 839~840면.

103 위의 책, 840면.

104 魏源,「天方敎考」,『海國圖志』권25, 802면.

105 魏源,「利未亞洲總說」,『海國圖志』권33, 989면.

106 魏源,「天主敎考」,『海國圖志』권27, 833면.

107 魏源,「大西洋歐羅巴洲各國總敍」,『海國圖志』권37, 1092면.

108 魏源,「大西洋各國總沿革」,『海國圖志』권37, 1097면.

109 魏源,「大西洋歐羅巴洲各國總敍」,『海國圖志』권37, 1093면.

110 그는 서계여의『영환지략』을 인용하여 "중국의 남북조 시기 말엽, 로마가 쇠락하자
    유럽은 분산되어 전국(戰國) 시대로 들어서게 된다"(前五代之末, 羅馬衰亂, 歐羅
    巴遂散爲戰國)고 서술한다. 魏源,「大西洋各國總沿革」,『海國圖志』권37, 1104면.

111 魏源,「大西洋歐羅巴洲各國總敍」,『海國圖志』권37, 1093면.

112 魏源,「英吉利總記」,『海國圖志』권50, 1380~1383면.

113 "…외국에는 국고·은행·율례·국새 국내 사무·번속지·해군 업무·인도부(印度部)·상부·병부 등의 각 대신이 있어, 중요한 일이 있을 때 국왕이 130명의 인원을 불러 공무를 논의하는데, 이는 중국의 군기처(軍機處), 도찰원(都察院)이나 다를 바 없다."(…外有國帑·銀庫·律例·國璽·國內事務·藩屬地·水師務·印度部·商部·兵部各大臣, 有要務則國王召議事百十三員會議, 與中國軍機·都察院無異)『海國圖志』권51, 1422면.

114 魏源,「英吉利國廣述上」,『海國圖志』권51, 1405면.

115 위의 책, 1407면.

116 "제조 장인은 순전히 화력 기관을 이용하는데, 기관을 움직이는 것은 석탄이다."(制造之匠, 純用火機關, 所藉以動機關者, 煤炭) 위의 책, 1420면.

117 앞의 책, 1420면.

118 魏源,「英吉利國廣述中」,『海國圖志』권52, 1436~1437면.

119 포머란츠(Kenneth Pomeranz)는 16~18세기 양자강 중하류 지역의 경제와 영국 경제를 대비한 바 있는데, 그는 이 시기 중국과 영국의 경제 지수는 매우 근접해 있으며, 중국 시장 속에서의 자본 배치, 노동력, 토지 등이 영국보다 더 자유로웠다고 여겼다. 하지만 어째서 산업혁명은 영국에서 발생했을까? 그는 중국과 영국 간의 진정한 차이는 1800년 이후의 영국 경제의 비약에서 생겨났다고 해석한다. 영국은 석탄 공급에 있어서의 유리함과 아메리카의 풍부한 자원을 지녔던 것이다. 산업혁명은 결코 유럽의 장기적인 우세 조건 속에서 안정적으로 발전해 나온 것이 아니라, 다음과 같은 조건하에서 영국이 비약적으로 이뤄 낸 것이었다. 그 석탄 공급이 물길과 항구에 가까웠기 때문에, 증기기관의 운용에 있어 상대적으로 경제적일 수 있었다. 하지만 중국의 석탄은 주로 서북 지역에 집중되어 있어 수공업이 발달한 강남과는 매우 멀었다. 만일 서북 지역의 석탄을 가지고 강남의 초기 공업을 지원하려 했다면 몹시 비쌌을 것이기 때문에 그에 상응하는 기술적 갱신이 이뤄지기 힘들었을 것이다. 이밖에도 필자는 장거리 무역과 군사 경쟁 역시 보편적인 현상이기는 하지만, 유럽의 특징은 해외 무역에 대하여 군사적 및 정치적 보호를 시행했다는 점이라 생각한다. 이런 견해는 근대 중국인(위원에서부터 왕경우王賡武에 이르기까지)들의 중서 관계에 대한 비교 연구와 관찰로부터 시작되었다. Kenneth Pomeranz, *The Great Divergence: China, Europe, and the Making of the Modern World Economy*(Princeton, NJ: Princeton University Press, 2000) 참조. Gengwu Wang, "Merchants without Empire", in *The Rise of Merchant Empires*, ed. James Tracy(Cambridge: Cambridge University Press, 1990), 400~421면 참조.

120 魏源,「英吉利國廣述上」,『海國圖志』권51, 1408면.

121 魏源,「英吉利國廣述上」,『海國圖志』권51, 1409면.

122 魏源,「英吉利國廣述中」,『海國圖志』권52, 1436~1437면.

123 예를 들면, 도광 34년, 동인도회사는 미얀마 서남 지역의 페구(Pegu)항의 토산물이 풍부한 까닭에 바로 그 지역에 함선을 파견하여 점거했다. 비록 후에 미얀마가 이를 격퇴했지만, 이같이 군사력을 대동한 무역의 방식은 시종일관한 것이었다. 魏源,

「英吉利國廣述中」,『海國圖志』 권52, 1439면 참조.

124 魏源, 「英吉利國廣述中」,『海國圖志』 권52, 1435~1436면.

125 魏源, 「英吉利國廣述中」,『海國圖志』 권52, 1447~1448면.

126 魏源, 「彌利堅即美里哥總記」,『海國圖志』 권59, 1627면.

127 魏源, 「彌利堅即美里哥總記」,『海國圖志』 권59, 1622면.

128 반세기 후, 캉유웨이 역시 이에 대한 비교를 한 바 있다. 그는 "지구상에서 미국만큼 부유한 나라는 없으며, 미국의 민주제는 중국과 다르다. 영국과 독일처럼 강성한 나라는 없으며, 이들의 입헌군주제는 중국과 다소 다르다. 다만 러시아는 군권을 가장 존중하고 체제가 엄중하여, 중국과 마찬가지"(考之地球, 富樂莫如美, 而民主之制 與中國不同. 強盛莫如英德, 而君民共主之制, 仍與中國少異. 惟俄國其君權最尊, 體制崇嚴, 與中國同)라고 했다. 캉유웨이,「피터 대제 정치 개혁기를 번역 편찬하여 약소국이 강대국이 된 이유를 참고하고자 한다」(譯纂俄彼得變政記成書可考由弱 致強之故折), 古宮博物院 藏內府 抄本,『杰士上書滙錄』 권1 참조.

129 魏源, 「彌利堅即育奈士迭國總記」,『海國圖志』 권61, 1676면.

130 魏源, 「彌利堅即美里哥國總記」,『海國圖志』 권59, 1627면.

131 魏源, 「彌利堅即美里哥國總記」,『海國圖志』 권59, 1632면.

132 魏源, 「彌利堅即美里哥國總記」,『海國圖志』 권59, 1633면.

133 魏源, 「彌利堅即美里哥國總記」,『海國圖志』 권59, 1635면.

134 魏源, 「彌利堅即美里哥國總記」,『海國圖志』 권59, 1624면.

135 魏源, 「彌利堅即育奈士迭國總記」,『海國圖志』 권60, 1662면.

136 康有爲, 「廢省論」,『不忍』 1期, 5~11면. 「廢省論」,『不忍』 2期, 21~29면. 「存府議」, 『不忍』 2期, 43~47면.

137 魏源, 「彌利堅即美里哥國總記」,『海國圖志』 권59, 1633면.

138 魏源, 「彌利堅即美里哥國總記」,『海國圖志』 권59, 1633면.

139 『鄭觀應集』 上, 801~802면 참조.

140 蕭致治, 「『海國圖志』及其對中日的影響」,『魏源思想研究』, 350~351면.

141 요시다 쇼인(吉田松陰), 「野山獄文稿·讀籌海篇」. 오타니 도시오(大谷敏夫), 「『해국 도지』의 '막부 말기' 일본에 대한 영향」(『海國圖志』對"幕末"日本的影響), 『魏源思 想研究』, 364면 재인용.

142 요시다 쇼인, 「野山獄文稿·讀甲寅倫敦評判記」. 오타니 도시오, 「『해국도지』의 "막 부 말기"일본에 대한 영향」(『海國圖志』對"幕末"日本的影響), 『魏源思想研究』, 364 면 재인용.

143 1862년, 총리아문(總理衙門)은 외국어와 기타 지식에 정통한 인재를 배양할 목적 으로 경사동문관(京師同文館)을 부설했다. 1863년 상해동문관(上海同文館: 광방 언관廣方言館이라고도 칭함)이 설립되고, 같은 해, 광주동문관(廣州同文館)이 설 립되었다. 1868년부터 강남기기제조총국 부설 번역관에서 번역서를 내기 시작했는 데, 1873년, 이곳에서 주관한『서국근사회편』(西國近事滙編)이 창간되어 서방 국가 의 상황을 대량으로 소개했다. 이러한 큰 흐름은 이후 100년간 지속되었다. 서학동 점(西學東漸)에 관한 서술은 熊月之,『西學東漸與晚淸社會』(上海: 上海人民出版 社, 1994)를 참조하기 바란다.

144 Benedict Anderson, 『想象的共同体』(Imagined Communities, London: Verso, 1983), 上海世紀出版集團, 2003, 100~111면.

145 항일전쟁 시기(1937~1945)에 일찍이 지방 형식과 방언·지방어와 관련된 논의가 대규모로 나타났다. 하지만 그 내부의 방향성은 여전히 '전국적 민족 형식'에 주도되고 있었다. 「지방 형식, 방언·지방어와 항일전쟁 시기 '민족 형식'의 논쟁」(地方形式, 方言土語與抗日戰爭時期"民族形式"的論爭)을 참조(汪暉, 『汪暉自選集』, 廣西師範大學出版社, 1997에 수록).

146 丸山眞男, 『福澤諭吉与日本近代化』, 區建英 譯, 上海: 學林出版社, 1992, 150면.

147 위의 책, 113~114면.

148 완원(阮元)이 편찬한 『광동통지』(廣東通志)에 뒤섞여 있는 미국과 아프리카 등지의 상황을 놓고 봤을 때, 박학한 사대부 계급조차도 서구 세계에 대한 지식은 매우 빈약한 수준이었다. 위원의 『해국도지』 이전에, 청대 정치인과 지식인들은 해양 시대에 대해 깊은 이해가 결여되어 있었으며, 이는 두 가지 요인에서 기인하는 것이다. 첫째, 만주족은 만리장성 이북 지역에서 기원하여, 그 지정학적 관점과 대외 정책이 항상 만리장성과 연해 있는 변경 지역에 집중되어 있었다. 둘째, 연해 지역에서의 정성공(鄭成功)의 습격으로 인해, 청대 통치자들의 해양 및 연해 지역에 대한 책략은 줄곧 반란 세력 통제를 그 주요 방향으로 삼고 있었다. 따라서 청 왕조와 해양 세계 사이의 관계는 중심적인 위치였던 적이 없으며, 청 왕조의 관심은 제국 내부의 안전을 확보하는 데 있어서 연해 지역의 역할에 주로 집중되어 있었다.

149 『淸史稿』 권272, 列傳 59 「湯若望·楊光先·南懷仁」(北京: 中華書局, 1977), 10019~10025면 참조.

150 戴逸 主編, 『簡明淸史』(北京: 人民出版社, 1991)에 이에 대한 보다 상세한 서술이 있다. 이 책 119~122면 참조.

151 John K. Fairbank, ed., *The Chinese World Order: Traditional China's Foreign Relation*(Cambridge, Mass: Harvard University Press, 1968).

152 濱下武志, 『近代中國的國際契機—朝貢貿易體係與近代亞洲經濟圈』, 朱蔭貴, 歐陽菲 譯, 北京: 中國社會科學出版社, 1999.

153 페어뱅크 자신은 조약 체제라는 단어를 사용했다. Fairbank, *The Early Treaty System in the Chinese World Order*(Cambridge, Mass: Harvard University Press, 1968) 참조. 다른 저작 속에서 그는 또한 중국의 연해 무역과 외교에 대해 연구한 바 있다. *Trade and Diplomacy on the China Coast: The Opening of the Treaty Ports, 1842~1854*(Cambridge, Mass: Harvard University Press, 1953).

154 Key-hiuk Kim, *Korea, Japan, and the Chinese Empire, 1860~1882*(Berkeley: University of Colifornia Press, 1980), p.249.

155 『淸史稿』 권158, 「志」 133, 「邦交(六)」, '日本', 4617~4644면.

156 Joseph F. Fletcher, "China and Central Asia, 1368~1884," *in Studies on Chinese and Islamic Inner Asia*, pp.206~224, 337~368 참조.

157 앤서니 기든스(Anthony Giddens)의 관련 논문은 『民族-國家與暴力』(The Nation-State and Violence), 胡宗澤, 趙力濤 譯, 北京: 三聯書店, 1998, 19면 참조.

158 앤서니 기든스, 앞의 책, 22면.

159 袁森坡,『康雍乾經營與開發北疆』, 北京: 中國社會科學出版社, 1991, 558면.

160 앤서니 기든스, 앞의 책, 60면.

161 G. N. Clark, *The Seventeenth Century*, Oxford: Clarendon Press, 1947, p.144.

162 허싱량(何星亮)의 연구에 따르면, '문표'와 '노표'는 1840년대에 '패조'(牌照)로 대체되었고, 1850년대에 이르면 '집조'(執照)라는 단어가 '패조'를 대체하게 된다. 1885년 이후로 '호조'(護照)라는 단어가 '집조'를 거의 대체하면서 하나의 고정 명사가 되었다. 何星亮,『邊界與民族』(北京: 中國社會科學出版社, 1998), 6면 참조.

163 츠라트킨(I. Y. ZLATKIN, 茲拉特金),『중가르칸국사』(Istoriya Dzungarskoico Xanstva: 准噶爾汗國史), 354면. 戴逸 主編,『簡明淸史』(北京: 人民出版社, 1991), 164~165면 재인용.

164 John Baddeley, *Russia, Mongolia, China: Being Some Record of the Relations between Them from the Beginning of the XVIIth Century to the Death of the Tsar Alexei Mikhailovich AD 1602~76*(London, 1919), pp.166~217; Paul Pelliot, *Notes critiques d'hisstoire Kalmouke', Oeuvres Posthumes*(Paris, 1960), p.vi; Maurice Courant, *L'Asie Centrale aux 17e et 18e siecles: Empire Kalmouk ou Empire Mantchou?*(Paris, 1912); G. Henrik Herb, "Mongolian Cartography," in *Cartography in the Traditional East and Southeast Asian Societies*, vol. 2, book 2 of *The History of Cartography*, eds. J. B. Harley and David Woodward(Chicago: University of Chicago press, 1994), pp.682~5. 퍼듀(Peter C. Perdue)는 상술한 자료와 연구를 근거 삼아 이 과정에 대하여 서술했다. Perdue, "Boundaries, Maps, and Movement: Chinese, Russian, and Mongolian Empires in Early Modern Central Eurasia," *The International History Review* 20, no. 2 (June 1998): 279~280면 참조. 재미있는 사실은 여러 서구 학자들이 청 왕조의 서북 지역 정복사에 대한 논술 속에서, 대부분 중국인(Chinese)이라는 개념을 써서 강희제·옹정제의 중가르 및 러시아와의 군사적 충돌을 서술하고 있고, 일정 부분 민족국가의 관점을 서북과 서남 소수민족 지역에 대한 역사 서술 속에 집어넣고 있다는 점이다. 하지만 다른 각도에서 보자면 이러한 수사는 사실상 만청(滿淸)이라는 정복 왕조를 '중국'의 합법적 대표로서 인정하는 것이고, 한족과 만주·몽골 귀족의 충돌과 정복 관계를 모호하게 하며, 또한 청의 합법적 통치의 범주 안에서 '중국인'의 범주를 새롭게 확정 짓는 것이다. 이런 역사적 관점에서 보자면, 이런 식의 수사(그 정치적 함의가 무엇이든 간에)는 청 왕조 통치자의 '만한일체'(滿漢一體)와 금문경학의 "오랑캐도 중국에 들어오면 중국화 된다"(夷狄入中國則中國之)는 주장과 일맥상통하는 것이다. 다만 차이라 한다면 그들이 만·한 이외의 소수민족 지역을 별개의 상황으로 본다는 점뿐이다. 민족국가론은 '중국'과 관련된 논의 속에서 명백히 내재적 모순을 보여 주고 있다.

165 何星亮,『邊界與民族』, 12~13면 참조. 저자의 연구에 따르면 청 왕조가 영토를 잃게 된 원인 가운데 하나는 조약의 러시아어본과 한문본에서 "중국이 현재 카룬(卡倫: 지금의 길림吉林, 장춘長春 일대)을 점유하고 있다"와 "중국이 카룬에 상주(常住)하고 있다"의 번역의 착오 때문이었다. 또 다른 원인은 조약문의 모호성 때문이

었다. 위의 책, 13~16면 참조.

166 위의 책, 69면. 여기서 사용한 것은 저자가 제공한 카자흐 차가타이 문서의 중국어 번역본이다.

167 퍼듀(Perdue)는 제국의 경계 획정과 그 기술 발전의 주요 목적은 인구 유동을 통제하는 것이었다고 본다. Perdue, "Boundaries, Maps, and Movement," 264~265면 참조.

168 기든스는 다음과 같이 논증하고 있다. "비(非)현대 국가 가운데 성벽으로 둘러친 변경은 여전히 변방 지역이다. 그들은 중앙국가 기구의 일상 관할 범위로부터 멀리 벗어나 있는데, 국가가 크면 클수록 상황은 더욱 그러하다. 로마건 중국이건 간에, '민족 주권'이라는 술어의 현대적 함의에서 보자면, 그 어떤 성벽도 '민족 주권'의 경계선에 대응할 수 없다." 정반대로 "국경이 주권의 분할선이 되려면, 반드시 관련된 모든 국가와의 일치된 동의를 얻어야만 한다."(기든스, 앞의 책, 62면) 다만 아쉬운 점은 '만리장성'의 역사와 상징성이 너무 커서, '청·러 네르친스크 조약'과 그 경계 획정 협정은 완전히 무시되었다는 점이다.

169 濱下武志, 『近代中國的國際契機—朝貢貿易體系與近代亞洲經濟圈』, 朱蔭貴, 歐陽菲 譯, 北京: 中國社會科學出版社, 1999, 35~36면.

170 위의 책, 49면.

171 Joseph F. Fletcher, "China and Central Asia, 1368~1884," in *Studies on Chinese and Islamic Inner Asia*, pp.206~224, 337~368.

172 타이베이고궁박물원(臺北故宮博物院) 소장 유봉록, 『전고』(傳稿) no.4455(1). 청대 중기 금문경학을 논할 때, 엘먼은 유봉록 『전고』의 자료를 근거로, 유봉록이 예부의 대외 사무 방면에 공헌했다고 서술했다. 벤자민 엘먼, 『경학, 정치와 종족』(經學, 政治和宗族), 151면 참조.

173 Onuma Yasuaki, "When was the Law of International Society Born?—An Inquiry of the History of International Law from an Intercivilizational Perspective", *Journal of the History of International Law* 2(2000): 1~66.

174 이 합법성의 원칙은 본래 국내 권위의 합법성을 전제로 하며, 따라서 이 주권 원칙은 주권 불가침의 원칙으로 발전할 수 있었다.

175 홉스의 주권에 대한 논술은 유럽 봉건제의 주권 분열을 배경으로 한다. 유럽 봉건제는 경제적 착취와 정치적 권위의 법적 융합체로, 그 분봉 권력 구조는 다원적 권력 중심을 포함하고 있다. 농민은 영주의 사법권하에 귀속된다. 하지만 봉건 군주·영주는 또한 일반적으로 더욱 높은 봉건 영주의 봉신(封臣)이기도 하다. 패리 앤더슨(Perry Anderson)은 다음과 같이 지적한다. "이런 의존성은 군역(軍役)으로 서로 연계된 토지 사용권과 연결되어 있으며, 이는 위로 이 체계의 최고봉(대부분의 상황하에서는 군왕)에게까지 확장된다. 군왕은 최종적으로 모든 토지에 대해 원칙상의 최고 소유권을 지니고 있다. …이런 체계의 결과로 정치 주권은 단일한 중심에 집중된 적이 한 번도 없었다. 국가의 직능은 분해되어 수직 하향 배치되었으며, 각각의 층위에서 정치와 경제 관계는 또 다른 측면에서 통합적이었다. 이런 주권의 분할과 분배는 전체 봉건 생산 방식의 요소였다." "군주는 그의 봉신의 봉건 종주였으며, 군주와 봉신들은 호혜적 충성 유대 관계로 묶여 있었던 것이지, 종속적 신하 위에 군림하는

최고 군주는 아니었다. …전체적으로 보면, 그와 인민은 직접적인 정치적 접촉이 없었는데, 이는 그들에 대한 사법이 무수한 층차의 분봉제를 통해 귀속 시행되었기 때문이다." Perry Anderson, 『從古代到封建主義的過渡』(Passages from Antiquity to Feudalism), 郭方, 劉健 譯(上海: 上海人民出版社, 2001), 151~155면.

176 앤서니 기든스, 앞의 책, 107~108면.

177 위의 책, 109면.

178 크래스너(Stephen Krasner)는 베스트팔렌 조약으로부터 데이턴(Dayton) 합의에 이르기까지, 거의 모든 주요 평화 협의는 베스트팔렌 주권에 위배되는 현상을 보여주고 있다고 지적한다. 그가 말하는 몇 가지 예는 다음과 같다. 1. 하나의 권위 기구로서, 유럽연맹은 베스트팔렌 주권 관련 성원국의 주권의 자주성 개념을 거스르고 있지만, 이 제도는 국제법 주권 개념에 부합되도록 고안되었다. 즉 그 합법성은 성원국 평화 협상의 동의라는 기초 위에 세워진 것이다. 2. 홍콩은 중국의 일부분이지만 국제법 주권이라는 의미에서 국제 조직에 가입할 권리가 있으며, 대륙과 다른 여권과 독립적 비자 시스템을 지니고 있다. 이런 상황은 중국 조공 관계 내부의 권력 구조와 유사하다. 현재의 정치적 맥락 속에서, 주권 개념은 새로운 함의를 발전시켜 내고 있다. 즉 상호 의존적 주권(interdependence sovereignty), 국가의 초국적 활동에 대한 통제 능력(상품·기술·자본·관념·인구 등의 초국적 유동과 같은), 그리고 국제법상의 주권, 즉 법률적 독립과 영토화된 정치적 실체는 반드시 승인을 얻어야만 한다는 원칙(모든 국제법 주권은 어떤 비강제적 협약에도 가입할 권리가 있음) 등과 같은 새로운 함의를 발전시켜 내고 있다. 이런 모든 측면들은 베스트팔렌 주권 개념의 자기 모순을 설명해 준다. 따라서 스웨덴의 사회학자인 닐스 브루손(Nils Brunsson)의 개념을 빌리자면, 국제법이 만들어 낸 관계는 일종의 '조직적 허위'(organized Hypocrisy)인 셈이다. 크래스너가 2000년 11월 7일 'Wissenschaftskolleg Zu Berlin'에서 발표한 "The Rules of Sovereignty: How Constraining?"과 그가 보내준 논문 "Globalization and Sovereignty" 및 "Organized Hypocrisy in 19th Century East Asia"에서 인용.

179 F. de Martens, *Trait de Droit International*, trans. Alfred Leo(Paris, 1883~87), p.34.

180 예를 들면, 일본은 조선에 대한 침략과 조약 체결을 일종의 해방으로 보았다. 즉 중국과 조선의 조공 등급 관계로부터 해방시킴으로써, 조선을 형식상 평등 조약 체제에 편입시킨 것이라 본 것이다. 이런 관점은 지금도 여전히 유통되고 있다.

181 T. J. Lawrence, *The Principles of International Law*(Boston: Macmillan, 1923), p.26.

182 W. E. Hall, *International Law*(Oxford: Clarendon Press, 1880), 그리고 T. D. Woolsey, *Introduction to the Study of International Law*(London: Sampson Law, Marston, Searle & Rivington, 1879) 참조.

183 Lassa Oppenheim, *International Law*(London: Longmans, Green, and Co., 1905), p.44.

184 패리 앤더슨, 『絕對主義國家的系譜』(Leneages of the absolutist state), 劉北成·龔曉莊 譯, 上海: 上海人民出版社, 2001, 22~23면.

185 위의 책, 58면.

186 유럽 법학계에서는 그로티우스의 지위 문제를 놓고 오랫동안 논쟁이 있어 왔다. 예를 들자면 현대 국제법이 프란시스코 데 비토리아(Francisco de Vitoria)로 대표되는 스페인학파에서 기원했다고 보는 이도 있다. Onuma Yasuaki, "When was the Law of International Society Born-An Inquiry of the History of International Law from an Intercivilizational Perspective," *Journal of the History of International Law* 2 (2000): 1~66면 참조.

187 M.G. Mason, 『西方的中華帝國觀』, 180면에서 재인용.

188 불평등조약은 엄격한 주권 분할의 승인을 그 논리적 전제로 한다. 하지만 이런 엄격한 주권 분할은 또한 주권의 침해와 손상을 그 역사적 전제로 한다. '남경조약'의 체결이라는 형식으로 청 왕조는 국제 정치 관계 속에서 주체로서의 지위를 승인받았지만, 이 조약 자체는 바로 "중국의 관세 자주권 상실의 첫걸음을 의미했다. 이 과정은 영국 국민(R. Hart)을 파견하여 해관 총감을 책임지도록 하기에 이르렀으며, 그는 1863년에서 1908년까지 재임했다." Paul Bairoch, 『經濟學與世界史』, 許寶强, 渠敬東 編選, 『反市場的資本主義』(北京: 中央編譯出版社, 2000), 132면 참조.

189 아편전쟁 발발의 도화선 가운데 하나는 중국에서 살인한 영국 수병을 어떻게 처리할 것인가를 둘러싼 법적 갈등이었다. 임칙서는 청의 법률로 따져야 한다는 입장을 견지했지만, 찰스 엘리엇(Charles Elliot)은 영국의 법률에 따라 처리해야 한다고 생각했다.

190 濱下武志, 『近代中國的國際契機―朝貢貿易體系與近代亞洲經濟圈』, 朱蔭貴, 歐陽菲 譯, 北京: 中國社會科學出版社, 1999, 11~12면, 168~213면. (번역문은 약간 고쳤음.) Stephen Lockwood, *Augustine Heard and Company 1858~1862: American Merchants in China*(Cambridge, Mass.: East Asia Research center, Harvard University, 1971).

191 康有爲, 「上淸帝第一書」, 『康有爲政論集』上冊, 北京: 中華書局, 1981, 52면.

192 馬建忠, 「适可齋紀言紀行」. 濱下武志, 『近代中國的國際契機―朝貢貿易體系與近代亞洲經濟圈』, 284면 참조.

193 康有爲, 「上淸帝第二書」, 『康有爲政論集』上冊, 114면.

194 선교사가 국제법 문제의 번역과 토론에 말려들게 된 것은 결코 기이한 일이 아니었다. 15세기 말 이후로 유럽 선교사들은 자주 유럽 원정군이나 이른바 해외 정복자들을 따라 함께 활동했다. 선교와 함께 "천주교에 귀의하는 주민들을 관리하고, 화폐세나 실물세, 향료세 등을 징수했다." 묄렌(Meulen), 『중국에서의 프랑스 예수회 선교사의 공헌』(在華法國耶穌會士的功勳), 15면(파리, 1928). 戴逸 主編 『簡明淸史』, 123면 재인용.

195 윌리엄 마틴(William A. P. Martin) 본인은 중국 문화, 특히 철학과 문학에 대한 애호가 매우 깊어 이를 앙모했다. Esson MacDowell Gale, *Salt for the Dragon: A Personal History of China, 1908~1945*(Ann Arbor and East Lansing: Michigan State College Press, 1953) 참조. 蕭公權, 『近代中國與新世界: 康有爲變法與大同思想研究』(汪榮祖 譯, 南京: 江蘇人民出版社, 1997), 340면 참조.

196 William A. P. Martin, *Hanlin Papers, Second Series: Essays on the History,*

Philosophy, and Religion of the Chinese(Shanghai: Kelly & Walsh. The Tientsin Press, 1894), pp.x, 199~206, 207~234.

197 洪鈞培 編著, 『春秋國際公法』(臺北: 臺灣中華書局, 1971), 9~10면. 홍쥔페이(洪鈞培)의 '춘추 국제공법'에 대한 논의는 상술한 선교사의 영향을 받았다. 이 책 서두에 있는 중국에서의 국제공법의 존재 여부에 대한 논의에서 그는 마틴, 퓌어, 벤히, 겔즈(Geles) 등의 견해를 인용했다.

198 Louis le Fur, *Précis de Droit International Public*(Paris: Dalloz, 1939), pp.20~21. 중국어 번역은 洪鈞培, 『春秋國際公法』, 6면 참조.

199 청말 국제법의 번역과 그 정치에 관하여, 마틴이 영불 연합군과 청 정부 사이의 담판에 참여했던 상황은 왕지앤(王健)의 『두 세계 소통의 법률적 의미―청말 서구 법의 수입과 법률 신조어에 관하여』(溝通兩個世界的法律意義―晚清西方法的輸入與法律新詞初探) 제4장(北京: 中國政法大學出版社, 2001), 138~186면 참조. Lydia H. Liu, "Legislating the Universal: The Circulation of International Law in the Nineteenth Century," in *Tokens of Exchange, ed. Lydia H. Liu*(Durham: Duke University Press, 1999), pp.127~164 참조.

200 마틴 譯, 휘튼 著, 「譯者序」, 『萬國公法』(北京: 京師同文館, 1864), 1면.

201 Martin, "International Law in Ancient China," in Hanlin Papers, Second series, Essays on the History, *Philosophy and Religion of the Chinese*, pp.111~113.

202 Martin, "Deplomacy in Ancient China," in *Hanlin Papers, Second series, Essays on the History, Philosophy and Religion of the Chinese*, pp.142~144.

203 Martin, "International Law in Ancient China," in *Hanlin Papers, Second series, Essays on the History, Philosophy and Religion of the Chinese*, pp.111~113.

204 Ibid., p.112.

205 Ibid., pp.113~115.

206 막스 베버, 『儒敎與道敎』(南京: 江蘇人民出版社, 1993), 50면.

207 위의 책, 51, 53면.

208 Martin, "International Law in Ancient China", in Hanlin Papers, Second series, Essays on the History, Philosophy and Religion of the Chinese, pp.116~117.

209 Ibid., pp.118~120. 상술한 고대 국제공법의 귀결에 관해서는 미주 197을 참조할 것.

210 Ibid., p.118. 상술한 고대 전쟁법의 귀결에 관해서는 미주 197을 참조할 것.

211 Ibid., p.141.

212 Ibid., p.141.

213 黎虎, 『漢唐外交制度史』(蘭州: 蘭州大學出版社, 1998), 1면.

214 위의 책, 10면.

215 Lydia H. Liu, "Legislating the Universal: The Circulation of International Law in the Nineteenth Century", in *Tokens of Exchange*, pp.127~164 참조.

216 王健, 『溝通兩個世界的法律意義―晚晴西方法的輸入與法律新詞初探』, 168면, 221~229면.

217 이러한 구분은 당대 만민법과 국제법 논의에 여전히 중요한 영향을 주고 있다. 예를

들면 존 롤스(John Rawls)는 『만민법』에서 만민법을 정치적 범주 안에 엄격히 제한하고 있는데, 따라서 만민법(law of peoples) 개념이 가리키는 것은 국제법 및 그 실천의 원칙과 규범에 적용된 권리와 정의라는 정치적 관념인 것이다. 여기서 주목할 만 한 것은 롤스 역시 이 개념을 가지고 각 민족 인민의 법률 속의 공통된 무엇을 표현하고 있기는 하지만, 그가 자연법의 기초 위에서, 혹은 특정한 정의 관념을 전제로 해서 형성된 만민법은 배제하고 있다는 점이다. 그는 이들 법률을 중심축으로 하면서, 또한 정의의 원칙을 가지고 그들을 종합함으로써 각 민족 인민의 법률이 되도록 만들었다. 그의 말을 빌리자면 "이런 정의 관념은 각 민족의 행위를 다른 방향으로 나아가도록, 즉 그 공동 이익을 고려하는 보편 제도의 기획으로 나아가도록 이끌 것이다"(John Rawls, "The Law of Peoples," *Critical Inquiry*, Autumn 1993: 60) 아편전쟁 이후로, 유럽 식민주의자들은 '국제법' 시행을 강제했는데, 그 목적은 다른 국가의 시장에 진입하고 그 자원을 점유하기 위함이었다. 롤스의 만민법이 주목했던 것은 인권, 주권, 문화 다양성 등의 관계 문제였다. 롤스의 만민법 이론에 관한 논의는 汪暉,「承認的政治, 萬民法與自由主義的困境」,『死火重溫』(北京: 人民文學出版社, 2000年), 325~336면 참조.

218 楊向奎,「淸代的今文經學」,『繹史齋學術文集』, 328면.

219 蒙文通,「井研廖季平師與近代今文學」, 蕭公權,『近代中國與新世界: 康有爲變法與大同思想研究』(汪榮祖 譯, 南京: 江蘇人民出版社, 1997).

220 黃開國,『廖平評傳』(南昌: 百花洲文藝出版社, 1993), 64면 참조.

221 康有爲,『春秋董氏學』卷一,『康有爲全集』(二), 647면. 춘추 시기의 관점에서 국제 관계를 바라본 것은 청대 중기 이후로 차츰 형성되었던 하나의 사상 형식이었다. 『만국공법』의 번역 발표 무렵, 장사계(張斯桂)는 서문에서 '춘추지세'라는 유학적 관점을 유럽 열국의 형세와 비교했으며, 청말 시기 곽숭도(郭嵩燾), 정관잉(鄭觀應), 설복성(薛福成), 왕타오(王韜), 마건충(馬建忠), 량치차오(梁啓超), 당재상(唐才常), 주극경(朱克敬), 송위런(宋育仁) 등의 공법이 모두 『춘추』와 상통한다고 보았다. '중국 고대의 국제공법'이라는 관념이 성행한 이후로는 수많은 사람들이 더욱 직접적으로 국제법을 『춘추』, 『주례』와 비교했다. 본장에서는 주로 금문경학의 범위 내에서 논의를 전개하여, 그 주요 논술은 위원, 캉유웨이, 랴오핑 등으로 국한시켰다. 청말 국제법의 수입에 관해서는 톈타오(田濤)의 최근작인 『국제법의 수입과 청말 중국』(國際法輸入與晚淸中國; 濟南: 濟南出版社, 2001)에서 이미 상세히 연구·소개되어 있다.

222 Martin, *Hanlin Papers, Second series, Essays on the History, Philosophy, and Religion of the Chinese*, p.141.

223 康有爲,『萬木草堂講義』,『康有爲全集』(二), 574~575면.

224 천구위안(陳顧遠)의 『중국 국제법의 연원』(中國國際法溯源; 上海: 商務印書館, 출판년도 미상)과 쉬촨바오(徐傳保)가 편저한 『선진 국제법의 유적』(先秦國際法之遺跡; 中國科學公司, 1931) 등의 저작은 동일한 사유 방식을 가지고 '중국 국제법'에 관한 논의를 전개하고 있다. 이들 저작은 국제법의 주체, 국가의 요소, 국제법 주체의 서열 등의 문제를 '중국 국제법'이나 '선진(先秦) 국제법'의 범주 안에 두고 있으며, 또한 이를 전제로 하여 '선진 국가의 수' '선진 국가의 성질' 등을 고증·수정했다.

225 랴오핑은 『井硏縣志』, 「藝文志」, 「地球新義提要」에서 다음과 같이 말하고 있다. "성스러운 경전(유가 경전)을 가지고 중국 땅을 둘러친다면, 심오한 가르침이 널리 퍼져, 진실로 이른바 하나로써 여덟을 굴복시킬 수 있다. …만일 국경을 그어 놓고 지키되 바다를 그 끝으로 국한시킨다면, 단지 오대주의 한 조각 땅덩이에 불과하니, 그들은 도리어 피차간 시비 다툼의 근거를 얻게 될 터이니, 침탈의 화를 면치 못할 것이다!" 『中國地方志集成一四川府縣志輯』 第40冊 영인본 『光緖井硏志』 卷13 藝文志 3(成都: 巴蜀書社 1992年), 22a~b면.

226 廖平, 『治學大綱』, 「淵源門」(이밖에 「世界門」, 「政學門」, 「言語門」, 「文學門」, 「子學門」 등의 절목이 있다). 『六譯館叢書』, 第42冊(成都: 四川存古書局, 1923年版), 129면 참조.

227 『道家儒家分大小二統論』(舊題 井硏 施煥 撰) 참조. "6경(六經)과 『춘추』 3전(三傳)에 따르면 제왕에는 두 가지 부류가 있다. 왕이 5주를 통치하는 것으로, 영토는 5천 리에 불과하며 그 안의 풍속과 정치 및 교화는 대체로 비슷하다. 따라서 왕제(王制)의 법으로 획일적으로 다스릴 수 있다. 황제의 통치에 이르러서는 영토는 전 지구를 합친 만큼이요, 풍속은 다르고 문화는 상반된다. …한쪽 편이 제정한 법으로 두루 다스릴 수가 없다. 따라서 노자와 장자의 학설은 자연에 맞게 상대방에 맞추어, 하나의 관점을 고집하지 말라 했으니, 중국화로는 전 지구를 다스릴 수 없다." 『地球新義』 卷下(1935年 刻本, 출판지 미상), 45면 참조. '대구주'(大九州)를 전국 시기 제(齊)나라 사람 추연(鄒衍)과 연결 짓는 학설에 따르면, 중국 이외의 대륙을 가리킨다. 『사기』 「맹자순경열전」(孟子荀卿列傳)에는 다음과 같이 씌어 있다. "유자(儒者)들이 말하는 '중국'은 천하의 80분의 1을 차지하고 있을 뿐이다. 중국은 적현신주(赤縣神州)에 붙인 이름이다. 적현신주에는 구주(九州)가 있으니, 우(禹)임금이 구주로 정리한 것이 그것인데, 이는 대구주의 아홉 주에는 포함되지 않는다. 중국 외에 적현신주와 같은 지역이 아홉 곳이라, 이 역시 이른바 '구주'라 하는 것이다. 대구주의 지역들은 패해(稗海)가 둘러싸고 있어 사람이나 짐승이 서로 다닐 수 없으니, 한 지역에 갇혀 있는 것이나 마찬가지다. 이에 이른바 '구주'라고 한 것이다. 이 같은 아홉 개의 주들이 큰 바다에 둘러싸여 하늘과 땅만큼이나 멀리 떨어져 있다."

228 廖平, 「書經周禮小大分統表」·「書經周禮皇帝疆域圖表」 권42, 『六譯館叢書』 第33冊(四川存古書局刊印, 民國十年版), 109면 참조.

229 廖平, 『地球新義』 單冊.『釋球』(資陽 任嶧 撰, 光緖戊戌[1898], 資陽活字排印) 1면. 같은 책, 廖平 撰, 『易說·八卦分中外九有圖』와 1935년 2권짜리 『齊詩六情釋』 등 참조. 이 밖에 '大球小球'에 관한 『시경』 속의 견해도 참조.

230 廖平, 『周禮新義凡例四十七條』의 "'周'字名義". 『周禮訂本略注附周禮新義』, 『六譯館叢書』 第34冊(四川存古書局, 民國六年版), 1면 참조.

231 廖平, 「書經周禮小大分統表」, 「書經周禮皇帝疆域圖表」 권42, 『六譯館叢書』 第33冊, 117참조.

232 廖平의 '大統小統'과 그 황제 강역에 관한 부연설명은 黃開國, 『廖平評傳』, 168~178면 참조.

233 廖平, 『地球新義』 卷上『書出使四國日記論大九州後』(威遠 胡翼 撰, 光緖戊戌[1898], 資陽活字排印), 58면.

234 廖平,「地球新義敍」,『地球新義』卷上(1935年 刻本, 출판지 미상), 1면 참조.

235 廖平,『重訂穀梁春秋經傳古義疏』「凡例」(光緖26年(1900), 日新書局刻本), 4면.

236 康有爲,「萬木草堂口說」'春秋繁露'條,『康有爲全集』(二), 426~427면.

237 초기 금문경학에서 군현, 봉건, 대일통을 논할 때 가장 자주 보이는 개념은 '열국'(列國)이다. 이것은 춘추전국시대의 분쟁 국면으로 민족국가 시대의 기본 틀을 비유한 것이다. 1895년, 캉유웨이는 티모시 리차드(Timothy Richard, 1845~1919)가 번역한 『열국변통성쇠기』(列國變通盛衰記)와 『열국세계정요』(列國歲計政要), 그리고 『태서신사람요』(泰西新史攬要)를 광서제(光緖帝)에게 바쳤다.

238 康有爲,『大同書』(北京: 古籍出版社, 1956), 117면. 무술변법의 실패 후 캉유웨이는 구미 지역을 유람하는데, 이전에 구미가 이미 승평세(升平世)에 이르렀다고 봤던 견해를 수정했다. 그 근거 가운데 하나는 바로 유럽의 새로운 각종 이론이 여전히 민족국가의 경쟁을 그 중심으로 삼고 있었기 때문이다. 『이탈리아 여행기』(意大利游記)에서 그는 다음과 같이 이야기한다. "오늘날 공자의 삼세(三世)의 도(道)를 보건대, 지금은 아직 승평세를 완성할 수 없다. 하물며 태평세(太平世)·대동세(大同世)는 더 말할 것도 없으리라! 오늘날 유럽의 새로운 이론들은 모두 국가 경쟁의 도구이며, 그 법 제도는 공자의 대도와 거리가 멀다. …내가 과거에 구미를 너무 높게 평가하여 대동세에 가까웠다고 여겼는데, 지금 와서 보니 승평세에도 아직 미치지 못했다."

239 康有爲,「上淸帝第三書」,『康有爲政論集』上冊(北京: 中華書局, 1981), 140면.

240 康有爲,『南海師承記』권2,『康有爲全集』(二), 498면.

241 康有爲,『南海師承記』권1,『康有爲全集』(二), 484면.

242 이런 의미에서 『주례』나 『춘추』 의례(義例)의 운용은 특정한 역사적 조건하에서의 역사 경험에 대한 계승이라고 봐야 마땅할 것이다. 이런 관계는 구체적인 맥락에 따라 확정되는 것이지, 순수한 대외 관계라 여겨져서는 안 될 것이다. 사실상 더 이른 과거에도 이들 유학 경전은 이미 단순히 가정·종족·조정의 예의 관계를 처리하는 법전이 아니었으며, 국가 사무와 국제 사무를 효율적으로 처리하는 근거였다. 따라서 현대 주권의 근거가 될 수 있을 것이다

243 康有爲,「上淸帝第三書」,『康有爲政論集』上冊(北京: 中華書局, 1981), 142~143면.

244 徐中舒,「井田制度探源」,『徐中舒歷史論文選輯』下(北京: 中華書局), 713면.

245 모두 徐中舒,「井田制度探原」,『徐中舒歷史論文選輯』下, 713~714면 참조.

246 康有爲,「孟子詩亡然後春秋作解」,『萬木草堂遺稿』권1(臺北: 成文出版社, 1978), 7면.

247 薛福成,「敵情」,『皇朝經世文三編』권54, 20면.

248 鄭觀應,「議院上」,『盛事危言』권4, 夏東元 編『鄭觀應集』上卷(上海人民出版社, 1982), 313면.

249 康有爲,『康南海自編年譜』光緖 24年(戊戌) 正月初三(北京: 中華書局, 1992), 37면.

250 1895년 5월 29일의 「상청제 제3서」(上淸帝第三書)에서 캉유웨이는 다음과 같이 말한다. "정치 체제가 이미 세워졌다면 군비(軍備)도 정비되어야 마땅합니다. 그런

데 근래의 일을 논하는 자 가운데 무기와 병사를 말하지 않는 이가 없지만, 병사 가운데 훈련할 줄 아는 이 하나 없고, 무기 가운데 쓸 줄 아는 것 하나 없으니, 이는 말단만 있고 근본은 없기 때문입니다. 과거 전국시대에 위(魏)나라에는 창두(蒼頭)가 있었고, 제(齊)나라에는 무기(武騎)가 있었고, 진(秦)나라에는 백금사사(百金死士)가 있었으며, 초(楚)나라가 분연히 일어나 송(宋)나라를 정벌할 수 있었습니다. 가까운 예로는 독일(당시에는 프로이센)·프랑스 전쟁(일명 보불전쟁)을 들 수 있는데, 1870년 7월 14일 '엠스 전보 사건'으로 양국의 갈등이 증폭된 지 5일 뒤인 7월 19일에 프랑스의 선전포고와 함께 양국이 동원한 군대가 24만 명이었습니다. 이에 라인강을 건너 프랑스 국경에 쇄도했다 합니다. 대체로 열국들이 경쟁하다 보니 매일같이 훈련하고 군사의 실력을 쌓으며, 경계를 늦추지 않고 있는데, 그래야 나라가 설 수 있기 때문입니다."(『康有爲政論集』上冊, 141면) 이러한 측면에서 봤을 때, 국가 군사화는 제도 개혁의 주요 추동력 가운데 하나였다.

제7장 제국의 자아 전환과 유학 보편주의

1 Max Weber, 『儒敎與道敎』(洪天富 譯, 南京: 江蘇人民出版社, 1993), 265~266면.

2 베버의 중국 종교에 관한 논의와 그 한계에 관해서는 이미 다른 곳에서 전문적으로 논의한 바 있기에 여기서는 자세히 논하지 않겠다. 汪暉, 「韋伯與中國的現代性問題」, 『汪暉自選集』(桂林: 廣西師範大學出版社, 1997), 1~35면.

3 Joseph R. Levenson, *Confucian China and Its Modern Fate: The Problem of Intellectual Continuity*(Berkeley: University of California Press, 1966), pp.156~163.

4 康有爲, 「請廣譯日本書派遊學折」, 『康有爲政論集』上冊(北京: 中華書局, 1981), 301면.

5 Philip A. Kuhn, *Rebellion and Its Enemies in Late Imperial China, Militarization and Social Structure, 1796~1864*(Cambridge, Massachusetts: Harvard University Press, 1970), pp.1~36.

6 랴오핑의 저술과 학자들의 고증에 따르면, 『금고학고』의 기본 사상은 1883년이나 1885년 사이에 형성되었다. 하지만 랴오핑의 경학이 일변하게 된 시기에 관해서는 학계에 1883년설, 1884년설, 1885년설 등과 같이 다른 견해가 존재한다. 순춘짜이(孫春在)는 1884년 왕개운(王闓運)의 『춘추예표』(春秋例表)와 랴오핑의 『하씨공양춘추십론』(何氏公羊春秋十論)을 청말 공양학의 시초로 보았다. 또한 랴오핑의 『경학사변기』(經學四變記)의 견해에 따라, 1883년 경학의 제1변(第一變)이 시작되었다고 보았다(孫春在『淸末的公羊思想』, 75~76면 참조). 황카이궈(黃開國)는 더욱 자세한 고증을 통해 1885년이라 논증하고 있는데, 그의 주된 근거는 『금고학고』 그 자체이다(黃開國, 『廖平評傳』, 50면 참조).

7 1883년 12월, 캉유웨이는 등승수(鄧承修: 자는 철향鐵香, 일명 등급간鄧給諫)에게 보낸 편지에서 영국·프랑스 연합군이 원명원(圓明園)을 방화 훼손한 것과, 프랑스가 베트남을 합병하고 운남 지역과 광동 지역을 노리고 있는 것에 대해 강한 분노를

드러내고 있다. 1884년 청불전쟁으로 인해 중국 조공국으로서의 베트남의 지위가 바뀐 점에 대해서도 또한 깊은 감회를 표했다. 康有爲,「致鄧給諫鐵香書」,『康有爲全集』(一), 3~6면 참조.

8　康有爲,「上淸帝第一書」,『康有爲全集』(一), 353~362면. 같은 해 반문근(潘文勤)에게 보낸 서신에서 그는 러시아와 일본의 중국 동북 지역에 대한 위협, 영국의 미얀마 점령 후 운남·티베트 지역에 대한 야욕, 프랑스의 베트남 획득 후 동남아 여타 국가 및 중국 운남 지역에 대한 침투 등에 대해 분석하고서, 다음과 같이 부르짖었다. "외적의 핍박이 극에 달했는데, 어찌 10년의 가르침을 기다릴 수 있겠는가?" "중국은 2만 리의 영토, 4억의 인구, 이제(二帝)와 삼왕(三王)이 전한 예치(禮治)의 미덕, 청조의 여러 선왕들(列祖·列宗)이 맺어준 마음속의 단결심, 군권의 존엄함 등이 있다. 이는 다른 4대주에는 없는 바이다. 신속히 치세를 도모한다면 이는 진정 유럽 대국들이 두려워하는 바가 될 것이다."(康有爲,「與潘文勤書」,『康有爲全集』(一), 314면)

9　Max Weber,『儒敎與道敎』, 195~196면. 베버의 견해에 따르면 이런 평화주의적 믿음은 아무리 늦어도 한나라 때 생겨났다. 그 바탕에는 관료제와 천부적인 권리에 대한 이상화된 반영이 있었다. 하지만 캉유웨이의 사상 속에서 평화주의는 관료제의 극복과 삼대의 이상(理想)을 회복한 대동주의 등과 밀접한 관련이 있었다.

10　Anthony Giddens,『民族-國家與暴力』(The Nation-State and Violence), 114~115면.

11　康有爲,「敎學通義」,『康有爲全集』(一), 143, 149면.

12　康有爲,「敎學通義」,『康有爲全集』(一), 142면.

13　康有爲,「康子內外篇」,『康有爲全集』(一), 190~192면.

14　康有爲,「日本書目志」卷五,『康有爲全集』(三), 743~744면.

15　康有爲,「日本書目志」自序,『康有爲全集』(三), 583면.

16　康有爲,「萬木草堂口說」'春秋繁露'條,『康有爲全集』(二), 422면.

17　상술한 견해 가운데 '각 세는 다시 삼통으로 나뉜다'는 것과 같은 일부 관점들은 단지 캉유웨이의 이 시기의 관점만을 대변할 뿐이다. 하지만 유학 보편주의를 재건하고자 하는 노력은 일관된 것이었다.

18　량치차오가 그날「독『일본서목지』후」(讀『日本書目志』後)라는 제목으로『시무보』(時務報)에 발표한 문장이 그 근거이다.

19　『공자개제고』는 개제 변법의 이론적 저작이다. 제7권에서 캉유웨이는 다음과 같이 말하고 있다. "대유(大儒)는 천하를 통일시키는 데 능하다. …시류에 맞춰 옮길 줄 알고, 세속에 맞춰 대응할 줄 알되, 그 수많은 행동과 변화에 있어 그 도는 하나이다. 이는 대유가 견지하는 바이다" 이로부터 개제 자체가 반드시 유학 보편주의를 전제로 해야 한다는 것을 알 수 있다. 어떻게 유학으로 하여금 변화하는 역사 조건에 적응하도록 할 것인가가 곧 변법론의 핵심적인 부분인 것이다.『康有爲全集』(三), 196면 참조.

20　캉유웨이는「대동서제사」(大同書題辭)에서 다음과 같이 말하고 있다. "내 나이 스물일곱, 광서 갑신년(1884)에 청나라 군대가 양성(羊城)에서 전투를 할 때, 나는 병란을 피해 서초산(西樵山) 북쪽 은당향(銀塘鄕)의 칠회원(七檜園) 담여루(澹如樓)

에 기거했다. 국난에 대한 걱정과 민생에 대한 애통함을 품고서 『대동서』를 지었다." 『大同書』(中華書局, 1935年本 卷首) 참조.

21 康有爲, 『大同書』, 1면.

22 康有爲, 『康南海自編年譜』(外二種) (北京: 中華書局, 1992), 12~13면.

23 량치차오는 다음과 같이 말하고 있다. "(캉유웨이) 선생님은 『예기』 「예운」 편의 대동의 뜻을 발전시켰다. 시종 그 논리는 성현들을 절충하고 가르침을 세움으로써 혼탁한 세상을 구원하는 것이었다. 20년 전 그 요지를 문하의 제자들에게 구두로 말씀해 주셨는데, 신축(辛丑)-임인(壬寅) 연간(1901~1902)에 인도에 피신하셨을 때, 책으로 만들어 내셨다. 나는 이를 출판할 것을 간청했지만, 선생님은 열국 경쟁의 시대라 여겨 허락하지 않으셨다." 湯志鈞, 「論『大同書』的成書年代」·『『大同書』手稿及其成書年代』(湯志鈞, 『康有爲與戊戌變法』, 北京: 中華書局, 1984), 108~133면 참조.

24 梁啓超, 「三十自述」, 『飮冰室合集·文集十一』, 16면.

25 梁啓超, 「康有爲傳」, 『康南海自編年譜』(外二種), 249면 참조.

26 梁啓超, 「淸代學術槪論」, 朱維錚 校注, 『梁啓超論淸學史二種』(上海: 復旦大學出版社, 1985), 67면.

27 湯志鈞, 「論『大同書』的成書年代」, 『康有爲與戊戌變法』, 123면.

28 康有爲, 『康南海自編年譜』(外二種), 10면.

29 梁啓超, 「淸代學術槪論」, 『梁啓超論淸學史二種』, 63면 참조.

30 康有爲, 「敎學通義」, 『康有爲全集』(一), 137~138면. 캉유웨이는 또한 "공자께서 '나는 주공을 따른다'고 했기에 지금을 따르는 학문(從今之學)을 추구하지 않을 수 없다"고 말했다.

31 康有爲, 「敎學通義」, 『康有爲全集』(一), 124~125면.

32 康有爲, 「敎學通義」, 『康有爲全集』(一), 125~126면.

33 康有爲, 『大同書』, 109~110면.

34 캉유웨이는 삼세설뿐만 아니라, 삼통설에 대해서도 유사한 모습을 보여 주었는데, 예를 들면 다음과 같은 것들이 있다. "현재 유럽은 대부분 흰색을 숭상하며, 또한 공자의 삼통 가운데 백통(白統)이 행해지고 있다." "유럽에서는 길한 일에는 흰색을 사용하고, 흉한 일에는 흑색을 사용한다. 인도는 정월, 5월, 9월에는 형벌을 행하지 않는다." "공자에게 있어 노나라는 곧 부처에게 있어 서천과 같다. 일본의 메이지(明治)란 연호나 베트남의 관영(寬永)이란 연호(실제로는 일본의 연호를 착각한 것임－역자)는 곧 공자가 『춘추』에서 임금별로 원년(元年)을 세운 대의에서 온 것이다." 康有爲, 『萬木草堂口說』 '春秋繁露'條, 『康有爲全集』, 第二冊, 384~385면.

35 천후이다오(陳慧道)는 『대동서 연구』(大同書硏究; 廣州: 廣東人民出版社, 1994, 1~13면)에서 『대동서』가 1884년에서 1902년 사이에 저술되었다고 보았는데, 비록 개별적인 논증 가운데 여전히 논쟁적인 부분이 있기는 하지만(예를 들면, 『예운주』禮運注가 과연 『대동서』 이전의 작품인지, 아니면 그 이후의 작품인지에 관해서는 여전히 논쟁 중이다) 그의 결론은 받아들일 만하다고 판단된다. 이 밖에 1902년에도 여전히 최후의 완정된 원고가 나오지 않았는데, 이는 1884년 이후 캉유웨이의 사상 실천 전 과정을 관통하는 저술이었기 때문이라 할 수 있다. 또한 주중웨에(朱

仲岳)는『복단학보』(復旦學報) 1985년 제2기에 실린「『대동서』수고본의 남북 대조 및 저서 연대」(『大同書』手稿南北合璧及著書年代)라는 글에서 상해시 문물보관위원회(文物保管委員會)가 소장하고 있는『대동서』원고와 천진도서관(天津圖書館)이 소장하고 있는『대동서』원고에 대한 비교 연구를 통해,『대동서』의 성서 과정이 부단한 수정 보완의 과정이었음을 증명했다.

36 캉유웨이는 1891년 선쩡즈(沈曾植: 자는 자배子培)에게 보낸 서신에서 다음과 같이 말했다. "그 뒤로 서학 서적을 함께 보면서 심리와 물리를 궁구하여 27세(1884)에 깨달음을 얻었다. 무궁무진한 별들이 모여 하늘이 되었으니, 하늘 또한 무궁무진함을 알게 되었다. 개미도 코끼리만큼 크게 볼 수 있으며, 전설상의 벌레 초명(蟭螟)은 모기의 눈썹에 둥지를 틀고 산다고 하는 것처럼 더 작은 것들 역시 무궁무진함을 알게 되었다. 대저 크고 작음에 절대적인 정해진 기준은 없으니 그 끝없음을 알게 되었다. …별빛이 날아와 나를 비추기까지 이미 12년의 시간이 흘렀고, 전기는 일순간에 28만 리나 움직인다. 이에 이른바 억만년이 진정 눈 깜빡할 사이와 같음을 깨닫게 되었다. 내게 있어서 눈 깜빡할 사이가 곧 다른 사물에게 있어서는 억만년과 같은 것이다. 길고 짧음, 장구함과 순간에도 정해진 기준이 없으니 그 끝없음을 깨닫게 되었다. 따라서 천지조차도 이처럼 아주 작아 보이니, 중국은 그보다도 더 작아 보일 수밖에 없다. 일 겁의 시간조차도 이리 짧아 보이니, 한평생은 그보다도 더 짧아 보일 수밖에 없다." 「致沈子培書」,『康有爲全集』(一), 544면 참조.

37 康有爲,『康南海自編年譜』(外二種), 19면.

38 康有爲,『孔子改制考』,『康有爲全集』(三), 226면.

39 康有爲,『康南海自編年譜』(外二種), 7면.

40 康有爲,『康南海自編年譜』(外二種), 9~10면.

41 康有爲,『康南海自編年譜』(外二種), 11면.

42 康有爲,『康南海自編年譜』(外二種), 13~14면.

43 康有爲,『康南海自編年譜』(外二種), 14~15면.

44 캉유웨이가 이 시기에 '삼세설'을 제기한 것이 후에 그가 랴오핑으로부터 영향 받은 사실을 숨기기 위하여 추가한 것이었는지 여부에 관해서는 학자들마다 다른 의견을 지니고 있다. 하지만 여기서 분명히 언급해 두건대, 공양 삼세설은 원래부터 금문경학의 중요한 주제였다. 청대 금문학 속에서 삼세설의 중요성은 랴오핑에 의해 제기된 것이 아니며, 앞에서 언급했던 공자진과 위원 역시 모두 삼세설을 매우 중시했다.

45 康有爲,『公法會通』,『康有爲全集』(一), 308~309면.

46 캉유웨이는 일찍이『해국도지』를 연구했지만, 차츰 지리학 관련 지식이 풍부해짐에 따라,『해국도지』의 오류에 대해 비판하게 된다. 하지만 이는 결코 여지학에 대한 그의 관심에 영향을 주지는 못했다.『南海師承記』,『康有爲全集』(二), 451면 참조.

47 '낙'(樂)은 '고'(苦)에 비해 더욱 근본적이다. 그것은 생활의 의미와 목표를 구성한다. 량치차오는 '법계(法界: Dharmadhatu)의 이상'과 관련된 스승의 함의를 아주 잘 개괄하고 있다. "화엄의 깊은 뜻은 법계에서는 결국 원만 극락이 된다는 것이다. 선생은 원만이란 무엇인지, 극락이란 무엇인지를 궁구했다. 세상을 버리고 법계를 추구하는 것으로는 결코 원만을 얻을 수 없고, 세간의 고통 속에 있으면서 세간의 기쁨으로부터 벗어나는 것으로는 결코 극락을 얻을 수 없으므로, 세간 속에서 법계

를 창조하는 데 힘써야 한다고 여겼다. …그리하여 본디 부처의 세계를 버리고서는 그 바깥에도 법계는 없다는 말씀을 가지고 세계 창조에 진력을 다했다. 선생은 공자교가 불법의 화엄종이라 항상 말씀하셨다. 어째서 그러한가? 그 세계를 말할 뿐 법계를 따로 말하지는 않았는데, 장엄세계가 곧 장엄법계인 까닭이다." 梁啓超, 『康有爲傳』, 『康南海自編年譜』(外二種), 264면.

48　康有爲, 『大同書』, 5~6면.

49　康有爲, 『大同書』, 45~46면.

50　康有爲, 『大同書』, 109~110면.

51　康有爲, 『大同書』, 111~112면.

52　캉유웨이는 다음과 같이 말한다. "과거에는 익히 알고 있던 중국과 사이(四夷)만이 대지의 모든 것이라 여겼다. 오늘날에는 지구가 둥글다는 사실이 모두 밝혀졌다. 중국과 사이라 불리던 것은 단지 아시아의 한 귀퉁이로, 전체 대지의 80분의 1에 불과하다." "삼대의 봉건 제후는 곧 토착 호족을 현지 관리로 임명하던 당송대(唐宋代)의 토사(土司)와 마찬가지였다. 토사도 처음에는 오늘날 아체(Aceh: 인도네시아 수마트라 섬 북쪽) 지역의 추장들과 마찬가지였다. 계곡 사이가 조금만 떨어져 있어도 배가 없어 건널 수 없어 따로 나라를 세웠다. 무수한 작은 토사들이 합병된 후에야 대귀주(大鬼主)나 도대귀주(都大鬼主) 같은 것이 되었다." 위의 책, 55~56면.

53　위의 책, 58면.

54　위의 책, 69면.

55　위의 책, 69~70면.

56　湖南省哲學社科研究所 編, 『唐才常集』(北京: 中華書局, 1980), 178면 인용.

57　康有爲, 『大同書』, 118면.

58　위의 책, 118면.

59　캉유웨이는 "미국인은 평등을 말하지만, 흑인이 관리가 되는 것을 받아들이지 않고, 흑인이 호텔에 숙박하지 못하게 하며, 흑인이 열차 우등칸에 타지 못하게 한다. 흑인이 동석하게 되면 학식이 있는 자라도 함께 앉으려 하지 않는다. 현명한 대통령이 이를 고치고자 애썼지만 소용이 없었으니, 실상은 다른 것"이라 말하고 있다. 위의 책, 115~116면.

60　"인류가 생겨나면서부터 가족을 이루고, 가족이 합쳐 부락을 이루고, 부락이 합쳐 나라를 이루고, 나라들이 합쳐 통일 대국을 이루었다. 이는 작은 것이 합쳐 큰 것이 됨이니, 모두가 무수한 전쟁을 통해 이루어지고, 무수한 인민의 죽음으로 이루어진 것이다. 그런 연후에야 오늘날과 같은 대지의 국가 형세가 이루어졌으니, 이는 모두 수천 년 동안 모든 국가들이 겪어 온 과정이다." 위의 책, 54면.

61　위의 책, 69면.

62　위의 책, 70면.

63　『戊戌變法檔案史料』, 170면. 관련된 논의는 羅耀九, 「戊戌維新派對帝國主義的認識與反帝鬥爭的戰略策略思想」, 『論戊戌維新運動及康有爲·梁啓超』(廣州: 廣東人民出版社, 1985), 58~59면 참조.

64　캉유웨이는 "각 연방은 자치를 하고, 전체의 정사는 대정부에서 통괄한다. 삼대의 하·상·주나라, 춘추시대의 제(齊) 환공(桓公)과 진(晉) 문공(文公), 오늘날의 독일

등이 그러하다. 프러시아의 왕은 각 연방의 왕공(王公)들과 평등한데, 제나라나 진나라의 경우와 마찬가지이다. 하지만 제 환공과 진 문공의 패권은 그 정체(政體)가 견고하지 못했다. 만일 삼대와 같이 덕을 베푼다면, 통일 정체는 매우 견고할 것이다. …이러한 연합은 승평세의 제도"라 했다.『大同書』, 70~71면 참조.

65 위의 책, 260~261면.

66 "무릇 대동세에는 전국이 대동하여 국토의 나뉨도 없고, 종족의 차이도 없고, 전쟁도 없으니, 산과 강물을 경계로 삼아 지킬 필요가 없고, 험한 지형을 제거하여 길을 만들면 된다. …철도가 땅 위를 가로지르고, 기구가 하늘을 날아다니기 때문에, 산이든 강이든, 험지든 평지든 모두 마찬가지가 되어 지방의 차이도 없고, 벽지와 도시의 차이도 없으니, 이른바 대동이요 태평이라." "대동의 정치는 국가의 구분이나 험지와 요지의 구분이 없기 때문에, 분치(分治)의 영역은 지세를 경계로 하지 않고 경·위도를 경계로 한다. 각 도(度)는 표지수나 표지석에 글을 새겨 경계로 삼는다." 위의 책, 255~256면.

67 위의 책, 257면.

68 위의 책, 256면.

69 위의 책, 267면.

70 캉유웨이가 1903년 인도에 체류할 당시 발표한「관제의」(官制議) 참조(『新民叢報』35~50期). 관련 논의는 蕭公權,『近代中國與新世界: 康有爲變法與大同思想研究』, 246~261면 참조.

71 康有爲,「海外亞美歐非澳五洲二百埠中華憲政會僑民公上請願書」(1907)(『康南海先生文鈔』, 第五冊, "奏議", 17~19면),「裁行省議」(1910)(『康南海先生文鈔』, 第四冊, 28~46면),「廢省論」(1911)(『不忍』一期, 5~11면),「中華救國論」(1913)(『康南海先生文鈔』, 第一冊, 1~22면),「論共和立憲」(『萬木草堂遺稿』, 卷一, 69~71면) 참조. 관련 논의는 蕭公權,『近代中國與新世界: 康有爲與大同思想研究』, 254~261면 참조.

72 康有爲,『大同書』, 109~110면.

73 위의 책, 126~127면.

74 위의 책, 127~146면.

75 위의 책, 169면.

76 위의 책, 172면.

77 梁啓超,『康有爲傳』,『康南海自編年譜』(外二種), 253면.

78 康有爲,『大同書』, 236면.

79 위의 책, 237면.

80 위의 책, 252~253면.

81 캉유웨이는 다음과 같이 말했다. "크고 작음에 절대적으로 정해진 기준은 없으니 그 끝없음을 알게 되었다. …길고 짧음, 장구함과 순간에도 정해진 기준이 없으니 그 끝없음을 깨닫게 되었다. 따라서 천지조차도 이처럼 아주 작아 보이니, 중국은 그보다도 더 작아 보일 수밖에 없다. 1겁(劫)의 시간조차도 이리 짧아 보이니, 한평생은 그보다도 더 짧아 보일 수밖에 없다." "하여 일단 차마 두고 보지 못하는(不忍) 마음을 품으면, 우선 자신이 태어난 나라에 대해 차마 두고 보지 못하게 되기에, 나라를

구하고자 하는 생각이 들게 되는 것이다. 이에 지금까지 망명하여 떠돌고 있지만, 더 큰 것을 보게 되면 작은 것은 가벼이 보게 되는 것이다. 무릇 인륜 사물 가운데 오늘날 중국에서 태어난 자는 반드시 그 시대와 지리의 풍속이 다를 뿐 이를 벗어날 수는 없다. 나홍선(羅洪先, 1504~1564)은 '머무를 수 없으면 머무를 수 없는 대로 애쓰고, 더 이상 피안(彼岸: 해탈의 경지)이 없으면 피안에 이르지 못한 대로 마치면 된다'고 했다. 이로써 심신을 안돈시키고 받아들일 바로 삼는다면, 천지도 내가 세우는 바요, 만물의 변화도 내가 내는 것이리라." 「致沈子培書」(1891), 『康有爲全集』(一), 544~545면.

82 廖中翼, 「康有爲第一次來桂林講學槪況」, 『桂林文史資料』第二輯, 52면.

83 康有爲, 『萬木草堂口說』 '春秋繁露'條, 『康有爲全集』(二), 422~423면.

84 廖平, 『知聖篇』, 『廖平學術論著選集』(一)(成都: 巴蜀書社, 1989), 180~181면.

85 康有爲, 『萬木草堂口說』 '春秋繁露'條, 『康有爲全集』(二), 388면.

86 캉유웨이는 『강자내외편』(康子內外篇) 「합벽편」(闔闢篇)에서 다음과 같이 말하고 있다. "따라서 오늘날 지구상의 각국 가운데, 오직 중국만이 이를 행할 수 있다. 이는 그 땅의 크기 때문도, 그 백성의 많음 때문도, 그 물산의 풍부함 때문도 아니다. 그 군권 독존 때문이다. 또한 그 군권의 존귀함은 세력으로 강제하고, 이익으로 유혹해서 생긴 것이 아니다. 이제(二帝)·삼왕(三王)의 인(仁), 한·당·송·명나라의 의(義), 수만 명의 선조 성현과 수만 년 동안의 강구와 노력이 보태어져 이루어진 것이다. 따라서 백성들은 옛 풍속을 지니고서 다른 뜻을 품지 않고, 신하들은 충의를 기려 다른 이론이 없다. 그러기에 시키는 것을 따르는 것이다. 그러므로 독존의 권력과 개벽의 정치술을 가지고서 노력한다면, 인재의 부족도, 풍속의 사라짐도, 병력의 약함도 모두 걱정할 것이 없다. 한두 사람이 도모하고, 천하가 모두 이를 따른다면 중국을 강성하게 하는 것은 여반장의 일이니, 오직 이는 시대의 자연스러운 추세이다." 康有爲, 『康子內外篇』, 『康有爲全集』(一), 165~166면.

87 康有爲, 『萬木草堂口說』 '春秋繁露'條, 『康有爲全集』(二), 386면.

88 康有爲, 『萬木草堂口說』 '春秋繁露'條, 『康有爲全集』(三), 425~427면.

89 Marianne Bastid, "Official Conceptions of Imperial Authority at the End of the Qing Dynasty", in *Foundations and Limits of State Power in China*, ed. S. R. Schram (London: London School of Oriental and African Studies, University of London, 1987), pp.147~186. 이 문장은 이미 중국어로 번역되어 있다. Marianne Bastid, 「晚淸官方的皇權觀念」, 『開放時代』, 2001年 1月號.

90 Ibid., pp.147~186.

91 Ibid., pp.147~186.

92 宋玉卿 編, 『戊壬錄』(不分卷) 「立儲始末」, 『淸代野史』第一輯, 352면 참조.

93 王無生, 『述庵秘錄』, 「光緒帝之幾廢」, 『淸代野史』第三輯, 352면 참조.

94 天暇, 『淸代外史』第七篇 第十一章 「皇嗣之變更」, 『淸代野史』第一輯, 151면 참조.

95 楊珍, 『淸朝皇位繼承制度』(北京: 學苑出版社, 2001), 539~581면 참조.

96 康有爲, 「答南北美洲諸華商論中國只可行立憲不可行革命書」, 『康有爲政論集』上冊, 475~476면.

97 위의 글, 479~481면.

98 후에 '연방설'을 겨냥하여 다음과 같이 보충하여 말했다. "나의 우매하고 무지한 문인(門人)인 량치차오, 오우쥐자(歐榘甲) 등의 18개성 분립설이란 망령된 주장으로 인해 지금의 각 성의 분쟁이 이 지경에 이르게 되었으니, 이는 량치차오의 탓이라 하겠다." 康有爲, 「與同學諸子梁啓超等論印度亡國由於各省自立書」, 『康有爲政論集』 上册, 502~503, 500, 497, 504, 505면.

99 위의 글, 487~489면.

100 이는 랴오핑의 『지성편』에 나오는 이야기이다. 랴오핑은 캉유웨이처럼 공자를 지존(至尊)으로 삼는 것과 주공의 '섭정'에 대한 배척을 직접 연관 짓지 않았다. 랴오핑은 다음과 같이 말했다. "만약 『서경』이 사대(四代)에 관한 실록이라 해도 기록된 사안들은 대부분 상황이 바뀌고 번번이 논쟁이 붙어 각자 자신의 주장을 견지하는 꼴이니, 한 나라의 삼공(三公), 즉 세 명의 집정자(執政者)가 각기 의견이 다르다면 누구를 따라야 한단 말인가? 그러니 공자를 따라야 할 지존으로 정하지 않을 수 없었던 것도 추세상 너무나 당연한 일이었다. 즉 문(文)과 질(質)의 차이와 변혁의 차이는 미(美)와 선(善)을 판단하고, 후왕에게 모범을 세우고, 심사숙고 속에 스스로 깨닫게 하여 공자의 기획을 대신하고자 한 것이 분명하다. 따라서 공자가 기술(記述)함에 있어서 더할 것은 더하고 뺄 것은 뺀 까닭은 따져 볼 필요도 없이 너무나 자명하다." 『廖平學術論著選集』 (一), 185, 182면.

101 이런 과정은 19세기 이전 유럽 강국 운동과 유사한 부분이 있다. 즉 총체로서의 국민국가를 중심으로 하는 것이 아니라 군주를 중심으로 민족 감정을 길러 냄으로써 그 정치 목표를 실현했던 것이다. 유럽 민족국가는 절대주의 국가를 자신의 역사적 기초 혹은 전제로 삼았고, 절대주의 국가는 자신의 절대군주 혹은 영웅 인물을 만들어 내야만 했다. Immanuel Maurice Wallerstein, 『現代世界體系』 第一卷(北京: 高等敎育出版社, 1998), 182~183면.

102 康有爲, 「桂學答問」, 『康有爲全集』 (二), 52~54면. 여기서 보충해야 할 것은 공자에 접근하는 방법의 문제이다. "맹자를 통해 공자를 배우는 것은 그가 시간상으로도 공자와 매우 가깝고, 그 전수된 계보상으로도 그리 멀지 않으며, 그 도 역시 매우 바르니, 마땅히 잘못될 것이 없다. 맹자는 공자에게서 배우지 않은 것이 없다. '우임금이 홍수를 다스리고 주공이 오랑캐를 병합한 것'을 서술함에 있어서 공자를 따랐으니, 그는 육경 중 다른 오경을 버리고 공자가 엮은 『춘추』를 논했던 것이다. '우임금이 좋은 술을 싫어한 것, 탕임금이 중용을 지킨 것, 문왕이 다친 이 돌보듯 백성을 돌본 것, 무왕(武王)이 가깝다 하여 너무 허물없이 대하지도 않고 멀다 하여 잊어버리지도 않은 것, 주공이 삼왕(우임금, 탕임금, 문·무왕) 모두를 기린 것' 등을 서술함에 있어서도 공자를 따랐으니, 그는 오경을 버리고 『춘추』를 논했다고 하는 것이다."

103 康有爲, 『康南海自定年譜』 (外二種), 15~16면.

104 黃開國, 『廖平評傳』 第7章, 237~279면 참조.

105 "기축년(1889) 소주(蘇州)에서 유월(俞樾: 자 음보蔭甫) 선생을 만나 크게 계발 받았는데, 『금고학고』 (今古學考)라는 발간되지 않는 책에서 논했다. 이미 수정된 부분에 대해 이야기하고 『춘추』 삼전(三傳)의 통합에 대해서도 이야기했다. 선생은 그렇지 않다면서 '책이 완성되길 기다렸다 다시 이야기하자'고 말했다. 대체로 과거의 오류가 이어져 온 지 오래되었고, 각자 선인들의 주장이 있다. 일단 문호가 바뀌

면, 비록 유월 선생이라 하더라도 이를 의심했다. 『벽유편』(辟劉篇)에 관하여 논의
할 때, 캉유웨이(호 장소長素)가 수년간 여러 권의 책을 지어, 사람들의 습속이 바
뀌는 것을 살폈으니, 현자라 아니 할 수 없다.""광주(廣州)의 캉유웨이는 재주가 뛰
어나고 박식하며, 정력이 넘치는지라, 평생을 제도로써 경전을 설명하는 데 몰두했
다. 무자~기축년간(1888~1889)에는 선쩡즈(沈曾植)의 거처에서 『금고학고』를 얻
어, 남들을 속여 자기 것으로 만들었다. 캉유웨이는 양성(羊城)으로 돌아갔을 때, 황
계도(黃季度)와 함께 광아서국(廣雅書局)에 찾아왔는데, 나는 그들에게 『지성편』을
보여 주었다. …후에 성남(城南)의 안휘회관(安徽會館)에 그를 방문했는데, …서로
뜻이 맞아 한참 담론을 나누었다. 이듬해 강한(江瀚: 자는 숙해叔海)으로부터 캉유
웨이가 유월의 책을 얻어 『신학위경고』를 지었다는 이야기를 들었다. 갑오년 용제재
(龍濟齋) 대령(大令)을 만나 『공자회전』(孔子會典)을 완성했다는 이야기를 들었는
데, 공자의 졸년(卒年)을 기년(紀年)으로 삼은 것은 서양에서 예수의 출생년을 기년
으로 삼는 뜻을 본뜬 것이었기에, 더 이상 『왕제의증』(王制義證)을 지을 필요가 없
었다. 캉유웨이는 『장흥학기』(長興學記)를 출간하여 공자교를 서양에 널리 퍼뜨리
고, 더 나아가 서양에 공묘(孔廟)를 건립하고자 했다." 「經話甲編卷一」, 『廖平學術
論著選集』(一)(成都: 巴蜀書社, 1989), 447~448면.

106 康有爲,『康南海自定年譜』(外二種), 19면.

107 康有爲,『康南海自編年譜』(外二種), 21, 25면.

108 이 문제에 관한 비교적 체계적인 검토는 黃開國, 『廖平評傳』第7章, 237~279면 참조.

109 黃開國, 『廖平評傳』, 156~157면 참조.

110 송상봉(宋翔鳳)은 1840년 『논어발미』(論語發微: 원제 『논의설의』論語說義)를 지어
제도 문제를 가지고 고금을 구분하기 시작했는데 그는 다음과 같이 설명한다. "금문
경학은 박사들을 통해 전해진 것이다. 공자의 70제자의 제자들이 전승한 바는 한나
라 때까지도 끊이지 않고 이어지고 있었다. 「왕제」는 『맹자』에서도 말한 제도와 모
두 일치한다. 고문경학자는 공자 옛 집의 벽에서 『주관경』(周官經: 즉 『주례』周禮)을
얻은 데서 비롯되어, 서한 말엽의 기록 가운데 비전된 것으로, 주공(周公)이 지었다
하기도 하고, 전국 시기 여러 사람에 의해 지어진 것이라 하기도 한다. 주공의 저작
이라고 하지만, 원래의 전적(典籍)을 없애 버리고 그 문장을 바꾸어 훼손·통폐합시
켜 버린 것이다 보니, 혹자는 이 책을 전국 시기의 음모서(陰謀書)라 나무라기까지
했다. 여러 의심스러운 부분이 있어서 명료치 않으니, 그 대의는 이미 손상된 것이
다."(『皇淸經解續編』卷389, 3면) 또한 다음과 같이 말하기도 했다. "공자가 이르길
삼대의 예를 손질하여 춘추의 제도를 만들었으니 100세대 동안 바뀌지 않을 것이라
했는데, 어찌 10세대에서 그칠쏘냐? 공자는 『춘추』를 지어 새로운 왕이 되고 삼통을
통하게 했도다."(앞의 책, 13면)

111 康有爲, 『新學僞經考』, 『康有爲全集』(一), 572~573면.

112 康有爲, 『新學僞經考』, 『康有爲全集』(一), 572면.

113 梁啓超, 『淸代學術槪論』, 『梁啓超論淸學史二種』, 63~64면.

114 饒宗頤, 『中國史學上之正統論─中國史學觀念討論之一』(香港: 龍門書店, 1977),
3면 참조.

115 관련된 고증은 崔適, 『史記探源』(卷三); 鄭樵, 『通志』「校讎略」; 王國維, 「漢魏博士

考」(『觀堂集林』卷四) 등의 저작 참조.

116 그는 더 구체적으로 다음과 같이 논술했다. "진시황제가 최초로 천하를 병합하자, 승상 이사가 문자를 통일시켜 진문(秦文)에 부합하지 않는 것은 폐기할 것을 상주했다. 이사는 『창힐편』(倉頡篇)을 짓고, 중거부령(中車府令) 조고(趙高)는 『원력편』(爰歷篇)을 짓고, 태사령(太史令) 호무경(胡毋敬)은 『박학편』(博學篇)을 지었는데, 모두가 『사주편』(史籀篇)의 대전(大篆)을 취한 것이다. 다소 생략되고 바뀐 부분이 있으니, 이른바 '소전'(小篆)이 그것이다. '소전'은 『사주편』과 같지만, 다소 생략되고 바뀌었으니, 『창힐편』, 『원력편』, 『박학편』 등은 모두가 소전이다. 고증해 보면, 주문(籀文)과 전서(篆書), 그리고 한대 유가의 문자에는 별 차이가 없다. 이 시기 진나라가 경서를 태워 버리고, 과거의 전적들을 없애 버렸다. 그리고 요역과 병역을 대규모로 징발하여 옥지기의 사무가 번다해지자 처음으로 '예서'(隸書)가 나와서 쓰기 편리하도록 했다. 고문이 이로부터 사라지게 되었다." 康有爲, 『新學僞經考』, 『康有爲全集』(一), 784면.

117 위의 책, 687면.

118 캉유웨이는 다음과 같이 논증하고 있다. "'『사주편』(史籀篇)의 글씨, 즉 주문(籀文)이 바로 공자 이전의 고문(古文)이라는 엉뚱한 주장이 나타나기 전까지만 해도 『사주편』은 그저 주나라 사관(史官)이 학동을 가르치던 책일 뿐이었다. 주문(籀文)으로 쓴 전적을 가지고서 공자는 '육경'을 정리했다. 신공(申公), 복생(伏生), 고당생(高堂生), 전하(田何), 호무생(胡毋生) 이래로 문자에는 큰 변화가 없었으니, 유흠이 만든 위고문(僞古文)과는 다르다. 좌구명(左丘明)은 『춘추』에 대해 '전'(傳)을 따로 짓지 않았으니, 『춘추좌씨전』은 유흠의 위작이다. …『중용』(中庸)은 자사(子思)가 지은 것인데, '오늘날 천하의 문자가 같게 되었다'고 했다. 이는 모두 주문(籀文)을 썼다는 말인데, 어찌 '다른 서체'가 있을 수 있겠는가? 이는 고문학가가 지어낸 학설이다. 종정문(鐘鼎文)은 이와 비록 많이 다르긴 한데 모두가 위작인지는 알 수 없다." 위의 책, 784면.

119 廖平, 『知聖篇』, 『廖平學術論著選集』(一), 188면.

120 康有爲, 『新學僞經考』, 『康有爲全集』(一), 692면.

121 "육경의 순서에 관해 말하자면, 『예기』의 「왕제」·「경해」(經解) 편, 『논어』, 『장자』(莊子)의 「서무귀」(徐無鬼)·「천하」(天下) 편, 『열자』(列子)의 「중니」(仲尼) 편, 『상군서』(商君書)의 「농전」(農戰) 편, 『사기』의 「유림전」(儒林傳) 등에서 '『시경』, 『서경』, 『예기』, 『악기』, 『주역』, 『춘추』'라 칭하며 『시경』을 첫째로 꼽지 않은 경우가 없었다. 『시경』과 『서경』이 병칭되는 경우는 이루 다 들 수 없으니, 육덕명(陸德明)의 『경전석문』(經典釋文) 권2에서 육경 순서를 잘못 배열한 것을 변별하는 것에는 아무런 의심의 여지가 없다. 유흠이 정리한 『칠략』(七略)부터 성현의 '육경' 순서를 바꿔 버렸는데, 후세 사람들이 모두 이를 본받았으니, 이는 식견이 없는 것이다."(위의 글, 792면). 육경의 순서를 혼동해서는 안 되는 이유는 각 경서가 특수한 역할을 하고 있기 때문이다. 즉 『시경』은 품은 뜻(志)을, 『서경』은 역사(事)를, 『예기』는 행동(行)을, 『악기』는 조화(和)를, 『주역』은 음양(陰陽)을, 『춘추』는 명분(名份)을 말하고 있기 때문이다.

122 康有爲, 『新學僞經考』, 『康有爲全集』(一), 692면.

123 위의 글, 693~694면.

124 위의 글, 694면.

125 위의 글, 612면.

126 위의 글, 613면.

127 위의 글, 703면.

128 위의 글, 723면.

129 위의 글, 723면.

130 "유흠이 위경(僞經)을 지어내 공자의 위치에 주공을 옮겨 놓고, 또한 진·한나라에 주나라의 제도를 갖다 놓았으니, 그의 자질구레한 문장과 의(義) 가운데 공자의 진경(眞經)을 어지럽히지 않는 것이 하나도 없다. 또한 몰래 그 붕당에게 그 책을 퍼뜨리고, 왕망의 힘을 빌려 천하의 학자들이게 이를 읽도록 강요하여, 이어져 내려온 스승들의 학설을 어지럽혀 전혀 통하지 않게 만들었다. 이에 학자들은 대부분 이를 의심해 마지않고, 사람들 모두가 마음속에 울분을 품게 되었다. 유흠은 또한 그 새로운 주장으로 『주례』(周禮)를 지어 이를 가지고 왕망이 한나라의 제도를 바꾸도록 했으니, 천하가 소요로 인해 고통에 빠지게 된 것은 모두 국사(國師) 유흠의 책략 탓이다." 위의 글, 743~744면.

131 康有爲, 『春秋董氏學』 卷一, 『康有爲全集』(二), 639면.

132 康有爲, 『新學僞經考』, 『康有爲全集』(一), 695면.

133 캉유웨이는 다음과 같이 말한다. "유흠은 매사에 아버지 유향(劉向)과는 반대로, 『춘추』에서 난적(亂賊)을 주살하는 것을 가장 싫어했고, 주공(周公)을 가장 숭상했다." "주공이 천자의 지위에 올랐다는 주장은, 모두 유흠이 왕망에 아첨하려 날조해 낸 것이니, 믿을 바가 못 된다." 위의 글, 992, 1011면.

134 康有爲, 『康南海自編年譜』(外二種), 20면.

135 康有爲, 『孔子改制考』, 『康有爲全集』(三), 38~39면.

136 위의 글, 23면.

137 康有爲(필명 명이明夷), 「公民自治篇」, 『新民叢報』 第七卷, 28면.

138 康有爲, 『孔子改制考』, 『康有爲全集』(三), 11~12면.

139 康有爲, 『萬木草堂講義』, 『康有爲全集』(二), 561~563면.

140 康有爲, 『孔子改制考』, 『康有爲全集』(三), 16면.

141 康有爲, 『孔子改制考』, 『康有爲全集』(三), 480~490면.

142 康有爲, 『孔子改制考』, 『康有爲全集』(三), 514면.

143 康有爲, 『孔子改制考』, 『康有爲全集』(三), 525면.

144 康有爲, 『南海師承記』 卷二, 『康有爲全集』(二), 499면.

145 『공자개제고』의 마지막 권인 권21에서 캉유웨이는 「한 무제 이후로 유가를 숭상하여 공자의 학교 제도가 성행함」(漢武後崇尙儒術盛行孔子學校之制)이라는 제목의 글에서 공자 학교의 내용과 왕망이 한나라를 찬탈하고 반정(反正)의 난을 일으킨 과정에 관하여 상세히 서술하고 있다. 그리고 「한 무제 이후로 유가를 숭상하여 공자의 천거 선발 제도가 성행함」(漢武後崇尙儒術盛行孔子選擧之制)이라는 제목의 글에서는 『사기』 「유림전」 등의 문헌 기록에 근거하여 공자학의 학관 천거 선발 과정에 관하여 분석했다.

146 "날조된 『주관』(周官: 즉 『주례』)에서 유가가 '도로써 백성을 얻는다'(以道得民)고 한 것이나, 『한서』 「예문지」(藝文志)에서 유가가 '사도(司徒)로부터 나왔다'고 한 것은 모두 유흠이 유가의 가르침을 어지럽히고 배반하려 지껄인 사설(邪說)에 불과하다. 한나라 왕충(王充: 자는 중임仲任) 이전부터 유가와 묵가를 같이 거론해 왔고, 공자가 유교의 교주이며, 공자가 창건한 것임을 모두가 알고 있었다. 날조된 고문경학의 학설이 나온 이후로는 언로가 막혀 유가의 대의를 알지 못하게 되었다. 공자가 '육경'을 지음으로써, 넓고 바르고 고상한 실천만을 했으니, 후세의 정현(鄭玄)이나 주자(朱子)와 같은 부류가 어찌 대성(大聖)이 될 수 있겠는가? 장학성은 공자가 집대성한 것이 아니라 주공(周公)이 집대성했다고 여겼다. 그리고 당나라 정관(貞觀) 연간에는 주공만 앞선 선성(先聖)으로 삼고, 공자는 선사(先師)로 낮췄다. 이리 한 것은 제대로 알지 못해 자신의 어리석고 어긋남을 깨닫지 못했던 것이다. 신명성왕(神明聖王)이자 개제교주(改制教主)인 공자를 이처럼 옛것만 지키며 수구적으로 경서를 가르치는 스승〔經師〕으로 강등시켜 버렸으니, 이교(異敎)가 함부로 들어와 세력을 다투게 된 것도 당연하다. 오늘날 유가의 가르침을 밝혀 공자교를 외침으로써, 공자가 만세의 교주임을 천명하고자 한다." 康有爲, 『孔子改制考』, 『康有爲全集』(三), 191면.

147 康有爲, 『康南海自編年譜』(外二種), 20면.

148 康有爲, 『孔子改制考』, 『康有爲全集』(三), 230면.

149 다음과 같이 말하고 있다. "『춘추』에서 새로운 왕의 일을 적고, 주나라의 제도를 바꾸었으니, 흑통(黑統)이 되어야 마땅하다. 은나라와 주나라를 노나라와 함께 삼왕(三王)으로 삼고 난 이후, 하나라 우왕(禹王)을 삼왕에서 격하시켜 오제(五帝)의 일원으로 호칭하면서 하나라의 후손들은 소국으로 기록했다. 그래서 '하나라를 격하시키고 주나라를 보존한 것(絀夏, 存周)은 『춘추』를 가지고 새로운 왕을 정당화한 것이라 말한 것이다."(『춘추번로』 「삼대개제」) "그래서 『춘추』는 천도에 감응하여 새로운 왕의 일을 저술했다. 시대는 바로 흑통의 시대이니 노나라를 왕으로 삼고, 흑색을 숭상하고, 하나라를 격하시키고, 주나라를 가까운 왕조로 삼고, 은나라를 그 앞선 왕조로 삼았다."(『춘추번로』 「삼대개제」) 위의 글, 229면.

150 위의 글, 225~226면.

151 위의 글, 249면.

152 위의 글, 235~236면.

153 위의 글, 2면.

154 위의 글, 238면.

155 위의 글, 239면.

156 康有爲, 『南海師承記』, 『康有爲全集』(二), 443~444면.

157 康有爲, 『孔子改制考』, 『康有爲全集』(三), 255면.

158 康有爲, 『南海師承記』, 『康有爲全集』(二), 441~442면.

159 康有爲, 『春秋董氏學』 卷一, 『康有爲全集』(二), 636면.

160 康有爲, 『春秋董氏學』 卷一, 『康有爲全集』(二), 639면.

161 康有爲, 『大同書』, 7면.

162 康有爲, 『南海師承記』 卷二, 『康有爲全集』(二), 553면.

163 위의 글, 246면.

164 위의 글, 275~276면.

165 위의 글, 276면.

166 위의 글, 283면.

167 위의 글, 333면.

168 위의 글, 338면.

169 康有爲, 『春秋董氏學』卷一, 『康有爲全集』(二), 646면.

170 康有爲, 『萬木草堂講義』, 『康有爲全集』(二), 599~600면.

171 康有爲, 『萬木草堂講義』, 『康有爲全集』(二), 565면.

172 康有爲, 『南海師承記』, 『康有爲全集』(二), 481~482면.

173 康有爲, 「請尊孔聖爲國敎立敎部敎會以孔子紀年而廢淫祀折」, 『康有爲政論集』上冊, 湯志鈞 編, 北京: 中華書局, 1981, 280면.

174 康有爲, 「請尊孔聖爲國敎立敎部敎會以孔子紀年而廢淫祀折」, 『康有爲政論集』上冊, 282면.

175 饒宗頤, 『中國史學上之正統論一中國史學觀念探討之一』, 香港:龍門書店, 1977, 1면, 6면. 라오쫑이는 또 당나라 진홍(陳鴻)의 『대통기』(大統紀) 「서」(序)를 인용하면서 다음과 같이 설명했다. "'사관(史官)의 학문을 배워 편년체 역사 저술에 뜻을 두었다. 정원(貞元) 연간 정유년(을유乙酉(805)의 오기로 보임 ─ 역자)에 『대기』(大紀) 30권을 편찬했는데, 정통 연대는 갑자 순에 따라 기년체로 사실을 기록했다. 각 조항은 흥성과 패망을 관통하여 왕제의 대강을 열거했다"(『唐文粹』 권95)고 했다. "그 책의 제목을 『대통기』(大統紀)라 하고, 또한 정통 연대를 갑자 순에 따르는 것의 대의를 밝혔다."

176 康有爲, 『南海師承記』卷二, 『康有爲全集』(二), 506면.

177 康南海, 『春秋董氏學』卷二, 683면.

178 康有爲, 「上淸帝第四書」, 『康有爲政論集』上冊, 151~152면.

179 제국의 필요성에 대한 동중서의 논증은 다음 글을 참조할 것. Michael Loewe, "Imperial Sovereignty: Dong Zhongshu's Contribution and His Predecessors" in *Foundations and Limits of State Power in China*, S. R. Schram ed. (Hong Kong: Chinese University Press, 1987), pp.33~58.

180 「남북 아메리카 화상(華商)에게 답하여, 중국은 입헌의 시행만이 가능할 뿐 혁명은 불가함에 대해 논함」(答南北美洲諸華商論中國只可行立憲不可行革命書)에서 다음과 같이 말하고 있다. "혁명을 논하는 자는 입만 열었다 하면 만주족을 공격하는데, 이는 참으로 이해하기 힘든 일이다." "임금이 무도하면 백성을 보전키 힘드니, 혁명을 하고자 한다면 혁명을 하면 될 뿐이다. 그런데 하필이면 만주족을 공격하여 내란을 자초하는가?" 또한 다음과 같이 말하기도 했다. "유럽 16개국을 통계 내어 보면 프랑스 한 나라가 대혁명을 했을 뿐이고, 러시아 한 나라만이 전제 국가일 뿐이니, 둘 다 유럽에서 특수한 상황이다. 나머지 10여 개 나라 가운데 헌법을 제정하는 데 혁명을 실행한 나라는 하나도 없다. 그런데 프랑스는 혁명을 제창하여 80년간 대란이 일어났다." 그는 정권 자유의 획득이라는 문제를 혁명과 구별하고 있다. "나는 4억 중국인에게 반드시 정권의 자유가 있어야 하며, 혁명을 기다려 이를 얻고

자 해서는 안 된다고 단언하는 바이다.""오늘날 나의 정체(政體) 문제에 대해 '만한불분, 군민동치'(滿漢不分, 君民同治: 만주족과 한족은 분리될 수 없고, 군주와 백성이 함께 다스린다)의 여덟 자를 주장할 따름이다! 따라서 만주족과 한족은 오늘날 사실상 한 가족임은 말할 나위도 없는 일이다."『康有爲政論集』上冊, 487, 489, 475, 495~505면.

181 康有爲,「請君民合治滿漢不分折」,『康有爲政論集』上冊, 340~341면.

182 캉유웨이는 다음과 같이 말한다. "중국은 줄곧 왕조로 이름 불러왔으며, 그렇게 함으로써 왕조의 성씨가 바뀌고 풍물을 바꾸었는데, 이는 이전까지의 왕조에 대해서만 그러할 뿐입니다. 대외 교린에 있어서는 자고로 모두 중국이라 칭해 왔습니다. 오늘날 동서 각국이 우리를 가리켜 모두가 지나(支那)라 하는데, 우리 경전에는 이 두 글자가 보이지 않습니다. 신이 그 음과 뜻을 꼼꼼히 살펴보건대 지나는 아마도 제하(諸夏)의 발음에서 왔거나, 아니면 중화(中華)의 와전으로 여겨집니다. 고대에 제하 혹은 제화(諸華)라 칭한 것은 각종 문헌에 자주 보입니다. 아마도 화(華)와 하(夏), 그리고 중(中)과 제(諸)의 발음이 가까워서 와전된 것인 듯합니다. 몽골, 위구르, 티베트 등지에 칙령을 내려 학교를 세워 경서를 가지고 문자·언어·풍속을 가르쳐 중국 땅과 같게 만들면 와전으로 인해 말이 달라짐을 막을 수 있을 것입니다. 신이 생각건대 지금 국호를 정하되 해외에서의 명칭에 따르고 각종 전적(典籍)의 표현을 따라 중화라는 두 글자를 사용함이 합당하리라 여겨집니다. 황상께서 유신을 행하여 통일을 숭상하고 대동을 시행하시면…"「請君民合治滿漢不分折」,『康有爲政論集』上冊, 341~342면.

183 Harold J. Berman, *Law and Revolution: The Formation of the Western Legal Tradition*, Harvard University Press, 1983, p.32(『法律與革命: 西方法律傳統的形成』, 賀衛方等譯, 北京: 中國大百科全書出版社, 1996, 37면).

184 해롤드 버만(Harold J. Berman)은 다음과 같이 말한다. "자유 민주는 서구 역사에서 가장 위대한 세속 종교이다. 즉 처음으로 기독교 전통으로부터 벗어남과 동시에 기독교 속에서 신성한 함의와 주요 가치를 이어받은 이데올로기인 것이다. 하지만 자유 민주가 하나의 세속 종교로 변하자마자 하나의 맞수, 즉 혁명적 사회주의와 맞서게 되었다. …사회주의의 법률적 기본 원리는 비록 자유 민주제의 법률적 기본 원리와 다르지만, 그들은 기독교라는 공동의 기원을 지니고 있음을 보여 준다." 위의 글, 38면.

185 Alexis de Tocqueville,『舊制度與大革命』, 北京: 商務印書館, 1992, 52면.【역주】국내에는 토크빌,『앙시앵 레짐과 프랑스혁명』(이용재 옮김, 박영률, 2006)으로 번역 출간되었다.

186 위의 글, 52면.

187 康有爲,『春秋董氏學』卷二,『康有爲全集』(二), 671면.

중국이라는 정체

중국은 어디로 갈 것인가? 21세기 들어 세계는 이 질문을 수없이 던지며 오늘에 이르렀다. 중국의 굴기崛起는 세계사적으로 어떤 의미가 있을까? 그것은 미국 중심의 세계 지배 질서를 바꿀 수 있는 새로운 대안적 세계 질서의 전도前途일까, 아니면 또 다른 헤게모니, 패권적 지배 질서의 재현일까? 중국 또한 신자유주의 세계화의 가장 직접적인 혜택을 받고 그 중요한 행위자라는 점에서, 베이징 컨센서스Beijing Concensus의 승리 또한 자본주의 혹은 자본의 전全 지구화의 모순을 타개하고 다원 평등한 새로운 문명 질서, 인간의 진보 지향을 구도하기란 어렵다는 것이 가장 현실적인 진단으로 여겨지는 듯하다.

그런데, 최근 코로나 팬데믹의 재난과 우크라이나 전쟁에 이은 하마스 사태로 미국의 글로벌 패권이 무너지는 징후들이 두드러지면서, 특히 다극적 질서의 편제들이 가시화되면서, 중국의 행보에 대한 우려의 한편에는 그것을 주도하는 중국의 일대일로一帶一路를 비롯한 다자간 체제의 대두, 그리고 내수경제의 불안함 속에서도 경제 성장 모델을 전환 중인 중국의 건재가 세계와 이웃한 한반도 및 아시아 권역에 던지는 의미는 간단하지 않다.

그렇다면 중국은 어디로 갈 것인가 하는 질문은 이제 중국은 어떻게 여기까지 올 수 있었고, 오늘의 중국을 추동하는 힘은 무엇인가에 대한 문제 인식으로 바뀔 필요가 있다. 중국 칭화대학 왕후이 교수(이하 왕후이)의 『근대중국사상의 흥기』는 바로 그 세계사적 질문에 대한 가장 명쾌한 중국식의 해명을 내놓은, 세기의 역작이라고 해도 과언이 아니다. 중국은 어떻게 근대를 이루었으며, 오늘날 세계사적 전진의 방향타를 쥐게 되었는가?

　왕후이는 중국 초기 근대성의 구축 과정을 '유교의 사상적 전환'이라는 시세時勢와 이세理勢의 역사적 소환과 맥락화로 해명한바, 바로 사상사의 관점과 방법으로 중국식 근대를 정체화整體化했다. 그것은 아시아 정체론停滯論 혹은 중국 정체론이라는, 서구가 규정한 오래된 이분법적인 인식 틀, 중국위협론으로 현재화된 서구 오리엔탈리즘의 지배 서사를 정확하게 겨냥했다. 세계사의 지리적 기초를 통해 시간을 공간화하고 역사를 철학화함으로써 서구와 게르만의 문명사적 귀결을 자연화한 헤겔은 물론 마르크스, 레닌에 이르기까지 서구의 중국 인식, 즉 제국-민족국가의 이분법 속에서 근대로 나아가기 위해서 외부의 충격에 의존할 수밖에 없는 낙후한 제국 질서와 사회문화적 상태로 규정한 고정된 중국관 혹은 중국 근대사관의 해체와 전환을 촉구했다.

　"세심하게 배치한 역설로 가득 차 있으면서, 또한 엄청난 자료를 섭렵한 환상적인 사상사. 꼼꼼하게 편집된 영어 번역본을 다 읽고 나면, 아마도 왕후이가 사용한 범주들에 대해 동의하거나 혹은 거리감을 느낄 수도 있을 것이다. 하지만 한 가지 확실한 것은 중국 지성사 서술에 대한 당신의 기본 전제가 바뀔 것이라는 점이다. 왕후이의 도전은 결코 간과되어서는 안 된다."(Tani Barlow) "이 저술은 현재 중국을 보여주는 매우 중요한 표징이라 할 수 있다. 왜냐하면 왕후이가 근대성에 대한 비판적 사유를 전통에 대한 통절한 반성과 결합시킬 수 있는 몇 안 되는 지식인 가운데 한 명이기 때문이다."(Viren Murthy) 서구의 많은 평론은 『근대중국사상의 흥기』를 '왕후이의 도전'으로 의미화한다. 왕후이는 천년이 넘는 중국의 지적, 철학적, 정치적 담론에 대한 정교한 분석으로 근대성과 중국 사상에 대한 우리의 그동안의 고정된 시각과 감각의 재편을 촉구한다는 것이다. 『근대중국사상의 흥기』에 대한 세계 학계의 반향은 확실히 중국 지성사에 대한 전 세계의 대화 의제가 바뀌어야 하고 바뀌고 있음을 적시한다는 점에서 이 저작의 파장은 절대 적지 않다.

무엇보다 이 저작이 출간된 시점은 왕후이의 표현대로 정확하게 사상의 전환 시세時勢였음을 확인할 수 있다. 2004년에 초판이 나오고, 2008년에 재판 수정본이 나오기까지 4년의 세월은 중국이 베이징 컨센서스로 대국 굴기한 시점이다. 2008년 베이징 올림픽 개막식에서는 공자가 3천 명의 제자를 이끌고 무대 전면에 등장했다. 그 장면은 중국이 세계사적 보편으로 군림했던 전근대의 시간성을 국가 차원에서 공자와 유가 사상으로 불러오기를 한 것이라는 점에서 문제적이었다. 왕후이의 저작은 바로 세계 지배 질서의 전환이라는 시세에 공자와 유가의 21세기적 도래가 갖는 함의를 역사적 통찰과 세계사 인식 틀의 전환 문제로 제기함으로써, 공자의 소환은 그저 국가 과시의 촌극에 그치는 것이 아님을 확연히 느끼게 한다.

중요한 것은, 중국에 새로운 왕조가 세워질 때 통치 이데올로기를 제시해 온 과정의 역사적 맥락이고, 그 전환적 기점들에 대두한 사상적 부침이다. 그 장구한 사상사의 기복소장起伏消長을 복기해 본다면 단순한 기시감이 아니라 준열하고 엄정한 사상적 준비가 수반될 때만이 역사적 중국의 통치 질서가 구축될 수 있었고, 그로써 제국 중국이 구성되어 온 역정이 엄연하기 때문이다. 베이징 올림픽 개막식에서 공자의 등장과 왕후이의 『근대중국사상의 흥기』의 어떤 중첩, 겹친 실루엣은 적극적으로 이해하면 중국의 장구한 역사에 대한 자기 확인의 욕망과 이를 세계사 속에 자리매김하고자 하는 구상이 결합하여 만들어 낸 장면일 수 있는 것이다.

이는 저자 왕후이가 오늘날 중국의 탈정치화 상황을 직시하며, 한편으로는 사상으로 중국 역사 다시 쓰기 작업에 몰입했지만, 다른 한편으로는 그 근본 원인이 당黨-국가 체제의 일원화에 있음을 갈파하며, 중국공산당이 이데올로기적 기능과 역할을 간과함으로써 정부의 정책에 대해 전향적으로 견인해 내지 못하고 부정부패의 남상이 되는 현실을 비판해 온 행보에서 확인할 수 있다. 왕후이는 중국의 현실 정치와 미래지향 또한 단지 중국을 세계사적 피해 양상으로 게시하는 것만으로 이루어지는 것이 아니라, 그 중국식 사회주의의 정치적·경제적·사회문화적 개진을 위한 사상 논쟁의 장을 열어 내고 현실 정치의 올바른 지향을 추동해 내야 한다는 점을 역설해 왔다. 바로 이러한 왕후이의 이론적 실천적 행보야말로 송대 유가가 천리天理의 기치를 들고 사상적 역행을 통해 이룬 유학적 제국, 그리고 명청 시대 신제도론과 경사지학經史之學이 이민족의 통치 아래에서도 새로운 실천 철학의 지평을 열어 냈던 장구한 정치 사상의 역사 전통을 21세기의 현재적 관점에서 재조명하고자 한 사상적 도전이 아닐까 한다. 왕후이는 그 엄정한 사상사적 맥락, 그 연속과 불연속의 동학動學을 계승하여 사상의 전환 국면을 만들어 가는 유기적 지식인의 역할을 단연 자임한 것이라 할 수 있다.

그림자(影)의 동보同步 혹은 중첩

내가 왕후이에게 이 저작을 받은 것은 2004년 7월 어느 여름날, 북경 위안밍위안圓明園 앞 옛집을 개조한 중국식 찻집에서였다. 나무 사이로 이마의 땀을 닦으며 나타난 왕후이는 자리에 앉지도 않고 "엊그제 나왔는데, 당신에게 제일 먼저 준다"며 『근대중국사상의 흥기』* 네

---

* 『근대중국사상의 흥기』: 汪暉, 『現代中國思想的興起』 上卷 第一部·第二部, 下卷 第一部·第二部, 北京: 生活·讀書·新知三聯書店, 2004.

권을 내밀었다. 나는 책을 받자마자 책장을 펴고 서문과 목차를 살피며 그에게 말했다. "이제 당신은 정말로 중국의 신新 동중서董仲舒가 되었군." 그 한마디에 정색은커녕 빙그레 웃으며 자리에 앉던 45세의 왕후이, 내 말을 나쁘게 들으면 '당신은 중국 정부의 이데올로그가 되었다'는 말로 알아듣고 얼굴을 찌푸리거나 바로 쟁론 모드로 돌입할 터였다. 그러나 책의 출판 시기가 좀 늦어진 까닭을 설명할 뿐, 그날 고구려 역사 문제 토론과 관련한 제안을 두고 함께 의논하는 내내 그의 차분하면서도 자신감 넘치는 말투와 몸짓은 여름날 나무가 우거진 숲속 중국 황제의 별궁 위안밍위안이라는 장소와 묘하게 어우러졌다. 영국과 프랑스 두 제국주의 세력이 1860년 10월 마구잡이로 침범하여 파괴하고 150만여 점의 유물을 노략질해 간 청조의 정원에서, 근대를 관통해 온 '세계사의 철학', 19세기 초 헤겔이 구축하고 강고하게 관철되어 온 세계 인식의 틀을 돌리기 위해 사상사 작업을 제출한 왕후이와의 해후라, 개혁 개방 30년의 성공, 포스트 사회주의 중국이 베이징 컨센서스의 승리로 세계사에 귀환할 날이 그리 멀지 않음을, 나는 그 자리에서 그렇게 절감하고 있었는지도 모르겠다.

그날 숙소로 돌아오는 길에, 『두수』讀書 편집장을 오래 한 왕후이가 언젠가 한 글에서 자신의 양주사범대학 스승 장스청章石承 선생을 기리며 쓴 글을 떠올렸다.* 루쉰魯迅 전공자로서 왕후이가 석사 논문을 쓰기 위해 북경으로 자료를 찾으러 가는 길, 그의 지도 교수였던 장 선생은 두 가지 일을 요구했다고 했다. 하나는 진강鎭江(중국 강소성江蘇省)으로 가서 장이쉐蔣逸雪 선생을 찾아 당시 루쉰박물관 관장이던 왕스징王士菁 선생에게 보내는 편지를 받아서 루쉰박물관에서 자료를 찾는데 도움이 되도록 하라는 것이었다. 그리고 다른 하나는 사사로운 부탁으로 북경에 있는 장스청 선생의 스승이신 롱위성龍楡生 선생의 묘소

---

* 언젠가~떠올렸다: 汪暉, 「明暗之間」, 『讀書』 1996년 1期. 이 글은 『讀書』雜誌編, 『不僅爲遠紀念』(北京: 生活·讀書·新知三聯書店, 2007), 349~357면에도 실려 있다.

를 찾아 참배해 줄 것을 부탁했다. 장이쉐 선생은 경학 연구의 대가로서 양주학파揚州學派에 대해 깊은 연구를 해 왔지만, 문화대혁명과 그 여파 속에서 경학 연구가 거의 불가능한 시절이고 양주가 하나의 작은 지방에 불과하다는 점에서 경학의 학파로서 더 이상 정립되기 어려운 측면을 직시하고 낙향한 학인學人으로, 왕후이는 지도 교수의 요청으로 그를 찾아 나선 것이다.

강소성 진강의 흙으로 된 작은 언덕바지 집에 들어선 스물세 살의 왕후이는 그곳에서 왕스징 선생이 사숙한 장이쉐 선생이 와병 중에도 기꺼이 써 준 한 통의 편지를 받아 나온다. 황혼 녘 낡은 버스를 타고 돌아오는 길, 왕후이는 버스가 일으키는 흙먼지 속에서 장이쉐 선생의 그림자를 보았던 것일까? 혹은 자신의 지도 교수인 장스청 선생과 장이쉐 선생의 그림자가 중첩되어 아련하게 흙먼지 뒤로 남아 있었는지도 모르겠다. 그는 당시에 마음이 침중했다고 기억했다.

그리고 북경에서 왕후이는 스승을 대신해 참배하기 위해 롱위성 선생의 딸을 찾아 묘소 위치를 알아내고 12월 엄동설한에 버스를 타고 내리고 다시 걸어 롱위성 선생의 묘소에 당도했다. 막막한 저승의 땅, 언어가 사라진 침묵의 공간에서 왕후이는 가까스로 비명碑銘을 찾아내고 차디찬 북풍 속에 꼿꼿이 서서 저무는 하늘을 바라보다 꼭 세 번 절하고 오라던 스승의 당부를 잊지 않고 언 땅 위에서 세 번 절을 올렸다. 바람결에 흔들리던 쇠한 풀들, 끝없는 혼魂들의 장소, 적막, 그 길을 다시 되짚어 나올 때 어둠 속에서 또 하나의 그림자가 침몰하는 것을 그는 목도했을까.

「빛과 어둠 사이」(明暗之間)라는 글의 서두에 왕후이는 자신이 가장 좋아하는 루쉰의 글귀를 적었다. 루쉰의 산문시 「그림자의 고별」(影的告別)을 읽고 루쉰을 연구할 결심을 했다던 왕후이, 그 글귀 또한 이 작품 속에 있었다.

나는 하나의 그림자에 지나지 않지만 그대를 떠나 어둠 속에 침몰하려 한다. 어둠 또한 나를 삼킬 수 있지만, 광명 또한 나를 사라지게 할 수 있다.*

그리고 그 뒤에 왕후이 자신이 써 나갈 이야기의 주인공을 "그러한 일찍이 '빛과 그림자 사이'를 방황한 노인, 이미 어둠 속으로 퇴장한 그림자"라 가름하며 루쉰의 이야기를 생각해 냈다고 하였다. 물론 그 그림자는 왕후이가 일찍이 루쉰 연구를 통해 그 정신 구조를 모순적으로 파악하고, "루쉰의 정신 구조는 시종 상호 모순, 상호 교직, 상호 침투의 사상 맥락이 병행하여 존재하며 그것들이 기복소장하며, 전혀 '하나'로 나아가지 않는다"*고 한 바와 같이 빛과 어둠 사이에서 상호 모순·교직·침투하고 부침하는 존재일 것이다. 그림자라고 명명한 이상 그들의 소환을 굳이 역사적이라고 의미 부여하지는 않았지만 그것이 부제로 단 잡다한 기억(雜憶)의 나열 수준에 있지 않음은 말할 나위가 없다.

왕후이는 그의 배움터였던 양주사범대학 30주년을 기념해서 쓴 소회의 글 「중첩된 실루엣-양주 잡억」(重影-揚州雜憶)*에서 여러 그림자(影)를 등장시킨다. 앞부분에는 문화대혁명이 종결되는 시점에서 대학에 가기까지 자신의 성장 과정을 하나의 실루엣으로, 뒷부분은 대학 입학 이후부터 대학원 석사반 연구생일 당시 자신을 지도했던 양주사범대학 스승들에 관한 이야기를 겹겹의 그림자 형상으로 엮어 놓았다. 이는 이전에 「초연함의 바깥」(超然之外)*이라는 글에서도 자신이 대학과 대학원 시절에 했던 공부가 엄연히 양주사범대학의 학통(學統)에 바

• 나는~할 수 있다: 魯迅, 「影的告別」, 『野草』, 『魯迅全集 2』, 人民文學出版社, 1981, 165면.
• 루쉰의~않는다: 汪暉, 『反抗絶望; 魯迅及和其文學世界』, 生活·讀書·新知 三聯書店, 2008, 50쪽.
• 「중첩된 실루엣-양주 잡억」: 汪暉, 「重影-揚州雜憶」, 『今天』第98期, 2013.
• 「초연함의 바깥」: 汪暉, 「超然之外」, 『天涯』, 1996.

탕을 두고 있음을 밝힌 바 있고, 사상 역정을 토로한 글이나 대담에서도 여러 번 언급한 바 있다. 따라서 그러한 반복 혹은 중첩되는 서사를 한 개인의 사상 혹은 학문 역정으로 놓아 둘 것이 아니라 그것을 펼쳐서 전근대와 근현대를 이어 온 중국 사상 계보의 한 줄기로 전열해 보고 의미화하는 작업이 필요할 것이다. 즉, 사상 연구자 왕후이의 목적의식적인 서사 전략으로서, 그러한 담론적 실천을 중국 그리고 아시아에서 지성사의 한 구성 과정으로 맥락화할 필요가 있다.

청조의 경학 전통을 유지해 온 양주학파, 당송唐宋 문학·원곡元曲·왕궈웨이王國維 전문가, 태평천국 연구자, 어문학자, 루쉰 연구 및 현대문학 전문가 등 중국 전통 학문의 대가들을 학부와 석사과정의 스승으로 둔 왕후이는 문혁을 거쳐 다시 문을 연 78학번, 개혁 개방 1세대로서 사회주의 중국과 포스트 사회주의 중국에서 냉전적 학지學知를 내재화했을 것이다. 사상의 빈곤을 절감하며 '박투'해 왔을 것이라는 예상과는 다른 분명한 사상과 학문의 거처를 두고 있었던 것이니, 그의 사상사 연구 작업은 그러한 탄탄한 사상과 학문의 전통 때문에 가능했다.

동아시아 근대의 사상화

동아시아 근대란 몰가치한 시공간의 좌표만 가리키는 것이 아니다. 이는 '근대'를 '근대화'로 환치만 해봐도 바로 확인할 수 있다. 동아시아에서의 '근대화'란 '서구화'에 다름 아니다. 이런 사실을 바탕에 깔고 다시 동아시아에서의 '근대'를 바라보면, 그 '근대'가 '서구'란 가치적 지향점을 가지고 있는 좌표임을 쉽게 이해할 수 있다.

그런 맥락에서 왕후이의 이 저작은 제목, 즉『근대중국사상의 흥기』그대로 이러한 동아시아의 틀 안에 속한 중국의 근대에 등장한 사상에 대한 추적이자 분석이다. 하지만 왕후이는 중국의 근대를 설명하기 위해 '근대'에서부터 이 책을 시작하지 않는다. 마치 조너선 스펜스

Jonathan D. Spence가 현대 중국을 설명하기 위해 명대 말기부터 설명을 시작한 것과 유사하게(『현대중국을 찾아서1』, 이산, 1998), 아니 더 철저하게 송대까지 거슬러 올라간다. 그리고 송-명-청에서 근대로 이어지는 과정의 사상을 일반 사상사처럼 기술하는 것이 아니라, 일본 교토학파의 태두 나이토 고난內藤湖南이 제기해 세계적으로 공인되다시피 한 '당송 변혁기론'(唐宋轉變)으로부터 시작해, 그 기저에 깔린 서구의 '제국-민족국가'라는 발전 도식 자체에까지 문제를 제기하면서 논지를 전개해 나간다.*

왕후이는 중국 역사상 각 시기별 사상과 제도와 정책을 직접 연계해 세밀한 분석을 진행한다. 과거 대부분의 사상사 계열의 연구는 역사적 배경이나 사회적 배경을 짧게 소개하고, 제도사나 정치사에서는 사상적 배경을 간단히 설명하는 정도에 머물렀지만, 왕후이는 본격적으로 사상과 제도가 어떻게 호응하는지를 집요하게 천착하며, 송-명-청에서 근대로 이어지는 중국 사상의 발전이 사실은 서구를 기준으로 하는 일반적인 발전 도식과 다름을 드러냄으로써, 자연스레 '당송 변혁기론'이나 '제국-민족국가'라는 분석 틀의 한계를 드러낸다.

이에 전통 사상을 분석하는 과정에서 왕후이가 주목한 것은 '예'禮이다. '예'야말로 중국 전통 사상의 핵심 개념이면서 동시에 중국 정치에서의 정권과 제도 개혁 및 시행에 전제되는 '합법성'을 확보해 주는 명분이기 때문이다. 그래서 이 같은 '예'를 통해, 정치적 변화가 필요할 때 사상이 이를 어떻게 주도하며, 사상의 변천과 분기分岐 속에 제도가 어떤 동력으로 작용하는지를 분석한다.

물론 이 과정에서 왕후이 본인의 전공 분야가 아닌 근대 이전 전통 시기, 즉 송-명-청에 대한 연구와 기술은 사실 본인의 직접적인 연

• 이런 맥락에서 보면, 이 책의 도론 부분만을 번역해서 펴낸 영역본의 제목이 『중국, 제국으로부터 민족국가로』(China from Empire to Nation-State)인 것은 기존의 '제국-민족국가'를 부정한다는 맥락에서 부정확하지만, 왕후이가 새로이 모색하는 중국만의 '제국-민족국가'라는 의미에서 정확하고 오묘한 작명이라 할 수 있다.

구 성과가 아닌, 기존의 연구 성과를 적극 활용하고 있다.* 그리고 이는 전혀 책잡힐 일이 아니다. 오히려 기존의 사상사 연구를 기존의 정치 및 제도 관련 연구와 절충하면서 자신만의 통찰력으로 참신한 영역(혹은 길)을 개척해 낸 것이니, 이 부분이야말로 이 저작의 가장 큰 미덕이라 할 수 있다. 다시 말해 이 책의 가장 현저한 성취는 시대를 관통하는 박람강기博覽强記한 정리나 한 분야에 대한 정심한 분석에 있는 것이 아니라, 기존의 사상사와 정치사(제도사)라는 두 주류 연구 성과를 적극 활용하면서 소통시킨 참신함에 있는 것이다. 본인의 전공 분야가 아닌 데다가 워낙 폭넓은 시기의 심도 있는 내용을 다루다 보니 세세한 부분에서 몇 가지 착오가 없는 것은 아니지만, 왕후이의 학제적學際的 회통會通과 통섭統攝으로 거둔 성취라는 대체大體에는 아무런 손상을 입히지 못한다.

물론 왕후이가 이 책을 통해 거둔 성취는 왕후이의 논리 속에서의 성취일 뿐, 그 성취 내용에 대해 객관적인 시비 득실을 따지는 것은 별도의 문제이며, 교토학파의 '당송 변혁기론'처럼 국제적인 보편 학설의 하나로 자리 잡을 수 있느냐 하는 것은 미지수다. 이 부분은 독자 각자의 성향과 기호에 따른 심득心得이 다를 것이기에, 그 판단 역시 독자의 몫이다. 하지만 그 판단이 어떻든지 간에, 왕후이에 의해 중국 사상사에 대해 기존에 없던 새로운 거시적 관점과 분석 틀이 제시되었다는 사실은 그 자체로 충분한 가치가 있다.

무엇보다 왕후이의 호한浩瀚하고 지난한 연구의 동기와 지향점이 궁극적으로 왕후이가 파악하고 있는 지금의 중국, 그리고 앞으로 지향하고자 하는 길을 설명하기 위해서라는 점은 앞서 거론한 바와 같다. 천인커陳寅恪는 과거 학자들의 사론史論에 대한 성격을 이렇게 정의했다.

* 예를 들어 상권 제1부 제3장과 제4장에서 왕후이의 사상사적인 이해는 기본적으로 허우와이루(侯外廬)의 『중국사상통사』(中國思想通史)와 첸무(錢穆)의 『중국근삼백년학술사』(中國近三百年學術史)에 근거하고 있다.

사론을 지은 사람은 의식적이든 무의식적이든 자신의 주장을 펼치면서 이미 자신과 자신이 살던 시대의 환경 및 배경을 투사한다. …그래서 소식蘇軾의 사론은 소식이 살던 북송北宋 때의 정론政論이고, 호인胡寅의 사론은 호인이 살던 남송南宋 때의 정론이며, 왕부지王夫之의 사론은 왕부지가 살던 명말明末의 정론이다.

> 史論之作者, 或有意, 或無意, 其發爲言論之時, 卽已印入作者及其時代之環境背景. …故蘇子瞻之史論, 北宋之政論也. 胡致堂之史論, 南宋之政論也. 王船山之史論, 明末之政論也.*

사실 이 같은 입장은 천인커 자신에게도 그대로 적용되어 그의 사론은 그가 살던 민국民國 초엽의 정론이었다. 그리고 이는 왕후이에게도 그대로 적용이 가능해서, 그의 사론, 즉 『근대중국사상의 흥기』도 사실은 그가 살고 있는 현 중국에 대한 정론이라 할 수 있을 것이다.

내용 개요

왕후이의 『근대중국사상의 흥기』는 상하 각 2부, 네 권으로 이루어졌으며, 글자 수가 9만 자에 달하는 방대한 저작이다. 저자는 중국의 지성사와 각 사상가의 문집 및 제도론을 포함하는 역사 문헌들을 밀도 있게 분석하고 통찰하여, 이제까지의 서구 중심 세계 사상사를 다시 고쳐 쓰기를 촉구하는 중차대한 문제 제기를 감행했다. 왕후이는 북송 때부터 중화민국 초기에 이르는 천 년 간의 사상적 변화 맥락을 중국이 근대를 이루어 가는 중요한 경로로 제기하여, '중국'과 '중국 근대'에 대한 중국 내재적 발전의 시각 속에서 이해를 촉구한다.

---

* 陳寅恪, 「馮友蘭中國哲學史上冊審査報告」, 『陳寅恪集－金明館叢稿二編』(三聯書店, 2001), 280~281면.

지난 천 년의 중국 역사에 대한 역사학 논쟁에 중요한 공헌을 한 것으로 평가받는 이 책은 매우 명징한 문제 제기로 시작한다. '중국'을 어떻게 이해할 것인가, 그리고 '근대'와 '현대'를 어떻게 이해할 것인가? 저자는 이 책의 목적이 중국 지성사의 기원을 밝히는 데 있는 것이 아니라, 서구의 시간적 목적론과는 다른 당시의 유교적 세계관과 인식론에 내재한 역사적 인식의 틀을 밝히는 것이라고 하였다. 이를 위해 왕후이는 시세時勢 개념을 가져온다. 그리고 천리에서 공리로의 전환에 대한 논의는 청 말기와 민국 초기 공화정 시대의 다양한 사상적 흐름과 이전 시대의 논쟁 사이의 연관성을 재고하도록 독려한다.

저자는 네 가지 주제를 중심으로 문제에 접근한다. '리理와 물物', '제국과 국가', '공리와 반공리', '과학 담론 공동체'가 그것이다. 상권 제1부와 제2부는 140면에 달하는 도론(서문)과 제1부 4장, 제2부 3장 도합 여덟 개의 장절로 구성되어 있으며, 논의의 중심은 유학의 전환과 청조의 제국 건설 과정과 중국의 근대적 국가 건설 과정의 중첩 문제를 해명하는 것이다. 곧 북송 시대부터 점차 형성된 천리 세계관의 역사 동력은 무엇이며, 청대 제국 건설과 근대 중국이라는 국가 건설은 그것과 어떤 관계가 있는가. 저자는 이 주제 논의를 통해 네 가지 문제의 지점을 설치하고 사상 회통의 방식으로 해명해 나간다. 첫째, 유학 및 그 전환을 중심으로 한 사상 전통. 둘째, 다민족 왕조 내부에서 유학은 어떻게 이하지변夷夏之辨의 서로 다른 족군族群 관계를 처리하고, '중국'이라는 함의를 규정했는가? 셋째, 청대 제국 전통과 근대 국가 전통 형성 간의 관계 및 그 내외 관계 모델. 넷째, 민족주의와 근대 지식·제도의 형성을 통해 중국의 독자적인 초기 근대성 형성 문제.

저자는 제국과 국가, 봉건과 군현, 예악과 제도라는 정치 제도와 관련한 세 쌍의 개념을 중심으로 중국과 중국의 근대를 이해하지 않으면 안 된다는 문제 인식에서, 북송 이후 중국 유가의 역사적 단절 의식과 시세 판단에 기반한 사상의 재구성 노력을 의미화하고자 한다. 송대 유가는 천리의 세계관이라는 이학理學의 유학 형태를 갖추고 발전시키며 당시 정치 제도를 개혁하고자 하였다는 점에서, 그 정치성이 확연한 사상의 맥락, 그 역사 동력의 내재적 과정을 해명해 내는 것이다. 여기서 중요한 것은 사상의 구성성이라는 입장이고, 방법으로서의 사상 대화이다. '내재적인 시야는 당대와의 끊임없는 대화 과정 속에서 생산된다'는 언명에서 확인할 수 있듯이 저자는 중국과 그 근대를 해명하는 시각과 방법으로 시세라는 역사 인식 틀을 전통 사상의 전환 맥락에서 가져온다. 그리고 서구의 제국-국가 이원론과 일본의 당송 변혁기론에 대해 그것이 근본적으로 자본주의와 민족국가라는 틀에서 중국에 대한 규정적 시각을 가지는 문제를 논파한다. 그런데 그것은 최근 '포스트 민족국가' 담론, 곧 제국 담론이나 새로운 민족국가 연구의 성과들을 최대한 수렴하여 당대적 사상의 재구성을 끈질기게 지향한다는 점에서 일방적 문제 제기의 한계를 넘어서고 있다고 할 수 있다.

도론은 중국의 함의는 무엇인가라는 성찰적 질문으로 시작한다. 저자는 중국 사상에 대한 논의란 그 자체가 중국에 대한 역사적 이해와 불가분의 관계에 있는 만큼, 독자의 이해를 돕기 위해 도론을 썼다고 하지만, 그 자체가 한 권의 책이 될 만큼 장문으로, 이 저작을 집필하게 된 발본적 문제 인식을 매우 논쟁적으로 표출한다. 도론에 중국 사상사의 분석 과정에서 다룰 이론적 문제들을 펼쳐 보인 것이다.

도론에서 저자는 중국과 관련한 서구와 일본의 역사 서사에 대한 분석과 논의를 전개하며, 우선 중국을 규정하는 두 개의 지점을 논파한다. 하나는 19세기 근대 국가와 그 정치 문화가 확립되는 과정에서 중요한 변화를 겪은 서구의 역사 관념, 곧 헤겔과 막스 베버를 비롯하여 세계사의 주체로서 민족국가라는 프리즘 속에서 역사를 공간화하고 철학화하는 가운데 중국을 제국-국가 이원론에 놓고 전근대적 문명으로 규정한 강고한 담론에 대한 문제 제기이다. 다른 하나는 일본 학자들이 서구 근대성과 평행한 동양적 근세의 담론을 구성해 간 당송 변혁기론이다. 저자는 이들 담론은 서로 다른 목적의식을 갖지만, 기실 국가 중심의 서사로서 그것은 결국 중국을 하나의 제국, 하나의 대륙/

문명으로 간주하면서 국가가 아니라고 보는 것의 문제, 혹은 그 닮은 꼴 찾기에 해당하므로 바로 그 담론들이 정박한 근대성적 시간 목적론을 질의한다.

그리하여 저자는 중국의 근대를 어떻게 이해할 것인가의 문제를 사상사의 관점에서 해명해 나가고자 한다. 근대성적 목적론을 탈피해 민족주의 의식을 초월하는 프레임에서 중국의 '초기 근대' 문제를 논의해야 한다는 것이다. 그 핵심 내용은 우선 중국 역사의 지속적인 변화 속에서, 여러 왕조가 각자의 방식으로 중국 왕조로서의 합법성을 구축하였는데, 이 과정은 직선론적 역사 서술, 그 연속성의 시각으로 파악할 수 없다는 것이다. 따라서 왕후이는 '시세'時勢와 '이세'理勢라는 개념을 가지고 시간 목적론과는 다른 역사 인식의 틀을 제공하고, 그것이 동시에 각 시대의 유학 세계관과 지식론에 내재함을 정밀하게 분석한다. '천리의 성립'을 군현제 국가, 종법 봉건 문제, 토지 제도, 세법 제도, 양송兩宋 시대의 이하지변 등의 문제와 연관해서 논구하는 것이다. 여기서 눈에 띄는 지점은 유학의 전환도 중요하지만 그것이 이하지변의 역사적 맥락을 추적하며 어떻게 중국이 다른 족군과 관계 맺기 하며 그 사상적 기조를 변화시켜 왔는지를 해명하는 대목이다. 왕후이는 한국어판 서문에서 '신형 세계관의 구성'이라는 시진핑 정부의 신형 대국론의 관점을 상기시키며, 그 중국화의 구성성에 초점을 맞추고 궁극적으로 청나라가 이민족으로서 어떻게 새로운 근대 국가로의 전환을 위한 경로를 만들어 왔는가를 규명한다. 그것은 오늘의 중국이 일대일로와 상하이협력기구 등 세계 지배 질서의 다극적 체제로의 전환을 기도하는 사상적 기저는 무엇인가를 가늠할 수 있는 중요한 참조 체계가 될 수 있다.

도론 제1절 「두 가지 중국 서사 및 그 파생 방식」과 제2절 「제국-국가 이원론과 유럽 '세계 역사'」에서는 북미, 일본, 중국 학계의 주요 연구들이 청 왕조와 그 뒤를 이은 국가를 '제국' 또는 '민족국가'라는 틀에 담아내는 문제를 분석한다. 왕후이는 이들 연구가 모두 제국-민족국가 이원론 속에서 자본주의, 제국주의, 식민주의 사이의 얽힌 역사 관계를 간과함으로써 청조나 근대 시기 '중국' 정치의 역사 경험의 다양성을 충분히 설명하지 못한다고 갈파한다. 중국 왕조에 대한 서사는 '제국-민족국가'라는 이분법에서 벗어나야 역사적 역학의 풍부함과 중화인민공화국과의 관련성에 대해 새로운 이해를 획득할 수 있다는 것이다.

제3절「천리-공리와 역사」에서는 송나라 신유학의 '천리'天理 형성 과정을 한대와 위진남북조, 당대의 사상 운동의 맥락화와는 또 다른 단절과 연속의 궤적 속에서 정체화한다. 그리고 송대 이학가가 전대와의 역사적 단절 의식 속에서도 이학理學의 이세理勢를 열고 심학心學과의 경합과 정합 속에서 다시 전통과의 교통 속에서 '물'物 개념의 전화와 가치 척도를 세우며, 명청 전환기를 거쳐 이민족의 통치라는 조건 속에서도 신제도론을 구축하고, 경사지학을 거쳐 '공리'로 전환되는 과정을 개괄한다. 천리관의 구성성과 정치성의 맥락들이 도학과 심학, 이학으로의 전환 속에서 신제도론으로 재구성되며 청조에 이르러 새로운 정치사상으로 수렴하는 과정에서 유학의 전환 과정이 가지는 특징은 그 사상의 정치성이다. 이학이 순수 추상성을 견지할 수 없고 통치 사상에 수렴될 때, 심학이 대두하고 그 또한 현실 정치에서 제도적 개진을 통한 새로운 정합 과정에 이르는 사상 논쟁과 경합 맥락들이 주목되는 것이다. 여기에서는 천리의 성립에서 삼대 이전과의 단절이 다시 새로운 제도와 실천의 가능성으로 전화되는 과정에 대한 강조와 우주관의 단절이 중국 특성의 목적론적 발전관으로 수립되는 과정에 대한 해명이 두드러진다. 그것은 유학 보편주의로 천리와 공리를 연계해 내는 수렴 과정에서 중국적 근대의 새로운 자기 전화의 맥락을 성찰하게 한다. 유교적 세계관과 역사를 인식하는 내재적 틀로서 시세와 이세를 해명하는 저자의 작업이 갖는 현재적 함의를 확인할 수 있는 대목이다.

제4절「중국의 근대 정체성과 제국의 전환」에서는 중국 근대사의 사

건들이 근대 민족국가로서의 중국 개념, 그리고 근대의 민족주의 및 국가 건설을 이해하는 틀과 어떻게 관련되는지에 대해 폭넓게 논의한다. 특히 여기에서는 서구의 전형적인 민족주의 모델을 아시아에 대입할 때 그것이 다소 뒤틀리며 전통적인 이하지변의 관계를 변모시키는 과정을 조명하는데, 저자는 이 문제를 유교적 보편주의 사상의 대두와 민족 혁명의 개진이라는 역사적 사실들을 통해 고찰한다. 이는 청대 중기 이후 금문경학에 근거한 제국관과 유학 보편주의의 발현으로 설명되는데, 이하夷夏 상대화의 관념이나 서북 지리학의 연구가 이룬 '매우 풍부하고 완전한 세계상 및 그 역사적 맥락'의 구축 등은 청조의 쇠락 시기에 제국적 질서의 재편을 긍정적으로 설명한다는 점에서 많은 논의가 필요한 지점이다. 저자는 쑨원이 주도한 민족 혁명이 중국을 하나의 제국에서 민족국가 체계 속의 주권국가로 전환시킨 역사적 과정을 진실한 역사 동력의 개진으로 해명하고, 쑨원이 제기한 자본주의를 초월한 민주주의 및 사회주의 강령이 아시아 민족주의라는 새로운 전범을 창출했다고 강조한다.

도론은 상권 제1, 2부의 사유에 대한 배경을 설명한 것이고, 하권에 대한 총결은 하권 제2부의 제15장 '총론' 속에 개진되어 있다. 저자는 도론과 총론이 하나의 전체이며, 그들 간의 모종의 긴장은 이러한 전체성의 구현임을 밝힘으로써 한 저작 내에 이론적 사고와 변화의 맥락이 다시 개진될 가능성을 연다. 미국에서는 도론을 『중국, 제국으로부터 민족국가로』라는 책으로 출간한 바 있다(translated by Michael Gibbs Hill, *China from Empire to Nation-State*, Harvard University Press, 2014). 일본에서도 도론과 총론을 번역하여 『근대 중국사상의 생성』이라는 책을 출간하였다(石井剛 譯, 『近代中國思想の生成』, 岩波書店, 2011).

상권 제1부 '리理와 물物'은 송나라부터 청나라 중기까지 '리와 물'을 구성하는 유교 사상의 변천사를 다룬다. 제1장 「천리와 시세」에서는 송대 천리/천리관의 사상과 관념의 출현을 유학의 역사적 전환으로 보고 그 과정과 함의를 논한다. 저자는 송대 이학파가 삼대지치 예약 제도의 회복을 목표로 삼았지만, 그것은 천인 관계를 재구축하고 시대 변화에 적응하는 도덕 평가 체계의 형성을 목표로 한다는 점에서, 그 전대와의 단절 의식을 중시하고 그것이 현재를 비판하고 사회관계의 변화를 위한 대안을 제시하는 '역설적인 사고방식'이었음을 강조한다. 송학이 단절 의식의 소산이지만, '리' 개념은 곽상郭象과 불학, 그리고 유종원柳宗元에 이르는 '현학지리'玄學之理와 '대중지리'大中之理의 성립과 대립이라는 맥락을 잇고 있다. 따라서 여기에서는 한편으로는 위진 현학과 불법佛法·불성佛性·현오묘리玄悟妙理로 리를 해석하는 불교의 차이를 드러내고, 다른 한편으로는 현학과 당송 유학이 '리' 개념을 해석할 때의 심각한 일치성을 파악하고 천리 개념의 수립 과정을 북송오자北宋五子의 사상적 개진을 통해 정치하게 분석한다. 그 분석은 본체론, 실재론과 인식론의 틀에서 이루어지는 철학적 분석의 외재성을 비판하고, 유학에 뿌리내린 역사적인 시야에서 천리의 성립을 분석하고 경제사와 정치 제도사, 문화사 혹은 철학사 범주에 있는 문제를 논의해 나가는 내재적 시각을 견지한다.

주돈이·소옹·장재가 따로 제기하거나 운용한 '리' 개념을 이기이원론의 틀 속에서 정초한 것은 이정二程이고, 남송 주희에 이르러 천리적 세계관은 이학으로 집대성되었다. '리'는 내재적이면서도 초월적이므로 경험 세계 속의 사물과 그 질서는 해당 사물의 내재적 본질 혹은 자연에 반드시 부합하지 않았고, 따라서 '물'의 세계와 '리'의 세계는 구분되었다. 또 물과 리(혹은 리와 기)의 구분 때문에, '즉물궁리'卽物窮理의 인식론은 이학의 중심 문제를 이루었고 이학 내부의 논쟁을 촉발하였다. 그런데 천리라는 새로운 형태의 세계관은 추상적 범주이지만 사회 변화와 맺는 관계가 중요하다. 이학 범주 내에서 인식론 문제는 도덕/정치 평가 문제의 연장이고, 도덕/정치 평가는 내재적 문제였으므로, 이학은 곧 '성리학'性理學이었고, 규범 윤리학 혹은 제도 윤리학으로부터 도덕/정치 영역의 '형이상학'·'심리학'·'인식론'으로 전환되었다. '성리학'의 배후에는 '예악과 제도의 분화'와 관련한 복고주의적 역사 시각이 시종 존재하였고, 현실 정치와 강력한 상호 영향 관계가 있었으므로 예악·정치·경제 관계의 재구축을 도덕 판단의 객관적 전제로 삼으려는 노력이 '성리학'의 또 다른 일면을 이루었다. 이학은 천리가 체현하는 지선至善의 도덕 본질과 도덕 질서를 모든 사물의 소이연所以然 혹은 응연應然으로 이해시킴으로써 도덕 평가와 질서의 내재적 연계를 회복하였다. 그런데 이러한 합일의 도덕 평가 방식은 제도 관계 속에서 직접적으로 체현되었기에 황권을 중심으로 하는 제도를 견인하는 입장에 놓이고, 삼대의 제도의 정의를 체현할 수 있는 질서는 내재적 본질로 추상화된다.

예악과 제도의 분화라는 복고주의적 역사 시각 위에 수립된 천리적 세계관 자체는 마침 실연과 응연의 상호 구별에 이론적 논술을 제공하였다. 그리고 천리적 세계관은 예악과 제도의 합일을 도덕적 이상으로 보았으나, 이 도덕적 이상은 최종적으로 반드시 '사'士의 도덕 실천 속에서 실현되어야 한다는 점에서 새로운 도덕 공동체를 구성하는 사상적 자원을 제공했으며, 도덕 공동체의 역사적 운명에 대한 책임감을 느끼는 사의 도덕적 부담을 이학은 일종의 준민족주의의 자원으로 전화할 수 있었다. 그러나 그것은 이학의 내재적 논리상 도덕주의적 경향을 띤다는 점에서 공리주의적 유가로 볼 수는 없다는 것이 이 글의 논지이다.

제2장 「물物의 전환: 이학과 심학」에서는 천도/천리 세계관의 사상 체계에서 리와 기의 구분으로 인한 실제 존재하는 사물(物) 개념이 새롭게 출현하고, 천리가 이 물의 이치에 대한 인식을 통해서만 파악할 수 있다는 추상적 원리(理)와 사사事의 관계, "사물을 탐구하고 지식을 확장하는"(격물치지) 순수 인식 실천의 이학 구축 과정을 개괄한다. 이 장에서는 그 과정이 정호, 정이, 주희로 이어지는 송대 격물치지론의 내재 논리와 지식 문제로 논구된다. 그런데 원元에서 명明에 이르면서 주자학은 과거 제도에서 정통의 지위를 획득하였다. 이에 명대 심학은 과거 제도 체제에서 정통의 지위를 획득한 주자학에 대한 비판 흐름을

형성하였고, 이로써 이학理學과 심학心學의 대치·대항·상호 침투가 발생했다. 따라서 여기에서는 주자학의 전변과 명대 신유학을 거쳐 명청 전환기 육상산, 왕양명, 안원 등의 심학 격심설에 이르기까지 사상가들에 대한 논의가 이어진다. 심물心物, 이기理氣 등의 문제에 대한 명대 심학의 이견과 변화는 심학자의 정치적 입장 또한 밀접하게 관계되어 있다. 예컨대 왕양명은 학교 제도의 개혁 및 보완, 가문과 신분의 제한 타파, 경세의 실천을 주장하였고, 부패 정치 혁신에 인적 자원을 제공하고자 하였다. 왕양명은 향약과 보갑 제도의 설계와 형성을 중시하였고 향약, 종법 등 사회관계를 단순히 국가 제도를 통해 실시할 수 없다고 생각하여 일종의 종족, 혈연, 지연, 감정 관계를 주축으로 하는 기층 사회 체제를 건설하고자 하였다. 이는 예제 질서 회복의 한 부분으로서 송대 이학자의 과거 제도 비판 및 도덕 윤리의 실천 문제와 일맥 상통한다. 심학의 실천은 이러한 사회 체제에 도덕적 기초와 실천 방식을 제공했으므로 왕양명의 주자학에 대한 비판과 주자학의 과거 제도에서의 정통적인 지위는 내재적 역사 관계에 있음을 알 수 있다. 이학과 심학의 추상적 사상 행로는 모두 삼대지치와 진한 왕조의 예악 복원 의지를 기저로 한다는 점에서 그것이 어떻게 이후 시대 정치적·제도적 상황에 대한 비판으로 기능하고 사상과 정치적 행동의 자원으로 수렴되는지, 저자는 이러한 사상의 정치화를 이루는 동학動學이 예악의 도덕 논증 방식의 회복으로서 역사를 지속적으로 전환시키는 맥락을 중국 사상사의 정체성으로 가름해 내고 있다.

제3장 「경經과 사史 (1)」에서는 신예악론과 경학의 성립, 경학의 전환과 변천을 다룬다. 한당漢唐 유학이 안으로는 성인聖人이 되고 밖으로는 왕 노릇 한다는 내성외왕內聖外王을 강조해, 왕 노릇 하는 자만이 성인이 될 수 있으며 왕이 아닌 자는 왕을 보필하는 현인賢人에 머무를 수밖에 없다는 관점에 머무르고 있었지만, 송대에 이르러 이학의 터를 닦은 북송오자 중 첫째라 할 수 있는 주돈이周敦頤는 오히려 사士라면 내재적으로 갖춘 도덕을 중시하는 '내성'內聖만으로 성인이 될 수 있다

고 선언했다. 송대 이학, 즉 신유학은 바로 이런 신념과 설정을 기반으로 수립되었다.

명나라가 내우외환에 시달리다 자멸하고 만주족 청나라가 들어설 즈음, 황종희黃宗羲나 고염무顧炎武 등은 학문적으로 도덕과 제도(여기엔 예악과 풍속까지 포함)의 일치를 추구하기 시작한다. 이러한 도덕과 제도의 상응과 합치에 대한 천착은 주로 '예'禮 혹은 '예제'禮制를 매개로 진행되는데, 이는 '예'(혹은 '예제')가 사상적인 측면에서 도덕적 실천인 동시에 현실적인 측면에서 제도적 실천이자 사회 질서를 하나로 함축할 수 있었기 때문이다. 왕후이는 고염무나 황종희 등의 노력과 성과를 '신제도론'(또는 '신예악론')이라고 칭한다. 물론 고염무나 황종희 등은 모두 '오랑캐'인 만주족에 대해 부정적 입장을 고수했으며 그들의 사상 역시 만주족에 반대하는 요소가 주요 동력 중 하나이긴 했지만, 이것이 결코 그들 사상의 핵심은 아니었다. 이는 송·명대부터 점진적으로 추진되어 오던 추이, 즉 사士가 자신의 '내성'內聖을 구심점으로 '외왕'外王 부분까지 자신들이 설계하고 구축한 '제도'로 전환해 오던 과정이 일정 정도 완성되어 현저하게 드러나는 과정으로 파악된다.

제4장 「경經과 사史 (2)」에서는 '송학 배척과 청대 주자학의 흥망성쇠', '경학, 이학 그리고 반이학' 그리고 '육경개사와 경학고고학'을 각 절로 하여 청나라의 지식 생산과 학문적 관행의 변천을 살펴본다. 고염무나 황종희 등이 이룬 성취는 청나라가 안정화되어 천하 사람에게 합법성을 인정받게 되면서 변화를 맞이한다. 이러한 분위기는 강희제가 주자학을 주창하며 스스로 제왕의 지위로 대변되는 정통政統과 도덕적 완성으로 대변되는 도통道統을 모두 계승했다고 선포하면서 정치적으로 주자학의 절대적인 위상은 누구도 부정할 수 없는 현실이 되었다. 더구나 이 같은 주자학의 중시는 양명학자 황종희나 주자학자 고염무가 경학經學을 활용해 비판을 가했던 기존의 송명 이학(특히 주자학)이 더 이상 함부로 비난할 수 없는 대상이 되었음을 의미했다.

결국 이후의 학술 역량은 강력한 현실 비판과 사회 개혁이라는 동력을 상실했고 기존의 송명 이학과의 갈등적인 긴장 구조도 느슨해질 수밖에 없었기에, 도道와 치治의 합일이라는 명목으로 점차 현실 정치의 합법성을 제시해 주는 논증이나, 고증을 위한 고증이라는 전문적 연구 분야로 집중될 수밖에 없었다.

왕후이는 이 와중에 남다른 성과를 거둔 학자로 대진戴震과 장학성章學誠을 꼽는데, 사실 이들에 대한 사상적인 이해는 대부분 청대 중기 사상사 연구에 획을 그었던 위잉스余英時의 『논대진여장학성』(論戴震與章學誠)에 근거하고 있다. 이 두 학자의 대비 자체가 첸무의 장학성 발굴과 위잉스의 양자 구도 설계를 통해 제시된 것이다. 위잉스의 연구는 대진과 장학성 학술을 통해 청대 사상사 속에 '내재적 논리'(內在理路, inner logic)가 존재하고 있었음을 논증하는 데에 집중되어 있다. 그러나 왕후이는 위잉스의 연구 성과에 기반해 대진과 장학성이 어디서 새로운 동력을 얻었는지를 설명하고, 더 나아가 이러한 학술적 성향이 당시 학술 풍조에 어떤 영향을 끼쳤는지에 대해 고찰한다.• 그리하여 대진과 장학성은 각자 고증학과 문헌 고고학이란 전혀 다른 방법론을 사용하고 있었지만, 궁극적으로 이학의 '천리'가 지고지순한 궁극의 존재가 아닌 현실을 반영하는 예례禮의 '결'(條理: 대진의 표현)에 불과할 뿐이라는 동일한 결론에 도달했다. 이 같은 결론은 '천리'를 중시하던 송명 이학에 대해 새로운 비판을 제기하는 것인 동시에 현실의 예제禮制, 즉 사회 제도 안에서 어떻게 도덕이 확보되고 실현될 수 있는지를 설명해 주는 단서가 된다. 이러한 관점의 구축으로 '도기'道器 '이기'理氣라는 전통 개념에서 '기'器와 '기'氣가 우선시되었으며, 이에 따라 현실

• 왕후이의 이러한 이해와 분석은 비록 정치제도사적으로 접근하고 확장을 꾀했지만, '내재적 논리'라는 제약을 완전히 넘어서지는 못한다. 왜냐하면 '내재적 논리'란 단순한 구도가 아니라, 첸무가 제창하고 그의 제자 위잉스가 완성한, 이른바 '송-명-청으로 이어지는 이학의 자발적인 발전 과정'에 대한 방대하면서 자족적인 학설이기 때문이다.

의 사회와 제도, 그리고 시세時勢가 중시되는 결과를 낳았다.

크게 보면 제3장과 제4장은 청대 사상사가 얼마나 현실 정치와 제도, 그리고 사회 풍속과 긴밀하게 호응하고 있었는지를 설명하면서, 서구의 일반적인 '제국'의 도식과 완연히 다른 '제국'으로서의 청나라를 그려 내고 있다고 말할 수 있겠다.

상권 제2부 '제국帝國과 국가國家'는 제5장 「안과 밖 (1): 예의 중국의 관념과 제국」, 제6장 「안과 밖 (2): 제국과 민족국가」, 제7장 「제국의 자아 전환과 유학 보편주의」로 구성되어 있다. 우선 제5장에서는 청 왕조 통치의 합법성을 구축하는 과정에서 '중국'에 대한 새로운 관념이 형성되었으며, 이를 이론적·사상적으로 뒷받침하기 위해 유가 경학, 특히 금문경학이 어떤 역할을 하였는지를 분석한다. 다민족으로 이루어진 청 제국은, 내적으로는 민족 관계, 새로운 사회 구성 원리에서부터 변화한 제국의 외부 세계와의 관계 등 다양한 문제에 직면하였으며, 이는 사상적으로 어떻게 청 왕조의 합법성을 논증하고 제국의 안정을 위한 대일통의 제도를 창출할 것인가 하는 문제를 제기하였다. 청대 지식인은 이를 위해 화이華夷, 내외內外 및 삼통三統·삼세三世의 범주와 예의와 법, 제도에 관한 금문경학의 관점을 사상적 기초로 삼았다. 유가의 화이관이나 내외관은 역대 왕조 통치의 합법성을 제공하는 이론적 토대였지만, 송명 시기의 화이와 내외는 주로 한족과 비한족을 구분하는 족군 관념과 장성의 안과 밖을 지리적 경계로 한 것이었다. 따라서 송대 이학의 내외관, 화이관으로는 청조의 통치 합법성을 구축할 수 없었고 다른 접근 방식이 요구되었다. 청대 지식인은 역사 변화에 민감하고, 신축성 있으며, 정치성이 강렬한 금문경학을 운용하여 새로운 내외관과 화이관을 수립하였는데, 그 결과 새로운 민족 구성과 문화의 특성, 새롭게 확장된 영토 지리를 포괄하는 '중국' 관념이 재건되었다. 그리하여 한편으로는 청 제국 통치의 안정을 위해 봉건제의 사상과 제도와 다양성을 군현제의 관념 속에 주입하여 봉건과 대일통의 변증법적 통합을 도모하면서, 또 다른 한편으로는 만한일체의 새로운 화이관과 서북 변방과 해양을 경계로 한 내외관이 제시되었다. 즉 화이를 구분하는 것은 족군이 아니라 '예'였고, 내외의 경계는 장성이 아니라 서북 지역의 변방과 남방의 해양 연안이었다. 그 결과 이夷는 이제 전통적인 북방의 유목민이 아니라 러시아를 비롯한 서북의 원방이자, 남방 해안으로 접근해 오는 서구 열강으로 바뀌었다.

이와 같이 청 왕조의 중원 장악과 대외적인 확장으로 변화하는 시대적 상황과 새로운 문제의 출현에 대응하는 데 유용한 사상 자원의 토대가 된 것이 바로 금문경학이었다. 이는 청대의 금문경학 운동이 단순히 경학 내의 사상 논전이 아니라 정치적 합법성에 관한 연구이자 정치적 실천이었고, 왕조 체제의 변화에 따라 역사관과 세계관을 재구성하는 작업이었음을 의미한다. 금문경학은 예제와 역사 변화를 중시하는 데 그치지 않고 실질적인 제도와 법의 변화를 중시하여 청대 다민족 시대의 정치 실천과 변법을 위한 사상적 근거를 제공하였던 것이다. 따라서 저자는 근대 과학 세계관이 금문경학의 테두리를 벗어나 새로운 지배적인 지식과 신앙이 되기 이전, 청대의 지식인이 금문경학의 내부 변화와 재해석을 통해 안팎의 세계 변화에 어떻게 대응하였는지를 역사와 지리, 정치를 포함한 경학의 관점에서 심도 있게 분석하고 있다.

제5장이 아편전쟁 이전까지의 금문경학을 중심으로 한 기존 청 제국의 안과 밖에 대한 구분과 그 사상적 맥락을 짚어 낸 것이라면, 제6장은 아편전쟁 이후 중국이 직면한 서구 근대화라는 새로운 조건과 환경 속에서 중국의 지식인이 그에 대한 대응으로써 만들어 낸 지식 담론 체계에 대한 분석을 진행한 것이다. 특히 기존의 내륙 중심 지식 체계로부터 벗어나 새로운 해양 세력을 이해하기 위한 병서로서, 세계 각국에 대한 방대한 양의 역사적 지리적 정보를 번역하고 정리한 위원魏源의 『해국도지』海國圖志를 면밀히 검토한다. 그리하여 그것이 단순히 서양이나 세계로 눈을 돌린 것이 아니라, 중국 사상에서 오랫동안 지속한 안과 밖에 대한 사고를 재구성하여 무수한 국가들 가운데서 청나

라의 위치를 설명하려는 정교한 시도였음을 보여 준다. 아울러 여기에서 저자는 균열되기 시작한 조공 질서와 화이의 구분, 그리고 민족국가를 전제로 하는 근대 국제법 질서에 대한 유학 지식인의 사상 담론적 대응에 이르기까지 19세기 중반 양무운동 시기에 이른 사상적 흐름을 재조명하고 있다.

제7장은 기존의 조공 체제와 천하 질서로부터 벗어나 새롭게 수용되기 시작한 근대적 세계관에 대응하기 위한 당시 중국 지식인의 대응, 특히 변법운동의 선구자로서 청말 지식 담론계를 이끌었던 캉유웨이康有爲의 사상적 궤적과 발전 과정을 살펴보고 있다. 저자는 캉유웨이가 공자를 제국이나 중화민국의 경계를 훨씬 넘어서는 국제적 보편 사상을 만들어 낸 '유덕무위有德無位의 소왕素王'(백의白衣의 제왕)으로 재조명함으로써 새로운 유교적 보편주의를 제시했다고 주장한다. 그리하여 캉유웨이의 『대동서』大同書는 물론 『신학위경고』新學僞經考, 『공자개제고』孔子改制考 등의 저술에 대한 분석을 통해, 금문경학가인 캉유웨이가 유학 사상 전통에서 발굴해 낸 '대동'의 유토피아적 비전과 '삼통설'三通說이라는 진화론적 세계관, 변법으로 대변되는 제도 개혁의 근거, 그리고 주권국가로의 자기 전변에 대한 주장 등에 이르기까지 체계적이면서도 세밀한 독해를 시도하고 있다.

청나라와 중화민국 내부의 중국 초기 근대의 경로 및 중국 범주에 대한 중국 내재적 시각 속에서의 새로운 해명은 확실히 21세기 중국의 부상이라는 시세에 조응한 것임은 말할 나위 없다. 시진핑의 중국이 신시대 중국 특색의 사회주의로서 이데올로기와 체제 경쟁을 표방한 바와 같이 중국 굴기의 새로운 조건에서 그에 조응한 엄정한 이세를 만들어 갈 필요성을 제기하는 것이 왕후이의 이 엄청난 사상사 작업이 갖는 현재적 함의라면, 그것이 출간된 지 20년이 지난 오늘의 시세, 세계 지배 질서의 전환 국면에서 사상적 지평을 여는 새로운 이세의 추동 문제는 단지 중국 지식계의 당면한 책무만은 아니다. 전근대 중국과 이하지변夷夏之辨의 현실적 관계성과 사상사적 자장 속에서 각축하며 주체적 입지를 형성해 온 근대 경로, 그리고 전후 질서가 재편되는 오늘의 국면에서 새로운 미래지향을 열기 위한 사상의 생기가 절실한 한반도와 아시아적 입지에서 『근대중국사상의 흥기』에 대한 면밀한 독해와 쟁론 지점들을 놓치지 않아야 할 것이다.

특히 '이하 상대화'와 '변경의 풍격' 등 제국 구성과 관련한 관건적 개념과 실제 전개와 관련해서는 주변 이민족의 내재적 관점의 견지 속에서 생산적 문제 제기와 역사적 맥락의 재구성이 필요할 것이다.

번역과 감수

이 책의 번역은 그것이 포괄하고 있는 시공간적 범주의 광활함은 물론 그것이 북송 이후 청말 민국 시기까지 사상의 역사적 전화를 다루고 있다고 하지만, 그 사상의 재구성은 중국 고대 이상 정치의 시대인 삼대지치에 대한 재해석을 둘러싸고 일어난 사상의 맥락을 대상화하고 있으므로, 중국 역사와 사상사 전체를 포괄하고 있다고 해도 과언이 아니다. 따라서 이를 다른 언어로 번역해 내는 작업은 기본적으로 고전 문헌에 대한 정확한 독해력과 풍부한 전문적 이해를 수반해야 하고, 또 이 저작이 중국과 서구 그리고 일본에서의 광범위한 선행 연구와 최신 연구를 섭렵하고 있다는 점에서, 그 내용에 대한 풍부한 이해, 핵심 개념들의 번역어 선택 등 난제를 안는 과정이 아닐 수 없었다. 무엇보다 인용된 고전의 번역은 번역어의 선택 자체가 쟁론을 야기할 수 있다는 점에서 치밀한 공력과 번역자들 내부의 합의를 통해 개념의 통일을 이루는 어려운 과정이 아닐 수 없었다.

이 저작의 최초 번역 기획은 초판이 나온 2004년 그해 열 명의 전문 연구자를 선정하고 각기 초벌 번역을 진행하는 것으로 시작되었다. 그리하여 1년 만에 번역을 마치는 쾌거를 이루었다. 그러나 열 명 번역자의 각기 다른 문체와 개념의 해석, 특히 1권의 경우 엄청난 원전 인용문의 해석과 주석은 전문 연구자의 번역임에도 불구하고 해당 분야 전문가 외에 일반 독자가 쉽게 이해할 수 있도록 하기에는 어려움이 있었다. 따라서 네 명의 감수자(백원담, 윤영도, 이영섭, 차태근)가 모여 처음부터 끝까지 다시 교열하면서 전체 통일과 가독성을 높이는 작업에 몰두해야만 했다.

이 책에 인용된 자료의 방대함과 원전 인용문의 난해함, 번역어의 한계를 극복하기 위한 역주 작업으로 많은 시간이 소요되었다. 중국 인명의 경우 신해혁명(1911)을 기준으로 이전 시기는 한국 발음으로 표기하고 이후는 한어 병음으로 표기하였다. 인용 도서나 논문의 경우 번역은 하지 않고 원전 그대로 표기하였다. 영문 저서나 논문의 경우, 원서에서 중어 번역본을 인용하거나 참조했다면, 영어 제목을 병기하였다. 네 명의 감수자는 초벌 번역 원고를 검토하고 주요 개념 및 고전 원문의 번역 일치 등 일관성을 유지하기 위해 노력했다. 특히『중국, 제국으로부터 민족국가로』(영역본)와 『새로운 아시아를 상상하다』(창비, 2003) 등 왕후이의 다른 저서 번역본과 용어 선택을 참조하고 되도록 일치시켰으나, 문맥에 맞는 수정 작업 또한 감행했다.

주요 용어의 번역은 문맥에 따라 조금 달라진 경우가 있다. 변경 사항에 대해서는 따로 표시하였다. 또한 이 번역서는 원서의 체계에 따라 상권과 하권 각 2부 네 권으로 구성되었으며, 먼저 상권 1, 2부가 출간되는데, 각 권의 내용이 방대하고 상권과 하권 또한 내용적 변별이 크므로 역자 후기는 상권과 하권에 각기 따로 수록하기로 하였다.

이 책의 번역 작업은 용어의 통일과 역주 작업, 전문 편집자의 선택 등의 난제로 몇 번의 출간 준비가 무산되는 어려움을 겪지 않을 수 없었다. 결국 네 명의 감수자가 보다 집중적인 노력으로 전적인 교정 책임을 감당했지만 시간이 지체되면서 출판사가 교체되는 곤경에 처하기도 하였다. 다행히 돌베개 출판사의 인문 출판에 대한 소명의식, 한국의 열악한 출판 상황에 대한 안타까움과 상황 인식 속에서 정신적·물질적 부담을 감당해 준 저자 왕후이의 전방위적 지원에 힘입어 마침내 마무리 작업에 임할 수 있었다.

그리하여 마침내 세계에서 최초로 전권을 모두 번역한 한국어판 『근대중국사상의 흥기』가 출판되기에 이르렀다. 1권만 거의 1천 페이지에 달하는 이 엄청난 저작을 세상에 내놓는 감회는 그야말로 달리 말이 필요 없는 감격 그 자체가 아닌가 한다. 어려운 책을 어떤 보상도 없이 묵묵히 끈질기게 번역해 낸 10인의 역자와 그 모든 역경을 견뎌 온 4인의 감수자의 열정과 고뇌와 노고에 뜨거운 자축과 위안의 심경을 전한다.

그리고 무엇보다 20년이라는 세월을 기다리며 이 번역 작업에 대한 무한한 신뢰와 지지, 더불어 실질적 출판 지원까지 신경써 주었고, 또한 실로 엄청난 학문적 저술로 사상적 긴장과 인식의 전환을 일깨워 주고 한국 독자에게 광활한 사상의 지평을 열어 준 왕후이 교수에게 진심 어린 경의와 깊은 감사를 드린다. 또한 이 인문 출판의 도저한 불황의 국면에서도 난공불락 같은 역저의 출간을 기꺼이 감당해 준 돌베개 출판사 한철희 대표의 결단과 꼼꼼하게 교열해 낸 이경아 팀장의 편집에 감탄과 고마움을 전하고 싶다.

이 중요한 저작의 한국어 번역에 오역과 탈역이 있다면 그것은 모두 번역진과 감수진 역량의 한계이므로, 그 책임을 감당할 것이다. 이 저작이 전근대는 물론 근현대사의 전개 속에서 사상적 개진의 뚜렷한 형세와 궤적을 보여 줌에도 불구하고 아직 본격적인 사상사 정리와 생산적 논의의 지평을 열지 못한 한국 지식 사회의 현실에서, 한국과 중국 간 사상 대화의 물꼬를 틔우는 계기가 되기를 바라는 마음 간절하다. 이 저작의 세계에 입장하신 모든 분의 기탄없는 질정과 생산적인 논의를 기대한다.

2024년 3월
백원담, 이영섭